Mircea Eliade

Geschichte der religiösen Ideen

HERDER / SPEKTRUM
Band 4200

Das Buch

„Ein Inventar aller Weisen, wie die Menschen ihre Götter aufgefaßt haben, um dem Leben und der Welt einen Sinn zu geben" (Le Figaro). Das monumentale, bleibende Lebenswerk des großen Religionswissenschaftlers Mircea Eliade erstmals in Taschenbuchform. Die epochemachende Universalgeschichte der Religionen: Sachkundig und spannend zugleich folgt dieses Werk den Spuren des Heiligen in allen Kulturen und Kontinenten. Dieser Band, der erste innerhalb des Gesamtwerkes, führt von den magischen Welten der Steinzeit bis zu den Religionen der antiken Hochkulturen und der biblischen Offenbarungsreligion. Aus den Mythen und Erscheinungsformen des Sakralen erhellt der Autor die wesentlichen Ähnlichkeiten wie die Unterschiede religiöser Phänomene. Das bemerkenswerte Ergebnis der lebenslangen Forschungen dieses Universalgelehrten: Durch die ganze Menschheitsgeschichte hindurch haben fundamentale Lebensvollzüge immer auch religiösen Charakter. Unsere Welt ist nicht zu verstehen ohne diesen Hintergrund. Ein Muß für alle geistes- oder religionswissenschaftlich, historisch oder kulturell Interessierten.

Der Autor

Mircea Eliade, 1907 in Bukarest geboren, 1928 Doktorat in Philosophie, 1928–1932 Studium des Sanskrit und der indischen Philosophie in Kalkutta, 1933–1945 Dozent in Bukarest, 1945–1958 in Paris, ab 1958 Professor für vergleichende Religionswissenschaften in Chicago. Dort 1986 gestorben. Zahlreiche wissenschaftliche, aber auch belletristische Veröffentlichungen, viele in deutscher Übersetzung bei Herder.

Mircea Eliade

Geschichte der religiösen Ideen

I. Von der Steinzeit bis zu den Mysterien von Eleusis

Herder
Freiburg · Basel · Wien

Titel der Originalausgabe:
Histoire des croyances et des idées religieuses
I. De l'age de la pierre aux mystères d'Eleusis
© Editions Payot, Paris 1976, 1992

Aus dem Französischen übersetzt von Elisabeth Darlap

2. Auflage

Alle Rechte der deutschen Ausgabe vorbehalten – Printed in Germany
Religionskundliches Institut der SOD Freiburg im Breisgau
© Verlag Herder Freiburg im Breisgau 1978
Herstellung: Freiburger Graphische Betriebe 1994
Umschlaggestaltung: Joseph Pölzelbauer
Umschlagmotiv: Magischer Stein in Cornwall,
Foto von Hans Siwik © beim Fotografen
ISBN 3-451-04200-2

Vorwort

Für den Religionswissenschaftler sind alle Manifestationen des Heiligen von Bedeutung; jeder Ritus, jeder Mythos, jede Glaubensvorstellung oder göttliche Gestalt spiegelt die Erfahrung des Heiligen und impliziert folglich auch Begriffe wie *Sein, Bedeutung, Wahrheit*. Wie ich an anderer Stelle ausführte, „ist es tatsächlich schwierig, sich vorzustellen, wie der menschliche Geist ohne die Überzeugung funktionieren könnte, daß es eine nicht weiter zurückführbare *Wirklichkeit* in der Welt gibt; und es ist unmöglich, sich die Heraufkunft des Bewußtseins vorzustellen, ohne daß man dem Streben und den Erfahrungen des Menschen einen *Sinn* zugeschrieben hätte. Die Erkenntnis einer wirklichen und sinnvollen Welt ist aufs innigste mit der Entdeckung des Heiligen verbunden. Denn durch die Erfahrung des Heiligen hat der menschliche Geist den Unterschied zwischen dem erkannt, was sich als wirklich, mächtig, bedeutsam und sinnvoll enthüllt, und dessen Gegenteil – dem chaotischen und gefahrvollen Fluß der Dinge, ihrem zufälligen und sinnlosen Aufgang und Untergang" (La Nostalgie des Origines [1969], dt.: Die Sehnsucht nach dem Ursprung [1973] 9). Das „Heilige" ist also ein Element der Struktur des Bewußtseins und nicht ein Stadium in der Geschichte dieses Bewußtseins. *Als ein menschliches Wesen zu leben* war in den ältesten Kulturen schon an sich ein *religiöser Akt*, denn Nahrung, Sexualität und Arbeit hatten eine sakramentale Bedeutung. Mit anderen Worten, *Mensch* sein oder, besser: werden heißt „religiös" sein (vgl. ebd. 10).

Die Dialektik und Morphologie des Heiligen habe ich bereits in früheren Publikationen – angefangen von „Traité d'Histoire des Religions" (1949) (dt.: Die Religionen und das Heilige [1954]) bis zu dem kleinen Buch „Religions australiennes" (1972) – behandelt. Das vorliegende Werk wurde aus einer anderen Perspektive konzipiert und durchgeführt. Hier wurden einerseits die Erscheinungsformen des Heiligen in chronologischer Reihenfolge analysiert (allerdings darf das „Alter" einer religiösen Vorstellung nicht verwechselt werden mit dem Datum des ersten Dokuments, das sie bezeugt!); andererseits habe ich – soweit die Dokumentation dies zuließ – die Grundlagenkrisen und vor allem die *schöpferischen Momente* der jeweiligen Traditionen hervorgehoben. Mein Hauptanliegen bestand also in der Erhellung der wichtigsten Beiträge zur Geschichte der religiösen Ideen und Glaubensvorstellungen.

Jede Manifestation des Heiligen ist für den Religionswissenschaftler bedeutsam; aber es ist nicht weniger evident, daß etwa die Struktur des Gottes Anu oder die im Enuma elisch oder dem Gilgameschepos überlieferte Theogonie und Kosmogonie die religiöse Kreativität und Originalität der Mesopotamier besser offenlegen als beispielsweise die apotropäischen Riten gegen Lamaschtu oder die Mythologie des Gottes Nusku. Mitunter wird die Bedeutung einer religiösen Schöpfung durch ihre späteren Bewertungen offenbar. Über die Mysterien von Eleusis und den ältesten Orphismus sind wir nur mangelhaft informiert; die Faszination jedoch, die sie seit zweitausend Jahren auf die europäischen Eliten ausüben, ist selbst ein höchst bedeutsames religiöses Faktum, dessen Folgen bislang keine ausreichende Würdigung gefunden haben. Zwar spiegeln die von einigen späteren Autoren gerühmte eleusinische Initiation und die orphischen Geheimriten sowohl die mythologisierende Gnosis als auch den griechisch-orientalischen Synkretismus, doch hat gerade diese Auffassung der Mysterien und des Orphismus die mittelalterliche Hermetik, die italienische Renaissance, die „okkultistischen" Traditionen des 18. Jahrhunderts und die Romantik beeinflußt; und gerade die Mysterien sowie der Orpheus der alexandrinischen Gelehrten, Mystiker und Theologen waren es, die die moderne europäische Dichtung von Rilke bis T. S. Eliot und P. Emmanuel inspiriert haben.

Man kann über die Gültigkeit des von uns gewählten Kriteriums zur Bestimmung der großen Beiträge zur Geschichte der religiösen Ideen geteilter Meinung sein. Doch wird es durch die Entwicklung zahlreicher Religionen bestätigt; denn es sind gerade die tiefgreifenden Krisen und die daraus resultierenden Schöpfungen, die den religiösen Traditionen eine Erneuerung ermöglichen. Wir erinnern nur an Indien, wo die durch die religiöse Abwertung des brahmanischen Opfers bewirkte Spannung und Verzweiflung eine Reihe großartiger Schöpfungen zeitigte (die Upanischaden, die Bestimmung der Yogatechniken, die Botschaft Gautama Buddhas, die mystische Frömmigkeit usw.), deren jede im Grunde eine klare und mutige Bewältigung eben dieser Krise darstellt (siehe Kap. 9, 17, 18, 19).

Jahrelang schwebte mir ein kurzes und knappes Werk vor, das in einigen Tagen zu lesen wäre. Denn die kontinuierliche Lektüre würde besonders gut die fundamentale Einheit der religiösen Phänomene und gleichzeitig die unauslotbare Neuheit ihrer Ausdrucksformen bewußtmachen. Der Leser eines solchen Buches würde schon wenige Stunden, nachdem er die Ideen und Glaubensvorstellungen des Altsteinzeitmenschen, Mesopotamiens und Ägyptens kennengelernt hat, mit den vedischen Hymnen, den Brahmanas und den Upanischaden konfrontiert sein. Er würde Sankara, den Tantrismus und Milarepa, den Islam, Joachim von Fiore oder Paracelsus entdecken, nachdem er am Tag zuvor über Zarathustra, Gautama Buddha und den Taoismus, über die hellenistischen Mysterien, den Aufstieg des Christentums, die Gnosis, die Alchimie oder die Gralsmythologie meditiert hat; er würde den Aufklärern und den deutschen Romantikern, Hegel, Max Müller, Freud, Jung und Bonhoeffer begegnen, kurz nachdem er Quetzalcoatl und Viracocha, Gregorios Palamas, die ersten Kabbalisten, Avicenna usw. entdeckt hat.

Doch dieses kurze und zusammenfassende Buch ist leider bis heute noch nicht geschrieben. Ich habe mich damit abgefunden, zunächst ein dreibändiges Werk vorzulegen, in der Hoffnung, es eventuell auf einen Band von etwa 400 Seiten zu reduzieren. Diesen Kompromiß habe ich vor allem aus zwei Gründen gewählt: einerseits schien es mir angebracht, eine Anzahl wichtiger und weniger bekannter Texte anzuführen; andererseits wollte ich dem Leser gut ausgearbeitete kritische Literaturüberblicke an die Hand geben. Daher habe ich die Anmerkungen im Text auf ein Minimum beschränkt und in einem zweiten Abschnitt des Bandes die Bibliographien und die Diskussion bestimmter, im Text übergangener oder nur summarisch angesprochener Aspekte zusammengefaßt. Auf diese Weise kann das Werk im Zusammenhang gelesen werden unter Vermeidung einer Unterbrechung durch die Diskussion der Quellen und die Darlegung des Forschungsstandes. Zusammenfassende oder popularisierende Werke bieten gewöhnlich am Ende der Kapitel eine Liste von Büchern. Die Struktur dieser Geschichte der Glaubensvorstellungen und religiösen Ideen erfordert einen komplexeren kritischen Apparat. Daher habe ich die Kapitel in Paragraphen unterteilt, die jeweils mit einem Zwischentitel versehen sind. So kann der Leser im Verlaufe der Lektüre den im zweiten Teil des Buches zusammengefaßten Forschungsstand und die Bibliographien nachschlagen. Ich habe versucht, für jeden Abschnitt das Wesentliche der neueren kritischen Literatur zusammenzutragen, wobei auch jene Arbeiten angeführt wurden, deren methodologische Ausrichtung ich nicht teile. Außer in seltenen Ausnahmen habe ich die skandinavische und slawische Literatur oder die in den Balkan-Sprachen verfaßten Veröffentlichungen nicht angeführt. Zur Erleichterung der Lektüre wurde die Transkription der orientalischen Namen und Begriffe vereinfacht.

Dieses Werk enthält – mit Ausnahme einiger Kapitel – im wesentlichen die Vorlesungen über Religionsgeschichte, die ich zwischen 1933 und 1938 an der Universität von Bukarest, 1946 und 1948 an der École des Hautes Études in Paris und seit 1956 an der Universität von Chicago gehalten habe. Ich gehöre zu jener Gruppe von Religionswissenschaftlern, die unabhängig von ihrem speziellen Arbeitsgebiet bemüht sind, auch die in den benachbarten Forschungsgebieten erreichten Fortschritte zu verfolgen, und die nicht zögern, die Studierenden mit den verschiedenen von ihrer Disziplin aufgeworfenen Problemen zu konfrontieren. Denn ich bin der Meinung, daß jede historische Untersuchung eine gewisse Vertrautheit mit der Universalgeschichte verlangt; deshalb befreit auch die rigoroseste „Spezialisierung" den Wissenschaftler nicht von der Verpflichtung, seine Forschungen in die Perspektive der Universalgeschichte zu stellen. Ich teile gleichermaßen die Auffassung jener, für die das Studium Dantes oder Shakespeares, Dostojewskis oder Prousts durch die Kenntnis Kalidasas, der No-Dramen oder des Mythos vom pilgernden Affen befruchtet wird. Es geht nicht um einen selbstgefälligen und letztlich sterilen Pseudo-Enzyklopädismus, sondern nur darum, die tiefe und unteilbare Einheit der Geschichte des menschlichen Geistes nicht aus den Augen zu verlieren.

Das Bewußtsein dieser Einheit der Geistesgeschichte der Menschheit ist eine noch junge, und noch nicht genügend integrierte Entdeckung. Wir werden auf ihre Bedeutung für die Zukunft unserer Wissenschaft im letzten Kapitel des letzten Bandes eingehen. Im gleichen Schlußkapitel wird uns die Diskussion der Krisen, die durch die Hauptvertreter des Reduktionismus – von Marx und Nietzsche bis Freud – ausgelöst wurden, sowie die Erörterung der Beiträge der Anthropologie, der Religionsgeschichte, der Phänomenologie und der neuen Hermeneutik die Möglichkeit eröffnen, die einzige, aber bedeutende religiöse Innovation der modernen westlichen Welt zu beurteilen. Es handelt sich um das letzte Stadium der Entsakralisierung bzw. Säkularisierung. Dieser Vorgang ist für den Religionswissenschaftler von größtem Interesse, denn er veranschaulicht die völlige Verschleierung des „Heiligen", genauer, seine Identifikation mit dem „Profanen".

In fünfzig Arbeitsjahren habe ich von meinen Lehrern, meinen Kollegen und meinen Studenten viel gelernt. Allen, den Toten wie auch den Lebenden, bewahre ich die aufrichtigste Dankbarkeit. Wie alle meine Schriften seit 1950 wären diese Bände nicht entstanden ohne die Gegenwart, die Liebe und die Hilfe meiner Frau. Mit Freude und Dankbarkeit widme ich ihr dieses Werk, das wahrscheinlich mein letzter Beitrag zu einer Wissenschaft sein wird, die uns sehr viel bedeutet.

Universität Chicago, September 1975   M. E.

Inhalt

Vorwort 7

Erstes Kapitel:

Am Anfang... Magisch-religiöse Verhaltensweisen des Altsteinzeitmenschen – Paläolithikum 15

1. Orientierungsfähigkeit. Werkzeuge zur Anfertigung von Werkzeugen. Die Bändigung des Feuers 15 – 2. Die „Undurchsichtigkeit" vorgeschichtlicher Dokumente 17 – 3. Symbolische Bedeutungen der Bestattungen 20 – 4. Die Kontroverse über die Knochendepots 24 – 5. Die Wandmalereien: Bilder oder Symbole? 27 – 6. Die Gegenwart des Weiblichen 30 – 7. Riten, Denkweise und Vorstellungswelt der Altsteinzeitjäger 32

Zweites Kapitel:

Die längste Revolution. Die Entdeckung des Ackerbaus – Mesolithikum und Neolithikum 38

8. Ein verlorenes Paradies 38 – 9. Arbeit, Technologie und imaginäre Welten 41 – 10. Das Erbe der Steinzeitjäger 43 – 11. Die Veredelung von Nahrungspflanzen: Ursprungsmythen 44 – 12. Frau und Vegetation. Sakraler Raum und periodische Welterneuerung 47 – 13. Neolithische Religionen des Vorderen Orient 51 – 14. Die geistig-religiöse Welt des Neolithikums 54 – 15. Der religiöse Kontext der Metallverarbeitung: Mythologien der Eisenzeit 58

Drittes Kapitel:

Die mesopotamischen Religionen 62

16. „Geschichte beginnt mit Sumer..." 62 – 17. Der Mensch vor seinen Göttern 65 – 18. Der erste Sintflutmythos 67 – 19. Der Abstieg in die Unterwelt: Inanna und Dumuzi 69 – 20. Die sumerisch-akkadische Synthese 72 – 21. Die Erschaffung der Welt 74 – 22. Die Sakralität des mesopotamischen Herrschers 77 – 23. Gilgamesch auf der Suche nach der Unsterblichkeit 80 – 24. Das Schicksal und die Götter 83

Viertes Kapitel:
Religiöse Gedankenwelt und politische Krisen im alten Ägypten 87

25. Das unvergeßliche Wunder: das „erste Mal" 87 – 26. Theogonien und Kosmogonien 89 – 27. Die Verantwortlichkeit eines inkarnierten Gottes 92 – 28. Die Himmelfahrt des Pharao 95 – 29. Osiris, der gemordete Gott 97 – 30. Der Zusammenbruch: Anarchie, Verzweiflung und „Demokratisierung" des Lebens im Jenseits 100 – 31. Theologie und Politik der „Solarisation" 103 – 32. Echnaton oder die mißlungene Reform 106 – 33. Letzte Synthese: die Verbindung Re-Osiris 108

Fünftes Kapitel:
Megalithe, Tempel, Kultzentren: Westen, Mittelmeer, Industal 113

34. Der Stein und die Banane 113 – 35. Kultzentren und Megalithbauten 116 – 36. Das „Rätsel der Megalithe" 118 – 37. Ethnographie und Vorgeschichte 120 – 38. Die ersten Städte Indiens 122 – 39. Protohistorische religiöse Auffassungen und ihre Parallelen im Hinduismus 124 – 40. Kreta: Heilige Grotten, Labyrinthe, Göttinnen 126 – 41. Charakteristika der minoischen Religion 129 – 42. Kontinuität der vorhelladischen religiösen Strukturen 132

Sechstes Kapitel:
Die hethitische und kanaanäische Religion 135

43. Anatolische Symbiose und hethitischer Synkretismus 135 – 44. Der „Gott, der verschwindet" 137 – 45. Sieg über den Drachen 139 – 46. Kumarbi und die Herrschaft 140 – 47. Konflikte zwischen Göttergenerationen 142 – 48. Ein kanaanäisches Pantheon: Ugarit 144 – 49. Baal raubt die Herrschaft und besiegt den Drachen 146 – 50. Baals Palast 148 – 51. Baal gegen Mot: Tod und Rückkehr zum Leben 150 – 52. Die kanaanäische religiöse Vision 152

Siebtes Kapitel:
„Als Israel noch ein Kind war..." 155

53. Die beiden ersten Kapitel der Genesis 155 – 54. Das verlorene Paradies: Kain und Abel 158 – 55. Vor und nach der Sintflut 160 – 56. Die Religion der Patriarchen 163 – 57. Abraham, der „Vater des Glaubens" 165 – 58. Mose und der Auszug aus Ägypten 167 – 59. „Ich bin der ich bin" 170 – 60. Die Religion unter den Richtern: die erste Phase des Synkretismus 173

Achtes Kapitel:
Die Religion der Indoeuropäer. Die vedischen Götter 177

61. Protohistorie der Indoeuropäer 177 – 62. Das erste Pantheon und das gemeinsame religiöse Vokabular 179 – 63. Die dreiteilige Ideologie der Indoeuropäer 181 – 64. Die Arier in Indien 184 – 65. Varuṇa, die Urgottheit: Devas und Asuras 187 – 66. Varuṇa: Weltenkönig und „Magier"; „ṛta" und „mâyâ" 188 – 67. Schlangen und Götter: Mitra, Aryaman, Aditi 191 – 68. Indra, Held und Demiurg 193 – 69. Agni, der Vorsteher der Götter: Opferfeuer, Licht, Intelligenz 195 – 70. Der Gott Soma und das Getränk des „Nicht-Todes" 197 – 71. Zwei Große Götter in vedischer Zeit: Rudra-Śiva und Viṣṇu 199

Neuntes Kapitel:
Indien vor Gautama Buddha. Vom kosmischen Opfer zur letzten Identität Atman-Brahman 202

72. Morphologie der vedischen Rituale 202 – 73. Die höchsten Opfer: „aśvamedha" und „puruṣamedha" 204 – 74. Initiatorische Struktur der Rituale: Weihe (dīkṣā) und Königsweihe (rajasūya) 206 – 75. Kosmogonien und Metaphysik 209 – 76. Die Opferlehre der Brāhmaṇas 212 – 77. Eschatologie: Identifikation mit Prajāpati durch das Opfer 214 – 78. „Tapas": Technik und Dialektik der asketischen Übungen 217 – 79. Asketen und Ekstatiker: „muni" und „vrātya" 219 – 80. Die Upanishaden und die Suche der rishis: Wie kann man sich von den Früchten seiner eigenen Taten befreien? 222 – 81. Identität ātman-Brahman und die Erfahrung des „inneren Lichtes" 224 – 82. Die zwei Seinsweisen des Brahman und das Geheimnis des in der Materie „gefangenen" ātman 227

Zehntes Kapitel:
Zeus und die griechische Religion 230

83. Theogonie und Kampf der Göttergenerationen 230 – 84. Sieg und Herrschaft des Zeus 232 – 85. Der Mythos der ersten Geschlechter. Prometheus. Pandora 235 – 86. Die Folgen des ersten Opfers 238 – 87. Mensch und Schicksal. Bedeutung der „Lebensfreude" 241

Elftes Kapitel:
Olympier und Heroen 245

88. Der gefallene Große Gott und der Magierschmied: Poseidon und Hephaistos 245 – 89. Apollon: aufgehobene Widersprüche 248 – 90. Orakel und Reinigung 251 – 91. Von der „Vision" zur Erkenntnis 253 – 92. Hermes, „der Gefährte des Menschen" 254 – 93. Die Göttinnen I: Hera, Artemis 256 – 94. Die Göttinnen II: Athene, Aphrodite 259 – 95. Die Heroen 262

Zwölftes Kapitel:
Die Mysterien von Eleusis 268

96. Der Mythos: Persephone in der Unterwelt 268 – 97. Die Initiationen: öffentliche Zeremonien und geheime Rituale 271 – 98. Ist eine Kenntnis der Mysterien möglich? 273 – 99. „Geheimnisse" und „Mysterien" 276

Dreizehntes Kapitel:
Zarathustra und die iranische Religion 279

100. Die Rätsel 279 – 101. Zarathustras Leben: Geschichte und Mythos 282 – 102. Schamanische Ekstase? 284 – 103. Die Offenbarung Ahura Mazdās: der Mensch kann frei zwischen Gut und Böse wählen 285 – 104. Die „Umgestaltung" der Welt 288 – 105. Die Religion der Achämeniden 292 – 106. Der iranische König und das Neujahrsfest 294 – 107. Das Problem der Magier. Die Skythen 295 – 108. Neue Aspekte des Mazdäismus: der Haomakult 297 – 109. Die Verherrlichung des Gottes Mithra 298 – 110. Ahura Mazdā und das eschatologische Opfer 300 – 111. Die Reise der Seele nach dem Tod 302 – 112. Die Auferstehung des Leibes 304

Vierzehntes Kapitel:
Die Religion Israels zur Zeit der Könige und Propheten 307

113. Das Königtum: Höhepunkt des Synkretismus 307 – 114. Jahwe und die Schöpfung 309 – 115. Ijob, der geprüfte Gerechte 311 – 116. Die Zeit der Propheten 313 – 117. Amos der Hirte; Hosea der Ungeliebte 316 – 118. Jesaja: „ein Rest Israels" wird zurückkehren 318 – 119. Die Verheißung an Jeremia 320 – 120. Der Untergang Jerusalems; die Sendung des Ezechiel 322 – 121. Religiöse Wertung des „Schreckens der Geschichte" 324

Fünfzehntes Kapitel:
Dionysos oder die wiedergefundenen Seligkeiten 327

122. Enthüllung und Verhüllung eines „zweimal geborenen" Gottes 327 – 123. Der Archaismus einiger öffentlicher Feste 330 – 124. Euripides und der dionysische Orgiasmus 332 – 125. Als die Griechen die Gegenwart des Gottes wiederentdecken 336

Forschungsstand. Kritische Bibliographie 341

Abkürzungsverzeichnis 426

Register 427

ERSTES KAPITEL

Am Anfang...
Magisch-religiöse Verhaltensweisen des Altsteinzeitmenschen
– Paläolithikum –

1. Orientierungsfähigkeit

Werkzeuge zur Anfertigung von Werkzeugen
Die „Bändigung" des Feuers

Das Problem der „Hominisation" soll hier nicht erörtert werden, wenngleich es für das Verständnis des religiösen Phänomens nicht ohne Bedeutung ist. Es mag der Hinweis genügen, daß die aufrechte Haltung bereits den Schritt über den Status des Primaten hinaus kennzeichnet. Aufrechte Haltung ist nur im Wachzustand möglich. Aus ihr ergibt sich eine Strukturierung des Raums, die den Prähominiden nicht zugänglich war, nämlich die Aufteilung in vier, von einer Zentralachse „oben – unten" aus projizierten, horizontal verlaufende Richtungen. Anders ausgedrückt, der Raum kann, ausgehend vom menschlichen Körper, gegliedert werden als sich nach vorne, hinten, rechts, links, oben und unten erstreckend. Von dieser Grunderfahrung her – nämlich dem Gefühl, mitten in eine anscheinend unbegrenzte, unbekannte und drohende Weite „geworfen" zu sein – entwickeln sich die verschiedenen Mittel der Orientierung, denn der Mensch vermag nicht lange in der, durch Orientierungslosigkeit bewirkten Ungewißheit zu leben. Diese Erfahrung des um einen „Mittelpunkt" orientierten Raumes erklärt die Bedeutung der Gliederungen und exemplarischen Unterteilungen von Territorien, Siedlungen und Wohnstätten, wie auch ihren kosmologischen Symbolismus[1] (vgl. § 12).

Ein gleichermaßen entscheidender Unterschied zur Lebensweise der Primaten wird durch den Gebrauch von Werkzeugen deutlich. Der Altsteinzeitmensch verwendet nicht nur Werkzeuge, sondern er ist auch fähig, sie anzufertigen. Zwar gebrauchen auch bestimmte Affen Gegenstände, als wenn sie „Werkzeuge" wären, und es sind sogar Fälle bekannt, daß sie diese auch zurichten. Der Altsteinzeitmensch aber produziert darüber hinaus „Werkzeuge zur Anfertigung von Werkzeugen". Außerdem ist seine Verwendung der Werk-

---

[1] Auch der moderne Mensch macht noch die Erfahrung der Raumorientierung, wenngleich er sich ihrer „existentiellen" Bedeutung nicht mehr bewußt ist.

zeuge sehr viel komplexer; er bewahrt sie in seiner Nähe auf, um sich ihrer wieder bedienen zu können. Die Verwendung des Werkzeugs ist also nicht wie bei den Affen an eine besondere Situation oder einen bestimmten Augenblick gebunden. Wichtig ist auch die Feststellung, daß die Werkzeuge nicht eine einfache Verlängerung des Körpers und seiner Organe sind. Die ältesten uns bekannten Steine wurden für eine Funktion bearbeitet, die nicht in der Struktur des menschlichen Körpers vorgegeben ist, so vor allem das Schneiden (das etwas anderes ist als das Zerreißen mit den Zähnen oder das Aufkratzen mit den Nägeln)[2]. Die nur sehr langsame Entwicklung des technischen Fortschritts läßt keine Rückschlüsse zu auf eine gleich langsame Entwicklung der Intelligenz. Bekanntlich ging der außerordentliche Aufschwung der Technik in den beiden letzten Jahrhunderten ja auch nicht mit einer entsprechenden Entwicklung der Intelligenz des westlichen Menschen einher. Außerdem barg, wie André Varagnac feststellte, „jede Neuerung die Gefahr des Todes aller". Die technische Unbeweglichkeit sicherte das Überleben des Altsteinzeitmenschen.

Die „Bändigung" des Feuers, also die Möglichkeit, es zu entfachen, zu hegen und zu transportieren, markiert gewissermaßen die endgültige Trennung des Altsteinzeitmenschen von seinen tierischen Vorgängern. Das älteste „Zeugnis", das den Gebrauch des Feuers bestätigt, stammt aus den Höhlen von Choukoutien (etwa 600 000); möglicherweise fand aber die „Bändigung" des Feuers schon viel früher und an mehreren Orten statt.

Wir haben diese bekannten Tatsachen hier noch einmal angeführt, weil sie uns bei der Lektüre der folgenden Analysen daran erinnern sollen, daß sich der prähistorische Mensch bereits als ein mit Intelligenz und Phantasie begabtes Wesen verhielt. Hinsichtlich der Aktivität des Unbewußten – Träume, Phantasien, Visionen, Fabelbildungen usw. – nimmt man an, daß sie sich nur in Intensität und Umfang von jener unserer Zeitgenossen unterschied. Allerdings sind die Begriffe Intensität und Umfang in ihrem stärksten und dramatischsten Sinn zu nehmen. Denn der Mensch ist das Endprodukt einer Entscheidung, die „am Anfang der Zeiten" getroffen wurde: die Entscheidung, zu töten, um leben zu können. In der Tat konnten die Hominiden gerade dadurch, daß sie zu Fleischessern wurden, über ihre „Ahnen" hinausgelangen. Etwa zwei Millionen Jahre lang lebte der Altsteinzeitmensch von der Jagd; die von den Frauen und Kindern gesammelten Früchte, Wurzeln, Weichtiere, usw. reichten nicht aus, um das Überleben der Art zu sichern. Die Jagd führte zur Arbeitsteilung zwischen den Geschlechtern und verstärkte so die „Hominisation"; denn bei den Raubtieren, wie überhaupt in der Tierwelt, gibt es diese Unterscheidung nicht.

Das fortwährende Verfolgen und Töten des Wildes aber führte schließlich zur Herausbildung eines Bezugssystems eigener Art zwischen Jäger und getötetem Tier. Wir werden auf dieses Problem bald zurückkommen. Hier sei nur daran erinnert, daß die „mystische Solidarität" zwischen Jäger und Opfer schon

---

[2] Siehe *K. Narr*, Approaches to the Social Life of Earliest Man 605f.

im Akt des Tötens selbst offenkundig wird; das vergossene Blut gleicht in jeder Hinsicht dem Blut des Menschen. Diese „mystische Solidarität" mit dem Wild enthüllt letztlich die Verwandtschaft der menschlichen Gesellschaft mit der Tierwelt. Die Tötung des gejagten Tieres oder später des Haustieres, kommt einem „Opfer" gleich, in dem der Gegenstand des Opfers austauschbar ist[3]. Alle diese Vorstellungen haben sich in den letzten Phasen des „Hominisations"-Prozesses herausgebildet. Sie sind – modifiziert, umgedeutet und überlagert – noch Jahrtausende nach dem Verschwinden der Altsteinzeitkulturen wirksam.

2. Die „Undurchsichtigkeit" vorgeschichtlicher Dokumente

Wenn der Altsteinzeitmensch als „vollwertiger Mensch" gelten kann, so folgt daraus, daß er auch eine Anzahl von Glaubensvorstellungen besaß und bestimmte Riten praktizierte. Denn die Erfahrung des Heiligen ist ein Element der Bewußtseinsstruktur. Wenn also die Frage nach „Religiosität" oder „Nicht-Religiosität" des vorgeschichtlichen Menschen gestellt wird, so ist es Aufgabe der Verfechter der „Nicht-Religiosität", Beweise zur Stützung ihrer Hypothese vorzulegen. Wahrscheinlich entstand die Theorie der „Nicht-Religiosität" des Altsteinzeitmenschen zur Zeit des Evolutionismus, als die Erkenntnis der Analogien mit den Primaten noch ganz jung war. Hier jedoch handelt es sich um ein Mißverständnis, denn was in diesem Falle zählt, ist nicht die anatomisch-knochenmäßige Struktur des Altsteinzeitmenschen (die zweifelsohne jener der Primaten ähnlich ist), sondern seine *Werke;* diese aber zeigen die Aktivität einer Intelligenz, die nicht anders als „menschlich" bezeichnet werden kann.

Aber auch wenn man heute übereinstimmend zur Auffassung gelangt ist, daß der Altsteinzeitmensch eine „Religion" besaß, so ist es doch schwierig, wenn nicht überhaupt unmöglich, deren Inhalt genau zu bestimmen. Doch verfügen wir über eine Anzahl von „Beweis-Dokumenten" über das Leben der Altsteinzeitmenschen, und es besteht die Hoffnung, daß eines Tages ihre religiöse Bedeutung entschlüsselt werden kann. Man hofft also, in diesen Dokumenten eine „Sprache" zu entdecken, genau wie Freud in den Schöpfungen des Unbewußten – Träume, Tagträume, Phantasmen usw. –, die früher als absurd und bedeutungslos galten, eine „Sprache" freilegte, die äußerst wertvoll ist für die Erkenntnis des Menschen.

Wir verfügen tatsächlich über sehr viele „Dokumente", doch sind sie „un-

---

[3] Diese äußerst archaische Vorstellung war noch in der Antike in den Mittelmeerländern anzutreffen: hier wurden nicht nur Tiere anstelle menschlicher Opfer dargebracht (dieser Brauch ist allgemein verbreitet), sondern es wurden auch Menschen anstelle von Tieren geopfert. Vgl. *W. Burkert,* Homo necans 29, Anm. 34.

durchsichtig" und nicht sehr vielgestaltig: menschliche Knochen (vor allem Schädel), Steinwerkzeuge, Farbpigmente (vor allem Ocker, Hämatit), sowie verschiedene Grabfunde. Gravierungen und Felsenzeichnungen, bemalte Kiesel und Statuetten aus Knochen oder Stein sind uns erst aus der Zeit des Jungpaläolithikums bekannt. In einigen Fällen – Grabstätten, Kunstwerke –, und innerhalb noch zu überprüfender Grenzen, besteht Gewißheit zumindest über eine „religiöse" Intentionalität. Aber die Mehrzahl der „Dokumente" aus der Zeit vor dem Aurignacien (ca. 30 000), also Werkzeuge, verraten nach außen hin nichts über ihren Gebrauchswert.

Dennoch ist es unvorstellbar, daß die Werkzeuge nicht auch einen bestimmten Sakralwert besessen und zahlreiche mythologische Episoden inspiriert haben. Die ersten technischen Entdeckungen – die Umformung des Steins zu Instrumenten des Angriffs und der Verteidigung, die Beherrschung des Feuers – haben nicht nur das Überleben und die Entwicklung der menschlichen Rasse sichergestellt; sie haben zugleich auch eine ganze Welt mythisch-religiöser Werte geschaffen und haben die schöpferische Vorstellungskraft geweckt und genährt. Es genügt, die Rolle der Werkzeuge im religiösen Leben und in der Mythologie jener Primitiven zu untersuchen, die auf der Stufe der Jagd und Fischerei stehengeblieben sind. Der magisch-religiöse Wert einer Waffe – aus Holz, Stein oder Metall – ist auch bei der europäischen Landbevölkerung noch lebendig, und dies nicht nur in ihrer Folklore. Wir wollen hier nicht auf die Kratophanien und Hierophanien von Stein, Fels und Kieselsteinen eingehen (Beispiele hierzu finden sich im sechsten Kapitel meines Buches *Die Religionen und das Heilige*).

Vor allem die „Beherrschung der Distanz", die durch die Wurfwaffe erreicht wurde, hat zur Herausbildung zahlreicher Glaubensvorstellungen, Mythen und Legenden geführt. Wir erinnern an die Mythologien, die sich um die Lanzen bildeten, die in das Himmelsgewölbe eindringen und die Himmelfahrt ermöglichen, oder um die Pfeile, die durch die Wolken fliegen, Dämonen durchbohren oder eine bis zum Himmel reichende Kette bilden, usw. Wir müßten wenigstens einige der religiösen Vorstellungen und Mythologien um Geräte und vor allem Waffen anführen, um besser verstehen zu können, was die bearbeiteten Steine des Altsteinzeitmenschen uns *nicht mehr sagen können*. Die „semantische Undurchsichtigkeit" dieser prähistorischen Dokumente ist kein Einzelfall. Jedes, auch jedes zeitgenössische Dokument ist „geistig undurchsichtig", solange es nicht gelingt, es durch seine Einfügung in ein Bedeutungssystem zu entziffern. Ein prähistorisches oder auch zeitgenössisches Gerät kann nur seine technische Intentionalität offenbaren: was sein Hersteller oder seine Besitzer im Zusammenhang mit ihm gedacht, gefühlt, geträumt, sich eingebildet oder erhofft haben, entzieht sich unserer Kenntnis. Aber wir müssen zumindest versuchen, uns die nicht-materiellen Werte der prähistorischen Werkzeuge „vorzustellen". Andernfalls kann diese semantische Undurchsichtigkeit zu einem völlig falschen Verständnis der Kulturgeschichte führen. So riskieren wir beispielsweise, das Auftauchen einer Glaubensvorstellung mit dem Zeitpunkt zu verwechseln, an dem sie zum ersten Mal eindeutig bestätigt wird[4]. Wenn im Metallzeitalter bestimmte Traditionen auf „Berufsgeheimnisse" anspielen, die in einem Zusammenhang mit der Arbeit in den Bergwerken, mit der Metallurgie und der Waffenfabrikation stehen, so wäre es verfehlt, anzunehmen, es handele sich hierbei um eine noch nie dagewesene Erfindung, denn diese Traditionen setzen, zumindest teilweise, Überkommenes aus der Steinzeit fort.

Etwa zwei Millionen Jahre lang lebte der Altsteinzeitmensch hauptsächlich als Jäger, Fischer und Sammler. Die ersten archäologischen Hinweise auf die religiöse Welt des altsteinzeitlichen Jägers finden sich aber erst in der franko-kantabrischen Wandkunst (30000). Wichtiger noch ist, daß eine Untersuchung der religiösen Vorstellungen und Verhaltensweisen der noch bestehenden Jägervölker die fast völlige Unmöglichkeit eines *Beweises des Vorhandenseins oder Nichtvorhandenseins* ähnlicher Religionen beim Steinzeitmenschen ergibt. Die primitiven Jäger[5] betrachteten das Tier als ein dem Menschen ähnliches, aber mit übernatürlichen Kräften begabtes Wesen; sie glaubten an die Möglichkeit der Verwandlung der Menschen in ein Tier wie auch umgekehrt an das Eingehen der Seelen von Toten in Tiere und schließlich an eine geheimnisvolle Simultanexistenz zwischen einem Menschen und einem einzelnen Tier (früher Nagualismus genannt). Bei den bezeugten übernatürlichen Wesen der Jägerreligionen ist zu unterscheiden zwischen Gefährten oder theriomorphen „Schutzgeistern", Gottheiten vom Typ Höchstes Wesen – Herr des Wildes, die Wild und Jäger beschützen, und Buschgeistern sowie Geistern der verschiedenen Tierarten.

Daneben sind den Jägerkulturen eine Anzahl religiöser Verhaltensweisen spezifisch: das Töten des Tieres erfolgt nach einem Ritual, ist also von dem Glauben an einen Wildgeist getragen, der darüber wacht, daß der Jäger nicht mehr Tiere tötet, als zum Lebensunterhalt nötig sind, und daß die Nahrung nicht vergeudet wird; den Knochen und vor allem dem Schädel kommt große rituelle Bedeutung zu (wahrscheinlich aufgrund des Glaubens, sie seien der Sitz der „Seele" oder des „Lebens" des Tieres, und der Herr der Tiere lasse aus dem Skelett neues Fleisch wachsen); daher werden Schädel und Langknochen auf Zweigen oder Anhöhen deponiert; einige Völker entsenden die Seele des getöteten Tieres in ihre „geistige Heimat" (vgl. das „Bärenfest" der Ainus und der Giljaken); daneben besteht auch der Brauch, den Höchsten Wesen von jedem getöteten Tier einen kleinen Teil (bei den Pygmäen, den philippinischen Negrito usw.) oder Schädel und Langknochen (bei den Samojeden) darzubringen. Bei bestimmten Völkern des Sudan bestreicht der Jüngling nach dem Erlegen seines ersten Wilds die Höhlenwände mit Blut.

---

[4] Rigoros angewandt, würde diese Methode zu einer Datierung der deutschen Märchen in die Jahre 1812 1822, dem Zeitpunkt ihrer Veröffentlichung durch die Brüder Grimm, führen.
[5] Zur Vereinfachung beziehen wir uns hier auf die zusammenfassende Darstellung von *J. Haekel*, Jäger und Jagdriten, in: RGG³ III Sp. 511-513.

Wie viele dieser Glaubensvorstellungen und Zeremonien können in den uns verfügbaren archäologischen Dokumenten identifiziert werden? Bestenfalls die Schädel- und Langknochenopfer. Auf beides: einmal den Reichtum und die Komplexität der religiösen Ideologie der Jägervölker, dann aber auch die fast gänzliche Unmöglichkeit eines Beweises ihrer Existenz bei den Altsteinzeitmenschen kann nie genug hingewiesen werden. Hier gilt das vielzitierte Wort: Glaubensvorstellungen und Ideen können nicht versteinern. Einige Wissenschaftler hielten es daher für angebracht, lieber nichts über die Ideen und Glaubensvorstellungen der Altsteinzeitmenschen auszusagen, als sie durch Vergleiche mit Jägerkulturen zu rekonstruieren. Diese radikale methodologische Position indes ist nicht ganz ohne Gefahr. Läßt man nämlich einen sehr großen Teil der Geschichte des menschlichen Geistes unerforscht, so begünstigt man damit nur allzu leicht die Vorstellung, während dieser ganzen Zeit habe sich die Aktivität des Geistes lediglich auf die Bewahrung und Weitergabe der Technologie beschränkt. Eine solche Auffassung aber ist nicht nur irrig, sondern sie ist auch verhängnisvoll hinsichtlich der Kenntnis des Menschen. Der *homo faber* war auch ein *homo ludens*, *sapiens* und *religiosus*. Wenn es nicht möglich ist, seine Glaubensvorstellungen und religiösen Praktiken zu rekonstruieren, dann muß man zumindest geeignete Analogien anführen, die sie indirekt erhellen können.

3. Symbolische Bedeutung der Bestattungen

Die ältesten und zahlreichsten „Dokumente" sind eindeutig die Gebeine. Seit dem Moustérien (ca. 70000–50000) kann man mit Sicherheit von Bestattungen sprechen. Schädel und Unterkiefer wurden aber auch in sehr viel älteren Schichten gefunden, so etwa in den Choukoutien-Höhlen (in einer zwischen 400000 und 300000 datierbaren Schicht), ihr Vorhandensein hat Probleme aufgeworfen. Da es sich nicht um Bestattungen handelt, wäre es möglich, daß die Schädel aus religiösen Gründen aufbewahrt wurden. H. Breuil und W. Schmidt verwiesen in diesem Zusammenhang auf den bei den Australiern und anderen Naturvölkern[6] bezeugten Brauch, die Schädel der verstorbenen Verwandten aufzubewahren und im Falle einer Ortsveränderung mitzunehmen. Doch wurde diese Hypothese trotz ihrer Wahrscheinlichkeit von der Mehrzahl der Wissenschaftler verworfen. Die gleichen Fakten hat man auch zum Beweis für rituellen oder profanen Kannibalismus herangezogen. So erklärt A. C. Blanc die Verstümmelung eines in einer Grotte des Monte Circeo aufgefundenen Neandertalerschädels folgendermaßen: der Mensch sei durch einen Schlag, der ihm die rechte Augenhöhle zertrümmert habe, getötet worden; dann habe man das Hinter-

---

[6] *J. Maringer*, Vorgeschichtliche Religion 64.

hauptloch erweitert, um das Gehirn zu entnehmen und rituell zu verzehren. Doch auch diese Erklärung wurde nicht von allen akzeptiert[7].

Der Glaube an ein Weiterleben nach dem Tode scheint durch die Verwendung von Ocker als rituellem Blutersatz, also als „Symbol" des Lebens, schon für die früheste Zeit bewiesen zu sein. Der Brauch, den Leichnam mit Ocker zu bestäuben, ist sowohl zeitlich als auch räumlich allgemein verbreitet; er ist von Choukoutien bis zu den westlichen Küsten Europas, in Afrika bis zum Kap der Guten Hoffnung, in Australien, Tasmanien und in Amerika bis Feuerland anzutreffen. Was die religiöse Bedeutung der Bestattungen angeht, so war sie heftig umstritten. Es steht außer Zweifel, daß die Bestattung der Toten einen Grund haben *mußte*, allein welchen? Zunächst einmal dürfen wir nicht vergessen, daß „das bloße Liegenlassen des Leichnams im Gestrüpp, die Zerstückelung, das den Vögeln zum Fraß Vorwerfen und die überstürzte Flucht aus der Behausung unter Zurücklassung des Toten nicht das Fehlen der Idee eines Weiterlebens bedeutet"[8]. Der Glaube an ein Fortleben wird *a fortiori* durch die Bestattungen bestätigt; andernfalls bliebe es unverständlich, warum man sich die Mühe machte, den Leichnam einzugraben. Dieses Fortleben konnte rein „geistig", also als Weiterleben der Seele verstanden werden, eine Vorstellung, die durch das Erscheinen der Toten in Träumen bestärkt wurde. Einige Bestattungen lassen sich aber auch als Vorsichtsmaßnahme gegen eine eventuelle Wiederkehr des Toten deuten; in diesem Fall waren die Leichen gekrümmt, möglicherweise auch gefesselt. Es spricht aber auch nichts gegen die Annahme, daß die gekrümmte Haltung der Toten keineswegs die Angst vor dem „lebenden Leichnam" (die bei einigen Völkern belegt ist) verrät, sondern ganz im Gegenteil die Hoffnung auf eine „Wiedergeburt"; denn wir kennen zahlreiche Fälle einer bewußten Bestattung in Fötusposition.

Von den besten Beispielen für Bestattungen mit magisch-religiöser Bedeutung seien hier angeführt: die Bestattung von Teshik-Tash in Usbekistan (ein Kind inmitten eines Kranzes von Steinbockhörnern), die Grablegung von Chapelleaux-Saints in Corrèze (in der Leichengrube fand man mehrere Feuersteingeräte und Ockerstücke[9]), und die Bestattung von La Ferrassie in der Dordogne (mehrere Hügelgräber mit Depots von Feuersteingeräten). Diesen hinzuzufügen ist der Höhlenfriedhof auf dem Karmel mit zehn Bestattungen. Umstritten sind

---

[7] *A. Leroi-Gourhan* ist nicht davon überzeugt, daß der Mann getötet und verzehrt wurde (Les religions de la préhistoire 44). *J. Maringer*, der eine Anthropophagie in Choukoutien nicht anerkennt (a.a.O. 67), verwirft ebenfalls die Erklärung von *Blanc* (ebd. 31f). Siehe dagegen *Müller-Karpe*, Altsteinzeit 230f, 240; *M. K. Roper*, A Survey of Evidence for Intrahuman Killing in the Pleistocene.
[8] *A. Leroi-Gourhan* 54.
[9] Jüngere archäologische Funde haben gezeigt, daß Hämatit vor 29000 Jahren in einem Bergwerk in Swaziland, und vor 43000 Jahren in Rhodesien abgebaut wurde. Dieser Abbau in den afrikanischen Minen zieht sich über Jahrtausende hin. Die Entdeckung eines ähnlichen Abbaus in der Nähe des Plattensees in Ungarn aus der Zeit um 24000 zeigt die technischen Fähigkeiten der Altsteinzeitmenschen und die Ausdehnung ihrer Beziehungen. Vgl. *R. A. Dart*, The Antiquity of Mining in South Africa; *ders.*, The Birth of Symbology 21ff.

noch Authentizität und Bedeutung der Speisebeigaben bzw. der in den Gräbern niedergelegten Gegenstände. Am bekanntesten ist der weibliche Schädel von Mas d'Azil mit seinen künstlichen Augen, der auf einem Rentierkiefer und -geweih ruhte[10].

Im Jungpaläolithikum scheint die Bestattung allgemein üblich zu werden. Die mit Ocker bestreuten Toten sind in Vertiefungen begraben, in denen man eine Anzahl von Schmuckgegenständen fand (Muscheln, Gehänge, Ketten). Möglicherweise sind die neben den Gräbern gefundenen Tierschädel und -knochen Überreste ritueller Mahlzeiten oder rühren von Opfergaben her. A. Leroi-Gourhan hält ihre Deutung als „Grabbeigaben", also als bewußte Deponierung des persönlichen Besitzes des Toten für „sehr anfechtbar" (a.a.O. 62). Das Problem ist nicht unwichtig, denn das Vorhandensein solcher Gegenstände impliziert nicht nur den Glauben an ein persönliches Weiterleben nach dem Tode, sondern auch die Gewißheit, daß der Tote im Jenseits seine spezifische Aktivität fortsetzt. Ähnliche Vorstellungen sind reich und auf den verschiedensten Kulturstufen belegt. Jedenfalls anerkennt der gleiche Autor die Echtheit eines Aurignacien-Grabes in Ligurien, in dem sich beim Skelett vier jener als „Kommandostab" bezeichneten geheimnisvollen Gegenstände fanden (a.a.O. 63). So weisen also wenigstens einige Gräber mit Sicherheit auf einen Glauben an die Weiterführung einer bestimmten Tätigkeit nach dem Tode hin[11].

Zusammenfassend kann also gesagt werden, daß die Bestattungen den Glauben an ein Weiterleben (erste Andeutungen in der Verwendung von Ockerrot) bestätigen, und einige weitere Einzelheiten aufdecken: die nach Osten ausgerichtete Position der Toten verrät die Absicht, das Geschick der Seele mit dem Lauf der Sonne zu verbinden, also die Hoffnung auf eine „Wiedergeburt", d.h. auf ein Weiterleben, in einer anderen Welt; der Glaube an eine Weiterführung der je spezifischen Tätigkeit; bestimmte Bestattungsriten, die sich durch die Beigabe von Schmuckgegenständen und durch Überreste von Mahlzeiten erschließen lassen.

Aber wir müssen nur die Bestattung bei einem archaischen Volk unserer Zeit näher untersuchen, um uns des Reichtums und der Tiefe der religiösen Symbolik bewußt zu werden, die in einer anscheinend ganz schlichten Zeremonie enthalten ist. C. Reichel-Dolmatoff gibt eine genaue Beschreibung der Bestattung eines Mädchens, die 1966 bei den Kogi-Indianern vom Stamm der Chibcha-Sprache in der Sierra Nevada de Santa Marta in Kolumbien stattfand[12]. Nach

---

[10] Nach *A. Leroi-Gourhan* handelt es sich um einen „Haufen von Überresten, auf dem ein wahrscheinlich nicht mehr beachteter, und jedenfalls nicht ursprünglich hier deponierter menschlicher Schädel lag" (a.a.O. 57).
[11] Andere Gelehrte dagegen halten die Zahl der echten „Dokumente" aus Gräbern für sehr viel höher.
[12] *C. Reichel-Dolmatoff*, Notas sobre el simbolismo religioso de los Indios de la Sierra Nevada de Santa Marta, in: *Razón y Fabula*, Revista de la Universidad de los Andes, Nr. 1 (1967) 55–72.

der Wahl des Bestattungsortes vollzieht der Schamane *(máma)* eine Reihe ritueller Handlungen und erklärt: „Dies ist das Dorf des Todes; dies ist das Feierhaus des Todes; dies ist der Uterus. Ich öffne das Haus. Das Haus ist geschlossen, und ich werde es öffnen." Sodann verkündet er: „Das Haus ist geöffnet", und zieht sich zurück. Die Tote wird in ein weißes Tuch gewickelt, und der Vater näht das Totentuch zusammen. Während dies alles geschieht, singen die Mutter und Großmutter der Toten ein getragenes Lied, fast ohne Worte. Auf den Grund des Grabes werden grüne Steinchen, Muscheln und die Schale eines Bauchfüßlers gelegt. Nun bemüht sich der Schamane vergeblich, den Leichnam aufzuheben, indem er so tut, als sei dieser zu schwer; erst beim neunten Mal gelingt es ihm. Der Leichnam wird mit dem Kopf gegen Osten in das Grab gelegt, und „das Haus wird geschlossen", d. h., die Grube wird gefüllt. Es folgen weitere rituelle Bewegungen um das Grab herum, und schließlich ziehen sich alle zurück. Die Zeremonie hat zwei Stunden gedauert.

Wie Reichel-Dolmatoff bemerkt, wird ein zukünftiger Archäologe, sollte er dieses Grab untersuchen, lediglich ein mit dem Kopf gegen Osten gerichtetes Skelett und einige Steine und Muscheln finden. Die Riten und vor allem die darin implizierte religiöse Vorstellung können aus diesen Überresten nicht mehr „eingebracht" werden[13]. Übrigens würde auch einem der Kogi-Religion unkundigen Zeitgenossen die Symbolik dieser Zeremonie unzugänglich bleiben. Denn es handelt sich hier, nach Reichel-Dolmatoff, um die „Verbalisierung" des Friedhofs als „Dorf des Todes" und „Feierhaus des Todes", und die Verbalisierung der Grube als „Haus" und „Uterus" (das erklärt die Fötusposition des Leichnams, der auf der rechten Seite ruht), gefolgt von der Verbalisierung der Opfergaben als „Nahrung für den Tod", und vom Ritual der „Öffnung" und „Schließung" des „Uterus-Hauses". Die abschließende Reinigung durch die rituelle Umfriedung vollendet die Zeremonie.

Andererseits identifizieren die Kogi die Welt – Uterus der Allmutter – mit jedem Dorf, jedem Kulthaus, jeder Wohnstätte und jedem Grab. Wenn der Schamane den Leichnam neunmal aufhebt, so deutet er damit die Rückkehr des Toten in den Fötuszustand an, indem er die neun Monate der Schwangerschaft in umgekehrter Reihenfolge durchläuft. Und da das Grab mit der Welt gleichgesetzt wird, gewinnen die Grabbeigaben kosmische Bedeutung. Außerdem haben die Grabbeigaben als „Nahrung für den Tod" auch sexuelle Bedeutung (in den Mythen, Träumen und Hochzeitsvorschriften symbolisiert der Akt des „Essens" bei den Kogi den Geschlechtsakt) und sind folglich der „Samen", der die Mutter befruchtet. Die Muscheln sind Träger eines sehr vielschichtigen Symbolismus, der nicht nur sexuell ist: sie stellen die lebenden Familienmitglieder dar, während die Schale des Bauchfüßlers den „Gatten" der Toten symbolisiert; denn wenn sich diese Schale nicht im Grab befindet, wird das Mädchen

---

[13] Tatsächlich waren sie vor *Reichel-Dolmatoffs* Beobachtungen praktisch unbekannt.

bei seiner Ankunft in der anderen Welt „einen Mann fordern", was den Tod eines Jünglings aus dem Stamm bewirken würde...[14].

Soweit die Analyse der religiösen Symbolik einer Kogi-Bestattung. Zu betonen ist dabei, daß diese Symbolik, *sofern sie ausschließlich auf archäologischer Ebene betrachtet wird*, uns ebenso unzugänglich bleibt, wie jene eines Altsteinzeitgrabes. Dies ist die besondere Eigenart der archäologischen Dokumente, die ihre eventuellen „Botschaften" begrenzt und einengt. Dieses Faktum gilt es nie aus den Augen zu verlieren, wenn wir der Armut und Undurchsichtigkeit unserer Quellen gegenüberstehen.

4. Die Kontroverse über die Knochendepots

Die in den Alpen und ihren Randgebieten entdeckten Depots von Knochen des Höhlenbären sind unsere zahlreichsten, aber auch umstrittensten „Dokumente" für die religiösen Vorstellungen der letzten Zwischeneiszeit. In der Drachenlochhöhle (Schweiz) fand E. Bächler Knochendepots, die vor allem aus Schädeln und Langknochen bestanden. Sie waren entweder an der Höhlenwand oder in natürlichen Felsnischen oder auch in einer Art Steinkiste aufgestellt und gelagert. Zwischen 1923 und 1925 erforschte Bächler eine weitere Höhle, das Wildenmannlisloch; hier fand er mehrere, von Gliedmaßenknochen flankierte Bärenschädel ohne Unterkiefer. Ähnliche Entdeckungen machten andere Prähistoriker in verschiedenen Alpenhöhlen. Die bedeutendsten Fundstätten sind das Drachenhötli in der Steiermark und die Petershöhle in Franken, in der K. Hörmann in Nischen 1,20 m über dem Boden Bärenschädel entdeckte. K. Ehrenberg fand 1950 in der Salzofenhöhle (Österreichische Alpen) ebenfalls in natürlichen Nischen der Höhlenwand drei Bärenschädel zusammen mit Langknochen. Der gesamte Fundkomplex war von Ost nach West ausgerichtet.

Da diese Depots bewußt angelegt zu sein scheinen, haben sich die Wissenschaftler bemüht, ihre Bedeutung herauszufinden. A. Gahs verglich sie mit dem Primitialopfer, das gewisse arktische Völker einem Höchsten Wesen darbringen. Die Opfergabe besteht darin, daß Schädel und Langknochen des erlegten Tieres auf Mauervorsprüngen aufgestellt werden. Man opfert die Gottheit Hirn und Mark des Tieres, also die vom Jäger am meisten geschätzten Teile. Diese Deutung wurde unter anderen von W. Schmidt und W. Koppers akzeptiert; für diese Ethnologen war damit der Beweis erbracht, daß die Höhlenbärenjäger der letzten Zwischeneiszeit an ein Höchstes Wesen, oder an einen Herrn der Tiere glaubten. Andere Autoren verglichen die Schädelsetzungen mit dem Bärenkult, wie er in der nördlichen Hemisphäre praktiziert wird bzw. bis ins 19. Jahrhundert praktiziert wurde. Der Kult beinhaltet die Aufbewahrung von Schädel

---

[14] Dieser Brauch ist sehr stark verbreitet; er ist auch in Osteuropa noch lebendig, wo Tote jugendlichen Alters mit einer Tanne „verheiratet" werden.

und Langknochen des erlegten Bären, damit der Herr der Tiere ihn im nächsten Jahr wiedererwecken kann. K. Meuli sieht darin lediglich eine Sonderform des seiner Ansicht nach ältesten Jagdritus, nämlich der „Tierbestattung". Für den Schweizer Wissenschaftler zeigt dieser Ritus eine unmittelbare Beziehung zwischen Jäger und Wild; ersterer bestattete die Überreste des Tieres, um dessen Reinkarnation zu ermöglichen. Doch besteht keinerlei Zusammenhang mit irgendeiner Gottheit.

Alle diese Deutungen wurden durch die Kritik des Baseler Forschers F. E. Koby in Frage gestellt. Nach ihm sind viele dieser Schädel-„Depots" nur durch Zufall und durch die Bären selbst entstanden, die in den Knochen herumtraten und -scharrten. Leroi-Gourhan stimmt dieser radikalen Kritik vorbehaltlos zu: die Schädel in den an der Wand gruppierten oder in Nischen aufgestellten und von Langknochen umgebenen Stein-„Kisten" erklären sich nach ihm durch geologische Fakten und durch das Verhalten der Bären selbst (a. a. O. 31 f). Diese Kritik der Intentionalität der „Depots" scheint überzeugend, um so mehr, als die ersten Ausgrabungen in den Höhlen viel zu wünschen übrig ließen. Dennoch müßte es überraschen, daß sich der gleiche Typ von „Depot" in zahlreichen Grotten, und sogar in Nischen mehr als einen Meter über dem Boden findet. Übrigens anerkennt auch Leroi-Gourhan, daß „in einigen Fällen Eingriffe von Menschenhand wahrscheinlich sind" (a. a. O. 31).

Jedenfalls wurde die Deutung der Depots als Opfergaben an Höhere Wesen selbst von Anhängern W. Schmidts und W. Koppers' aufgegeben. In einer neueren Untersuchung über die Opfer der paläolithischen Menschen gelangt Johannes Maringer zu folgenden Ergebnissen: 1) In der Schicht des Altpaläolithikum (Torralba, Choukoutien, Lehringen) sind *Opfer* nicht belegt; 2) die Dokumente des mittleren Paläolithikum (Drachenloch, Petershöhle) lassen verschiedene Deutungen zu, ihr *religiöser* Charakter (also Opfer an übernatürliche Wesen) ist aber nicht evident; 3) erst im Jungpaläolithikum (Willendorf, Meierdorf, Stellmoore, Montespan, usw.) kann man „mehr oder weniger sicher" von Opfern sprechen[15].

Wie also nicht anders zu erwarten, sieht sich der Forscher entweder dem *Nichtvorhandensein* unwiderlegbarer Dokumente, oder aber, dort, wo es sich um anscheinend authentisch gesicherte Dokumente handelt, mit deren *semantischer Undurchsichtigkeit* konfrontiert. Die „geistige Aktivität" des Altsteinzeitmenschen hinterließ – wie übrigens auch jene der „Primitiven" unserer Zeit – nur sehr schwache Spuren. Um nur ein Beispiel zu nennen, seien hier die Argumente angeführt, die Koby und Leroi-Gourhan gegen ihre eigene Schlußfolgerung anführen: die geologischen Fakten und das Verhalten der Höhlenbären genügen, um das *Nichtvorhandensein* ritueller Depots zu erklären. Was nun die *semantische Undurchsichtigkeit* jener Knochenlager, deren rituelle Intention außer Zweifel steht, betrifft, so finden sich Parallelen bei den

---

[15] *J. Maringer*, Die Opfer der paläolithischen Menschen 271.

arktischen Jägern unserer Zeit. In sich selbst ist das Depot nichts weiter als der *Ausdruck einer magisch-religiösen Intentionalität;* die spezifischen Bedeutungen dieses Tuns werden uns durch Informationen von Mitgliedern entsprechender Gesellschaften zugänglich. So läßt sich möglicherweise erfahren, ob die Schädel und Langknochen Opfergaben an ein Höchstes Wesen oder einen Wildgott sind oder ob sie im Gegenteil in der Hoffnung aufbewahrt wurden, daß sie sich wieder mit Fleisch bedecken. Aber sogar dieser letztgenannte Glaube läßt verschiedene Deutungen zu: das Tier wird mit Hilfe des Wildgotts oder durch die in den Knochen wohnende „Seele", oder auch dank der „Bestattung", die der Jäger ihm angedeihen läßt (um zu vermeiden, daß die Hunde die Knochen auffressen), „wiedergeboren".

Bei einem Dokument, dessen magisch-religiöse Intentionalität wahrscheinlich ist, gilt es stets, die Vielzahl der Deutungsmöglichkeiten zu berücksichtigen. Andererseits aber dürfen wir nicht vergessen, daß die arktischen Jäger und die Altsteinzeitmenschen trotz noch so großer Unterschiede doch die gleiche Wirtschaftsform und sehr wahrscheinlich auch die gleiche religiöse Vorstellungswelt, eben jene der Jägerkulturen, besitzen. Ein Vergleich der prähistorischen Dokumente mit den ethnologischen Fakten ist daher gerechtfertigt.

Es wurde vorgeschlagen, einen in der Schicht des frühen Aurignacien in Schlesien entdeckten fossilen Schädel eines jungen Braunbären in dieser Perspektive zu deuten. Schneide- und Eckzähne waren abgesägt oder -gefeilt, die Backenzähne dagegen befanden sich noch in ausgezeichnetem Zustand. W. Koppers erinnert in diesem Zusammenhang an das „Bärenfest" der Giljaken auf Sachalin und der Ainu auf Jesso: bevor der junge Bär getötet wird, entfernt man ihm mit einem sägeartigen Instrument die Schneide- und Eckzähne, damit er die Festteilnehmer nicht verwunden kann [16]. Da bei der gleichen Feier Knaben den gefesselten Bären mit Pfeilen beschießen, hat man auch einige Wandgravierungen der „Grotte des Trois Frères" in diesem Sinne gedeutet. Sie zeigen einen Bären, dessen Körper von Pfeilschüssen und Steinwürfen getroffen ist und aus dessen Schnauze ein starker Blutstrom hervorbricht [17]. Doch lassen solche Szenen verschiedene Deutungen zu.

Ein weiterer Beweis für die Bedeutung archaischer religiöser Vorstellungen ist ihre Fähigkeit, in späteren Epochen weiterzuleben. So findet sich beispielsweise der Glaube an eine Wiedergeburt des Tieres aus seinen Knochen in sehr vielen Kulturen [18]. Das ist der Grund, warum die Knochen der Tiere, deren Fleisch man verzehrt hat, nicht zerbrochen werden dürfen. Diese den Jäger- und Hirtenkulturen eigene Vorstellung ist auch noch in sehr viel komplexeren

---

[16] Es handelt sich um ein sehr bedeutendes Ritual: die Seele des Bären wird als Bote der Menschen zum Schutzgott geschickt, damit dieser den Erfolg künftiger Jagden gewähren möge.
[17] Vgl. *J. Maringer*, Vorgeschichtliche Religion 146, Abb. 16.
[18] Vgl. *M. Eliade*, Schamanismus und archaische Ekstasetechnik 161 ff (mit den in den Anmerkungen angeführten Bibliographien) und vor allem *J. Henninger*, Neuere Forschungen zum Verbot des Knochenzerbrechens, passim.

Religionen und Mythologien anzutreffen. Ein sehr bekanntes Beispiel sind die Böcke Thors, die am Abend getötet und verzehrt wurden, die der Gott aber am anderen Tag aus ihren Knochen wieder zu neuem Leben erweckte[19]. Ebenso bekannt ist eine Vision Ezechiels (37,1–8f.): der Prophet wurde in „eine Talebene voll von Totengebeinen" versetzt, und dem Befehl des Herrn gehorchend sprach er also zu ihnen: „Ihr dürren Gebeine, höret das Wort Jahwes. So spricht der Herr, der Weise, zu diesen Gebeinen: Siehe, ich gebe euch Odem, daß ihr lebendig werdet... Da entstand ein Zittern, dann ein Rauschen, und die Gebeine rückten eins an das andere heran. Ich schaute, und siehe, Sehnen und Fleisch kam über sie."

5. Die Wandmalereien: Bilder oder Symbole?

Die bedeutendsten und zahlreichsten Bilddokumente erbrachte die Erforschung der bemalten Höhlen. Diese Schätze paläolithischer Kunst sind auf ein relativ begrenztes Gebiet zwischen Ural und Atlantik verteilt. Kleinkunstgegenstände wurden in weiten Teilen West- und Mitteleuropas sowie in Rußland bis zum Don gefunden. Die Wandkunst dagegen ist (mit Ausnahme einer 1961 im Ural entdeckten bemalten Höhle) auf Spanien, Frankreich und Süditalien begrenzt. Verblüffend ist zunächst die „außergewöhnliche Einheit des künstlerischen Gehalts: die offensichtliche Bedeutung der Bilder scheint sich in der Zeit zwischen 30000 und 9000 nicht verändert zu haben und ist in Asturien genau dieselbe wie am Don"[20]. Nach Leroi-Gourhan handelt es sich um die durch Kontakt entstandene Verbreitung ein und desselben ideologischen Systems, und zwar vor allem jenes Systems, das die „Höhlenreligion" kennzeichnet (a.a.O. 84)[21].

Da sich die Malereien relativ weit vom Höhleneingang entfernt befinden, sind sich die Forscher darin einig, daß die Höhlen eine Art Heiligtum waren. Viele dieser Höhlen waren außerdem unbewohnbar, und der schwierige Zugang verstärkte ihren numinosen Charakter. Um zu den bemalten Wänden zu gelangen, muß man erst, wie etwa in den Höhlen von Niaux oder Trois Frères, Hunderte von Metern tief in den Berg eindringen. Die Grotte von Cabrerets bildet ein wahres Labyrinth, dessen Besichtigung Stunden dauert. In Lascaux gelangt man nur über eine Strickleiter durch einen 6,30 m tiefen Erdschacht in die untere

---

[19] Vgl. *Gylfaginning* Kap. 26.
[20] A. *Leroi-Gourhan*, Les religions de la préhistoire 83.
[21] Derselbe Autor hat eine Chronologie und Morphologie der paläolithischen Kunstwerke erarbeitet, wobei er eine Aufteilung in fünf Perioden vornimmt: die präfigurative Epoche (50000); die primitive Epoche, mit stark stilisierten Figuren (30000); die archaische Epoche, gekennzeichnet durch große technische Meisterschaft (etwa 20000–15000); die klassische Zeit (Magdalénien, etwa 15000–11000) mit einem sehr ausgeprägten Formenrealismus, und schließlich, als deren Niedergang und Verlöschen, eine Spätperiode (etwa 10000).

Galerie, in der sich eines der Meisterwerke der Altsteinzeitkunst befindet. Die Intention dieser gemalten oder gravierten Werke steht wohl außer Zweifel. Zu ihrer Deutung bezog sich die Mehrzahl der Forscher auf ethnologische Parallelen. Einige dieser Vergleiche waren nicht überzeugend, vor allem jene, in denen versucht wurde, das altsteinzeitliche Dokument zu „vervollständigen", um es so einem ethnographischen Analogiefall anzugleichen. Solche unkluge Erklärungen kompromittieren jedoch nur ihre Urheber, nicht aber die Methode, die sie anzuwenden vermeinen.

Man hat die von Pfeilen getroffenen Bären, Löwen und anderen Waldtiere oder auch die in der Höhle von Montespan gefundenen Lehmfiguren, die mit runden tiefen Löchern durchbohrte Löwen und einen ebensolchen Bären darstellen, als Beweise für „Jagdmagie" gedeutet[22]. Die Hypothese ist plausibel, doch lassen einige dieser Werke auch eine Deutung als Reaktualisierung der erstmaligen Jagd zu. Möglicherweise wurden in den entlegensten Bereichen der „Heiligtümer" auch Riten zelebriert, so etwa vor dem Auszug zur Jagd oder bei einer Art Knaben-„Initiation"[23]. Eine der Szenen in der Höhle Trois Frères wurde gedeutet als ein Tänzer im Bisongewand, der auf einem Musikinstrument spielt, das eine Flöte sein könnte. Diese Deutung scheint überzeugend, sind doch aus der eiszeitlichen Kunst etwa 55 Darstellungen in Fellen gekleideter Menschen bekannt, die häufig in Tanzpose abgebildet sind[24]. Es handelt sich hier übrigens um ein rituelles Verhalten, wie es auch für die Jägervölker unserer Zeit spezifisch ist.

H. Breuil hat den „Großen Zauberer" der Höhle Trois Frères berühmt gemacht: eine 75 cm hohe, in die Höhlenwand eingeritzte Gravur. Breuils Zeichnung zeigt eine Figur mit dem Kopf eines Hirsches, der ein mächtiges Geweih trägt, jedoch mit einem Eulengesicht, Wolfsohren und einem Gemsenbart. Seine Arme enden in Bärentatzen, er trägt einen langen Pferdeschweif. Einzig die Beine, das Geschlechtsorgan und die tänzerische Haltung verraten, daß es sich um eine menschliche Figur handelt. Auf neueren Photographien indes sind nicht alle von Breuil so sorgfältig beschriebenen Elemente sichtbar[25]. Möglicherweise wurden seit der Entdeckung der Gravur einige Einzelheiten beschädigt (so etwa der zweite Geweihbogen), aber es ist auch nicht auszuschließen, daß H. Breuils Skizze nicht ganz dem Original entspricht. Auf den neueren Photographien ist der „Große Zauberer" weniger eindrucksvoll. Aber er kann dennoch als ein „Herr der Tiere" oder als Zauberer, der ihn personifiziert, gedeutet werden.

---

[22] *Bégouen* und *Casteret* haben, an das Tonmodell des Bären in der Höhle von Montespan anknüpfend, ein ganzes Ritual rekonstruiert; siehe die Kritik von *P. Gratiosi*, Palaeolithic Art 152; vgl. *P. J. Ucko* und *A. Rosenfeld*, Palaeolithic Cave Art 188f.
[23] *Charet* hat die Abdrücke von Menschenfüßen in der Höhle von Tuc d'Aubert als Beweis einer Knaben-Initiation gedeutet; diese Hypothese wurde von einigen Forschern akzeptiert, von *P. J. Ucko* und *A. Rosenfeld* dagegen abgelehnt (a.a.O. 177f).
[24] *J. Maringer* 145.
[25] Vgl. *P. J. Ucko* und *A. Rosenfeld* Abb 89 und S. 204, 206.

Eine Gravierung auf einer Schieferplatte aus Lourdes zeigt ebenfalls einen in Hirschleder gehüllten Mann mit einem Pferdeschweif und einem Hirschgeweih. Gleichermaßen berühmt und nicht minder umstritten ist die interessante Darstellung, die vor nicht allzu langer Zeit in Lascaux in einer äußerst schwer zugänglichen Galerie unter der Höhle entdeckt wurde. Sie zeigt einen verwundeten Bison, der seine Hörner auf einen offenbar tot auf dem Boden liegenden Menschen richtet; seine Waffe, eine Art Speer mit Widerhaken ist an den Leib des Tieres gelehnt; in der Nähe des Mannes (dessen Kopf in einen Schnabel ausläuft) sitzt ein Vogel auf einer Stange. Die Szene wurde allgemein als Darstellung eines „Jagdunfalls" gedeutet. 1950 schlug H. Kirchner vor, sie als schamanische Beschwörungsséance zu betrachten: nach ihm wäre der Mensch nicht tot, sondern liege vor dem geopferten Bison in Trance, während seine Seele ins Jenseits reise. Der Vogel auf der Stange, ein im sibirischen Schamanismus vorkommendes Motiv, wäre sein Schutzgeist. Nach Kirchner ist das Ziel der „Séance" eine Reise des in Ekstase liegenden Schamanen zu den Göttern, um von diesen den Segen, d. h. den Jagderfolg, zu erbitten. Der gleiche Autor hält die geheimnisvollen „Kommandostäbe" für Trommelschlegel. Wenn diese Deutung akzeptiert wird, so würde dies bedeuten, daß die altsteinzeitlichen Zauberer Trommeln verwendet haben, die mit jenen der sibirischen Schamanen vergleichbar sind[26].

Kirchners Position ist umstritten. Ich möchte mich – mangels Kompetenz – eines Urteils enthalten. Daß es im Paläolithikum aber einen bestimmten Typ von „Schamanismus" gab, steht wohl außer Zweifel. Zum einen beherrscht der Schamanismus noch heute die religiöse Ideologie der Jäger und Hirten. Zum anderen ist die ekstatische Erfahrung als solche, als Urphänomen, konstitutiv für die menschliche Verfaßtheit. Wir können uns keine Zeit vorstellen, in der der Mensch nicht Träume und Wachträume gehabt hätte, in der er nicht in „Trance" gefallen wäre, in einen Zustand der Bewußtlosigkeit, der als Reise der Seele ins Jenseits gedeutet wurde. Was sich mit den verschiedenen Kultur- und Religionsformen gewandelt hat, ist die Deutung und Wertung der ekstatischen Erfahrung. Da die geistig-religiöse Welt des Altsteinzeitmenschen von „mystischen" Beziehungen zwischen Mensch und Tier bestimmt war, ist es nicht schwer, die Funktionen eines Spezialisten der Ekstase zu erraten.

Gleichermaßen mit dem Schamanismus in Verbindung gebracht wurden die sog. „Röntgenstrahlen"-Zeichnungen, die das Skelett und die inneren Organe des Tieres zeigen. Diese in Frankreich während des Magdalénien (13 000–6000) und in Norwegen zwischen 6000 und 2000 belegten Zeichnungen finden sich auch in Ostsibirien, bei den Eskimos, in Amerika (bei den Odjibwa, den Pueblos usw.), aber auch in Indien, Malaysia, Neu-Guinea und in Nordwest-Australien[27].

---

[26] *H. Kirchner*, Ein archäologischer Beitrag zur Urgeschichte des Schamanismus 244f, 279f. Hier sei daran erinnert, daß Trommelschlegel aus Knochen auf der Insel Oleny, in der Barentssee, in einer, in die Zeit um 500 datierten Schicht gefunden wurden. Vgl. *M. Eliade*, Schamanismus 169.
[27] *A. Lommel*, Shamanism: The Beginnings of Art 129f.

Diese Kunst ist den Jägerkulturen spezifisch, aber die ihr zugrunde liegende religiöse Vorstellungswelt ist schamanisch. Denn nur dem Schamanen ist es möglich, in seiner übernatürlichen Vision „sein eigenes Skelett zu schauen"[28]. Mit anderen Worten, er vermag bis zum Urgrund des animalischen Lebens, dem Knochengerüst, vorzudringen. Daß es sich hierbei für einen bestimmten Typ des „Mystikers" um eine grundlegende Erfahrung handelt, ist u. a. dadurch bewiesen, daß diese im tibetanischen Buddhismus noch heute praktiziert wird.

6. Die Gegenwart des Weiblichen

Die Entdeckung von Frauendarstellungen aus der letzten Eiszeit hat Probleme aufgeworfen, deren Diskussion noch nicht abgeschlossen ist. Diese Frauenstatuen finden sich in großräumiger Verbreitung von Südwestfrankreich bis zum Baikalsee in Sibirien und von Norditalien bis zum Rhein. Die 5 bis 25 cm hohen Statuetten sind aus Stein, Knochen, oder Elfenbein gefertigt. Man hat sie, ziemlich unpassend, als „Venus"-Figuren bezeichnet, deren bekannteste die „Venus" von Lespuges, Willendorf (Österreich) und Laussel (Dordogne) sind[29]. Als instruktiver aber erweisen sich, dank der exakten Grabungen, die im ukrainischen Gagarino und Mezine gefundenen Stücke. Sie entstammen Wohnschichten, scheinen also in einem Zusammenhang mit Hausriten zu stehen. In Gagarino fand man an den Wänden der Wohnstätte sechs Figürchen aus Mammutknochen geschnitzt. Sie sind nur rudimentär bearbeitet, der Unterleib ist übermäßig betont, der Kopf nicht ausgearbeitet. Die in Mezine gefundenen Stücke sind stark stilisiert; einige davon können als auf geometrische Elemente reduzierte weibliche Formen gedeutet werden (dieser Typus ist auch in Mitteleuropa belegt); andere wiederum stellen sehr wahrscheinlich Vögel dar. Die Figurinen sind mit verschiedenen geometrischen Mustern verziert, so u. a. dem Hakenkreuz. Zur Deutung ihrer möglicherweise religiösen Funktion verwies Hančar auf gewisse Jägerstämme Nordasiens, die Menschenfigürchen aus Holz, *dzuli*, anfertigen. Bei jenen Stämmen, in denen die *dzuli* weiblich sind, stellen diese „Idole" die mystische Ahnmutter dar, aus der der ganze Stamm hervorgegangen ist: sie schützen Familien und Wohnstätten, und nach der Rückkehr von der Jagd erhalten sie Gaben: Grütze und Fett.

Bedeutender noch ist Gerasimovs Entdeckung in Mal'ta (Sibirien). Hier handelt es sich um ein ganzes „Dorf", dessen rechtwinklige Häuser in zwei Gruppen aufgeteilt waren: die rechte Hälfte war den Männern vorbehalten (hier fand man nur Gebrauchsgegenstände für Männer), die linke gehörte den Frauen. Die Frauenstatuetten entstammen ausschließlich dieser Hälfte. Ihre Entsprechungen

---

[28] *M. Eliade*, Schamanismus 71 ff.
[29] *F. Hančar*, Zum Problem der Venusstatuetten im eurasiatischen Jungpaläolithikum 90f, 150f.

im Lager der Männer stellen Vögel dar; einige wurden allerdings als Phalli gedeutet[30].

Eine genaue Bestimmung der religiösen Funktion dieser Figurinen ist nicht möglich. Wir dürfen aber annehmen, daß sie in irgendeiner Weise die weibliche Sakralität und damit die magisch-religiöse Macht der Göttinnen darstellen. Das aus der spezifischen Seinsweise der Frau resultierende „Geheimnis" spielt in vielen, primitiven wie auch historischen, Religionen eine große Rolle. A. Leroi-Gourhan kommt das Verdienst zu, die zentrale Funktion der Polarität männlich–weiblich in der gesamten paläolithischen Kunst, also in den Wandmalereien und -reliefs, in den Statuetten oder Steintäfelchen aufgezeigt zu haben. Er konnte darüber hinaus die Einheit dieser Symbolsprache aufweisen, die von der franko-kantabrischen Region bis hinauf nach Sibirien reicht. Durch topographische und statistische Analysen gelangte Leroi-Gourhan zu dem Schluß, daß *Figuren* (Formen, Gesichter usw.) und *Zeichen* untereinander austauschbar sind. So hat beispielsweise das Bild des Bison den gleichen – „weiblichen" - Wert wie die „Wunden" oder andere geometrische Zeichen. Er beobachtete darüber hinaus, daß es eine Verknüpfung männlich-weiblicher Werte gibt, wie beispielsweise Bison (weiblich) und Pferd (männlich). Im Lichte dieser Symbolik „dechiffriert", enthüllt sich die Höhle als eine geordnete und sinnschwangere Welt.

Für Leroi-Gourhan steht außer Zweifel, daß die Höhle ein Heiligtum ist und die Steintäfelchen oder Figurinen „tragbare Heiligtümer" sind, da sie die gleiche Symbolstruktur aufweisen wie die bemalten Grotten. Doch räumt der gleiche Autor ein, daß diese von ihm rekonstruierte Synthese uns nichts über die *Sprache* der altsteinzeitlichen Religion verrät. Seine Methode ermöglicht ihm keinerlei Aussage über die in manchen Wandmalereien evozierten „Ereignisse". In der berühmten „Szene" von Lascaux, die von anderen Forschern als Jagdunfall oder schamanische Séance gedeutet wird, sieht Leroi-Gourhan nichts weiter als einen Vogel, der einer bestimmten „topographischen Gruppe" zugehört und „symbolisch gleichwertig ist mit dem Menschen oder dem Nashorn, die daher neben ihm auf die Wand gezeichnet wurden" (a. a. O. 148). Außer der Verkoppelung von Symbolen verschiedener sexueller Wertigkeit (woraus sich vielleicht die dieser Komplementarität zugeschriebene religiöse Bedeutung erklärt) ist Leroi-Gourhans weiterführender Beitrag eigentlich nur noch die Feststellung, „daß die Darstellungen ein äußerst vielschichtiges und reichhaltiges System umfassen, das sehr viel reichhaltiger und vielschichtiger ist, als bislang angenommen wurde" (a. a. O. 151).

Leroi-Gourhans Theorie wurde unter verschiedenen Gesichtspunkten kritisiert. Man warf ihm vor allem eine gewisse Unbeständigkeit in seiner „Lesart" der Figuren und Zeichen vor, sowie die Tatsache, daß er die in den Höhlen

---

[30] *M. M. Gerasimov*, Paleolithischeskaja stojanka Mal'ta 40, zusammengefaßt von *K. Jettmar*, in: Religionen Nordeurasiens 309f.

vollzogenen Riten nicht mit dem von ihm erarbeiteten Symbolsystem in Beziehung setzte[31]. Dennoch ist Leroi-Gourhans Beitrag von großer Bedeutung: er hat die stilistische und ideologische Einheit der altsteinzeitlichen Kunst aufgezeigt und auf die Komplementarität der unter dem Signum „maskulin" und „feminin" verborgenen religiösen Werte hingewiesen. Eine analoge Symbolik prägte das „Dorf" von Mal'ta mit seinen beiden klar unterschiedenen Bereichen für die beiden Geschlechter. Systeme, die die Komplementarität der beiden sexuellen und kosmologischen Prinzipien implizieren, sind auch heute noch in großer Zahl in Primitivgesellschaften anzutreffen. Wir werden diesen Systemen gleichermaßen in den archaischen Religionen begegnen. Wahrscheinlich bezog man sich auf dieses Komplementärpinzip, um sowohl die Welt zu organisieren als auch das Geheimnis ihrer Schöpfung und ihrer periodischen Erneuerung zu erklären.

7. Riten, Denkweise und Vorstellungswelt der Altsteinzeitjäger

Die neueren Entdeckungen der Paläontologie haben gemeinsam, daß sie immer weiter in die Zeit der „Anfänge" des Menschen und der Kultur vordringen. Der Mensch erweist sich als älter und seine psychisch-geistige Aktivität als komplexer, als man noch vor einigen Jahrzehnten annahm. Erst jüngst konnte A. Marshak nachweisen, daß das Jungpaläolithikum ein ganzes System von Symbolen zum Zwecke der Zeitfestlegung kannte, das auf der Beobachtung der Mondphasen beruhte. Diese Aufzeichnungen, die der Autor als „time-factored", also als über eine lange Periode ohne Unterbrechung hinweg angehäuft bezeichnet, erlauben die Annahme, daß gewisse jahreszeitliche oder periodische Feste schon lange vorher festgelegt wurden, wie dies auch heute noch bei sibirischen Stämmen und den Indianern Nordamerikas der Fall ist. Dieses Festlegungs-„System" hat sich über mehr als 25000 Jahre, vom frühen Aurignacien bis zum späten Magdalénien, durchgehalten. Nach Marshak gehen Schrift, Arithmetik und Kalender im eigentlichen Sinn, wie sie in den ersten Kulturen auftauchen, wahrscheinlich auf diese Symbolik zurück, die das Aufzeichnungs-„System" der Altsteinzeit bestimmt[32].

Was immer man von der allgemeinen Theorie Marshaks über die Entwicklung der Kultur halten mag, fest steht jedenfalls, daß der Mondzyklus schon 15000 Jahre vor der Entdeckung des Ackerbaus analysiert und bekannt war und auch praktische Verwendung fand. Von hier wird auch die bedeutende Rolle des

---

[31] P.J.Ucko und A.Rosenfeld 220, 195f; Ähnlich lautet auch die Kritik H.Lhotes.
[32] Vgl. A. Marshak, The Roots of Civilization 81 ff. Gleichermaßen kennzeichnend ist die Fähigkeit des Altsteinzeitmenschen, die Phasen des pflanzlichen Lebens genau zu beobachten und zu bestimmen; vgl. A. Marshak 172ff; ders., Le bâton de commandement de Montgaudier (Charente) 329ff.

Mondes in den archaischen Mythologien besser verständlich sowie die Tatsache, daß die Mondsymbolik so verschiedene Wirklichkeiten, wie Frau, Wasser, Vegetation, Schlange, Fruchtbarkeit, Tod, „Wiedergeburt" usw., in ein und dasselbe System integrieren konnte[33].

In seiner Analyse der auf Gegenständen eingravierten oder auf Höhlenwände gezeichneten Mäander kommt Marshak zu dem Schluß, daß diese durch ihre Aufeinanderfolge und der in ihnen ausgedrückten Intentionalität ein „System" bilden. Diese Struktur erscheint bereits in den Gravierungen eines in Pech de l'Azé (Dordogne) ausgegrabenen Knochens, der dem Acheuléen (ca. 135 000) angehört und also mindestens 100 000 Jahre vor den Mäandern des Jungpaläolithikums liegt. Hier sind die Mäander zusätzlich um und über Tierzeichnungen gezeichnet, sie verraten also ein bestimmtes Ritual („persönlicher Akt der Teilnahme", wie Marshak es bezeichnet). Ihre genaue Bedeutung ist nur schwer zu ergründen; von einem gewissen Zeitpunkt an (so etwa der Zeichnung von Petersfeld, Baden) werden die Mäander aber in der Form des „laufenden Hundes" gestaltet und von Fischen begleitet. In diesem Fall ist die Wassersymbolik evident. Nach Ansicht des Autors handelt es sich jedoch nicht einfach um ein „Bild" des Wassers; die zahllosen, von Fingern und verschiedenen Werkzeugen herrührenden Spuren verraten einen „persönlichen Akt der Teilnahme", in dem die Wassersymbolik oder -mythologie eine Rolle spielten[34].

Diese Analysen bestätigen die *rituelle Funktion* der paläolithischen Zeichen und Figuren. Es scheint nun evident, daß diese Bilder und Symbole sich auf bestimmte „Geschichten" beziehen, d. h. auf Ereignisse, die in einem Zusammenhang stehen mit den Jahreszeiten, dem Verhalten des Wildes, der Sexualität, dem Tod, der geheimnisvollen Mächtigkeit gewisser übernatürlicher Wesen und gewisser Personen („Spezialisten des Heiligen"). Wir können die paläolithischen Darstellungen als einen Code betrachten, der zugleich den *symbolischen* (also „magisch-religiösen") *Wert* der Bilder und deren *Funktion* in den auf verschiedene „Geschichten" bezogenen Zeremonien bezeichnet. Zwar werden wir nie Genaueres über den konkreten Inhalt dieser „Geschichten" erfahren. Aber die „Systeme", in die sich die verschiedenen Symbole einfügen, ermöglichen uns zumindest, ihre Bedeutung für die magisch-religiösen Praktiken des Altsteinzeitmenschen zu erkennen. Dies um so mehr, als viele dieser „Systeme" auch bei Jägergesellschaften gültig sind.

Wie wir bereits oben dargelegt haben (§ 4), ist es legitim, bestimmte Aspekte der vorgeschichtlichen Religionen durch einen Vergleich mit den Riten und Glaubensvorstellungen der primitiven Jäger zu „rekonstruieren". Es geht nicht

---

[33] Vgl. *M. Eliade*, Die Religionen und das Heilige Kap. IV.
[34] *A. Marshak*, The Meander as a System. – Der Autor vertritt die Ansicht, daß die Mäandertradition nicht durch Jagdmagie oder Sexualsymbolik zu erklären ist. Der Komplex Schlange–Wasser–Regen–Sturm–Wolke findet sich auch im neolithischen Eurasien, in Australien, in Afrika und in den beiden Amerika.

nur um „ethnographische Parallelen", eine Methode, die mehr oder weniger erfolgreich von allen Forschern, mit Ausnahme Leroi-Gourhans und Laming-Emperairs[35] angewandt wurde. Auch unter Berücksichtigung aller Unterschiede, die eine vorgeschichtliche Kultur von einer primitiven trennen, finden sich doch immer einige grundlegende Übereinstimmungen. Denn zahlreiche, auf Jagd, Fischerei und Sammlertum gegründete archaische Kulturen bestanden noch bis in die jüngste Zeit am Rande der bewohnten Welt (auf Feuerland, in Afrika, bei den Hottentotten und den Bochimanen, in der Arktis, in Australien usw.) oder in den großen tropischen Wäldern (die Bambuti-Pygmäen usw.). Trotz der Einflüsse, die (zumindest in einigen Fällen) benachbarte Agrarkulturen auf sie ausübten, waren gegen Ende des 19. Jahrhunderts die ursprünglichen Strukturen noch nicht zerstört. Diese in einem, dem Jungpaläolithikum ähnlichen Stadium „fixierten" Kulturen sind gewissermaßen „lebende Fossilien"[36].

Es kann natürlich nicht die Rede davon sein, die religiösen Praktiken und Mythologien der „Primitiven" auf die Menschen der Altsteinzeit zu übertragen. Wie wir aber bereits feststellten, scheint die schamanische Ekstase auch für das Paläolithikum belegt zu sein. Dies impliziert einerseits den Glauben an eine „Seele", die den Leib verlassen und sich frei in der Welt bewegen kann, und andererseits die Überzeugung, daß die Seele im Verlauf einer solchen Reise bestimmten übermenschlichen Wesen begegnen und von ihnen Hilfe oder Segnung erbitten kann. Die schamanische Ekstase impliziert daneben auch die Möglichkeit, zu „besitzen", d.h. in den Leib menschlicher Wesen einzugehen, sowie von der Seele eines Toten oder eines Tieres oder auch von einem Geist oder einem Gott „besessen" zu sein.

Ein anderes Beispiel: die Trennung der Geschlechter (§ 6) erlaubt die Annahme der Existenz von Geheimriten, die den Männern vorbehalten waren und vor den Jagdzügen gefeiert wurden. Ähnliche Riten sind Erbgut bestimmter Erwachsenengruppen, wie etwa der Männerbünde; die „Geheimnisse" werden den Knaben durch Initiationsriten enthüllt. Bestimmte Autoren vermeinten den Beweis für eine solche Initiation in der Grotte von Montespan gefunden zu haben, doch wurde diese Deutung angefochten. Dennoch steht das Archaische der Initiationsriten außer Zweifel. Die Analogien zwischen zahlreichen, am Rande der zivilisierten Welt (Australien, Südamerika und Nordamerika) beleg-

---

[35] Was die Kritik von *P. J. Ucko*, a.a.O. 140ff, auf sich gezogen hat. Dieser Autor verweist zunächst auf einige Beispiele, in denen der ethnographische Vergleich bestimmte Aspekte der vorgeschichtlichen Gesellschaften erhellt hat (151ff), um dann eine Analyse der paläolithischen Wandkunst im Lichte der australischen und afrikanischen Fakten zu geben (191ff).
[36] Der Begriff der „lebenden Fossilien" wurde in mehreren Zweigen der Biologie, vor allem in der Höhlenforschung erfolgreich angewendet. Die Troglobien, die heute die Grotten bevölkern, gehören einer seit langem verschwundenen Fauna an. „Sie sind echte lebende Fossilien und vertreten häufig sehr alte Stadien der Geschichte des Lebens: des tertiären und sogar des sekundären" (*Dr. Racovitza*). Die Grotten konservieren also eine archaische Fauna, die für das Verständnis der *nicht versteinerungsfähigen* primitiven zoomorphen Gruppen von größter Bedeutung ist.

ten Zeremonien zeugen von einer gemeinsamen Tradition, die bereits in der Altsteinzeit entwickelt wurde[37].

Was den „Rundtanz" von Montespan (wie immer man die im Lehmboden der Grotte von den Füßen junger Menschen hinterlassenen Spuren auch deuten mag), betrifft, so zweifelt Curt Sachs nicht, daß diese rituelle Choreographie dem Altsteinzeitmenschen wohlbekannt war[38]. Der Rundtanz aber ist weit verbreitet (in ganz Eurasien, in Osteuropa, Melanesien, bei den Indianern Kaliforniens, usw.), Er wird überall von den Jägern praktiziert, sei es, um die Seele des erlegten Tieres zu versöhnen, sei es, um die Vermehrung des Wildes zu sichern[39]. In beiden Fällen ist die Kontinuität mit der religiösen Vorstellungswelt der Altsteinzeitjäger evident. Die „mystische Solidarität" zwischen der Jägergruppe und dem Wild läßt außerdem eine Anzahl von „Berufsgeheimnissen" vermuten, um die nur die Männer wußten; ebensolche „Geheimnisse" werden den Knaben in den Initiationen eröffnet.

Der Rundtanz veranschaulicht sehr deutlich das Weiterleben vorgeschichtlicher Riten und Glaubensüberzeugungen in den archaischen Kulturen unserer Zeit. Wir werden noch weiteren Beispielen begegnen. Hier sei nur daran erinnert, daß bestimmte Wandmalereien von Hoggar und Tassili dank eines Initiationsmythos afrikanischer Hirtenstämme „entziffert" wurden. Diesen Mythos erfuhr die Afrikanistin Germaine Dieterlen über einen Wissenschaftler aus Mali[40]. In einer Monographie über *Luwe* und seine namenskundlichen Analogien kommt H. von Sicard zu dem Schluß, daß dieser afrikanische Gott die älteste religiöse Glaubensvorstellung der euro-afrikanischen Jäger repräsentiert, und zwar aus einer Zeit, die der schwedische Gelehrte vor 8000 datiert[41].

Es ist also sehr wahrscheinlich, daß die paläolithischen Völker bereits eine Anzahl von Mythen, und zwar in erster Linie kosmogonische und Ursprungs-Mythen, kannten (Ursprung des Menschen, des Wildes, des Todes, usw.). Um nur ein Beispiel anzuführen: ein kosmogonischer Mythos schildert die Urwasser und den Schöpfer, der in Gestalt eines Menschen oder eines Wassertieres auf den Grund des Ozeans hinabsteigt, um die für die Erschaffung der Welt notwendige Materie zu holen. Die äußerst starke Verbreitung dieser Kosmogonie und ihre archaische Struktur verweisen auf eine, aus der frühesten Vorgeschichte ererbte Tradition[42]. Ebenso sind auch die Mythen, Legenden und Riten im Zusammenhang mit Himmelfahrt und „magischem Flug" (Flügel, Federn von Raubvögeln – Adler, Falke) auf allen Kontinenten, von Australien

---

[37] Siehe *M. Eliade*, Naissances mystiques 69 ff.
[38] *C. Sachs*, World History of the Dance (1937) 124, 208.
[39] Vgl. die umfassende Dokumentation bei *E. Gasparini*, Il Matriarcato Slavo 667 f.
[40] Veröffentlicht in: *G. Dieterlen*, Koumen; vgl. *H. Lhote*, Les gravures et les peintures rupestres de Sahara 282 ff.
[41] *H. v. Sicard*, Luwe und verwandte mythische Gestalten 720 ff.
[42] Siehe die vergleichende Analyse aller Varianten in meinem Buch: De Zalmoxis à Gengis-Khan 81–130.

und Südamerika bis in die arktischen Zonen allgemein bezeugt[43]. Diese Mythen aber entsprechen den Traum- und Ekstaseerfahrungen, die gerade für den Schamanismus spezifisch sind; ihr hohes Alter steht außer Zweifel.

Ebenso verbreitet sind die Mythen und Symbole des Regenbogens und seiner irdischen Entsprechung, der Brücke, also den schlechthinnigen Verbindungen zur anderen Welt. Wir dürfen auch die Existenz eines kosmologischen „Systems" annehmen, das ausgehend von der fundamentalen Erfahrung eines „Mittelpunkts der Welt", um den sich der Raum gliedert, artikuliert wurde. Schon 1914 hat W. Gaerte eine große Zahl vorgeschichtlicher Zeichen und Bilder zusammengetragen, die als kosmische Berge, Weltennabel und paradigmatische Flüsse, die die „Welt" in vier Richtungen unterteilen, gedeutet werden können[44].

Mythen über den Ursprung der Tiere und die religiösen Beziehungen zwischen Jäger, Wild und Herrn der Tiere erscheinen verschlüsselt sehr oft im ikonographischen Repertoire des Altsteinzeitmenschen. Außerdem ist eine Jägergesellschaft ohne Mythen über den Ursprung des Feuers kaum vorstellbar, zumal die Mehrzahl dieser Mythen den Geschlechtsakt in den Vordergrund stellt. Und schließlich gilt es stets, die Grunderfahrung der Sakralität des Himmels und der himmlischen und atmosphärischen Erscheinungen zu berücksichtigen. Denn dies ist eine der wenigen Erfahrungen, in denen sich „Transzendenz" und Herrlichkeit ungebrochen offenbaren. Daneben tragen die ekstatischen Aufstiege der Schamanen, die Flugsymbolik, die imaginäre Erfahrung der Höhe als Befreiung vom Schwergewicht dazu bei, den Himmelsraum als Ausgangspunkt und Wohnstätte übermenschlicher Wesen, wie Götter, Geister und Kulturheroen, zu verstehen. Ebenso wichtig und bedeutungsvoll sind aber auch die „Offenbarungen" der Nacht und der Finsternis, des Tötens der Beute und des Sterbens eines Familienmitgliedes, der kosmischen Katastrophen, eventueller Krisen des Enthusiasmus, des Wahnsinns oder mörderischer Blutgier bei Stammesmitgliedern.

Eine entscheidende Rolle spielen die magisch-religiösen Bewertungen der Sprache. Schon gewisse Gesten konnten das Erscheinen einer heiligen Macht oder eines kosmischen „Geheimnisses" andeuten. Wahrscheinlich waren die Gesten der anthropomorphen Figuren vorgeschichtlicher Kunst nicht nur Bedeutungs-, sondern auch Machtträger. Die religiöse Bedeutung der „Gestus-Epiphanien" war noch Ende des 19. Jahrhunderts bei einigen Naturgesellschaften bekannt[45]. So mußte die phonetische Kreativität *a fortiori*

---

[43] Vgl. *M. Eliade*, Mythen, Träume und Mysterien 152ff; *ders.*, Schamanismus 157ff, 185ff, 384ff; *ders.*, Religions australiennes 139ff.

[44] *W. Gaerte*, Kosmische Vorstellungen im Bilde prähistorischer Zeit: Erdberg, Himmelsberg, Erdnabel und Weltströme. – Die Mehrzahl der von Gaerte angeführten Beispiele gehört jedoch jüngeren vorgeschichtlichen Kulturen an.

[45] Bei bestimmten Stämmen Nordaustraliens besteht der Hauptritus der Initiation eines jungen Mädchens in dessen feierlicher Vorstellung vor der Gemeinde. Man *zeigt*, daß sie nun erwachsen,

eine unerschöpfliche Quelle magisch-religiöser Kräfte sein. Schon vor Herausbildung der artikulierten Sprache war die menschliche Stimme fähig, Informationen, Befehle oder Wünsche mitzuteilen, aber sie vermochte auch durch das Ausstoßen von Lauten und durch klangliche Neuerungen eine ganze Welt von Vorstellungen zu erwecken. Es genügt, an die fabulösen, paramythologischen und parapoetischen, aber auch ikonographischen Schöpfungen der Schamanen zu denken, die sich bei ihren vorbereitenden Übungen zur ekstatischen Reise einstellen, oder an die Wiederholung der *mantras* während bestimmter Yoga-Meditationen, die zugleich den Rhythmus der Atmung *(prânâyâma)* und die Sichtbarmachung „mystischer Silben" implizieren.

Mit zunehmender Vervollkommnung vermehrte die Sprache auch ihre magisch-religiösen Möglichkeiten. Das gesprochene Wort bewirkte eine Kraft, die, wenn überhaupt, nur sehr schwer auszulöschen war. Ähnliche Vorstellungen bestehen noch heute bei zahlreichen Primitiv- und Volkskulturen. Sie finden sich außerdem in der rituellen Funktion magischer Formeln der Lobrede, der Satire, der Verwünschung und Verfluchung bei komplexeren Gesellschaften. Das aufpeitschende Erlebnis des Wortes als magisch-religiöse Macht führte mitunter zur Gewißheit, daß die Sprache die durch die rituellen Handlungen erlangten Ergebnisse zu sichern vermag.

Abschließend müssen wir noch auf den Unterschied zwischen den verschiedenen Persönlichkeitstypen hinweisen. Ein Jäger mochte sich durch seine Heldentaten und seine List hervortun, ein anderer wiederum durch die Intensität seiner ekstatischen Trancezustände. Diese charaktermäßigen Unterschiede implizieren eine gewisse Verschiedenheit in der Wertung und Deutung der religiösen Erfahrungen. So kommen wir zu dem Schluß, daß das religiöse Erbe des paläolithischen Menschen ungeachtet einiger gemeinsamer Grundideen bereits eine sehr komplexe Gestalt aufwies.

---

also bereit ist, das typische Verhalten der Frauen anzunehmen. Das rituelle Vorzeigen eines Zeichens, eines Gegenstandes oder eines Tieres bedeutet die Verkündigung einer heiligen Gegenwart, die Berufung auf das Wunder einer Hierophanie; vgl. *M. Eliade*, Religions australiennes 120. Weitere Beispiele in: Naissances mystiques 96 ff.

ZWEITES KAPITEL

Die längste Revolution
Die Entdeckung des Ackerbaus
– Mesolithikum und Neolithikum –

8. Ein verlorenes Paradies

Mit dem Ende der Eiszeit gegen 8000 trat im Europa nördlich der Alpen eine radikale Veränderung des Klimas und der Landschaft und damit auch der Flora und Fauna ein. Das Zurückweichen der Gletscher führte zu einer Abwanderung der Tierwelt in nördliche Gebiete. Nach und nach bedeckte Wald die einstigen arktischen Steppen. Die Jäger zogen dem Wild, vor allem den Rentierherden nach, doch zwang sie die Lichtung des Tierbestandes, sich an den Ufern der Seen und an Küstenstrichen niederzulassen und als Fischer zu leben. Die neuen Kulturen, die sich in den folgenden Jahrtausenden entwickelten, werden unter dem Begriff Mesolithikum zusammengefaßt. In Westeuropa sind sie zweifellos viel ärmer als die großartigen Schöpfungen des Jungpaläolithikums. In Südwestasien dagegen und insbesondere in Palästina ist das Mesolithikum eine Achsenzeit: es ist die Periode der erstmaligen Zähmung von Tieren und der Anfänge des Ackerbaus.

Die religiösen Praktiken jener Jäger, die den Rentierherden nach Nordeuropa gefolgt waren, sind nur wenig bekannt. In der Schlammschicht eines Teichs von Stellmoor bei Hamburg fand A. Rust Reste von zwölf vollständigen Rentieren, die – mit Steinen in Brust- und Bauchhöhle beschwert – versenkt worden waren. Rust und andere Autoren haben diesen Fund als Primitialopfer für eine Gottheit, wahrscheinlich den Herrn der Tiere gedeutet. H. Pohlhausen dagegen verweist auf die Eskimos, die Fleischvorräte im gefrorenen Wasser der Seen und Flüsse aufbewahren[1]. Wie aber Pohlhausen selbst einräumt, schließt diese empirische Erklärung nicht die religiöse Intentionalität bestimmter Depots aus. In der Tat ist das Versenkopfer von Nordeuropa bis Indien reichlich und für verschiedene Epochen belegt[2].

Der See von Stellmoor galt den mittelsteinzeitlichen Jägern wahrscheinlich als „heiliger Ort". Rust fand in der Ablagerung zahlreiche Gegenstände, wie

---
[1] *A. Rust*, Die alt- und mittelsteinzeitlichen Funde von Stellmoor; *H. Müller-Karpe*, Handbuch der Vorgeschichte I, 224f; *H. Pohlhausen*, Zum Motiv der Rentierversenkung 988f; *J. Maringer*, Die Opfer der paläolithischen Menschen 226f.
[2] Vgl. *A. Closs*, Das Versenkungsopfer, passim.

Holzpfeile, Knochenwerkzeuge und aus Rentiergeweih gearbeitete Beile. Sie sind wahrscheinlich Opfergaben, ähnlich jenen Geräten aus der Bronze- und Eisenzeit, die in einigen Seen und Teichen Westeuropas gefunden wurden. Zwar liegen zwischen diesen beiden Gruppen von Gegenständen mehr als fünf Jahrtausende, aber die Kontinuität dieser Art religiösen Brauchtums steht außer Zweifel. In der sog. Quelle von Saint-Sauveur (im Wald von Compiègne) wurden Feuersteine aus dem Neolithikum (absichtlich als Ex-voto-Gabe zerbrochen). Gegenstände aus der Zeit der Gallier und der Galloromanen, sowie aus dem Mittelalter bis herauf in unsere Zeit gefunden[3]. Außerdem ist zu berücksichtigen, daß im letztgenannten Fall dieser Brauch trotz des kulturellen Einflusses des kaiserlichen Rom und vor allem trotz wiederholter Verbote seitens der Kirche weiterbestand. Neben seiner Bedeutung in sich hat dieses Beispiel paradigmatischen Wert: es erhellt in einmaliger Weise die Kontinuität „heiliger Orte" und bestimmter religiöser Praktiken.

Ebenfalls in der mittelsteinzeitlichen Schicht entdeckte Rust einen Kiefernholzpfahl, auf dessen Spitze ein Rentierschädel stak. Nach Maringer verweist dieser Kultpfahl wahrscheinlich auf rituelle Mahlzeiten: man aß das Fleisch der Rentiere und opferte ihre Köpfe einem göttlichen Wesen. Unweit von Ahrensburg-Hopfenbach stieß Rust in einer um 10000 datierten mittelsteinzeitlichen Siedlung am Grund eines Teiches auf einen roh bearbeiteten, 3,50 m langen Weidenstamm: man kann den Kopf, einen langgestreckten Hals und lange, eingeschnittene Rillen, die der Autor des Fundes als Arme deutet, unterscheiden. Dieses „Idol" war im Teich aufgerichtet worden, aber man fand in seiner Umgebung weder Knochen noch sonstige Gegenstände. Wahrscheinlich handelt es sich um das Bild eines übernatürlichen Wesens, dessen Struktur genauer zu bestimmen allerdings unmöglich ist[4].

Im Vergleich zur Kargheit dieser wenigen Dokumente der Rentierjäger bietet die Felsenkunst Ostspaniens dem Religionsgeschichtler reiches Material. Die naturalistische Felsenmalerei des Jungpaläolithikums wird in der „spanischen Levante" zu einer strengen und formalistischen, geometrischen Kunst. Die Felswände der Sierra Morena sind mit Menschenbildern und Tierfiguren (vor allem Hirschen, und Steinböcken) bedeckt, die auf nur wenige Linien reduziert sind und verschiedene Zeichen tragen (Wellenbänder, Kreise, Punkte, Sonnen). Wie Hugo Obermeier gezeigt hat, stehen diese Menschenbilder in Zusammenhang mit den Zeichnungen auf den bemalten Kieseln des Azilien[5]. Da diese Kultur aus Spanien stammt, müssen auch die Menschendarstellungen auf den Felswänden und den Kieseln ähnliche Bedeutung haben. Sie wurden als phallische

---

[3] *M. Eliade*, Die Religionen und das Heilige 232.
[4] *A. Rust*, Die jungpaläolithischen Zeltanlagen von Ahrensburg 141f; *J. Maringer*, Die Opfer der paläolithischen Menschen 267f; *H. Müller-Karpe*, Handbuch der Vorgeschichte II, 496f (Anm. 347) zögert, in diesem Gegenstand ein „Idol" zu sehen.
[5] Jäger und Fischerkulturen, so benannt nach der Fundstätte Mas d'Azil, einer Höhle in den französischen Pyrenäen.

Symbole, als Schriftelemente oder auch als magische Zeichen gedeutet. Überzeugender jedoch erscheint der Vergleich mit den australischen *Tschuringas*. Bekanntlich stellen diese zumeist aus Stein gefertigten und mit verschiedenen geometrischen Mustern verzierten rituellen Gegenstände den mystischen Leib der Ahnen dar. Die *Tschuringas* werden in Höhlen verborgen oder an heiligen Orten vergraben und werden den jungen Männern erst am Abschluß ihrer Initiation gezeigt. Bei den Aranda wendet sich der Vater mit folgenden Worten an den Sohn: „Dies ist dein Leib, aus dem du durch eine neue Geburt hervorgegangen bist", oder: „Das ist dein Leib. Das ist der Ahne, der du einst warst, als du während deines früheren Lebens wandertest. Dann stiegst du in die heilige Höhle hinab, um dort auszuruhen."[6] Sollten, was wahrscheinlich ist, die bemalten Kiesel von Mas d'Azil eine den *Tschuringa* analoge Funktion gehabt haben, so ist damit aber immer noch nicht erwiesen, daß auch die Vorstellungen ihrer Produzenten jenen der Australier ähnelten. Die religiöse Bedeutung der Azil-Kiesel indes steht außer Zweifel. In der Höhle von Birseck, Schweiz, wurden 133 bemalte Kiesel gefunden, die fast alle zerbrochen waren. Es erscheint plausibel, daß sie von Feinden oder von späteren Bewohnern der Höhle zerbrochen wurden. In beiden Fällen ging es darum, die diesen Gegenständen innewohnende magisch-religiöse Kraft zu vernichten. Wahrscheinlich handelte es sich bei den Grotten und den mit Felsmalereien ausgeschmückten Orten der spanischen Levante um heilige Stätten. Die Bedeutung der mit den Menschendarstellungen abgebildeten Sonnen und anderen geometrischen Zeichen allerdings bleibt geheimnisvoll[7].

Wir haben keine Möglichkeit, Ursprung und Entwicklung des vorgeschichtlichen Ahnenglaubens genauer zu bestimmen. Ethnographischen Parallelen zufolge besteht dieser religiöse Komplex wahrscheinlich zugleich mit dem Glauben an übernatürliche Wesen oder an Herren der Tiere. Es ist nicht einzusehen, warum die Vorstellung mythischer Ahnen nicht auch ein Teil des religiösen Systems der Steinzeitmenschen sein sollte: sie entspricht der für Jägerkulturen spezifischen Ursprungsmythologie – Ursprung der Welt, des Wildes, des Menschen und des Todes. Überdies handelt es sich hier um eine allgemeinverbreitete und mythologisch fruchtbare religiöse Vorstellung, denn sie hat sich in allen, selbst in den komplexesten Religionen (mit Ausnahme des Hinayana-Buddhismus) erhalten. Es kommt durchaus vor, daß sich eine archaische religiöse Idee in bestimmten Epochen und infolge bestimmter besonderer Umstände ganz unerwartet entwickelt. Wenn es zutrifft, daß die Vorstellung des mythischen

---

[6] *M. Eliade*, Religions australiennes (1972) 100f. Nach der Glaubensüberzeugung der Australier lebt also der Ahne simultan in seinem „mystischen Leib", der Tschuringa, und in dem Menschen, in dem er reinkarniert ist. Außerdem existiert er unter der Erde und in Gestalt eines „Kindergeistes" (ebd. 60).

[7] Die Australier, wie auch zahlreiche südamerikanische Stämme glauben, daß ihre mythischen Ahnen in Sterne verwandelt oder in den Himmel aufgestiegen sind, um auf der Sonne und den Sternen zu wohnen.

Ahnen und der Ahnenkult das europäische Mesolithikum beherrschen, dann ist es, wie Maringer annimmt (a.a.O. 183) auch wahrscheinlich, daß die große Bedeutung dieses religiösen Komplexes aus der Erinnerung an die Eiszeit erklärbar ist, in der die fernen Ahnen noch in einer Art „Jägerparadies" lebten. Auch die Australier glauben, ihre mythischen Ahnen hätten im goldenen Zeitalter gelebt, in einem irdischen Paradies, da es Wild im Überfluß gab und die Begriffe Gut und Böse praktisch unbekannt waren[8]. Diese „paradiesische" Welt versuchen die Australier während bestimmter Feste, an denen Gesetze und Verbote aufgehoben sind, wieder zu vergegenwärtigen.

9. Arbeit, Technologie und imaginäre Welten

Wie bereits erwähnt, ist das Mesolithikum im Vorderen Orient und vor allem in Palästina eine schöpferische Periode, wobei es auch hier durchaus seinen Übergangscharakter zwischen der Jäger- und Sammlerkultur und dem auf Getreideanbau basierenden Kulturtypus bewahrt. In Palästina scheinen die Jäger des Jungpaläolithikums über lange Zeiträume hinweg in Höhlen gelebt zu haben. Aber es waren vor allem die Träger der Natuf-Kultur[9], die sich für eine eindeutig seßhafte Lebensweise entscheiden. Sie wohnten sowohl in Höhlen als auch unter freiem Himmel (wie in Einan; dort wurde eine Siedlung, bestehend aus kreisförmigen und mit einer Feuerstätte ausgestatteten Hütten, freigelegt). Die Natufs hatten die ernährungstechnische Bedeutung wilder Getreidearten entdeckt, die sie mit Steinsicheln ernteten und deren Körner sie mit Hilfe eines Stampfers in einem Mörser zerkleinerten[10].

Das war ein großer Schritt auf den Ackerbau zu. Auch die Zähmung der Tiere setzte im Mesolithikum ein (fand aber erst zu Beginn des Neolithikums allgemeine Verbreitung: der Hammel wurde um 8000 in Zawi Chemi-Shanidar gezähmt, der Bock um 7000 in Jericho (Jordanien) und das Schwein um 6500; der Hund um 7500 in Stan Carr, England[11]. Die unmittelbaren Folgen des Anbaus von Gräsern zeigen sich im Wachstum der Bevölkerung und in der Entwicklung des Handels, Phänomene, die bereits die Natufs charakterisieren.

Im Unterschied zum geometrischen Schematismus der Zeichnungen und Malereien des europäischen Mesolithikums ist die Kunst der Natufs naturalistisch: man entdeckte kleine Tierskulpturen und Menschenfigurinen, mitunter

---

[8] *M. Eliade*, Religions australiennes 57.
[9] So benannt nach dem Wadi in Natuf, wo diese mesolithische Bevölkerung zum ersten Mal festgestellt wurde.
[10] *E. Anati*, Palestine before the Hebrews 49f; *H. Müller-Karpe*, Handbuch II, 245f; *R. de Vaux*, Histoire ancienne d'Israel I, 41f.
[11] Alle diese Daten wurden durch Radiokarbonanalyse gewonnen. Über die Zähmung der Tiere vgl. *Müller-Karpe* II, 250f. In jüngerer Zeit entdeckte man im Oberen Niltal eine vorneolithische Ernährungstechnik auf Getreidebasis, die um 13000 datiert wird. Vgl. *F. Wendorf, S. Rushdi, R. Schild*, Egyptian Prehistory, Some New Concepts, in: Science 169 (1970) 1161–1171.

in erotischer Haltung[12]. Die sexuelle Symbolik der in Phallusform geschnitzten Stampfer ist so „evident", daß an ihrer magisch-religiösen Bedeutung nicht gezweifelt werden kann.

Die beiden Bestattungstypen der Natuf-Kultur – a) Bestattung des ganzen Körpers in Hockerstellung, b) Bestattung des Schädels – waren schon im Paläolithikum bekannt und setzten sich in das Neolithikum fort. Bei den in Einan ausgegrabenen Skeletten[13] wird vermutet, daß bei der Bestattung ein Mensch geopfert wurde, die Bedeutung des Rituals ist jedoch unbekannt. Hinsichtlich der Schädelnester hat man die Dokumente von Natuf mit den in Offnet, Bayern, und in der Hohlensternhöhle in Württemberg gefundenen Depots verglichen: alle diese Schädel stammten von Menschen, die, möglicherweise von Kopfjägern oder Kannibalen, getötet worden sind[14].

In beiden Fällen kann eine magisch-religiöse Handlung angenommen werden, denn der Kopf (d. h. das Gehirn) galt als Sitz der „Seele". Schon lange hatte man durch Träume und ekstatische oder para-ekstatische Zustände die Existenz eines vom Leib unabhängigen Elements erkannt, das die modernen Sprachen mit den Begriffen „Seele", „Geist", „Atem", „Leben", „Double" usw. belegen. Dieses „spirituelle" Element (man kann es nicht anders nennen, da es als Bild, Vision, „Erscheinung" usw. verstanden wurde), war im ganzen Körper gegenwärtig; es bildete in gewisser Weise sein „Double". Aber die Lokalisierung der „Seele" oder des „Geistes" im Gehirn war äußerst folgenschwer[15]: einerseits glaubte man, durch den Verzehr des Gehirns das „geistige" Element des „Opfers" in sich aufnehmen zu können, und andererseits wurde der Schädel als Quelle der Kraft zu einem Kultobjekt.

Neben dem Ackerbau wurden im Mesolithikum auch andere Entdeckungen gemacht, deren bedeutendste der Bogen und die Herstellung von Schnüren, Netzen und Angelhaken waren, sowie die Fertigung von Booten, die lange Fahrten ermöglichten. Wie die früheren Erfindungen (Steinwerkzeuge, verschiedene aus Hirschknochen und -geweihen gefertigte Gegenstände, Kleider und Zelte aus Tierhaut usw.) und jene des nachfolgenden Neolithikums (vor allem Töpfereien), so waren auch alle diese Entdeckungen Anlaß zur Herausbildung von Mythologien und paramythologischen Erzählungen und mitunter auch ritueller Verhaltensweisen. Der empirische Wert dieser Erfindungen ist offensichtlich. Weniger offenkündig dagegen ist die *Bedeutung der Vorstellungskraft, die durch die Vertrautheit mit den verschiedenen Modalitäten der*

---

[12] So etwa die in Ain Sakhri aufgefundene Figurine; *E. Anati*, a.a.O. 160; vgl. auch *J. Cauvin*, Religions néolithiques 21 f.
[13] Eines der Gräber kann als das älteste megalithische Monument der Welt betrachtet werden; *E. Anati*, a.a.O. 172. Über Einan vgl. *H. Müller-Karpe* II, 349.
[14] *E. Anati*, a.a.O. 175; *J. Maringer*, Vorgeschichtliche Religion 221. Siehe auch *H. Müller-Karpe* I, 239 f.
[15] Und dies nicht nur für die Glaubensvorstellungen der Vorgeschichte. Auch die Griechen hatten die Seele (und später, mit Alkmeon von Kroton, den Samen) im Kopf lokalisiert. Vgl. *R. B. Onians*, Origins of European Thought 107 f, 115, 134 ff usw.

Materie erweckt wurde. Beim Umgang mit einem Feuerstein oder einer primitiven Nadel, beim Zusammenfügen von Tierhäuten oder Holzbrettern, bei der Herstellung eines Netzes oder einer Pfeilspitze, beim Modellieren einer Tonfigur entdeckt die menschliche Phantasie unvermutete Analogien zwischen den verschiedenen Ebenen der Wirklichkeit; die Werkzeuge und Geräte sind Träger einer reichen Symbolik, die Welt der Arbeit – das Mikro-Universum, das die Aufmerksamkeit des Handwerkers über Stunden hinweg beansprucht – wird zu einem geheimnisvollen und geheiligten, bedeutungsreichen Mittelpunkt.

Die durch die Vertrautheit mit der Materie geschaffene und fortwährend bereicherte imaginäre Welt ist in den figurativen oder geometrischen Schöpfungen der verschiedenen vorgeschichtlichen Kulturen nur unzureichend greifbar. Aber sie ist uns noch in den Erfahrungen unserer eigenen Vorstellungskraft zugänglich. Vor allem diese Kontinuität auf der Ebene der Phantasie macht es uns möglich, das Leben der Menschen jener fernen Zeiten zu „verstehen". Im Unterschied zum modernen Menschen jedoch hatte die Vorstellungskraft des vorgeschichtlichen Menschen eine mythologische Dimension. Eine beachtliche Zahl von übernatürlichen Gestalten und mythologischen Episoden, denen wir in späteren religiösen Traditionen begegnen werden, sind sehr wahrscheinlich „Entdeckungen" der Steinzeit.

10. Das Erbe der Steinzeitjäger

Die im Mesolithikum erzielten Fortschritte setzen der kulturellen Einheit der paläolithischen Völker ein Ende und lösen jene Vielfalt und Unterschiede aus, die fortan zum Hauptmerkmal der Kulturen werden. Die Überreste der paläolithischen Jägergesellschaften dringen nun in Randzonen oder schwer zugängliche Gebiete vor: in die Wüste, die großen Wälder, die Berge. Aber dieser Vorgang der Ausdehnung und Abgrenzung der paläolithischen Gesellschaften führt nicht zu einem Verschwinden der für die Jäger typischen Verhaltensweisen und ihrer Spiritualität. Die Jagd als Mittel zum Lebensunterhalt besteht auch noch in den Ackerbaugesellschaften. Möglicherweise wurde eine Anzahl von Jägern, die nicht bereit waren, sich aktiv an der Wirtschaftsform des Ackerbaus zu beteiligen, zur Verteidigung der Dörfer eingesetzt; zunächst gegen die wilden Tiere, die die Siedler belästigten und die bebauten Felder verwüsteten, später dann gegen Plünderer. Es ist gleichfalls wahrscheinlich, daß sich die ersten militärischen Organisationen ausgehend von diesen Jäger-Verteidigungs-Gruppen der Dörfer gebildet haben. Wie wir noch sehen werden, setzen die Krieger, Eroberer und Militäraristokratien den Symbolismus und die Ideologie des Jägervorbildes fort.

Andrerseits sind die sowohl von den Bauern als auch den Hirten vollzogenen Blutopfer letztlich eine Wiederholung der Tötung des Wildes durch den Jäger. Ein Verhalten, das über ein oder zwei Millionen Jahre hinweg die menschliche oder zumindest die männliche Lebensweise mitbestimmte, kommt nicht so leicht außer Brauch.

Mehrere Jahrtausende nach dem Sieg der bäuerlichen Wirtschaftsform macht sich die Weltanschauung des primitiven Jägers erneut in der Geschichte bemerkbar. Denn die Invasionen und Eroberungen der Indoeuropäer und der Turk-Mongolen stehen unter dem Zeichen des Jägers schlechthin, nämlich des Raubtiers. Die Mitglieder der indoeuropäischen Männerbünde und die Nomadenreiter Mittelasiens verhielten sich hinsichtlich der von ihnen angegriffenen seßhaften Völker wie Raubtiere, die die Pflanzenfresser der Steppe oder das Vieh der Bauern jagen, töten und fressen. Viele indoeuropäische und turko-mongolische Stämme trugen Raubtiernamen (vor allem den des Wolfs) und hielten sich für Abkömmlinge eines mythischen Tierahnen. Zu den militärischen Initiationen der Indoeuropäer gehörte auch eine rituelle Transformation in einen Wolf: der vorbildliche Krieger eignete sich das Verhalten eines Raubtieres an.

Auf der anderen Seite wird die Verfolgung und Tötung des Wildes zum mythischen Modell für Landeroberung (Landnáma) und Staatsgründung[16]. Bei den Assyrern, Iraniern und Turk-Mongolen sind Jagd- und Kriegstechniken einander zum Verwechseln ähnlich. In der ganzen euroasiatischen Welt vom Auftauchen der Assyrer in der Geschichte bis zu den Anfängen der Neuzeit gilt die Jagd als Erziehung schlechthin und ist zugleich der Lieblingssport der Herrscher und der Militäraristokratien. Im übrigen hat sich das höhere Ansehen der Lebensweise des Jägers im Vergleich zu jener der seßhaften Völker noch bei zahlreichen Naturvölkern erhalten[17]. Die Hunderttausende von Jahren, in denen der Mensch in einer Art mystischer Symbiose mit der Tierwelt lebte, haben unauslöschbare Spuren hinterlassen. Mehr noch, die orgiastische Ekstase, etwa im griechischen Dionysoskult (§ 124) oder noch zu Beginn des 20. Jahrhunderts bei den Aïssaoua in Marokko, läßt das religiöse Verhalten jener Menschenstufe, die das Wild roh verzehrten, rekonstruieren.

11. Die Veredelung von Nahrungspflanzen: Ursprungsmythen

Seit 1960 weiß man, daß die Dörfer schon vor Entdeckung des Ackerbaus bestanden. Was Gordon Childe als „neolithische Revolution" bezeichnete, vollzog sich nach und nach zwischen 9000 und 7000. Man weiß auch, daß, entgegen der bis in jüngste Zeit vertretenen Auffassung, die Kultivierung von Gräsern und die Zähmung der Tiere der Herstellung von Töpferwaren vorausgeht. Ackerbau im eigentlichen Sinne, d. h. Getreideanbau, hat sich in Südwestasien

---

[16] In Afrika, wie auch andernorts, wird anläßlich der Initiation und Einsetzung eines neuen Häuptlings eine „rituelle Jagd" durchgeführt.

[17] Ein charakteristisches Beispiel: Die Desana Kolumbiens behaupten von sich, Jäger zu sein, obschon 75 % ihrer Nahrung aus Fischerei und Gartenbau herrührt; aber in ihren Augen ist nur das Leben eines Jägers lebenswert.

und Mittelamerika entwickelt. Die „Pflanzenkultur", die vom zuchtmäßigen Anbau von Knollen, Wurzeln oder Wurzelstöcken abhängt, scheint ihren Ursprung in den tropisch feuchten Ebenen Amerikas und Südostasiens zu haben.

Alter und Zusammenhänge der Pflanzenkultur mit dem Getreideanbau sind noch nicht genügend bekannt. Einige Ethnologen halten die Pflanzenkultur für älter als den Anbau von Körnern; andere wiederum sehen in ihr eine kümmerliche Imitation des Ackerbaus. Eine der wenigen genauen Informationen erhielten wir aus Grabungen in Südamerika. In den Ebenen von Rancho Peludo (Venezuela) und Momil (Kolumbien) entdeckte man Reste einer Maniokpflanzung unter der Schicht der Maispflanzung, was eine zeitlich frühere Einordnung der Pflanzenkultur rechtfertigt[18]. Einen weiteren Beweis für das hohe Alter der Pflanzenkultur fand man in Thailand: in einer Höhle („Gespenstergrotte") grub man veredelte Erbsen, Bohnen und Wurzeln tropischer Pflanzen aus; die Radiokarbonanalyse ergab eine Datierung um 9000[19].

Wir brauchen nicht auf die Bedeutung der Entdeckung des Ackerbaus für die Kulturgeschichte hinzuweisen. Als der Mensch zum *Produzenten* seiner Nahrung wurde, mußte er das von den Ahnen überkommene Verhalten ändern. Vor allem aber war er nun gezwungen, die Technik seiner Zeitberechnung, die er bereits im Paläolithikum entdeckt hatte, zu verbessern. Jetzt konnte er sich nicht mehr damit zufriedengeben, die Genauigkeit zukünftiger Daten nur mit Hilfe eines wenig entwickelten Mondkalenders zu sichern. Der Pflanzer mußte seine Pläne einige Monate vor ihrer Durchführung ausarbeiten, denn es galt nun, in genauer Reihenfolge eine Anzahl komplexer Tätigkeiten auszuführen, die alle auf ein fernes und – vor allem am Anfang – nie sicheres Ergebnis ausgerichtet waren: die Ernte. Außerdem erforderte der Pflanzenanbau eine andere Arbeitseinteilung, da die Hauptverantwortung für die Sicherung des Lebensunterhaltes fortan bei den Frauen lag.

Nicht weniger bedeutend waren die Folgen der Entdeckung des Ackerbaus für die Religionsgeschichte der Menschheit. Die Veredelung der Pflanzen bewirkte eine früher unerreichte existentielle Situation; so regte sie Innovationen und Umwertungen der Werte an, die das geistige Universum des präneolithischen Menschen radikal veränderten. Wir werden diese „religiöse Revolution", die auf den Erfolg des Getreideanbaus folgte, weiter unten analysieren. Zunächst aber möchten wir auf Mythen hinweisen, die den Ursprung der beiden Ackerbautypen erklären. Denn aus der Erklärung, die die Pflanzer für die Entstehung der Nahrungspflanzen geben, wird uns auch die religiöse Rechtfertigung ihrer Verhaltensweisen verständlich.

---

[18] *D. R. Harris*, Agricultural Systems, Ecosystems and the Origins of Agriculture, in: *P. J. Ucko* and *G. W. Dimbley* (ed.), The Domestication and Exploitation of Plants and Animals (Chicago 1962) 12.
[19] *W. Solhein*, Relics from Two Diggings Indicate Thais were the First Agrarians, in: New York Times (Januar 1970) 12.

Die meisten Ursprungsmythen finden sich bei Naturvölkern, die Hackbau oder Getreideanbau betreiben. (In entwickelten Kulturen kommen solche Mythen seltener und, wenn überhaupt, nur völlig umgedeutet vor.) Ein sehr verbreitetes Thema erklärt, die Knollen und fruchttragenden Bäume (Kokosnuß, Bananenbaum, usw.) seien aus einer geopferten Gottheit entstanden. Das bekannteste Beispiel stammt aus Ceram, einer der Inseln Neu-Guineas: aus dem zerstückelten und begrabenen Leib Hainuweles, eines halbgöttlichen Mädchens, wachsen bislang unbekannte Pflanzen, vor allem Wurzelknollen. Dieser Urmord hat die Situation des Menschen radikal verändert, denn er ist der Ursprung der Sexualität und des Todes sowie der religiösen und sozialen Institutionen, die noch immer in Geltung stehen. Der gewaltsame Tod Hainuweles ist nicht nur ein „schöpferischer" Tod, durch ihn kann die Göttin darüber hinaus auch im Leben der Irdischen und selbst in deren Tod ständig gegenwärtig sein. Mit der Nahrung der aus ihrem Leib hervorgegangenen Pflanzen nimmt der Mensch die Substanz der Gottheit in sich auf.

Wir wollen hier auf die Bedeutung dieses Ursprungsmythos für das religiöse Leben und die Kultur dieser Pflanzer nicht näher eingehen. Es mag der Hinweis genügen, daß alle relevanten Tätigkeiten (Pubertätszeremonien, Tier- oder Menschenopfer, Kannibalismus, Bestattungszeremonien, usw.) im Grunde nichts anderes sind als eine Memoria dieses Urmordes[20]. Es ist kennzeichnend, daß der Pflanzer seine absolut friedliche Arbeit, die ihm seine Existenz sichert, mit einem Mord in Verbindung bringt, während in Jägergesellschaften die Verantwortung für das Blutvergießen *einem anderen*, einem „Fremden" zugeschrieben wird. Wir verstehen den Jäger: er fürchtet die Rache des erlegten Tieres (genauer: der „Seele" des Tieres) oder aber er rechtfertigt sich vor dem Herrn der Tiere: Bei den Pflanzern der Steinzeit legitimiert der Mythos vom Urmord zwar blutige Riten wie Menschenopfer und Kannibalismus, sein ursprünglicher religiöser Kontext aber ist nicht leicht festzustellen.

Ein analoges mythisches Thema erklärt den Ursprung der Nahrungspflanzen – Wurzelknollen und Getreide – aus Exkrementen oder dem Unrat einer Gottheit oder eines mythischen Ahnen. Als die Nutznießer die abstoßende Quelle ihrer Nahrung entdecken, schlagen sie den Urheber tot; seinem Rate folgend, zerstückeln sie jedoch den Leib und begraben die Teile. Aus dem Leichnam sprießen Nutzpflanzen und andere Elemente ihrer Wirtschaftsform (landwirtschaftliche Geräte, Seidenraupe usw.)[21].

Die Bedeutung dieser Mythen ist offenkundig: die Nutzpflanzen sind heilig, weil sie aus dem Leib einer Gottheit stammen (denn auch Exkremente und Unrat gehören zur göttlichen Substanz). Der Mensch ißt mit seiner Nahrung also letztlich göttliche Wirklichkeit. Die Nutzpflanze *ist in der Welt nicht* – wie das Tier – „*vorgegeben*". Sie ist das Ergebnis eines dramatischen Urereignisses, in

---

[20] Vgl. *M. Eliade*, Aspects du mythe 132 f.
[21] Siehe insbesondere *A. Yoshida*, Les excrétions de la Déesse et l'origine de l'agriculture.

diesem Fall: *das Ergebnis eines Mordes*. Wir werden später noch auf die Konsequenzen dieser Speisetheologien zurückkommen.

Der Hainuwele-Mythos ist nach Ansicht des deutschen Ethnologen A. E. Jensen spezifisch für die steinzeitlichen Wurzelknollenzüchter. Die Mythen über den Ursprung des Getreideanbaus dagegen berichten von einem Urraub: das Getreide existierte bereits, aber nur im Himmel, von den Göttern eifersüchtig gehütet. Ein Kulturheroe steigt in den Himmel hinauf, bemächtigt sich einiger Körner und beschenkt die Menschen damit. Jensen nannte diese beiden Mythologietypen „Hainuwele"-Typ und „Prometheus"-Typ und bezog sie jeweils auf die Kultur der steinzeitlichen Pflanzer (Hackbau) und auf jene der Ackerbauern im eigentlichen Sinn (Getreideanbau)[22]. Dieser Unterschied ist zweifellos vorhanden. Was jedoch die beiden Typen der Ursprungsmythen betrifft, so ist die Unterscheidung nicht so streng, wie Jensen annahm; denn zahlreiche Mythen erklären auch die Herkunft des *Getreides* ausgehend von einem gemordeten Urwesen. Überdies ist in den Religionen der Ackerbauern auch der Ursprung des Korns göttlicher Art; die Gabe des Getreides an die Menschen wird bisweilen mit einer Hierogamie zwischen dem Himmels- (oder Luft-)gott und der Erdmutter oder auch mit einem mythischen Drama erklärt, das geschlechtliche Vereinigung, Tod und Auferstehung beinhaltet.

12. Frau und Vegetation
Sakraler Raum und periodische Welterneuerung

Die erste, und möglicherweise bedeutendste Folge der Entdeckung des Ackerbaus bewirkt eine Krise in der Werthierarchie der paläolithischen Jäger; die religiösen Beziehungen mit der Tierwelt werden durch eine gewissermaßen *mystische Solidarität zwischen Mensch und Vegetation* ersetzt. Wenn bislang Knochen und Blut das Wesen und die Sakralität des Lebens darstellten, so wird diese nun von Samen und Blut verkörpert. Außerdem rücken nun die Frau und die weibliche Sakralität in den ersten Rang auf. Da die Frauen bei der Züchtung der Pflanzen eine entscheidende Rolle gespielt haben, gehören ihnen auch die bebauten Felder; dies wiederum erhöht ihre soziale Stellung und führt schließlich zur Herausbildung charakteristischer Institutionen, wie z. B. der Matrilokation, d. h. der Verpflichtung des Mannes, im Hause seiner Frau zu wohnen.

Die Fruchtbarkeit der Erde entspricht der weiblichen Fruchtbarkeit; daher liegt die Verantwortung für eine reiche Ernte bei den Frauen, denn sie kennen das „Geheimnis" der Schöpfung. Es handelt sich um ein religiöses Geheimnis, weil es den Ursprung des Lebens, die Nahrung und den Tod lenkt. Die Scholle wird der Frau gleichgesetzt. Später, nach der Entdeckung des Pflugs, vergleicht

---

[22] Vgl. *A. E. Jensen,* Das religiöse Weltbild einer frühen Kultur 35 ff; *ders.,* Mythos und Kult bei Naturvölkern (Wiesbaden 1951).

man die Feldarbeit mit dem Geschlechtsakt[23]. Aber über Jahrtausende hinweg war es die Mutter-Erde allein, die auf dem Weg der Parthenogenese gebar. Die Erinnerung an dieses „Geheimnis" war noch in der Mythologie des Olymp lebendig (Hera wird ohne Mann schwanger und gebiert Hephaistos und Ares) und läßt sich aus vielen Mythen und sehr häufig auch aus volkstümlichen Glaubensvorstellungen über die Geburt des Menschen aus der Erde, über das Gebären auf dem Erdboden oder das Niederlegen des Neugeborenen auf den Boden usw. erkennen[24]. Aus der Erde geboren, kehrt der Mensch nach seinem Tod wieder zu seiner Mutter zurück. „Krieche hin zur Erde, deiner Mutter", formuliert der vedische Dichter (Rigveda X, 18, 10).

Zwar war die Sakralität der Frau und Mutter auch der Altsteinzeit nicht unbekannt (vgl. § 6), doch hat die Entdeckung des Ackerbaus ihre Bedeutung spürbar verstärkt. Die Sakralität des Geschlechtslebens, und vor allem die weibliche Geschlechtlichkeit, vermischt sich mit dem geheimnisvollen Rätsel der Schöpfung. Die Parthenogenese, der *hieros gamos* und die rituelle Orgie sind auf verschiedenen Ebenen Ausdruck des religiösen Charakters der Geschlechtlichkeit. Ein komplexer, anthropokosmisch strukturierter Symbolismus bringt Frau und Geschlechtlichkeit in Verbindung mit den Mondphasen, mit der Erde (die der Gebärmutter gleichgesetzt wird) und dem, was als Vegetations-„Mysterium" bezeichnet werden kann. Ein Geheimnis, das den „Tod" des Samens erfordert, um ihm eine neue Geburt zu ermöglichen, die um so wunderbarer ist, als sie in einer erstaunlichen Vervielfältigung geschieht. Die Verbindung des menschlichen Daseins mit dem vegetativen Leben findet in Bildern und Metaphern aus dem pflanzlichen Geschehen ihren Ausdruck (das Leben gleicht der Blume des Feldes usw.). Diese Bilderwelt hat jahrtausendelang die Dichtung und die philosophische Reflexion beflügelt, und sie ist auch für den zeitgenössischen Menschen immer noch „wahr".

Alle diese religiösen Werte, die ihren Ursprung in der Entdeckung des Ackerbaus haben, wurden im Laufe der Zeit immer stärker und deutlicher artikuliert. Wir führen sie schon an dieser Stelle an, um den spezifischen Charakter der mesolithischen und neolithischen Innovationen deutlicher werden zu lassen. Wir werden immer wieder auf religiöse Ideen, Mythologien und rituelle Schauspiele stoßen, die mit dem „Geheimnis" des pflanzlichen Lebens zusammenhängen. Denn die religiöse Kreativität wurde nicht *durch das empirische Phänomen des Ackerbaus* geweckt, sondern *durch das Geheimnis von Geburt, Tod und Wiedergeburt*, das mit dem Vegetationskreislauf gleichgesetzt wird. Erntegefährdende Krisen (Überschwemmungen, Trockenheiten usw.) werden in mythologische Dramen umgesetzt, um so besser verstanden, angenommen und gemeistert werden zu können. Diese Mythologien und die mit ihnen verbundenen rituellen Schauspiele beherrschen jahrtausendelang die Kulturen des Vorde-

---

[23] Beispiele in: *M. Eliade*, Die Religionen § 91 f.
[24] Vgl. *M. Eliade*, Die Religionen § 86 f; *ders.*, Mythen, Träume und Mysterien 231 ff.

ren Orients. Das mythische Thema sterbender und wieder auferstehender Götter gehört zu den bedeutendsten überhaupt. In einigen Fällen führen diese archaischen Szenarien zu religiösen Neuschöpfungen (z. B. Eleusis, die griechisch-orientalischen Mysterien; vgl. § 96).

Die Ackerbaukulturen entwickeln eine Religion, die als *kosmisch* bezeichnet werden kann, denn ihre religiöse Aktivität kreist um das zentrale Geheimnis der *periodischen Erneuerung der Welt*. Wie das menschliche Dasein, so werden auch die kosmischen Rhythmen in Begriffen aus dem Bereich des pflanzlichen Lebens ausgedrückt. Das Geheimnis der kosmischen Sakralität ist im Weltenbaum symbolisiert. Das Universum ist konzipiert als ein Organismus, der periodisch, d. h. alljährlich, erneuert werden muß. „Absolute Wirklichkeit", Verjüngung und Unsterblichkeit sind bestimmten Privilegierten in Form einer Frucht oder einer an einem Baum entspringenden Quelle erreichbar[25]. Den kosmischen Baum stellt man sich als im Mittelpunkt der Welt befindlich vor; er verbindet die drei kosmischen Regionen, denn seine Wurzeln reichen in die Unterwelt, und sein Wipfel berührt den Himmel[26].

Da die Welt einer periodischen Erneuerung bedarf, wird die Kosmogonie bei jedem Neujahrsfest rituell wiederholt. Dieses mythisch-rituelle Schauspiel ist im Vorderen Orient und bei den Indo-Iraniern belegt. Aber es findet sich auch in den Gesellschaften der primitiven Pflanzer, die in gewisser Weise die religiösen Vorstellungen des Neolithikums weitertragen. Die Grundidee – Erneuerung der Welt durch Wiederholung der Kosmogonie – ist zweifellos älter und reicht in die Zeit vor dem Ackerbau zurück. Sie ist unter Einklammerung der unvermeidbaren Abänderungen noch bei den Australiern und bei zahlreichen Stämmen Nordamerikas anzutreffen[27]. Bei den Steinzeitpflanzern und -ackerbauern schließt das mythisch-rituelle Neujahrsschauspiel die Wiederkehr der Toten mit ein; analoge Zeremonien bestehen noch im klassischen Griechenland, bei den alten Germanen und in Japan usw.

Die Erfahrung der kosmischen Zeit, und zwar vor allem im Rahmen der landwirtschaftlichen Arbeiten, führt schließlich zwangsläufig zur Idee der *zirkularen Zeit* und des *kosmischen Zyklus*. Da Welt und menschliches Dasein in Begriffen des vegetativen Lebens erfaßt werden, begreift man den kosmischen Zyklus als unendliche Wiederholung des immer gleichen Rhythmus: von Geburt, Tod und Wiedergeburt. Im nachvedischen Indien wird diese Auffassung in zwei zusammenhängenden Lehren ausgearbeitet: der Lehre von den sich unendlich wiederholenden Zyklen *(yuga)* und der Seelenwanderungs-

---

[25] Vgl. *M. Eliade*, Die Religionen § 99 ff.
[26] Dies ist die am weitesten verbreitete Vorstellung der *axis mundi;* wahrscheinlich ist aber der Symbolismus der kosmischen Achse älter als die Ackerbaukulturen oder auch ganz unabhängig von ihnen, denn er ist auch in einigen arktischen Kulturen anzutreffen.
[27] Beispiele bei: *M. Eliade*, Aspects du mythe 58 f. Die Australier kennen keine Kosmogonie im eigentlichen Sinne, aber die „Bildung der Welt" durch übermenschliche Wesen ist gleichbedeutend mit einer „Schöpfung"; vgl. *M. Eliade*, Religions australiennes 55 ff.

lehre. Andererseits werden die über die periodische Erneuerung der Welt ausformulierten archaischen Ideen in mehreren religiösen Systemen des Vorderen Orient aufgegriffen, neu gedeutet und integriert. Die Kosmologien, Eschatologien und Messianismen, die zwei Jahrtausende hindurch den Orient und die Mittelmeerländer beherrschen, haben ihre Wurzeln in den Auffassungen des Jungsteinzeitmenschen.

Gleichermaßen bedeutend waren die *religiösen Wertungen des Raums*, d. h. in erster Linie der Wohnstätte und des Dorfes. Ein seßhaftes Leben organisiert die „Welt" anders als ein Nomadenleben. Die „wahre Welt" ist für den Ackerbauer der Bereich, in dem er lebt: sein Haus, das Dorf, die bebauten Felder. Der „Mittelpunkt der Welt" ist für ihn die durch Rituale und Gebete geheiligte Stätte, denn hier erfolgt die Kommunikation mit den übermenschlichen Wesen. Wir wissen nicht, welche religiöse Bedeutung die Jungsteinzeitmenschen des Vorderen Orients ihren Häusern und Dörfern beimaßen; wir wissen lediglich, daß sie ab einem bestimmten Zeitpunkt Altäre und Heiligtümer errichteten. In China dagegen läßt sich der Symbolismus des neolithischen Hauses rekonstruieren, denn hier besteht eine Kontinuität oder Analogie mit bestimmten Wohnungstypen Nordasiens und des Tibet. Die neolithische Kultur von Yangchao weist kleine Rundbauten (etwa 5 m Durchmesser) auf, deren Dach von Pfosten getragen wird, die um ein zentrales Loch angeordnet waren, das als Feuerstätte diente. Möglicherweise besaß das Dach über der Feuerstätte ein Abzugsloch für den Rauch. Dieses Haus hatte – allerdings aus festem Material – die gleiche Struktur wie die heutige mongolische Jurte[28]. Nun ist uns aber die kosmologische Symbolik der Jurte und der Zelte nordasiatischer Völker bekannt. Der Himmel wird hier als ein riesiges, von einem Mittelpfeiler gestütztes Zelt gedacht: der Zeltpflock bzw. die Rauchöffnung symbolisieren den Weltenpfeiler bzw. das „Himmelsloch", den Polarstern[29]. Diese Öffnung wird auch „Himmelsfenster" genannt. Die Tibetaner bezeichnen die Dachöffnung ihrer Häuser als „Himmelsgeschick" oder „Himmelspforte".

Die kosmologische Symbolik des Hauses ist bei vielen primitiven Gesellschaften belegt. Die Wohnstätte gilt mehr oder weniger greifbar als *imago mundi*. Da sich dafür Beispiele auf jeder Kulturstufe finden, ist nicht einzusehen, warum die ersten Menschen des Neolithikums im Vorderen Orient eine Ausnahme gemacht haben sollten, um so weniger, als gerade in diesem Gebiet die kosmologische Symbolik der Architektur ihre reichste Entwicklung durchgemacht hat. Die Trennung der Wohnstätten beider Geschlechter (bereits für das Paläolithikum belegt, vgl. § 6) hatte wahrscheinlich kosmologische Bedeutung. Die Aufteilungen, von denen die Dörfer der Pflanzer Zeugnis geben, entsprechen im allgemeinen einer zugleich klassifizierenden und rituellen Dichotomie

---

[28] *R. Stein*, Architecture et pensée religieuse en Extrême-Orient 168. Vgl. ebd. die Beschreibung eines anderen Typs eines chinesischen neolithischen Hauses: halb unter der Erde liegende quadratische oder rechtwinklige Konstruktionen, zu denen Treppen hinunterführen.
[29] Vgl. *M. Eliade*, Schamanismus 250f.

zwischen Himmel und Erde, männlich und weiblich usw., aber ebenso auch zwei rituell feindlichen Gruppen. Wie wir immer wieder sehen werden, spielen rituelle Kämpfe zwischen zwei gegnerischen Gruppen eine große Rolle, insbesondere bei den Neujahrsfesten. Ob es sich dabei, wie in Mesopotamien (§ 22), um die Wiederholung eines mythischen Kampfes handelt oder nur um die Konfrontation zweier kosmogonischer Prinzipien (Winter/Sommer; Tag/Nacht; Leben/Tod), die tiefere Bedeutung bleibt stets die gleiche: oratorische Wettbewerbe, Lanzenbrechen und Kämpfe erwecken, stimulieren oder vermehren die schöpferischen Kräfte des Lebens[30]. Diese wahrscheinlich von den neolithischen Ackerbauern entwickelte biokosmologische Konzeption erfährt im Laufe der Zeit vielfache Neuinterpretationen und auch Entstellungen. In bestimmten Formen des Dualismus beispielsweise ist sie nur noch schwer auszumachen.

Wir beanspruchen keine Vollständigkeit in der Aufzählung der religiösen Innovationen, die durch die Entdeckung des Ackerbaus ausgelöst wurden. Wir haben uns darauf beschränkt, die gemeinsame, im Neolithikum liegende Quelle einiger Ideen aufzuzeigen, die in einigen Fällen erst Jahrtausende später zu ihrer eigentlichen Entfaltung gelangen. Abschließend sei noch darauf hingewiesen, daß die Verbreitung der agrarisch strukturierten Religiosität, ungeachtet zahlloser Variationen und Neuerungen, zur Herausbildung einer gewissen Grundübereinstimmung geführt hat, die noch heute so weit voneinander getrennte bäuerliche Gesellschaften wie jene der Mittelmeerländer, Indiens und Chinas miteinander verbindet.

13. Neolithische Religionen des Vorderen Orient

Vom Neolithikum bis zur Eisenzeit vermischt sich die Geschichte der religiösen Ideen und Vorstellungen gewissermaßen mit der Kulturgeschichte. Jede technische Entdeckung, jede wirtschaftliche und soziale Neuerung scheint mit einer religiösen Bedeutung, einem religiösen Wert gekoppelt zu sein. Wenn wir daher im folgenden auf bestimmte Innovationen des Neolithikums eingehen, dann müßten wir eigentlich auch ihr religiöses „Echo" berücksichtigen. Um jedoch die Einheit der Darlegung nicht zu häufig zu unterbrechen, werden wir nicht jedesmal diesen Sachverhalt berücksichtigen.

So würden beispielsweise alle Aspekte der Kultur von Jericho einen religiösen Kommentar verdienen. Jericho ist möglicherweise die älteste Stadt der Welt (um 6850, 6770)[31], auch wenn sie die Keramik noch nicht kannte. Aber die Befestigungen, der massive Turm, die großen öffentlichen Gebäude – von denen min-

---

[30] Vgl. *M. Eliade*, Prolegomenon zu einem religiösen Dualismus. Dyaden und Polaritäten, in: Die Sehnsucht nach dem Ursprung 158–211, insbes. 197ff.
[31] *K. M. Kenyon*, Archeology in the Holy Land 39ff. Die Formulierung „erste Stadt der Welt" wurde von *C. Childe* und *R. J. Braidwood* kritisiert. Nach Kathleen Kenyon haben die ersten Natuf in der Nähe einer großen Quelle ein Heiligtum errichtet, das vor 7800 niedergebrannt wurde.

destens eines für rituelle Zeremonien erbaut worden zu sein scheint – zeugen von einer sozialen Integration und einer ökonomischen Organisation, die schon auf die späteren Stadtstaaten Mesopotamiens hinweisen. J. Garstang und Kathleen Kenyon haben mehrere Gebäude von ungewöhnlicher Struktur ausgegraben, die sie als „Tempel" und „Hauskapelle" bezeichnet haben. Unter den eindeutig religiösen Dokumenten weisen zwei weibliche Statuetten und einige kleine Tierfigürchen auf einen Fruchtbarkeitskult. Einige Autoren haben den in den 30er Jahren von Garstang entdeckten Resten dreier Gipsbilder eine besondere Bedeutung beigemessen: sie stellen wahrscheinlich einen Mann mit Bart, eine Frau und ein Kind dar. Die Augen sind durch Muscheln bezeichnet. Garstang glaubte in diesen Überresten die älteste bekannte göttliche Trias identifizieren zu können, die wahrscheinlich eine Mythologie analoger Art zuläßt, wie sie später im Vorderen Orient vorherrschen. Diese Deutung ist allerdings noch umstritten[32].

Die Toten wurden unter dem Fußboden der Häuser bestattet. Einige von Kathleen Kenyon[33] ausgegrabene Schädel weisen eine einmalige Präparierung auf: die unteren Partien sind in Gips geformt und die Augen durch Muscheln dargestellt, so daß man sie mit wirklichen Porträts verglichen hat. Hier handelt es sich zweifelsohne um einen Schädelkult[34]. Aber diese Art der Präparierung erweckt auch durchaus den Eindruck, als habe man die Erinnerung an das lebende Individuum bewahren wollen.

Der Schädelkult findet sich auch in Tell Ramad (Syrien, bei Damaskus); hier fand man bei Grabungen Schädeldecken, deren Stirn rot bemalt und deren Gesicht nachmodelliert war[35]. Ebenfalls aus Syrien (Tell Ramad und Byblos), genauer aus Schichten, die in das 5. Jahrtausend datiert werden, stammen einige Menschenfigurinen aus Ton. Die in Byblos entdeckte Figurine ist hermaphroditisch[36]. Andere, in Palästina gefundene, und etwa um 4500 datierte weibliche Statuetten stellen die Muttergöttin unter einem erschreckenden und dämonischen Aspekt dar[37].

Fruchtbarkeitskult und Totenkult scheinen also zusammenzugehören. In der Tat verweisen die Kulturen von Haĉilar und Çatal Hüyük (ca 7000) in Anatolien, die der vorkeramischen Kultur Jerichos vorausgehen – und diese wahrscheinlich beeinflußt haben –, auf das Vorhandensein ähnlicher Glaubensvorstellungen.

---

[32] Vgl. *E. Anati*, Palestine before the Hebrews 256; hier wird *J. Garstangs* Deutung akzeptiert. Gegenteiliger Meinung: *J. Cauvin*, Religions néolithiques de Syro-Palestine 51.
[33] *K. Kenyon*, Archeology in the Holy Land 50.
[34] *K. Kenyon*, Digging up Jericho 53, 84 f. Siehe auch *H. Müller-Karpe*, Handbuch II, 380 f; *J. Cauvin*, a.a.O. 44 ff.
[35] Grabungen von Contenson, zusammengefaßt von *J. Cauvin*, a.a.O 59 ff und Abb. 18.
[36] Grabungen von Contenson (Tell Ramad) und Dunand (Byblos), zusammengefaßt von *J. Cauvin*, a.a.O. 79 ff und Abb. 26, 28.
[37] Vgl. die in Munhata, Tel-Aviv und Shaar-Ha-Golan gefundenen und bei *J. Cauvin*, a.a.O. Abb. 29 f, verzeichneten Figurinen.

Der Schädelkult ist in Hačilar reich belegt. In Çatal Hüyük waren die Skelette unter dem Boden der Häuser zusammen mit Grabbeigaben bestattet: Edelsteine, Halbedelsteine, Waffen, Textilien, Holzgefäße usw.[38]. In den bis 1965 ausgegrabenen vierzig Heiligtümern fand man zahlreiche Statuetten aus Stein und Ton. Hauptgottheit ist die Göttin, dargestellt unter drei Aspekten: der Jungfrau, der ein Kind (oder einen Stier) gebärenden Frau und der alten Frau (gelegentlich von einem Raubvogel begleitet). Die männliche Gottheit erscheint in Gestalt eines Knaben oder Jünglings – als Kind oder Geliebter der Göttin – und eines bärtigen Erwachsenen, der mitunter auf dem ihm geweihten Stier sitzt. Die Vielfalt der Wandmalereien ist erstaunlich; nicht zwei Heiligtümer gleichen einander. Reliefs der Göttin, die bisweilen die Höhe von 2 m erreichen und in Gips, Holz oder Ton modelliert sind, sowie Stierköpfe – Epiphanie des Gottes – waren an den Wänden befestigt. Sexuelle Darstellungen fehlen, doch sind bisweilen die weibliche Brust und das Horn des Stieres – beides Lebenssymbole – miteinander dargestellt. Ein Heiligtum (um 6200) barg vier Menschenschädel, die unter den an den Mauern befestigten Stierköpfen deponiert waren. Eine der Wände war mit Malereien geschmückt, die Geier mit Menschenbeinen darstellen, die enthauptete Menschen angreifen. Hier handelt es sich zweifellos um einen bedeutenden mythisch-rituellen Komplex, dessen Bedeutung uns nicht zugänglich ist.

In Hačilar fanden sich in einer Schicht aus der Zeit um 5700 Darstellungen der Göttin auf einem Leopard sitzend oder stehend mit einem jungen Leoparden, oder auch allein, stehend, sitzend, kniend, ruhend oder in Begleitung eines Kindes. Bisweilen ist sie nackt oder nur mit einem kleinen Lendenschurz bekleidet. Auch hier ist sie einmal jung, ein andermal älter dargestellt. In einer jüngeren Schicht (5435, 5200) gibt es keine Figurinen der Göttin mit Kind oder in Begleitung eines Tieres mehr, dasselbe gilt auch für die männlichen Statuen. Dagegen sind die letzten Phasen der Hačilarkultur durch eine herrliche, reich mit geometrischen Mustern verzierte Keramik charakterisiert[39].

Die sog. Tell-Halaf-Kultur[40] tritt genau zu dem Zeitpunkt in Erscheinung, da die anatolischen Kulturen untergegangen sind. Sie kennt das Kupfer und scheint von einer aus dem Norden kommenden Völkerschaft, möglicherweise Flüchtlingen aus Hačilar und Çatal Hüyük, inauguriert worden zu sein. Die religiöse Aussage von Tell Halaf unterscheidet sich nicht allzusehr von den Kulturen, die uns bis jetzt beschäftigt haben. Die Toten wurden mit Grabbeigaben bestattet, unter denen sich auch Tonfigurinen befinden. Der wilde Stier wurde als Epiphanie der männlichen Fruchtbarkeit verehrt. Stierbilder, Bukranien, Widderköpfe und Doppelaxt besaßen, zweifellos im Zusammenhang mit dem

---

[38] *J. Mellaart*, Çatal Hüyük, A Neolithic Town of Anatolia 60ff; *ders.*, Earliest Civilizations of the Near East 87ff.

[39] *J. Mellaart*, Hačilar: A Neolithic Village Site 94; *ders.*, Earliest Civilizations of the Near East 102ff.

[40] So bekannt nach dem Namen des Fundortes Tell Halaf im Dorf Arpachiya bei Mosul.

in allen Religionen des antiken Vorderen Orients so wichtigen Wettergott, kultische Bedeutung. Aber man hat keine männlichen Figurinen gefunden; Bildnisse der Göttin dagegen sind sehr zahlreich vorhanden. Ihre Darstellung in Begleitung von Tauben, mit übergroßen Brüsten, häufig in sitzender Stellung, läßt kaum einen Zweifel daran, daß es sich hier um das Urbild der Muttergottheit handelt[41].

Um 4400, 4300 verschwand die Tell-Halaf-Kultur oder wurde zerstört, während die aus dem Südirak stammende Obedkultur sich über ganz Mesopotamien verbreitete. Sie ist bereits um 4325 für Warka (sumerisch Uruk, semitisch Erech) belegt. Keine andere prähistorische Kultur hat einen vergleichbaren Einfluß ausgeübt. Der Fortschritt in der Metallurgie ist beachtlich (Kupferbeile, verschiedene Gegenstände aus Gold). Der Reichtum wird durch den Fortschritt im Ackerbau und Handel noch vermehrt. Ein fast lebensgroßer Menschenkopf und Tierköpfe aus Marmor haben zweifellos religiöse Bedeutung. Einige Siegel vom Typ Gawra stellen verschiedene Kultszenen dar (Personen um einen mit Bukranien geschmückten Altar stehend, rituelle Tänze, Tierembleme usw.). Die Menschengestalten sind stark schematisiert. Die Tendenz zum Nicht-Figurativen kennzeichnet übrigens die gesamte Obedkultur. Die auf Amuletten abgebildeten Heiligtümer sind nicht Abbilder bestimmter Gebäude, sondern eine Art Prototyp des Tempels.

Die Menschenstatuetten aus Kalk stellen wahrscheinlich Priester dar. Tatsächlich ist die bedeutendste Neuerung der Obedperiode die Errichtung monumentaler Tempel[42]. Einer ihrer bedeutendsten ist der Weiße Tempel (3100), der sich mit den Maßen von 22,3 × 17,5 m auf einer Plattform von 70 m Länge, 66 m Breite und 13 m Höhe erhebt. Diese Plattform enthält die Überreste alter Heiligtümer und bildet eine *Zikkurat*, einen heiligen „Berg", auf dessen Symbolik wir später noch zurückkommen werden (§ 54).

14. Die geistig-religiöse Welt des Neolithikums

Es würde uns in unserem Thema nicht weiterführen, wollten wir hier nun die Verbreitung des Ackerbaus und späterhin der Metallurgie über die Ägäis und die östlichen Mittelmeerländer, über Griechenland, den Balkan und die Donauländer sowie das übrige Europa verfolgen; ebensowenig weiterführend wäre die Betrachtung der Ausbreitung nach Indien, China und Südostasien. Wir weisen nur darauf hin, daß der Ackerbau anfänglich in bestimmte Gegenden Europas nur sehr langsam vordrang. Einerseits ermöglichte das postglaziale Klima den

---

[41] Allgemeine Darstellung und Bibliographie bei *H. Müller-Karpe* II 59 ff. Zum religiösen Symbolismus der Figurinen und ikonopraphischen Motive von Halaf, vgl. *B. L. Goff*, Symbols of Prehistoric Mesopotamia 11 ff.

[42] Siehe *H. Müller-Karpe* II, 61 ff, 339, 351, 423; *M. E. L. Mallowan*, Early Mesopotamia and Iran 40 ff (der Weiße Tempel).

mesolithischen Gesellschaften Mittel- und Westeuropas, von Jagd und Fischerei zu leben. Andererseits mußte der Getreideanbau erst einer gemäßigten und mit Wäldern bedeckten Zone angepaßt werden. Die ersten Agrargemeinschaften entwickelten sich an Wasserläufen und am Rande der großen Wälder. Doch die Verbreitung der um 8000 im Vorderen Orient entwickelten neolithischen Bodenkultur ist nicht aufzuhalten. Trotz des Widerstrebens einiger Völker, vor allem nach der Herausbildung der Hirtenkultur, gelangte die Nahrungspflanzenkultur nach Australien und Patagonien, sobald die Erfolge der europäischen Kolonisation und der industriellen Revolution spürbar wurden.

Mit der Verbreitung des Getreideanbaus werden auch dessen spezifische Riten, Mythen und religiösen Vorstellungen weitergegeben. Es handelt sich dabei nicht um einen mechanischen Vorgang. Auch wenn man – wie wir – nur auf archäologische Dokumente zurückgreifen kann – also die religiösen Bedeutungen, und vor allem die Mythen und Riten nicht kennt –, lassen sich doch mitunter sehr bedeutende Unterschiede zwischen den europäischen Jungsteinzeitkulturen und ihren orientalischen Quellen feststellen. So steht beispielsweise die Herkunft des durch zahlreiche Bilder in den Donaugebieten belegten Stierkults aus dem Vorderen Orient außer Zweifel. Aber wir haben keinen Beweis für ein Stieropfer, wie es auf Kreta und in den Jungsteinzeitkulturen am Indus praktiziert wurde. Ebenso sind auch die im Orient so verbreiteten Götteridole oder die Mutter-Kind-Göttin, die eine ikonographische Einheit repräsentiert, in den Donaugebieten sehr selten. Außerdem wurden solche Statuetten niemals in Gräbern gefunden.

Einige jüngere Entdeckungen haben die Ursprünglichkeit der archaischen Kulturen Südosteuropas, d. h. jenes Komplexes, den Marija Gimbutas „Europäische Frühkultur" nennt, eindeutig bestätigt. Tatsächlich tritt um 7000 oder schon früher gleichzeitig an den Küsten Griechenlands und Italiens, auf Kreta, in Südanatolien, in Syrien und Palästina und im Gebiet des fruchtbaren Halbmondes eine Kultur auf, die Korn- und Gerstenanbau sowie die Haltung von Hammel, Rind und Schwein als Haustiere kennt. Die Radiokarbontests ermöglichen aber keine Aussage darüber, ob dieser kulturelle Komplex in Griechenland *später* als im Fruchtbaren Halbmond, in Syrien, Zilizien oder Palästina aufgetreten ist. Über den diese Kultur auslösenden Impuls ist uns noch nichts bekannt[43]. Aber es gibt keinen archäologischen Beweis für einen Zustrom von Einwanderern aus Kleinasien, die veredelte Pflanzen oder Haustiere besessen hätten[44].

Was immer ihr Ursprung auch gewesen sein mag, die „europäische Frühkultur" entwickelte sich in eine eigenständige Richtung, die sie sowohl von den Kulturen des Vorderen Orients als auch von jenen Mittel- und Nordeuropas

---

[43] *M. Gimbutas*, Old Europe c. 7000–3500 B. C., 5.
[44] Überdies haben das Rind, das Schwein und eine Kornart (Einkorn) in Europa einheimische Vorläufer: *M. Gimbutas*, ebd.

unterscheidet. Zwischen 6500 und 5300 fand auf der Balkanhalbinsel und in Zentralanatolien ein gewaltiger kultureller Aufschwung statt. Zahlreiche Gegenstände (Siegel mit Ideogrammen, Menschen- und Tierfiguren, Gefäße in Tiergestalt, Bilder von Göttermasken) verweisen auf rituelle Aktivitäten. Um die Mitte des 6. Jahrtausends mehren sich Dörfer, die durch Gräben oder Mauern geschützt waren und bis zu 1000 Einwohner aufnehmen konnten[45]. Zahlreiche Altäre und Heiligtümer sowie verschiedene Kultgegenstände zeugen von einer durchorganisierten Religion. In der neolithischen Fundstätte von Căscioarele, 60 km südlich von Bukarest, wurde ein Tempel ausgegraben, dessen Mauern mit herrlichen roten und grünen Spiralen auf weiß-gelblichem Untergrund bemalt waren. Man fand keine Statuetten; aber eine 2 m hohe Säule und eine zweite, kleinere, verweisen auf einen Kult der heiligen Säule, dem Symbol der *axis mundi*[46], der Weltachse. Über diesem Tempel befand sich ein zweiter, jüngerer, in dem man das Terrakottamodell eines Heiligtums fand. Das Modell zeigt einen beeindruckenden architektonischen Komplex: vier Tempel auf einem hohen Sockel[47].

Mehrere Tempelmodelle wurden auf der Balkanhalbinsel gefunden. Zusammen mit zahllosen anderen Dokumenten (Figurinen, Masken, verschiedene nichtfigurative Symbole usw.) zeugen sie vom Reichtum und der Vielschichtigkeit einer Religion, deren Inhalt uns noch nicht zugänglich ist[48].

Es wäre müßig, hier alle möglicherweise religiös deutbaren neolithischen Dokumente aufzuzählen. Wir werden im Zusammenhang mit der religiösen Vorgeschichte bestimmter Kernzonen (Mittelmeergebiet, Indien, China, Südostasien, Mittelamerika) gelegentlich darauf verweisen. Doch sei schon hier gesagt, daß – nur von den archäologischen Dokumenten her und ohne die Erhellung durch Texte oder Traditionen einiger Agrargesellschaften und -traditionen, die noch zu Beginn unseres Jahrhunderts lebendig waren – die jungsteinzeitlichen Religionen undifferenziert und monoton erscheinen könnten. Die archäologischen Dokumente geben uns nur eine fragmentarische und lückenhafte Sicht vom religiösen Leben und Denken. Wir haben gesehen, was uns die religiösen Dokumente der ersten neolithischen Kulturen enthüllen: Toten- und Fruchtbarkeitskulte, erkennbar aus Statuetten von Göttinnen und Wettergottdarstel-

---

[45] Im Vergleich dazu erscheinen Niederlassungen, wie etwa die an den Schweizer Seen als Weiler; siehe *M. Gimbutas* 6.

[46] *V. Dumitrescu*, Édifice destiné au culte découvert à Căscioarele 21. Die beiden Säulen sind innen hohl, woraus hervorgeht, daß sie um einen Baumstamm herum modelliert wurden; ebd. 14, 21. Die Symbolik der *axis mundi* verbindet den kosmischen Baum mit der kosmischen Säule *(columna universalis)*. Die von Dumitrescu angegebenen Radiokarbondaten schwanken zwischen 4035 und 3620 (vgl. a.a.O. 24, Anm. 25); *M. Gimbutas* spricht von „etwa 5000 v.Chr." 11).

[47] *H. Dumitrescu*, Un modèle de sanctuaire découvert à Căscioarele" Abb. 1 und 4 (letztere bei *M. Gimbutas* Abb. I, S. 12).

[48] Nach *M. Gimbutas* hatte die „europäische Frühkultur" um 5300–5200, also 2000 Jahre vor den Sumerern bereits eine Schrift entwickelt (vgl. a. a. O., Abb. 2 und 3 und S. 12). Die Auflösung dieser Kultur beginnt nach 3500 infolge einer Invasion von Völkern aus der Pontischen Steppe (13).

lungen (mit seinen Epiphanien: Stier und Bukranie); Glaubensvorstellungen und Rituale im Zusammenhang mit dem „Mysterium" der Vegetation; die Zusammenschau von Frau – Scholle – Pflanze, die zugleich die Entsprechung Geburt – Wiedergeburt (Initiation) beinhaltet; höchstwahrscheinlich die Hoffnung auf ein Fortleben nach dem Tode; eine Kosmologie mit der Symbolik eines „Mittelpunkts der Welt" und der Vorstellung des Wohnraumes als *imago mundi*. Wir brauchen nur eine zeitgenössische primitive Pflanzergesellschaft zu betrachten, um die Vielschichtigkeit und den Reichtum einer Religion zu erkennen, die sich in den Vorstellungen der chthonischen Fruchtbarkeit und des Kreislaufs Leben – Tod – Leben nach dem Tod artikuliert[49]. Aber sobald zu den archäologischen Dokumenten des Vorderen Orients die ersten Texte hinzukommen, erschließen sie uns eine ganze Welt nicht nur vielschichtiger und tiefer, sondern auch lang durchdachter, neuinterpretierter und bisweilen sich schon wieder verdunkelnder, fast unverständlicher Bedeutungen. In einigen Fällen repräsentieren die uns zugänglichen ersten Texte eine vage Erinnerung an religiöse Schöpfungen, die vor undenklicher Zeit entstanden, außer Gebrauch gekommen oder schon fast wieder vergessen sind. Wir dürfen dabei nicht außer acht lassen, daß die grandiose neolithische Spiritualität in den uns verfügbaren Dokumenten nicht „transparent" ist. Die semantischen Möglichkeiten der archäologischen Dokumente sind begrenzt, und die ersten Texte bringen eine Weltsicht zum Ausdruck, die sehr stark von den religiösen Vorstellungen aus dem Bereich der Metallurgie, der Stadtkultur, des Königtums und einer organisierten Priesterschaft beeinflußt ist.

Aber auch wenn uns die geistig-religiöse Welt des Neolithikums[50] nicht mehr in ihrer Gesamtheit zugänglich ist, so haben die Traditionen der Agrargesellschaften doch einzelne Fragmente daraus bewahrt. Die Kontinuität „heiliger Orte" (vgl. § 8) und bestimmer Acker- und Bestattungsrituale ist nicht zu leugnen. Im Ägypten des 20. Jahrhunderts wird die rituelle Garbe in der gleichen Weise gebunden, wie es auf den alten Monumenten zu sehen ist, die im übrigen ihrerseits einen aus der Vorgeschichte überkommenen Brauch weiterführen. Im Peträischen Arabien wird die letzte Garbe unter dem Namen „der Alte" eingegraben, also mit dem gleichen Namen, den sie im pharaonischen Ägypten trug. Das Getreidemus, das in Rumänien und auf dem Balkan bei Begräbnissen und Totenfeiern gereicht wird, heißt *coliva*. Der Name *(kollyva)* und die Darbietung sind im alten Griechenland belegt, aber der Brauch ist zweifellos älter (man glaubt, ihn in den Gräbern von Dipylon wiederzuerkennen). Leopold Schmidt hat gezeigt, daß bestimmte mythisch-rituelle Schauspiele, wie sie noch zu Beginn des 20. Jahrhunderts bei den Bauern Mittel- und Südosteuropas in

---

[49] Eine vergleichende Analyse der Ikonographie und des Symbolismus der Ornamentik auf Gefäßen und Bronzegegenständen kann bisweilen die Kenntnis einer vorgeschichtlichen Religion spürbar erweitern; dies gilt jedoch erst für die Buntkeramik und vor allem ab dem Metallzeitalter.
[50] Wir beziehen uns hier natürlich auf das archäologische Neolithikum des Mittleren Ostens und Europas.

Brauch waren, mythologische Fragmente und Riten bewahren, die im alten Griechenland schon vor Homer untergegangen sind. Mehr brauchen wir hier nicht anzuführen. Es sei nur unterstrichen, daß sich diese Riten 4000–5000 Jahre erhalten haben, davon die letzten 1000 bis 1500 Jahre unter der Wachsamkeit der beiden, für ihre Strenge bekannten monotheistischen Religionen, dem Christentum und dem Islam.

15. Der religiöse Kontext der Metallverarbeitung: Mythologien der Eisenzeit

Auf die „Mythologie des Steinschliffs" folgte eine „Mythologie der Metalle", deren reichste und ausgeprägteste sich um das Eisen bildete. Bekanntlich bearbeiteten „Naturvölker" wie auch vorgeschichtliche Völker das meteoritische Eisen, lange bevor sie lernten, die an der Erdoberfläche vorkommenden eisenhaltigen Erze zu verwenden. Sie behandelten gewisse Erze wie Steine, d.h., sie betrachteten sie als Rohmaterialien zur Anfertigung von Steinwerkzeugen[51]. Als Cortez die aztekischen Häuptlinge fragte, woher sie ihre Messer hätten, deuteten sie zum Himmel. Tatsächlich haben die Grabungen in den prähistorischen Schichten der Neuen Welt nicht eine einzige Spur von Eisen erbracht, das von der Erde stammt[52]. Die altorientalischen Völker haben sehr wahrscheinlich ähnliche Vorstellungen gehegt. Das sumerische Wort AN.BAR, der älteste Name für Eisen, besteht aus den Zeichen für „Himmel" und für „Feuer". Man übersetzt es im allgemeinen mit „himmlisches Metall" oder „Stern-Metall". Lange Zeit kannten die Ägypter nur das meteoritische Eisen. Die gleiche Situation findet sich bei den Hethitern. Ein Text des 14. Jahrhunderts stellt fest, daß die hethitischen Könige „das schwarze Eisen des Himmels" verwendeten[53].

Aber das Metall war selten – es war ebenso kostbar wie Gold – und wurde vor allem rituell verwendet. Das Schmelzverfahren für die Erze mußte erst entdeckt werden, ehe ein neuer Abschnitt in der Geschichte der Menschheit beginnen konnte. Im Gegensatz zu Kupfer und Bronze wurde die Metallurgie des Eisens schon sehr früh industriell betrieben. Als erst einmal das Geheimnis entdeckt war, war es nicht mehr schwierig, große Mengen von Metall zu beschaffen, denn die Lager waren sehr reich und leicht abzubauen. Die Bearbeitung des aus der Erde stammenden Erzes glich aber nicht derjenigen des meteoritischen Eisens und unterschied sich auch vom Schmelzen des Kupfers und der Bronze. Erst nach Erfindung der Öfen, und vor allem, nachdem die „Härtung" des bis zur Weißglut erhitzten Metalles gelungen war, erhielt das Eisen seine überra-

---

[51] Vgl. *M. Eliade*, Schmiede und Alchemisten 24.
[52] *R. C. Forbes*, Metallurgy in Antiquity 401.
[53] *T. A. Rickard*, Man and Metals I, 149.

gende Bedeutung. Die Verhüttung des aus der Erde gewonnenen Eisens machte dieses Metall für den täglichen Gebrauch geeignet.

Diese Tatsache aber hatte wichtige religiöse Folgen. Man sieht sich nun nicht nur der Sakralität des Himmels, die den Meteoriten immanent ist, gegenüber, sondern auch der tellurischen Sakralität, an der die Bergwerke und Erze teilhaben. Die Erze „wachsen" im Schoß der Erde[54]. Bergwerke und Höhlen werden mit der Gebärmutter der Erdmutter verglichen. Die aus den Bergwerken geförderten Erze sind also gewissermaßen „Embryonen". Sie wachsen langsam, als folgten sie einem anderen zeitlichen Rhythmus als das Leben der pflanzlichen und tierischen Organismen – sie wachsen aber darum nicht weniger, sie „reifen" in der tellurischen Finsternis. Ihre Entnahme aus dem Schoß der Erdmutter ist also ein vorzeitiger Eingriff. Hätte man ihnen Zeit gelassen, sich voll zu entwickeln (d. h. im *geologischen Rhythmus* der Zeit), so wären die Erze zu reifen, „vollkommenen" Metallen geworden.

In der ganzen Welt praktizieren die Bergleute Riten, die Reinheit, Fasten, Meditation, Gebete und kultische Handlungen umfassen. Die Riten sind durch die Art des in Aussicht genommenen Unternehmens bestimmt, denn man will sich zu einer sakralen Zone Zugang verschaffen, die als unantastbar gilt; man kommt in Berührung mit einer Sakralzone, die nichts mit der vertrauten religiösen Welt zu tun hat, die tiefer, aber auch gefährlicher ist. Man hat das Gefühl, sich in einen Bereich vorzuwagen, der von Rechts wegen dem Menschen nicht zugehört: in die unterirdische Welt mit ihrem Mysterium der langsam fortschreitenden mineralogischen Schwangerschaft, die sich im Schoß der Erdmutter entwickelt. Alle Mythologien von Bergwerken und Bergen, die zahllosen Feen, Schutzgeister, Elfen und Gnomen sind ebenso viele Epiphanien der *heiligen Gegenwart,* die man herausfordert, wenn man in die geologischen Schichten des Lebens eindringt.

Erfüllt von dieser geheimnisvollen Sakralität, werden die Erze zu den Öfen gebracht. Dann beginnt die schwierigste und abenteuerlichste Prozedur. Der Handwerker nimmt den Platz der Erdmutter ein, um das „Wachstum" zu beschleunigen und zu vollenden. Die Öfen sind gewissermaßen eine neue, künstliche Matrix, in der das Erz seine Schwangerschaft beendet. Daher die endlose Zahl von Vorsichtsmaßnahmen, Tabus und Ritualen, die das Schmelzen begleiten[55].

Der Metallarbeiter, ebenso wie der Schmied und vor diesem der Töpfer, ist ein „Meister des Feuers". Durch das Feuer bewirkt er den Übergang der Materie von einem Zustand in einen andern. Er beschleunigt das „Wachstum" der Erze, er macht sie in einem geheimnisvoll kurzen Zeitabschnitt „reif". Das Feuer erweist sich als ein Mittel zur „Beschleunigung", aber auch zur Schaffung einer

---

[54] Siehe *M. Eliade,* Schmiede und Alchemisten 51 ff.
[55] Vgl. *M. Eliade,* Schmiede und Alchemisten 69 ff. Einige afrikanische Völker unterteilen die Erze in männliche und weibliche; im alten China unterschied Yu der Große, der erste Metallgießer, männliche und weibliche Metalle (ebd. 43). In Afrika wird der Vorgang des Schmelzens mit dem Geschlechtsakt in Verbindung gebracht (ebd. 71).

anderen Wirklichkeit als der schon in der Natur vorhandenen. Daher gelten in den archaischen Gesellschaften die Schmelzer und Schmiede neben den Schamanen, Medizinmännern und Zauberern als „Meister des Feuers". Aber dieser doppeldeutige Charakter des Metalls – das mit zugleich heiligen und „dämonischen" Kräften begabt ist – überträgt sich auch auf die Metallarbeiter und Schmiede: sie sind hochgeachtet, aber auch gefürchtet; mancherorts werden sie aber auch gemieden oder gar verachtet[56].

In zahlreichen Mythologien fertigen die göttlichen Schmiede die Waffen der Götter an und sichern diesen damit den Sieg über Drachen oder andere Ungeheuer. Im kanaanäischen Mythos schmiedet Koschar-wa-Chasis (wörtlich: „geschickt und listig") für Baal die beiden Keulen, mit denen er Jam, den Herrn der Meere und der unterirdischen Gewässer, besiegen wird (vgl. § 49). In der ägyptischen Version des Mythos schmiedet Ptah (der Töpfergott) die Waffen, mit denen Horus den Seth besiegen kann. In gleicher Weise schmiedet auch der göttliche Schmied Tvaṣṭr die Waffen Indras, als dieser mit Vṛtra kämpft; Hephaistos schmiedet den Blitz, mit dem Zeus über Typhon siegt (vgl. § 84). Die Zusammenarbeit zwischen dem göttlichen Schmied und den Göttern beschränkt sich aber nicht auf dessen Mitwirken am entscheidenden Kampf um die Weltherrschaft. Der Schmied ist daneben auch Baumeister und Handwerker der Götter, er leitet den Bau des Baals-Palastes und schmückt die Heiligtümer anderer Gottheiten. Außerdem hat dieser Gott-Schmied auch mit Musik und Gesang zu tun, wie auch in zahlreichen Völkern die Eisen- und Kupferschmiede zugleich auch Musiker, Dichter, Quacksalber und Magier sind[57]. Auf verschiedenen kulturellen Ebenen (ein Zeichen hohen Alters) scheint also ein enges Band zwischen der Schmiedekunst, den okkulten Wissenschaften (Schamanismus, Magie, Heilkunst usw.) und den Künsten des Gesangs, des Tanzes und der Dichtung zu bestehen.

Alle diese um das Handwerk der Bergleute, der Hüttenarbeiter und Schmiede sich rankenden Ideen und Glaubensvorstellungen haben die aus der Eisenzeit ererbte Mythologie des *homo faber* spürbar bereichert. Aber das Verlangen, an der Vervollkommnung der Materie mitzuwirken, hatte bedeutende Folgen. Der Mensch übernahm die Verantwortung für die Veränderung der Natur und trat so an die Stelle der Zeit; was Äonen gebraucht hätte, um in den Tiefen der Erde zu „reifen", glaubt der Handwerker in einigen Wochen erreichen zu können, da der Schmelzofen die tellurische Gebärmutter ersetzt.

Jahrtausende später denkt der Alchimist noch immer genauso. Eine Gestalt aus Ben Johnsons *The Alchemist* erklärt: „Blei und die anderen Metalle wären Gold, wenn sie die Zeit gehabt hätten, es zu werden." Darauf ein zweiter Alchimist: „Und das ist es eben, was unsere Kunst vollbringt."[58] Der Kampf um

---
[56] Über die ambivalente Situation der Schmiede in Afrika vgl. *M. Eliade,* Schmiede und Alchemisten 105.
[57] Siehe *M. Eliade,* Schmiede und Alchemisten 116f.
[58] Vgl. *M. Eliade,* Schmiede und Alchemisten 57ff, 177ff.

die „Beherrschung der Zeit" – der in den, durch die organische Chemie erreichten „synthetischen Produkten" seinen größten Erfolg errang und damit einen entscheidenden Schritt in der „synthetischen Vorbereitung des Lebens" setzte (Homunkulus, der alte Traum der Alchimisten) –, dieser Kampf, sich selbst an die Stelle der Zeit zu setzen, der den Menschen der heutigen technischen Gesellschaft charakterisiert, war bereits in der Eisenzeit entbrannt. Auf seine religiösen Bedeutungen werden wir später zurückkommen.

DRITTES KAPITEL

Die mesopotamischen Religionen

16. „Geschichte beginnt mit Sumer..."

So lautet bekanntlich der Titel eines Buches von S. N. Kramer. Der bedeutende amerikanische Orientalist hat gezeigt, daß die *ersten* Berichte über zahlreiche religiöse Institutionen, Techniken und Vorstellungen sich in sumerischen Texten finden. Das sind die ersten *schriftlichen Dokumente*, deren Ursprung bis in das dritte Jahrtausend zurückreicht. Doch reflektieren diese Dokumente zweifellos weit ältere religiöse Vorstellungen.

Über Ursprung und ältere Geschichte der sumerischen Kultur wissen wir nicht viel. Man nimmt an, daß eine sumerisch-sprachige Bevölkerung – das Sumerische ist weder semitisch noch durch eine andere bekannte Sprachfamilie erklärbar – aus dem Norden nach Südmesopotamien vordrang. Sehr wahrscheinlich haben die Sumerer die uns in ihrer ethnischen Komponente nicht bekannten Ureinwohner unterworfen (kulturell gehörten diese letzteren der sog. Obedkultur an; vgl. § 13). Schon bald beginnen semitisch, genauer akkadisch sprechende Nomadengruppen aus der Syrischen Wüste in die nördlich von Sumer gelegenen Gebiete vorzudringen und sickern in mehreren Wellen in die sumerischen Städte ein. Etwa um die Mitte des dritten Jahrtausends zwangen die Akkader unter Sargon, ihrem legendären Anführer, den sumerischen Städten ihre Oberherrschaft auf. Es hatte sich indes bereits vor der Eroberung eine sumerisch-akkadische Symbiose entwickelt, die sich dann nach der Einigung der beiden Länder noch verstärkte. Noch vor 30 oder 40 Jahren sprachen die Wissenschaftler nur von einer, der babylonischen Kultur, die aus der Verschmelzung dieser beiden ethnischen Wurzeln erwachsen war. Heute ist man sich darüber einig, daß der sumerische und der akkadische Beitrag getrennt zu behandeln sind; denn obschon sich die Eroberer die Kultur der Besiegten aneigneten, war doch der schöpferische Geist der beiden Völker verschieden.

Vor allem im religiösen Bereich werden diese Divergenzen greifbar. Schon in frühester Zeit war das charakteristische Attribut göttlicher Wesen die Hörnerkrone. In Sumer war also, wie im ganzen mittleren Orient, der bereits im Neolithikum bezeugte religiöse Symbolismus des Stieres ohne Unterbrechung überliefert worden. Mit anderen Worten, die göttliche Seinsweise war definiert durch *Macht* und *räumliche "Transzendenz"*, d. h. durch den Gewitterhimmel, in dem der Donner widerhallt (der Donner wird mit dem Brüllen der Stiere verglichen). Die "transzendente", die himmlische Ordnung der göttlichen Wesen wird bestätigt durch ein ihrem Ideogramm vorangestelltes Bestimmungszeichen (Determinativ), das ursprünglich einen Stern darstellte. Die Eigenbedeutung dieses Bestimmungszeichens ist: "Himmel". Man stellte sich also jede Gottheit als himmlisches Wesen vor; daher geht von den Göttern und Göttinnen auch ein strahlendes Licht aus.

Die ersten sumerischen Texte spiegeln die Klassifizierung und Systematisierung durch die Priester. Der Dreiheit der Hochgötter entspricht die Dreiheit der Astralgottheiten. Daneben verfügen wir über umfängliche Listen verschiedenartigster Gottheiten, von denen wir oft nichts weiter als ihre Namen kennen. Am Beginn ihrer *Geschichte* erweist sich die sumerische Religion schon als "alt". Zwar sind die bis jetzt entdeckten Texte fragmentarisch und außerordentlich schwierig zu deuten; aber bereits aus dieser lückenhaften Information wird ersichtlich, daß bestimmte religiöse Traditionen ihren ursprünglichen Bedeutungsgehalt schon wieder zu verlieren beginnen. Dieser Prozeß ist sogar in der Dreiheit der Hochgötter An, Enlil und Enki feststellbar. Ersterer ist, wie schon sein Name (*an* = Himmel) besagt, ein Himmelsgott. An muß der Gottkönig schlechthin gewesen sein, der bedeutendste des Pantheon; aber er ist bereits zum Syndrom eines *deus otiosus* geworden. Aktiver und "aktueller" sind Enlil, der Gott der Luft (auch der "Große Berg" genannt), und Enki ("Herr der Erde"), der Gott der "Grundfesten", den man fälschlicherweise für einen Wassergott hielt, denn nach sumerischer Auffassung ruht die Erde auf dem Ozean. Ein eigentlich kosmogonischer Text wurde bis jetzt zwar noch nicht gefunden, doch lassen sich die entscheidenden Stadien der Schöpfung, wie die Sumerer sie dachten, aus einigen Anspielungen rekonstruieren. Die Göttin Nammu (deren Name mit jenem Bildzeichen wiedergegeben wird, das "Urmeer" bedeutet) wird gedacht als "Mutter, die Himmel und Erde gebar", sowie als "Ahnmutter, die alle Götter gebar". Das Thema der als kosmisches und zugleich göttliches Ganzes gedachten Urwasser erscheint in archaischen Kosmogonien sehr häufig. Auch in Sumer identifiziert man die Wassermassen mit der Urmutter, die durch Parthenogenese das erste Paar, den Himmel (An) und die Erde (Ki) als Inkarnation des weiblichen und des männlichen Prinzips hervorbrachte. Dieses erste Paar war so eng miteinander verbunden, daß es im "hieros gamos" ineinander verschmolz. Aus seiner Vereinigung entstand Enlil, der Gott der Luft. In einem weiteren Fragment erfahren wir, daß dieser letztere seine Eltern voneinander löste: der Gott An hob den Himmel nach oben, und Enlil nahm seine Mutter, die Erde, mit sich[1]. Das kosmogonische Thema der Trennung von Himmel und Erde ist gleichfalls sehr verbreitet und auf verschiedenen Kul-

---

[1] Siehe *S. N. Kramer*, From the Tablets of Sumer 77 ff; ders., The Sumerians 145.

turstufen anzutreffen. Wahrscheinlich rühren aber die im Mittleren Osten und im Mittelmeergebiet aufgezeichneten Versionen in letzter Instanz von der sumerischen Tradition her.

Einige Texte beschwören die Vollkommenheit und Schönheit der „Anfänge": „die frühen Tage, da ein jedes Ding vollkommen erschaffen war" usw.[2]. Das wahre Paradies indes scheint Tilmun zu sein, das Land, in dem es weder Krankheit noch Tod gibt. Dort „mordet der Löwe nicht, kein Wolf raubt Lämmer ... kein Augenkranker sagt: ‚die Augen tun mir weh'... Der Wächter macht noch nicht die Runde..."[3]. Doch war diese Vollkommenheit, im Ganzen gesehen, statisch. Denn der Gott Enki, der Herr über Tilmun, war neben seiner Gattin, die, wie auch die Erde, noch jungfräulich war, eingeschlafen. Als er erwachte, vereinigte er sich mit der Göttin Nin-gur-sag, sodann mit der Tochter, die ihm jene gebar, und schließlich mit der Tochter dieser Tochter – denn es handelt sich um eine Theogonie, die sich in diesem paradiesischen Land erfüllen muß. Ein anscheinend unbedeutender Zwischenfall aber führt zum ersten Götterdrama. Der Gott ißt bestimmte Pflanzen, die soeben erschaffen worden waren: er aber hätte „ihr Geschick bestimmen", d. h. ihre Seinsart und ihre Funktion festlegen müssen. Empört über diese sinnlose Tat erklärt Nin-gur-sag, sie werde Enki bis zu seinem Tod nicht mehr mit dem „Lebensblick" anschauen. Tatsächlich wird der Gott von unbekannten Krankheiten befallen, und seine zunehmende Schwächung kündigt seinen nahen Tod an. Schließlich ist es wieder seine Gattin, die ihn heilt[4]. Aus der Rekonstruktion des Mythos werden Umarbeitungen ersichtlich, deren Intention sich unserer Beurteilung entzieht. Das Paradiesesthema, ergänzt durch eine Theogonie, mündet in ein Drama, das die Verirrung und Bestrafung eines Schöpfergottes zeigt, aus der seine übergroße, todbringende Entkräftung resultiert. Hier handelt es sich zweifellos um eine schwerwiegende „Verfehlung", denn Enki *hat sich nicht in Übereinstimmung mit dem in ihm inkarnierten Prinzip verhalten.* Diese „Verfehlung" konnte die Struktur seiner eigenen Schöpfung gefährden. Andere Texte wiederum berichten von den Klagen der Götter, da sie dem Schicksal anheimfallen. Und später werden wir sehen, welchen Gefahren sich Inanna durch die Überschreitung der Grenzen ihrer Herrschaft aussetzt. Überraschend im Drama des Enki ist nicht die sterbliche Natur der Götter, sondern der mythologische Kontext, in dem sie verkündigt wird.

---

[2] Vgl. dazu die neue Übersetzung des Gilgameschepos in: *G. R. Castellino*, Mitologia sumerico-accadica 176–191. Über die ägyptische Auffassung der Vollkommenheit der Anfänge vgl. § 25.
[3] Vgl. die Übersetzung in: Die Schöpfungsmythen 111 f.
[4] Wir folgen hier der Interpretation von *R. Jestin*, La religion sumérienne 170.

17. Der Mensch vor seinen Göttern

Es gibt mindestens vier Berichte, die den Ursprung des Menschen deuten. Sie sind so verschiedenartig, daß wir mehrere Traditionen annehmen müssen. Einer der Mythen berichtet, die ersten Menschen seien gleich Gräsern der Erde entsprossen. Nach einer anderen Version wurde der Mensch von bestimmten göttlichen Schöpferfiguren aus Lehm geformt; die Göttin Nammu formte sein Herz, und Enki gab ihm das Leben. Andere Texte wiederum nennen die Göttin Aruru als Schöpferin der Menschen. In einer vierten Version schließlich wurde der Mensch aus dem Blut der beiden zu diesem Zweck geopferten Götter Laḫmu und Laḫamu gebildet. Letzteres Thema wird in dem babylonischen Weltschöpfungsepos *Enuma elisch* (§ 21) wieder aufgenommen und neu gedeutet.

Alle diese Motive sind, mit zahlreichen Abwandlungen, fast in der ganzen Welt belegt. Nach zweien der sumerischen Versionen hatte der Urmensch in gewisser Weise an der göttlichen Substanz Anteil: am Lebensodem Enkis oder dem Blut der Götter Lamga. Zwischen der Seinsweise der Gottheit und jener des Menschen bestand also kein unüberbrückbarer Abstand. Zwar wurde der Mensch erschaffen, um den Göttern, die vor allem der Nahrung und Kleidung bedurften, zu dienen [5], und der Kult wurde als Dienst an den Göttern aufgefaßt. Aber wenn die Menschen auch Diener der Götter sind, so sind sie doch nicht deren Sklaven. Das Opfer besteht vor allem in Opfergaben und Huldigungen. Die großen – anläßlich des neuen Jahres oder der Errichtung eines Tempels begangenen – Gemeinschaftsfeste der Stadt haben kosmologische Struktur.

Wie Raymond Jestin betont, sind der Begriff der Sünde, das Sühneelement und die Vorstellung vom „Sündenbock" aus den Texten nicht belegbar [6]. Das impliziert aber, daß der Mensch nicht nur Diener der Götter ist, sondern auch ihr Nachahmer und folglich ihr Mitarbeiter. Da die Götter die Verantwortung für die kosmische Ordnung tragen, muß der Mensch ihren Befehlen folgen, denn diese beziehen sich auf die Normen, auf die „Satzungen" *(me)*, die sowohl das Funktionieren der Welt als auch das der menschlichen Gesellschaft gewährleisten [7]. Die „Satzungen" begründen, d. h. *bestimmen*, das Schicksal allen Seins, jeder Lebensform, jeder göttlichen oder menschlichen Aktivität. Die Bestimmung der „Satzungen" erfüllt sich durch den Akt des *nam-tar*, der die getroffene Entscheidung sanktioniert und verkündet. Beim Anbruch des Neuen Jahres

---

[5] Über den Kult, vgl. *S. N. Kramer*, The Sumerians 140ff; *A. L. Oppenheim*, Ancient Mesopotamia 183ff.
[6] *R. Jestin*, a.a.O. 184. „‚Bußpsalmen' kommen erst in der späteren Literatur vor, doch können wir diese aufgrund des in ihnen erkennbaren wachsenden semitischen Einflusses nicht mehr als authentischen Ausdruck des sumerischen Bewußtseins betrachten" (ebd.).
[7] Über das *me* der verschiedenen Handwerke, Berufe und Institutionen vgl. *S. N. Kramer*, From the Tablets 89ff; *ders.*, The Sumerians 117ff. Das Wort *me* wurde mit „Sein" (Jacobsen) oder „göttliche Macht" (Landsberger und Falkenstein) übersetzt und als eine „göttliche Immanenz in der toten und lebendigen Materie, als unveränderlich, als in sich seinen Bestand habend, aber als unpersönlich, nur den Göttern verfügbar" interpretiert (J. van Dijk).

legen die Götter jeweils das Schicksal für die kommenden zwölf Monate fest. Es handelt sich hier zwar um eine alte, im Vorderen Orient beheimatete Vorstellung, ihr erster, rigoros artikulierter Ausdruck aber ist sumerischen Ursprungs, und in ihm zeigt sich die Vertiefung und Systematisierung durch die Theologen.

Die kosmische Ordnung wird kontinuierlich gestört; in erster Linie durch die „Große Schlange", die die Welt in ein „Chaos" zu verwandeln droht; sodann durch Verbrechen, Vergehen und Irrungen der Menschen, die durch verschiedene Riten wieder gesühnt und „gereinigt" werden müssen. Durch das Neujahrsfest aber wird die Welt periodisch regeneriert, d. h. „neu erschaffen". „Der sumerische Name für dieses Fest, à-ki-til bedeutet ‚Kraft, durch die die Welt wieder auflebt' (til bedeutet ‚leben' und ‚wieder aufleben'; so ‚lebt' beispielsweise ein Kranker [‚wieder auf'], d. h., er wird geheilt); hier ist der ganze Umkreis des Gesetzes der ewigen Wiederkehr angesprochen."[8] Mehr oder weniger analoge mythisch-rituelle Begehungen des Neuen Jahres sind in zahllosen Kulturen bezeugt. Wir werden bei der Analyse des babylonischen *Akitu*-Festes (§ 22) Gelegenheit haben, näher auf ihre Bedeutung einzugehen. Das Szenarium schließt die Heilige Hochzeit zwischen zwei Schutzgottheiten der Stadt ein, repräsentiert durch ihre Statuen oder den Herrscher – der den Titel des Gatten der Göttin Inanna erhält und Dumuzi inkarniert[9] – und einer Tempelsklavin. Diese Heilige Hochzeit aktualisierte die Gemeinschaft zwischen Göttern und Menschen, eine Gemeinschaft, die zwar nur vorübergehend, aber sehr folgenschwer war. Denn die göttliche Kraft kam unmittelbar über die Stadt – mit anderen Worten, über die „Erde" –, heiligte sie und sicherte ihr Wohlstand und Glück für das kommende Jahr.

Wichtiger noch als das Neujahrsfest war der Bau von Tempeln. Auch hierbei handelte es sich um eine Wiederholung der Kosmogonie, denn der Tempel – der „Palast" des Gottes – ist die Repräsentation der *imago mundi*, das Bild der Welt schlechthin. Diese Idee ist archaisch und weit verbreitet (wir werden ihr im Baalsmythos wiederbegegnen; § 50). Der sumerischen Tradition zufolge gründete einer der Götter nach der Erschaffung des Menschen die fünf Städte; er erbaute sie „an reinen Orten, gab ihnen ihre Namen und bestimmte sie als Kultzentren"[10]. Später beschränkten sich die Götter darauf, den jeweiligen Herrschern die Pläne von Städten und Heiligtümern mitzuteilen. König Gudea schaut im Traum die Göttin Nidaba, die ihm eine Tafel zeigt, auf der die „guten" Sterne verzeichnet sind, und es erscheint ihm ein Gott, der ihm den Plan des Tempels offenbart[11]. Die Modelle von Tempel und Stadt sind gewissermaßen „transzendent", denn sie präexistieren im Himmel. Die babylonischen Städte

---

[8] *R. Jestin*, a.a.O. 181.
[9] Vgl. *S. N. Kramer*, Le Rite de Mariage sacré Dumuzi-Inanna 129; *ders.*, The Sacred Marriage Rite 49f.
[10] Vgl. den von *S. N. Kramer* übersetzten Text: From the Tablets 177.
[11] *E. Burrows*, Some Cosmological Patterns in Babylonian Religion 65f.

hatten ihre Archetypen in Sternbildern: Sippar im Krebs, Ninive im Großen Bären, Assur im Arktur usw.[12]. Diese Auffassung ist im Alten Orient allgemein verbreitet.

Die Institution des Königtums ist gleichermaßen „vom Himmel herabgestiegen", und zwar zugleich mit den Insignien, der Tiara und dem Thron[13]. Nach der Sintflut wurde sie ein zweites Mal auf die Erde gebracht. Der Glaube an eine himmlische Präexistenz gewann für die archaische Ontologie große Bedeutung und fand seinen berühmtesten Ausdruck in der platonischen Ideenlehre. Sie ist zum ersten Mal in den sumerischen Dokumenten belegt, reicht in ihren Ursprüngen aber wahrscheinlich in die Vorgeschichte zurück. Tatsächlich ist die Theorie der himmlischen Urbilder die Weiterführung und Entwicklung der allgemein verbreiteten archaischen Auffassung, die Handlungen des Menschen seien nichts weiter als die Wiederholung (Nachahmung) der durch göttliche Wesen geoffenbarten Handlungen.

18. Der erste Sintflutmythos

Das Königtum mußte nach der Sintflut erneut vom Himmel herabgebracht werden, da die Überschwemmungskatastrophe dem „Ende der Welt" gleichkam. Nur ein einziges menschliches Wesen – Ziusudra in der sumerischen und Utnapischtim in der akkadischen Fassung – wurde gerettet. Im Unterschied zu Noe indes durfte der Gerettete nicht mehr auf der „neuen Erde" wohnen, die aus den Wassern auftauchte. Mehr oder weniger „vergöttlicht", jedenfalls unsterblich geworden, wird der Überlebende in das Land Tilmun (Ziusudra) oder an die „Mündung der Flüsse" (Utnapischtim) versetzt. Von der sumerischen Fassung sind uns nur einige Fragmente überkommen: ungeachtet der Zurückhaltung oder des Widerstrebens einiger Mitglieder des Pantheon beschließen die Großen Götter, die Menschheit durch die Sintflut zu vernichten. Einer von ihnen erinnert an die Verdienste des „demütigen, ergebenen und frommen" Königs Ziusudra. Von seinem Beschützer unterrichtet, erfährt Ziusudra von dem Beschluß Ans und Enlils. Hier ist der Text durch eine lange Lücke unterbrochen. Wahrscheinlich erhielt Ziusudra genaue Anweisungen über den Bau der Arche. Nach einem sieben Tage und sieben Nächte währenden Regen zeigt sich die Sonne wieder und Ziusudra wirft sich vor dem Sonnengott Utu auf die Erde. Im letzten Fragment verleihen ihm An und Enlil „das Leben eines Gottes" und „den ewigen Odem" der Götter und siedeln ihn im legendären Land Tilmun an[14].

---

[12] Vgl. *E. Burrows*, a.a.O. 60ff.
[13] Vgl. die „Liste der sumerischen Könige", übersetzt von *S. N. Kramer*, The Sumerians 328ff.
[14] Vgl. *S. N. Kramer*, From the Tablets 177ff; *ders.*, Sumerian Mythology 97ff; *G. R. Castellino*, Mitologia 140–143.

Das Sintflutthema kehrt wieder im *Gilgameschepos*. Dieses berühmte und verhältnismäßig gut erhaltene Werk macht die Analogien zum biblischen Bericht noch deutlicher. Wahrscheinlich liegt diesen Erzählungen eine gemeinsame und sehr alte Quelle zugrunde. Wie seit den vergleichenden Untersuchungen von R. Andrae, H. Usener und J. G. Frazer bekannt, ist der Sintflutmythos fast überall verbreitet; er ist auf allen Kontinenten (in Afrika allerdings nur sehr selten) und auf verschiedenen Kulturstufen belegt. Eine Anzahl von Varianten scheint sich aus der Verbreitung ergeben zu haben, die er zunächst ausgehend von Mesopotamien und dann von Indien gefunden hat. Möglicherweise haben aber auch eine oder mehrere Überschwemmungskatastrophen zu den legendären Berichten geführt. Es wäre jedoch unklug, einen so weit verbreiteten Mythos durch Phänomene erklären zu wollen, die keinerlei geologische Spuren hinterlassen haben. Die meisten Überschwemmungsmythen scheinen in irgendeiner Weise dem kosmischen Rhythmus zuzugehören: die von einer gefallenen Menschheit bewohnte „alte Welt" geht in den Wassern unter, und einige Zeit später taucht eine „neue Welt" aus dem Wasser-„Chaos" auf[15].

In sehr vielen Varianten ist die Sintflut das Ergebnis der „Sünden" (oder rituellen Ungenauigkeiten) der Menschen; bisweilen folgt sie einfach aus dem Wunsch eines göttlichen Wesens, der Menschheit ein Ende zu setzen. Die Ursache der Sintflut in der mesopotamischen Tradition ist nicht leicht festzustellen. Einige Anspielungen lassen vermuten, daß die Götter diese Entscheidung wegen der „Sünder" getroffen haben. Einer anderen Tradition zufolge wurde Enlils Zorn durch den unerträglichen Lärm der Menschen erregt[16]. Untersucht man jedoch die Mythen, die in anderen Kulturen die bevorstehende Sintflut ankündigen, so wird man feststellen, daß die Hauptursachen *zugleich in den Sünden der Menschen und in der Altersschwäche der Welt* liegen. Allein durch seine Existenz, d. h., weil er *lebendig* und *schöpferisch* ist, verbraucht sich der Kosmos allmählich, um schließlich zugrunde zu gehen. Daher muß er neu erschaffen werden. Mit anderen Worten; die Sintflut *realisiert* in makrokosmischem Maßstab, was während des Neujahrsfestes *symbolisch* vollzogen wird: das „Ende der Welt" und einer sündigen Menschheit, um eine neue Schöpfung zu ermöglichen[17].

---

[15] Zu dem in einigen Überschwemmungsmythen enthaltenen Symbolismus vgl. *M. Eliade*, Traité d'Histoire des Religions 182f.
[16] Wie wir noch sehen werden (§ 21) ist es immer der „Lärm", hier das Poltern der jungen Götter die Apsu am Schlafen hinderten, was ihn bewog, sie zu vernichten (vgl. *Enuma elisch* I, 21f).
[17] Vgl. *M. Eliade*, Aspects du mythe 71ff. Nach der im Atrahasis-Epos überlieferten Version beschloß Ea nach der Sintflut, sieben Männer und sieben Frauen zu erschaffen; vgl. *A. Heidel*, The Gilgamesh Epic 259f.

19. Der Abstieg in die Unterwelt: Inanna und Dumuzi

Das Dreigestirn der Astralgottheiten bestand aus Nanna-Sin (dem Mond), Utu (der Sonne) und Inanna, der Göttin des Venussterns und der Liebe. Die Gottheiten des Mondes und der Sonne erleben ihre Blüte in der babylonischen Zeit. Inanna aber, die mit der akkadischen Ischtar und später mit Aschtarte gleichgesetzt wurde, besaß eine kultische und mythologische „Aktualität", wie sie keine andere Göttin des Mittleren Ostens jemals erlangte. Auf ihrem Höhepunkt war Inanna-Ischtar zugleich Göttin der Liebe und des Krieges, d. h., sie herrschte über Leben und Tod; um den umfassenden Charakter ihrer Macht zu kennzeichnen, sieht man sie als Hermaphrodit *(Ischtar barbata)*. Ihre Persönlichkeit war schon in sumerischer Zeit voll umschrieben, und ihr zentraler Mythos ist eine der bedeutendsten Schöpfungen der alten Welt. Dieser Mythos beginnt mit einer Liebesgeschichte: Inanna, die Schutzgöttin Erechs, vermählt sich mit dem Hirten Dumuzi[18], der so zum Herrn der Stadt wird. Inanna verkündet laut ihre Leidenschaft und ihr Glück: „Ich schreie in der Freude!... Mein Herr ist würdig des heiligen Schoßes!" Und doch ahnt sie bereits das tragische Schicksal, das ihren Gatten erwartet: „Mein Geliebter, Mann meines Herzens..., dich, in ein unseliges Verlangen habe ich dich hineingezogen... Mit deinem Mund hast du meinen Mund berührt, meine Lippen hast du an deinen Kopf gepreßt, deshalb wurdest du zu einem unheilvollen Geschick verdammt" (Kramer, History 141).

Dieses „unheilvolle Geschick" wird zunächst aufgehalten an dem Tage, da die ehrgeizige Inanna beschließt, in die Unterwelt hinabzusteigen, um ihre „älteste Schwester" Ereschkigal zu verdrängen. Inanna, die Herrin des „großen Königreichs der Oberwelt" möchte auch über die Unterwelt herrschen. Es gelingt ihr, in den Palast Ereschkigals einzudringen, aber auf ihrer Wanderung durch die Sieben Tore entreißt ihr der Türhüter ihre Kleider und ihren Schmuck. Ganz nackt – das heißt jeder „Macht" entblößt – gelangt Inanna vor ihre Schwester. Ereschkigal richtet auf sie den „Blick des Todes", und „ihr Leib wird leblos". Nach drei Tagen setzt ihr ergebener Freund Ninschubur, den Anweisungen zufolge, die sie ihm vor ihrer Abreise gegeben hatte, die Götter Enlil und Nanna-Sin in Kenntnis. Diese jedoch weigern sich, ihr zu Hilfe zu eilen. Denn – so sagen sie –, dadurch, daß Inanna in einen Bereich – das Land der Toten – eindrang, in dem unverletzbare Gesetze gelten, wollte sie „sich verbotener Dinge bemächtigen". Enlil aber findet dennoch eine Lösung. Er erschafft zwei Boten, die er mit „der Speise des Lebens" und dem „Wasser des Lebens" in

---

[18] Nach einer anderen Version gibt sie zunächst dem Bauern Enkimdu den Vorzug, wird aber durch ihren Bruder, den Sonnengott Utu, zu einer Sinnesänderung bewogen; vgl. *S. N. Kramer*, The Sacred Marriage Rite 69 ff; *ders.*, Le Rite de Mariage Sacré Dumuzi-Inanna 124 ff. Sofern nicht anders vermerkt, zitieren wir hier nach den in diesem Artikel veröffentlichten Übertragungen.

die Unterwelt sendet. Durch List gelingt es diesen, „den Leichnam, der an einem Nagel hing" wiederzubeleben. Als Inanna aber wieder in die Oberwelt hinaufsteigen will, wird sie von den Sieben Richtern der Unterwelt (den Anunaki) aufgehalten mit den Worten: „Wer ist jemals in die Unterwelt hinabgestiegen und ohne Schaden zu nehmen wieder aus ihr aufgestiegen? Wenn Inanna die Unterwelt verlassen will, so muß sie einen Ersatzmann stellen!"[19]

Inanna kehrt, geleitet von einer Truppe Dämonen, den *galla*, auf die Erde zurück. Die Galla haben den Auftrag, sie wieder zurückzubringen, sofern sie ihnen kein anderes göttliches Wesen überlasse. Zunächst wollen sie sich Ninschuburs bemächtigen, Inanna aber hält sie zurück. Darauf wenden sie sich den Städten Umma und Bad-Tibira zu; entsetzt werfen sich die Schutzgottheiten vor Inanna in den Staub, und die Göttin, von Mitleid bewegt, beschließt, andernorts ihre Suche fortzusetzen. Schließlich gelangen sie nach Erech. Mit Überraschung und Empörung entdeckt Inanna, daß Dumuzi, statt zu trauern, prächtig gekleidet und mit seinem Dasein zufrieden auf ihrem Thron saß, als sei er der alleinige Herr der Stadt. „Sie richtete den Blick auf ihn: den Blick des Todes! Sie sprach ein Wort wider ihn: das Wort der Verzweiflung! Sie schleuderte einen Schrei gegen ihn: den Schrei der Verdammung! ,Ihn dort (sagt sie zu den Dämonen), greift ihn!'"[20] Dumuzi beschwört seinen Schwager, den Sonnengott Utu, ihn in eine Schlange zu verwandeln, und er flieht zunächst in die Wohnung seiner Schwester Geschtinanna und dann in sein Hürdenlager. Hier aber ergreifen ihn die Dämonen, foltern ihn und bringen ihn in die Unterwelt. Wegen einer Textlücke bleibt uns der Epilog unbekannt. „Aller Wahrscheinlichkeit nach ist es Ereschkigal, die, durch Dumuzis Tränen von Mitleid ergriffen, sein trauriges Los mildert; sie beschließt, er solle nur ein halbes Jahr in der Unterwelt bleiben und während der zweiten Hälfte von seiner Schwester Geschtinanna vertreten werden" (Kramer, History 144).

Der gleiche Mythos wird – allerdings mit einigen bezeichnenden Abweichungen – in der akkadischen Version vom *Abstieg Ischtars in die Unterwelt* erzählt. Vor der Veröffentlichung und Übersetzung der sumerischen Texte konnte man glauben, die Göttin sei *nach* dem „Tod" des Tammuz, in der Absicht, diesen wieder zurückzuholen, in das „Land ohne Wiederkehr" hinabgestiegen. Einige Elemente, die in der sumerischen Version fehlen, schienen eine solche Deutung zu begünstigen. So vor allem die verhängnisvollen Folgen der Gefangenschaft Ischtars, die in der akkadischen Version hervorgehoben werden: nach dem Verschwinden der Göttin kommt die Fortpflanzung bei Mensch und Tier zum Stillstand. Man konnte dieses Unglück verstehen als eine Folge der Unterbrechung des *hieros gamos* zwischen der Liebes- und Fruchtbarkeitsgöttin und Tammuz,

---

[19] Nach der Übersetzung von *J. Bottéro* in: Annuaire (1971–72) 85.
[20] Nach der Übersetzung von *J. Bottéro*, ebd. 91. In einem anderen Bericht scheint die Angst Inannas Tat zu erklären. Da die Dämonen sich ihrer bemächtigt haben und drohen, sie wieder mitzunehmen, „gibt sie ihnen entsetzt Dumuzi preis. Diesen Jüngling (sagt sie zu ihnen), bindet ihm die Füße, usw." (ebd.).

ihrem geliebten Gemahl. Die Katastrophe hatte kosmische Ausmaße, und in der akkadischen Version sind es die Großen Götter, die, entsetzt über das drohende Verschwinden des Lebens, zur Befreiung Ischtars eingreifen müssen.

Überraschend in der sumerischen Version ist die „psychologische", d.h. menschliche Rechtfertigung der Verurteilung Dumuzis: alles scheint in Inannas Zorn seine Erklärung zu finden, als diese ihren Gemahl stolz auf ihrem Thron sitzend vorfindet. Diese romanhafte Erklärung scheint einen älteren Gedanken zu enthalten: der – rituelle und daher reversible – „Tod" folgt zwangsläufig auf jeden Schöpfungs- oder Zeugungsakt. Die sumerischen, wie auch später die akkadischen Könige verkörpern Dumuzi im *hieros gamos* mit Inanna[21]. Dies impliziert mehr oder weniger die Annahme des rituellen „Todes" des Königs. In diesem Fall müssen wir hinter der im sumerischen Text überlieferten Geschichte ein durch Inanna eingeführtes „Mysterium" vermuten, das den Kreislauf der allgemeinen Fruchtbarkeit sichern sollte. Eine Anspielung auf dieses Mysterium können wir in der verächtlichen Antwort Gilgameschs auf Ischtars Aufforderung, ihr Gemahl zu werden, vermuten: er erinnert sie daran, daß sie es war, die die jährliche Klage um Tammuz angeordnet hat[22]. Aber diese „Klage" war ritueller Art: man beweinte den Abstieg des jungen Gottes in die Unterwelt am 18. des Monats Tammuz (Juni / Juli), im Wissen, daß er sechs Monate später wieder „heraufsteigen" werde.

Der Tammuzkult erstreckt sich fast über den ganzen mittleren Orient. Im 6. Jahrhundert schmäht Ezechiel (7,14) die Frauen Jerusalems, die sogar vor den Tempeltoren „klagten". Tammuz nimmt schließlich die dramatische und elegische Gestalt der jungen Götter an, die jährlich sterben und wieder auferstehen. Wahrscheinlich hatte sein sumerischer Prototyp aber eine komplexere Struktur: die Könige, die ihn verkörpern und folglich auch sein Schicksal teilen, feierten jedes Jahr die Wiedererschaffung der Welt. Um aber neu erschaffen werden zu können, mußte die Welt zuerst vernichtet werden; das präkosmische „Chaos" implizierte auch den rituellen „Tod" des Königs, seinen Abstieg in die Unterwelt. Die beiden kosmischen Seinsweisen – Leben/Tod, Chaos/Kosmos, Unfruchtbarkeit/Fruchtbarkeit – bildeten letztlich zwei Momente ein und desselben Prozesses. Dieses „Mysterium", das man nach der Entdeckung des Ackerbaus erkannt hatte, wird nun zum Prinzip einer einheitlichen Erklärung der Welt, des Lebens und der menschlichen Existenz; es überschreitet das pflanzliche Werden und Vergehen, da es auch die kosmischen Rhythmen, die menschliche Bestimmung und die Beziehungen zu den Göttern lenkt. Der Mythos erzählt vom *Scheitern der Göttin der Liebe* und der Fruchtbarkeit, die Ereschkigals Reich erobern, also den *Tod aufheben* wollte. Daher müssen die Menschen, wie auch einige Götter, den Wechsel Leben/Tod annehmen.

---

[21] Vgl. *S. N. Kramer*, The Sacred Marriage Rite 63ff; *ders.*, Le Rite de Mariage Sacré 131ff.
[22] Tafel VI, 46–47. Bottéro übersetzt: „Tammuz, deinen ersten Gatten, du warst es, die für ihn die allgemeine Trauer eingeführt hat" (a.a.O. 83).

Dumuzi-Tammuz „verschwindet", um sechs Monate später „wieder zu erscheinen". Dieser Wechsel – periodische An- und Abwesenheit des Gottes – konnte zur Entwicklung von „Mysterien" führen, die das „Heil" der Menschen und ihre Bestimmung nach dem Tode betreffen. Die Rolle des rituell von den sumerisch-akkadischen Königen verkörperten Dumuzi-Tammuz war bedeutend, denn er hatte die Versöhnung zwischen der göttlichen und der menschlichen Ebene bewirkt. Später konnte jeder Mensch hoffen, dieses den Königen vorbehaltene Privileg auch für sich beanspruchen zu dürfen.

20. Die sumerisch-akkadische Synthese

Um das Jahr 2375 vereinigt Lugalzaggesi, der König von Umma, die meisten sumerischen Tempelstädte. Dies ist die erste uns bekannte Manifestation der Reichsidee. Eine Generation später wiederholte Sargon, der König von Akkad, diesen Versuch mit mehr Erfolg. Doch die sumerische Kultur bewahrte alle ihre Strukturen. Die Veränderung betraf einzig und allein die Könige der Tempelstädte: sie waren nun dem akkadischen Eroberer tributpflichtig. Sargons Reich zerbrach nach einem Jahrhundert infolge der Angriffe der Gutäer, nomadisierender „Barbaren" aus dem Gebiet des oberen Tigris. Von da an scheint sich Mesopotamiens Geschichte zu wiederholen: die politische Einheit von Sumer und Akkad wird von außen durch „Barbaren" zerstört; diese wiederum werden durch innere Aufstände gestürzt.

So währte die Beherrschung durch die Gutäer nur ein Jahrhundert und wurde für ein weiteres Jahrhundert (ca. 2050–1950) durch die Könige der III. Dynastie von Ur abgelöst. In dieser Zeit erreicht die sumerische Kultur ihren Höhepunkt. Zugleich aber ist dies die letzte Manifestation der politischen Macht Sumers. Im Osten von den Elamiten und im Westen von den, aus der syrisch-arabischen Wüste eingebrochenen Amoritern bekämpft, bricht das Reich zusammen. Mehr als zwei Jahrhunderte lang bleibt Mesopotamien in mehrere Staaten aufgespalten. Erst um 1700 gelingt Hammurabi, dem amoritischen Herrscher Babylons, die Einigung. Er verlegt den Mittelpunkt des Reiches nach Norden, in die Stadt, deren Herrscher er war. Die von Hammurabi begründete, fast allmächtig erscheinende Dynastie indes regiert nicht einmal ein Jahrhundert lang. Andere „Barbaren", die Kassiten, steigen vom Norden herab und beginnen, die Amoriter zu befehden. Um 1525 schließlich siegen sie und bleiben vierhundert Jahre lang die Herren über Mesopotamien.

Die Umformung der Tempelstädte in Stadtstaaten und schließlich in ein Reich ist für die Geschichte des Mittleren Ostens von großer Bedeutung[23]. Für uns ist vor allem die Tatsache von Bedeutung, daß das Sumerische, obgleich es um

---

[23] Neue Institutionen (wie etwa Berufsheer und Beamtenherrschaft) sind hier zum ersten Mal belegt; im Laufe der Zeit werden sie auch von anderen Staaten übernommen.

das Jahr 2000 schon nicht mehr gesprochen wurde, als Liturgiesprache und mehr oder weniger auch als Gelehrtensprache noch fünfzehn Jahrhunderte weiterlebte. Ähnlich verhält es sich auch mit anderen Liturgiesprachen, wie etwa dem Sanskrit, dem Hebräischen, dem Lateinischen und dem Altslawischen. Der religiöse Konservatismus Sumers setzt sich auch in den akkadischen Strukturen fort. Die oberste Trias bleibt die gleiche: Anu, Enlil, Ea (= Enki). Die Astraltrias entlehnt zum Teil die semitischen Namen der entsprechenden Gottheiten: der Mond, Sîn (der sich vom sumerischen Suen ableitet), die Sonne, Schamasch, der Venusstern, Ischtar (= Inanna). Die Unterwelt wird weiterhin von Ereschkigal und ihrem Gatten Nergal regiert. Die wenigen Veränderungen, die durch die Erfordernisse des Reiches notwendig wurden – wie etwa die Transferierung des religiösen Primats nach Babylon und die Ersetzung Enlils durch Marduk – „brauchten Jahrhunderte zu ihrer Durchsetzung"[24]. Am Tempel „hat sich seit der sumerischen Zeit in seinem allgemeinen Gefüge nichts Wesentliches geändert (...), es sei denn die Ausdehnung und die Zahl der Gebäude"[25].

Doch knüpfen die Beiträge der semitischen Religiosität an frühere Strukturen an. Hier seien zunächst die beiden „National"-Götter – Marduk von Babylon und später der assyrische Assur – genannt, die in den Rang von Universalgottheiten erhoben werden. Gleichermaßen bezeichnend ist die Bedeutung, die das persönliche Gebet und die Bußpsalmen im Kult erlangen. Eines der schönsten babylonischen Gebete wendet sich an alle Götter, auch an jene, von denen der Betende demütig zugibt, sie nicht zu kennen. „O Herr, groß sind meine Sünden! O Gott, den ich nicht kenne, groß sind meine Sünden!... O Göttin, die ich nicht kenne, groß sind meine Sünden!... Nichts weiß der Mensch; er weiß nicht einmal, ob er gegen ein Gebot verstößt oder ob er das Gute tut... O mein Herr, verwirf deinen Diener nicht! Meiner Sünden sind siebenmal sieben... Nimm hinweg meine Sünden!"[26] In den Bußpsalmen erklärt sich der Beter für schuldig und bekennt seine Sünden mit lauter Stimme. Zum Bekenntnis gehören ganz bestimmte liturgische Gesten: Kniefall, Niederwerfen auf den Boden und „Plattdrücken der Nase".

Die Großen Götter – Anu, Enlil und Ea – verlieren nach und nach ihre Vorrangstellung im Kult. Die Gläubigen wenden sich mehr an Marduk oder an die Astralgottheiten Ischtar und vor allem Schamasch. Im Laufe der Zeit wird dieser zum Universalgott schlechthin. Eine Hymne verkündet, daß der Sonnengott allerorten und sogar bei den Fremden verehrt wird; Schamasch verteidigt das Recht, er straft den Übeltäter und belohnt den Gerechten[27]. Der „numinose" Charakter der Götter tritt stärker hervor: sie flößen heilige Furcht ein, und zwar vor allem durch ihren erschreckenden Lichtglanz. Das Licht gilt als das

---

[24] *J. Nougayrol*, La religion babylonienne 217.
[25] Ebd., 236.
[26] Übersetzung nach *F. J. Stephens* in: ANET 39–92. Hier die Verse 21–26, 51–53, 59–60.
[27] Vgl. die Übersetzung in: ANET 387–389.

schlechthinnige Attribut der Gottheit, und im Maße der König an der göttlichen Wirklichkeit teilhat, strahlt er selbst göttlichen Glanz aus[28].

Eine andere Schöpfung des akkadischen religiösen Denkens ist die Wahrsagekunst. Daneben läßt sich eine Zunahme magischer Praxen und die Entwicklung okkulter Disziplinen (vor allem die Astrologie) feststellen, die später in der gesamten asiatischen Welt und in den Mittelmeerländern Verbreitung finden.

Kurz, das Charakteristische des semitischen Beitrags liegt zum einen in der Bedeutung, die nun dem persönlichen Element in der religiösen Erfahrung beigemessen wird, und zum anderen in der Erhebung einiger Gottheiten in den höchsten Rang. Diese neue und großartige mesopotamische Synthese bietet jedoch eine tragische Sicht des menschlichen Daseins.

21. Die Erschaffung der Welt

Das (nach seinen Anfangsworten: „Als droben..."") unter dem Titel *Enuma elisch* bekannte kosmogonische Gedicht ist, zusammen mit dem *Gilgameschepos* die bedeutendste Schöpfung der akkadischen Religion. In Größe, dramatischer Spannung und in seinem Bemühen, Theogonie, Kosmogonie und Erschaffung des Menschen miteinander zu verbinden, hat es in der sumerischen Literatur nicht seinesgleichen. *Enuma elisch* erzählt die Ursprünge der Welt in der Absicht, Marduk zu lobpreisen. Ungeachtet der hier gebotenen Neuinterpretation sind diese Themen doch bereits alt. Einleitend wird das anfängliche Bild einer nicht differenzierten Totalität der über alles sich erstreckenden Wassermassen gezeichnet, aus der nur das erste Paar Apsu und Tiamat sich abhebt. (Nach anderen Quellen stellt Tiamat das Meer und Apsu die Süßwassermasse, auf der die Erde schwimmt, dar). Wie so viele andere Urgottheiten wird Tiamat gleichzeitig als Frau und als zweigeschlechtliches Wesen gesehen. Aus der Vermengung von Süß- und Salzwasser entstehen weitere göttliche Paare. Über das zweite Paar, Laḫmu und Laḫamu, wissen wir fast nichts (nach einer bestimmten Tradition wurden sie geopfert, um den Menschen zu erschaffen). Die Namen des dritten Paares, Anschar und Kischar, bedeuten auf sumerisch „Ganzheit der oberen Elemente" und „Ganzheit der unteren Elemente".

Die Zeit vergeht („die Tage verlöschten, die Jahre gingen dahin")[29]. Aus dem *hieros gamos* dieser beiden komplementären „Ganzheiten" entsteht Anu, der Himmelsgott, der seinerseits Nudimud (= Ea) zeugt[30]. Durch ihr Toben und Schreien stören die jungen Götter die Ruhe Apsus. Dieser beklagt sich bei Tia-

---

[28] A. L. *Oppenheim*, Ancient Mesopotamia 176; E. *Cassin*, La splendeur divine 26ff, 65ff und passim.
[29] Tafel I,13. Wenn nicht anders angegeben, wird nach der Übersetzung von P. *Garelli* und M. *Leibovici*, La Naissance du monde selon Akkad 133–145 zitiert. Außerdem wurden die Übersetzungen von R. *Labat*, A. *Heidel*, E. A. *Speiser* und G. R. *Castellino* herangezogen.
[30] Aus der großen sumerischen Trias fehlt Enlil; seinen Platz hat Marduk, Eas Sohn, eingenommen.

mat: „Unerträglich ist mir ihr Benehmen. Bei Tag kann ich nicht ruhen; bei Nacht kann ich nicht schlafen. Ich will sie vernichten, um ihrem Treiben ein Ende zu setzen. So daß wir wieder Ruhe haben können, damit wir endlich schlafen können!" (I, 37–39). Aus diesen Versen ist die Sehnsucht der „Materie" (d. h. eines Seinsmodus, der der Unbeweglichkeit und Unbewußtheit der Substanz entspricht) nach der ursprünglichen Unbewegtheit herauszuhören, sowie der Widerstand gegen jede Bewegung, der Vorbedingung der Kosmogonie. Tiamat „begann gegen ihren Gatten zu zetern. Sie stieß einen Schmerzensschrei aus (...): „Wie! Sollten wir selbst vernichten, was wir geschaffen haben! Gewiß, ihr Verhalten ist störend, aber zeigen wir Sanftmut und Geduld" (I, 41–46). Apsu aber läßt sich nicht umstimmen.

Als die jungen Götter die Entscheidung ihres Ahnherrn erfahren, „bringen sie kein Wort mehr hervor" (I, 58). Doch der „allwissende Ea" greift zur Tat. Durch seine magischen Zaubersprüche versetzt er Apsu in einen Tiefschlaf, raubt ihm „seinen Strahlenkranz und bekleidet sich selbst damit"; sodann fesselt und tötet er Apsu. Ea wird somit zum Gott der Gewässer, die er fortan mit dem Namen *apsu* belegt. Im Schoße *apsus*, „im Zimmer der Geschicke, im Heiligtum der Archetypen" (I, 79) bringt seine Gattin Damkina Marduk zur Welt. Der Text preist die gigantische Majestät, die Weisheit und Allmacht dieses jüngsten Göttersprosses. Nun geht Anu wieder zum Angriff gegen seine Ahnen über. Er ließ die vier Winde aufkommen und „schuf die Wellen, um Tiamat zu stören" (I, 108). Die Götter, ihrer Ruhe beraubt, wenden sich an ihre Mutter: „Als sie deinen Gatten Apsu töteten, standest du ihm nicht bei, sondern hieltest dich abseits, ohne ein Wort zu sagen" (I, 113–114).

Diesmal jedoch beschließt Tiamat, zu handeln. Sie formt Ungeheuer, Schlangen, den „großen Löwen", „wütende Dämonen" und andere „gnadenlose Waffenträger, die den Kampf nicht fürchten" (144). Und „unter ihren erstgeborenen Göttern (...) pries sie Kingu" (147ff). Tiamat heftet Kingu die Schicksalstafel an die Brust und überträgt ihm die höchste Macht (155ff). Angesichts dieser Vorbereitungen verlieren die jungen Götter den Mut. Weder Anu noch Ea wagen es, Kingu entgegenzutreten. Nur Marduk ist zum Kampf bereit, allerdings unter der Bedingung, daß er vorher zum höchsten Gott erklärt wird, was ihm die Götter auch bereitwillig zugestehen. Der Kampf zwischen den beiden Heeren wird im Duell zwischen Tiamat und Marduk entschieden. „Als Tiamat den Rachen öffnete, um ihn zu verschlingen" (IV, 97) schleuderte Marduk die wütenden Winde, die „ihren Körper aufschwellen ließen. Davon wurde ihr Bauch aufgebläht, und der Rachen klaffte ihr auseinander. Nun schoß er einen Pfeil ab, der ihren Bauch durchdrang, ihr die Eingeweide zerriß und ihr Herz durchbohrte. Nachdem er so Herr über sie geworden, tötete er sie, warf den Leichnam auf die Erde und stellte sich darauf" (IV, 100–104). Die Hilfstruppen Tiamats versuchen, sich zu retten, Marduk aber „fesselte sie und zerbrach ihre Waffen" (111); dann legt er Kingu in Ketten, raubt ihm die Schicksalstafel und heftet sie sich selbst an die Brust (120ff). Schließlich kehrt er zu Tiamat zurück, spaltet ihr den Schädel und zerschneidet den Leichnam in zwei Teile „wie einen getrockneten Fisch" (137), die eine Hälfte wurde zum Himmelsgewölbe, die andere Hälfte zur Erde. Marduk errichtet im Himmel ein Abbild des Palastes des *apsu* und setzt den Lauf der Sterne fest. Die fünfte Tafel berichtet von der Organisation der Sternenwelt, der Festlegung der Zeit und der Bildung der Erde aus den Organen Tiamats (aus ihren Augen strömen Euphrat und Tigris, „aus einer Locke ihres Schwanzes schuf er das Band zwischen Himmel und Erde" [V, 59 usw.])

Endlich beschließt Marduk die Erschaffung des Menschen, „ihm soll die Fronarbeit für die Götter auferlegt werden, zu deren Erleichterung" (VI, 8). Die besiegten und in Ketten gelegten Götter warten noch immer auf ihre Bestrafung. Ea schlägt vor, nur einen von ihnen zu opfern. Auf die Frage, wer von ihnen „den Krieg verursachte, Tiamat zum Aufruhr aufwiegelte und den Kampf anfing" (VI, 23-24), nennen sie alle nur einen Namen: Kingu. Ihm wurden nun die Venen durchschnitten und aus seinem Blut schuf Ea die Menschheit (VI, 30)[31]. Dann folgt ein Bericht über die Errichtung eines Heiligtums zu Ehren Marduks (d. i. seines Palastes).

Obschon im *Enuma elisch* traditionelle mythische Themen verarbeitet sind, bietet es doch eine eher düstere Kosmogonie und eine pessimistische Anthropologie. Um den jugendlichen Helden Marduk herauszustellen, werden die Götter der Urzeit, in erster Linie aber Tiamat, mit „dämonischen" Zügen ausgestattet. Tiamat ist nun nicht mehr einfach das ursprüngliche chaotische Ganze, das jeder Kosmogonie voraufgeht; sie wird schließlich zum Urheber zahlloser Ungeheuer; ihre „Schöpferkraft" ist durch und durch negativ. Nach *Enuma elisch* ist der Schöpfungsvorgang schon bald gefährdet durch Apsus Verlangen, die jungen Götter zu vernichten, d.h. letztlich, die Erschaffung des Universums schon im Keim zu ersticken. (Eine bestimmte „Welt" existierte bereits, denn die Götter vermehrten sich und hatten „Wohnsitze"; aber es handelte sich um eine rein formale Existenzweise). Der Mord an Apsu eröffnet eine Reihe von „schöpferischen Mordtaten", denn Ea tritt nicht nur an Apsus Stelle, sondern leitet eine erste Organisation der Wassermassen ein („an diesem Ort gründete er seine Residenz [...] bestimmte er Heiligtümer"). Die Kosmogonie ist das Ergebnis eines Konflikts zwischen zwei Göttergruppen, aber auch zu Tiamats Heer gehören monströse und dämonische Schöpfungen. Die „Ursprünglichkeit" als solche wird also dargestellt als Quelle „negativer Schöpfungen". Aus den Überresten Tiamats formt Marduk Himmel und Erde. Dieses, auch in anderen Traditionen belegte Thema, läßt verschiedene Deutungen zu. Das aus dem Leib einer Urgottheit gebildete Universum hat zwar teil an deren Substanz; aber kann man nach Tiamats „Dämonisierung" noch von einer göttlichen Substanz sprechen?

---

[31] Es gibt daneben natürlich auch andere parallele Traditionen über die Kosmologie und die Erschaffung des Menschen.

Der Kosmos partizipiert also an einer zweifachen Natur: einer ambivalenten, wenn nicht gar eindeutig dämonischen „Materie" und einer göttlichen „Form", denn sie ist Marduks Werk. Das Himmelsgewölbe wurde aus dem halben Leib Tiamats gebildet, aber die Sterne und Sternbilder werden zu „Wohnsitzen" oder Abbildern der Götter. Die Erde selbst besteht aus der zweiten Hälfte Tiamats und ihren verschiedenen Organen, aber sie ist geheiligt durch die Städte und Tempel. Letztlich erweist sich die Welt als das Ergebnis einer „Mischung" aus chaotischer und dämonischer „Ursprünglichkeit" einerseits und göttlicher Schöpferkraft, Gegenwart und Weisheit andererseits. Dies ist vielleicht die komplexeste kosmologische Formel, zu der die mesopotamische Spekulation gelangte, denn sie vereinigt in einer kühnen Synthese alle Strukturen einer göttlichen Gemeinschaft, die zum Teil unverständlich oder unbrauchbar geworden waren. Der Bericht von der Erschaffung des Menschen aber führt die sumerische Tradition weiter (der Mensch wurde erschaffen, um den Göttern zu dienen), insbesondere jene Fassung, die den Ursprung im Ausgang von den beiden geopferten Göttern Laḥmu und Laḥamu erklärt. Sie fügt aber ein Element hinzu: Kingu, obgleich einer der ersten Götter, war zum Erzdämon geworden, zum Anführer des Heeres der von Tiamat geschaffenen Ungeheuer und Dämonen. Der Mensch ist also aus einer dämonischen Materie gebildet: aus dem Blute Kingus. Der Unterschied zu den sumerischen Versionen ist bezeichnend. Hier kann man von einem tragischen Pessimismus sprechen, denn der Mensch scheint bereits durch seine eigene Genese verdammt zu sein. Seine einzige Hoffnung liegt darin, daß Ea es war, der ihn bildete. Er besitzt also eine von einem großen Gott geschaffene „Form". Von diesem Gesichtspunkt aus besteht eine Symmetrie zwischen der Erschaffung des Menschen und dem Ursprung der Welt. In beiden Fällen ist die erste Materie aus der Substanz einer gefallenen Urgottheit genommen, die dämonisiert und von den jungen, siegreichen Göttern getötet wurde.

22. Die Sakralität des mesopotamischen Herrschers

In Babylon wurde das *Enuma elisch* am vierten Tag des Neujahrsfestes im Tempel rezitiert. Dieses Fest, das auf sumerisch *zagmuk* („Anfang des Jahres") und auf akkadisch *akitu* hieß, wurde in den ersten 12 Tagen des Monats Nisan begangen. Es schloß mehrere Vorgänge ein, deren bedeutendste folgende waren: 1) Sühnetag für den König, in Entsprechung zur „Gefangenschaft" Marduks; 2) Befreiung Marduks; 3) rituelle Kämpfe und Triumphzug unter Leitung des Königs zum Bit Akitu (dem Neujahresfesthaus), in dem ein Bankett abgehalten wird; 4) *hieros gamos* des Königs mit einer Tempelsklavin, welche die Göttin personifiziert; 5) Schicksalsbestimmung durch die Götter.

Die erste Folge dieses mythisch-rituellen Schauspiels – Erniedrigung des Königs und Gefangenschaft Marduks – zeigt die Regression der Welt in das vorkosmische Chaos an. Im Heiligtum Marduks hat der Hohe Priester dem König seine Insignien (Szepter, Ring, Säbel und Krone) abgenommen und ihm ins Gesicht geschlagen. Sodann trug der König kniend eine Unschuldserklärung vor: „Ich habe nicht gesündigt, o Herr der Länder, ich war deiner Gottheit gegenüber nicht nachlässig". Der Hohe Priester antwortete in Marduks Namen: „Fürchte nichts... Marduk wird dein Gebet erhören. Er wird dein Reich vergrößern..."[32] Während dieser Zeit suchte das Volk nach Marduk, von dem es annahm, er sei „im Gebirge eingeschlossen", eine Formel, die den „Tod" einer Gottheit bedeutete. Wie schon bei Inanna-Ischtar war auch dieser „Tod" nicht endgültig; doch mußte die Göttin aus der Unterwelt losgekauft werden, und auch Marduk war gezwungen, hinabzusteigen „fern von Sonne und Licht"[33]. Schließlich wurde er befreit, und die Götter traten zusammen (d. h., man stellte ihre Statuen zusammen), um das Schicksal zu bestimmen. (Diese Episode entspricht im *Enuma elisch* der Erhebung Marduks zum höchsten Gott). Der König leitete den Zug zum Bit Akitu, dem Festhaus, das außerhalb der Stadt lag. Diese Prozession stellte das gegen Tiamat vorrückende Heer der Götter dar. Einer Inschrift von Sennacherib zufolge dürfen wir annehmen, daß man die Ur-Schlacht darstellte und der König dabei Assur (den Gott, der an Marduks Stelle getreten war) personifizierte[34]. Nach der Rückkehr vom Festmahl im Bit Akitu fand der *hieros gamos* statt. Der letzte Akt schließlich bestand in der Schicksalsbestimmung[35] für jeden Monat des kommenden Jahres. Indem man das Jahr „festlegte", wurde es rituell *erschaffen*, d. h., man sicherte Gedeihen, Fruchtbarkeit und Reichtum der neuen Welt, die soeben erstanden war.

Das *akitu* ist die mesopotamische Fassung eines weit verbreiteten mythisch-rituellen Szenariums, insbesondere des Neujahrsfestes als Wiederholung der Kosmogonie[36]. Da die große Hoffnung der traditionellen Gesellschaften in der periodischen Regeneration des Kosmos liegt, werden wir immer wieder auf die Neujahrsfeste zu verweisen haben. Schon hier wollen wir darauf hinweisen, daß sich mehrere Episoden des *akitu* – um uns nicht auf den Vorderen Orient zu beschränken – auch in Ägypten, bei den Hethitern, in Ugarit, im Iran und bei den Mandäern finden. So wurde beispielsweise das in den letzten Tagen des Jahres rituell vergegenwärtigte „Chaos" durch „orgiastische" Exzesse nach Art der Saturnalien, durch die Umkehrung der gesamten gesellschaftlichen Ordnung, durch das Auslöschen der Feuer und die Wiederkehr der Toten (darge-

---

[32] Von *H. Frankfort*, Kingship and the Gods 320 (= La royauté et les dieux 409) zitierte Texte.
[33] Die klassischen Autoren sprechen vom „Grab Bels" (= Marduk) in Babylon. Hier handelte es sich wahrscheinlich um die Zikkurat des Tempels Etemenanki, der als das derzeitige Grab des Gottes galt.
[34] Einige Anspielungen lassen den Schluß zu, daß man die Kämpfe mit zwei Schauspielergruppen darstellte.
[35] Genau wie im *Enuma elisch* hatte Marduk die Gesetze für das von ihm erschaffene Universum festgelegt.
[36] Vgl. *M. Eliade*, Le Mythe de l'éternel retour 65f.; *ders.*, Aspects du mythe 56ff.

stellt durch Masken) veranschaulicht. Kämpfe zwischen zwei Darstellergruppen sind in Ägypten, bei den Hethitern und in Ugarit belegt. Der Brauch der „Schicksalsfestlegung" für die kommenden 12 Monate während der 12 Schalttage besteht im Mittleren Orient und in Osteuropa noch heute[37].

Über die Rolle des Königs beim *akitu* wissen wir nicht viel. Seine „Erniedrigung" entspricht dem Rückschritt der Welt zum „Chaos" und der „Gefangenschaft" Marduks im Gebirge. Der König personifiziert den Gott in der Schlacht gegen Tiamat und in der Hierogamie mit einer Tempelsklavin. Aber die Identifikation mit dem Gott ist nicht immer eindeutig: wie wir gesehen haben, wendet sich der König während seiner „Erniedrigung" an Marduk. Dagegen ist die Sakralität des mesopotamischen Herrschers vielfach bezeugt. Wir haben bereits die Heilige Hochzeit des sumerischen Königs als Stellvertreter Dumuzis mit der Göttin Inanna erwähnt: dieser *hieros gamos* fand während des Neujahrsfestes statt (§ 19). Für die Sumerer galt das Königtum als vom Himmel herabgestiegen; es war göttlichen Ursprungs, und diese Auffassung hielt sich bis zum Untergang der assyrisch-babylonischen Kultur.

Die Sakralität des Herrschers wurde in verschiedenster Weise proklamiert. Man nannte ihn „König des Landes" (d. h. der Welt) oder „der vier Weltgegenden", gab ihm also Titel, die ursprünglich den Göttern vorbehalten waren[38]. Gleich den Göttern war auch sein Haupt von einem übernatürlichen Licht umstrahlt[39]. Schon vor seiner Geburt hatten die Götter ihn zum Königtum bestimmt. Der König anerkannte zwar den irdischen Charakter seiner Nachkommenschaft, wurde selbst aber als „Sohn der Götter" angesehen (Hammurabi behauptet, von Sin gezeugt zu sein, Lipitischtar von Enlil). Diese zweifache Herkunft macht ihn zum schlechthinnigen Mittler zwischen Göttern und Menschen. Der Herrscher vertrat sein Volk vor den Göttern, und er war es auch, der die Sünden seiner Untertanen sühnte. Bisweilen mußte er für die Verbrechen seines Volkes sogar den Tod erleiden; daher hatten die Assyrer einen „Ersatzkönig"[40]. Die Texte verkünden, der König habe in Gemeinschaft mit den Göttern in jenem sagenhaften Garten gelebt, in dem sich der Baum des Lebens und das Wasser des Lebens befinden[41]. (Tatsächlich essen er und sein Gefolge die Gerichte, die den Götterstatuen täglich vorgesetzt werden). Der König ist der „Gesandte" Gottes, der „Hirte des Volkes", den Gott dazu berufen hat, Gerechtigkeit und Frieden auf die Erde zu bringen[42]. „Als Anu und Enlil Lipi-

---

[37] Vgl. Le Mythe de l'éternel retour 81f.
[38] Vgl. *H. Frankfort*, Kingship 227f. (= La royauté 303f).
[39] Dieses, akkadisch *melammu* genannte Licht entspricht dem *hvarena* der Iranier; vgl. *S. L. Oppenheim*, Ancient Mesopotamia 206; *E. Cassin*, La splendeur divine 65f.
[40] *R. Labat*, Le Caractère religieux de la royauté assyro-babylonienne 352ff; *H. Frankfort*, a.a.O. 262ff.
[41] Der König war es, der als Gärtner den Lebensbaum pflegte; vgl. *G. Widengren*, The King and the Tree of Life in Ancient Near Eastern Religion, insbes. 22f, 59f.
[42] Vgl. die Einleitung des Kodex Hammurabi (I, 50) in: ANET 164.

tischtar zur Regierung des Landes beriefen, damit er Gerechtigkeit in das Land bringe (...), da brachte ich, Lipitischtar, der bescheidene Hirte Nippurs (...) die Gerechtigkeit nach Sumer und Akkad gemäß dem Worte Enlils"[43].

Der König hatte, ohne selbst zum Gott zu werden, gewissermaßen teil an der göttlichen Seinsweise. Er *repräsentierte* den Gott, was in den archaischen Stadien der Kultur zugleich implizierte, daß er in gewisser Weise auch derjenige *war*, den er verkörperte. Jedenfalls vollzog der mesopotamische König in seiner Eigenschaft als Mittler zwischen der Welt der Menschen und jener der Götter in seiner eigenen Person eine rituelle Einheit zwischen den beiden Seinsweisen, der göttlichen und der menschlichen. Dank dieser zweifachen Natur galt der König, zumindest metaphorisch, als Schöpfer von Leben und Fruchtbarkeit. *Aber er war nicht Gott, war kein neues Mitglied im Pantheon* (im Gegensatz zum ägyptischen Pharao: vgl. § 27). Die Gläubigen richteten keine Gebete an ihn; sie beteten im Gegenteil zu den Göttern, diese mögen ihren König segnen. Denn die Herrscher gelangten trotz ihrer Vertrautheit mit der göttlichen Welt, trotz der Hierogamie mit bestimmten Göttinnen nie zu einer Überschreitung der menschlichen Seinsweise. Letztlich blieben sie doch Sterbliche. Selbst Gilgamesch, der legendäre König von Uruk, war in seinem Bemühen, die Unsterblichkeit zu erlangen, gescheitert.

23. Gilgamesch auf der Suche nach der Unsterblichkeit

Das *Gilgameschepos* ist zweifelsohne die bekannteste und populärste babylonische Dichtung. Sein Held Gilgamesch, der König von Uruk, war bereits in archaischer Zeit berühmt, und man hat die sumerische Fassung mehrerer Episoden aus seinem legendären Leben wiederentdeckt. Aber trotz dieser Vorläufer ist das *Gilgameschepos* ein Werk des semitischen Genius. Abgesehen von verschiedenen Einzelepisoden war Akkadisch die Sprache dieses Werkes, das eine der bewegendsten Erzählungen von der Suche nach der Unsterblichkeit, oder genauer, vom schließlichen Scheitern eines Unterfangens ist, das alle Chancen eines Erfolgs zu haben schien. Diese *Saga*, die mit den erotischen Exzessen eines Heroen und Tyrannen beginnt, enthüllt in einer äußersten Zuspitzung die Untauglichkeit der rein „heroischen" Tugenden, die menschliche Verfaßtheit radikal zu überschreiten.

Und doch war Gilgamesch als Sohn der Göttin Ninsun und eines Sterblichen[44] zu zwei Dritteln göttlicher Natur. Der Text preist eingangs Gilgameschs Allwissenheit und die großartigen Bauten, die er errichten ließ. Unmittelbar darauf

---

[43] Prolog zum Kodex Lipitischtar: ANET 159. Texte übersetzt und zitiert von *J. Zandee*, Le Messie 13, 14, 16.
[44] Nach der sumerischen Tradition ein „Hoher Priester" der Stadt Uruk; vgl. *A. Heidel*, The Gilgamesh Epic 4.

jedoch wird er uns als Despot gezeigt, der Frauen und junge Mädchen schändet und die Männer in schweren Arbeiten aufreibt. Die Bewohner wenden sich an die Götter, und diese beschließen, ein Wesen von riesigem Wuchs zu erschaffen, das Gilgamesch entgegentreten kann. Dieser Halbwilde, der den Namen Enkidu erhält, lebt friedlich zusammen mit den Tieren; er trinkt mit ihnen an der gemeinsamen Tränke. Gilgamesch erfährt zunächst im Traum und sodann von einem Jäger, der ihn gesehen hat, von Enkidus Existenz. Er schickt eine Hetäre zu ihm, die ihn mit ihren Reizen bestricken und nach Uruk bringen soll. Wie von den Göttern vorgesehen, messen sich die beiden Helden unmittelbar nach ihrer ersten Begegnung im Kampf. Gilgamesch bleibt Sieger, aber er empfindet Freundschaft für Enkidu und macht ihn zu seinem Gefährten. Letztlich ist aber der Plan der Götter doch nicht mißlungen, denn fortan wird Gilgamesch seine Kraft in heroischen Abenteuern entladen.

In Begleitung Enkidus begibt er sich zum fernen und legendenumwobenen Zedernwald, der von Huwawa, einem allmächtigen Ungeheuer bewacht wird. Die beiden Helden töten ihn, nachdem sie seine heilige Zeder gefällt haben. Bei ihrer Rückkehr nach Uruk wird Ischtar auf Gilgamesch aufmerksam. Die Göttin bietet ihm die Ehe an, er aber lehnt in beleidigender Weise ab. Gedemütigt bittet Ischtar ihren Vater Anu, den „Himmelsstier" zu erschaffen, damit dieser Gilgamesch und seine Stadt vernichte. Anu weigert sich zunächst, gibt aber nach, als Ischtar droht, die Toten der Unterwelt heraufsteigen zu lassen. Der „Himmelsstier" stürzt sich nun auf Uruk, und schon durch sein bloßes Schnauben fallen die Mannen des Königs zu Hunderten. Enkidu gelingt es aber, ihn am Schwanz zu fassen, und Gilgamesch stößt ihm sein Schwert in den Nakken. Zornentbrannt steigt Ischtar auf die Mauern der Stadt und verflucht den König. Im Siegestaumel reißt Enkidu dem „Himmelsstier" einen Schenkel aus und wirft ihn der Göttin höhnend vor die Füße. Dies ist der Höhepunkt im Lebenslauf der beiden Helden; aber es ist zugleich auch der Prolog einer Tragödie. In derselben Nacht träumt Enkidu, er sei von den Göttern verurteilt worden. Am nächsten Tag wird er krank und stirbt nach zwölf Tagen.

In Gilgamesch vollzieht sich nun eine unerwartete Wandlung, und er ist nicht mehr wiederzuerkennen. Sieben Tage und sieben Nächte lang beweint er seinen Freund und verweigert das Begräbnis. Er hatte gehofft, ihn durch seine Klagen wieder ins Leben zurückrufen zu können. Erst als sich die ersten Zeichen der Verwesung zeigen, beugt sich Gilgamesch den Tatsachen, und Enkidu wird prunkvoll begraben. Der König verläßt die Stadt und irrt klagend in der Wüste umher: „Werde nicht auch ich wie Enkidu sterben" (IX, I, 4)[45]. Der Gedanke des Todes verfolgt ihn. Heroische Heldentaten können ihm kein Trost mehr sein. Sein einziges Bemühen ist fortan darauf gerichtet, dem Schicksal der Menschen zu entgehen und die Unsterblichkeit zu erlangen. Er weiß, daß der be-

---

[45] Wenn nicht anders vermerkt, zitiert nach der Übersetzung von G. *Contenau*, L'Épopée de Gilgamesh.

rühmte Utnapischtim, der Sintflut entronnen, noch immer lebt, und so beschließt er, ihn zu suchen.

Seine Reise ist reich an Prüfungen, die initiatorischen Charakter haben. Er kommt zum Berge Mâschu und findet das Tor, durch das die Sonne jeden Tag hindurchgeht. Das Tor wird bewacht von einem Paar Skorpion-Menschen, „deren Anblick genügt, den Tod zu bringen" (IX, II, 7). Der unbesiegbare Held erstarrt vor Schrecken und wirft sich demütig zu Boden. Die Skorpionmenschen aber erkennen den göttlichen Teil an Gilgamesch und gestatten ihm, in den Hohlweg vorzudringen. Nach zwölfstündigem Marsch durch die Finsternis gelangt Gilgamesch auf der anderen Seite des Berges wieder ans Tageslicht und steht in einem wunderbaren Garten. In einiger Entfernung begegnet er am Meeresstrand der Nymphe Siduri und befragt sie nach Utnapischtim. Siduri versucht, ihn von seinem Vorhaben abzubringen: „Als die Götter die Menschheit erschufen, teilten den Tod sie der Menschheit zu, das Leben behielten sie für sich selbst. Du Gilgamesch, fülle dir deinen Leib, ergötze dich Tag und Nacht..."[46]

Gilgamesch indes beharrt auf seinem Entschluß, und nun verweist ihn Siduri an Urschanabi, den Schiffer des Utnapischtim, der in der Nähe weilte. Sie überqueren die Wasser des Todes und gelangen zum Ufer, an dem Utnapischtim lebt. Auf Gilgameschs Frage, wie denn Utnapischtim die Unsterblichkeit erlangt habe, erfährt er den Hergang der Sintflut und den Beschluß der Götter, Utnapischtim und seine Gattin zu ihren „Verwandten" zu machen, indem sie beide an die „Mündungen der Ströme" versetzten. Aber, so fragt Utnapischtim den Gilgamesch, „wer von den Göttern wird dich ihrer Versammlung zugesellen, daß du findest das Leben, welches du suchst?" (XI, 198). Doch nimmt seine Rede eine unerwartete Wende: „Versuche doch, nicht zu schlafen sechs Tage und sieben Nächte!" (XI, 199). Dies ist zweifellos die härteste Initiationsprüfung: den Schlaf zu besiegen, „wach" zu bleiben, das kommt einer Umwandlung der menschlichen Verfaßtheit gleich[47]. Dürfen wir es so verstehen, daß Utnapischtim im Wissen darum, daß die Götter die Unsterblichkeit nicht gewähren würden, Gilgamesch vorschlägt, sie vermittels einer Initiation zu erlangen? Der Held hatte bereits bestimmte „Prüfungen" bestanden: den Marsch durch den Hohlweg, die „Versuchung" Siduris, die Überquerung der Wasser des Todes. Dies waren in gewisser Weise Prüfungen heroischer Art. Diesmal handelt es sich um eine Prüfung „spiritueller" Natur, denn nur eine außergewöhnliche Konzentrationskraft kann einen Menschen befähigen, sechs Tage und sieben Nächte wach zu bleiben. Gilgamesch indes schläft unverzüglich ein, und Utnapischtim ruft sarkastisch: „Sieh doch den Starken, der Unsterblichkeit verlangt: wie ein starker Wind hat der Schlaf sich über ihn gebreitet!" (203–204). Sechs Tage und sieben Nächte schläft Gilgamesch, und als Utnapischtim ihn schließ-

---

[46] Taf. X, III, 6–9; nach der Übersetzung von *J. Nougayrol*, Histoire des Religions I, 222.
[47] Vgl. *M. Eliade*, Naissances mystiques 44 ff.

lich weckt, hält er diesem vor, er habe ihn sogleich, nachdem er entschlummert war, wieder geweckt. Dann aber beugt er sich den Beweisen und beginnt von neuem zu klagen: „Was soll ich tun, Utnapischtim, wohin soll ich mich wenden? Ein Dämon hat von meinem Leib Besitz ergriffen; in meinem Schlafgemach wohnt der Tod, und wohin ich auch gehe, dort ist der Tod!" (320–334).

Gilgamesch rüstet sich zur Rückreise, doch im letzten Augenblick offenbart ihm Utnapischtim auf Drängen seiner Gemahlin ein „Geheimnis der Götter": nämlich den Ort, an dem die Pflanze wächst, die ewige Jugend verleiht. Gilgamesch steigt auf den Grund des Meeres hinab, pflückt sie[48] und tritt glücklich die Heimreise an. Nach einem Marsch von einigen Tagen gelangt er an eine frische Wasserquelle, in der er sogleich ein Bad nimmt. Doch vom Duft der Pflanze angezogen, steigt eine Schlange aus dem Wasser; sie frißt das Kraut und wirft ihre Haut ab[49]. Schluchzend klagt Gilgamesch Urschanabi sein Unglück. Aus dieser Episode ist das Scheitern einer neuerlichen Initiationsprüfung herauszulesen: der Held verstand es nicht, aus einer unerwarteten Gabe Nutzen zu ziehen; kurz, er besaß zu wenig „Weisheit". Der Text endet abrupt: in Uruk angekommen, führt Gilgamesch Urschanabi auf die Mauern der Stadt, damit dieser die Baulichkeiten bewundere[50].

Man hat im *Gilgameschepos* eine dramatische Veranschaulichung des Menschseins, das durch die Unentrinnbarkeit des Todes bestimmt ist, gesehen. Aber dieses erste Meisterwerk der Weltliteratur deutet gleichfalls an, daß bestimmte Wesen ohne die Hilfe der Götter imstande sind, die Unsterblichkeit zu erlangen, vorausgesetzt, daß sie aus einer Reihe von Initiationsprüfungen siegreich hervorgehen. So gesehen wäre die Geschichte Gilgameschs eher der dramatisierte Bericht einer mißlungenen Initiation.

24. *Das Schicksal und die Götter*

Leider entzieht sich der rituelle Kontext der mesopotamischen Initiation – sofern es eine solche gab – unserer Kenntnis. Die initiatorische Bedeutung der Suche nach Unsterblichkeit läßt sich aus der spezifischen Struktur der Prüfungen, denen sich Gilgamesch zu unterziehen hatte, ableiten. Ganz ähnlich verhält es sich auch bei den Artusromanen: sie enthalten zahlreiche initiatorische Symbole und Motive, aber wir können nicht mit Sicherheit sagen, ob diese einem rituellen Szenarium zugehörten, ob sie Relikte aus der keltischen Mythologie oder der hermetischen Gnosis, oder aber schlicht und einfach Phantasiepro-

---

[48] Man könnte sich fragen, warum er sie nicht sofort gegessen hat; aber Gilgamesch wollte sie für später aufbewahren; vgl. *A. Heidel*, a.a.O. 92, Nr. 211.
[49] Es handelt sich um ein bekanntes volkstümliches Thema: durch das Abwerfen der alten Haut erneuert die Schlange ihr Leben.
[50] Die XII., sumerisch redigierte Tafel ist eine spätere Hinzufügung; die berichteten Vorfälle haben keine unmittelbare Beziehung zu der hier kurz beschriebenen Erzählung.

dukte sind. Im Fall der Artusromane kennen wir aber zumindest die ihrer Redaktion voraufgegangenen Initiationstraditionen; über die Protogeschichte des möglicherweise in den Abenteuern des Gilgamesch enthaltenen Initiationsszenariums dagegen wissen wir nichts.

Man hat mit Recht betont, daß im akkadischen religiösen Denken der Mensch im Vordergrund steht. In letzter Instanz wird hier die Geschichte des Gilgamesch exemplarisch; sie verkündet die Fragwürdigkeit der Situation des Menschen, die Unmöglichkeit – auch für einen Heroen – die Unsterblichkeit zu erlangen. Der Mensch wurde als Sterblicher, und zwar ausschließlich für den Dienst der Götter erschaffen. Diese pessimistische Anthropologie war bereits im *Enuma elisch* ausformuliert. Sie kehrt in anderen bedeutenden religiösen Texten wieder. So scheint das „Zwiegespräch zwischen Herr und Knecht" das Produkt eines neurotisch verschärften Nihilismus zu sein: der Herr weiß nicht einmal mehr, was er eigentlich will. Ihn quält das Bewußtsein der Vergeblichkeit allen menschlichen Bemühens: „Steige auf die Anhöhe der alten Ruinen und geh darauf umher; betrachte die Schädel der Menschen von einst und jene der Menschen unserer Zeit: wer ist ein Übeltäter, wer ein liebenswerter Menschenfreund?"[51]

Ein anderer berühmter Text, das „Zwiegespräch über das menschliche Elend", den man den „Babylonischen Prediger" genannt hat, ist noch verzweifelter. „Bietet denn der stolze Löwe, der sich am besten Fleische erfreut, sein Rauchopfer dar, um den Kummer seiner Göttin zu beschwichtigen?... Habe ich denn das Opfer unterlassen? (Nein), ich habe zu den Göttern gebetet, ich habe den Göttinnen die vorgesehenen Opfer dargebracht..." (51 ff). Seit seiner Kindheit hat dieser Gerechte danach gestrebt, die Gedanken des Gottes zu verstehen; demütig und fromm hat er die Göttin aufgesucht. Aber „statt Reichtum hat der Gott mir nur Not gebracht" (71 ff). Der Schurke, der Gottlose dagegen sammelt Reichtümer an (236). „Die Menge preist das Wort eines Mannes, der im Bösen hervorragend und ein Meister ist, aber sie erniedrigt den Demütigen, der keine Gewalt getan". „Der Böse wird gerechtfertigt, und man verfolgt den Gerechten. Der Verbrecher erhält Gold, während man den Schwachen verhungern läßt. Man bestärkt noch die Macht des Bösen, aber man vernichtet den Gebrechlichen, man schlägt den Schwachen" (267 ff)[52]. Diese Verzweiflung entspringt nicht einer Meditation über die Vergeblichkeit des menschlichen Lebens, sondern der Erfahrung der allgemeinen Ungerechtigkeit: die Bösen siegen, die Gebete bleiben unerhört; die Götter scheinen den menschlichen Angelegenheiten gleichgültig gegenüberzustehen. Seit dem 2. Jahrtausend kommt es auch andernorts (Ägypten, Israel, Indien, Iran, Griechenland) zu ähnlichen geistig-religiösen Krisen, allerdings mit verschiedenen Konsequenzen, denn die

---

[51] „A Pessimistic Dialogue between Master and Servant", Zeile 84; nach der Übersetzung von *R. H. Pfeiffer* in: ANET 438.
[52] „A Dialogue about Human Misery", nach der Übers. von *R. H. Pfeiffer:* ANET 439–440.

Antworten auf diese Art nihilistischer Erfahrung wurden je nach dem spezifischen religiösen Genius einer jeden Kultur gegeben. In der mesopotamischen Weisheitsliteratur verhalten sich die Götter indes nicht immer gleichgültig. Einer der Texte zeigt die physischen und psychischen Leiden eines Unschuldigen, den man mit Ijob verglichen hat. Er ist ein wahrhaft leidender Gerechter, denn keine Gottheit scheint ihm zu helfen. Zahllose Gebrechen haben dazu geführt, daß er „mit seinen eigenen Ausscheidungen beschmutzt" ist. Schon haben ihn die Seinen als tot beweint, als er in einer Reihe von Träumen erfährt, daß Marduk ihn retten wird. Wie in ekstatischer Trance sieht er nun, wie der Gott die Krankheitsdämonen überwältigt und ihm sodann die Schmerzen des Leibes ausreißt, gleich einer Pflanze, die man aus dem Boden zieht. Nach seiner Genesung sagt der Gerechte Marduk Dank, indem er in ritueller Weise die zwölf Tore seines Tempels in Babylon durchschreitet[53].

Das akkadische religiöse Denken zeigt in seiner Hervorhebung des Menschen letztlich die Grenzen der menschlichen Möglichkeiten. Der Abstand zwischen Menschen und Göttern erweist sich als unüberwindbar. Und doch ist der Mensch nicht isoliert in seiner eigenen Einsamkeit. Denn zum einen hat er teil an einem geistigen Element, das man als göttlich betrachten kann: durch seinen „Geist", *ilu* (wörtlich „Gott")[54]. Zum anderen hofft er, durch Riten und Gebete den Segen der Götter zu erlangen. Vor allem aber weiß er sich als Teil eines durch Homologien geeinten Universums: er lebt in einer Stadt, die eine *imago mundi* darstellt und deren Tempel und Zikkurrat die „Zentren der Welt" repräsentieren und folglich die Verständigung mit dem Himmel und den Göttern gewährleisten. Babylon war Bâb-ilâni, ein „Tor der Götter", denn an diesem Ort steigen die Götter auf die Erde nieder. Zahlreiche Städte und Heiligtümer nannten sich „Band zwischen Himmel und Erde"[55]. Der Mensch lebt also nicht in einer abgeschlossenen Welt, von den Göttern getrennt und völlig von den kosmischen Rhythmen losgelöst. Überdies ermöglichte ein umfassendes System von Wechselbeziehungen zwischen Himmel und Erde sowohl das Verständnis der irdischen Wirklichkeiten als auch deren Beeinflussung durch die entsprechenden himmlischen Prototypen. Dazu ein Beispiel: da jedem Planeten ein Metall und eine Farbe entsprach, stand alles Farbige unter dem „Einfluß" eines Planeten. Jeder Planet wiederum war einer Gottheit zugeordnet, die daher durch das jeweilige Metall „repräsentiert" wurde[56]. So glaubte man sich durch den rituellen Gebrauch eines Metallgegenstandes oder eines Halbedelsteines einer bestimmten Farbe unter dem Schutz eines Gottes.

---

[53] Nach der Übers. von *R. H. Pfeiffer*, I Will Praise the Lord of Wisdom: ANET 434–437.
[54] Er ist das bedeutendste Element einer Persönlichkeit. Die anderen sind *ischtaru* (sein Schicksal), *lamassu* (seine Individualität; sie ähnelt der einer Statue) und *schedu* (dem *genius* vergleichbar); vgl. *A. L. Oppenheim*, Ancient Mesopotamia 198–206.
[55] Vgl. *M. Eliade*, Kosmos und Geschichte 18.
[56] Gold entsprach Enlil, Silber Anu und Bronze Ea. Da Schamasch an die Stelle Enlils trat, wurde er zum „Schutzherrn" des Goldes; vgl. *B. Meissner*, Babylonien und Assyrien II, 130ff, 254.

Schließlich ermöglichen zahlreiche Techniken der Wahrsagekunst, die größtenteils in akkadischer Zeit entwickelt wurden, die Kenntnis der Zukunft. Man glaubte also, daß gewisse Mißgeschicke vermeidbar seien. Die Vielfalt der Techniken und die beträchtliche Anzahl der uns überkommenen schriftlichen Dokumente beweisen das Ansehen, das die Mantik in allen Bevölkerungsschichten genoß. Die am weitesten entwickelte Methode war die Untersuchung der Eingeweide des Opfers; die billigste, die Lekanomantie, bestand darin, etwas Öl auf Wasser zu gießen oder umgekehrt, und dann die „Zeichen", die man aus den von den beiden Flüssigkeiten gebildeten Formen ablesen konnte, zu deuten. Die Astrologie, die sich später entwickelte als die anderen Techniken, wurde vor allem im Umkreis der Höfe praktiziert. Die Traumdeutung schließlich wurde schon zu Beginn des 2. Jahrtausends durch Mittel zur Abwehr von Unheilsvorhersagen vervollständigt[57].

Alle diese divinatorischen Techniken zielten auf die Entdeckung von „Zeichen", die man nach bestimmten traditionellen Regeln entzifferte. *Die Welt erwies sich so als durch Strukturen gegliedert und von Gesetzen beherrscht.* Wenn man die „Zeichen" entzifferte, konnte man die Zukunft erkennen, mit anderen Worten, *man „beherrschte" die Zeit;* denn man sah Ereignisse voraus, die erst nach einer gewissen Zeit eintreten sollten. Die Aufmerksamkeit, die man den „Zeichen" widmete, führte zu Entdeckungen von echt wissenschaftlichem Wert. Einige dieser Entdeckungen wurden später von den Griechen wieder aufgegriffen und vervollkommnet. Aber die babylonische Wissenschaft blieb eine „traditionelle Wissenschaft" in dem Sinne, daß die wissenschaftliche Erkenntnis eine „umfassende" Struktur behielt, d.h., daß sie kosmologische, ethische und „existentielle" Voraussetzungen implizierte[58].

Um 1500 scheint die schöpferische Phase des mesopotamischen Genius endgültig abgeschlossen zu sein. In den zehn folgenden Jahrhunderten erschöpft sich die intellektuelle Aktivität in Gelehrsamkeit und Kompilationsarbeiten. Aber die seit ältester Zeit bezeugte Ausstrahlung der mesopotamischen Kultur besteht weiter und wird sogar noch stärker. Ideen, Glaubensvorstellungen und Techniken mesopotamischen Ursprungs breiten sich vom östlichen Mittelmeer bis zum Hindukusch aus. Es ist bezeichnend, daß die babylonischen Entdeckungen, die schließlich zum Allgemeingut werden sollten, mehr oder weniger unmittelbare Entsprechungen, wie Himmel – Erde, oder Makrokosmos – Mikrokosmos in sich begreifen.

---

[57] *J. Nougayrol,* „La divination babylonienne", insbes. 39 ff.
[58] Wie z. B. auch die Medizin und Alchimie in China.

VIERTES KAPITEL

Religiöse Gedankenwelt und politische Krisen im alten Ägypten

25. Das unvergeßliche Wunder: das „erste Mal"

Die Entstehung der ägyptischen Kultur setzt die Historiker noch immer in Erstaunen. In den beiden Jahrtausenden, die der Bildung des „Vereinigten Reichs" vorausgingen, setzten die neolithischen Kulturen ihre Entwicklung ohne tiefgreifende Veränderungen fort. Im 4. Jahrtausend dagegen bewirken die Kontakte mit der sumerischen Kultur eine wahre Mutation. Ägypten übernimmt das Rollsiegel, die Ziegelsteinbauweise, die Schiffsbautechnik, zahlreiche künstlerische Motive und vor allem die Schrift, die zu Beginn der ersten Dynastie (um 3000) plötzlich und ohne Vorläufer auftaucht[1].

Aber schon bald findet die ägyptische Kultur zu ihrem eigenen, in allen ihren Schöpfungen unverkennbaren Stil. Natürlich erzwang schon die geographische Lage eine andere Entwicklung als bei den sumerisch-akkadischen Kulturen. Denn im Gegensatz zu dem von allen Seiten durch Invasionen verletzbaren Mesopotamien war Ägypten, genauer das Niltal, isoliert und durch die Wüste, das Rote Meer und das Mittelmeer geschützt. Bis zum Einfall der Hyksos (um 1674) kannte Ägypten die von außen drohende Gefahr nicht. Andererseits ermöglichte die Schiffbarkeit des Nil dem Herrscher die Regierung seines Landes vermittels einer zunehmend zentralisierten Verwaltung. Große Städte, vergleichbar jenen Mesopotamiens, besaß Ägypten nicht. Das Land bestand gewissermaßen aus einer, von den Repräsentanten eines inkarnierten Gottes – des Pharao – gelenkten Landbevölkerung.

Aber es war die Religion, und vor allem die Lehre von der Göttlichkeit des Pharao, die von Anfang an zur Herausbildung der ägyptischen Zivilisationsstruktur beigetragen hat. Der Überlieferung nach waren die Vereinigung des Reiches und die Staatsgründung das Werk des ersten Herrschers, der unter dem Namen Menes bekannt ist. Menes kam aus dem Süden und erbaute Memphis,

---

[1] *H. Frankfort*, The Birth of Civilization in the Near-East 100–111; *E. J. Baumgartel*, The Culture of Prehistoric Egypt 48 ff.

die neue Hauptstadt für das vereinigte Ägypten, in der Nähe des heutigen Kairo. Hier vollzog er zum ersten Mal die Krönungszeremonie, und von dieser Zeit an wurden die Pharaonen mehr als dreitausend Jahre lang in Memphis gekrönt. Sehr wahrscheinlich ist der Höhepunkt der Krönungszeremonie eine Wiederholung der von Menes eingeführten Feier. Sie ist keine Erinnerung an die Großtaten des Menes, sondern die *Erneuerung der im Urereignis gegenwärtigen schöpferischen Quelle*[2].

Die Gründung des Vereinigten Reiches entsprach einer Kosmogonie. Der Pharao unaugurierte in seiner Eigenschaft als inkarnierter Gott eine neue Welt, eine Kultur, die ungleich vielschichtiger war und höher stand als jene der neolithischen Siedlungen. Entscheidend war es nun, die Fortdauer dieses, nach göttlichem Vorbild geschaffenen Werkes zu sichern; es galt also, alle Krisen zu vermeiden, die die Grundlagen der neuen Welt erschüttern konnten. Dafür war die Göttlichkeit des Pharao die beste Garantie. Da der Pharao unsterblich war, bedeutete sein Ableben nichts anderes als seine Erhebung in den Himmel. Die ununterbrochene Aufeinanderfolge eines inkarnierten Gottes auf einen anderen inkarnierten Gott und folglich die Kontinuität der kosmischen und sozialen Ordnung war also gesichert.

Es ist bemerkenswert, daß die bedeutendsten gesellschaftspolitischen und kulturellen Schöpfungen in die Zeit der ersten Dynastien fallen. Diese Innovationen sind es, die für die folgenden fünfzehn Jahrhunderte Modellcharakter haben. Nach der 5. Dynastie (ca. 2500-2300) wurde dem kulturellen Erbe fast nichts mehr von Bedeutung hinzugefügt. Dieser „Immobilismus", der die ägyptische Kultur kennzeichnet, der sich aber auch in den Mythen und Sehnsüchten anderer alter Völker zeigt, ist religiösen Ursprungs. Die Beständigkeit hieratischer Formen, die Wiederholung von Gesten und Taten der Urzeit sind die logische Folge einer Theologie, die in der kosmischen Ordnung ein göttliches Werk schlechthin und in jeder Veränderung das Risiko eines Rückfalls ins Chaos und damit den Sieg dämonischer Kräfte erblickte.

Diese von den europäischen Wissenschaftlern als „Immobilismus" bezeichnete Tendenz zielte dahin, die erste Schöpfung unversehrt zu erhalten, denn diese war in jeder Hinsicht – kosmologisch, religiös, sozial und ethisch – vollkommen. Die aufeinanderfolgenden Phasen der Kosmogonie werden in verschiedenen mythologischen Traditionen angesprochen. Denn die Mythen beziehen sich ausschließlich auf Ereignisse, die in der legendären Zeit der Anfänge stattgefunden haben. Diese *Tep zepi*, „das erste Mal", genannte Epoche währte vom Erscheinen des Schöpfergottes über den Urwassern bis zur Inthronisation des Horus. Alles Bestehende – Naturerscheinungen wie auch religiöse und kulturelle Wirklichkeiten (Tempelpläne, Kalender, Schrift, Rituale, Königsinsignien usw.) – verdankt seine Gültigkeit und Rechtfertigung der Tatsache, daß es in der Zeit der Anfänge erschaffen worden ist. Offensichtlich ist „das erste

---

[2] *H. Frankfort*, La royauté et les dieux 50.

Mal" das goldene Zeitalter der absoluten Vollkommenheit, „noch ehe es Zorn, Lärm, Kampf oder Unordnung gab". Weder Tod noch Krankheit gab es in dieser wunderbaren Zeit, die als die „Zeit des Re" oder des Osiris oder Horus bezeichnet wird[3]. Zu einem bestimmten Zeitpunkt aber trat als Folge der Intervention des Bösen die Unordnung auf und beendete das goldene Zeitalter. Aber die sagenhafte Zeit des „ersten Mal" wird nicht zu einer endgültig abgeschlossenen Vergangenheit. Da diese Epoche das Gesamt aller Modelle konstituiert, die nachvollzogen werden müssen, wird sie immer wieder reaktualisiert. Ziel der Riten ist die Niederlage der dämonischen Kräfte und damit die Wiederherstellung der ursprünglichen Vollkommenheit.

26. Theogonien und Kosmogonien

Wie in allen alten Religionen bildeten auch hier Kosmogonie und Ursprungsmythen (Ursprung des Menschen, des Königtums, der sozialen Institutionen, der Riten usw.) den Kern der Theologie. Naturgemäß gab es mehrere kosmogonische Mythen, die jeweils verschiedene Götter in den Vordergrund stellten und den Anfang der Schöpfung in eine Vielzahl religiöser Zentren verlegten. Ihre Themen gehören zu den ältesten überhaupt: Auftauchen eines Erdhügels, einer Lotosblume oder eines Eies aus den Urgewässern. Was die Schöpfergottheiten betrifft, so stellte jede bedeutende Stadt ihre eigenen in den Vordergrund. Dynastische Veränderungen brachten vielfach auch eine Verlagerung der Hauptstadt mit sich. Den Theologen der neuen Hauptstadt oblag es dann, mehrere kosmische Traditionen zu integrieren, indem sie ihren lokalen Hauptgott mit dem Weltenschöpfer identifizierten. Handelte es sich bei diesem schon um eine Schöpfergottheit, so war die Assimilation durch die strukturelle Ähnlichkeit erleichtert. Aber die Theologen haben auch kühne Synthesen erarbeitet, indem sie heterogene religiöse Systeme assimilierten und eindeutig antagonistische göttliche Gestalten miteinander verbanden[4]. Wie viele andere Überlieferungen beginnt auch die ägyptische Kosmogonie mit dem Auftauchen eines Erdhügels aus den Urwassern. Das Erscheinen dieses „ersten Ortes" über der Unendlichkeit des Wassers bedeutet das Auftauchen der Erde, aber auch des Lichts, des Lebens und des Bewußtseins[5]. In Heliopolis galt der zum Sonnentempel gehörige sog. „Sandhügel" als der „Urhügel". Hermopolis wiederum war wegen seines Teichs berühmt, aus dem die kosmogonische Lotosblume aufge-

---

[3] Vgl. *R. Clark*, Myth and Symbol in Ancient Egypt 263 f. Es handelt sich um ein sehr bekanntes mythisches Motiv: „die Vollkommenheit der Anfänge".
[4] Die Mythen wurden nicht kontinuierlich und zusammenhängend erzählt, so daß sie sozusagen „kanonische Versionen" hätten bilden können. Daher müssen wir sie aus Episoden und Anspielungen rekonstruieren, die sich in den ältesten Sammlungen finden, so vor allem in den *Pyramidentexten* (um 2500–2300), den *Sargtexten* (um 2300–2000), und dem *Totenbuch* (nach 1500).
[5] Vgl. *R. Clark*, a. a. O. 36.

tauchte war. Aber auch andere Orte nahmen dieses Privileg für sich in Anspruch[6]. Tatsächlich galt jede Stadt und jedes Heiligtum jeweils als ein „Mittelpunkt der Welt", als jener Ort, an dem die Schöpfung begonnen hat. Der Urhügel wurde bisweilen zum kosmischen Berg, den der Pharao erstieg, um dem Sonnengott zu begegnen.

Andere Versionen sprechen vom Ur-Ei, das den „Vogel des Lichts" enthielt (Sargtexte IV, 181 cff), oder von der Urlotosblume, die das Sonnenkind trug[7], oder auch von der Urschlange, der ersten und letzten Erscheinungsform des Gottes Atum. (Im Kapitel 175 des *Totenbuchs* heißt es, Atum werde beim Rückfall der Welt ins Chaos wieder Schlangengestalt annehmen. In Atum können wir den höchsten und den verborgenen Gott erkennen, während Re, die Sonne, der offenbare Gott schlechthin ist; vgl. § 32.) Die einzelnen Schöpfungsphasen – Kosmogonie, Theogonie, Erschaffung der lebenden Wesen usw. – werden unterschiedlich dargestellt. Nach der Sonnentheologie von Heliopolis, einer an der Spitze des Deltas gelegenen Stadt, erschuf der Gott Re-Atum-Chepri[8] ein erstes Götterpaar, Schu (die Luft) und Tefnut, das seinerseits den Gott Geb (Erde) und die Göttin Nut (Himmel) hervorbrachte. Der Demiurg vollzog die Schöpfung durch Masturbation oder Speichelauswurf. Die Ausdrücke sind naiv und ungeschlacht, ihr Sinn aber ist eindeutig: die Gottheiten entstehen aus der Substanz des höchsten Gottes selbst. Wie in der sumerischen Tradition (§ 16) waren Himmel und Erde in einem ununterbrochenen *hieros gamos* vereint, bis Schu, der Luftgott, sie trennte[9]. Aus dieser Vereinigung gehen Osiris und Isis, Seth und Nephtys hervor, die Protagonisten eines bewegenden Dramas, das uns später beschäftigen wird.

Im mittelägyptischen Hermopolis erarbeiteten die Theologen eine sehr komplexe Lehre um die Achtergruppe, jene acht Götter, zu denen später noch Ptah hinzutrat. Im Urteich von Hermopolis tauchte eine Lotosblume auf, aus der das „hochheilige Kind, der vollkommene, von der Achtheit geborene Erbe, der göttliche Same der allerersten Göttervorfahren", hervorging, „der auf Fluten kam und sich am Himmel sichtbar machte", „der die Keime der Götter und Menschen knüpfte"[10].

Die systematischste Theologie aber wurde in Memphis, der Hauptstadt der Pharaonen der 1. Dynastie, um die Gestalt des Gottes Ptah entworfen. Den ent-

---

[6] Siehe die von *H. Frankfort*, La royauté 206 ff zitierten und kommentierten Texte.

[7] *S. Sauneron – J. Yoyote* in: Schöpfungsmythen 57 sowie Hinweise bei *S. Morenz*, Ägyptische Religion 187 f.

[8] Es handelt sich um die drei Erscheinungsformen der Sonne: Chepri, die aufgehende Sonne, Re, die im Zenith stehende Sonne, Atum, die untergehende Sonne.

[9] Vgl. die von *S. Sauneron – J. Yoyote*, 67 f angeführten Texte. Hinzuzufügen wäre, daß die Rolle des Trenners nicht allein Schu vorbehalten ist; siehe die von *S. Morenz*, a.a.O. 183 angeführten Texte, nach denen Ptah die Trennung herbeiführte.

[10] Texte zitiert von *S. Sauneron – J. Yoyote*, a.a.O. 80. Weitere Texte übersetzt und kommentiert von *S. Morenz – J. Schubert*, Der Gott auf der Blume, a.a.O. 32 ff; vgl. auch *S. Morenz*, Ägyptische Religion, a.a.O. 183 f.

scheidenden Text der sog. „memphitischen Theologie" ließ Pharao Schabaka (um 700) in Stein eingravieren, das Original jedoch wurde schon etwa zweitausend Jahre früher verfaßt. Es überrascht, daß die bis jetzt älteste bekannte ägyptische Kosmogonie auch die am stärksten philosophische ist. Denn Ptah erschafft durch seinen Geist (sein „Herz") und sein Wort (seine „Zunge"). „Der sich als das Herz (= Geist) erwiesen hat, der sich als die Zunge (= Wort) erwiesen hat, unter der Erscheinung Atums, er ist Ptah, der uralte..." Ptah wird als der höchste Gott verkündet, während Atum nur als Urheber des ersten Götterpaares gilt. Ptah ist es, „der die Götter hervorbrachte". Dann gingen die Götter ein in ihren sichtbaren Leib „aus allerlei Holz, allerlei Mineral, allerlei Ton und allerlei anderen Dingen, die auf ihrer Oberfläche (d. h. der Erde) wachsen und in denen sie Gestalt annehmen können"[11].

Theogonie und Kosmogonie werden also durch die schöpferische Kraft des Denkens und des Wortes eines einzigen Gottes bewirkt. Es handelt sich hier zweifellos um den erhabensten Ausdruck der ägyptischen metaphysischen Spekulation. Wie John Wilson bemerkt (ANET 4) steht *am Anfang* der ägyptischen Geschichte eine Lehre, die mit der christlichen Logostheologie verglichen werden kann.

Im Vergleich zur Theogonie und Kosmogonie erweisen sich die Mythen über den Ursprung des Menschen als recht farblos. Die Menschen *(erme)* sind aus den Tränen *(erme)* des Sonnengottes Re geboren. In einem später in einer Krisenzeit (um 2000) verfaßten Text lesen wir: „Die Menschen, das Kleinvieh Gottes, sind mit allem wohlversorgt. Er (der Sonnengott) hat Himmel und Erde für sie erschaffen... Er schuf die Luft, um ihre Nasenlöcher zu beleben, denn sie sind seine Abbilder, die aus seinem Fleische hervorgingen. Er erstrahlt am Himmel, er hat Futterpflanzen für sie geschaffen, Tiere, Vögel und Fische, um sie zu ernähren..."[12]

Als Re aber entdeckt, daß sich die Menschen gegen ihn verschworen haben, beschließt er, sie zu vernichten. Hathor übernimmt das Gemetzel. Doch da die Göttin gedroht hat, die ganze Menschheit auszurotten, greift Re zu einer List, und es gelingt ihm, Hathor trunken zu machen[13]. Diese Revolte der Menschen und ihre Folgen ereigneten sich in mythischer Zeit. Die „Menschen" waren natürlich die ersten Bewohner Ägyptens, da Ägypten als erstes Land geschaffen und also der Mittelpunkt der Welt war[14]. Die Ägypter betrachteten sich als

---

[11] Übers. S. *Sauneron – J. Yoyote*, a.a.O. 85. Siehe den Kommentar von S. *Morenz*, Ägypt. Religion, a.a.O. 162f und vor allem *H. Frankfort*, La royauté et les dieux, a.a.O. 51–64.
[12] *Lehre für König Merikare*, dieser Abschnitt nach der Übersetzung S. *Sauneron – J. Yoyote*, a.a.O. 96. Siehe die Gesamtübersetzung von *Wilson*, ANET 414–418.
[13] Vgl. den von J. A. Wilson, ANET 10f übersetzten Text. Die Kanaan-Tradition kennt einen analogen Mythos, vgl. § 50.
[14] Siehe die von S. *Morenz*, Ägyptische Religion, a.a.O. 46ff angeführten Beispiele; es handelt sich um eine für frühzeitliche Kulturen spezifische Auffassung; vgl. *M. Eliade*, Kosmos und Geschichte, a.a.O. 16ff.

die einzigen vollbürtigen Bewohner; daraus erklärt sich auch das Verbot für Fremde, die Heiligtümer, die als mikrokosmische Abbilder des Landes galten, zu betreten[15]. Einige spätere Texte dagegen spiegeln bereits eine Tendenz zum Universalismus. Die Götter (Horus, Sekhmet) beschützen nicht nur die Ägypter, sondern auch Palästinenser, Nubier und Libyer[16]. Die mythische Geschichte der ersten Menschen spielt indes keine bedeutende Rolle. Die beiden entscheidenden Momente in jener wunderbaren Epoche des „ersten Mal" waren die *Kosmogonie* und die *Thronbesteigung des Pharao*.

27. Die Verantwortlichkeit eines inkarnierten Gottes

Wie H. Frankfort[17] bemerkt, ist die Kosmogonie das wichtigste Ereignis, weil sie die *einzig wirkliche Veränderung* darstellt: das Auftauchen der Welt. Fortan sind nur noch die in die Rhythmen des kosmischen Lebens implizierten Veränderungen von Bedeutung. In ihrem Fall jedoch handelt es sich um aufeinanderfolgende Momente, die verschiedenen Zyklen zugehören und deren Periodizität gewährleisten: die Bewegungen der Sternbilder, die Aufeinanderfolge der Jahreszeiten, die Mondphasen, der Rhythmus der Vegetation, Flut und Ebbe des Nil usw. Gerade diese Periodizität der kosmischen Rhythmen stellt aber die zur Zeit des „ersten Mal" instituierte Vollkommenheit dar. Unordnung impliziert eine zwecklose und daher auch schädliche Wandlung im exemplarischen Kreislauf der in vollkommener Weise geordneten Veränderungen.

Da die soziale Ordnung ein Aspekt der kosmischen Ordnung ist, gilt das Königtum als seit Anbeginn der Welt bestehend. Der Schöpfer war zugleich auch der erste König[18]; er übertrug diese Funktion seinem Sohn und Nachfolger, dem ersten Pharao. Durch diese Delegation wurde das Königtum als göttliche Institution eingesetzt. In der Tat werden die Handlungen des Pharao mit denselben Worten beschrieben, wie jene des Gottes Re oder der Sonnenepiphanien. Um nur zwei Beispiele anzuführen: die Schöpfung Res wird gelegentlich in eine klare Formel gefaßt: „Er hat Ordnung *(ma'at)* anstelle des Chaos gesetzt." In genau denselben Worten wird von Tutenchamon berichtet, der nach der „Häresie" Echnatons (vgl. §32) die Ordnung wieder herstellte, oder von Pepi II.: „er hat die *ma'at* anstelle der Lüge (der Unordnung) gesetzt". Auch

---

[15] Siehe die Beispiele bei *S. Morenz*, a.a.O. 56.
[16] Das *Pfortenbuch*, Fragment, übersetzt von *Sauneron-Yoyote*, a.a.O. 76f. Weitere Hinweise bei *S. Morenz*, a.a.O. 54f.
[17] Ancient Egyptian Religion, a.a.O. 49f.
[18] Im *Totenbuch* (Kap. 17) erklärt der Gott: „Ich bin Atum, indem ich allein in Num (Urmeer) war. Ich bin Re bei seinem ersten Erscheinen, als er begann, seine Schöpfung zu regieren." Eine Glosse fügt folgende Erläuterung an: „Dies bedeutet, daß Re *als König* zu erscheinen begann, als derjenige, der schon war, noch ehe Schu den Himmel über die Erde erhob" (*H. Frankfort*, Ancient Egyptian Religion, a.a.O. 54f).

das Verbum *khay*, „leuchten", wird unterschiedslos verwendet sowohl zur Beschreibung des Sonnenaufganges im Augenblick der Schöpfung oder an jedem Morgen, wie auch des Erscheinens des Pharao bei der Krönungszeremonie, bei Festen oder im Geheimen Rat[19].

Der Pharao ist die Inkarnation der *ma'at*, was mit „Wahrheit" übersetzt wird, in seiner allgemeinen Bedeutung aber „die gute Ordnung", also auch „Recht" und „Gerechtigkeit" bezeichnet. Die *ma'at* gehört zur Urschöpfung; sie spiegelt also die Vollkommenheit des goldenen Zeitalters wider. Als Grundlage des Kosmos und des Lebens kann *ma'at* von jedem einzelnen erkannt werden. In Texten unterschiedlicher Herkunft und Epochen finden sich folgende Aussagen: „Neige dein Herz, daß du die *ma'at* erkennst", „Ich veranlasse, daß du die Sache der *ma'at* erkennst in deinem Herzen; mögest du tun, was richtig ist für dich!", oder: „Ich war einer, der die *ma'at* liebte und die Sünde haßte. Denn ich wußte, daß sie (die Sünde) der Abscheu Gottes ist." Tatsächlich ist es Gott, der die lebensnotwendige Erkenntnis gewährt. Ein Fürst wird bezeichnet als einer, „der die Wahrheit *(ma'at)* kennt, den der Gott belehrt hat." Der Verfasser eines Gebetes an Re ruft aus: „Mögest du *ma'at* meinem Herzen mitteilen!"[20]

Als Inkarnation der *ma'at* ist der Pharao exemplarisches Vorbild für alle seine Untertanen. Er ist, wie es Rekhmire ausdrückt, „ein Gott, der uns durch seine Taten leben läßt"[21]. Das Wirken des Pharao gewährleistet die Stabilität von Kosmos und Staat und somit auch die Kontinuität des Lebens. In der Tat wird allmorgendlich, wenn der Sonnengott die Schlange Apophis „zurückstößt", ohne sie allerdings vernichten zu können, die Kosmogonie wiederholt. Das Chaos (= die Finsternis) repräsentiert die Virtualität; es ist also unzerstörbar. Das politische Wirken des Pharao wiederholt die Großtat des Gottes Re: auch er „stößt" Apophis „zurück", d.h., er wacht darüber, daß die Welt nicht ins Chaos zurücksinkt. Gegen die Grenzen anstürmende Feinde werden mit Apophis gleichgesetzt, und der Sieg des Pharao wiederholt Res Triumph (diese Tendenz, Leben und Geschichte in Begriffen exemplarischer Vorbilder und Kategorien zu deuten, ist alten Kulturen spezifisch)[22]. Der Pharao war zweifelsohne der einzige Protagonist unwiederholbarer historischer Einzelereignisse, wie etwa der Feldzüge in verschiedene Länder oder Siege über verschiedene Völker usw. Ramses III. ließ sogar auf seinem eigenen Grabmal die am Grabtempel Ramses' II. verzeichneten Namen der eroberten Städte eingravieren. Selbst im Alten Reich tragen die Libyer, „die als Opfer der Eroberungen Pepis II. er-

---

[19] *H. Frankfort*, ebd., 54f. Weitere Beispiele in: La royauté et les dieux, a.a.O. 202f.
[20] Texte übersetzt von *S. Morenz*, a.a.O. 130–132.
[21] Nach H. Frankfort erklärt eine ähnliche Auffassung das völlige Fehlen von Volksaufständen. Während der politischen Unruhen der Zwischenzeiten (2250–2040; 1730–1562) wurde die Institution der Monarchie nicht in Frage gestellt (Ancient Egyptian Religion, a.a.O. 42).
[22] Siehe *M. Eliade*, Kosmos und Geschichte Kap. 1.

scheinen, die gleichen individuellen Namen wie auf den Reliefs des zweihundert Jahre älteren Tempels des Sahuri"[23].

Individuelle Züge der Pharaonen lassen sich in ihren Darstellungen auf Monumenten und in Texten schwerlich erkennen. In vielen charakteristischen Einzelheiten, wie etwa dem Unternehmungsgeist und Mut Tutmosis' III. bei der Schlacht von Megiddo, hat A. de Buck konventionelle Elemente des Porträts eines idealen Herrschers gesehen. Dieselbe Tendenz zum Unpersönlichen zeigt sich in der Darstellung der Götter. Mit Ausnahme von Isis und Osiris werden in den Hymnen und Gebeten alle Götter, so unterschiedlich sie in Gestalt und Funktion auch sein mögen, mit fast den gleichen Worten angerufen[24].

Im Prinzip mußte der Kultus vom Pharao vollzogen werden, doch übertrug dieser seine Funktionen den jeweiligen Priestern der verschiedenen Tempel. Mittelbares oder unmittelbares Ziel der Rituale war die Verteidigung und damit die Stabilität der „Urschöpfung". Bei jedem Neujahrsfest wiederholte man die Kosmogonie noch exemplarischer[25], als dies beim täglichen Sieg Res geschah, denn hier handelt es sich um einen umfassenderen zeitlichen Zyklus. Die Inthronisation des Pharao ahmte Episoden aus den *gesta* des Menes nach: die Vereinigung der beiden Reiche. Man vollzog also eine rituelle Wiederholung der Staatsgründung (vgl. § 25). Die Krönungszeremonie wurde dreißig Jahre nach der Inthronisation beim Sed-Fest wiederholt und sollte die göttliche Kraft des Herrschers erneuern[26]. Über die periodischen Feste bestimmter Gottheiten (Horus, Min, Anubis usw.) wissen wir nur sehr wenig. Die Priester trugen bei einer Prozession die Statue der Gottheit oder die heilige Barke auf ihren Schultern; zur Prozession, die unter den Akklamationen der Gläubigen stattfand, gehörten Lieder, Musik und Tänze.

Das große Min-Fest, eines der populärsten in ganz Ägypten, ist uns deshalb besser bekannt, weil es später mit dem Königskult verbunden wurde. Ursprünglich war es das Erntefest; König und Königin sowie ein weißer Stier nahmen an der Prozession teil. Der König schnitt eine Ährengarbe und reichte sie dem Stier; die sich anschließenden Riten jedoch bleiben im Dunkel[27]. Bei den Gründungs- und Einweihungsfeiern der Tempel führte der Pharao den Vorsitz. Leider sind uns nur wenige symbolische Handlungen aus diesem Zusammenhang

---

[23] *H. Frankfort*, La royauté et les dieux 30, Anm. 1.
[24] Siehe den Vergleich zwischen Min und Sobek bei *H. Frankfort*, Ancient Egyptian Religion 25 f. Frankfort erkannte die Bedeutung der statischen Sicht des als rhythmische Bewegung innerhalb einer unbeweglichen Ganzheit gedeuteten Universums, und brachte eine kluge Erklärung des Auftretens der Götter in Tiergestalt: während beim Menschen sich das jeweilige Wesen in etwa in der morphologischen Struktur des Gesichtes wiederfindet, verändern sich die Tiere nicht, sie stellen immer nur ihre Rasse dar. Das tierische Leben hatte in den Augen der Ägypter also teil am statischen Leben des Universums und erschien ihnen daher als übermenschlich (ebd., 13f).
[25] Vgl. *M. Eliade*, Kosmos und Geschichte, a.a.O. 55ff. *H. Frankfort*, La royauté, a.a.O. 205.
[26] Vgl. *H. Frankfort*, La royauté, a.a.O. 122–136. *J. Vandier*, La religion égyptienne, a.a.O. 200f.
[27] Nach Gardiner gehörte zum Dienst auch eine zeremonielle Vereinigung des Königspaares; vgl. *H. Frankfort*, a.a.O. 260.

bekannt: der König legte in der Baugrube des künftigen Tempels „Gründungsdokumente" nieder (einen vom Herrscher geformten Ziegel, Goldbarren usw.); bei der Eröffnung weihte er das Gebäude durch Erheben des rechten Arms usw.

Der tägliche Götterkult richtete sich an die im Naos aufgestellte Statue des Gottes. Nach ritueller Reinigung schritt der Priester zum Naos, zerbrach das Tonsiegel und öffnete die Türe. Sodann warf er sich vor der Statue auf den Boden und erklärte, er sei in den Himmel (Naos) eingedrungen, um den Gott zu schauen. Daran schloß sich die Reinigung der Statue mit Natron, „um den Mund des Gottes zu öffnen". Schließlich verschloß der Priester die Türe wieder, versiegelte das Schloß und verließ rückwärtsgehend wieder den Tempel[28].

Über den Totenkult sind wir wesentlich besser informiert. Tod und Jenseits haben die Ägypter mehr beschäftigt als die anderen Völker des Vorderen Orient. Für den Pharao war der Tod Ausgangspunkt für seine Himmelsreise und seine „Immortalisation". Außerdem war einer der populärsten Götter Ägyptens unmittelbar mit dem Tod verbunden: Osiris.

28. Die Himmelfahrt des Pharao

Die ältesten Glaubensvorstellungen über das Weiterleben nach dem Tode – soweit wir sie überhaupt zu rekonstruieren vermögen – weisen eine große Ähnlichkeit auf mit den beiden Traditionen, die in der ganzen Welt reich belegt sind: der Aufenthaltsort der Toten lag entweder unter der Erde oder im Himmel, genauer im Bereich der Sterne. Nach dem Tod gelangt die Seele zu den Sternen und erhält Anteil an deren Ewigkeit. Den Himmel dachte man sich als Muttergöttin, der Tod entsprach einer neuen Geburt, d. h. einer Wiedergeburt in der Sternenwelt. Die Mutterschaft des Himmels schloß den Gedanken ein, daß der Tote ein zweites Mal geboren werden mußte: nach seiner himmlischen Wiedergeburt wurde er von der (als Kuh dargestellten) Muttergöttin gesäugt[29].

Die Lokalisierung des Jenseits unter der Erde war die vorherrschende Glaubensvorstellung der neolithischen Kulturen. Schon in vordynastischer Zeit (d. h. zu Beginn des 4. Jahrtausends) wurden bestimmte religiöse Traditionen der Agrarkultur im mythisch-rituellen Osiris-Komplex ausformuliert. Osiris aber, der einzige ägyptische Gott, der eines gewaltsamen Todes stirbt, war auch im Königskult präsent. Wir werden die Folgen dieses Zusammentreffens eines sterbenden Gottes mit der Sonnentheologie, in der die Immortalisation des Pharao erklärt und gewertet wurde, später noch genauer untersuchen.

Die *Pyramidentexte* sprechen fast ausschließlich von den Vorstellungen über das Schicksal des Königs nach dem Tode. Doch ist ihre Lehre, trotz der Bemü-

---

[28] *A. Moret*, Le rituel du culte divin journalier en Égypte, passim; *J. Vandier*, a.a.O. 164ff.
[29] Diese Vorstellung rechtfertigt die inzestuöse Vereinigung des toten Pharao, der als der „seine Mutter befruchtende Stier" bezeichnet wird. Vgl. *H. Frankfort*, La royauté, a.a.O. 244ff.

hungen der Theologen nicht vollständig systematisiert. Es zeigt sich ein gewisser Kontrast paralleler und mitunter widersprüchlicher Auffassungen. Die meisten Formulierungen wiederholen nachdrücklich, daß der Pharao, Atums Sohn (= Re), vom Großen Gott noch vor Erschaffung der Welt gezeugt, nicht sterben kann; andere Texte dagegen versichern dem König, daß sein Leib nicht verwesen werde. Es handelt sich hier zweifellos um zwei verschiedene religiöse Ideologien, die noch nicht hinreichend integriert sind[30]. Die Mehrzahl der Formeln indes nimmt auf die Himmelsreise des Pharao Bezug. Er fliegt in Gestalt eines Vogels – Falke, Reiher, Wildgans (Pyr. 461–463, 890–891, 913, 1048) – eines Skarabäus (366) oder einer Heuschrecke (890–891 usw.) davon. Winde, Wolken und Götter müssen ihm zu Hilfe eilen. Bisweilen gelangt der König durch das Ersteigen einer Leiter in den Himmel (365, 390, 971f, 2083). Schon während seines Aufstiegs ist der König ein Gott, von völlig anderem Wesen als das Geschlecht der Sterblichen (650, 809)[31].

Um aber zu seiner, im Osten gelegenen, himmlischen Wohnstatt, dem sog. „Gefilde der Opfergaben" zu gelangen, mußte der Pharao erst bestimmte Prüfungen bestehen. Der Zugang war durch einen See versperrt (Pyr. 2601) und der Fährmann besaß richterliche Vollmacht. Um in die Barke eingelassen zu werden, mußte der Pharao alle rituellen Reinigungen vollzogen haben (Pyr. 519, 1116); vor allem aber mußte er einer Befragung standhalten, die initiatorische Struktur hatte, d. h., die Antworten bestanden in stereotypen Formeln, die als Erkennungswort dienten. Gelegentlich greift der König auch zu einem Plädoyer (1188–1189), zur Magie (492ff) oder sogar zur Drohung. Er fleht zu den Göttern (insbesondere Re, Thot und Horus), oder bittet die beiden Sykomoren, zwischen denen täglich die Sonne aufgeht, ihn ins „Schilfrohrgefilde" zu geleiten[32].

Bei seiner Ankunft im Himmel wird dem Pharao vom Sonnengott ein triumphaler Empfang bereitet, und es werden Boten an die vier Enden der Welt ausgesandt, um seinen Sieg über den Tod zu verkünden. Der König setzt im Himmel sein irdisches Leben fort: auf dem Throne sitzend, nimmt er die Huldi-

---

[30] Einige Texte (Pyr. 2007–9) lehren, man müsse die Knochen des Königs aufsammeln und seine Glieder von den Binden befreien, damit er auferstehen könne; J. Vandier hat gezeigt, daß es sich um einen mythisch-rituellen Osiriskomplex handelt (a.a.O. 81).
[31] Texte zitiert von *J. Vandier*, a.a.O. 78. Siehe auch die von *J. H. Breasted*, Development of Religion and Thought in Ancient Egypt, a.a.O. 109–115, 118–120, 122, 136 übersetzten und in unserer Anthologie, From Primitives to Zen, a.a.O. 353–355 wiedergegebenen Abschnitte.
[32] *J. Vandier*, a.a.O. 72. Eine eingehendere Darlegung bieten *J. H. Breasted*, a.a.O. 103ff, und *R. Weill*, Le champ des roseaux et le champ des offrandes, a.a.O. 16ff. Solche Prüfungen sind in zahlreichen archaischen Traditionen bekannt. Sie setzen eine vorangegangene Initiation voraus, die bestimmte Rituale und Belehrungen (Mythologie und Geographie der Bestattung, Geheimformeln usw.) umfaßt. Die wenigen Anspielungen in den Pyramidentexten sind die ältesten Belege über die Erlangung eines besseren Schicksals durch bestimmte Geheimkenntnisse. Hier handelt es sich zweifelsohne um ein uraltes Erbe, das auch schon die vordynastischen Jungsteinzeitkulturen kannten. In der ägyptischen Königsideologie sind diese initiatorischen Anspielungen eher ein nebensächliches Relikt; denn als Gottes Sohn und inkarnierter Gott bedurfte der Pharao der Initiationsprüfungen nicht, um das Recht zum Eintritt in das himmlische Paradies zu erlangen.

gungen seiner Untertanen entgegen, und er fährt fort, Gericht zu halten und Befehle zu erteilen[33]. Denn obgleich nur er allein die Sonnenunsterblichkeit besitzt, ist der Pharao doch von einer Anzahl seiner Untertanen, und zwar vor allem von Mitgliedern seiner Familie und hohen Beamten, umgeben[34]. Diese werden mit jenen Sternen identifiziert, die die Bezeichnung die „Glorifizierten" tragen. Nach J. Vandier (a. a. O. 80) gilt: „Jene Abschnitte der Pyramidentexte, die sich auf die Sternbilder beziehen, sind von großer poetischer Schönheit: hier wird die schlichte und spontane Vorstellungskraft eines Naturvolkes spürbar, das sich mit großer Leichtigkeit im Geheimnisvollen bewegt..."

Wie wir schon bemerkten, ist die soteriologische Lehre der *Pyramidentexte* nicht immer kohärent. Die Sonnentheologie, die den Pharao mit Re identifizierte, betonte die Vorrangstellung des Pharao: er unterstand nicht der Gerichtsbarkeit des Herrn der Toten, Osiris. „Du öffnest deinen Platz am Himmel unter den Sternen des Himmels, du bist ja ein Stern ... du schaust hernieder auf Osiris, du befiehlst den Geistern, du stehst entfernt von ihnen, denn du gehörst nicht zu ihnen" (Pyr. 251). „Re-Atum übergibt dich nicht dem Osiris, der nicht über dein Herz urteilt und keine Gewalt hat über dein Herz ... Osiris, du wirst dich seiner nicht bemächtigen, dein Sohn (Horus) wird sich seiner nicht bemächtigen, ..." (Pyr. 145–146; nach d. Übers. v. Weill, a.a.O. 116). Andere Texte sind sogar aggressiv; sie verweisen darauf, daß Osiris ein toter Gott sei, weil er gemordet und ins Wasser geworfen wurde. Wieder andere Abschnitte spielen auf die Identifikation des Pharao mit Osiris an. Es finden sich Formulierungen wie folgende: „Wie Osiris lebt, so lebt auch dieser König Unas, wie Osiris nicht stirbt, so stirbt auch König Unas nicht" (Pyr. 167ff).

29. Osiris, der gemordete Gott

Um die Bedeutung solcher Formulierungen richtig verstehen zu können, müssen wir kurz die Mythen und die religiöse Funktion des Osiris erläutern. Die vollständigste Version des Osirismythos wurde uns von Plutarch in seiner Abhandlung *De Iside et Osiride* (2. Jahrhundert n. Chr.) überliefert. Die ägyptischen Texte beziehen sich – wie wir auch schon im Zusammenhang mit der Kosmogonie feststellen mußten (§ 26) – immer nur auf Einzelepisoden. Der Kern des Osirismythos läßt sich trotz gewisser Inkohärenzen und Widersprüche – erklärbar aus den Spannungen und Synkretismen, die dem endgültigen Sieg Osiris' vorangingen – leicht rekonstruieren. Nach allen Traditionen war er ein legendärer König, berühmt wegen der Strenge und Gerechtigkeit, mit der er Ägypten regierte. Sein Bruder Seth aber stellte ihm eine Falle und tötete ihn.

---

[33] Pyr. 1301, 1721, 134f, 712f, 1774–6, zitiert von *J. Vandier*, a.a.O. 70. Weitere Texte übersetzt und kommentiert von *J.H. Breasted*, a.a.O. 118ff.
[34] D. h. von jenen, die in der Nähe der Königsgräber bestattet wurden.

Isis, der Gattin des Osiris, die eine „große Zauberin" war, gelingt es, sich von dem toten Osiris befruchten zu lassen. Nachdem sie den Leichnam bestattet hat, flieht Isis in das Delta und bringt dort im Papyrosdickicht ihren Sohn Horus zur Welt. Als dieser zum Manne geworden ist, fordert er vor den Göttern der Neunheit sein Recht und wendet sich im Kampf gegen seinen Onkel Seth. Diesem gelingt es zunächst, Horus ein Auge auszureißen (Pyr. 1463), doch am Ende geht Horus siegreich aus dem Kampf hervor. Er nimmt sein Auge wieder an sich und bietet es Osiris an (der dadurch sein Leben wiedererlangt; Pyr. 609ff, usw.). Die Götter verurteilen Seth dazu, sein eigenes Opfer zu tragen[35] (Seth wird beispielsweise in die Barke verwandelt, die Osiris auf dem Nil befördert). Aber wie Apophis, so kann auch Seth nicht endgültig vernichtet werden, denn auch er inkarniert eine unaufhebbare Macht. Nach seinem Sieg steigt Horus in das Reich der Toten hinab und verkündet dort die frohe Botschaft: als legitimer Nachfolger seines Vaters anerkannt, wird er zum König gekrönt. So „erweckt" er Osiris: nach den Texten „setzt er seine Seele in Bewegung".

Vor allem dieser letzte Akt des Dramas erhellt die spezifische Seinsweise des Osiris. Horus trifft ihn in einem Zustand bewußtloser Erstarrung an, und es gelingt ihm, ihn zu beleben. „Osiris! schaue! Osiris! höre! Erhebe dich! Stehe auf!" (Pyr. 258f). Osiris wird nie in Bewegung dargestellt; wir kennen ihn nur ohnmächtig und passiv[36]. Nach seiner Krönung, d. h., nachdem er die Krisenzeit („das Chaos") beendet hat, erweckt Horus den Osiris: „Osiris! Du warst fortgegangen, nun aber bist du zurückgekehrt; du schliefst, aber du wurdest geweckt: du starbst, aber du lebst von neuem" (Pyr. 1004ff). Doch wurde Osiris als „Geistperson" (= Seele) und Lebenskraft auferweckt. Er ist es, der fortan die Fruchtbarkeit der Vegetation und alle Kräfte der Fortpflanzung gewährleisten wird. Er wird als Personifikation der ganzen Erde beschrieben oder mit dem weltumspannenden Meer verglichen. Schon um 2750 symbolisiert Osiris die Quellen der Fruchtbarkeit und des Wachstums[37]. Anders ausgedrückt, Osiris, der gemordete König (= der verstorbene Pharao) gewährleistet das Wohlergehen des Reiches, das von seinem Sohne Horus (repräsentiert von dem soeben eingesetzten neuen Pharao) regiert wird.

Die Zusammenhänge zwischen Re, dem Pharao, und dem Paar Osiris-Horus lassen sich in ihren großen Zügen erahnen. Die Sonne und die Königsgräber bildeten die beiden Hauptquellen der Sakralität. Nach der Sonnentheologie war

---

[35] Pyr. 626f, 651f usw. Nach einer, besonders von Plutarch betonten Variante zerstückelte Seth den Leichnam des Osiris (vgl. Pyr. 1867) in vierzehn Teile und verstreute sie. Isis aber fand sie (mit Ausnahme des Geschlechtsorgans, das von einem Fisch verschluckt wurde), und bestattete sie an Ort und Stelle; dies erklärt, warum viele Heiligtümer sich eines Osirisgrabes rühmen konnten. Siehe *A. Brunner*, Zum Raumbegriff der Ägypter, a.a.O. 615.
[36] Erst in den Texten der 9. bis 10. Dynastie beginnt er, in seinem eigenen Namen zu sprechen; vgl. *R. Clark*, a.a.O. 110.
[37] Vgl. *H. Frankfort*, La royauté, a.a.O. 256ff (Osiris im Korn und im Nil).

der Pharao Res Sohn; da er aber dem verstorbenen Herrscher (= Osiris) nachfolgte, war er zugleich auch Horus. Die Spannung zwischen diesen beiden Orientierungen des ägyptischen religiösen Geistes, nämlich der „Solarisierung" und der „Osirisierung"[38] wird in der Funktion des Königtums greifbar. Wie wir gesehen haben, ist die ägyptische Kultur das Ergebnis der Vereinigung Ober- und Unterägyptens zu einem einzigen Reich. Anfänglich galt Re als Herrscher des goldenen Zeitalters, doch wurde diese Rolle seit dem Mittleren Reich (um 2040–1730) auf Osiris übertragen. In der Königsideologie setzte sich schließlich die Osirisformel durch, denn das Vater-Sohn-Verhältnis Osiris-Horus garantierte die Kontinuität der Dynastie und gewährleistete darüber hinaus das Gedeihen des Landes. Als Quelle allgemeiner Fruchtbarkeit sicherte Osiris der Herrschaft seines Sohnes und Nachfolgers Wohlergehen und Gedeihen.

Ein Text des Mittleren Reiches bringt die Lobpreisung des Osiris als Quelle und Grundlage aller Schöpfung sehr schön zum Ausdruck: „Ob ich lebe oder sterbe, ich bin Osiris. Ich durchdringe dich, und durch dich erscheine ich wieder; ich vergehe in dir, und ich wachse in dir... Die Götter leben in mir, weil ich in dem Getreide, das sie ernährt, lebe und wachse. Ich bedecke die Erde; ob ich lebe oder sterbe, ich bin die Gerste, mich zerstört man nicht. Ich habe die Ordnung durchdrungen... Ich bin zum Herrn der Ordnung geworden, ich tauche aus der Ordnung auf..."[39]

Das ist eine kühne Wertung des Todes, der fortan als eine Art überhöhende Umwandlung des irdischen Lebens verstanden wird. Der Tod vollendet den Übergang aus dem Bereich des Unbedeutenden in den Bereich des Bedeutenden. Das Grab ist der Ort, an dem sich die Transfiguration *(sakh)* des Menschen vollzieht, denn der Tote wird zu einem *Akh*, einem „verwandelten Geist"[40]. Für uns ist hier die Tatsache von Bedeutung, daß Osiris nach und nach zum Vorbild nicht nur der Herrscher, sondern auch jedes einzelnen wird. Zwar war sein Kult bereits im Alten Reich weit verbreitet; das erklärt die Nennung des Osiris in den Pyramidentexten trotz des Widerstands der heliopolitanischen Theologen. Aber eine schwere Krise, auf die wir noch zurückkommen werden, hatte die klassische Zeit der ägyptischen Kultur jäh beendet. Nach Wiederherstellung der Ordnung finden wir Osiris im Mittelpunkt der ethischen Fragestel-

---

[38] Von einem bestimmten Gesichtspunkt aus kann man von der Konkurrenz zwischen einem toten König – Osiris – und einem sterbenden König – Re – sprechen; denn auch die Sonne „starb" allabendlich; sie wurde allerdings am Morgen des folgenden Tages wiedergeboren.

[39] *Sargtext* 330; nach d. Übers. v. *R. Clark*, a.a.O. 142.

[40] *H. Frankfort*, Ancient Egyptian Religion, a.a.O. 96, 101. Wir erinnern daran, daß der Tote mit seiner Einbettung in den Sarg in die Arme seiner Mutter, der Himmelsgöttin Nut, gelegt wurde: „Du wirst deiner Mutter unter ihrem Namen ‚Sarg' gegeben" (Pyr. 616). Ein anderer Text vergleicht Nut mit einem Bett, in dem der Tote so lange schläft, bis er zu neuem Leben erwacht (Pyr. 741). Die vier Sargwände werden personifiziert als Isis, Nephtys, Horus und Toth. Das Bodenbrett wird mit Geb, dem Gott der Erde, identifiziert, und der Deckel mit der Himmelsgöttin. So war der Tote in seinem Sarg umgeben von Personifikationen des gesamten Kosmos; vgl. *A. Piankoff*, The Shrines of Tut-Ankh-Amon, a.a.O. 21f.

lungen und religiösen Hoffnungen. Das war der Anfang eines Vorganges, der als „die Demokratisierung des Osiris" bezeichnet wurde.

Tatsächlich sprechen außer den Pharaonen auch viele andere von ihrer rituellen Teilhabe am Drama und der Apotheose des Osiris. Die Texte, die einst in den für die Pharaonen errichteten Pyramiden auf die Mauern verborgener Nischen geschrieben wurden, finden sich nun im Inneren der Särge von Adeligen und sogar ganz unprivilegierten Menschen wieder. Osiris wird zum Vorbild aller, die hoffen, den Tod zu besiegen. Ein *Sargtext* (IV, 276 ff) erklärt: „Du bist nun der Sohn eines Königs, ein Prinz, solange dein Herz (d.h. der Geist) mit dir ist." Dem Beispiel des Osiris folgend und mit seiner Hilfe gelingt es dem Verstorbenen, sich in eine „Seele" umzuwandeln, d.h. in ein ganz integriertes und daher unzerstörbares Wesen. Der gemordete und zerstückelte Osiris wurde durch Isis „neugebildet" und von Horus wiederbelebt. Auf diese Weise schuf er einen neuen Seinsmodus: aus einem kraftlosen Schatten wird er zu einer „Person", die „weiß", zu einem wahrhaft initiierten geistigen Wesen[41]. Wahrscheinlich haben die hellenistischen Isis- und Osiris-Mysterien ähnliche Vorstellungen entwickelt. Osiris übernimmt von Re das Amt des Totenrichters; er wird zum Herrn der Gerechtigkeit, der in einem Palast oder auf dem Urhügel, d.h. im „Mittelpunkt der Welt", residiert. Wie wir später sehen werden (§ 33) löst sich die Spannung Re – Osiris im Mittleren und Neuen Reich.

30. Der Zusammenbruch:
Anarchie, Verzweiflung und „Demokratisierung" des Lebens im Jenseits

Pepi II. war der letzte Pharao der 6. Dynastie. Kurze Zeit nach seinem Tode, um 2200, wurde Ägypten vom Bürgerkrieg erschüttert, und das Staatsgefüge brach zusammen. Die Schwächung der Zentralmacht hatte die Ambitionen der verschiedenen Dynasten ermutigt. Anarchie verwüstete das Land. Nach einiger Zeit wurde Ägypten in zwei Königreiche aufgeteilt, das Nordreich mit der Hauptstadt Herakleopolis und das Südreich mit der Hauptstadt Theben. Mit einem Sieg der Thebaner endete schließlich der Bürgerkrieg, und die letzten Könige der 11. Dynastie konnten das Land wieder vereinigen. Die Zeit der Anarchie, von den Historikern die erste Zwischenzeit (oder erstes Interregnum) genannt, fand 2050 mit der Heraufkunft der 12. Dynastie ihr Ende. Die Restauration der Zentralmacht kennzeichnete den Beginn einer echten Renaissance.

In dieser Zeit des Interregnums kam es zur „Demokratisierung" des postmortalen Lebens: die Adeligen ließen auf ihren Sarkophagen die *Pyramidentexte* anbringen, die einst ausschließlich für Pharaonen verfaßt worden waren. Dies

---

[41] Als Horus ins Jenseits hinabstieg und Osiris auferweckte, gab er ihm die Kraft der „Erkenntnis". Osiris war ein leichtes Opfer, weil er „nicht wußte", er kannte nicht die wahre Natur des Seth; vgl. die von *R. Clark,* a.a.O. 114ff übersetzten und kommentierten Texte.

ist auch die einzige Epoche der ägyptischen Geschichte, in der dem Pharao Schwäche oder sogar Unmoral vorgeworfen wurde. Mehrere sehr bedeutende literarische Werke ermöglichen uns, die tiefen Wandlungen zu verfolgen, die sich während dieser Krise vollzogen. Die wichtigsten Texte sind unter folgenden Titeln bekannt: *Lehre für König Merikare; Ermahnungen des Propheten Ipu-wer; Das Harfnerlied; Streit eines Lebensmüden mit seiner Seele.* Ihre Verfasser evozieren die durch den Zusammenbruch der traditionellen Autorität hervorgerufenen Katastrophen und vor allem die Ungerechtigkeiten und Verbrechen, die zu Skeptizismus und Verzweiflung, ja sogar zum Selbstmord führen. Zugleich verraten diese Dokumente aber auch eine Veränderung der inneren Ordnung. Zumindest einige Würdenträger stellen sich die Frage nach ihrer eigenen Verantwortung in dieser Katastrophe und bekennen sich freimütig als schuldig.

Ein gewisser Ipu-wer begibt sich zum Pharao, um ihm vom Ausmaß des Unglücks zu berichten. „Siehe, das Land ist durch einige verantwortungslose Leute des Königtums beraubt!... Siehe, die Menschen lehnen sich gegen die Königsschlange auf... die die beiden Länder befriedet hatte... Die Königsresidenz kann innerhalb einer Stunde dem Boden gleichgemacht werden!" Provinzen und Tempel zahlen wegen des Bürgerkrieges keine Steuern mehr. Die Pyramidengräber wurden barbarisch geplündert. „Der König ist von den Armen entführt worden. Siehe, der als (göttlicher) Falke Begrabene liegt in einer (schlichten) Bahre; was die Pyramide verbarg, ist leer." Aber je länger er spricht, um so kühner wird der „Prophet" Ipu-wer, und schließlich gibt er gar dem Pharao die Schuld für die allgemeine Anarchie. Denn der König sollte ein Hirte seines Volkes sein, seine Herrschaft aber hat den Tod auf den Thron gebracht. „Autorität und Gerechtigkeit sind mit dir; du aber bringst Verwirrung über das ganze Land und den Lärm des Streites. Siehe, jeder stürzt sich auf seinen Nachbarn; die Menschen tun, was du ihnen befohlen hast. Das zeigt, daß deine Taten diese Lage herbeigeführt haben und daß du Lügen hervorgebracht hast."[42]

Einer der Könige der gleichen Zeit verfaßte einen Traktat für seinen Sohn Merikare. Er bekennt demütig seine Sünden: „Ägypten kämpft sogar in der Totenstadt... Solches habe auch ich getan!" Das Unglück des Landes „geschah wegen meiner Taten, und ich erfuhr (das Böse, das ich getan habe) erst nach vollbrachter Tat!" Er rät seinem Sohn, „Gerechtigkeit *(ma'at)* walten zu lassen, solange er lebt auf Erden". „Vertraue nicht auf die Länge der Jahre, denn die Richter (die dich nach dem Tode richten werden) sehen die Lebenszeit als eine Stunde an..." Nur die Taten des Menschen bleiben bestehen. Daher, „tue nichts Schlechtes". Statt ein Denkmal aus Stein zu errichten, „handle so, daß dein Denkmal in der Liebe besteht, die man dir bewahrt". „Liebe jeden!" Denn die Götter schätzen Gerechtigkeit höher als Opfergaben. „Tröste den Weinenden,

---

[42] *Ermahnungen des Propheten Ipu-wer,* Übers. *J. A. Wilson,* ANET 441–444; *A. Erman,* Die Literatur der Ägypter, a.a.O. 140ff.

quäle keine Witwe, verdränge keinen Mann von der Habe seines Vaters... Strafe nicht ungerecht. Töte nicht!..."⁴³

Vor allem der Vandalismus war es, der die Ägypter verwirrte: die Menschen zerstörten die Gräber ihrer Ahnen, warfen den Leichnam fort und schleppten die Steine für ihre eigenen Gräber weg. Wie Ipu-wer feststellt, werden „viele Tote im Fluß bestattet. Der Fluß ist zum Grab geworden..." Der König riet seinem Sohn Merikare: „Zerstöre nicht das Denkmal eines anderen... Baue dein Grab nicht aus Abbruch!".

Das *Harfnerlied* evoziert die Plünderung und Zerstörung der Gräber, allerdings aus ganz anderen Gründen. „Die Götter, die vordem waren (d. h. die Könige) und nun in ihren Pyramiden ruhen, und ebenso die Verklärten (d. h. die Adeligen), begraben in ihren Pyramiden – ihre Stätten sind nicht mehr! Sieh, was man mit ihnen getan hat!... Ihre Mauern sind zerstört, und ihre Häuser sind nicht mehr, als wären sie nie gewesen!" Für den Verfasser des Gedichts aber sind diese Freveltaten nur noch einmal eine Bestärkung des undurchdringlichen Geheimnisses des Todes. „Keiner kommt von dort, daß er sage, wie es um sie steht, daß er sage, was sie brauchen, daß er unser Herz beruhige, bis daß wir auch dahin kommen, wohin sie gegangen sind." Daher, so schließt der Harfner: „Folge deinem Wunsche, solange du lebst... Laß dein Herz nicht ermatten."⁴⁴

Der Niedergang aller traditioneller Institutionen findet seinen Niederschlag einerseits in Agnostizismus und Pessimismus und andererseits in einer Exaltation des Vergnügens, die aber doch die tiefe Verzweiflung nicht zu verbergen vermag. Die Ohnmacht des Gotteskönigtums führt zwangsläufig auch zur religiösen Abwertung des Todes. Wenn der Pharao sich nicht mehr wie ein inkarnierter Gott verhält, dann ist alles in Frage gestellt; so vor allem der Sinn des Lebens und damit auch die Realität des Weiterlebens nach dem Tode. Das *Harfnerlied* erinnert uns an andere Krisen der Niedergeschlagenheit – in Israel, Griechenland, im alten Indien – Krisen, die durch den Zusammenbruch traditioneller Werte herbeigeführt wurden.

Der bewegendste Text aber ist zweifellos der „Streit über den Selbstmord". Es ist ein Zwiegespräch eines von Verzweiflung niedergedrückten Menschen mit seiner Seele *(ba)*. Der Mann will seine Seele von der Zweckmäßigkeit des Selbstmordes überzeugen. „Zu wem spreche ich heute? Die Brüder sind schlecht, die Gefährten von gestern lieben einander nicht... Die Herzen sind räuberisch: ein jeder nimmt die Habe seines Nächsten fort... Es gibt keine Gerechten mehr. Das Land ist denen überlassen, die Ungerechtigkeit säen... Die Sünde, die über das Land zieht, ist ohne Ende." Inmitten all dieser Geißeln erscheint ihm der Tod mehr als wünschenswert: er wird ihn mit vergessenen oder

---

⁴³ Übers. *J. A. Wilson*, ANET 414–418; *A. Erman*, a.a.O. 112ff.
⁴⁴ Übers. *J. A. Wilson*, ANET 467; *A. Erman*, a.a.O. 178; vgl. auch *J. H. Breasted*, Development of Religion and Thought, a.a.O. 183.

kaum erlebten Seligkeiten überhäufen. „Der Tod steht heute vor mir wie einem Kranken die Heilung... wie der Wohlgeruch der Myrrhen... wie der Duft der Lotosblumen... wie der Geruch (der Felder) nach dem Regen... wie das glühende Verlangen eines Menschen, nach jahrelanger Gefangenschaft wieder nach Hause zurückzukehren." Seine Seele *(ba)* erinnert ihn zunächst daran, daß ihm durch einen Selbstmord die Bestattung und die Bestattungsfeierlichkeiten verwehrt würden; sodann versucht sie, ihn dazu zu bewegen, seine Sorgen in sinnlichen Freuden zu vergessen. Schließlich aber versichert sie ihm, daß sie auch dann bei ihm bleiben werde, wenn er beschlösse, sich selbst den Tod zu geben[45].

Die literarischen Werke der Zwischenzeit wurden noch lange nach Wiederherstellung der politischen Einheit unter den Pharaonen des Mittleren Reiches (2040–1730) gelesen und kopiert. Diese Texte sind mehr als nur unvergleichliche Zeugnisse einer heftigen Krise; sie veranschaulichen eine Tendenz des ägyptischen religiösen Geistes, die sich von da an immer stärker verbreitete. In kurzen Zügen ist diese Gedankenströmung nur sehr schwer zu umreißen, ihr Hauptmerkmal jedenfalls liegt in der Bedeutung, die sie der *menschlichen Person* beimißt, und zwar als virtuelle Replik des exemplarischen Vorbilds, der Person des Pharao.

31. Theologie und Politik der „Solarisation"

Das Mittlere Reich wurde von einer Reihe ausgezeichneter Herrscher regiert, die fast alle der 12. Dynastie angehörten. Unter ihrer Regierung erlebte Ägypten eine Zeit wirtschaftlicher Expansion und hohen internationalen Ansehens[46]. Die Namen, die sich die Pharaonen bei ihrer Krönung gewählt hatten, zeugen von ihrem Willen, Menschen und Göttern gegenüber Gerechtigkeit *(ma'at)* walten zu lassen[47]. Unter der 12. Dynastie erlangte Amon, einer der acht in Hermopolis verehrten Götter, unter dem Titel Amon-Re den höchsten Rang. (Der Begründer der Dynastie nannte sich Amenemhet, „Amon ist an der Spitze".) Der „verborgene" Gott (vgl. §26) wurde mit der Sonne, dem „manifesten" Gott schlechthin identifiziert. Durch die „Solarisation" wurde Amon zum Reichsgott des Neuen Reichs.

Paradoxerweise war dieses Reich – das einzige übrigens, das diese Bezeichnung verdient – die zwar verspätete, aber zwangsläufige Folge einer zweiten Krise, die nach dem Erlöschen der 12. Dynastie ausgebrochen war. Bis zur Inva-

---

[45] Uber *J. A. Wilson*, ANET 405–407; *A. Erman*, a.a.O. 127ff; vgl. *J. H. Breasted*, a.a.O. 189ff.
[46] Ein Ergebnis, das um so verdienstvoller ist, als die Verwalter der verschiedenen Gaue ihre lokale Souveränität uneingeschränkt behalten hatten.
[47] Siehe die von *Wilson*, The Culture of Ancient Egypt, a.a.O. 133, zitierten Beispiele. Es ist richtig, daß sich die Ägypter noch als die einzig *wirklich* menschlichen Wesen betrachteten; Fremde wurden Tieren gleichgesetzt, und konnten in bestimmten Fällen auch geopfert werden (vgl. *Wilson*, ebd. 140).

sion der Hyksos im Jahre 1674 lösten einander eine große Zahl von Herrschern in rascher Aufeinanderfolge ab. Die Ursache der Auflösung des Staates, die schon zwei Generationen vor dem Angriff der Hyksos einsetzte, ist uns nicht bekannt. Aber auch ein starkes Ägypten hätte dem Angriff dieser schrecklichen Krieger nicht lange standzuhalten vermocht, die mit Pferd und Streitwagen, Rüstung und Pfeil und Bogen in den Kampf zogen. Die Geschichte der Hyksos ist nur unzureichend bekannt[48]; aber ihr Vordringen nach Ägypten war zweifellos die Folge von Völkerwanderungen, die den Vorderen Orient im 17. Jahrhundert erschütterten.

Die siegreichen Eroberer ließen sich im Delta nieder. Von ihrer Hauptstadt Avaris aus regierten sie durch Vasallen den größten Teil Unterägyptens; doch begingen sie den Fehler, gegen eine Tributleistung die Erbfolge der Pharaonen in Oberägypten zu dulden. Die Hyksos importierten einige syrische Götter, so vor allem Baal und Teschup, den sie mit Seth gleichsetzten. Die Erhebung des Osirismörders in den höchsten Rang war gewiß eine schwere Kränkung. Es gilt allerdings zu berücksichtigen, daß der Sethkult im Delta schon zur Zeit der 4. Dynastie heimisch war.

Für die Ägypter war die Invasion der Hyksos eine kaum faßbare Katastrophe. Das Vertrauen in ihre privilegierte, von den Göttern vorherbestimmte Position war schwer erschüttert worden. Die Eroberer besiedelten das Delta mit Asiaten, sie selbst aber ignorierten, in ihre befestigten Gebiete verschanzt, voller Verachtung die ägyptische Kultur. Aber die Ägypter haben aus dieser Situation gelernt. Nach und nach lernten sie, die Waffen ihrer Besieger zu handhaben. Ein Jahrhundert nach der Niederlage (also etwa 1600) begann Theben, die Residenzstadt eines Pharao der 17. Dynastie, den Befreiungskrieg. Der endgültige Sieg[49] fällt zusammen mit der Heraufkunft der 18. Dynastie (1562–1308) und der Gründung des Neuen Reiches.

Nach der Befreiung entwickeln sich zunächst Nationalismus und Fremdenhaß, und es bedurfte mindestens eines Jahrhunderts, um den Rachedurst gegen die Hyksos wieder abzubauen. Anfänglich unternahmen die Herrscher nur vereinzelte Strafexpeditionen. 1470 aber eröffnet Tuthmosis III. mit einer Expedition gegen die alten Hyksosfestungen eine Reihe militärischer Ausfälle nach Asien. Das durch die Fremdherrschaft hervorgerufene Gefühl der Unsicherheit

---

[48] Die etymologische Herkunft des Begriffs ist ägyptisch: *hikau khasut*, „Statthalter fremder Länder". Die meisten uns bekannten Namen sind semitischen Ursprungs, aber es wurden auch churritische Wörter identifiziert. Die Hyksos sind in keinem zeitgenössischen ägyptischen Dokument erwähnt. Eine Anspielung auf Tanis, ihre befestigte Stadt, findet sich in einem Text der 9. Dynastie und in einem um dieselbe Zeit redigierten Märchen. Wie nicht anders zu erwarten, wurden die Eroberer (in den Augen der Ägypter „Barbaren") der Schlange Apophis, dem Symbol des Chaos, gleichgesetzt.
[49] Nicht ein einziges offizielles Dokument verzeichnet die Vertreibung der Hyksos. Das einzige Zeugnis ist die kurze Autobiographie eines bescheidenen Kämpfers im Befreiungskrieg; der Text wurde übersetzt von *J. H. Breasted*, Ancient Records of Egypt II, a.a.O. 1ff; siehe auch *Wilson*, a.a.O. 164f.

verschwand nur ganz allmählich. Um Ägypten gegen Angriffe von außen unverwundbar zu machen, unternahm Tuthmosis III. eine Reihe von Eroberungszügen, die dann schließlich zur Reichsgründung führten. Wahrscheinlich haben die Frustrationen, die er während der ersten 22 Jahre seiner Regierung erdulden mußte, seine militärischen Ambitionen geweckt. Denn während dieser langen Zeit war Hatschepsut, seine Tante und Schwiegermutter, der eigentliche Herrscher. Diese einmalig begabte Königin zog die kulturelle und wirtschaftliche Expansion den Eroberungskriegen vor. Aber schon 15 Jahre nach dem Sturz Hatschepsuts war Tuthmosis bereits auf dem Weg nach Palästina und Syrien, um die „Rebellen" zu unterwerfen. Kurze Zeit später siegt er bei Megiddo. Zum Vorteil für die Zukunft des Reiches zeigte sich Tuthmosis den Besiegten gegenüber großmütig.

Dies war das Ende des ägyptischen Isolationismus, aber auch der Niedergang der traditionellen ägyptischen Kultur. Trotz der relativ kurzen Dauer des Reiches waren seine Ausstrahlungen doch nicht mehr rückgängig zu machen. Infolge seiner internationalen Politik öffnete sich Ägypten allmählich einer kosmopolitischen Kultur. Ein Jahrhundert nach dem Sieg von Megiddo ist die massierte Anwesenheit von „Asiaten" überall, selbst in Verwaltung und Königsresidenzen bezeugt[50]. Zahlreiche fremde Gottheiten wurden nicht nur toleriert, sondern auch den Nationalgottheiten assimiliert. Die ägyptischen Gottheiten ihrerseits wurden allmählich auch in anderen Ländern verehrt, und Amon-Re wurde zu einem Weltgott.

Die Solarisation Amons hatte sowohl den religiösen Synkretismus als auch die Wiedereinsetzung des Sonnengottes in den obersten Rang erleichtert. Denn die Sonne war der einzige allgemein zugängliche Gott[51]. Die schönsten Hymnen an Amon-Re, die ihn als Schöpfer Himmels und der Erden preisen, wurden zu Beginn der „imperialen" Zeit verfaßt. Andererseits bereitete die Verehrung eines Sonnengottes als schlechthinnigen höchsten Gott eine gewisse religiöse Vereinheitlichung vor: die Vorherrschaft ein und desselben göttlichen Prinzips setzte sich allmählich vom Niltal bis nach Syrien und Anatolien durch. In Ägypten war diese Sonnentheologie universalistischer Tendenz zwangsläufig in die politischen Spannungen verwoben. Unter der 18. Dynastie wurden die Tempel Amon-Res beträchtlich vergrößert und ihre Einkünfte verzehnfacht. Als Folge der Hyksosbesatzung und vor allem der Befreiung Ägyptens durch einen thebanischen Pharao erlangen die Götter eine unmittelbare Beeinflussung der Staatsgeschäfte. Die Götter – in erster Linie Amon-Re – teilten durch die Priesterschaft ihre Ratschläge mit. Der Hohepriester Amons gewann beträchtliche Autorität; er stand rangmäßig unmittelbar unter dem Pharao. Ägypten war auf dem Weg, eine Theokratie zu werden, was aber den Machtkampf zwi-

---

[50] Siehe *Wilson*, a.a.O. 189ff.
[51] Aus Gründen, die wir andernorts erörtert haben (§ 20; siehe auch *M. Eliade*, Religionen, a.a.O. §§ 14, 30), waren die Himmelsgötter zu *dii otiosi* geworden.

schen Hohempriester und Pharao nicht verminderte. Diese übermäßige Politisierung der Priesterhierarchie verhärtete die Spannung zwischen den verschiedenen theologischen Richtungen in bisweilen unaufhebbare Antagonismen.

32. Echnaton oder die mißlungene Reform

Was als „Revolution von Amarna" (1375–1350) bezeichnet wurde, nämlich die Erhebung Atons, der Sonnenscheibe, zum alleinigen höchsten Gott, findet seine Erklärung zum Teil in dem Wunsch des Pharao Amenhotep IV., sich von der Vorherrschaft des Hohenpriesters zu befreien. Tatsächlich hatte der junge Herrscher schon kurz nach seiner Thronbesteigung dem Hohenpriester Amons die Verwaltung der Güter des Gottes, und damit die Quelle seiner Macht, entzogen. Sodann änderte der Pharao seinen Namen („Amon ist zufrieden") in Akhen-Aton, Echnaton („Der dem Aton dient), um, gab die alte Hauptstadt Theben, die „Stadt Amons" auf, und erbaute 500 km nördlich eine neue Hauptstadt, die er Akhetaton (heute Tell-el-Amarna) nannte und in der er Paläste und Tempel für Aton errichtete. Im Unterschied zu den Amon-Heiligtümern waren jene des Aton nicht überdacht; man konnte die Sonne in ihrem vollen Glanz anbeten. Dies war nicht die einzige Neuerung Echnatons. In der bildenden Kunst ermutigte er die Herausbildung jenes Stils, der als „Naturalismus" von Amarna bezeichnet wird; in königlichen Inschriften und offiziellen Dekreten fand nun erstmalig die Volkssprache Verwendung; außerdem verzichtete der Pharao auf den vom Hofzeremoniell vorgeschriebenen starren Konventionalismus und war in seinen Beziehungen zu den Mitgliedern seiner Familie und seinen Vertrauten eher spontan.

Alle diese Neuerungen finden ihre Rechtfertigung in dem religiösen Wert, den Echnaton der „Wahrheit" *(ma'at)*, also allem Natürlichen und den Lebensrhythmen Entsprechenden beimaß. Denn dieser schmächtige und fast mißgestaltige Pharao, der sehr jung sterben sollte, hatte die religiöse Bedeutung der „Lebensfreude" entdeckt, jene Seligkeit, die darin lag, sich der unermeßlichen Schöpfung Atons und vor allem des göttlichen Lichtes zu erfreuen. Um seine „Reform" durchzusetzen, verdrängte Echnaton Amon und alle anderen Götter[52] zugunsten Atons, des Höchsten Gottes, der mit der Sonnenscheibe, der allgemeinen Lebensquelle, identifiziert wurde: Aton wurde mit in Hände ausmündenden Sonnenstrahlen dargestellt, die seinen Gläubigen das Lebenssymbol *(ankh)* brachten. Das Wesentliche von Echnatons Theologie ist ausgedrückt in zwei Hymnen an Aton, die einzigen, die uns erhalten geblieben sind. Sie gehören zweifellos zum Schönsten, was die ägyptische Religion hervorgebracht hat. Die Sonne „ist der Anfang des Lebens", ihre Strahlen „umarmen alle Lande". „Bist du auch fern, so sind deine Strahlen doch auf Erden; obwohl

---

[52] Im Prinzip, denn er behielt Re, Ma'at und Harakhti bei.

du in der Menschen Antlitz bist, kennt man deinen Gang nicht."[53] Aton ist „der Schöpfer des Samens in der Frau", und er ist es, der das Kind im Mutterleib belebt und über Geburt und Wachstum des Kindes wacht – wie er auch dem Vögelchen den Atem gibt und es dann beschützt. „Wie mannigfaltig sind doch deine Werke! Sie sind verborgen vor den Menschen, du einziger Gott, außer dem es keinen mehr gibt."[54] Aton ist es, der alle Länder, der Männer und Frauen geschaffen und jedermann an seinen Platz gestellt hat und der für sie sorgt. „Die Welt besteht durch dich!..." „Ein jeder hat seine Nahrung."

Dieser Hymnus wurde mit Recht mit Psalm 104 verglichen. Man sprach sogar vom „monotheistischen" Charakter der Reform Echnatons. Originalität und Bedeutung dieses „ersten Individuums der Geschichte", wie J. H. Breasted ihn nannte, sind noch umstritten. Sein religiöser Eifer aber steht außer Zweifel. Das Gebet, das sich in seinem Sarg fand, enthält folgende Zeilen: „Ich werde atmen den sanften Hauch deines Mundes. Tag für Tag werde ich deine Schönheit betrachten... Reich mir deine Hände, in denen dein Geist liegt, damit ich dich empfange und durch ihn lebe. Rufe meinen Namen die ganze Ewigkeit hindurch: nie wird dein Anruf ungehört verhallen!" Auch nach dreitausenddreihundert Jahren ist dieses Gebet noch von bewegender Kraft.

Unter Echnatons Regierung, und gerade wegen seiner politischen und militärischen Passivität, hatte Ägypten das asiatische Reich verloren. Sein Nachfolger, Tutenchamon (1357–1349), stellte die Beziehungen zum Hohenpriester Amons wieder her und kehrte nach Theben zurück. Die Spuren der „Aton-Reform" wurden größtenteils ausgelöscht. Wenig später starb der letzte Pharao der langen und ruhmreichen 18. Dynastie.

Nach übereinstimmender Auffassung der Wissenschaftler kennzeichnet das Erlöschen der 18. Dynastie zugleich auch das Ende der Schöpferkraft des ägyptischen Genius. Was aber die Mittelmäßigkeit der religiösen Schöpfungen bis zur Begründung der Isis- und Osiris-Mysterien betrifft, so liegt ihre Erklärung möglicherweise im Ausmaß und in der Wirksamkeit der im Neuen Reich vollzogenen Synthesen[55]. Denn von einem bestimmten Blickwinkel her sind diese Synthesen der Höhepunkt des religiösen Denkens in Ägypten: sie sind ein vollkommen durchartikuliertes System, das nur noch Neuerungen im Bereich des Stilistischen anregt.

Zum besseren Verständnis der Bedeutung dieser theologischen Synthesen kommen wir noch einmal kurz auf den „atonistischen Monotheismus" zurück.

---

[53] „Gehst du unter... so liegt die Erde im Dunkel wie im Tode." In der Nacht gehen wilde Tiere und Schlangen um, und dann „versinkt die Welt in Schweigen". Echnaton evoziert in Einzelheiten von überraschender Frische das Wunder des Tagesanbruchs, die Schönheit, die auf den Bäumen, den Blumen, den Vögeln, den Fischen liegt.
[54] „Du hast die Erde geschaffen... als du allein warst." „Du hast den Himmel so fern gemacht, um an ihm aufzugehen und alles zu schauen, was du gemacht hast."
[55] Wir denken hier natürlich an die religiösen Eliten, denen die tiefere Bedeutung dieser Schöpfungen zugänglich war.

Zunächst ist festzuhalten, daß der in Echnatons Hymnus verwendete Ausdruck
- „der einzige Gott, außer dem es keinen anderen gibt" - schon ein Jahrtausend
vor der Reform von Amarna auf Amon, auf Re, auf Atum wie auch auf andere
Götter angewandt wurde. Außerdem gab es, wie J. Wilson[56] bemerkt, mindestens *zwei* Götter, denn Echnaton wurde ja selbst als Gottheit verehrt. Die
Gebete der Gläubigen (d. h. der begrenzten Gruppe der Beamten und Würdenträger des Hofes) waren nicht an Aton, sondern unmittelbar an Echnaton gerichtet. In seiner herrlichen Hymne bezeichnet der Pharao Aton als seinen
persönlichen Gott: „Du bist in meinem Herzen, und kein anderer kennt dich
außer deinem Sohn (d. h. Echnaton), den du in deine Pläne und in deine Kraft
eingeweiht hast!" Dies erklärt das fast unmittelbare Verschwinden des „Atonismus" nach Echnatons Tod. Letztlich blieb die Atonverehrung nur auf die königliche Familie und die Höflinge beschränkt.

Aton war im übrigen schon lange vor der Reform von Amarna bekannt und
Gegenstand der Verehrung[57]. Im *Buch dessen, der im Jenseits ist,* wird Re als
„Herr der Scheibe (Aton)" bezeichnet. Andere Texte der 18. Dynastie wissen
nichts von Amon (dem „verborgenen Gott"), sondern beschreiben Re als den
Gott, dessen „Antlitz bedeckt ist" und der „sich im Jenseits verbirgt". Mit
anderen Worten, das geheimnisvolle Wesen und die Unsichtbarkeit Res werden
zu Komplementäraspekten Atons, des Gottes, der in der Sonnenscheibe voll
und ganz sichtbar wird[58].

33. Letzte Synthese: die Verbindung Re – Osiris

Die Theologen des Neuen Reichs betonen vor allem die Komplementarität widersprüchlicher, ja feindlicher Götter. In der *Re-Litanei* wird der Sonnengott
„der Eine, Vereinigte" genannt; er wird in Gestalt der Osiris-Mumie dargestellt,
mit der Krone Oberägyptens. Mit anderen Worten, Osiris ist von der Seele Res
durchdrungen[59]. Die Identifikation der beiden Götter fand in der Person des
toten Pharao ihre Verwirklichung: nach seiner Osiriswerdung ersteht der König
als junger Re wieder von den Toten auf. Denn der Lauf der Sonne ist das exemplarische Vorbild für das Geschick des Menschen: Übergang von einem Seinsmodus in einen anderen, vom Leben zum Tod und dann zu einer neuen Geburt.
Der Abstieg Res in die Unterwelt bedeutet sowohl seinen Tod als auch seine
Auferstehung. Einer der Texte evoziert „Re, der in Osiris ruht, und Osiris, der
in Re ruht"[60]. Zahlreiche mythologische Anspielungen unterstreichen den

---

[56] A.a.O. 223ff.
[57] Vgl. *Wilson,* a.a.O. 210ff; *A. Piankoff,* Les Shrines de Tut-Ankh-Amon, a.a.O. 5ff.
[58] *A. Piankoff,* a.a.O. 12.
[59] Vgl. *A. Piankoff,* The Litany of Re, a.a.O. 11.
[60] Vgl. *A. Piankoff,* Ramesses VI, a.a.O. 35.

zweifachen Aspekt des Re: den solaren und den osirischen. Durch seinen Abstieg in die Unterwelt wird der König zur Entsprechung des Binoms Osiris-Re. Nach einem der oben angeführten Texte „verbirgt sich Re im Jenseits". Mehrere Anrufungen der *Litanei* (20–23) betonen vor allem die Verbindung Res mit dem Wasser und identifizieren den Sonnengott mit dem Urozean. Die Vereinigung der Gegensätze aber findet vor allem in der okkulten Solidarität von Re und Osiris oder Horus und Seth ihren Ausdruck[61]. Um eine geglückte Formulierung R. Clarks aufzugreifen (S. 158): *Re als transzendenter Gott und Osiris als auftauchender Gott sind die komplementären Manifestationen des Göttlichen.* Es geht letztlich um ein und dasselbe „Mysterium", nämlich die Vielfalt der aus dem einen Gott hervorgegangenen Gestalten[62]. Nach der von Atum ins Werk gesetzten Theogonie und Kosmogonie (§ 26) ist das Göttliche *zugleich* Einheit und Vielheit, und die Schöpfung ist die Vervielfältigung seiner Namen und Gestalten.

Die Überlagerung und Verschmelzung von Göttern sind Vorgänge, die dem religiösen Denken Ägyptens schon seit ältester Zeit vertraut sind. Das Neue der Theologie des Neuen Reichs aber liegt einerseits im Postulat des zweifachen Vorgangs der Osirisierung Res und der Solarisierung des Osiris und andererseits in der Überzeugung, daß dieser zweifache Vorgang den verborgenen Sinn des menschlichen Lebens, und eben die *Komplementarität von Leben und Tod* offenbare[63]. Diese theologische Synthese bestätigt in gewisser Sicht den Sieg des Osiris und verleiht ihm zugleich eine neue Bedeutung. Der Triumph des gemordeten Gottes war schon zu Beginn des Mittleren Reichs vollkommen. Von der 18. Dynastie an wird Osiris zum Richter über die Toten. Die beiden Schwerpunkte des Jenseitsgeschehens – der „Prozeß" und das „Wägen des Herzens" – spielen sich vor Osiris ab. In den *Sargtexten* noch unterschieden, verschmelzen der „Prozeß" und das „Wägen des Herzens" im *Totenbuch* immer stärker miteinander[64]. Diese Grabtexte, die im Neuen Reich niedergeschrieben wurden, jedoch weit älteres Material enthalten, erfreuen sich bis zum Untergang der ägyptischen Kultur einer beispiellosen Beliebtheit. Das *Totenbuch* ist der Jenseitsführer der Seele schlechthin. Die in ihm enthaltenen Gebete und magischen Formeln sollen die Reise der Seele erleichtern und ihr vor allem helfen, erfolgreich aus den Prüfungen des „Prozesses" und des „Wägens des Herzens" hervorzugehen.

---

[61] Vgl. die von *A. Piankoff*, Litany, a. a. O. 49, Anm. 3 angeführten Beispiele.
[62] Schon in den *Pyramidentexten* läßt Atum die Götter aus seinem eigenen Sein hervorgehen. Unter seiner Urgestalt, der Schlange (vgl. § 26) wurde Atum auch mit Osiris identifiziert (was bedeutet, daß auch er „sterben" kann) und folglich auch mit Horus gleichgesetzt; vgl. die von *A. Piankoff*, Litany, a.a.O. 11, Anm. 2 angeführten und kommentierten Texte.
[63] Ein analoger, wenn auch anders orientierter Gedankengang vollzog sich in Indien seit der Zeit der Brāhmanas; vgl. Kap. IX.
[64] Vgl. *J. Yoyote*, Le Jugement des morts dans l'Égypte ancienne, a. a. O. 45. Das Totengericht und der Begriff einer himmlischen Gerechtigkeit, „die nach dem Tode aller, Menschen wie Königen, eingreift", sind seit der 9. Dynastie eindeutig belegt; *J. Yoyote*, ebd. 64.

Von den archaischen Elementen des *Totenbuchs* seien vor allem genannt die Gefahr eines „zweiten Todes" (Kap. 44, 130, 135-6, 175-6) und die Notwendigkeit, das Gedächtnis zu behalten (Kap. 90) und sich seines Namens zu entsinnen (Kap. 25); dieselben Glaubensvorstellungen sind bei den „Primitiven", aber auch in Griechenland und im alten Indien reich bezeugt. Doch spiegelt dieses Werk die theologischen Synthesen des Neuen Reichs wider. Ein Hymnus an Re (Kap. 15) beschreibt die tägliche Reise der Sonne; bei ihrem Eintritt in die Unterwelt verbreitet sie Freude. Die Toten „freuen sich, wenn du hier erstrahlst für den großen Gott Osiris, den Herrn der Ewigkeit". Nicht weniger bezeichnend ist das Verlangen der Toten, sich mit einer Gottheit zu identifizieren, sei es mit Re, Horus, Osiris, Anubis, Ptah oder irgendeiner anderen. Dies schließt keineswegs die Anwendung magischer Formeln aus. Wer nämlich den Namen eines Gottes kennt, kann eine gewisse Macht über ihn erlangen. Die magische Bedeutung des Namens und allgemein des Wortes war zweifellos schon in der Vorgeschichte bekannt. Den Ägyptern war die Magie eine von den Göttern zur Verteidigung des Menschen geschaffene Waffe. Im Neuen Reich wird die Magie von einem Gott personifiziert, der Re als Attribut des Sonnenkönigs in seiner Barke begleitet[65]. Letztlich ist Res Reise in die Unterwelt – ein gefährlicher und mit zahlreichen Hindernissen belasteter Abstieg – das exemplarische Vorbild für die Reise eines jeden Toten zum Ort des Gerichts[66]. Das 125. Kapitel, eines der wichtigsten des *Totenbuchs*, ist dem Gericht über die Seele gewidmet, das in einem großen Saal mit Namen „die beiden *ma'at*" stattfindet. Das Herz des Toten wird auf eine Waagschale gelegt; auf der zweiten Schale befindet sich eine Feder oder ein Auge, Symbole der *ma'at*. Während dieses Vorgangs rezitiert der Verstorbene ein Gebet, in dem er sein Herz anfleht, nicht gegen ihn auszusagen. Anschließend muß er eine Unschuldserklärung abgeben, die – nicht ganz zutreffend – als „negative Beichte" bezeichnet wird:

> Ich habe kein Unrecht gegen Menschen begangen...
> Ich habe nicht Gott gelästert.
> Ich habe mich nicht an einem Armen vergriffen...
> Ich habe nicht getötet...
> Ich habe niemandem Leid zugefügt.
> Ich habe das Opfergut im Tempel nicht verkleinert, usw.
> Ich bin rein. Ich bin rein. Ich bin rein. Ich bin rein."

Der Tote wendet sich an die zweiundvierzig Götter, die über ihn zu Gericht sitzen: „Seid gegrüßt, ihr Götter, die ihr hier seid! Ich kenne euch, ich kenne

---

[65] Allmählich gewinnt allerdings, besonders beim Volk, die Rolle der magischen Formeln die Oberhand.
[66] Andere Grabsammlungen – *Das Buch von dem, was in der Unterwelt ist, Das Pfortenbuch* usw. – geben eine systematische Beschreibung des Totenreichs, das Re während der zwölf Nachtstunden auf seiner Barke durchquert.

Letzte Synthese: die Verbindung Re – Osiris

eure Namen. Ich werde nicht unter euren Schuldspruch fallen. Ihr werdet dem Gott, dessen Gefolge ihr seid, nicht berichten, daß ich ein schlechter Mensch bin... Ihr werdet sagen, daß *ma'at* mir zukommt in Gegenwart des Weltenherrschers, denn ich habe in Ägypten *ma'at* geübt." Er ergeht sich in Lobpreisungen seiner selbst: „Ich habe den Gott mit dem zufriedengestellt, was er liebt (daß man es tut). Ich habe dem Hungernden Brot gegeben und Wasser dem Durstenden, Kleider dem Nackten und eine Fähre dem Schifflosen ... So rettet mich denn, so schützt mich denn! Erstattet nicht Meldung gegen mich beim Großen Gott!" Schließlich wendet er sich an Osiris: „O Gott, der auf seinem Podest steht... mögest du mich beschützen gegen die Boten, die Unglück säen und Ärgernis erregen..., denn ich habe die *ma'at* getan zugunsten des Herrn der *ma'at*. Ich bin rein!"[67] Außerdem wird der Tote noch einem Kreuzverhör mit initiatorischem Charakter unterworfen. Er muß zeigen, daß er die geheimen Bezeichnungen kennt für die einzelnen Teile der Pforte, der Schwelle, für den Pförtner der Halle und für die Götter[68].

Durch seine Reflexion über das Geheimnis des Todes hat der ägyptische Genius die letzte religiöse Synthese verwirklicht, die einzige, die bis zum Ende der ägyptischen Kultur ihren Vorrang bewahren konnte. Zwar läßt sie die verschiedenartigsten Deutungen und Anwendungen zu – der tiefere Sinn des Binoms Re-Osiris oder der Kontinuität von Leben, Tod und Transfiguration war den Gläubigen, die von der Unfehlbarkeit magischer Formeln überzeugt waren, nicht unbedingt zugänglich – aber auch sie reflektierten die gleiche eschatologische Gnosis. Die Theologen des Neuen Reichs haben das alte Todesverständnis in eine geistige Umwandlung umgedeutet, und damit die Vorbilder dieses „Geheimnisses" sowohl mit den täglichen Großtaten Res als auch mit dem Urdrama des Osiris identifiziert. Damit war es ihnen gelungen, in ein und demselben System das auszudrücken, was schlechthin ewig und unverletzbar schien: der Lauf der Sonne, was nur eine tragische Episode, aber letztlich nur zufällig war: der Mord an Osiris und was *per definitionem* vergänglich und unbedeutend erscheint: das menschliche Leben. In der Ausformulierung dieser Soteriologie war die Rolle des Osiris entscheidend. Durch ihn konnte jeder Sterbliche nun ein „königliches Schicksal" im Jenseits erhoffen. Letztlich war der Pharao also zum allgemeinen Vorbild geworden.

Die Spannung zwischen „Privileg", „Initiationsweisheit" und „guten Werken" ist auf manchmal enttäuschende Weise gelöst. Denn wenn die „Gerechtigkeit" schon immer gewährleistet war, dann konnte die „Initiationsweisheit" auf den bloßen Besitz magischer Formeln reduziert werden. Alles hing dann von der Perspektive ab, aus der man sich selbst im Hinblick auf die eschatologische Summa sah, die im *Totenbuch* und in ähnlichen Werken noch recht unvollkommen artikuliert ist. Diese Texte ermöglichten, auf verschiedenen Ebenen, meh-

---

[67] Übers. *J. Yoyote*, a.a.O. 52–56.
[68] Ebd., 56f.

rere „Lesarten". Die „magische Lesart" war zweifellos die einfachste: sie setzte nur den Glauben an die Allmacht des Wortes voraus. In dem Maße aber, wie durch die neue Eschatologie das „königliche Schicksal" allgemein zugänglich wurde, wuchs auch das Ansehen der Magie. Die Abenddämmerung der ägyptischen Kultur ist beherrscht von magischen Glaubensvorstellungen und Praktiken [69]. Doch dürfen wir nicht vergessen, daß in der memphitischen Theologie (vgl. § 26) Ptah die Götter und die Welt geschaffen hatte kraft seines Wortes...

---

[69] Siehe Band II des vorliegendes Werkes.

FÜNFTES KAPITEL

Megalithe, Tempel, Kultzentren: Westen, Mittelmeer, Industal

34. Der Stein und die Banane

Die Megalithanlagen West- und Nordeuropas faszinieren die Forscher seit mehr als einem Jahrhundert. Tatsächlich erweckt auch schon das bloße Betrachten einer guten Photographie der Alignements von Carnac oder der gigantischen Trilithen von Stonehenge den Wunsch, sich näher mit diesen Monumenten und ihrer Bedeutung zu befassen. Wir stehen sprachlos vor der technischen Meisterschaft dieser Bauern aus der Zeit des Steinschliffs. Wie haben sie es fertiggebracht, 300 Tonnen schwere Blöcke senkrecht aufzurichten und Tischplatten von 100 Tonnen hochzuheben? Diese Monumente treten überdies nicht nur vereinzelt auf. Sie gehören einem ganzen Komplex von Megalithen an, der sich von der Mittelmeerküste Spaniens über Portugal, halb Frankreich und die Westküsten Englands ausdehnt und von dort nach Irland, Dänemark und die Südküsten Schwedens übergreift. Wohl sind signifikante morphologische Varianten festzustellen. Doch gelang es dem Bemühen zweier Generationen von Vorgeschichtsforschern, die Kontinuität aller europäischen Megalithkulturen aufzuzeigen, eine Kontinuität, die sich nur aus der Verbreitung des Megalithkomplexes von einem gemeinsamen Mittelpunkt aus erklären läßt, nämlich von Los Millares in der Provinz Almeria.

Der Megalithkomplex umfaßt drei Bauweisen: 1. Der Menhir (vom niederbretonischen *men* = Stein und *hir* = lang) ist ein langer, mitunter sehr hoher[1] Stein, der senkrecht in den Boden gerammt ist; 2. der Cromlech (von *crom* = Kreis, Krümmung, und *lech* = Ort) bezeichnet eine kreis- oder halbkreisförmige Menhirgruppe (der monumentalste ist der Cromlech von Stonehenge bei Salisbury); bisweilen sind die Menhire in mehreren nebeneinanderlaufenden Reihen angeordnet, wie etwa bei Carnac in der Bretagne[2]; 3. der Dolmen (*dol* = Tisch und *men* = Stein) besteht aus einem großen Deckstein, der von mehre-

---

[1] Der Menhir bei Locmariaquer hatte eine Höhe von mehr als 20 m. In der Bretagne werden bestimmte einzelnstehende Menhire jeweiligen Grabanlagen zugeordnet.
[2] Die Alignements von Carnac umfassen 2935 Menhire, die sich über ein Gelände von 3900 m Länge erstrecken.

ren senkrechten Steinen getragen wird, die so angeordnet sind, daß sie eine Art Umfriedung oder Kammer bilden. Ursprünglich war der Dolmen mit einem Erdhügel eingedeckt.

Die Dolmen sind unverkennbar Grabstätten (später wurde der Dolmen in einigen Gebieten – Westeuropa, Schweden – durch Zufügung eines langen, mit Platten überdeckten Ganges, gleichsam einem Vorraum, in eine „überdachte Allee" umgewandelt). Manche Dolmen erreichen gigantische Ausmaße, wie etwa der Dolmen von Soto (bei Sevilla) mit 21 m Länge, dessen Stirnwand aus einem 21 Tonnen schweren Granitblock von 3,40 m Höhe, 3,10 m Breite und 0,72 m Dicke besteht. In Los Millares hat man eine Totenstadt von etwa hundert „Ganggräbern" freigelegt. Die Mehrzahl der Gräber liegt unter gewaltigen Erdhügeln. Einige enthalten bis zu hundert Tote, die mehreren Generationen der gleichen Sippe angehören. Die Totenkammern haben mitunter in der Mitte eine Säule, und an den Wänden sind noch Reste von Malerei zu erkennen. Dolmen finden sich entlang der Atlantikküste, vor allem in der Bretagne, und bis in die Niederlande. In Irland sind die Wände der sehr hohen Grabkammern mit Skulpturen geschmückt.

Wir haben es zweifellos mit einem sehr bedeutenden Totenkult zu tun. Während die Häuser der neolithischen Bauern, die diese Monumente errichtet haben, bescheiden und vergänglich waren (sie haben kaum Spuren hinterlassen), wurden die Wohnstätten ihrer Toten aus Stein gebaut. Man war offensichtlich bestrebt, imposante und beständige Bauten zu errichten, die Zeit und Vergänglichkeit zu besiegen vermochten. Die Vielschichtigkeit der Steinsymbolik und die religiöse Bedeutung von Steinen und Felsen sind uns bekannt[3]. Fels, Steinplatte und Granitblock sind Manifestationen unbegrenzter Dauer, Permanenz und Unverwüstlichkeit und letztlich einer Möglichkeit, unabhängig vom zeitlichen Werden und Vergehen zu *existieren.*

Bei der Betrachtung dieser großartigen Megalithmonumente der ersten Bauern Westeuropas werden wir unwillkürlich an einen indonesischen Mythos erinnert: Am Anfang der Zeiten, als der Himmel noch ganz nah über der Erde war, beschenkte Gott das erste Menschenpaar mit seinen Gaben, indem er diese an einer Schnur herunterließ. Eines Tages sandte er ihnen einen Stein, aber die Ahnen wiesen ihn erstaunt und gekränkt zurück. Kurze Zeit später ließ Gott erneut die Schnur herab, diesmal aber mit einer Banane, die sofort akzeptiert wurde. Da vernahmen die Ahnen die Stimme des Schöpfers: Weil ihr die Banane gewählt habt, wird euer Leben dem Leben dieser Frucht gleichen. Hättet ihr aber den Stein gewählt, so wäre euer Leben wie das Sein dieses Steines gewesen, unveränderlich und unsterblich[4].

---

[3] Vgl. *M. Eliade*, Die Religionen und das Heilige, a.a.O. §§ 74f.
[4] *A. C. Kruijt*, zitiert von *J. G. Frazer*, The Belief in Immortality (1913) I, 74f. Wir haben diesen Mythos kommentiert in: Mythologies of Death in: Occultism, Witchcraft and Cultural Vogues, Kap. III.

Wie wir gesehen haben (§ 12) führte die Entdeckung des Ackerbaus zu einer grundlegenden Veränderung der Auffassung über das menschliche Leben: es erwies sich als ebenso gefährdet und vergänglich wie das pflanzliche Leben; andererseits aber hatte der Mensch auch teil am Lebenszyklus der Vegetation: Geburt, Leben, Tod, Wiedergeburt. Man könnte die Megalithmonumente als eine Antwort auf unseren indonesischen Mythos deuten: da das menschliche Leben dem Leben des Getreides gleicht, werden Kraft und Unvergänglichkeit *durch den Tod* erreichbar. Die Toten kehren in den Schoß der Mutter Erde zurück in der Hoffnung, daß das Los des Saatgutes auch das ihre sei; darüber hinaus sind sie aber auch den Steinblöcken mystisch verbunden und werden somit mächtig und unzerstörbar wie der Fels.

Tatsächlich scheint der megalithische Totenkult nicht nur die Gewißheit des Fortlebens der Seele einzuschließen, sondern auch und vor allem das Vertrauen auf die Macht der Ahnen, und die Hoffnung auf ihren Schutz und Beistand für die Lebenden. Dieses Vertrauen unterscheidet sich radikal von den Auffassungen anderer Völker des Altertums (Mesopotamier, Hethiter, Hebräer, Griechen usw.), für die die Toten nur arme, unglückliche und kraftlose Schatten waren. Mehr noch: während für die Megalithbauer von Irland bis Malta und bis zu den ägäischen Inseln die *rituelle Gemeinschaft mit den Ahnen* den Schlußstein ihres religiösen Gebäudes bildete, bestand in den protohistorischen Kulturen Mitteleuropas wie auch im antiken Vorderen Orient eine strenge *Scheidung zwischen Toten und Lebenden*.

Der megalithische Totenkult umfaßte neben verschiedenen Zeremonien (Prozessionen, Tänze, usw.) auch Opfergaben (Nahrung, Getränke usw.), Opferungen, die bei den Monumenten vollzogen wurden, sowie rituelle Mahlzeiten auf den Gräbern. Eine Anzahl von Menhiren wurde einzeln, ohne Zusammenhang mit den Gräbern aufgestellt. Sehr wahrscheinlich bildeten diese Steine eine Art „Stellvertreter des Leibes", in dem die Seelen der Verstorbenen Wohnung nahmen[5]. Ein *steinerner „Stellvertreter" war im Grunde nichts anderes als ein Leib für die Ewigkeit!* Gelegentlich finden sich auch mit Menschengestalten verzierte Menhire; sie sind, anders ausgedrückt, die „Wohnung", der „Leib" der Verstorbenen. Auch die auf die Wände der Dolmen gemalten stilisierten Gestalten und die kleinen Idole, die man in den Megalithgräbern Spaniens fand, stellten wahrscheinlich die Ahnen dar. In einigen Fällen läßt sich eine gleichgerichtete Glaubensvorstellung erkennen: die Seele des Ahnen kann von Zeit zu Zeit ihr Grab verlassen[6]. Die sog. „Seelenlöcher", d. h. durchlöcherte Steine, die manche

---

[5] *H. Kirchner*, Die Menhire in Mitteleuropa und der Menhirgedanke, a.a.O. 689 (= 90)ff.
[6] Einige Menhire der Bretagne, die vor den Dolmengalerien errichtet wurden, hat man durch die ägyptische Glaubensvorstellung erklärt, nach der die in Vögel verwandelten Seelen der Toten die Gräber verlassen und sich auf einer Säule in der Sonne niederlassen. „Dieser Glaube scheint im ganzen Mittelmeergebiet bis nach Westeuropa hin bestanden zu haben." (*Maringer*, Vorgeschichtliche Religion, a.a.O. 268). *C. Schuchhardt* hat die Obelisken auf dem Sarkophag von Hagia Triada

Megalithgräber verschließen, ermöglichen die Kommunikation mit den Lebenden.

Aber auch die sexuelle Bedeutung der Menhire gilt es zu berücksichtigen, denn diese ist allgemein und auf verschiedenen Kulturstufen bezeugt. Jeremia (2,27) spricht von denen, „die zum Holze sagen: ‚Mein Vater bist du‘, und zum Stein: ‚du hast mich geboren‘"[7]. Der Glaube an die befruchtende Kraft der Menhire war bei den europäischen Bauern noch Anfang dieses Jahrhunderts lebendig. In Frankreich praktizierten junge Frauen, um Kinder zu bekommen, das „Gleiten" (sie ließen sich einen Stein hinuntergleiten) und das „Reiben" (sie setzten sich auf einen Monolith oder rieben den Leib an einem bestimmten Felsen)[8].

Diese Zeugungsfunktion darf nicht erklärt werden mit einer eventuellen Phallussymbolik des Menhirs, auch wenn eine solche in einigen Kulturen bezeugt ist. Die erste und grundlegende Vorstellung war die „Verwandlung" der Ahnen in Stein, die entweder durch einen Menhir, als „Stellvertreter des Leibes" geschah, oder durch die Einfügung eines wesentlichen Teils des Toten (Skelett, Asche, „Seele") in den Bau selbst. In beiden Fällen „belebte" der Tote den Stein, er wohnte in einem neuen Leib, der mineralisch, also unvergänglich war. Menhir oder Megalithgrab waren also eine unerschöpfliche Quelle für Lebenskraft und Stärke. Durch ihre Projektion in die Strukturen der Grabsteine wurden die Toten zu Meistern der Fruchtbarkeit und des Wohlergehens. Es war ihnen – um zur Ausdrucksweise des indonesischen Mythos zurückzukehren – gelungen, sich sowohl den Stein als auch die Banane anzueignen.

35. Kultzentren und Megalithbauten

Einige Megalithkomplexe, wie jene von Carnac oder Ashdown in Berkshire (mit 800, in einem Parallelogramm von 250 m und 500 m Seitenlänge angeordneten Megalithen) waren zweifellos bedeutende Kultzentren. Die dort abgehaltenen Feste umfaßten Opferungen, und wahrscheinlich Tänze und Prozessionen. Auf der breiten Straße von Carnac konnten sich Tausende in Prozession bewegen. Wahrscheinlich stand die Mehrzahl der Feste in Zusammenhang mit dem Totenkult. Wie andere englische Henge-Denkmäler[9] liegt auch der Cromlech

---

(§ 41), auf denen Vögel sitzen, in gleichem Sinne gedeutet. Siehe dagegen die Kritik von *H. Kirchner*, a.a.O. 706 (= 98). In den Megalithkulturen Südostasiens dient der Menhir als „Sitz" für die Seelen (vgl. § 36).
[7] Dagegen verwendet sogar ein so nachdrücklich jahwistisches Werk wie das Deuteronomium noch die ontologische Steinmetapher, wenn es die absolute Wirklichkeit Gottes als alleinige Quelle der Schöpferkraft verkündet: „Den Felsen, der dich erzeugt, hast du darangegeben, und des Gottes, der dir das Leben gab, hast du vergessen!" (32,18.)
[8] Siehe einige Beispiele und die Bibliographie in: Die Religionen und das Heilige, a.a.O. § 77; außerdem *H. Kirchner*, a.a.O. 650 (= 42)ff.
[9] Zum Beispiel Woodhenge, Avebury, Arminghall und Arbor Low: *Maringer*, a.a.O. 279.

der Stonehenge inmitten von Grabhügelfeldern. Das berühmte Kultzentrum war, zumindest in seiner Urform[10], ein Heiligtum, das die Beziehungen zu den Ahnen gewährleisten sollte. Strukturell kann Stonehenge in Zusammenhang mit Megalithkomplexen gesehen werden, die in anderen Kulturen um einen heiligen Ort errichtet wurden: Tempel oder Städte. Hier stellen wir die gleiche Wertung des geheiligten Raums als „Mittelpunkt der Welt" fest, also als jenen bevorzugten Ort, an dem die Verbindung mit dem Himmel und der Unterwelt, d. h. mit den Göttern, den chthonischen Göttinnen und den Geistern der Toten zustande kommt.

In einigen Gegenden Frankreichs, auf der Iberischen Halbinsel und auch andernorts stieß man auf Spuren eines Kults, der eine Göttin als Schutzgottheit der Toten zum Mittelpunkt hat. Nirgends aber haben die Megalithbauten, der Totenkult und die Verehrung einer Großen Göttin so spektakulären Ausdruck gefunden wie auf Malta. Die Grabungen brachten nur wenige Häuser zutage; dagegen fand man bis jetzt siebzehn Tempel, und ihre Zahl wird noch weit höher geschätzt; dies rechtfertigt die Auffassung einiger Wissenschaftler, Malta sei in der Jungsteinzeit eine *isola sacra* gewesen[11]. Die weiträumigen elliptischen Terrassen, die sich vor oder zwischen den Heiligtümern erstreckten, dienten zweifellos Prozessionen oder rituellen Tänzen. Die Tempelwände sind im Halbrelief mit schönen Spiralen geschmückt, und man fand eine Anzahl von Steinskulpturen, die liegende Frauen darstellen. Die sensationellste Entdeckung aber war die überlebensgroße Statue einer sitzenden Frau – zweifelsohne einer Göttin.

Die Grabungsergebnisse lassen einen ausgeprägten Kultus erkennen, der Tier-, Speise- und Trankopfer, Inkubations- und Divinationsriten enthielt und auf das Vorhandensein einer bedeutenden und gut organisierten Priesterschaft verweist. Der Totenkult spielte wahrscheinlich die zentrale Rolle. In der beachtenswerten Nekropole von Hal Saflieni, die nun Hypogäum genannt wird und die mehrere, in den Felsen gehauene Säle umfaßt, hat man die Knochen von etwa 7000 Menschen ausgegraben. Hier im Hypogäum fand man die Statuen der ruhenden Frauen, die einen Inkubationsritus vermuten lassen. Wie in anderen Megalithdenkmälern sind auch hier die Wände der inneren Säle mit Skulpturen und Malereien verziert. Diese großen Räume dienten bestimmten religiösen Zeremonien, die Priestern oder Initiierten vorbehalten waren, denn sie waren durch modellierte Paravents abgetrennt[12].

Während das Hypogäum zugleich Nekropole und Kapelle war, fand man in den Tempeln keine Grabstätten. Die ovale Bauweise der Heiligtümer auf Malta scheint einmalig zu sein; die Archäologen beschreiben sie als „nierenförmig",

---

[10] Denn Stonehenge wurde nicht auf einmal erbaut. Wir wissen, daß die ursprüngliche Anlage mehrmals verändert wurde. Siehe C. *Renfrew*, Before Civilisation, a.a.O. 214ff.
[11] G. *Zuntz*, Persephone, a.a.O. 4, Anm. 1.
[12] *J. D. Evans*, Malta, a.a.O. 139; G. *Daniel – J. D. Evans*, The Western Mediterranean, a.a.O. 20.

nach G. Zuntz dagegen erinnert diese Struktur vielmehr an eine Gebärmutter. Da die Tempel überdacht und die Säle fensterlos und sehr dunkel waren, bedeutete der Eintritt in eines dieser Heiligtümer ein Eindringen in das „Innere der Erde", d. h. in den Schoß der chthonischen Göttin. Aber auch die in den Fels gehauenen Gräber haben die Form einer Gebärmutter. Der Tote wird also gewissermaßen zu neuem Leben in den Schoß der Erde zurückgelegt. „Die Tempel stellen in größerem Maßstab das gleiche Modell dar. Die Lebenden, die das Heiligtum betreten, dringen in den Leib der Göttin ein." Tatsächlich, so schließt G. Zuntz, sind diese Bauten Schauplatz „eines Mysterienkults im strengen Sinn des Wortes"[13].

Hinzuzufügen wäre, daß sich auf den Wänden der Dolmen und Menhire Spaniens und Westeuropas auch andere magisch-religiöse Zeichen und Symbole finden, wie etwa das Bild einer strahlenden Sonne, das Zeichen der (dem Wettergott spezifischen) Axt, die Schlange, als Lebenssymbol vergesellschaftet mit Ahnengestalten, der Hirsch usw. Zwar wurden diese Darstellungen in verschiedenen Gegenden gefunden und sind Kulturen aus verschiedener Zeit zuzuordnen; doch besteht ihre Gemeinsamkeit darin, daß sie dem gleichen megalithischen Komplex zugehören. Die Erklärung dafür kann entweder in der Vielfalt der religiösen Vorstellungen bei den je verschiedenen „Megalith"-Völkern liegen oder aber in der Tatsache, daß der Ahnenkult, trotz seiner großen Bedeutung, mit anderen religiösen Komplexen verbunden war.

36. Das „Rätsel der Megalithe"

Noch vor einem Jahrzehnt erklärten die Archäologen die Megalithkulturen durch den Einfluß von Siedlern aus dem östlichen Mittelmeerraum, einem Gebiet, in dem tatsächlich schon für das 3. Jahrtausend Gemeinschaftsgräber bezeugt sind[14]. Mit zunehmender Ausdehnung nach Westen habe sich der Dolmenbau (Grabkammern) zu einer kyklopischen Architektur gewandelt. Nach G. Daniel fand diese Umwandlung auf Malta, auf der Iberischen Halbinsel und in Südfrankreich statt. Derselbe Autor vergleicht die Verbreitung der Megalitharchitektur mit der griechischen und phönizischen Kolonisation im Mittelmeerraum oder der Ausdehnung des Islam nach Spanien. „Es war eine kraftvolle Religion ägäischer Inspiration, die sie zur Errichtung ihrer Gräber (oder Grabtempel?) mit solchem Arbeitsaufwand sowie zur Bewahrung des Bildes ihrer Schutz- und Totengöttin zwang. Die Gestalt der Göttin, das Beil, die Hörner und andere Symbole führen uns vom Pariser Becken, von Gavrinnes, und An-

---

[13] G. Zuntz, Persephone, a.a.O. 8, 25.
[14] Die Gemeinschaftsgräber von Minos waren entweder natürliche Höhlen oder kreisförmige, allgemein *tholoi* genannte Umgrenzungen; vgl. G. Daniel, The Megalithic Builders of Western Europe (²1962) 129.

ghelu Rumu auf Kreta in die Ägäis und sogar nach Troja. Es steht außer Zweifel, daß die Megalithbauer auf ihrem Weg über ganz Westeuropa von einem starken Glauben, dessen Ursprung im östlichen Mittelmeerraum liegt, geprägt und inspiriert wurden."[15] Aber die Religion war nicht die erste Ursache für ihre Wanderungen, sie war nur „der Trost in ihrem Exil im äußersten Westen und Norden Europas". Die Emigranten waren auf der Suche nach neuen Ländern, in denen sie leben, und Erze für ihren Handel finden konnten[16].

In seinem letzten Buch spricht G. Childe von einer durch mediterrane Erzschürfer und Siedler verbreiteten „Megalithreligion". Sobald sich der Gedanke, Megalithgräber zu errichten, einmal durchgesetzt hatte, wurde er von verschiedenen Völkern übernommen, ohne jedoch deren spezifische Strukturen zu beeinflussen. Die einzelnen Gräber gehörten wahrscheinlich Adeligen oder Stammesoberhäuptern und wurden von ihren jeweiligen Gefährten errichtet. „Ein Megalithgrab muß eher mit einer Kirche, denn mit einem Schloß verglichen werden und die darin Ruhenden eher mit keltischen Heiligen als mit normannischen Baronen."[17] Die Missionare der Megalith-Kulte, vorzüglich der Religion der Göttlichen Mutter, lockten zahlreiche Bauern in die Nähe ihrer Niederlassungen. Tatsächlich liegen die Dolmen und die Chromlechs in den Gebieten, welche im Neolithikum für den Ackerbau am geeignetsten waren[18].

Analoge Deutungen des Megalithkomplexes gaben andere bedeutende Vorgeschichtsforscher[19]. Doch wurde diesen Erklärungen durch die Entdeckung der Datierung vermittels der Radiokarbonmethode und der Dendrochronologie[20] die Grundlage entzogen. Nun konnte man beweisen, daß die Megalithgräber (Grabkammern) der Bretagne schon vor 4000 v. Chr. gebaut wurden und daß man in England und Dänemark bereits vor dem Jahr 3000 Steingräber errichtete[21]. Die gigantische Anlage von Stonehenge war in die Zeit der Wessex-

---

[15] G. Daniel, a.a.O. 136.
[16] G. Daniel, ebd. 136f.
[17] G. Childe, The Prehistory of European Society, a.a.O. 126ff. Der Autor bringt die Megalithgräber in Zusammenhang mit den kleinen Kapellen, die von gallischen und irischen Heiligen in den gleichen Gegenden der britischen Inseln errichtet wurden (ebd. 128).
[18] Ebd. 129.
[19] S. Piggott sieht den Ursprung der Megalithbauten im östlichen Mittelmeerraum, und vergleicht sie mit christlichen Kirchen oder mit Moscheen; vgl. ders., Ancient Europe, a.a.O. 60. Nach Ansicht G. Clarks wurde der mit dem Kult der Muttergöttin verbundene ägäische Ritus der Gemeinschaftsgräber durch Erzschürfer und Minenarbeiter auch im Westen verbreitet; vgl. ders., World Prehistory, a.a.O. 138f.
[20] Englisch: „tree-ring calibration of radiocarbon"; siehe die übersichtliche Darstellung bei C. Renfrew, Before Civilisation, a.a.O. 48–83. Bekanntlich haben die beiden „Revolutionen" – „Karbon 14", und die Dendrochronologie – die Chronologie der europäischen Vorgeschichte völlig verändert.
[21] In Ägypten wurden die ersten Steinpyramiden um 2700 errichtet. Zwar hatten diese Pyramiden Vorläufer aus Ziegel, doch das ändert nichts an der Tatsache, daß in Ägypten aus der Zeit vor 3000 kein Steinbau bekannt ist, der den Megalithen Westeuropas vergleichbar wäre; siehe C. Renfrew, a.a.O. 123.

kultur eingestuft worden, die ihrerseits von der mykenischen Kultur abhängt. Die auf der Grundlage der neueren Methoden erstellten Analysen dagegen ergaben, daß Stonehenge schon vor Mykene fertiggestellt war; die letzte Veränderung (Stonehenge III) datiert aus der Zeit zwischen 2100 und 1900[22]. Auch auf Malta war die durch die Tempel von Tarxien und die Nekropole von Hal Saflieni vertretene Epoche schon vor 2000 abgeschlossen; einige der charakteristischen Züge dieser Bauweise können also nicht durch den Einfluß des minoischen Bronzezeitalters erklärt werden[23]. Daraus folgt, daß *der europäische Megalithkomplex dem ägäischen Beitrag vorausgeht*. Wir stehen hier vor einer Reihe selbständiger und erstmaliger Schöpfungen.

Doch haben die chronologische Neubestimmung und der Aufweis der Ursprünglichkeit der westlichen Volksgruppen die Deutung der Megalithbauten nicht weitergebracht. Über Stonehenge wurde schon sehr viel diskutiert, die religiöse Funktion und Symbolik dieses Monuments aber bleibt trotz einiger beachtenswerter Beiträge[24] nach wie vor umstritten. Außerdem haben abenteuerliche Hypothesen (beispielsweise jene von Sir G. E. Smith, der alle Megalithbauten von einer einzigen Quelle, dem pharaonischen Ägypten, herleitete) dazu geführt, daß die Forscher nun nicht mehr den Mut haben, das Problem als ganzes anzugehen. Diese Zurückhaltung aber ist bedauerlich, ist doch der „Megalithismus" ein exemplarisches und wahrscheinlich einmaliges Studienobjekt. Hier könnte eine vergleichende Untersuchung zeigen, wie stark die Analyse der zahlreichen noch im 19. Jahrhundert lebendigen Megalithkulturen zum Verständnis der religiösen Auffassungen der Erbauer jener vorgeschichtlichen Monumente beitragen kann.

37. Ethnographie und Vorgeschichte

Megalithe prä- und protohistorischen Ursprungs sind nicht nur im Mittelmeerraum, in West- und Nordeuropa anzutreffen, sondern auch in so weiter räumlicher Entfernung wie in Maghreb, Palästina, Abessinien, Dekkan, Assam, Ceylon, Tibet und Korea. Von den noch zu Beginn des 20. Jahrhunderts lebendigen Megalithkulturen sind die bedeutendsten in Indonesien und Melanesien bezeugt. R. Heine-Geldern, der der Untersuchung dieses Problems einen Teil seines Lebens gewidmet hat, vertrat die Auffassung, daß die beiden Gruppen der Megalithkulturen – die vorgeschichtliche und die ethnographische – historisch

---

[22] Siehe die Dokumentation bei *C. Renfrew*, a.a.O. 214ff.
[23] *C. Renfrew*, a.a.O. 152. Siehe auch *G. Daniel – J.D. Evans*, The Western Mediterranean, a.a.O. 21. *G. Zuntz* dagegen denkt an ägyptischen oder sumerischen Einfluß; vgl. *ders.*, Persephone, a.a.O. 10ff.
[24] Da die tektonische Struktur der Stonehenge auch die Funktion eines Himmelsobservatoriums mit einzuschließen scheint, hingen die Hauptfeste wahrscheinlich, wie bei den Hopi und den Cherokee, mit dem Wechsel der Jahreszeiten zusammen; vgl. *C. Renfrew*, a.a.O. 239ff.

miteinander übereinstimmen; denn nach seiner Auffassung verbreitete sich der Megalithkomplex von einem einzigen, wahrscheinlich im östlichen Mittelmeerraum gelegenen Punkt aus.

Wir werden auf die Hypothese von R. Heine-Geldern noch zurückkommen. Im Augenblick interessieren uns nur seine Schlüsse hinsichtlich der spezifischen Glaubensvorstellungen der lebenden Megalithgesellschaften. Die Megalithe stehen in Zusammenhang mit bestimmten Vorstellungen über das Leben nach dem Tode. Sie werden zumeist im Verlauf von Zeremonien errichtet, die die Seele auf ihrer Reise ins Jenseits beschützen sollen. Sie sichern aber auch den Lebenden, die sie errichten, bzw. jenen, denen sie nach ihrem Tod errichtet werden, ein ewiges Fortleben nach dem Tode. Außerdem sind die Megalithe das Bindeglied schlechthin zwischen Lebenden und Toten; sie gelten als Träger der magischen Fähigkeiten ihrer Erbauer oder jener Toten, für die sie errichtet wurden, und gewährleisten so die Fruchtbarkeit von Mensch, Vieh und Ernte. In allen noch bestehenden Megalithkulturen spielt der Ahnenkult eine bedeutende Rolle[25].

Die Bauten dienen den Seelen der Toten bei ihren Besuchen im Dorf als Sitz, aber sie werden auch von den Lebenden benutzt. Der Platz, auf dem die Megalithe stehen, ist zugleich Kultstätte (feierliche Tänze, Opfer usw.) und Mittelpunkt des gesellschaftlichen Lebens. Im megalithischen Totenkult spielen Genealogien eine große Rolle. Nach R. Heine-Geldern ist es wahrscheinlich, daß man die Genealogien der Ahnen, d. h. der Begründer der Dörfer und bestimmter Familien, feierlich rezitierte. Folgendes ist von Bedeutung: *Der Mensch hofft, sein Name werde mit Hilfe des Steines in Erinnerung bleiben.* Anders ausgedrückt, die Verbindung mit den Ahnen wird durch das Gedächtnis ihrer Namen und Taten gewährleistet, ein Gedächtnis, das in den Megalithen „erstarrt" ist.

Wie bereits erwähnt, betont R. Heine-Geldern die Kontinuität der Megalithkulturen vom 5. Jahrtausend bis zu den „primitiven" Gesellschaften unserer Zeit. Die panägyptische Hypothese von G. E. Smith und J. W. Perry dagegen verwirft er. Außerdem verneint er auch die Existenz einer „Megalithreligion" aus dem einfachen Grund, weil „megalithische" Glaubensvorstellungen und Konzeptionen im Zusammenhang mit einer Anzahl elementarer wie auch höherer Glaubensformen bezeugt sind. Der österreichische Gelehrte vergleicht den Megalithkomplex mit bestimmten „mystischen" Bewegungen, wie etwa dem Tantrismus, der unterschiedslos hinduistisch wie auch buddhistisch sein kann. Er verneint auch die Existenz eines „kulturellen Megalithkreises" der sich nach Auffassung einiger Autoren durch spezifische Mythen und charakteristische soziale oder wirtschaftliche Institutionen manifestiere. Denn megalithische Ideen und Praktiken sind bei Völkern belegt, die eine große Vielfalt an Gesellschafts-

---

[25] *R. Heine-Geldern,* Prehistoric Research in the Netherlands Indies, a. a. O. 149; *ders.,* Das Megalithproblem, a. a. O. 167 ff.

formen, wirtschaftlichen Strukturen und kulturellen Institutionen entwickelt haben[26].

Die von R. Heine-Geldern erarbeitete Analyse des Megalithkomplexes ist auch heute noch gültig. Doch werden seine Hypothesen über die Einheit der archäologischen und zeitgenössischen Megalithkulturen heute von sehr vielen Forschern angefochten oder einfach ignoriert. Das Problem der „Kontinuität" des Megalithkomplexes ist groß und muß offenbleiben. Denn es handelt sich, wie es jüngst ein Autor ausdrückte, um „das größte Rätsel der Vorgeschichte". Jedenfalls kann man, welcher Hypothese – Kontinuität oder Konvergenz – man auch immer den Vorzug gibt, nicht von einer einzigen Megalithkultur sprechen. Für uns ist die Feststellung von Bedeutung, daß in den Megalithreligionen die Sakralität des Steines vor allem im Zusammenhang mit dem postmortalen Leben ihren Wert erhält. Man ist bemüht, vermittels der den Steinen spezifischen Erscheinungsform eine besondere Seinsweise nach dem Tod zu „begründen". In den westeuropäischen Megalithkulturen ist die von den Felsen ausgehende Faszination evident; aber es handelt sich um eine Faszination, die von dem Verlangen geweckt wird, die Gemeinschaftsgräber in augenfällige und unzerstörbare Monumente umzugestalten. Durch die Megalithbauten besitzen die Toten eine außergewöhnliche Macht; da aber die Kommunikation mit den Ahnen rituell gewährleistet ist, können auch die Lebenden an dieser Macht teilhaben. Daneben bestehen natürlich auch noch andere Formen des Ahnenkults. Was aber die Megalithreligionen charakterisiert, ist die Tatsache, daß die Idee der *Unvergänglichkeit* und der *Kontinuität von Leben und Tod* Gestalt annimmt in der *Verherrlichung der mit Steinen identifizierten oder verbundenen Ahnen*. Allerdings gelang die volle Verwirklichung und der vollkommene Ausdruck dieser religiösen Ideen nur in einigen besonderen Schöpfungen ihrer Zeit.

38. Die ersten Städte Indiens

Die neueren Untersuchungen über die Vorgeschichte der indischen Kultur haben Perspektiven eröffnet, die vor einigen Jahrzehnten noch unvorstellbar waren. Sie haben aber auch Probleme aufgeworfen, die noch keine zufriedenstellende Lösung gefunden haben. Die Ausgrabung der beiden Festungsstädte Harappa und Mohenjo-daro hat eine hochentwickelte Stadtkultur freigelegt, die zugleich kaufmännisch und „theokratisch" war. Die Chronologie ist noch umstritten, doch scheint festzustehen, daß die Induskultur um 2500 bereits am Endpunkt ihrer Entwicklung angelangt war. Was die Leiter der ersten Ausgrabungen überraschte, war die Einförmigkeit und Stagnation dieser Kultur. Keinerlei Änderung, keinerlei Neuerung waren in der tausendjährigen Geschichte der harappischen Kultur festzustellen. Die beiden Festungsstädte waren wahr-

---

[26] Vgl. *R. Heine-Geldern*, Das Megalithproblem, a.a.O. 164ff.

scheinlich die Hauptstädte des „Reiches". Die Einförmigkeit und Kontinuität dieser Kultur läßt sich nur aus einer Herrschaftsweise erklären, die auf eine religiöse Autorität gegründet war[27].

Wir wissen heute, daß sich diese Kultur weit über das Industal hinaus erstreckte und daß sie überall die gleiche Gestalt hatte. Die harappische Technologie wurde von G. Childe auf gleicher Ebene mit jener Ägyptens und Mesopotamiens eingestuft. Jedoch fehlt den meisten ihrer Erzeugnisse die Phantasie, „was zu der Vermutung Anlaß gibt, daß die Leute von Harappa sich nicht auf die Dinge dieser Welt konzentrierten"[28].

Der Ursprung dieser ersten, in Indien entwickelten Stadtkultur wird übereinstimmend in Belutschistan vermutet. Nach W. A. Fairservis sind die Ahnen der Harappier Nachkommen vorarischer Bauern aus dem Iran. Über einige Phasen der vorharappischen Kultur wissen wir nun dank der Grabungen in Süd-Belutschistan schon besser Bescheid. Bemerkenswerterweise wurden die ersten bedeutenden Siedlungen im Umkreis von Bauten errichtet, die zeremonielle Funktion hatten. In dem bedeutenden archäologischen Komplex, der in der Gegend des Porali-Flusses ausgegraben und unter dem Namen „Edith Shabr Komplex" bekannt wurde, konnten ein sieben bis zwölf Meter hoher Hügel und zahlreiche, von Mauern umgebene Bauten freigelegt werden. Oben war das Ganze in Form einer Zikkurrat aufgeschichtet; mehrere Treppen führten zu einer Plattform hinauf. Die Steinbauten scheinen wenig und nur sporadisch bewohnt gewesen zu sein, woraus sich die zeremonielle Funktion des ganzen Baus erschließen läßt. Die zweite Phase (Phase B) desselben Komplexes weist große kreisförmige Steinformationen, mehr als hundert Gebäude in einer Größenordnung von drei bis acht Metern, sowie „Avenuen" aus weißen Felsen auf. Auch diese Bauten scheinen ausschließlich religiösen Zwecken gedient zu haben[29].

W. A. Fairservis bringt diese heiligen Stätten und ganz allgemein die im Quettatal ausgegrabenen Bauten (vorharappische Phasen von Sind und Belutschistan) mit Mohenjo-daro und Harappa in Verbindung, von denen er annimmt, daß sie ursprünglich für Kultfeierlichkeiten erbaut wurden. Diese Hypothese ist noch umstritten, auch wenn die religiöse Funktion der „Festung" – einer Plattform mit charakteristischen und in beiden Städten übereinstimmenden Bauten – nicht bezweifelt wird. Für uns ist diese Kontroverse belanglos. Denn einerseits steht der kultische „Ursprung" der vorharappischen Siedlungen (also der ersten „Städte"!) außer Zweifel, und andererseits sind sich die Wissenschaftler heute darüber einig, daß es sich bei den ältesten Stadtzentren um zeremonielle Komplexe handelte. P. Wheatley hat die religiöse Intention und Funktion der ersten Städte in China, Mesopotamien, Ägypten, Mittelamerika usw. überzeugend be-

---

[27] Vgl. *M. Eliade*, Yoga, a. a. O. 361.
[28] *B.* und *R. Allchin*, The Birth of Indian Civilization, a. a. O. 136.
[29] *W. A. Fairservis*, The Roots of Ancient India, a. a. O. 195 ff, 362 ff. Über die Zusammenhänge zwischen dieser Phase der vorharappischen Kultur und den Megalithen Südindiens siehe ebd. 375 ff.

wiesen[30]. Die ältesten Städte wurden im Umkreis von Heiligtümern erbaut, d. h. in der Nähe einer heiligen Stätte, eines „Weltmittelpunktes", an dem man die Kommunikation zwischen Erde, Himmel und Unterwelt für möglich hielt[31]. Wenn der Aufweis gelänge, daß sich die beiden Hauptstädte des Indusgebiets eindeutig von ihren vorharappischen Prototypen (und anderen alten Städten) unterscheiden, dann könnte man Harappa und Mohenjo-daro als die ersten Beispiele der Säkularisierung eines Stadtgebildes – also eines modernen Phänomens – bezeichnen.

Für uns ist zunächst die morphologische Vielgestaltigkeit des sakralen Raums und des Kultzentrums von Bedeutung. In den Megalithkulturen des Mittelmeerraums und Westeuropas war das dem Totenkult gewidmete Kultzentrum durch Menhire und Dolmen und nur selten durch Heiligtümer geweiht. Was die Siedlungen betrifft, so gingen sie nie über die Größenordnung eines Dorfes hinaus[32]. Die eigentlichen Megalith-„Städte" wurden, wie wir sahen, für die Toten erbaut: sie waren Nekropolen.

39. Protohistorische religiöse Auffassungen und ihre Parallelen im Hinduismus

Die harappische Religion, d. h. die der ersten Stadtkulturen Indiens, ist auch aus einem anderen Grund, nämlich vor allem wegen ihrer Zusammenhänge mit dem Hinduismus von Bedeutung. Das religiöse Leben von Mohenjo-daro und Harappa ist uns, zumindest in groben Umrissen, zugänglich, auch wenn bestimmte Autoren mit Skepsis darüber urteilen. So verweisen beispielsweise die vielen Figurinen und Siegelbilder auf einen Kult der Muttergöttin. Außerdem stellt, wie schon Sir J. Marshall erkannt hatte, eine in „Yoga"-Position sitzende und von Tieren umgebene ithyphallische Figur einen Hochgott, wahrscheinlich einen Prototyp Sivas dar[33]. W. A. Fairservis lenkte die Aufmerksamkeit auf die große Anzahl von Anbetungs- und Opferszenen auf den Siegeln. Die bedeutendste zeigt eine auf einer Plattform sitzende (oder tanzende?) Gestalt, die sich zwischen zwei knienden Bittstellern befindet, deren jeder von einer Kobra begleitet ist. Andere Siegel zeigen eine Gestalt, die, wie Gilgamesch, zwei Tiger in Bewegungslosigkeit versetzt; oder auch einen gehörnten Gott mit den Beinen und dem Schwanz eines Stieres, der an den mesopotamischen Enkidu erinnert. Schließlich finden wir auf den Siegeln verschiedene Baumgeister, denen Opfer dargebracht werden, sowie Prozessionen „Flaggen"-tragender Personen

---

[30] P. Wheatley, The Pivot of the Four Quarters, a.a.O. insbes. 20ff, 107ff, 225ff.
[31] M. Eliade, Kosmos und Geschichte, a.a.O. Kap. 1; ders., Centre du Monde, Temple, Maison, a.a.O.
[32] Die ersten Städte dieser Gebiete waren ebenfalls „heilige Städte", d.h. „Weltmittelpunkte"; vgl. W. Müller, Die heilige Stadt, a.a.O. passim.
[33] Sir J. Marshall, Mohenjo-Daro I, a.a.O. 52; vgl. M. Eliade, Yoga, a.a.O. 363. Außerdem wurden in den Städten Steine in Lingam-Form gefunden; vgl. B. und R. Allchin, a.a.O. 312.

usw.[34]. In den Szenen auf einigen der in Harappa ausgegrabenen Urnen glaubte Vats die Seelen der Toten zu erkennen, die sich gerade anschicken, einen Fluß zu überqueren[35].

Seit Sir J. Marshall haben die Wissenschaftler den „hinduistischen" Charakter der harappischen Religion betont. Neben den bereits erwähnten Beispielen – die Große Göttin, ein Proto-Siva in „Yoga"-Position, die rituelle Bedeutung von Bäumen, Schlangen und des *Lingam* – wären noch anzuführen das „große Bad" von Mohenjo-daro, das an die „Bäder" der heutigen Hindutempel erinnert, der *Pipal*-Baum, die Verwendung des Turbans (der in den vedischen Texten unbekannt und erst nach der Zeit der *Brâhmanas* bezeugt ist), der Nasenschmuck, der Elfenbeinkamm usw.[36]. Der historische Prozeß, der die Übertragung eines Teils des harappischen Erbes und seine Absorption im Hinduismus ermöglichte, ist noch unzureichend bekannt. Noch diskutieren die Forscher über die Ursachen des Verfalls und des endgültigen Niedergangs der beiden Hauptstädte. Man hat u. a. katastrophale Überschwemmungen des Indus, Folgen der Trockenheit und seismische Bewegungen[37], schließlich auch Angriffe der arischen Eroberer dafür verantwortlich gemacht. Jedenfalls lag um 1750 die Kultur des Indusgebietes bereits in ihren letzten Zügen, und die Indo-Arier haben ihr nur noch den Gnadenstoß versetzt (vgl. § 64). Wir müssen allerdings darauf hinweisen, daß einerseits die Invasion der arischen Stämme nur ganz allmählich, über mehrere Jahrhunderte hinweg stattfand, und andererseits im Süden, in der einst unter dem Namen Saurashtra bekannten Region eine vom harappischen Kerngebiet herrührende Kultur sich auch noch nach dem arischen Vorstoß weiterentwickelt hat[38].

Vor zwanzig Jahren schrieb ich über die Zerstörung der Induskultur: „Der Zusammenbruch einer Stadtkultur bedeutet nicht einfach ihre Auslöschung, sondern einen Rückzug in ländliche, verpuppte, ‚populäre' Formen. (In Europa ist dieses Phänomen während den großen Barbareninvasionen oft genug bezeugt.) Doch schon ziemlich früh brachte die ‚Arisierung' des Pandschab die große Synthesebewegung in Gang, die eines Tages zum Hinduismus wurde. Die bedeutende Zahl ‚harappischer' Elemente im Hinduismus ist nicht anders zu erklären als aus einem recht früh anhebenden Kontakt zwischen den indogermanischen Eroberern und den Vertretern der Induskultur. Und zwar waren das nicht unbedingt die Urheber der Induskultur oder ihre direkten Nachkommen; es können auch die Empfänger von Ausstrahlungen bestimmter Formen

---

[34] W. A. *Fairservis*, a.a.O. 274f.
[35] B. und R. *Allchin*, a.a.O. 314 und Abb. 75.
[36] Vgl. M. *Eliade*, Yoga, a.a.O. 364; S. *Piggott*, Prehistoric India, a.a.O. 258ff; B. und R. *Allchin*, a.a.O. 310ff; Sir M. *Wheeler*, The Indus Civilization, a.a.O. 135.
[37] Diese Hypothesen werden diskutiert bei M. *Wheeler*, a.a.O. 127ff; B. und R. *Allchin*, a.a.O. 143ff; W. A. *Fairservis*, a.a.O. 302ff.
[38] Sir M. *Wheeler*, a.a.O. 133ff; B. und R. *Allchin*, a.a.O. 179ff; W. A. *Fairservis*, a.a.O. 293, 295.

harappischer Kultur gewesen sein, die diese Formen in entlegenen, von den ersten Wellen der Arisierung unberührten Gegenden bewahrt hatten. Das wäre eine Erklärung für den folgenden, scheinbar befremdlichen Umstand: der Kult der Großen Göttin und der Sivakult, Phallismus und Baumverehrung, Asketismus und Yoga, usw. erscheinen in Indien zuerst als religiöser Ausdruck einer hochentwickelten Stadtkultur, nämlich der Induskultur, während dieselben Erscheinungen im mittelalterlichen und modernen Indien zumeist gerade für ‚Populär'-Kulturen charakteristisch sind. Sicher bestand seit der harappischen Epoche eine Synthese zwischen der Spiritualität der australoiden Ureinwohner und der der ‚Herren', der Urheber der Stadtkultur. Doch vermutlich hat sich nicht allein diese Synthese erhalten, sondern auch der charakteristische, fast exklusive Beitrag der ‚Herren' (der vor allem in ihren theokratischen Vorstellungen bestand); anders ließe sich die große Bedeutung nicht erklären, die die Brahmanen nach der vedischen Zeit gewinnen. Sehr wahrscheinlich haben sich alle diese religiösen Konzeptionen der Harappier, die so stark mit denen der Indogermanen kontrastieren, mit den unvermeidlichen Rückschritten in den ‚Populär-Schichten, am Rand der Gesellschaft und der Kultur der neuen arischsprechenden Herren erhalten. Von hier aber stiegen sie zur Zeit der späteren, zur Bildung des Hinduismus führenden Synthesen in immer neuen Wellen empor."[39]

Seit 1954 wurden weitere Beweise für die Kontinuität erbracht[40]. Mehr noch: ähnliche Vorgänge wurden auch andernorts belegt, so vor allem auf Kreta, in der Ägäis und auf dem griechischen Festland. Tatsächlich sind die hellenistische Kultur und Religion das Ergebnis einer Symbiose zwischen mittelmeerländischem Substrat und von Norden eindringenden indoeuropäischen Eroberern. Wie in Indien sind uns auch hier die religiösen Ideen und Glaubensvorstellungen der Urbevölkerung vor allem über *archäologische* Zeugnisse zugänglich, während die ältesten *Texte*, insbesondere Homer und Hesiod, zum Teil die Traditionen der arischsprachigen Eroberer widerspiegeln. Homer und Hesiod repräsentieren, genau gesagt, schon die ersten Phasen der helladischen Synthese.

40. Kreta: heilige Grotten, Labyrinthe, Göttinnen

Auf Kreta fand die seit dem 5. Jahrtausend bezeugte neolithische Kultur um die Mitte des 3. Jahrtausends mit der Kolonisation durch Einwanderer aus dem Süden und Osten ihr Ende. Die Neuankömmlinge beherrschten die Technik

---

[39] *M. Eliade*, Yoga, a.a.O. 366.
[40] Vgl. die Werke von *M. Wheeler, B.* und *R. Allchin* und *W. A. Fairservis.* Siehe auch *M. Cappieri*, Ist die Indus-Kultur und ihre Bevölkerung wirlich verschwunden?, a.a.O.; *W. Koppers*, Zentralindische Fruchtbarkeitsriten und ihre Beziehungen zur Induskultur, a.a.O.; *J. Häkel*, ‚Adonisgärtchen' und Zeremonialwesen der Rathwa in Gujerat (Zentralindien), Vergleich und Problematik., a.a.O.

der Verhüttung von Kupfer und Bronze. Sir A. Evans nannte ihre Kultur nach dem legendären König Minos „minoisch" und gliederte sie in drei Perioden[41]: frühminoisch (um das Ende des 3. Jahrtausends); mittelminoisch (ab der Errichtung der Paläste von Knossos und Mallia, um 2000–1580); spätminoisch (um 1580–1150). Während der mittelminoischen Zeit verwendeten die Kreter eine Hieroglyphenschrift, auf die um 1700 eine lineare Schrift folgte (Linear A); diese beiden Schriften sind noch nicht entziffert. In dieser Zeit (zwischen 2000 und 1900) drangen die ersten Griechen, die Minyer, in das kontinentale Griechenland ein. Sie waren die Vorhut jener indoeuropäischen Gruppen, die sich in aufeinanderfolgenden Wellen in Hellas, auf den Inseln und an der Küste Kleinasiens niederließen. Die erste Phase der spätminoischen Zeit (um 1580–1450) ist die Blütezeit der minoischen Kultur. In dieser Epoche erbauten die arischsprechenden Eindringlinge auf dem Peloponnes Mykene und unterhielten Beziehungen zu Kreta. Kurze Zeit später (1450–1400) ließen sich die Mykener (oder Achäer) in Knossos nieder und führten die sog. Linear-B-Schrift ein. Die letzte Phase der spätminoischen Zeit, auch mykenische Periode genannt (1400–1150), findet mit der Invasion der Dorer (um 1150) und der endgültigen Zerstörung der kretischen Kultur ihr Ende.

Bis zur Entzifferung der Linear B durch M. Ventris im Jahr 1952 war die minoische Kultur und Religion ausschließlich durch archäologische Grabungen dokumentiert. Diese Zeugnisse sind nach wie vor die bedeutendsten. Die ersten Beweise religiös intendierter Handlungen wurden in den Grotten entdeckt. Auf Kreta wie im gesamten Mittelmeerraum, dienten die Höhlen lange Zeit als Wohnstätten, aber sie wurden auch, und zwar vor allem seit dem Neolithikum, als Begräbnisstätten verwendet (dieser Brauch bestand bis in die Neuzeit). Viele Grotten aber waren verschiedenen einheimischen Gottheiten geweiht. Einige mit diesen zauberkräftigen Höhlen verbundene Mythen und Legenden wurden später der religiösen Tradition der Griechen integriert. So war beispielsweise eine der berühmtesten, die Grotte von Amnissos bei Knossos, der vorhellenischen Geburtsgöttin Eileithyia geweiht. Eine andere, auf dem Berg Dikte gelegene Grotte[42] war berühmt, weil in ihr das Kind Zeus Zuflucht gefunden hatte: hier wurde der spätere Herr des Olymp geboren, und der Lärm, den die Kureten durch das Rütteln ihrer Schilde erzeugten, übertönte die Schreie des Neugeborenen. Der bewaffnete Tanz der Kureten war wahrscheinlich eine Initiationszeremonie, die von den Jungmännerbünden vollzogen wurde (vgl. § 83). Denn bestimmte Höhlen dienten den Männerbünden für ihre Geheimriten; so etwa die Grotte von Ida, in der sich die Daktylen, die mythologische Personifikation einer Schmiedezunft, versammelten.

---

[41] Über diese Perioden siehe *R. W. Hutchinson*, Prehistoric Crete, a.a.O. 137–198, 267–316; *R. F. Willetts*, Cretan Cults and Festivals, a.a.O. 8–37.
[42] Über die heiligen Höhlen siehe *M. P. Nilsson*, The Minoan Mycenaean Religion, a.a.O. 53ff; *Ch. Picard*, Les religions préhelléniques, a.a.O. 58ff, 130f; *R. F. Willetts*, a.a.O. 141ff.

Bekanntlich haben die Höhlen schon im Paläolithikum eine religiöse Rolle gespielt. Das Labyrinth greift diese Rolle wieder auf und erweitert sie: das Eindringen in eine Höhle oder ein Labyrinth war gleichbedeutend mit dem Abstieg in die Unterwelt, d. h. mit einem initiatorischen rituellen Tod. Die Mythologie des berühmten Labyrinths des Minos ist dunkel und fragmentarisch; aber ihre dramatischsten Episoden beziehen sich auf eine Initiation. Die ursprüngliche Bedeutung dieses mythisch-religiösen Schauspiels war wahrscheinlich schon lange vor den ersten schriftlichen Zeugnissen vergessen. Die Theseussage, insbesondere sein Eindringen in das Labyrinth und sein siegreicher Kampf gegen den Minotauros, wird uns später noch beschäftigen (vgl. § 94). Aber schon hier sei auf die rituelle Funktion des Labyrinths als Initiationsprüfung hingewiesen.

Die Ausgrabungen in Knossos haben keinerlei Spur des fabulösen Werkes des Dädalus erbracht. Und doch ist das Labyrinth auf klassischen Münzen auf Kreta abgebildet; auch im Zusammenhang mit anderen Städten ist die Rede von Labyrinthen. Etymologisch wurde das Wort erklärt als „Haus der Doppelaxt" *(labrys)*, d. h. also als Bezeichnung des königlichen Palasts von Knossos. Das achäische Wort für Axt aber war *pelekys* (vgl. das mesopotamische *pilakku*). Wahrscheinlicher ist, daß das Wort aus dem asianischen *labra/laura*, „Stein", „Grotte" herrührt. Das Labyrinth bezeichnete also einen unterirdischen, von Menschenhand ausgeschlagenen Steinbruch. So heißt die Höhle von Ampelouzos bei Gortis auch heute noch „Labyrinth"[43]. Für den Augenblick sei nur auf das hohe Alter der rituellen Rolle der Grotten hingewiesen. Wir werden auf die Beständigkeit dieser Rolle zurückkommen, denn sie veranschaulicht sehr gut die Kontinuität bestimmter religiöser Ideen und Initiationsszenarien von der Vorgeschichte bis in unsere Zeit (§ 42). Die weiblichen Figurinen werden im Neolithikum zahlreicher: sie sind durch ihren glockenförmigen Rock, der die Brüste nackt beläßt, und die in Adorantenhaltung erhobenen Arme charakterisiert. Ob sie nun Votivgaben oder „Idole" sind, jedenfalls verweisen sie auf die religiöse Überlegenheit der Frau und insbesondere die Vorrangstellung der Göttin. Spätere Dokumente bestätigen und präzisieren diesen Vorrang. Nach den Darstellungen der Prozessionen, Palastfeste und Opferszenen zu schließen, spielte das weibliche Personal eine bedeutende Rolle[44]. Die Göttinnen wurden verschleiert oder teilweise nackt dargestellt und pressen ihre Arme entweder an die Brust oder heben sie zum Zeichen des Segens empor[45]. Andere Bilder wiederum stellen sie als „Herrin der Tiere" *(potnia theron)* dar. Ein Siegel aus Knossos zeigt die Herrin vom Berge, die ihr Szepter auf einen männlichen Adoranten, der sich die Augen bedeckt, geneigt hält[46]. Auf Gemmen sehen wir die

---

[43] P. *Faure*, Spéléologie crétoise et humanisme, a. a. O. 47.
[44] Ch. *Picard*, a. a. O. 71, 159 ff.
[45] Sir A. *Evans*, Palace of Minos II, a. a. O. 277 ff; Ch. *Picard*, a. a. O. 77; M. P. *Nilsson*, a. a. O. 250 ff.
[46] Ch. *Picard*, a. a. O. 63; M. P. *Nilsson* dagegen hält diesen Abdruck für relativ jung, und R. W. *Hutchinson* beurteilt ihn als mykenisch (vgl. *ders.*, Prehistoric Crete, a. a. O. 206).

Göttin, wie sie hinter einem Löwen schreitet, eine Hirschkuh oder einen Bock ergreift oder zwischen zwei Tieren steht usw. Wie wir noch sehen werden, lebt die „Herrin der Tiere" auch noch in der griechischen Mythologie und Religion fort (vgl. § 92).

Der Kultus wurde sowohl auf Bergeshöhen als auch in den Palastkapellen oder innerhalb der Umfriedung privater Häuser begangen. Überall stehen die Göttinnen im Mittelpunkt der religiösen Handlung. Zu Beginn der mittelminoischen Zeit (2100–1900) sind die ersten Höhenheiligtümer belegt; zunächst waren es nur bescheidene Umfriedungen, später dann kleine Gebäude. In den Heiligtümern von Petsofa, wie auch auf dem Berg Jouktas hat man aus der dicken Aschenschicht zahlreiche Menschen- und Tierfigürchen aus Terrakotta ausgegraben. M. P. Nilsson vermutet, daß hier eine Naturgöttin verehrt wurde, zu deren Ehrung man in die von Zeit zu Zeit entfachten Feuer Votivfigürchen warf[47]. Vielschichtiger und immer noch rätselhaft sind die sog. Agrar- oder Vegetationskulte. Sie waren ländlichen Ursprungs und wurden, zumindest symbolisch, in den Palastgottesdienst integriert. Nach Gemmen, Zeichnungen und Vasenreliefs zu schließen, umfaßten diese Kulte vor allem Tänze, Prozessionen mit heiligen Gegenständen und Reinigungsopfer.

Bäume spielten eine zentrale Rolle. Auf bildlichen Darstellungen sehen wir verschiedene Personen, die Blätter berühren, die Vegetationsgöttin anbeten oder rituelle Tänze aufführen. Einige Szenen betonen den außergewöhnlichen, ja ekstatischen Charakter des Ritus: eine nackte Frau umfaßt leidenschaftlich einen Baumstumpf, ein Priester reißt mit abgewandtem Haupt einen Baum aus, während seine Gefährtin auf einem Grab zu schluchzen scheint[48]. Mit Recht sah man in solchen Szenen nicht nur das jährliche Vegetationsdrama, sondern auch die durch die Entdeckung der mystischen Einheit von Mensch und Pflanze bewirkte religiöse Erfahrung[49].

41. Charakteristika der minoischen Religion

Nach Ch. Picard „haben wir noch keinen einzigen Beweis für die Existenz eines erwachsenen männlichen Gottes"[50]. Die Göttin wird gelegentlich von einem bewaffneten Akolythen eskortiert, dessen Rolle noch ungeklärt ist. Einige Vegetationsgötter müssen aber bekannt gewesen sein, denn die griechischen Mythen spielen auf Hierogamien an, die auf Kreta stattgefunden haben; diese Hierogamien sind charakteristisch für Agrarreligionen. A. W. Persson ver-

---

[47] *M. P. Nilsson*, Myn. Myc. Religion, a.a.O. 75.
[48] *Sir A. Evans*, Palace of Minos II, a.a.O. 838ff; *M. P. Nilsson*, a.a.O. 268ff; *A. W. Persson*, The Religion of Greece in Prehistoric Times, a.a.O. 38f.
[49] *Ch. Picard*, a.a.O. 152.
[50] A.a.O. 80. Die männlichen Figuren stellen Adoranten dar, ebd. 154.

suchte, auf der Grundlage ikonographischer Darstellungen das rituelle Schauspiel der Aufeinanderfolge von Tod und Auferstehung der Vegetation zu rekonstruieren. Der schwedische Gelehrte glaubte, die verschiedenen Kultszenen in den Kreislauf der Jahreszeiten einfügen zu können: Frühling – Erscheinung der Naturgöttin und ihre Anbetung durch Offizianten usw.; Sommer – Erscheinung des Vegetationsgottes usw.; Winter – rituelle Klage; Szenen, die das Scheiden der Gottheiten darstellen usw.[51]. Einige Deutungen sind bestechend, doch ist die Rekonstruktion des gesamten Szenariums umstritten.

Festzustehen scheint, daß die Mehrzahl der ikonographischen Dokumente religiöse Bedeutung hatte und daß der Kult um die „Mysterien" von Leben, Tod und Wiedergeburt kreiste und daher Initiationsriten, Totenklage, orgiastische und ekstatische Feiern enthielt. Vian betont mit Recht: „Es wäre verfehlt, aus dem geringen Umfang der Örtlichkeiten zu schließen, daß die Religion in den königlichen Wohnstätten nur einen unbedeutenden Platz einnahm. Tatsächlich ist nämlich der ganze Palast heilig, denn er ist die Residenz der göttlichen Schutzherrin und des Priesterkönigs, der zwischen ihr und den Menschen als Vermittler fungiert. Die von Stufenbänken umgebenen Tanzflächen, die Innenhöfe, in denen die Altäre stehen, ja selbst die Lagerräume sind religiöse Einrichtungen. Der Thron war Gegenstand der Verehrung, wie die symbolischen Greife beweisen, die ihn in Knossos und Pylos flankieren; möglicherweise war er sogar der rituellen Epiphanie der Palastgöttin vorbehalten und nicht für den Herrscher bestimmt."[52]

Diese Funktion des Palastes als Kultzentrum verdient besondere Beachtung. In den Stufenhöfen, den sog. „Theatern" der Paläste, fanden heilige Stierkämpfe statt, bei denen der Stier nicht getötet wurde. Zeichnungen aus Knossos zeigen uns Akrobaten beiderlei Geschlechts, die über dem Stier voltigieren. Die religiöse Bedeutung der „Akrobatik" steht, trotz M. P. Nilssons Skepsis, außer Zweifel: das Springen über den Stier ist eine „Initiationsprüfung" schlechthin[53]. Sehr wahrscheinlich spiegelt sich in der Legende von den sieben Jünglingen und den sieben jungen Mädchen, den Gefährten des Theseus, die dem Minotaurus „dargebracht" wurden, die Erinnerung an eine solche Initiationsprüfung. Leider entzieht sich die Mythologie des göttlichen Stieres und ihre Rolle im Kult unserer Kenntnis. Wahrscheinlich ist der spezifisch kretische Kultgegenstand, der die Bezeichnung „heilige Hörner" trägt, die Stilisierung einer Stierstirn. Seine Allgegenwart bestätigt die Bedeutung seiner religiösen Funktion: die Hörner sollten die zwischen ihnen aufgestellten Gegenstände weihen.

Die religiöse Bedeutung und Symbolik einer Anzahl von Kultgegenständen

---

[51] *A. W. Persson*, a.a.O. 25–104.
[52] *F. Vian* in: Histoire des Religions I, a.a.O. 475. Schon *Sir A. Evans* bezeichnete den König von Knossos als Priesterkönig, und dieser Ausdruck wurde von *M. P. Nilsson*, a.a.O. 486f und *Ch. Picard*, a.a.O. 70f akzeptiert. Siehe auch *R. F. Willetts*, Cretan Cults, a.a.O. 84ff.
[53] *Sir A. Evans*, a.a.O. III, 220, Abb. 154; *Ch. Picard*, a.a.O. 144, 199; *A. W. Persson*, a.a.O. 93ff; *J. W. Graham*, The Palaces of Crete, a.a.O. 73.

Charakteristika der minoischen Religion

sind noch umstritten. Die Doppelaxt oder Doppelfeder fand zweifellos bei Opfern Verwendung. Wir begegnen ihr auch außerhalb Kretas in breiter Streuung. In Kleinasien ist sie als Symbol des Blitzes das Emblem des Wettergottes. Doch schon im Paläolithikum ist sie auch im Irak, in Tell Arpachija, im Zusammenhang mit einer nackten Göttin anzutreffen. Auch auf Kreta erscheint die Doppelfeder in der Hand oder auf dem Kopf von Priesterinnen oder Göttinnen. Unter Berücksichtigung ihrer doppelten Schneidefläche erklärt A. Evans sie als Emblem, das die Vereinigung komplementärer Prinzipien, des männlichen und des weiblichen, versinnbildlicht.

Die Säulen und Pfeiler gehörten wahrscheinlich zur kosmologischen Symbolik der *axis mundi*, die schon vorgeschichtlich bezeugt ist (vgl. § 12). Die Säulchen, auf denen Vögel sitzen, lassen verschiedene Deutungen zu, da der Vogel sowohl die Seele als auch die Epiphanie einer Göttin darstellen kann. Jedenfalls ersetzen die Säulen und Pfeiler die Göttin, „denn bisweilen sind sie *in der gleichen Weise* wie die Göttin von heraldisch angebrachten Löwen oder Greifen flankiert"[54].

Der Totenkult spielte eine große Rolle. Die Toten wurden von oben in die tiefen Beinhäuser hinabgelassen. Wie auch andernorts in Kleinasien und im Mittelmeerraum erhielten die Toten unter der Erde Libationen. Die Lebenden konnten in bestimmte, mit Kultbänken ausgestattete Kammern hinabsteigen. Wahrscheinlich stand die Bestattungsfeier unter der Schirmherrschaft der Göttin (vgl. § 35). Tatsächlich enthielt das in den Fels gehauene Grab eines Priesterkönigs von Knossos eine Säulenkrypta, deren blau gefärbte Decke das Himmelsgewölbe darstellte. Darüber hatte man eine Kapelle errichtet, die den Palastheiligtümern der Muttergöttin gleicht[55].

Das kostbarste, aber auch rätselhafteste Dokument zur kretischen Religion sind die beiden bemalten Wände eines in Hagia Triada ausgegrabenen Sarkophags. Dieses Dokument spiegelt zweifelsohne die religiösen Ideen seiner Zeit (13.–12. Jahrhundert), als die Mykenäer bereits auf Kreta Fuß gefaßt hatten. Aber je mehr sich die auf den Wänden dargestellten Szenen einer zusammenhängenden Deutung erschließen, um so stärker evozieren sie minoische und orientalische Glaubensvorstellungen und Gebräuche. Eine der Szenen zeigt ein Stieropfer, auf das sich drei Priesterinnen in Prozession zubewegen. Daneben ist die Darbringung des Opferblutes vor einem heiligen Baum abgebildet. Auf der Rückseite ist der Vollzug der Totenlibation zu sehen: eine Priesterin gießt eine rote Flüssigkeit aus einem Kratér in ein großes Gefäß. Die letzte Szene ist die geheimnisvollste: vor seinem Grab nimmt der in ein langes Gewand ge-

---

[54] *Ch. Picard*, a.a.O. 77.
[55] *Sir A. Evans*, The Palace of Minos IV, 2, a.a.O. 962ff. *Ch. Picard* erinnert an die von Diodor überlieferte Tradition (4, 76–80; 16, 9), derzufolge Minos in einer Krypta bestattet wurde, über der man einen Tempel der Aphrodite, der Nachfolgerin der ägäischen Göttin, errichtet hatte (a.a.O. 173).

hüllte Tote am Grabopfer teil: drei Opferpriester bringen ihm ein kleines Boot und zwei junge Kälber[56].

Viele Wissenschaftler schließen aus dem Aussehen des Toten (Ch. Picard: „man möchte sagen, eine Mumie"), daß er *deifiziert* ist. Die Hypothese ist plausibel. In diesem Fall würde es sich um einen Privilegierten, wie etwa den Priesterkönig von Knossos oder bestimmte griechische Heroen (Herakles, Achilles, Menelaos) handeln. Wahrscheinlich aber ist, daß die Szenen nicht die *Divinisation* des Toten, sondern den Abschluß seiner *Initiation* darstellen, also eine Zeremonie aus dem Bereich der „Mysterien"-Religionen, die ihm ein glückliches Leben nach dem Tode gewährleisten soll. Tatsächlich hatte schon Diodor (1. Jahrhundert v. Chr.) die Analogie der kretischen Religion zu den „Mysterien"-Religionen festgestellt. Dieser Typus von Religion wird aber später, im sog. „dorischen" Griechenland unterdrückt und überlebt nur in einigen geschlossenen Gesellschaften, den *Thiasen* (ein möglicherweise vorhellenisches Wort)[57].

Die von Diodor überlieferte Tradition ist von größter Bedeutung, zeigt sie uns doch die Grenzen des Assimilationsvorgangs der orientalischen und mediterranen religiösen Vorstellungen durch die arischsprechenden Eroberer.

42. Kontinuität der vorhelladischen religiösen Strukturen

Die Entzifferung der Linear-B-Schrift hat gezeigt, daß um 1400 in Knossos griechisch gesprochen und geschrieben wurde. Daraus folgt, daß die mykenischen Eindringlinge nicht nur bei der Zerstörung der minoischen Kultur, sondern auch in deren Endphase eine bedeutende Rolle gespielt haben. Anders ausgedrückt, die kretische Kultur umschloß in ihrer Endphase auch Kontinentalgriechenland. Berücksichtigt man, daß die ägyptischen und kleinasiatischen Einflüsse vor der Invasion der Mykenäer zu einer asiatisch-mediterranen Synthese gelangt waren[58], dann lassen sich das hohe Alter und die Vielschichtigkeit des griechischen Kulturphänomens ermessen. Die Wurzeln des Hellenismus reichen nach Ägypten und Asien hinein; das „griechische Wunder" aber ist auf den Beitrag der Eroberer zurückzuführen.

Die in Knossos, Pylos und Mykene ausgegrabenen Tafeln erwähnen die homerischen Götter unter ihren klassischen Namen: Zeus, Hera, Athena, Poseidon und Dionysos. Leider sind mythologische und kultische Angaben nur sehr spärlich: es ist die Rede von Zeus Dyktaos und Dädalus, von „Sklaven des Got-

---

[56] Siehe die Abbildungen bei *R. Paribeni*, Il sarcofago dipinto ... Taf. I–III und *J. Harrison*, Themis, a.a.O. Abb. 31–38. Vgl. *M. P. Nilsson*, a.a.O. 426 ff; *Ch. Picard*, a.a.O. 168 ff. Die Seereise im Jenseits hat ihre Spuren hinterlassen in der griechischen Auffassung von den „Inseln der Seligen"; vgl. *Hesiod*, Werke und Tage 167 ff; *Pindar*, Olympier II, 67 ff.
[57] *Ch. Picard*, a.a.O. 142. Siehe auch § 99.
[58] Diese Einflüsse hatten aber auch gegenteilige Auswirkungen.

tes", vom „Sklaven Athenas", und es werden Namen von Priesterinnen angeführt. Viel bezeichnender aber ist das Ansehen Kretas in Mythologie und Religion des klassischen Griechenland. Kreta galt als die Geburts- und Todesstätte des Zeus; Dionysos, Apollon und Herakles verbrachten ihre „Kindheit" auf Kreta; hier hat Demeter Iason geliebt und Minos die Gesetze empfangen, und hier war er zusammen mit Rhadamanthys Richter der Unterwelt geworden. Aus Kreta entsandte man auch noch mitten in klassischer Zeit die offiziellen Läuterer[59]. Die Insel besaß den wunderbaren Nimbus der Zeit des *primordium:* für das klassische Griechenland hatte das minoische Kreta noch etwas von den Wundern der „Ursprünge" und der „Ureinwohner" an sich.

Es steht außer Zweifel, daß die religiösen Traditionen Griechenlands durch die Symbiose mit den Ureinwohnern verändert wurden, und zwar sowohl auf Kreta als auch in der übrigen Ägäis. M. P. Nilsson stellte fest, daß von den vier religiösen Mittelpunkten des klassischen Griechenland – Delphi, Delos, Eleusis und Olympia – die drei ersteren von den Mykenäern überkommen waren. Das Fortbestehen bestimmter minoischer religiöser Strukturen wurde füglich aufgezeigt. So ließen sich die Fortführung der minoisch-mykenischen Kapelle im griechischen Heiligtum und die Kontinuität zwischen dem kretischen Hauskult und dem der mykenischen Paläste aufweisen. Das Bild *Psyche*-Schmetterling war schon den Minoern vertraut. Der Ursprung des Demeterkults ist für Kreta bezeugt, und das älteste Eleusis-Heiligtum datiert aus mykenischer Zeit. „Bestimmte architektonische oder andere Anordnungen der klassischen Mysterientempel scheinen mehr oder weniger von Einrichtungen herzurühren, die im vorhelladischen Kreta zu finden waren."[60]

Wie im vorarischen Indien haben auch hier vor allem die Kulte der Göttinnen und jene Riten und Glaubensvorstellungen überlebt, die in einem Zusammenhang mit Fruchtbarkeit, Tod und Fortleben der Seele stehen. In einigen Fällen ist die Kontinuität von der Vorgeschichte bis in unsere Zeit nachweisbar. Um nur ein Beispiel zu nennen: die Grotte von Skoteino, „eine der großartigsten und malerischsten von ganz Kreta", mit einer Tiefe von 60 m, umfaßt vier Stockwerke. Am äußersten Ende des zweiten Stockwerks befinden sich zwei „Kultidole, deren eines über und deren anderes vor einem Steinaltar steht": eine Frau und „eine bartlose Büste mit sardonischem Lachen". Vor diesen Statuen „erreichen die Trümmer von Vasen eine Höhe von mehreren Metern; andere bedecken den Boden des dritten unterirdischen Stockwerks... Ihre Schichten reichen in ununterbrochener chronologischer Folge vom Anfang des zweiten vorchristlichen Jahrtausends bis zum Ende der römischen Zeit"[61]. Die Grotte gilt auch heute noch als heilig. Ganz in ihrer Nähe steht ein weißes Kapellchen, das der hl. Paraskeué geweiht ist. Am 26. Juli „versammelt sich die gesamte Bevölkerung

---

[59] Ch. Picard, a.a.O. 73.
[60] Ebd. 142.
[61] P. Faure, Spéléologie crétoise et humanisme, a.a.O. 40.

des Apostelemitales und der Gegend von Cherssonissos am Eingang der Grotte: man tanzt auf zwei Flächen unter dem Gewölbe, es wird reichlich getrunken, und man singt Liebeslieder; dies alles geschieht genauso rituell, wie man in der benachbarten Kapelle der Messe beigewohnt hat"[62].

Kontinuität ist auch in anderen für die archaische kretische Religiosität spezifischen Ausdrucksformen festzustellen. Sir A. Evans betonte den Zusammenhang zwischen dem Baumkult und der Verehrung heiliger Steine. Eine ähnliche Entsprechung findet sich im Kult der Athena Parthenos in Athen: die Säule in Verbindung mit dem heiligen Baum (Olivenbaum) und der Eule, dem Attribut der Göttin. A. Evans zeigte außerdem das Fortbestehen des Säulenkults bis in unsere Zeit hinein. So etwa bei der gleichermaßen von Christen wie Moslems verehrten heiligen Säule von Tekekioi bei Skoplje, einer Nachbildung der minoischen Säule. Die Glaubensvorstellung, in der die heiligen Quellen Göttinnen zugeordnet werden, findet sich im klassischen Griechenland wieder, wo die Quellen wie Nereiden verehrt wurden. Und auch heute noch ist diese Vorstellung im Namen der Meeresnymphen, der *Nereiden*, lebendig.

Es wäre nicht zweckdienlich, hier noch weitere Beispiele anzuführen. Wir verweisen nur darauf, daß ein analoger Vorgang der Kontinuität archaischer religiöser Strukturen alle „Volks"-Kulturen Westeuropas und des Mittelmeerraums bis hin zur Gangesebene und nach China charakterisiert (vgl. § 14). Für uns ist von Bedeutung, daß dieser religiöse Komplex – Fruchtbarkeits- und Todesgöttinnen, Riten und Glaubensvorstellungen in Zusammenhang mit Initiation und Fortleben der Seele – nicht in die homerische Religion integriert wurde. Trotz der Symbiose mit zahllosen vorhelladischen Traditionen ist es den arischsprachigen Eroberern gelungen, ihr Pantheon durchzusetzen und ihren spezifischen „Religionsstil" zu bewahren (vgl. Kap. X–XI).

---

[62] Ebd. 40. Zahlreiche Höhlen sind Heiligen geweiht, und in den Grotten gibt es mehr als 100 Kapellen; ebd. 45.

SECHSTES KAPITEL

Hethitische und kanaanäische Religion

43. Anatolische Symbiose und hethitischer Synkretismus

In Anatolien ist eine erstaunliche religiöse Kontinuität zu erkennen, die vom siebenten Jahrtausend bis zur Verbreitung des Christentums anhält. „Es gibt in der Tat keine wirkliche Unterbrechung der Kontinuität von den unförmigen Statuetten einer auf einem Stier sitzenden männlichen Gottheit, wie sie in Schicht VI von Çatal Hüyük (um 6000) gefunden wurden, über die Darstellungen des Wettergottes der Hethiterzeit, bis hin zu den Statuen des Jupiter Dolichenus, den die Soldaten der römischen Legionen verehrten; ebensowenig von der Leopardengöttin von Çatal Hüyük, über die hethitische Göttin Hepat zur Kybele der klassischen Zeit."[1]

Diese Kontinuität ist, zumindest teilweise, die Folge einer erstaunlichen Begabung zum Synkretismus. Die in der modernen Historiographie mit dem Namen Hethiter bezeichnete indoeuropäische Volksgruppe hat im 2. Jahrtausend (Altes Reich, 1740–1460; Neues Reich, 1460–1200) Anatolien beherrscht. Mit der Unterwerfung der Hattier – der ältesten anatolischen Bevölkerung, deren Sprache wir kennen – haben die arischsprechenden Eindringlinge die Entwicklung einer Kultursymbiose eingeleitet, die noch lange nach dem Zusammenbruch ihrer politischen Schöpfungen fortdauerte. Kurze Zeit nach ihrem Eindringen in Anatolien gerieten die Hethiter unter babylonischen Einfluß. Später, und vor allem während des Neuen Reichs, haben sie wesentliche Züge der Kultur der Hurriter, einer nicht-indoeuropäischen Volksgruppe Nordmesopotamiens und -syriens übernommen. Daraus ergab sich, daß im hethitischen Pantheon Gottheiten sumerisch-akkadischer Herkunft neben anatolischen und hurritischen Göttern wohnten. Die meisten der bis jetzt bekannten hethitischen Mythen und Rituale haben Parallelen und sogar Vorbilder in den religiösen Traditionen der Hattier und Hurriter. Das indoeuropäische Erbe erweist sich als am wenigsten bedeutsam. Doch entbehren die Schöpfungen des hethitischen Geistes, und zwar in erster Linie die religiöse Kunst, trotz der Heterogenität ihrer Quellen nicht der Originalität.

---

[1] *M. Vieyra*, Les religions de l'Anatolie antique, a.a.O. 258.

Von den Gottheiten ging eine schreckliche und strahlende Kraft aus (vgl. „der göttliche Glanz", *melammu*, § 20). Das Pantheon war sehr groß, doch kennen wir von manchen Göttern nichts weiter als ihre Namen. Jede bedeutende Stadt war Sitz einer Gottheit, die ihrerseits zweifellos von weiteren göttlichen Personen umgeben war. Wie überall im antiken Vorderen Orient „wohnten" die Gottheiten in den Tempeln; den Priestern und ihren Akolythen oblag es, sie zu waschen, zu kleiden, zu ernähren und durch Tänze und Musik zu zerstreuen. Von Zeit zu Zeit verließen die Götter ihre Tempel und unternahmen eine Reise; mitunter konnte diese Abwesenheit als Grund für das Scheitern gewisser Unternehmungen herangezogen werden.

Das Pantheon war als Großfamilie konzipiert, der das erste Paar, die Schutzgötter des Hethiterlandes, vorstand: der Wettergott und eine Große Göttin. Der Wettergott war vor allem unter seinem hurritischen Namen, Teschup, bekannt, den wir hier bevorzugt verwenden werden. Der hurritische Name seiner Gattin war Hepat. Die ihnen geweihten Tiere – Stier und, für Hepat, Löwe (oder Panther) – bestätigen die Kontinuität seit der Vorgeschichte (vgl. § 13). Die berühmteste Große Göttin war unter dem Namen der „Sonnen"-Göttin von Arinna (hattisch Wurusema) bekannt. Sie war im Grunde eine Epiphanie *derselben* Muttergöttin[2], denn sie wird gepriesen als „Königin des Landes, Königin der Erde und des Himmels, Beschützerin der Könige und Königinnen des Hatti Landes" usw. Die „Solarisation" ist wahrscheinlich ein Akt der Huldigung, den man setzte, als die Göttin von Arinna zur Schutzherrin des hethitischen Königreichs wurde.

Zur Bezeichnung der zahlreichen Lokalgöttinnen, deren anatolische Namen wir nicht kennen, wurde das babylonische Ideogramm „Ischtar" verwendet. Ihr hurritischer Name war Schanschka. Allerdings war auch die babylonische Ischtar, die Göttin der Liebe und des Krieges, in Anatolien bekannt. In einigen Fällen haben wir es also mit einem anatolisch-babylonischen Synkretismus zu tun. Der Sonnengott, ein Sohn des Teschup, galt wie Schamasch als Verteidiger von Recht und Gerechtigkeit. Nicht weniger populär war Telepinu, auch er ein Sohn des Teschup, dessen Mythos uns noch beschäftigen wird.

Die Quellen über das religiöse Leben betreffen nur den ausschließlich offiziellen Kult. Die erhaltenen Gebete entstammen dem Umkreis der königlichen Familien. Wir wissen also nichts über die Glaubensvorstellungen und Rituale des Volkes. Fest steht indes die bedeutende Rolle der Fruchtbarkeitsgöttinnen und des Wettergottes. Die jahreszeitlichen Feste, vor allem das Neujahrsfest *(purulli)*, wurden vom König als dem Repräsentanten der arischsprechenden

---

[2] In einem schönen Gebet identifiziert die Königin Puduhepas die Göttin von Arinna mit Hepat (vgl. die Übers. von *A. Goetze*, ANET 393). Doch ist dies das einzige Zeugnis in diesem Sinne. In den Ritualen und Opferlisten werden die Namen der beiden Göttinnen nacheinander aufgeführt. Dies wäre durch die Bedeutung erklärbar, welche die beiden berühmten Epiphanien der Muttergöttin unter den hethitischen Herrschern gewannen.

Eroberer zelebriert. Ähnliche Zeremonien gab es im Lande aber bereits seit dem Neolithikum.

„Schwarze Magie" war gesetzlich verboten; wer sich ihrer schuldig machte, wurde hingerichtet. Dies bestätigt uns indirekt das hohe Ansehen, dessen sich bestimmte archaische Praktiken im Volke erfreuten. „Weiße Magie" dagegen wurde, wie uns die große Zahl der bis jetzt entdeckten entsprechenden Texte beweist, öffentlich und in großem Umfange praktiziert; sie umfaßte vor allem Riten zur Reinigung und zur „Ausmerzung des Bösen".

Ansehen und Rolle des Königs in religiösen Belangen sind groß. Die Herrschaft ist ein Geschenk der Götter. „Mir, dem König, haben der Wettergott und der Sonnengott das Land und mein Haus anvertraut... Die Götter haben mir, dem König, viele Jahre gewährt. Diese Jahre sind unbegrenzt."[3] Der König wird von einem großen Gott „geliebt". (Die fiktive „göttliche Abstammung", wie sie in Mesopotamien galt, ist dagegen nicht belegt.) Sein Wohlergehen wird mit dem Wohlergehen des ganzen Volkes identifiziert. Der Herrscher ist Stellvertreter der Götter auf Erden und vertritt umgekehrt das Volk vor den Göttern.

Über die Krönungszeremonie wurde noch kein Text gefunden, aber wir wissen, daß der Herrscher mit Öl gesalbt, in ein besonderes Gewand gekleidet und gekrönt wurde; zum Schluß erhielt er einen Königsnamen. Der Herrscher war zugleich auch Hoherpriester, und er zelebrierte – allein oder mit der Königin – die wichtigsten Feste des Jahres. Nach ihrem Tode wurden die Könige divinisiert. Sprach man vom Tod eines Königs, so sagte man, er „ist Gott geworden". Seine Statue wurde im Tempel aufgestellt, und die regierenden Herrscher brachten ihm Opfergaben dar. Einigen Texten ist zu entnehmen, daß der König zu seinen Lebzeiten als Inkarnation seiner divinisierten Ahnen galt[4].

44. Der „Gott, der verschwindet"

Die Originalität des „hethitischen"[5] religiösen Denkens wird vor allem in der Neuinterpretation einiger wichtiger Mythen greifbar. Eines der bemerkenswertesten Themen ist der „Gott, der verschwindet". In seiner bekanntesten Version ist Telipinu der Protagonist. Andere Texte übertragen diese Rolle seinem Vater, dem Wettergott, dem Sonnengott oder auch bestimmten Göttinnen. Der Hintergrund ist – wie auch der Name Telipinu – hattisch. Die hethitischen Versionen wurden im Zusammenhang mit verschiedenen Ritualen verfaßt; d. h. also, die Rezitation des Mythos spielte im Kult eine entscheidende Rolle.

---

[3] Ritual für die Errichtung eines neuen Palastes, Übers. von A. Goetze, ANET 735.
[4] O. R. Gurney, Hittite Kingship, a.a.O. 115.
[5] Wir haben Anführungszeichen gesetzt, um deutlich zu machen, daß es sich in vielen Fällen um hattische oder hurritische Mythen handelt, die ins Hethitische übersetzt bzw. adaptiert wurden.

Da der Anfang der Erzählung verloren ist[6], wissen wir nicht, warum Telipinu beschließt, zu „verschwinden". Möglicherweise, weil die Menschen ihn verärgert haben. Die Folgen seines Verschwindens werden unmittelbar spürbar. Die Feuer im Herd verlöschen, Götter und Menschen fühlen sich „bedrückt", das Schaf verließ sein Lamm und die Kuh ihr Kalb; „Gerste und Emmer reiften nicht mehr", Tiere und Menschen begatten sich nicht mehr; die Weideflächen dörrten aus, und die Quellen versiegten. (Dies ist möglicherweise die erste literarische Version des bekannten mythologischen Motivs des „gaste pays", des öden Landes, das durch die Gralsromane berühmt wurde.) Da sandte der Sonnengott Boten aus, um Telipinu zu suchen – zunächst den Adler, sodann den Wettergott selbst – aber ohne Erfolg. Schließlich schickt die Muttergöttin die Biene; diese findet den Gott schlafend in einem Hain und weckt ihn durch ihren Stich. Telipinu aber ist erzürnt und bewirkt solches Unheil im Lande, daß die Götter Angst bekommen und zur Magie greifen, um ihn wieder zu beruhigen. Durch magische Zeremonien und Formeln wird Telipinu von seinem Zorn und vom „Bösen" gereinigt[7]. Beruhigt kehrt er schließlich in den Kreis der Götter zurück – und das Leben geht wieder seinen gewohnten Gang.

Telipinu ist ein Gott, der sich, wenn er „erzürnt" ist, „verbirgt", d. h. sich aus seiner Umgebung hinwegbegibt. Er gehört nicht der Gattung der Vegetationsgötter an, die periodisch sterben und wieder auferstehen. Und doch hat sein „Verschwinden" die gleichen verheerenden Folgen auf allen Ebenen des kosmischen Lebens. „Verschwinden" und „Erscheinen" sind überdies gleichbedeutend mit Abstieg in die Unterwelt und Rückkehr auf die Erde (vgl. Dionysos, § 122). Was Telipinu dagegen von den Vegetationsgöttern unterscheidet, ist die Tatsache, daß seine „Entdeckung" und „Wiederbelebung" durch die Biene die Situation noch verschlechtert: erst durch Reinigungsriten kann er wieder beruhigt werden.

Der spezifische Zug Telipinus ist seine dämonische „Raserei", die das ganze Land zu vernichten droht. Es ist die launenhafte und irrationale Raserei eines Fruchtbarkeitsgottes gegen seine eigene Schöpfung, *das Leben* in allen seinen Formen. Analoge Auffassungen göttlicher Ambivalenz sind auch andernorts anzutreffen; sie werden vor allem im Hinduismus entwickelt (vgl. Siva, Kali). Die Tatsache, daß Telipinus' Rolle auch auf den Wetter- und den Sonnengott sowie auf einige Göttinnen – also Gottheiten, die ganz verschiedene Sektoren des *kosmischen* Lebens beherrschen – übertragen wurde, beweist, daß dieser Mythos sich auf ein viel komplexeres Drama bezieht als das der Vegetation; er veranschaulicht letztlich das unbegreifbare Geheimnis der Vernichtung der Schöpfung *durch ihren eigenen Schöpfer*.

---

[6] Wir verwenden die Übersetzungen von *A. Goetze*, ANET 126–128; *H. G. Güterbock*, Mythologies of the Ancient World, a.a.O. 144ff, und *M. Vieyra*, Les Religions du Proche-Orient antique, a.a.O. 532ff. Vgl. auch *Th. Gaster*, Thespis, a.a.O. 302–309.

[7] Analoge Beruhigungsriten werden vom Priester vollzogen; siehe den von *Th. Gaster*, Thespis, a.a.O. 311f übersetzten Text.

45. Der Sieg über den Drachen

Beim Neujahrsfest, dem *Purulli*-Fest, wurde der Mythos vom Kampf zwischen dem Wettergott und dem Drachen *(Illujanka*[8]*)* rituell rezitiert. In einer ersten Begegnung wird der Wettergott von Illujanka besiegt und erfleht die Hilfe der anderen Gottheiten. Die Göttin Inara bereitet daraufhin ein Mahl, zu dem sie den Drachen lädt. Vorher aber hat sie sich des Beistands eines Sterblichen, Hupaschija, versichert. Dieser hat seine Hilfe zugesagt, vorausgesetzt, die Göttin schlafe mit ihm. Inara willigt ein. Der Drache ißt und trinkt mit solcher Gier, daß er nicht mehr in sein Loch zurücksteigen kann; Hupaschija fesselt ihn mit einem Strick. Nun tritt der Wettergott auf und tötet den Drachen kampflos. Diese Version des Mythos endet mit einem aus der Märchenwelt wohlbekannten Ereignis: Hupaschija wohnt in Inaras Haus, aber er mißachtet die Weisung der Göttin, während ihrer Abwesenheit nicht aus dem Fenster zu schauen. Er sieht seine Frau und seine Kinder und fleht Inara an, ihn nach Hause zurückkehren zu lassen. Der weitere Text ist verloren, aber man nimmt an, daß Hupaschija getötet wird.

Die zweite Version ist genauer: bei seinem Sieg über den Wettergott raubt der Drache diesem Herz und Augen. Daraufhin heiratet der Gott die Tochter eines Armen, die ihm einen Sohn schenkt. Erwachsen geworden, beschließt dieser, die Tochter des Drachen zu heiraten. Vom Vater belehrt, fordert der junge Mann, sobald er das Haus seiner Gattin betritt, Herz und Augen des Wettergottes zurück und erhält sie auch. Solcherart wieder in den Besitz seiner „Kräfte" gelangt, trifft der Wettergott „am Meer" erneut auf den Drachen und kann ihn besiegen. Aber sein Sohn war bei seiner Vermählung mit der Tochter des Drachen die Verpflichtung eingegangen, sich Illujanka gegenüber loyal zu verhalten. Daher bittet er nun seinen Vater, seiner nicht zu schonen. „So tötete der Wettergott den Drachen und seinen eigenen Sohn."[9]

Der Kampf zwischen einem Gott und dem Drachen ist ein sehr bekanntes mythisch-rituelles Thema. Die erste Niederlage des Gottes und seine Verstümmelung haben ihre Parallelen im Kampf zwischen Zeus und dem Riesen Typhon. Diesem gelingt es, Zeus die Hand- und Fußsehnen herauszuschneiden: er nimmt ihn auf seine Schultern und bringt ihn in eine Grotte auf Sizilien. Typhon verbirgt die Sehnen in einem Bärenfell, aber Hermes und Aigipan gelingt es, sie zu rauben. Zeus gewinnt seine Kraft zurück und streckt den Riesen nieder[10]. Das Motiv des Raubes eines Lebensorgans ist sehr bekannt. In der hethitischen Version ist der Drache aber nicht mehr das schreckliche Ungeheuer, dem wir in zahlreichen Welterschaffungsmythen oder Kämpfen um die Weltherrschaft begegnen (vgl. Tiāmat, Leviathan, Typhon usw.). Er hat schon einige Züge an

---

[8] Illujanka, wörtl. „Drache", „Schlange", ist auch ein Eigenname.
[9] Übers. *A. Goetze*, ANET 125f; *M. Vieyra*, a.a.O. 526ff.
[10] *Apollodorus*, Bibliothek I, 6,3.

sich, die für die Drachen der volkstümlichen Erzählungen chrarakteristisch sind: Illujanka fehlt es an Intelligenz, und er ist ein Vielfraß[11].

Der Wettergott, der zunächst besiegt wurde (was übrigens umstritten ist), siegt schließlich nicht aufgrund seines Heldenmuts, sondern durch die Hilfe eines irdischen Wesens (Hupaschija bzw. des Sohnes, den er mit einer Sterblichen zeugte). Es ist richtig, daß in den beiden Versionen dieser Mensch von vorneherein mit einer Kraft göttlichen Ursprungs ausgestattet ist: er ist der Geliebte der Göttin Inara oder der Sohn des Wettergottes. In beiden Fällen wird, obgleich aus je verschiedenen Gründen, der Helfer vom Urheber seiner Quasi-Vergöttlichung unterdrückt. Nachdem Hupaschija mit Inara geschlafen hat, darf er nicht mehr zu seiner Familie, d. h. in die menschliche Gesellschaft, zurückkehren. Denn da er an der göttlichen Seinsweise teilgehabt hat, könnte er diese den anderen Menschen übermitteln.

Trotz dieser teilweisen „Folklorisierung" spielt der Illujankamythos eine zentrale Rolle: er wurde beim Neujahrsfest rituell rezitiert. Einige Texte nehmen Bezug auf einen rituellen Kampf zwischen zwei gegnerischen Gruppen[12], vergleichbar dem babylonischen *Akitu*-Zeremoniell. Anstelle der im Kampf Marduks gegen Tiāmat offenkundigen „kosmogonischen" Bedeutung des Mythos ist hier der Streit um die Weltherrschaft getreten (vgl. Zeus – Typhon). Der Sieg des Gottes sichert die Stabilität und das Gedeihen des Landes. Man darf annehmen, daß der Mythos vor seiner „Folklorisierung" die „Drachenherrschaft" als eine „chaotische" Zeit darstellte, die die eigentlichen Lebensquellen bedrohte (der Drache symbolisiert sowohl „Virtualität" und Dunkelheit als auch Trockenheit, Aufhebung der Normen und Tod).

46. Kumarbi und die Herrschaft

Von außerordentlichem Interesse ist die sog. hurritisch-hethitische[13] „Theogonie", d. h. jene Aufeinanderfolge mythischer Ereignisse, deren Protagonist Kumarbi, „der Göttervater" ist. Die Eingangsepisode – „das Königtum im Himmel" – erklärt die Aufeinanderfolge der ersten Götter. Zu Beginn war Alalu König, und Anu, der erste der Götter, verbeugte sich vor ihm und bediente ihn. Nach neun Jahren aber lieferte Anu ihm einen Kampf und besiegte ihn. Alalu floh in die Unterwelt, und Kumarbi wurde der Diener des neuen Herrn

---

[11] Siehe *Th. Gaster*, Thespis, a.a.O. 259f.
[12] Siehe den von *Th. Gaster*, a.a.O. 267ff übersetzten Text (KUB XVII, 95, III, 9–17). Vgl. auch *O.R. Gurney*, The Hittites, a.a.O. 155. Ein anderer Text spielt auf die „Schicksalsbestimmung" durch die Götterversammlung an; vgl. *O.R. Gurney*, a.a.O. 152; *ders.*, Hittite Kingship, a.a.O. 107f.
[13] Es handelt sich um hethitische Übersetzungen von hurritischen Texten, aus der Zeit um 1300. Die hurritische „Theogonie" spiegelt den Synkretismus mit älteren sumerischen und nordsyrischen Traditionen wieder.

Anu. Nachdem wiederum neun Jahre verstrichen sind, beginnt nun Kumarbi einen Kampf gegen Anu. Dieser ergreift die Flucht und fliegt gen Himmel. Kumarbi aber verfolgt ihn, packt ihn an den Füßen und stürzt ihn auf die Erde, nachdem er ihm die „Lenden" abgebissen hat[14]. Da Kumarbi lacht und sich seiner Tat freut, teilt Anu ihm mit, daß er ihn geschwängert habe. Kumarbi speit aus, was er noch im Munde hat, aber ein Teil der Männlichkeit Anus dringt in seinen Leib ein, und er geht mit drei Göttern schwanger. Der weitere Text ist stark verderbt, aber man nimmt an, daß Anus „Kinder", allen voran der Wettergott Teschub, gegen Kumarbi kämpfen und ihn entthronen.

Die folgende Episode, „Gesang von Ullikummi", erzählt von Kumarbis Bemühen, das von Teschub geraubte Königtum wieder zurückzugewinnen. Um einen Gegner zu schaffen, der Teschub besiegen kann, schwängert er einen Felsen. Das Ergebnis dieser Vereinigung ist Ullikummi, ein Stein in Menschengestalt. Auf den Schultern des Riesen Upelluri, der mit seinem halben Körper aus dem Meer herausragt und Himmel und Erde trägt (die hurritische Entsprechung zu Atlas), wächst Ullikummi so schnell heran, daß er den Himmel berührt. Teschub begibt sich zum Meer und greift den Steinriesen an; aber er wird besiegt. Der Text weist große Lücken auf, doch läßt sich die Aufeinanderfolge der Ereignisse rekonstruieren. Ullikummi droht, die ganze Menschheit zu vernichten. Erschreckt versammeln sich die Götter und beschließen, Ea um Hilfe zu bitten. Dieser begibt sich zunächst zu Enlil und sodann zu Upelluri und fragt sie, ob sie denn wüßten, daß ein Steinriese entschlossen sei, Teschub zu vernichten. Enlils Antwort ist uns nicht erhalten. Upelluri aber berichtet eine sehr folgenschwere Einzelheit: „Als man Himmel und Erde auf mir baute, da bemerkte ich nichts. Auch als es sich begab, daß man Himmel und Erde mit einer Schneide auseinanderschnitt, merkte ich das nicht. Jetzt jedoch schmerzt etwas meine rechte Schulter, doch weiß ich nicht, wer jener Gott ist." Ea bittet nun die „alten Götter", die „alten Vorratsräume der Väter und Großväter zu öffnen" und jene Schneide herbeizubringen, mit der sie einst Himmel und Erde voneinander getrennt haben. Nun sägen sie Ullikummis Füße ab, um dadurch seine Kraft zu brechen. Aber noch immer prahlt der Diorit, das himmlische Königtum sei ihm von seinem Vater Kumarbi zugeschrieben. Schließlich wird er von Teschub überwältigt.

Dieser Mythos ist in mehrfacher Hinsicht bedeutsam. Zunächst wegen einiger in ihm enthaltener archaischer Elemente: die Selbstbefruchtung Kumarbis durch das Verschlucken des Geschlechtsorgans jenes Gottes, den er entthront hat; die geschlechtliche Vereinigung eines göttlichen Wesens mit einem Fels, aus der die Geburt eines Stein-Ungeheuers in Menschengestalt folgt; die Zusammenhänge zwischen diesem Riesendioriten und dem hurritischen Atlas, Upelluri. Die erste Episode kann als Anspielung auf die Bisexualität Kumarbis ver-

---

[14] Die ersten Übersetzer schlugen „Knie" vor. Beide Begriffe sind Euphemismen für das männliche Geschlechtsorgan.

standen werden, die ein charakteristischer Zug der Ursprungsgottheiten ist (vgl. z. B. Tiāmat, Zurvan). In diesem Fall ist Teschub, dem die Herrschaft unwiderruflich übertragen wird, der Sohn eines Himmelsgottes (Anu) und einer androgynen Gottheit[15]. Zur Befruchtung eines Felsens durch ein übermenschliches Wesen findet sich ein analoger Mythos in Phrygien: Papas (= Zeus) schwängert einen Stein namens Agdos, und dieser gebiert Agditis, ein hermaphroditisches Ungeheuer. Aber die Götter kastrieren Agditis und verwandeln ihn so in die Göttin Kybele (Pausanias 7, 17, 10–12).

Viel weiter verbreitet sind Mythen über die Geburt von Steinmenschen: sie finden sich von Kleinasien bis in den Fernen Orient sowie in Polynesien. Wahrscheinlich handelt es sich um das mythische Thema der „Autochthonie" der ersten Menschen. Sie sind aus einer chthonischen Großen Göttin geboren. Bestimmte Götter (wie z. B. Mithras) gelten genauso aus einem Fels hervorgegangen wie die Sonne, deren Licht allmorgendlich über den Bergen hervorbricht. Dieses mythische Thema indes läßt sich nicht auf eine Sonnenepiphanie zurückführen[16]. Man könnte sagen, daß die *petra genitrix* die Sakralität der Erdmutter durch die wunderbaren Fähigkeiten verstärkt, die man in den Steinen vermutete. Wie wir sahen (§ 34) wurde die Sakralität des Felsens nirgends mehr gepriesen als in den „Megalith"-Religionen. Es ist kein Zufall, daß Ullikummi auf die Schulter des Riesen gesetzt wird, der den Himmel trägt; der Diorit schickt sich an, selbst eine *columna universalis* zu werden. Doch ist dieses, für die Megalithreligionen spezifische Motiv in einen breiteren Kontext eingebettet, nämlich den Nachfolgekampf um die göttliche Vorherrschaft.

47. Konflikte zwischen Göttergenerationen

Schon bei der ersten Übersetzung des hurritisch-hethitischen Texts erkannte man die Analogien einerseits mit der phönikischen Theogonie, wie sie von Philon aus Byblos dargestellt wird, und anderseits mit der von Hesiod überlieferten Tradition. Nach Philon[17] war der erste Götterkönig Eliun (griech. Hypsistos, „Der Höchste"), der in der hurritisch-hethitischen Mythologie Alalu entspricht. Aus seiner Vereinigung mit Bruth gehen Uranos (= Anu) und Ge (Gaia) hervor. Diese wiederum zeugen vier Söhne, deren erster, El (oder Kronos) dem

---

[15] Einigen mythologischen Fragmenten zufolge scheinen die Götter, die sich im „Inneren" Kumarbis befanden, mit ihm darüber diskutiert zu haben, durch welche Öffnungen seines Leibes sie austreten sollten (vgl. *H. Güterbock*, a. a. O. 157f).

[16] Tatsächlich gilt Mithras erster Kampf, kaum daß er aus dem Felsen hervorgetreten ist, der Sonne; er bleibt siegreich und entwendet ihr die Strahlenkrone. Kurze Zeit später aber bekräftigen die Götter durch Händedruck ihre Freundschaft.

[17] Einige Fragmente seiner Phönikischen Geschichte wurden durch Eusebios und Porphyrios bewahrt. Philon behauptet, die Schriften des phönikischen Gelehrten Sanchuniaton zusammenzufassen, der „vor dem Trojanischen Krieg" gelebt haben soll. Vgl. *C. Clemen*, Die phönikische Religion..., a. a. O. 28.

Kumarbi entspricht. Nach einem Streit mit seiner Gattin versucht Uranos, seine Nachkommenschaft zu vernichten, aber El schmiedet sich eine Säge (oder Lanze?), verjagt den Vater und wird selbst König[18]. Schließlich gelangt Baal (der die vierte Generation vertritt und Teschub und Zeus entspricht) an die Herrschaft; außergewöhnlich ist, daß sie ihm kampflos zufällt.

Bis zur Entdeckung der Ugaritliteratur wurde die Authentizität dieser, von Philon überlieferten Tradition angezweifelt. In der kanaanäischen Mythologie (§ 49) aber wird die Aufeinanderfolge der Göttergenerationen bezeugt. Die Tatsache, daß Hesiod (§ 83) nur von drei Generationen – vertreten durch Uranos, Kronos und Zeus – spricht, bestätigt noch einmal die Echtheit der Version Philon / „Sanchuniaton", denn diese erwähnt vor Uranos (= Anu) die Herrschaft Eliuns (= Alalu). Wahrscheinlich ist die phönikische Version des Götterherrschaftsmythos aus dem hurritischen Mythos hervorgegangen oder zumindest stark von ihm beeinflußt. Hesiod nun verwendete wahrscheinlich die gleiche Tradition, die in Griechenland entweder über die Phönikier oder unmittelbar von den Hethitern bekannt war.

Besonders zu betonen ist der zugleich „spezialisierte" und synkretistische Charakter dieses Mythos, und zwar nicht nur in seiner hurritisch-hethitischen Fassung (in der sich übrigens zahlreiche sumerisch-akkadische Elemente finden)[19]. Ganz ähnlich weist auch das *Enuma elisch* folgendes auf: 1. eine Aufeinanderfolge von Göttergenerationen, 2. die Schlacht der „jungen" Götter gegen die „alten" und 3. den Sieg Marduks, der damit die Herrschaft übernimmt. Im mesopotamischen Mythos endet der siegreiche Kampf allerdings in einer Kosmogonie, genauer, er wird abgeschlossen durch die Erschaffung der Welt, so wie die Menschen sie kennen. Dieser Mythos steht im Rahmen einer Reihe von Kosmogonien, die einen Kampf zwischen einem Gott und dem Drachen und anschließend die Kastration des überwundenen Gegners enthalten. In Hesiods *Theogonie* findet die kosmogonische Tat – d.h. die Trennung von Himmel (Uranos) und Erde (Gaia) durch die Kastration des Uranos – zu Beginn des Dramas statt und entfesselt damit den Kampf um die Herrschaft. Die gleiche Situation findet sich auch im hurritisch-hethitischen Mythos: die Kosmogonie, d.h. die Trennung von Himmel und Erde, hat schon lange vorher, nämlich zur Zeit der „alten Götter" stattgefunden.

Kurz: alle Mythen, die vom Streit aufeinanderfolgender Göttergenerationen um die Weltherrschaft berichten, rechtfertigen einerseits die vorrangige Stellung des jeweils letzten siegreichen Gottes und erklären andererseits die gegenwärtige Struktur der Welt und die tatsächliche Situiertheit des Menschen.

---

[18] Erst 32 Jahre später gelingt es El, Uranos zu kastrieren. Diese beiden Taten, Kastration des Vaters und Erringung der Herrschaft – in den hurritisch-hethitischen Mythen miteinander verbunden – sind hier getrennt.

[19] Vgl. die Namen der Gottheiten Anu, Ischtar und möglicherweise auch Alalu; ein Gott Alala scheint in einer babylonischen Liste als einer der Ahnen Anus auf; *H. Güterbock*, a.a.O. 160.

48. Ein kanaanäisches Pantheon: Ugarit

Kurz vor 3000 bricht in Palästina eine neue Kultur an, die frühe Bronzekultur: *sie markiert die erste Niederlassung der Semiten.* Der Bibel folgend, können wir sie als „Kanaanäer" bezeichnen, doch ist dieser Name nicht ganz zutreffend [20]. Die Eindringlinge werden seßhaft, betreiben Bodenbau und entwickeln eine Stadtkultur. Mehrere Jahrhunderte hindurch dringen weitere Einwanderer in das Gebiet ein, und es kommt zu einem immer intensiveren Austausch mit den Nachbarländern, insbesondere mit Ägypten. Um 2200 wird die Kultur der frühen Bronzezeit durch das Eindringen eines neuen semitischen Volkes zerstört: die Amoriter. Sie sind halbnomadisierende Krieger, vereinzelt auch Bodenbauer, vor allem aber Hirten. Doch ist dieses Ende einer Kultur zugleich auch der Beginn einer neuen Ära. Die Invasion der Amoriter (Mar-Tu auf sumerisch, Amurru auf akkadisch) in Syrien und Palästina ist nur eine Episode innerhalb einer größeren Bewegung, die um die gleiche Zeit in Mesopotamien und Ägypten bezeugt ist. Dort kommt es immer wieder zu Übergriffen durch ungestüme und „wilde" Nomaden[21], die in mehreren Wellen aus der syrischen Wüste heranbranden und vom Reichtum der Städte und des Kulturlandes zugleich fasziniert und abgestoßen sind. Nach der Eroberung des Landes jedoch nehmen sie die Lebensweise der Einheimischen und verfeinerte Sitten an. Es währt nicht lange, so müssen sich ihre Nachkommen gegen die bewaffneten Überfälle anderer „Barbaren" verteidigen, die im Grenzbereich des Kulturlandes nomadisieren. Dieser Vorgang wiederholt sich in den letzten Jahrhunderten des 2. Jahrtausends noch einmal, als die Israeliten in Kanaan einzudringen beginnen.

Die Spannung und Symbiose zwischen den auf syrisch-palästinensischer Seite aufblühenden agrarischen Fruchtbarkeitskulten und der von Himmels- und Astralgottheiten geprägten religiösen Ideologie der Hirtennomaden erfahren mit der Niederlassung der Hebräer in Kanaan eine neue Intensivierung. Diese Spannung, die sich sehr oft in einer Symbiose löste, stellt gewissermaßen einen Modellfall dar, denn hier in Palästina traf ein neuer Typus religiöser Erfahrung auf altehrwürdige Traditionen der kosmischen Religiosität.

Bis 1929 waren unsere Informationsquellen für die syrisch-kanaanäische Religion das Alte Testament, phönikische Inschriften und einige griechische Autoren (vor allem Philon aus Byblos, 1.–2. Jahrhundert n. Chr., aber auch Lukian von Samosata, 2. Jahrhundert n. Chr., und Nonnos von Panopolos, 5. Jahrhundert). Das Alte Testament aber spiegelt die Polemik gegen das Heiden-

---

[20] Kanaan wird in den Texten vor der Mitte des 2. Jahrtausends nicht erwähnt: *R. de Vaux*, Histoire ancienne d'Israel, a.a.O. I, 58.
[21] In mesopotamischen literarischen Texten des ausgehenden 3. Jahrtausends werden die Mar-Tu als „Rauhbeine aus den Bergen" bezeichnet, „die das Korn nicht kennen", „die weder Haus noch Stadt kennen". Texte zitiert von *R. de Vaux*, a.a.O. 64.

tum wider, und die anderen Quellen sind zu fragmentarisch und auch zu spät. Seit 1929 wurden bei Grabungen in Ras Schamra, dem einstigen Stadthafen Ugarit in Nordsyrien, eine große Zahl mythologischer Texte entdeckt. Diese Texte wurden im 14.–12. Jahrhundert redigiert, enthalten aber ältere mythisch-religiöse Auffassungen. Die bis jetzt entzifferten und übersetzten Dokumente reichen jedoch noch nicht aus, um eine umfassende Sicht der ugaritischen Religion und Mythologie zu ermöglichen. Bedauerliche Lücken unterbrechen die Berichte; Anfang und Ende der Kolumnen sind zerbrochen, und so konnte noch nicht einmal über die Reihenfolge der mythologischen Episoden Übereinstimmung erzielt werden. Trotz dieses fragmentarischen Zustandes ist die ugaritische Literatur von unschätzbarem Wert. Allerdings dürfen wir nicht vergessen, daß die *Religion von Ugarit niemals die Religion ganz Kanaans war*.

Das Interessante der ugaritischen Dokumente liegt vor allem darin, daß sie die Übergangsphasen einer bestimmten religiösen Ideologie in eine andere veranschaulichen. El ist das Oberhaupt des Götterhimmels. Sein Name bedeutet auf semitisch „Gott", doch ist er bei den Westsemiten ein persönlicher Gott. Er wird „Mächtiger", „Stier", „Vater der Götter und der Menschen"[22], „König" und „Vater der Jahre" genannt. Er ist „heilig", „barmherzig" und „sehr weise". Auf einer Stele des 14. Jahrhunderts wird er dargestellt, wie er auf dem Throne sitzt, majestätisch, bärtig, in ein langes Gewand gehüllt, auf dem Haupt die Hörnerkrone[23]. Bis jetzt wurde noch kein kosmogonischer Text gefunden[24]. Doch kann die Erschaffung der Sterne durch Hierogamie als Reflex kanaanäischer kosmogonischer Vorstellungen gedeutet werden. Denn Text #52 („Die Geburt der anmutigen und schönen Götter") beschreibt, wie El mit seinen beiden Gattinnen, Ascherat und Anat, den Morgen- und den Abendstern zeugt[25]. Ascherat, die selbst „von El gezeugt" wurde, wird als „Mutter der Götter" (Text #51) bezeichnet; sie bringt siebzig Göttersöhne zur Welt. Mit Ausnahme Baals stammen alle Götter vom ersten Paar El – Ascherat ab.

Aber trotz aller Epitheta, die ihn als machtvollen Gott darstellen, als den wahren „Herrn der Erde", und obwohl in den Opferlisten sein Name stets an erster Stelle genannt wird, erscheint El in den Mythen als physisch schwacher, zaudernder, seniler und resignierter Gott. Einige Götter verachten ihn. Schließlich werden ihm sogar seine beiden Gattinnen Ascherat und Anat von Baal weggenommen. Aus alledem müssen wir schließen, daß die preisenden Epitheta eine

---

[22] Der Titel *ab*, „Vater", ist eines der häufigsten Epitheta; vgl. auch *ab adm* „Vater der Menschheit"; siehe *M. H. Pope*, El in the Ugaritic Texts, a.a.O. 47ff.

[23] *F. A. Schaeffer*, The Cuneiform Texts of Ras Shamra-Ugarit, pl XXXI, a.a.O. 60, 62.

[24] In den westsemitischen Inschriften wird El aber „Schöpfer der Erde" genannt; siehe *M. H. Pope* in: W.d.M. I, a.a.O. 280.

[25] Dieser Mythos ist das Modell eines Rituals, das jeweils zu Beginn eines Siebenjahreszyklus vollzogen wurde, was beweist, daß El in älterer Zeit noch als Urheber der irdischen Fruchtbarkeit galt, eine Auffassung, die später auf Baal übertragen wurde; vgl. *C. H. Gordon*, Canaanite Mythology, a.a.O. 185ff; *U. Oldenburg*, The Conflict between El and Baal in Canaanite Religion, a.a.O. 19ff; *F. M. Cross*, Canaanite Myth, a.a.O. 21ff.

frühere Situation widerspiegeln, in der El tatsächlich der Herr des Götterhimmels war. Die Verdrängung eines alten Schöpfers und Weltenherrschers durch einen jungen, dynamischeren und mehr auf die kosmische Fruchtbarkeit „spezialisierten" Gott ist ein sehr häufiges Phänomen. Sehr oft wird der Schöpfer zum *deus otiosus* und entfernt sich immer mehr von seiner Schöpfung. Bisweilen ist diese Substitution das Ergebnis eines Konflikts zwischen Göttergenerationen oder deren Vertretern. Im Maße die Hauptthemen der ugaritischen Mythologie rekonstruiert werden können, läßt sich in den Texten immer deutlicher die Erhebung Baals in den höchsten Rang feststellen. Aber es ist eine gewaltsam und hinterlistig erreichte Erhebung, die nicht frei von einer gewissen Doppeldeutigkeit ist.

Baal ist der einzige Gott, der zwar zu Els Söhnen gerechnet (da dieser der Vater aller Götter ist), aber „Sohn Dagans" genannt wird. Dieser Gott, dessen Name „Korn" bedeutet, wurde im dritten Jahrtausend im oberen und mittleren Euphratgebiet verehrt [26]. In den mythologischen Texten Ugarits, deren Hauptgestalt Baal ist, spielt Dagan keine Rolle. Die allgemeine Bezeichnung *baal* („Herr") ist zum persönlichen Namen des Gottes geworden. Er hat auch einen Eigennamen: Haddu bzw. Hadad. Er wird „Vorreiter der Wolken", „Fürst, Herr der Erde" genannt. Eines seiner Epitheta ist Alijan, der „Mächtige", der „Herr". Er ist Quelle und Ursprung der Fruchtbarkeit, aber auch Krieger, wie auch seine Schwester und Gattin Anat zugleich Göttin der Liebe und des Krieges ist. Neben ihnen sind die bedeutendsten mythologischen Personen Jam, der „Fürst Meer", „Herrscher Fluß", und Mot, der „Tod", die dem jungen Gott die Vorherrschaft streitig machen. Tatsächlich behandelt ein Großteil der ugaritischen Mythologie den Konflikt zwischen El und Baal sowie die Kämpfe Baals gegen Jam und Mot um die Erlangung und Bewahrung seiner Vorherrschaft.

49. Baal raubt die Herrschaft und besiegt den Drachen

Nach einem stark verderbten Text [27] greifen Baal und seine Gefährten El überraschend in dessen Palast auf dem Berg Sapân an und können ihn fesseln und verwunden. Offensichtlich fällt „etwas" zur Erde, was als Kastration des „Göttervaters" gedeutet werden kann. Diese Annahme ist plausibel, nicht nur weil in analogen Auseinandersetzungen um die Herrschermacht Uranos und der

---

[26] Im gleichen Gebiet ist auch der Name Anats bezeugt. Möglicherweise wurde Baal, Dagans Sohn, von den Amoritern eingeführt; siehe insbesondere *U. Oldenburg,* a. a. O. 151ff. In diesem Fall hätte er sich in einen lokalen „Baal"-Hadad agglutiniert, denn man kann von der alten kanaanäische Religion nicht ohne diesen kraftvollen semitischen Wetter- und damit auch Fruchtbarkeitsgott vorstellen. Vgl. auch *F. M. Cross,* Canaanite Myth and Hebrew Epic, a.a.O. 112ff.

[27] Tafel VI AB; sie wurde erstmalig von *Ch. Virolleaud* veröffentlicht; vgl. die Übersetzung von *U. Oldenburg,* a. a. O. 185f. Der Text wurde von *U. Cassuto, M. H. Pope* und *U. Oldenburg* (S. 123) gedeutet als bezugnehmend auf den Angriff Baals und den Sturz Els von seinem Thron.

hurritisch-hethitische Gott Anu entmannt werden, sondern auch deshalb, weil El trotz seiner Feindschaft gegen Baal nie versucht, seine Vorrangstellung zurückzugewinnen, auch dann nicht, als er erfährt, daß Baal von Mot getötet worden ist[28]. Denn im Alten Orient schließt eine solche Verstümmelung das Opfer von der Herrschaft aus. Außerdem schildern ihn die ugaritischen Texte, mit Ausnahme von Text #56, in dem El seine Männlichkeit durch die Zeugung der Planetengötter beweist, eher als impotent. Dies erklärt auch seine Fügsamkeit und sein Zögern wie auch die Tatsache, daß Baal ihm die Gattin raubt.

Durch die Usurpation seines Thrones auf dem Berg Sapân zwingt Baal El zur Flucht ans Ende der Welt, „zur Quelle der Flüsse, in die Spalten der Abgründe", die fürderhin seine Wohnung sein werden[29]. El klagt und fleht die Seinen um Hilfe an. Jam vernimmt ihn als erster, und er reicht ihm ein starkes Getränk. Daraufhin segnet ihn El, verleiht ihm einen neuen Namen und erklärt ihn zu seinem Nachfolger. Außerdem verspricht er ihm die Errichtung eines Palastes; aber er fordert ihn auch auf, Baal von seinem Thron zu verjagen.

Der Text, der den Kampf zwischen Jam und Baal schildert, ist von einigen Lücken unterbrochen. Obgleich nun Jam König zu sein scheint, befindet sich El mit der Mehrheit der Götter auf einem Berg, der offensichtlich nicht mehr der Berg Sapân ist. Da Baal durch seine Behauptung, Jam habe sich in anmaßender Weise zu seiner Position erhoben und werde vernichtet, diesen beleidigt hat, schickt Jam seine Boten aus und fordert die Auslieferung Baals. Die Götter sind eingeschüchtert, und Baal ermahnt sie: „Erhebet eure Häupter, ihr Götter, steht auf, und ich selbst werde die Boten Jams einschüchtern!"[30] Doch El empfängt die Boten und erklärt, Baal sei ihr Sklave und habe an Jam Tribut zu zahlen. Auf die offensichtlich drohende Haltung Baals reagiert El mit dem Hinweis, die Boten könnten ihn jederzeit überwältigen. Baal aber geht mit Anats Hilfe zum Angriff auf Jam über (nach einer anderen Tafel hätte Jam Baal vom Thron verjagt, und Anat hätte Jam besiegt[31]). Der Götterschmied Koschar-wa-Chasis („Geschickt und wendig") bringt ihm zwei Zauberkeulen, die wie Pfeile aus der Hand dessen, der sie benützt, hervorschnellen. Die erste Keule trifft Jam an der Schulter, aber er wankt nicht. Die zweite schlägt auf seiner Stirn auf,

---

[28] Er spricht zu Ascherat: „Gib mir einen deiner Söhne, auf daß ich ihn zum König mache" *(C. Gordon,* Ugaritic Manual 49, I, 16–18; *U. Oldenburg,* a.a.O. 112.
[29] Da der Berg ein Symbol des Himmels ist, kommt sein Verlust für einen Herrschergott seinem Sturz gleich.
[30] *G. R. Driver,* Canaanite Myths and Legends, a.a.O. 79 (Text III, B, 25). Siehe auch *M. Vieyra,* Les Religions du Proche Orient antique, a.a.O. 386; *F. M. Cross,* a.a.O. 114 ff.
[31] „Habe ich nicht Jam, den Günstling Els, zerschmettert? Habe ich nicht den großen Gott Fluß vernichtet? Habe ich nicht Tannin (= den Drachen) geknebelt? Ich habe ihn geknebelt! Ich habe die gewundene Schlange vernichtet, die Mächtige mit sieben Häuptern!" (Übers. *U. Oldenburg,* a.a.O. 198; vgl. ANET 137.) Der Text spielt also auf einen ersten Sieg Jams über Baal an, dem dann aber eine Niederlage folgte (in diesem Fall durch Anat); dies entspricht einem sehr bekannten mythologischen Thema: Niederlage und siegreiche Revanche des Gottes gegen ein schlangengestaltiges Ungeheuer.

und der „Fürst Meer" stürzt zu Boden. Baal macht ihn nieder, und die Göttin Athtart fordert von ihm, ihn zu zerstückeln und die Teile zu verstreuen[32].
Jam wird zugleich als „Gott" und als „Dämon" dargestellt. Er ist der „von El geliebte" Sohn, und als Gott empfängt er Opfer wie die anderen Mitglieder des Pantheons. Andererseits ist er aber ein Wasserungeheuer, ein siebenköpfiger Drache, der „Fürst des Meeres", Prinzip und Epiphanie der unterirdischen Gewässer. Die mythologische Bedeutung des Kampfes ist vielfacher Natur. Einerseits bedeutet Baals Sieg auf der Ebene der jahreszeitlichen und vom Bodenbau bestimmten Vorstellungswelt den Sieg des „Regens" über das „Meer" und die unterirdischen Wasser. Der Rhythmus der Regenzeiten, in dem sich die kosmische Norm äußert, tritt an Stelle der chaotischen und unfruchtbaren Unendlichkeit des „Meeres" und an die Stelle der verheerenden Überschwemmungen. Mit dem Sieg Baals triumphiert auch das Vertrauen in die Ordnung und Stabilität der Jahreszeiten. Andererseits veranschaulicht der Kampf gegen das Meeresungeheuer das Erscheinen eines jungen Gottes als Held und damit auch als neuer Herrscher des Pantheon. Schließlich und letztlich läßt sich aus dieser Episode die Rache des Erstgeborenen (Jam) gegen den Usurpator, der seinen Vater (El) kastriert und entthront hat, erkennen[33].

50. Baals Palast

Um den Sieg über den Drachen zu feiern, veranstaltet Anat ein Gastmahl zu Ehren Baals. Als alle Gäste eingetroffen sind, schließt die Göttin die Tore des Palasts und beginnt, von mörderischer Raserei ergriffen, die Wachen, die Soldaten und die Alten zu töten. Bis zu den Knien im Blute watend, umgürtet sie sich mit den Köpfen und Händen ihrer Opfer. Diese Episode ist bezeichnend[34]. Parallelen finden sich in Ägypten und vor allem in der Mythologie und Ikonographie der indischen Göttin Durga[35]. Blutvergießen und Kannibalismus sind charakteristische Züge archaischer Fruchtbarkeitsgöttinnen. In dieser Hinsicht kann der Anatmythos unter die gemeinsamen Elemente der alten Agrarkulturen eingereiht werden, die sich vom östlichen Mittelmeerraum bis zur Gangesebene erstreckten. In einer anderen Episode droht Anat ihrem eigenen Vater El, ihm Haare und Bart mit Blut zu bedecken (Text *'nt:* V: Oldenburg, 26). Als Anat

---

[32] C. *Gordon*, Ugaritic Manual, a.a.O. § 68: 28–31, Übers. *A. Caquot – M. Sznycer* in: *M. Vieyra*, Les religions du Proche-Orient antique, a.a.O. 389.
[33] Über dieses Motiv siehe *U. Oldenburg*, a.a.O. 130ff.
[34] Da Blut als Lebensessenz galt, wurde vorgeschlagen, dieses Töten als einen Ritus zu deuten, der die Unfruchtbarkeit des syrischen Spätsommers zur Fruchtbarkeit der neuen Jahreszeit überleiten sollte. Vgl. *J. Gray*, The Legacy of Canaan, a.a.O. 36. Der Text wurde übersetzt von *A. Caquot – M. Sznycer*, a.a.O. 393f.
[35] In der uns überkommenen Form stellt der ägyptische Mythos nicht mehr das Ursprungsstadium dar: siehe oben, § 26. Den von *M. Pope* (vgl. insbes. in W.d.M. I, a.a.O. 239) hervorgehobenen Zusammenhang mit Durga hat schon *W. Dostal*, Ein Beitrag... a.a.O. 74ff hergestellt.

den leblosen Körper Baals fand, hub sie an zu klagen und zugleich „sein Fleisch ohne Messer zu verschlingen und sein Blut ohne Becher zu trinken"[36]. Durch ihr ungeschlachtes und blutrünstiges Verhalten erhält Anat – wie auch andere Liebes- und Kriegsgöttinnen – maskuline Attribute und gilt daher als zweigeschlechtlich.

Nach einer weiteren Lücke erfahren wir, daß Baal mit Geschenken beladene Boten zu Anat sendet. Er läßt ihr mitteilen, der Krieg sei ihm verhaßt. Anat solle daher die Waffen niederlegen und Opfergaben für den Frieden und die Fruchtbarkeit der Felder darbringen. Weiterhin teilt er ihr mit, er werde Blitz und Donner schaffen, um Göttern und Menschen ein Zeichen für das Nahen des Regens zu geben. Anat versichert, sie werde seine Ratschläge befolgen.

Baal besitzt aber, obschon er König ist, weder Palast noch Kapelle, während die anderen Götter solche besitzen. Mit anderen Worten, Baal besitzt keinen Tempel, der großartig genug wäre, seine Herrschaft zu verkünden. Eine Reihe von Episoden berichtet sodann vom Bau des Palastes. Es fehlt nicht an Widersprüchen. Denn Baal hat El zwar entthront, aber er braucht nach wie vor dessen Einwilligung: er sendet Ascherat, damit sie El sein Anliegen vortrage, und die „Göttermutter" ergeht sich in Lobpreisungen darüber, daß Baal fortan „reichlich Regen spenden" und „seine Stimme in den Wolken ertönen lassen" wird. El gibt seine Zustimmung, und Baal beauftragt Koschar-wa-Chasis mit dem Bau des Palastes. Anfänglich weigert sich Baal, seine Wohnung mit Fenstern auszustatten, aus Angst, Jam könnte durch diese eindringen. Aber schließlich bewilligt er sie doch[37].

Die Errichtung eines Residenztempels nach dem Sieg eines Gottes über den Drachen verkündet dessen Erhebung in den höchsten Rang. So erbauen die Götter nach der Niederlage Tiâmats und der Erschaffung der Welt einen Residenztempel zu Ehren Marduks (vgl. § 21). Die kosmogonische Symbolik ist aber auch im Baalsmythos vorhanden. Der Residenztempel war eine *imago mundi*, und seine Erbauung entspricht in gewisser Weise einer Kosmogonie. Tatsächlich siegt Baal durch die Regelung der Regenzeiten über das Wasser-„Chaos" und „gestaltet" dadurch die Welt so, wie sie heute ist[38].

---

[36] Text veröffentlicht von *Ch. Virolleaud*, Un nouvel épisode du mythe ugaritique de Baal, a. a. O. 131 ff.
[37] Die Fenster könnten die Öffnungen in den Wolken symbolisieren, durch die Baal Regen sendet. Sein Tempel in Ugarit enthielt ein Giebelfenster, so daß der Regen auf das Gesicht des in einer Stele dargestellten Gottes fiel; vgl. *F. A. Schaeffer*, a. a. O. 6, pl XXXII, Abb. 2. Symbolik und Funktion der Giebelfenster sind aber viel komplexer; vgl. u. a. *A. K. Coomaraswamy*, The symbolism of the Dome, a. a. O.
[38] *L. R. Fisher* spricht von einer „Schöpfung vom Typ Baal", die er von der „Schöpfung vom Typ El" unterscheidet; vgl. *ders.*, Creation at Ugarit, a. a. O. 320ff.

51. Baal gegen Mot: Tod und Rückkehr zum Leben

Nach Fertigstellung des Palastes schickt sich Baal zum Kampf gegen Mot, den „Tod" an. Dieser ist ein hochinteressanter Gott. Auch er ist ein Sohn Els, und er herrscht über die Unterwelt. Aber er ist das einzige im Vorderen Orient bekannte Beispiel einer Personifikation (was auch eine Divinisierung bedeutet) des Todes. Baal sendet Boten zu ihm, um ihm mitzuteilen, daß fortan er allein König der Götter und der Menschen sei, „damit die Götter fett und die Irdischen, die Scharen der Erde, gesättigt werden können" (VII: 50,2; *G. R. Driver*, a.a.O. 101). Baal beauftragt seine Boten, sich zu den beiden Gebirgen zu begeben, welche die Grenzen der Welt anzeigen, sie hochzuheben und unter die Erde hinabzusteigen. Dort werden sie Mot in einer von Unrat bedeckten Umgebung auf seinem Throne in Schlamm sitzend vorfinden. Sie dürfen ihm allerdings nicht zu nahe kommen, da Mot sie sonst mit seinem riesigen Maul verschlingen würde. Außerdem, so fügt Baal hinzu, dürften sie nicht vergessen, daß Mot für alle Toten verantwortlich sei, welche die brennende Hitze gefordert habe.

Mot aber schickt die Boten zurück mit der Botschaft, Baal solle mit ihnen kommen. Denn er, Baal habe Jam getötet, und nun sei es an ihm, in die Unterwelt hinabzusteigen[39]. Das genügt, um Baal aus der Fassung zu bringen. „Sei gegrüßt, Mot, Sohn des El", so läßt er ihm durch seine Boten bestellen, „ich bin dein Sklave, dein für immer." Frohlockend verkündet Mot, Baal werde in der Unterwelt sogleich seine Kraft verlieren und vernichtet sein. Er befiehlt ihm seine Söhne und sein Gefolge, die Winde, Wolken und den Regen, mit sich zu nehmen – und Baal willigt ein. Bevor er aber in die Unterwelt hinabsteigt, vereinigt er sich mit einer Färse, die einen Sohn von ihm empfängt. Baal legt ihm seine eigenen Kleider um und empfiehlt ihn dem Schutze Els. Im Augenblick der höchsten Gefahr nimmt Baal seine ursprüngliche Gestalt wieder an, nämlich die des Weltenstieres. Zugleich sichert er sich einen Nachfolger, für den Fall, daß er nicht mehr auf die Erde zurückkehren sollte.

Wir wissen nicht, auf welche Weise Baal gestorben ist, ob er im Kampfe fiel oder durch die schreckliche Gegenwart Mots niedergeschmettert wurde. Interessant am ugaritischen Mythos ist die Tatsache, daß Baal, der junge Wetter- und Fruchtbarkeitsgott, der noch vor kurzem Herr des Götterhimmels gewesen, in die Unterwelt hinabsteigt und genauso umkommt, wie Tammuz und die anderen Fruchtbarkeitsgötter. Keinem anderen „Baal-Hadad" widerfährt ein gleiches Schicksal; weder dem in Mesopotamien verehrten Adad noch dem hurritischen Teschup. (In späterer Zeit „verschwand" aber auch Marduk einmal im Jahr, „eingeschlossen in den Bergen".) In diesem *descensus ad inferos* wird der Wunsch erkennbar, Baal mit vielfachen und einander ergänzenden Vorzügen auszustatten: er ist der Held, der über das Wasser-„Chaos" triumphiert und damit kosmokratischer, ja sogar „kosmogonischer" Gott; er ist der Gott des

---

[39] *C. Gordon*, Ugaritic Manual, a.a.O. §67, I, 1–8; übers. von *U. Oldenburg*, a.a.O. 133.

Wetters und der Bodenfruchtbarkeit (erinnern wir uns, daß er der Sohn Dagans, des „Korns" ist), aber auch der Götterkönig, der entschlossen ist, seine Herrschaft über die ganze Welt (und damit auch die Unterwelt) auszudehnen.

Nach diesem letzten Unternehmen jedenfalls wandeln sich die Beziehungen zwischen El und Baal. Außerdem erhalten nun die Strukturen und Rhythmen des Universums ihre gegenwärtige Form. Wo der Text nach einer weiteren Lücke wieder einsetzt, berichten zwei Boten dem El, sie hätten Baals Leichnam gefunden. El setzt sich auf den Boden, zerreißt seine Gewänder, schlägt sich auf die Brust und zerkratzt sich das Gesicht; kurz, er vollzieht das in Ugarit übliche Trauerritual. „Baal ist tot!" ruft er aus, „was soll aus den vielen Menschen werden?"[40]

El scheint seine Abneigung und seinen Rachedurst gegen Baal plötzlich vergessen zu haben. Er verhält sich wie ein wahrer Weltenherrscher; da er die Gefahr erkennt, die durch Baals Tod dem allgemeinen Leben droht, bittet er seine Gattin, ihm einen ihrer Söhne anstelle Baals zum König vorzuschlagen. Ascherat nennt Athar, „den Schrecklichen", aber als dieser den Thron besteigt, muß er feststellen, daß der nicht groß genug ist, um ihn auszufüllen, und so gibt er zu, daß er nicht König sein könne.

Inzwischen macht sich Anat auf die Suche nach dem Leichnam. Als sie ihn schließlich findet, legt sie ihn auf ihre Schulter und wendet sich nach Norden. Nach seiner Bestattung opfert sie eine große Zahl von Tieren für das Totenmahl. Nach einiger Zeit trifft Anat Mot. Sie ergreift ihn, und „mit einer Klinge schneidet sie ihn, mit der Schwinge worfelt sie ihn, mit dem Feuer brät sie ihn; mit der Handmühle mahlt sie ihn, in die Felder sät sie ihn, und die Vögel fressen ihn"[41]. Anat begeht eine Art rituellen Mordes, indem sie Mot wie eine Korngarbe behandelt. Im allgemeinen ist dieser Tod für Vegetationsgötter und -geister spezifisch[42], und es erhebt sich die Frage, ob Mot nicht gerade wegen dieses agrartypischen Mordes später wieder zum Leben zurückkehrt.

Wie dem auch sei, Mots Ermordung ist nicht ohne Zusammenhang mit Baals Schicksal. Er träumt, Baal lebe und „daß Fett vom Himmel regnete und der Honig in Sturzbächen herabkam" (dies erinnert an die biblischen Bilder, vgl. Ezechiel 32,14; Ijob 20,17). Er bricht in Gelächter aus und erklärt, nun könne er sich setzen und ausruhen, denn „der siegreiche Baal lebt, der Fürst der Erde existiert (G. R. Driver, 113). Aber, wie Jam zum Leben zurückkehrt, so erscheint auch Mot nach sieben Jahren wieder und beklagt sich über die Behandlung, die Anat ihm zuteil werden ließ. Er beschwert sich außerdem darüber, daß Baal ihm die Herrschaft geraubt habe, und die feindlichen Götter beginnen

---

[40] G. R. *Driver*, a. a. O. 109; A. *Caquot* – M. *Sznycer*, a. a. O. 424f.
[41] G. R. *Driver*, a. a. O. 111; A. *Caquot* – M. *Sznycer*, a. a. O. 430.
[42] Es wurde vorgeschlagen, Mot als „Erntegeist" einzuordnen. Aber sein mit dem Tod zusammenhängender Charakter ist zu offensichtlich: er wohnt in der Unterwelt oder in der Wüste, und alles, was er berührt, kehrt sich in Trostlosigkeit.

erneut zu kämpfen. Sie gehen aufeinander los, schlagen sich auf Kopf und Füße wie zwei wilde Stiere, beißen sich wie Schlangen, bis sie beide auf der Erde liegen, Baal über Mot. Da aber die Sonnengöttin Schapasch im Namen Els verkündet, es sei sinnlos, den Kampf weiterzuführen, unterwirft sich Mot und anerkennt Baals Herrschaft. Nach einigen weiteren, nur zum Teil verständlichen Episoden erfährt Anat, daß Baal nun Könige auf ewig sein und eine Ära des Friedens einleiten werde, „in der der Ochse die Stimme der Gazelle und der Falke die Stimme des Sperlings haben wird"[43].

52. Kanaanäische religiöse Vision

Einige Autoren glaubten in diesem Mythos den Reflex des alljährlichen Sterbens und Wiedererwachsens der Natur zu erkennen. Doch bringt der Sommer in Syrien und Palästina keineswegs den „Tod" des pflanzlichen Lebens, er ist im Gegenteil die Zeit der Früchte. Nicht die trockene Hitze ängstigt den Ackerbauern, sondern eine anhaltende Dürre. Es scheint also plausibler, daß sich Mots Sieg auf den Zyklus der siebenjährigen Dürre bezieht, deren Echo sich im Alten Testament findet (Gen. 41; 2 Sam 24,12ff)[44].

Doch beschränkt sich die Bedeutung des Mythos nicht auf seine möglichen Zusammenhänge mit dem Rhythmus der Vegetation. Diese pathetischen und mitunter spektakulären Ereignisse enthüllen uns letztlich eine ganz spezifische göttliche Seinsweise, nämlich jene Seinsweise, die Niederlage und „Tod", „Verschwinden" durch Bestattung (Baal) oder Zerstückelung (Mot), gefolgt von mehr oder weniger periodischem Wiedererscheinen umfaßt. Diese zugleich intermittierende und kreisende Seinsweise erinnert an die Modalität jener Götter, die den Kreislauf der Vegetation lenken. Und doch handelt es sich hier um eine neue religiöse Schöpfung, die auf die Integration der negativen Aspekte des Lebens in ein einheitliches System antagonistischer Rhythmen abzielt.

Schließlich sichern die Kämpfe Baals mit ihren Umwegen und Siegen ihm die Herrschaft über Himmel und Erde; über das Meer aber herrscht weiterhin Jam, und Mot bleibt Herr über die Unterwelt der Toten. Die Mythen zeigen den Vorrang Baals und damit auch die Unvergänglichkeit des Lebens und der Normen, die den Kosmos und die menschliche Gesellschaft bestimmen. Gerade darin aber finden die durch Jam und Mot vertretenen „negativen Aspekte" ihre Rechtfertigung. Die Tatsache, daß Mot Els Sohn ist, und vor allem, daß Baal ihn nicht vernichten kann, verkündet die „Normalität" des Todes: In letzter Hinterfragung erweist er sich als die *conditio sine qua non* des Lebens[45].

---

[43] G. R. Driver, a.a.O. 119.
[44] Vgl. C. Gordon, Canaanite Mythology, a.a.O. 184, 195ff; M. Pope in W.d.M. I, a.a.O. 262-264.
[45] Nur in der buddhistischen Mythologie findet sich ein anderer großer Gott des Todes, Mâra, der seine ungeheure Macht gerade der blinden Lebensliebe der Menschen verdankt. Aber in der nach-

Möglicherweise wurde der Mythos vom Kampf zwischen Baal und Jam während des Neujahrsfestes und jener vom Streit Baals mit Mot bei der Ernte rezitiert; doch wird dies in keinem der bis jetzt bekannten Texte erwähnt. Weiterhin dürfen wir annehmen, daß der König, dessen wichtige Rolle im Kult uns bekannt ist, in diesen mythisch-rituellen Darstellungen Baal vertrat; allerdings ist diese These noch umstritten. Die Opfergaben galten als den Göttern dargebrachte Nahrung. Das Opfersystem scheint jenem des Alten Testaments ähnlich gewesen zu sein: es umfaßte Brandopfer, „Friedens"- oder „Gemeinschaftsopfer" und Sühneopfer.

Die Priester, *khnm*, trugen die gleiche Bezeichnung wie im Hebräischen *(kōhēn)*. Neben den Priestern werden auch Priesterinnen *(khnt)* und die qadešim, „geweihte" Personen, genannt. In der Bibel bezeichnet dieser Begriff die Sakralprostitution, die ugaritischen Texte dagegen deuten nichts dergleichen an. Schließlich werden noch die Orakelpriester oder Propheten erwähnt. In den Tempeln befanden sich Altäre und Götterbilder sowie göttliche Symbole. Neben Blutopfern umfaßte der Kultus auch Tänze und mannigfache orgiastische Handlungen, die später den Zorn der Propheten erregten. Aber wir dürfen nicht vergessen, daß die Lücken in den Dokumenten uns nur eine annähernde Wertung des religiösen Lebens in Kanaan ermöglichen. Wir besitzen nicht ein einziges Gebet. Zwar wissen wir, daß das Leben als ein Geschenk der Götter galt, aber wir kennen nicht den Mythos von der Erschaffung des Menschen.

Diese religiöse Sicht war nicht ausschließlich kanaanäisch. Doch gelangten gerade diese Anschauungen zu besonderer Bedeutung durch die Tatsache, daß die Israeliten bei ihrem Eindringen in Kanaan mit diesem Typus kosmischer Sakralität konfrontiert wurden, der eine komplexe, und trotz orgiastischer Exzesse doch nicht der Größe entbehrende kultische Aktivität anregte. Da auch die Israeliten an die Sakralität des Lebens glaubten, stellte sich von Anfang an dieses Problem: wie konnte man eine so ähnliche Glaubensvorstellung bewahren, ohne sie in die religiöse Ideologie Kanaans zu verschmelzen? Diese implizierte, wie wir sahen, eine spezifische, um die intermittierende und kreisende Seinsweise des Hauptgottes Baal, der das ganze Leben symbolisierte, zentrierte Theologie. Jahwe aber teilte diese Seinsweise nicht. (Übrigens auch nicht El, aber El hatte andere, demütigende Veränderungen erduldet.) Überdies ließ sich Jahwe, obgleich sein Kult eine Anzahl von Opfern enthielt, durch Kultakte nicht zwingen: er forderte die innere Umwandlung des Gläubigen durch Gehorsam und Vertrauen (§ 114).

Wie wir noch sehen werden (§ 60), haben die Israeliten viele religiöse Elemente Kanaans aufgenommen. „Aber diese Entlehnungen selbst waren ein Aspekt des Konflikts: Baal wurde mit seinen eigenen Waffen geschlagen. Wenn

---

upanischadischen indischen Perspektive bildet natürlich der Kreislauf Leben – Geschlechtlichkeit – Tod – Rückkehr zum Leben das größte Hindernis auf dem Weg der Erlösung (siehe Band II dieses Werkes).

man bedenkt, daß alle Fremdgruppen, sogar Nichtsemiten wie die Hurriter und später die Philister, schon sehr bald nach ihrer Ankunft in Kanaan alles von ihrer Religion vergessen haben, dann wird man es füglich für außergewöhnlich halten, daß dieser Kampf zwischen Jahwe und Baal so lange gedauert und trotz der Kompromisse und über viele Treulosigkeiten hinweg mit dem Sieg des Jahwismus endete."[46]

---

[46] *R. de Vaux*, Histoire ancienne d'Israel I, a.a.O. 147f.

SIEBTES KAPITEL

„Als Israel noch ein Kind war..."

53. Die beiden ersten Kapitel der Genesis

Die Religion Israels ist die Buchreligion schlechthin. Ihr Schriftcorpus setzt sich zusammen aus Texten verschiedenen Alters und verschiedener Orientierung, die zwar sehr alte, aber im Verlauf von mehreren Jahrhunderten und in unterschiedlichen Lebensbereichen umgedeutete, korrigierte und redigierte mündliche Traditionen enthalten[1].

Für die modernen Autoren beginnt die Geschichte der Religion Israels mit Abraham. Denn der Tradition zufolge war er es, der von Gott dazu auserwählt wurde, Ahnherr des Volkes Israel zu werden und von Kanaan Besitz zu ergreifen. Die ersten elf Kapitel der Genesis indes berichten von den legendären Ereignissen, die der Erwählung Abrahams vorausgingen und zwischen Schöpfung und Sintflut und dem Turmbau von Babel geschahen. Die Redaktion dieser Kapitel ist bekanntlich jüngeren Datums als viele andere Texte des Pentateuch. Andererseits haben einige führende Autoren behauptet, Welterschaffungs- und Ursprungsmythen (Erschaffung des Menschen, Ursprung des Todes usw.) hätten im religiösen Bewußtsein Israels nur eine untergeordnete Rolle gespielt. Im großen und ganzen hätten sich die Hebräer mehr für die „Heilsgeschichte", d.h. für ihre Beziehungen zu Gott, und weniger für die Geschichte der Ursprünge, in der von mythischen und legendären Ereignissen des *primordium* die Rede ist, interessiert.

Das mag ab einer bestimmten Zeit und vor allem für eine ganz bestimmte religiöse Elite zutreffen. Aber es besteht kein Grund zur Annahme, daß die

---

[1] Die Frage nach den Quellen und der Redaktion des Pentateuch, d.h. der ersten fünf Gesetzesbücher (Tora), stellt schwerwiegende Probleme. Für unser Anliegen genügt der Hinweis, daß die Quellen gekennzeichnet werden durch die Bezeichnungen: *jahwistisch* (weil diese, die älteste [10. oder 9. Jahrhundert] Quelle den Gottesnamen Jahwe verwendet), *elohistisch* (etwas jünger: sie verwendet den Namen Elohim, „Gott"), *priesterschriftlich* (die jüngste; sie ist das Werk der Priester und betont vor allem Kultus und Gesetz) und *deuteronomistisch* (diese Quelle liegt fast ausschließlich dem Deuteronomium zugrunde). Wir müssen jedoch darauf hinweisen, daß in der zeitgenössischen alttestamentlichen Kritik die Textanalyse weit komplexer und differenzierter ist. Sofern nicht anders vermerkt, wird aus der Jerusalemer Bibel zitiert.

Ahnherren Israels gleichgültig waren gegenüber Fragen, die alle archaischen Gesellschaften bewegt haben: Kosmogonie, Erschaffung des Menschen, Ursprung des Todes sowie einige weitere große Ereignisse.

Noch heute, nach 2500 Jahren voller „Reformen" beschäftigen die in den ersten Kapiteln der Genesis berichteten Ereignisse die Vorstellungskraft und das religiöse Denken der Nachkommen Abrahams. Der vor-modernen Tradition folgend, setzen wir also bei den ersten Kapiteln der Genesis ein. Ihr spätes Abfassungsdatum ist keineswegs problematisch, denn der Inhalt ist archaisch. Er spiegelt sogar noch ältere Auffassungen wider als die Abrahamsaga.

Die Genesis beginnt mit dem berühmten Abschnitt: „Im Anfang schuf Gott (Elohim) den Himmel und die Erde. Die Erde aber war wüst und leer. Finsternis lag über dem Abgrund, und der Geist Gottes schwebte über den Wassern" (Gen 1, 1 f). Das Bild des Urozeans, über dem der Schöpfergott schwebt, ist sehr alt[2]. In der mesopotamischen Kosmogonie ist das Thema des über dem Abgrund der Wasser schwebenden Gottes aber noch nicht bezeugt; jedoch war der im *Enuma elisch* berichtete Mythos dem Autor des biblischen Textes wahrscheinlich bekannt. (Die hebräische Bezeichnung des Urozeans, *tehom*, ist etymologisch mit dem babylonischen *tiamat* identisch.) Die eigentliche Schöpfung, d. h. die Ordnung des „Chaos" *(tohu wa bohu)*, wird durch die Macht des göttlichen Wortes bewirkt. Er sagt: „Es werde Licht", und es ward Licht (Gen 1,3). Die aufeinanderfolgenden Phasen der Schöpfung gehen stets mit dem göttlichen Wort einher. Das Wasser-„Chaos" ist nicht personifiziert (vgl. Tiamat) und wird daher nicht in einem kosmogonischen Kampf „besiegt".

Dieser biblische Bericht weist eine spezifische Struktur auf: (1.) Durch das Wort „wird erschaffen"[3]; (2.) eine Welt, die „gut" ist; und (3.) das (tierische und pflanzliche) Leben, das „gut" ist und das von Gott gesegnet wird (Gen 1,10.21.31; usw.); und schließlich wird (4.) das Schöpfungswerk durch die Erschaffung des Menschen gekrönt. Am sechsten und letzten Tag spricht Gott: „Lasset uns den Menschen machen nach unserem Bilde, uns ähnlich. Sie sollen herrschen über die Fische des Meeres und über die Vögel des Himmels, über das Vieh" usw. (Gen 1,26). Keinerlei spektakuläre Heldentat (Kampf vom Typ Marduk-Tiamat)[4], keinerlei „pessimistisches" Element findet sich im Schöpfungsbericht oder in der Anthropogonie (wie etwa: die aus einem „dämonischen" Urwesen – Tiamat – gebildete Welt, der aus dem Blut eines Erddämons

---

[2] In vielen Traditionen wird der Schöpfer in Gestalt eines Vogels gedacht. Dies jedoch ist eine „Verhärtung" des ursprünglichen Symbols: der göttliche Geist transzendiert die Wassermasse, er kann sich frei bewegen; folglich „fliegt" er gleich einem Vogel. Wir erinnern daran, daß der „Vogel" eines der archetypischen Bilder des Geistes ist.

[3] Das schöpferische Götterwort ist auch in anderen Traditionen bezeugt; so etwa nicht nur in der ägyptischen Theologie, sondern auch bei den Polynesiern. Vgl. *M. Eliade*, Aspects du mythe, a. a. O. 44 ff.

[4] Es gibt aber andere Texte, die den Sieg über ein Schlangenungeheuer, das Drache *(tannin)*, Rahab, oder Leviathan genannt wird, andeuten und die an mesopotamische und kanaanäische Traditionen erinnern (vgl. z. B. Psalm 74,13 ff; Ijob 26,12 ff).

– Kingu – geformte Mensch). Die Welt ist „gut" und der Mensch eine *imago dei;* er wohnt wie sein Schöpfer und Vorbild im Paradies. Aber schon bald berichtet die Genesis, daß das Leben, obgleich es von Gott gesegnet wurde, beschwerlich ist und daß die Menschen nicht mehr im Paradies wohnen. Dies alles aber ist die Folge einer Reihe von Verfehlungen und Sünden der Ahnen. Sie sind es, die die menschliche Verfaßtheit verändert haben. Gott kommt für diese Abweichung seines Meisterwerks keinerlei Verantwortung zu. Wie im nachupanischadischen Denken Indiens ist der Mensch, genauer die menschliche Rasse, auch hier das *Ergebnis ihrer eigenen Taten.*

Der zweite, der jahwistische Bericht (Gen 2,5ff) ist älter und unterscheidet sich eindeutig von dem soeben kurz dargelegten priesterschriftlichen Text. Es ist nun nicht mehr die Rede von der Erschaffung des Himmels und der Erde, sondern von einer Wüste, die Gott (Jahwe) durch eine von der Erde aufsteigende Flut fruchtbar werden ließ. Jahwe formte den Menschen *(adam)* aus Staub und belebte ihn, indem er „in seine Nase einen Lebenshauch" blies. Sodann „pflanzte Jahwe einen Garten in Eden", ließ allerlei Arten „guter Bäume" wachsen (Gen 2,8ff) und setzte den Menschen in den Garten, „damit er ihn bebaue und bewache" (Gen 2,15). Nun formte Jahwe aus dem Erdboden die Tiere und Vögel, führte sie zu Adam, und dieser gab ihnen ihre Namen[5]. Schließlich schläferte Jahwe den Menschen ein, entnahm eine seiner Rippen und bildete daraus eine Frau, die den Namen Eva (hebr. *hawwah,* das etymologisch mit dem Wort für „Leben" identisch ist) erhielt.

Die Exegeten stellten fest, daß der einfachere jahwistische Bericht nicht das Wasser-„Chaos" der Welt der „Formen", sondern Wüste und Trockenheit dem Leben und der Vegetation gegenüberstellt. Dies spricht für die Annahme, daß dieser Ursprungsmythos in einer Wüstenzone entstanden ist. Was die Erschaffung des ersten Menschen aus Staub betrifft, so war dieses Thema, wie wir gesehen haben (§ 17), in Sumer bekannt. Analoge Mythen sind fast in der ganzen Welt vom Alten Ägypten über Griechenland bis hin zu den „primitiven" Völkern anzutreffen. Die zugrundeliegende Idee scheint die gleiche zu sein: der Mensch wurde aus einer Ur-Materie (Erde, Holz, Knochen) geformt und durch den Atem des Schöpfers zum Leben erweckt. In vielen Fällen entspricht seine Gestalt der seines Schöpfers. Anders ausgedrückt: wie wir schon anhand eines sumerischen Mythos feststellten, hat der Mensch durch seine Gestalt und durch sein „Leben" gewissermaßen teil an der Existenzweise seines Schöpfers. Nur sein Leib gehört der „Materie" an[6].

---

[5] Dies ist ein für archaische Ontologien typischer Zug: Tiere und Pflanzen beginnen erst dann wirklich zu existieren, wenn sie einen Namen erhalten (vgl. das Beispiel eines australischen Stammes, in: *M. Eliade,* Mythen, Träume und Mysterien).
[6] In zahlreichen Traditionen kehrt der „Geist" nach dem Tode wieder zu seinem himmlischen Schöpfer zurück, während der Leib der Erde zurückgegeben wird. Dieser anthropologische „Dualismus" wurde aber von den biblischen Autoren wie übrigens auch von der Mehrzahl ihrer Zeitgenossen im Vorderen Orient abgelehnt. Erst sehr spät haben neue anthropologische Auffassungen eine kühnere Lösung vorgeschlagen.

Die Erschaffung der Frau aus einer Rippe Adams kann als Hinweis auf die Androgynie des Urmenschen gedeutet werden. Ähnliche Vorstellungen sind auch in anderen Traditionen bezeugt, einschließlich jener, die von bestimmten *Midraschim* übermittelt wurden. Der Zwittermythos veranschaulicht eine sehr verbreitete Glaubensvorstellung: die mit dem mythischen Ahnen identifizierte menschliche Vollkommenheit beinhaltet eine *Einheit*, die zugleich *Ganzheit* ist. Wir werden auf die Bedeutung der Androgynie bei der Behandlung bestimmter gnostischer und hermetischer Spekulationen noch näher eingehen. Hier sei nur darauf hingewiesen, daß die menschliche Androgynie die göttliche Zweigeschlechtlichkeit zum Vorbild hat, eine Vorstellung, die sich in zahlreichen Kulturen findet[7].

54. Das verlorene Paradies
Kain und Abel

Der Garten Eden mit seinem Fluß, der sich in vier Arme aufteilte und das Leben in die vier Weltgegenden trug, und seinen Bäumen, die Adam hüten und pflegen sollte, erinnert an die mesopotamische Bilderwelt. Möglicherweise verwendet der biblische Bericht auch in diesem Fall eine bestimmte babylonische Tradition. Aber der Mythos von einem Urparadies, in dem der Urmensch lebte, und der Mythos eines für menschliche Wesen nur schwer zugänglichen „paradiesischen" Ortes waren auch außerhalb des Euphrat- und des Mittelmeergebietes bekannt. Wie alle „Paradiese" befindet sich Eden[8] im Mittelpunkt der Welt, dort, wo der Fluß, der sich in vier Arme teilt, entspringt. In der Mitte des Gartens standen der Baum des Lebens und der Baum der Erkenntnis von Gut und Böse (Gen 2,9). Jahwe gab dem Menschen dieses Gebot: „Von allen Bäumen des Gartens darfst du essen. Nur vom Baum der Erkenntnis von Gut und Böse darfst du nicht essen. Denn am Tage, da du davon ißt, mußt du sterben" (Gen 2,16f). In diesem Verbot wird eine sonst unbekannte Vorstellung deutlich: *der existentielle Wert der Erkenntnis*. Mit anderen Worten, das Wissen kann die Struktur der menschlichen Existenz radikal verändern.

Aber der Schlange gelingt es, Eva zu verführen. „Keineswegs, ihr werdet nicht

---

[7] Die göttliche Zweigeschlechtlichkeit ist eine der vielen Formeln für die „Ganzheit/Einheit", die durch die Vereinigung gegensätzlicher Paare bedeutet wird: weiblich – männlich, sichtbar – unsichtbar, Himmel – Erde, Licht – Dunkel, aber auch Gut – Böse, Schöpfung – Zerstörung usw. Die Meditation über diese Gegensatzpaare hat in verschiedenen Religionen zu kühnen Schlüssen geführt, die sowohl die paradoxe Seinsweise der Gottheit als auch die Bewertung der menschlichen Seinsweise betrifft.

[8] Das Wort wurde von den Hebräern mit e'den, „Wonnen", in Verbindung gebracht. Der Terminus Paradies ist iranischen Ursprungs *(pairi-daeza)* und jünger. Entsprechende Bilder, die vor allem im Vorderen Orient und in der Ägäis bekannt waren, stellen eine Große Göttin neben einem Lebensbaum und einer Lebensquelle oder einen von Ungeheuern und Greifen bewachten Lebensbaum dar; vgl. *M. Eliade*, Religionen, §§ 104–108.

sterben. Vielmehr weiß Gott, daß an dem Tage, da ihr davon esset, euch die Augen aufgehen und ihr sein werdet wie Götter, die Gutes und Böses erkennen" (Gen 3,4f). Diese sehr rätselhafte Episode hat zu zahllosen Deutungen Anlaß gegeben. Der bildliche Hintergrund erinnert an ein bekanntes mythologisches Emblem: die nackte Göttin, der Wunderbaum und dessen Wächter, die Schlange. Aber anstelle eines Helden, der siegreich aus einem Kampf hervorgeht und sich das Lebenssymbol (Wunderfrucht, Jungbrunnen, Schatz usw.) aneignet, präsentiert der biblische Bericht Adam, ein naives Opfer der Hinterlist der Schlange. Letztlich haben wir es hier mit einer verpaßten „Immortalisation" zu tun, wie bei Gilgamesch (§ 23). Denn nachdem er allwissend, den „Göttern" gleich geworden war, konnte Adam den Lebensbaum (den Jahwe nicht erwähnt hatte) ja entdecken und unsterblich werden. Der Text ist klar und kategorisch: „Dann sprach Jahwe Gott: ‚Siehe, der Mensch ist geworden wie einer von uns, so daß er Gutes und Böses erkennt! Daß er nun aber nicht seine Hand ausstrecke und auch von dem Baum des Lebens nehme und esse und ewig lebe!'" (Gen 3,22) Und Gott vertrieb das Paar aus dem Paradies und verurteilte es, zu arbeiten, um zu leben.

Um zu dem oben erwähnten Szenarium – die nackte Göttin und der von einem Drachen bewachte Wunderbaum – zurückzukommen: die Schlange der Genesis war letztlich in ihrer Rolle als „Wächter" eines Lebens- oder Jugendsymbols sehr erfolgreich. Doch erfuhr dieser archaische Mythos vom Autor der biblischen Berichte eine grundlegende Abwandlung. Der „initiatorische Mißerfolg" Adams wurde als durchaus gerechtfertigte Strafe umgedeutet: Adams Ungehorsam verriet seinen luziferischen Hochmut, sein Verlangen, Gott gleich zu sein. Das war die größte Sünde, die das Geschöpf gegen seinen Schöpfer begehen konnte. Das war die „Erbsünde", ein für die hebräische und christliche Theologie folgenschwerer Begriff. Eine solche Sicht des „Falles" konnte nur in einer Religion entstehen, die auf die Allmacht und Eifersucht Gottes zentriert war. In der uns überkommenen Fassung zeigt der biblische Bericht die wachsende Autorität des jahwistischen Monotheismus [9].

Nach Ansicht der Redakteure der Kapitel 4–7 der Genesis führte diese erste Sünde nicht nur zum Verlust des Paradieses und zur Veränderung der Verfaßtheit des Menschen, sondern sie wurde in gewisser Weise auch zur Quelle allen Elends, das über die Menschheit kam. Eva gebar Kain, der „die Erde bebaute", und Abel, einen „Kleinviehhirten". Als die Brüder ihr Dankopfer darbrachten – Kain von den Früchten des Feldes und Abel die Erstgeborenen seiner Herde –, da billigte Jahwe die Opfergabe des letzteren, nicht aber jene Kains. Erzürnt „stürzte sich Kain auf seinen Bruder Abel und schlug ihn tot" (Gen 4,8). Da sprach Jahwe: „Und nun: Verflucht seist du, verbannt von dem

---

[9] Wir verweisen jedoch darauf, daß der Mythos vom „Fall" nicht immer so verstanden wurde, wie die Bibel ihn deutet. Vor allem seit der hellenistischen Zeit bis zur Aufklärung wurde in zahllosen Spekulationen versucht, eine kühnere und häufig auch ursprünglichere Adam-Mythologie zu erarbeiten.

fruchtbaren Ackerboden ... Wenn du den Ackerboden bebaust, soll er dir fortan keinen Ertrag mehr geben. Unstet und flüchtig sollst du auf Erden sein" (Gen 4, 11 f).

Aus dieser Episode läßt sich die Gegnerschaft zwischen Ackerbauern und Hirten und implizit die Apologie der letzteren herauslesen. Der Name Abel nämlich bedeutet „Hirt", der Name Kain dagegen bedeutet „Schmied". Ihr Konflikt spiegelt die ambivalente Situation des Schmieds bei bestimmten Hirtenvölkern wider, in denen er verachtet oder respektiert, stets aber gefürchtet wird [10]. Wie wir sahen (§ 15), gilt der Schmied als „Meister des Feuers" und besitzt gefährliche magische Kräfte. Jedenfalls spiegelt die im biblischen Bericht bewahrte Tradition die Idealisierung des „schlichten und reinen" Lebens der Nomadenhirten und den Widerstand gegen das seßhafte Leben der Ackerbauern und Stadtbewohner. Kain wurde „zum Erbauer einer Stadt" (Gen 4, 17), und einer seiner Nachkommen ist Tubal-Kain, „der Stammvater aller Erz- und Eisenschmiede" (Gen 4, 22). Der erste Mord geschieht also durch einen Menschen, der in gewisser Weise das Symbol der Technologie und der Stadt-Kultur inkarniert. Alle Techniken sind – wenigstens implizit – der „Magie" verdächtig.

55. Vor und nach der Sintflut

Es würde uns nicht weiterführen, wollten wir hier eine Zusammenfassung der Nachkommenschaft Kains und Seths, des dritten Adamsohnes, geben. Der in Mesopotamien, Ägypten und Indien belegten Tradition zufolge, nach der die ersten Ahnen ein sagenhaft hohes Alter erreichten, zeugte Adam mit 130 Jahren den Seth und starb 800 Jahre danach (Gen 5, 3 ff). Alle Nachkommen Seths und Kains wurden 800 bis 900 Jahre alt. Eine seltsame Episode markiert diese Epoche vor der Sintflut: die Vereinigung gewisser himmlischer Wesen, der „Gottessöhne", mit den Töchtern der Menschen, die ihnen Kinder schenkten, „die Helden der Vorzeit" (Gen 6, 1–4). Sehr wahrscheinlich handelt es sich um „gefallene Engel". Ihre Geschichte wird in einem späteren Buch (Henoch VI–XI) ausführlich berichtet, was aber nicht zwangsläufig auch bedeutet, daß der Mythos früher unbekannt war. Analoge Vorstellungen finden sich im alten Griechenland und in Indien: es ist die Zeit der „Heroen", halbgöttlicher Wesen, deren Wirken vor dem Beginn der Jetztzeit anzusetzen wäre („am Anbruch der Geschichte"), d. h. in dem Augenblick, da die für jede Kultur spezifischen Institutionen eingesetzt wurden. Im biblischen Bericht nun beschloß Gott nach dieser Vereinigung zwischen den gefallenen Engeln und den Töchtern der Sterblichen, das Alter des Menschen auf 120 Jahre zu begrenzen. Was immer auch der Ursprung dieser mythischen Themen (Kain und Abel, die Patriarchen vor der Sintflut, das Herabsteigen der „Gottessöhne", die Geburt von „Heroen")

---

[10] Vgl. *M. Eliade*, Schmiede und Alchemisten, a.a.O. 105 ff.

sein mag, es ist doch bezeichnend, daß die Redaktoren sie im Endtext der Genesis beibehielten, und dies trotz einiger anthropomorpher Züge, mit denen sie Jahwe ausgestattet haben.

Das bedeutendste Ereignis dieser Epoche war die Sintflut. „Jahwe sah, daß die Bosheit der Menschen auf Erden groß war und alles Gedankengebilde ihres Herzens allezeit nur auf das Böse gerichtet war" (Gen 6,5). „Gott reute es, daß er den Menschen geschaffen hatte, und er beschloß, seine Art vom Erdboden zu vertilgen. Nur Noach, dessen Frau und Söhne (Sem, Cham und Japhet) sollten gerettet werden. Denn, Noach war ein gerechter Mann ... und er wandelte mit Gott" (Gen 6,10). Nach den genauen Anweisungen Jahwes baute nun Noach die Arche und füllte sie mit den Vertretern aller Tierarten. Es war im sechshundertsten Lebensjahr Noachs, am siebzehnten Tag des zweiten Monats, an diesem Tag brachen alle Quellen der großen Tiefe auf, und die Schleusen des Himmels öffneten sich. Der Regen strömte auf die Erde vierzig Tage und vierzig Nächte lang (Gen 7,11f). Als die Wasser wieder fielen, hielt die Arche auf dem Berge Ararat. Noach ging hinaus und brachte ein Opfer dar. „Jahwe roch den lieblichen Duft", und befriedigt versprach er sich selbst, die „Erde nicht wieder um des Menschen willen zu verfluchen" (Gen 8,21). Er schloß einen Bund mit Noach und dessen Nachkommen, und das Zeichen dieses Bundes wurde der Regenbogen (Gen 9,13).

Der biblische Bericht bringt eine Reihe von Elementen, die auch im Sintflutbericht des Gilgameschepos aufscheinen. Möglicherweise kannte der Verfasser die mesopotamische Version, oder aber, und das scheint noch wahrscheinlicher, er hat eine archaische Quelle verwendet, die seit undenkbaren Zeiten im Mittleren Orient tradiert wurde. Die Sintflutmythen sind, wie wir bereits feststellten (§ 18), sehr weit verbreitet und enthalten im wesentlichen den gleichen Symbolismus: die Notwendigkeit, eine degenerierte Welt und Menschheit radikal auszumerzen, um sie neu erschaffen zu können, d. h. um ihr die ursprüngliche Integrität zurückzugeben. In den sumerischen und akkadischen Versionen ist diese zyklische Kosmologie aber schon abgewandelt. Der Verfasser des biblischen Berichts greift die neue Deutung der Überschwemmungskatastrophe auf und erweitert sie: er erhebt sie in den Rang einer Episode der „Heilsgeschichte". Jahwe bestraft die Verderbtheit des Menschen und bedauert die Opfer der Sintflut nicht (wie die Götter in der babylonischen Version; vgl. Gilgameschepos, Tafel XI: 116f, 136f). Die Bedeutung, die er der moralischen Reinheit und dem Gehorsam beimißt, antizipiert das „Gesetz", das später dem Mose geoffenbart wird. Wie so viele andere legendäre Ereignisse wurde auch die Sintflut in der Folge immer wieder aus verschiedenen Perspektiven umgedeutet und neu bewertet.

Noachs Söhne wurden die Stammväter einer neuen Menschheit. In jener Zeit sprach die ganze Welt die gleiche Sprache. Eines Tages aber beschlossen die Menschen, „einen Turm zu bauen, dessen Spitze bis zum Himmel reicht" (Gen 2,4). Dies war die letzte „luziferische" Tat. Jahwe „stieg herab, um die Stadt und den Turm anzusehen", und er verstand, daß fortan „für sie nichts mehr unausführbar sein wird" (Gen 11,5f). So verwirrte er ihre Sprache, und die Menschen verstanden einander nicht mehr. Dann verstreute sie Jahwe „über die ganze Erde, und sie mußten aufhören, die Stadt zu bauen" (Gen 11,7f), die fortan unter dem Namen Babel bekannt war.

Auch in diesem Fall handelt es sich um ein aus der Sicht des Jahwismus neu gedeutetes altes mythisches Thema. Es ist die uralte Tradition, nach der bestimmte privilegierte Wesen (Ahnen, Heroen, legendäre Könige, Schamanen) vermittels eines Baums, einer Lanze, einer Schnur oder einer Pfeilkette in den Himmel erhoben werden. Doch der tatsächliche Aufstieg in den Himmel wurde am Ende der mythischen Urzeit unterbrochen[11]. Andere Mythen erzählen vom Scheitern späterer Versuche, mit Hilfe verschiedener Leitern in den Himmel zu steigen. Wir können nicht sagen, ob der Verfasser des biblischen Berichts diese uralten Glaubensvorstellungen kannte. Jedenfalls war er mit den babylonischen Zikkurrats vertraut, die einen ähnlichen Symbolismus beinhalten. Denn von der Zikkurrat glaubte man, sie stehe auf dem Erdnabel und berühre mit ihrer Spitze den Himmel. Wenn der König oder Priester die Stockwerke einer Zikkurrat erstiegen, so gelangten sie *rituell*, d.h. symbolisch, in den Himmel. Für den Verfasser des biblischen Berichts war diese Glaubensvorstellung, die er wörtlich nahm, gleichermaßen einfältig wie auch sakrilegisch: sie wurde also radikal umgedeutet, d.h. genauer, sie wurde ent-sakralisiert und ent-mythologisiert.

Wichtig ist folgendes: trotz einer langwierigen und vielschichtigen Auswahl, Ausscheidung und Umwertung der ererbten oder entlehnten archaischen Materialien haben die letzten Redaktoren der Genesis doch einen ganzen Komplex traditioneller Mythologie beibehalten: sie beginnt mit der Entstehung der Welt und der Erschaffung des Menschen, berichtet von dem „paradiesischen" Leben der Stammeltern, erzählt das Drama des „Falles" mit seinen verhängnisvollen Folgen (Sterblichkeit, Notwendigkeit der Arbeit, um zu leben, usw.), ruft den allmählichen Verfall der ersten Menschheit in Erinnerung, der die Sintflut rechtfertigt, und schließt mit einer letzten, legendären Episode: dem Verlust der sprachlichen Einheit und der Zerstreuung der zweiten, nachsintflutlichen Menschheit als Folge eines neuerlichen „luziferischen" Planes. Wie in den archaischen und frühzeitlichen Kulturen ist diese Mythologie auch hier letztlich eine „Heilsgeschichte": sie erklärt sowohl den Ursprung der Welt als auch die gegenwärtige Situation des Menschen. Gewiß, für die Hebräer wurde diese „Heilsgeschichte" nach Abraham und vor allem mit Mose exemplarisch. Aber das berührt nicht die mythologische Struktur und Funktion der ersten elf Kapitel der Genesis.

Viele Autoren verwiesen mit Nachdruck darauf, daß die Religion Israels nicht einen einzigen Mythos „erfunden" habe. Aber wenn der Ausdruck „erfinden"

---

[11] Heute unternehmen die Schamanen diese Himmelsreise „im Geiste", d.h. in ekstatischer Trance.

eine geistige Schöpfung bezeichnen soll, dann kommen Auswahl und Kritik uralter mythologischer Traditionen der Entstehung eines neuen „Mythos" gleich, d. h. einer neuen religiösen Sicht der Welt, die exemplarisch werden kann. Der religiöse Genius Israels hat die Beziehungen Gottes zum auserwählten Volk in eine „Heilsgeschichte" bislang unbekannter Art umgewandelt. Von einem bestimmten Zeitpunkt an erweist sich diese offensichtlich ausschließlich „nationale" „Heilsgeschichte" als exemplarisches Vorbild für die gesamte Menschheit.

56. Die Religion der Patriarchen

Das zwölfte Kapitel der Genesis führt uns in eine neue religiöse Welt. Jahwe[12] spricht zu Abraham: „Ziehe fort aus deinem Land, aus deiner Verwandtschaft und aus deinem Vaterhaus in das Land, das ich dir zeigen werde! Ich will dich zu einem großen Volke machen. Ich will dich segnen und deinen Namen groß machen, und du sollst ein Segen sein. Ich werde segnen, die dich segnen, und die dich verwünschen, werde ich verfluchen! Durch dich sollen gesegnet sein alle Geschlechter der Erde" (Gen 12, 1–3).

In der uns vorliegenden Form wurde dieser Text zweifellos erst Jahrhunderte nach dem berichteten Ereignis verfaßt. Aber die in der „Erwählung" Abrahams enthaltene religiöse Auffassung setzt Glaubensvorstellungen und Gebräuche fort, die im Vorderen Orient des zweiten Jahrtausends üblich waren. Was den biblischen Bericht unterscheidet, ist die persönliche Botschaft Gottes und ihre Folgen. Ohne zuvor angerufen worden zu sein, offenbart sich Gott einem menschlichen Wesen und stellt ihm eine Reihe von Forderungen, an die sich wunderbare Verheißungen anschließen. Nach der Überlieferung gehorchte Abraham, wie er auch später gehorchte, als Gott von ihm die Opferung seines Sohnes Isaak forderte. Wir stehen hier vor einer neuen Art religiöser Erfahrung: dem „Glauben Abrahams", wie er nach Mose verstanden und im Laufe der Zeit zur spezifisch jüdischen und christlichen Glaubenserfahrung wurde.

Abraham verließ Ur in Chaldäa und gelangte nach Haran im Nordwesten Mesopotamiens. Später zog er nach Süden und blieb eine Zeitlang in Sichem; dann führte er seine Karawanen in die Gegend zwischen Palästina und Ägypten (Gen 13, 1–3). Die Geschichte Abrahams und die Abenteuer seines Sohnes Isaak, seines Enkels Jakob und Josephs bilden die sog. Zeit der Patriarchen. Lange Zeit hindurch hatte die Kritik die Patriarchen für legendäre Figuren gehalten. Seit einem halben Jahrhundert jedoch sind einige Autoren vor allem aufgrund archäologischer Entdeckungen geneigt, die Geschichtlichkeit der Patriarchenüberlieferungen zumindest teilweise anzuerkennen. Das soll aber natürlich nicht heißen, daß die Kapitel 11–50 der Genesis „historische Dokumente" seien.

---

[12] „Jahwe" ist natürlich sowohl hier als auch in allen anderen bereits angeführten Abschnitten ein Anachronismus, denn dieser Name wurde erst später dem Mose geoffenbart.

Für unseren Zweck ist es ohne Belang, ob die Stammväter der Hebräer, die *Apiru*, Eselzüchter und Karawanenhändler waren[13] oder aber Kleinviehhirten auf dem Wege des Seßhaftwerdens[14]. Es genügt der Hinweis auf das Vorhandensein einer Anzahl von Analogien zwischen den Gebräuchen der Patriarchen und den gesellschaftlichen und rechtlichen Institutionen des Vorderen Orients. Es gilt außerdem als sicher, daß manche mythologische Tradition von den Patriarchen während ihres Aufenthaltes in Mesopotamien gekannt und adaptiert wurde. Die Religion der Patriarchen ist geprägt vom Kult des „Vätergottes"[15]. Dieser wird angerufen oder tut sich kund als „der Gott meines / deines / seines Vaters" (Gen 31,5ff). Andere Formeln enthalten einen Eigennamen, dem bisweilen das Wort „Vater" vorangestellt ist: „der Gott Abrahams" (Gen 31,53), „der Gott deines Vaters Abraham" (Gen 26,24 u. a.), „der Gott Isaaks" (Gen 28,13), „der Gott meines / seines Vaters Isaak (Gen 32,10 u. a.) oder „Gott Abrahams, Isaaks und Jakobs" (Gen 32,24 u. a.). Diese Formeln haben Entsprechungen im Alten Orient[16].

Der „Gott der Väter" ist ursprünglich der Gott des unmittelbaren Vorfahren, den auch die Söhne anerkennen. Da er sich dem Vorfahren geoffenbart hat, hat er eine Art Verwandtschaft bekundet. Er ist ein Nomadengott, der nicht an ein Heiligtum, sondern an eine Gruppe von Menschen gebunden ist, die er begleitet und beschützt. Er „verpflichtet sich seinen Anhängern gegenüber durch Verheißungen"[17]. Andere, möglicherweise noch ältere Bezeichnungen sind *pahad jishak*, was mit „Schrecken Isaaks" übersetzt wurde, aber eher „Verwandter Isaaks" bedeutet, und *abir jaʻakob* „Kämpe (oder Verteidiger) Jakobs" (Gen 31,42,53).

Als die Patriarchen in Kanaan eindrangen, stießen sie auf den Kult des Gottes El. Der „Gott der Väter" wurde schließlich mit diesem identifiziert[18]. Diese Assimilation läßt vermuten, daß zwischen den beiden Typen von Gottheiten eine gewisse strukturelle Ähnlichkeit bestand. Jedenfalls erlangte der „Gott der Väter", sobald er mit El identifiziert war, jene kosmische Dimension, die er

---

[13] Wie *W. F. Albright* in mehreren Arbeiten behauptet; siehe vor allem: *ders.*, Yahweh and the Gods of Canaan 62–64 und passim.

[14] Diese These vertritt unter anderen *R. de Vaux*, Histoire ancienne d'Israël 1, a.a.O. 220–222.

[15] Es ist das Verdienst *A. Alts*, als erster die Aufmerksamkeit auf diesen spezifischen Zug gelenkt zu haben (*A. Alt*, Der Gott der Väter [1929]).

[16] Im 19. Jahrhundert v. Chr. riefen die Assyrer Kappadokiens „den Gott meines Vaters" (oder deines/seines Vaters) zum Zeugen an. Siehe die Quellen bei *H. Ringgren*, Israelitische Religion, a.a.O. 17; *G. Fohrer*, Geschichte der israelitischen Religion, a.a.O. 22f; *R. de Vaux*, Histoire ancienne d'Israël 1, a.a.O. 257f. Eine differenziertere Deutung gibt *F. M. Cross*, Canaanite and Hebrew Epic, a.a.O. 12ff.

[17] *R. de Vaux*, a.a.O. 261: „Das Verheißungsthema kehrt in der Genesis häufig wieder. Es erscheint unter verschiedenen Formen: Verheißung von Nachkommenschaft oder Landbesitz, oder beidem zugleich."

[18] Die Patriarchenberichte führen Namen auf, die mit dem Element 'el, gefolgt von einem Substantiv, gebildet werden: El Roi, „El der Vision" (Gen 16,13); El Schaddai, „El des Gebirges" (z. B. Gen 17,1); El Olam, „El der Ewigkeit" (21,33); El Bethel (31, 13 usw.). Vgl. *R. de Vaux*, a.a.O. 262ff; *H. Ringgren*, a.a.O. 19f; *F. M. Cross*, a.a.O. 44ff.

als Familien- und Sippengott nicht haben konnte. Dies ist das erste, historisch bezeugte Beispiel einer Synthese, die das Vätererbe bereichert. Es wird nicht das einzige bleiben.

Zahlreiche Abschnitte beschreiben, allerdings sehr summarisch, die religiösen Gebräuche der Patriarchen. Doch spiegeln einige dieser Passagen eine frühere Situation wider. Es ist also angebracht, die biblischen Berichte mit den spezifischen Bräuchen der archaischen Hirtenkulturen, vorab jenen der vorislamischen Araber, zu vergleichen. Nach der Genesis brachten die Patriarchen Opfer dar, bauten Altäre und richteten Steine auf, die sie mit Öl salbten. Wahrscheinlich wurde aber nur das Blutopfer *(zebah)* nach Hirtenart, also ohne Priester und nach Auffassung einiger Autoren auch ohne Altar, dargebracht: „Jeder Opfernde tötete selbst sein Opfer, das er von der Herde genommen hatte; es wurde nicht verbrannt, sondern vom Opfernden gemeinsam mit seiner Familie verzehrt."[19]

Die ursprüngliche Bedeutung der aufgerichteten Steine *(massebah)* ist nicht leicht zu bestimmen, denn ihr religiöser Kontext ist je ein anderer. Ein Stein kann von einer geschlossenen Übereinkunft Zeugnis geben (Gen 31,45, 51f), als Grabmal dienen (Gen 35,20) oder wie in der Jakobepisode eine Gotteserscheinung anzeigen: Jakob legte sein Haupt auf einen Stein und schlief. Da sah er eine Leiter, deren Spitze den Himmel berührte, und „siehe, Jahwe stand vor ihm" und verhieß ihm dieses Land. Als Jakob erwachte, richtete er den Stein auf, auf dem er geschlafen hatte, und gab jener Stätte den Namen Betel, das „Haus Gottes" (Gen 28,10–22). Weil die aufgerichteten Steine schon im kanaanäischen Kult eine Rolle spielten, wurden sie später vom Jahwismus verboten. Doch existierte dieser Brauch bereits bei den vorislamischen Arabern (vgl. Anm. 19), und daher ist es wahrscheinlich, daß ihn auch die Stammväter der Israeliten übten[20].

57. Abraham, der „Vater des Glaubens"

Die beiden Rituale aber, die in der Religionsgeschichte Israels eine sehr große Rolle spielten, sind das Bundesopfer und das Opfer Isaaks. Ersteres (Gen 15,9ff) wurde dem Abraham unmittelbar von Gott vorgeschrieben. Es besteht in der

---

[19] R. de Vaux, a.a.O. 271: „In Mittelarabien wurde das Opfer vor einem aufgerichteten Stein, der die Gegenwart des Göttlichen symbolisierte, geschlachtet; das Blut goß man auf den Stein oder schüttete es in einen darunter ausgehobenen Graben. Solche Opfer wurden vor allem bei den Festen dargebracht, die die nomadisierenden Araber im ersten Frühlingsmonat begingen, um die Fruchtbarkeit und das Gedeihen der Herde zu sichern. Wahrscheinlich feierten auch schon die Stammväter Israels, die halbnomadisierende Hirten waren, ein ähnliches Fest.

[20] Die Patriarchenberichte sprechen von bestimmten heiligen Bäumen: z.B. die Terebinthe des Mose (12,6) und die Terebinthe von Mamre (13,18 usw.). Diese Verehrung der Bäume der Patriarchen, welche ins Gigantische wuchs, wurde später verboten, als man die „auf den Hügeln, unter jedem grünen Baum" (Dt 12,2) errichteten kanaanäischen Kultstätten verurteilte.

Teilung einer jungen Kuh, einer Ziege und eines Widders in zwei Hälften, einem Ritus, der auch bei anderen Völkern (z.B. bei den Hethitern, vgl. § 43) seine Entsprechungen hat. Das entscheidende Element aber bildet eine nächtliche Gotteserscheinung: „Als die Sonne untergegangen war..., ging etwas wie ein rauchender Ofen und eine brennende Fackel zwischen diesen Stücken hindurch" (Gen 15,17). „An jenem Tage schloß Jahwe mit Abraham einen Bund" (Gen 15,18). Es ist nicht die Rede von einem „Vertrag". Gott legte Abraham keinerlei Verpflichtungen auf: nur er selbst verpflichtet sich. Dieses im Bereich des Alten Bundes einmalige Ritual wurde bis in die Zeit des Jeremias vollzogen. Viele Autoren bestreiten, daß es schon zur Zeit der Patriarchen bekannt war. Das Opfer wird zwar in einem jahwistischen Kontext erwähnt, aber die theologische Umdeutung hat dennoch seinen urtümlichen Charakter nicht zerstören können.

In der Genesis wird nur ein einziges Opfer in allen Einzelheiten beschrieben: das Opfer Isaaks (Gen 22,1–19). Gott hatte Abraham befohlen, seinen Sohn als Brandopfer *(ʿolah)* darzubringen. Als Abraham sich anschickte Isaak zu opfern, wird dieser durch einen Widder ersetzt. Diese Episode war Ausgangspunkt zahlloser Kontroversen. Man hat, unter anderem, festgestellt, daß der Ausdruck „Brandopfer" sechsmal wiederholt wird. Diese Art des Opfers scheint nach der endgültigen Seßhaftwerdung der Stämme[21] von den Kanaanäern entlehnt worden zu sein. Man hat auch von einer „Idealisierung der Vergangenheit" gesprochen. Doch dürfen wir nicht vergessen, daß die Genesis eine Anzahl anstößiger Geschichten enthält, „die zeigen, daß es den Verfassern mehr *um die getreue Überlieferung der Traditionen als um deren Idealisierung* ging"[22].

Was immer auch der Ursprung dieser Episode sein mag, sie veranschaulicht mit einer im Alten Testament sonst unerreichten Kraft die tiefe Bedeutung des „abrahamischen" Glaubens. Abraham ging nicht daran, sein Kind im Blick auf ein konkretes Ergebnis zu opfern, wie etwa der Moabiterkönig Mescha (2 Kg 3,27), der seinen Erstgeborenen opferte, um damit den Sieg zu erzwingen, oder Jiphtach, der Jahwe gelobte, ihm die erste Person als Brandopfer darzubringen, die ihm nach dem Sieg entgegenkäme, wobei er nicht wissen konnte, daß es seine eigene Tochter, sein einziges Kind, sein werde (Ri 11,30ff). Dies ist ein Erstgeburtsopfer, ein Ritual, das überdies erst später bekannt und bei den Israeliten nie allgemein üblich wurde. Abraham fühlte sich seinem Gott durch den „Glauben" verbunden. Er „verstand" den Sinn der Tat nicht, die Gott von ihm verlangt hatte, während jene, die ihren Erstgeborenen einer Gottheit darbrachten, sich der Bedeutung und der magisch-religiösen Kraft des Rituals durchaus

---

[21] *R. de Vaux*, a.a.O. 270: „die ersten Erwähnungen in den gesichert alten Texten datieren aus der Zeit der Richter".

[22] *H. H. Rowley*, Worship in Ancient Israel, a.a.O. 27. Tatsächlich erfahren wir aus dem Text nur sehr wenig über den Kult, den einige der Jakobssöhne praktizierten, während sie in vielen Berichten sehr negativ abschneiden. So etwa in der Geschichte von Simeon und Levi in Sichem (Gen 34) oder von Juda und Tamar (Gen 38).

bewußt waren. Andererseits hegte Abraham an der Heiligkeit, Vollkommenheit und Allmacht seines Gottes nicht den geringsten Zweifel. Wenn daher die befohlene Tat wie ein Kindesmord aussah, so nur aufgrund der Unzulänglichkeit des menschlichen Verstehens. Gott allein kannte den Sinn und Wert einer Handlung, die sich für jeden anderen in nichts von einem Verbrechen unterschied.

Hier stehen wir vor einem besonderen Fall der Dialektik des Heiligen: das „Profane" wird nicht nur unter uneingeschränkter Beibehaltung seiner vorherigen Struktur in „Heiliges" umgewandelt (ein *heiliger* Stein bleibt immer noch ein *Stein*), sondern der Vorgang der „Sakralisierung" ist nicht mit dem Verstand zu begreifen: der Kindesmord wird nicht in ein Ritual zu einem bestimmten Zweck umfunktioniert (wie bei jenen, die ihre Erstgeborenen opferten). Abraham vollzieht kein Ritual (da er kein Ziel im Auge hatte und den Sinn seines Tuns nicht verstand). Andererseits aber gab ihm sein „Glaube" die Gewißheit, daß er kein Verbrechen begehe. Man könnte sagen, daß Abraham nicht an der „Heiligkeit" seiner Handlung zweifelte, aber sie war „unerkennbar" und folglich auch unbegreiflich.

Die Meditation über diese Unmöglichkeit, das „Heilige" zu erkennen (da das „Heilige" mit dem „Profanen" voll und ganz identifiziert wird), sollte schwerwiegende Folgen haben. Wie wir noch sehen werden, ist es der „abrahamische Glaube", der das jüdische Volk befähigt, nach der zweiten Zerstörung des Tempels und der Auflösung des Staates alle Heimsuchungen seiner tragischen Geschichte zu erdulden. Und in der Betrachtung des Beispiels Abrahams haben noch im 19. und 20. Jahrhundert christliche Denker den paradoxen und den „Geheimnis"-Charakter ihres Glaubens erfaßt. S. Kierkegaard entsagte seiner Braut in der Hoffnung, daß sie ihm in einer nicht vorstellbaren Weise wiedergegeben werde. Und wenn L. Tschestov sagt, der wahre Glaube schließe nur eine einzige Gewißheit ein, nämlich die, daß „für Gott alles möglich ist", so ist dies nichts anderes als eine vereinfachende Übertragung der Erfahrung Abrahams.

58. Mose und der Auszug aus Ägypten

Die Anfänge der Religion Israels werden in den Kapiteln 46–50 der Genesis, im Buche Exodus und im Buche Numeri erzählt. Es handelt sich um eine Reihe von Ereignissen, die im wesentlichen direkt auf Gottes Eingreifen zurückgeführt werden. Um die wichtigsten zu nennen: die Niederlassung Jakobs und seiner Söhne in Ägypten; einige Jahrhunderte später die Verfolgung ihrer Nachkommen durch einen Pharao, der die Tötung aller Erstgeborenen der Israeliten befahl; das Schicksal des (auf wunderbare Weise dem Massaker entkommenen und am Hofe des Pharao erzogenen) Mose, nachdem dieser einen ägyptischen Soldaten getötet hatte, der einen seiner Brüder erschlug. Dann vor allem seine Flucht in die Wüste Midian, die Erscheinung des „brennenden Dornbuschs" (seine erste Begegnung mit Jahwe); die Sendung, durch die Gott ihn beauftragte, sein Volk aus Ägypten herauszuführen, und die Offenbarung des göttlichen Namens; die zehn Plagen, durch die Jahwe die Zustimmung des Pharao erzwingt; der Auszug der Israeliten und ihr Durchzug durch das Schilfmeer, dessen Wasser die nachfolgenden ägyptischen Wagen und Soldaten unter sich begraben; die Gotteserscheinung am Berge Sinai, der Bund Jahwes mit seinem Volke und die Anweisungen über den Inhalt der Offenbarung und den Kult. Schließlich die vierzig Wander-Jahre in der Wüste, der Tod Moses und die Eroberung Kanaans unter der Führung Josuas.

Seit mehr als einem Jahrhundert bemüht sich die Kritik, die „wahrscheinlichen" und folglich „historischen" Elemente dieser biblischen Berichte von der Masse der „mythologischen" und „folkloristischen Auswüchse und Ablagerungen" zu scheiden[23]. Außerdem zog man philologische und archäologische Dokumente heran, die sich auf die politische, kulturelle und religiöse Geschichte der Ägypter, der Kanaanäer und anderer Völker des Vorderen Orients bezogen. Durch diese Dokumente hoffte man, die Geschichte der verschiedenen Hebräergruppen von der Niederlassung Jakobs in Ägypten (18.-17. Jahrhundert) bis hin zu jenen, von vielen Autoren in das 12. Jahrhundert datierten Ereignissen zu erklären und präzisieren oder vielleicht sogar zu rekonstruieren[24], deren Echo sich in den Überlieferungen vom Exodus und der Landnahme in Kanaan findet. Die außerbiblischen Dokumente haben zweifellos dazu beigetragen, den Exodus und die Eroberung Kanaans zumindest teilweise in einen historischen Kontext einzufügen. So wurden beispielsweise auf der Grundlage von Informationen über die militärische und politische Situation bestimmter Pharaonen der 19. Dynastie sehr genaue Daten für den Auszug aus Ägypten genannt, und man hatte durch die Einbeziehung der Grabungsergebnisse und vor allem der Datierung der Zerstörung bestimmter kanaanäischer Städte die Etappen der Landnahme in Kanaan identifiziert. Doch sind viele dieser chronologischen Wechselbeziehungen und Übereinstimmungen noch umstritten.

Es steht uns nicht zu, in einer Debatte Stellung zu nehmen, in der nur einige wenige Spezialisten zur Übereinstimmung gelangt sind. Hier genügt der Hinweis, daß es nicht gelungen ist, die Historizität gewisser Ereignisse, die für die

---

[23] Die „Entmythologisierung" als solche war recht einfach („Wunder", wie die zehn Plagen oder der Durchzug durch das Schilfmeer, konnten ja nicht als „historische" Ereignisse betrachtet werden). Dagegen erwies sich die Deutung der eventuellen Historizität der biblischen Texte als außerordentlich schwierig. Ihre Analyse hatte mehrere, verschiedenen Zeiten und theologischen Perspektiven angehörende Redaktionen aufgedeckt. Außerdem wurden Formen verschiedener literarischer Gattungen identifiziert. Die augenscheinliche Historizität einer Episode mußte vorsichtiger beurteilt werden, sobald die Verwendung von Klischees bestimmter literarischer Gattungen (Sage, Novelle, Sprichwörter usw.) offenkundig geworden war.
[24] Nach Ex 12,40 blieben die Israeliten 430 Jahre in Ägypten.

Religion Israels von größter Bedeutung sind, nachzuweisen, was aber keineswegs ihre Nicht-Historizität beweist. Die historischen Ereignisse und Personen wurden so sehr nach paradigmatischen Kategorien geformt, daß es in der Mehrzahl der Fälle nicht mehr möglich ist, ihre ursprüngliche „Wirklichkeit" in den Griff zu bekommen. Es besteht kein Grund, an der „Wirklichkeit" der unter dem Namen Mose bekannten Person zu zweifeln, seine Biographie und die Besonderheiten seiner Persönlichkeit jedoch entziehen sich unserer Kenntnis. Allein durch die Tatsache, daß er eine charismatische und legendäre Gestalt geworden ist, folgt sein Leben – man denke nur an die wunderbare Errettung des Kindes in einem im Schilf des Nils ausgesetzten Papyruskorb – dem Modell so vieler anderer „Helden" (Theseus, Perseus, Sargon von Akkad, Romulus, Kyrus usw.).

Der Name Mose, wie auch der Name anderer Mitglieder seiner Familie, ist ägyptisch. Er enthält das Element *mśy*, „Geborener, Sohn", vergleichbar etwa Ahmoses oder Ramses (Ra-messes, „Sohn des Ra"). Der Name eines der Levi-Söhne, Merari, ist das ägyptische *Mrry*, „Geliebter"; Pinhas, Aarons Enkel, ist *P'-nḥsy*, „Der Mohr". Es ist nicht ausgeschlossen, daß der junge Mose die „Reform" Echnatons (ca. 1375–1350) kannte, der den Amon-Kult durch den Sonnen-„Monotheismus" Atons ersetzt hatte. Man hat Entsprechungen zwischen den beiden Religionen festgestellt[25]: auch Aton wurde zum „alleinigen Gott" erklärt; wie Jahwe ist er der Gott, „der alles Bestehende erschafft", und auch die Bedeutung, die in der „Reform" Echnatons der „Unterweisung" beigemessen wird, ist der Rolle der Tora im Jahwismus vergleichbar. Andererseits vermochte die ramessidische Gesellschaft, in der Mose zwei Generationen nach der Unterdrückung der „Reform" des Amenophis erzogen wurde, nicht ihn anzuziehen. Der Kosmopolitismus, der religiöse Synkretismus (vor allem zwischen ägyptischen und kanaanäischen Kulten), gewisse orgiastische Praktiken (die Prostitution beider Geschlechter) und der „Kult" der Tiere waren für einen, der in der „Religion der Väter" erzogen wurde, verabscheuenswert.

Was den Auszug aus Ägypten betrifft, scheint es sicher, daß er ein historisches Ereignis widerspiegelt. Doch handelt es sich nicht um den Auszug des ganzen Volkes, sondern nur einer einzelnen Gruppe, und zwar eben jener Schar, die von Mose angeführt wurde. Andere Gruppen hatten bereits, mehr oder weniger friedlich, begonnen, in Kanaan einzudringen. Später beanspruchten alle israelitischen Stämme den Auszug als eine Episode ihrer Heilsgeschichte. Für uns ist von Bedeutung, daß der Auszug aus Ägypten in einen Zusammenhang mit der Feier des Passahfestes gebracht wurde. Denn damit wurde ein archaisches, für nomadisierende Hirten spezifisches und von den Vorfahren der Israeliten seit Jahrtausenden dargebrachtes Opfer umgewertet und in die „Heilsge-

---

[25] Siehe z. B. *W. F. Albright*, From the Stone Age to Christianity, a.a.O. 218ff, 269ff; *ders.*, The Biblical Period from Abraham to Ezra, a.a.O. 15ff. Anderen Autoren erscheinen die Analogien dagegen nicht überzeugend; vgl. *H. Ringgren*, a.a.O. 34; *G. Fohrer*, a.a.O. 68.

schichte" des Jahwismus integriert. Ein der kosmischen Religiosität (Hirtenfest des Frühlings) zugehöriges Ritual wurde als Gedächtnis eines historischen Ereignisses gedeutet. *Diese Umwandlung kosmischer religiöser Strukturen in Ereignisse der Heilsgeschichte* ist charakteristisch für den jahwistischen Monotheismus und wird später vom Christentum aufgegriffen und fortgeführt.

59. „Ich bin der ich bin"

Während Mose die Schafe seines Schwiegervaters Jetro, des Priesters von Midian, hütete, gelangte er über die Wüste hinaus zum „Berge Gottes", zum Horeb. Dort sah er „eine Feuerflamme, mitten aus einem Dornbusch heraus", und er hörte, wie er mit seinem Namen gerufen wurde. Einige Augenblicke darauf gibt Gott sich zu erkennen als „der Gott deines Vaters, der Gott Abrahams, der Gott Isaaks und der Gott Jakobs" (Ex 3,6). Mose aber spürt, daß er einem unbekannten Aspekt der Gottheit, ja einem neuen Gott gegenübersteht. Er akzeptiert den Befehl, zu den Kindern Israels zu gehen und zu ihnen zu sprechen: „‚Der Gott eurer Väter hat mich zu euch gesandt.' Aber wenn sie mich dann fragen: ‚Wie lautet sein Name?', was soll ich ihnen antworten?" (Ex 3,13). Da spricht Gott zu ihm: „Ich bin der ich bin" (ehjeh aser ehjeh)! Und er lehrt ihn die Worte, mit denen er zu den Kindern Israels sprechen soll: „Der Ich bin hat mich zu euch gesandt..." (Ex 3,14).

Über diesen Namen wurde unendlich viel diskutiert[26]. Gottes Antwort ist recht geheimnisvoll: er spielt auf seine Seinsweise an, ohne aber seine Person zu offenbaren. Alles, was sich dazu sagen läßt, ist, daß der Gottesname – um einen modernen Ausdruck zu verwenden – die Totalität des Seins und des Seienden suggeriert. Doch Jahwe erklärt sich für den Gott Abrahams und der anderen Patriarchen, und diese Identität wird noch heute von all jenen akzeptiert, die das Erbe Abrahams für sich beanspruchen. Tatsächlich ist eine gewisse Kontinuität zwischen dem Vätergott und dem Gott, der sich dem Mose offenbart, zu erkennen. Wie festgestellt wurde, „gilt zunächst einmal die Tatsache, daß der Jahwismus im Hirtenmilieu entsteht und sich in der Wüste entwickelt. Die Rückkehr zum reinen Jahwismus wird denn auch als eine Rückkehr zur Situation der Wüste dargestellt: so entsteht das ‚Nomadenideal' der Propheten"[27]. Wie der Vätergott ist auch Jahwe nicht an einen spezifischen Ort gebunden; er hat darüber hinaus zu Mose als dem Führer einer Gruppe eine besondere Verbindung.

Die Unterschiede jedoch sind bezeichnend. Während der Vätergott anonym war, ist Jahwe ein Eigenname, der sein Geheimnis und seine Transzendenz auf-

---

[26] Siehe die neueren Bibliographien bei *H. Ringgren*, a.a.O. 28; *G. Fohrer*, a.a.O. 64f; *R. de Vaux*, Histoire, a.a.O. 321ff; *F. M. Cross*, a.a.O 60ff.
[27] *R. de Vaux*, a.a.O. 424. Im Folgenden stützen wir uns auf seine Analysen, a.a.O. 424-431.

zeigt. Die Beziehungen zwischen der Gottheit und ihren Gläubigen haben sich gewandelt: es ist nicht mehr die Rede vom „*Gott* des Vaters", sondern vom „*Volk* Jahwes". Die in den Verheißungen an Abraham liegende Idee der göttlichen Auserwählung (Gen 12,1–3) präzisiert sich: Jahwe bezeichnet die Nachkommen der Patriarchen als „mein Volk"; sie sind, wie R. de Vaux es ausdrückt, sein „persönliches Eigentum". Im Maße wie der Vätergott sich El anglich, wurde auch Jahwe mit diesem identifiziert. Er entlieh von El die kosmische Struktur und eignete sich dessen Königstitel an. Von der El-Religion hat der Jahwismus auch den Gedanken des göttlichen Hofstaates *(benè elohim)* übernommen[28]. Andererseits ist im kriegerischen Charakter Jahwes auch die Rolle des Vätergottes, des schlechthinnigen Beschützers seiner Anhänger, weiterhin präsent.

Das Wesentliche der Offenbarung ist im Dekalog zusammengefaßt (Ex 20,3–17; vgl. Ex 34,10–27): In der uns vorliegenden Form kann der Text nicht aus der Zeit Moses datieren, aber die wichtigsten Gebote spiegeln zweifellos den Geist des Ur-Jahwismus wider. Das erste Gebot des Dekalogs, „Du sollst keine anderen Götter haben als mich!", zeigt, daß es sich nicht um einen Monotheismus im strengen Sinn des Wortes handelt. Die Existenz anderer Götter wird nicht geleugnet. Im Siegeslied nach dem Durchzug durch das Meer ruft Mose aus: „Wer ist wie du unter den Göttern, Jahwe?" (Ex 15,11) Aber es ist absolute Treue gefordert, denn Jahwe ist ein „eifersüchtiger Gott" (Ex 20,5). Der Kampf gegen die falschen Götter setzt unmittelbar nach dem Verlassen der Wüste in Baal Peor ein. Hier luden die Töchter der Moabiter die Israeliten zu den Opfern ihrer Götter ein. „Das Volk nahm an den Opfermahlen teil und warf sich vor ihren Gottheiten nieder" (Num 25,2ff) und erweckte so den Zorn Jahwes. Für Israel dauert dieser Kampf, der in Baal Peor begonnen hat, noch heute an.

Die Bedeutung des zweiten Gebotes, „Du sollst dir kein geschnitztes Bild machen...", ist nicht leicht zu fassen. Es handelt sich nicht um ein Verbot des Idolkults. Man wußte, daß die in heidnischen Kulten gebräuchlichen Bilder nur ein Gefäß der Gottheit waren. Wahrscheinlich liegt diesem Gebot das Verbot zugrunde, Jahwe durch einen Kultgegenstand darzustellen. Wie Jahwe keinen „Namen" hatte, so sollte es auch kein „Bild" von ihm geben. Gott ließ sich von einigen Bevorzugten unmittelbar schauen; den übrigen tat er sich durch seine Werke kund. Im Unterschied zu anderen Gottheiten des Vorderen Orients, die sich sowohl in menschlicher, tierischer als auch kosmischer Gestalt offenbarten, wird Jahwe ausschließlich anthropomorph gedacht. Aber er greift auch auf kosmische Epiphanien zurück, denn die ganze Welt ist ja seine Schöpfung.

Der Anthropomorphismus Jahwes hat einen zweifachen Aspekt. Einerseits

---

[28] *R. de Vaux*, a.a.O. 428. „Aber es scheint nicht ganz zuzutreffen, daß El Jahwe auch seine Sanftmut und Barmherzigkeit übertragen hätte, und Jahwe ursprünglich ein wilder und gewaltiger Gott gewesen sei. In dem wahrscheinlich frühen Text von Ex 34,6 definiert Jahwe sich selbst als ‚gnädigen und barmherzigen Gott'", ebd. 429.

ist Jahwe mit spezifisch menschlichen Fähigkeiten und Fehlern, wie Liebe und Haß, Freude und Sorge, Vergebung und Rache, ausgestattet. (Doch zeigt er nicht die Schwächen und Fehler der homerischen Götter, und er duldet es nicht, wie einige Olympier, lächerlich gemacht zu werden [29].) Andererseits spiegelt Jahwe nicht, wie die Mehrzahl der Gottheiten, die menschliche Situation wider: er hat keine Familie, sondern nur einen himmlischen Hofstaat. Jahwe ist allein. Muß man in der Tatsache, daß er, gleich einem orientalischen Despoten, von seinen Gläubigen absoluten Gehorsam verlangt, einen weiteren menschlichen Zug sehen? Hier handelt es sich doch eher um ein übermenschliches Verlangen nach absoluter Vollkommenheit und Reinheit. Die Intoleranz und der Fanatismus, die für die Propheten und Missionare der drei monotheistischen Religionen charakteristisch sind, haben ihr Vorbild und ihre Rechtfertigung im Beispiel Jahwes.

Auch die Leidenschaftlichkeit Jahwes sprengt jeden menschlichen Rahmen. Sein „Zorn" erweist sich mitunter als so irrational, daß man vom „Dämonismus" Jahwes sprechen konnte. Gewiß, einige dieser negativen Züge erfahren später, nach der Besetzung Kanaans, noch eine Verhärtung. Doch gehören die „negativen Züge" schon zur ursprünglichen Struktur Jahwes. Es handelt sich im Grunde um eine neue – und die eindrucksvollste – Ausdrucksweise der Gottheit als eines von seiner Schöpfung absolut verschiedenen Gottes, nämlich als dem *ganz anderen* (Otto). Die Gleichzeitigkeit widersprüchlicher „Attribute" und die Irrationalität einiger seiner Handlungen unterschieden Jahwe von jedem „Vollkommenheitsideal" auf der menschlichen Stufenleiter. So gesehen gleicht Jahwe einigen Gottheiten des Hinduismus, wie z. B. Śiva oder Kali-Durga. Allerdings mit einem wichtigen Unterschied: diese indischen Gottheiten stehen jenseits der Moral, und da ihre Seinsweise ein exemplarisches Beispiel darstellt, zögern ihre Anhänger nicht, sie nachzuahmen. Jahwe dagegen mißt ethischen Prinzipien und der praktischen Moral größte Bedeutung bei: mindestens fünf Gebote des Dekalogs beziehen sich darauf.

Nach dem biblischen Bericht geschah drei Monate nach dem Auszug aus Ägypten in der Wüste Sinai die Gotteserscheinung. „Der Berg Sinai war ganz in Rauch gehüllt, weil Jahwe im Feuer auf ihn herabgekommen war. Der Rauch stieg auf wie der Rauch eines Schmelzofens. Der ganze Berg erbebte heftig. Der Posaunenschall wurde immer stärker. Mose redete, und Gott antwortete ihm im Donner" (Ex 19,18f). Sodann erschien Jahwe den Israeliten, die am Fuße des Berges zurückgeblieben waren und schloß einen Bund mit ihnen, indem er das Gesetzbuch des Bundes diktierte, das mit dem Dekalog beginnt und zahlreiche Vorschriften hinsichtlich des Kults enthält (Ex 20,22–26.24–26)[30]. Später hatte Mose eine neuerliche Begegnung mit Jahwe und empfing „die beiden Tafeln des Zeugnisses, steinerne Tafeln, die von Gottes Finger beschrieben wa-

---

[29] Vgl. *G. Fohrer*, a.a.O. 66f.
[30] Wir brauchen nicht eigens darauf hinzuweisen, daß alle diese Texte erst später verfaßt oder ediert wurden.

ren" (Ex 31,18; vgl. eine andere Version: Ex 34,1.28). C. E. Mendenhall[31] hat einen gewissen Anklang der stilistischen Form des Bundesgesetzbuches an die Verträge zwischen den hethitischen Herrschern des 2. Jahrtausends und ihren kleinasiatischen Vasallen festgestellt. Doch scheinen die durchaus vorhandenen Analogien zwischen den beiden Texten nicht von entscheidender Bedeutung zu sein.

Über den Kultus der Israeliten während der vierzig Jahre in der Wüste wissen wir nichts Genaues. Der Exodus (26;38,8–38) beschreibt das Wüstenheiligtum in allein Einzelheiten: es besteht aus dem „Zelt der Begegnung", das die Lade des Zeugnisses oder die Bundeslade birgt, einen hölzernen Schrein, der nach einer späteren Tradition die Gesetzestafeln enthielt (Dt 10,1–5 usw.). Sehr wahrscheinlich spiegelt diese Tradition eine wirkliche Situation wider. Kultische Zelte oder Tragsessel, in denen Steinidole transportiert wurden, sind bei den vorislamischen Arabern bezeugt. Die Texte erwähnen Lade und Zelt nicht gemeinsam, aber es ist wahrscheinlich, daß das Zelt wie bei den Arabern die Lade barg. Wie einst der Vätergott, so führte nun Jahwe sein Volk. Die Lade symbolisierte diese unsichtbare Gegenwart; was sie aber enthielt, entzieht sich unserer Kenntnis.

Nach der Überlieferung starb Mose in den Steppen von Moab, in Sichtweite von Jericho. Jahwe zeigte ihm das Land Kanaan: „Ich habe es dich mit eigenen Augen schauen lassen, aber dort hinüber kommen wirst du nicht!" (Dt 34,4; vgl. Num 27,12–14.) Auch dieser Tod entspricht der legendären und rätselhaften Persönlichkeit Moses. Alles, was sich über die unter diesem Namen bekannte Person sagen läßt, ist, daß sie von mehrmaligen dramatischen Begegnungen mit Jahwe geprägt ist. Die Offenbarung, deren Vermittler Mose war, ließ ihn zugleich zu einem ekstatischen Propheten und Weissager und zu einem „Magier" werden; sie machte ihn zum Vorbild der Leviten-Priester und zum charismatischen Führer schlechthin, dem es gelang, eine Gruppe von Sippen zum Kern einer Nation, in das Volk Israel, zu verwandeln.

60. Die Religion unter den Richtern: die erste Phase des Synkretismus

Die Zeit zwischen 1200, als die Moseschar unter der Führung Josuas in Kanaan eindrang, und 1020, als Saul zum König ausgerufen wurde, wird gemeinhin als die Zeit der Richter bezeichnet. Die Richter waren militärische Führer, Ratgeber und Verwalter. In dieser Zeit übernehmen auch andere Stämme den Jahwismus, und zwar vor allem in der Folge einiger eklatanter Siege. Denn Jahwe greift unmittelbar in die Schlacht ein. Er versichert Josua: „Fürchte sie nicht! Ich habe

---

[31] *C. E. Mendenhall*, Law and Covenant in Israel and the Ancient East (1955). Die Hypothese wurde u.a. von *W. F. Albright*, Yahveh and the Gods of Israel, a.a.O. 107ff akzeptiert.

sie in deine Hand gegeben!" (Jos 10,8) Jahwe warf vom Himmel „gewaltige Hagelsteine" (Jos 10,11), die die Feinde zu Tausenden vernichteten. Nach dem Sieg über Jabin, den König von Kanaan, besingen Debora und Barak den göttlichen Zorn: „Als du auszogst, Jahwe, von Seir..., da bebte die Erde, die Himmel zitterten, die Wolken brachen in Wasser aus" (Ri 5,4ff). Jahwe erweist sich schließlich stärker als die Götter der Kanaanäer. Der in seinem Namen geführte Krieg ist ein heiliger Krieg[32]: die Männer sind geweiht *(qiddeš,* „heiligen") und müssen die rituelle Reinheit beachten. Beute ist „verboten", d.h., sie wird restlos zerstört und Jahwe als Brandopfer dargebracht.

Mit der Anpassung an einen neuen Lebensstil jedoch entwickelt und wandelt sich der Jahwismus. So ist vor allem eine Reaktion gegen jene Werte festzustellen, die von jedem Hirtenvolk gepriesen werden. Das Gesetz der Gastfreundschaft, bei den Nomaden ein sakrosanktes Gesetz, wird von Jael in verräterischer Weise geschändet: sie lädt Sisera, den nach der Niederlage fliehenden Anführer der Kanaanäer, in ihr Zelt ein und tötet ihn im Schlaf (Ri 4,17ff). Das tragbare Heiligtum aus der Zeit Moses gerät in Vergessenheit. Nun wird der Kult in Heiligtümern oder an heiligen Stätten praktiziert.

Aber, wie nicht anders zu erwarten, zeitigt vor allem die Konfrontation mit der kanaanäischen Religion schwerwiegende Folgen. Diese Konfrontation dauert übrigens bis in das 7. Jahrhundert v. Chr. Infolge der Assoziation Jahwe – El werden nun die vorjahwistischen Heiligtümer des El-Kults sowie zahlreiche kanaanäische Heiligtümer Jahwe geweiht[33]. Überraschender dagegen ist die zur Zeit der Richter vollzogene Verschmelzung von Jahwe und Baal. Nun finden sich mit *baal* zusammengesetzte Namen auch in Familien, die für ihren jahwistischen Glauben bekannt sind. Der berühmte Gideon nennt sich auch Jerubbaal, „Baal kämpft" (Ri 6,32), was voraussetzt, daß das Wort baal, „Herr", als Epitheton Jahwes verstanden oder aber Baal neben Jahwe verehrt wurde[34]. Anfänglich muß Baal wohl als „Gott des Ackerbodens", als schlechthinniger „Spezialist" der Fruchtbarkeit, akzeptiert worden sein. Erst später wurde sein Kult verabscheut und zum exemplarischen Beweis des Abfalls.

Das kanaanäische Opfersystem wurde weithin übernommen. Die einfachste Form des Opfers war die Darbringung verschiedener Gaben an geweihter Stätte oder Libationen (Trankopfer) von Öl oder Wasser. Die Opfergaben galten als Nahrung für die Gottheit (Ri 6, 19). In dieser Zeit beginnen die Israeliten, Brand-

---

[32] *G. v. Rad,* Der heilige Krieg im alten Israel (1951), zusammengefaßt von *H. Ringgren,* a.a.O. 48f. Der Terminus „Verboten", *herâm,* kommt von einer Wurzel, die „heilig" bedeutet. *H. Ringgren* hält dieses Phänomen für typisch israelisch; *A. Lods* und *W. F. Albright* dagegen führen andere Beispiele an, und zwar nicht nur semitischer Herkunft; vgl. *H.H. Rowley,* Worship in Ancient Israel, a.a.O. 56 und Anm.7.
[33] Siehe die Liste dieser Heiligtümer bei *G. Fohrer,* a.a.O. 102f. Über den Synkretismus der Kulte siehe *G. W. Ahlström,* Aspects of Syncretism in Israelite Religion, a.a.O. 11ff; *H. H. Rowley,* a.a.O. 58ff.
[34] Vgl. *H. Ringgren,* a.a.O. 42; *G. Fohrer,* a.a.O. 95.

opfer (ʿolā) darzubringen, die sie als Speiseopfer für Jahwe deuten. Daneben entlehnen sie eine Anzahl kanaanäischer Praktiken im Zusammenhang mit dem Bodenbau und sogar einige orgiastische Rituale[35]. Der Assimilationsprozeß intensiviert sich später unter der Monarchie noch stärker, als von heiliger Prostitution beider Geschlechter die Rede ist.

Die Heiligtümer werden nach kanaanäischem Vorbild gebaut. Sie besitzen Altar, Masseben (stehende Steine), Ascheren (Holzpfähle, die die kanaanäische Göttin gleichen Namens symbolisierten) und Libationsschalen. Von den Kultgegenständen seien nur die beiden wichtigsten genannt: die Teraphim (Bilder oder Masken) und die Ephoden (ursprünglich ein Kleid, das über das Bild gelegt wurde). Um die Heiligtümer organisiert sich das mit ihrer Obsorge betraute Kultpersonal. Dies sind in erster Linie Priester und Leviten: sie bringen die Opfer dar und erkunden durch Los und Ephod den Willen Jahwes. Neben den Priestern und Leviten begegnen wir Weissagern und Sehern *(roêh)*, über deren Befugnis wir aber nur schlecht unterrichtet sind. Die Seher waren nicht wie die Propheten (Nabi) an das Heiligtum gebunden. Das bekannteste Beispiel ist Bileam (Num 22–24): er schaut Jahwe im Traum oder auch wachend; die Israeliten muß er *sehen*, um sie verfluchen zu können. Dieser Typ des Ekstatikers ist auch bei anderen Nomadenvölkern bezeugt (beispielsweise der *kāhin* bei den Arabern)[36].

Viel wichtiger jedoch war die Funktion des „Propheten" (Nabi); wir werden später (§ 116) noch darauf zurückkommen. Für den Augenblick genügt der Hinweis, daß die Wurzeln des ekstatischen Prophetismus in der kanaanäischen Religion liegen[37]. Denn der Baalskult kannte die *nabiim* (vgl. 1 Kg 18,19ff; 2 Kg 19,19). Allerdings ist diese Art der ekstatischen Erfahrung im gesamten alten Vorderen Orient, mit Ausnahme Ägyptens, sehr verbreitet. Die Sumerer kannten den „Mann, der in den Himmel eingeht", eine Bezeichnung, die auf eine ekstatische Reise, ähnlich jener der Schamanen, schließen läßt. In Mari sprechen Texte aus dem 18. Jahrhundert von den *āpilum* („den Antwortenden") oder den *muḫḫum* und *muḫḫūtum;* das sind Männer oder Frauen, die im Traum oder in Visionen Götterorakel empfangen. Diese *āpilum* und *muḫḫum* entsprechen den *nabiim*. Wie die Propheten Israels so gebrauchen auch sie nur kurze Orakelsprüche und schicken ihre Botschaften den Königen auch dann, wenn es sich um schlechte Nachrichten oder Kritik an bestimmten Taten des Herschers handelt[38].

Schon in den ersten Jahrhunderten der Eroberung und Kolonisation ist ein

---

[35] G. Fohrer, a.a.O. 95f; G. W. Ahlström, a.a.O. 14ff.
[36] J. Pedersen, The Role played by Inspired Persons among the Israelites and the Arabs; J. Lindblom, Prophecy in Ancient Israel, a.a.O. 86ff.
[37] Vgl. A. Haldar, Association of Cult Prophets among the Ancient Semites, a.a.O. 91ff, mit Bibliographie.
[38] Vgl. J. Lindblom, a.a.O. 28ff, 85ff, und G. Fohrer, a.a.O. 224ff, die weitere Beispiele aus Babylonien und Assyrien anführen.

zugleich tiefgreifender und vielgestaltiger kanaanäischer Einfluß festzustellen. Denn von den Kanaanäern werden das rituelle System, die heiligen Stätten und die Heiligtümer übernommen; die Priesterschaft organisiert sich nach kanaanäischem Vorbild; und schließlich sind auch die Propheten, die schon bald gegen die Vorherrschaft der Priester und den Synkretismus mit den Fruchtbarkeitskulten auftreten, das Ergebnis kanaanäischen Einflusses. Desungeachtet beanspruchen die Propheten für sich den reinsten Jahwismus. In gewisser Hinsicht hatten sie darin sogar recht. Aber der Jahwismus, den sie verkündeten, hatte bereits die am stärksten schöpferischen Elemente der von den Propheten so leidenschaftlich verwünschten Religion und Kultur Kanaans in sich aufgenommen.

ACHTES KAPITEL

Die Religion der Indoeuropäer
Die vedischen Götter

61. Protohistorie der Indoeuropäer

Der Einbruch der Indoeuropäer in die Geschichte ist von schrecklichen Verwüstungen gekennzeichnet. In der Zeit zwischen 2300 und 1900 werden in Griechenland, Kleinasien und Mesopotamien zahlreiche Städte geplündert und in Brand gesteckt: Troja (um 2300), Beycesultan, Tarsus und etwa dreihundert Städte und Siedlungen in Anatolien. Die Dokumente sprechen von den ethnischen Gruppen der Hethiter, Luwier und Mitanni. Aber auch bei anderen Gruppen von Invasoren sind arischsprechende Elemente belegt. Die Wanderungen der indoeuropäischen Völker hatten schon einige Jahrhunderte früher begonnen, und sie dauerten zwei Jahrtausende an. Um 1200 waren die Arier in die Indus-Ganges-Ebene eingedrungen; die Iranier hatten sich in Persien niedergelassen, Griechenland und die Inseln waren indoeuropäisiert. Einige Jahrhunderte später war die Indoeuropäisierung Indiens, der Halbinsel Italien, der Balkanhalbinsel und der Donaukarpaten sowie Mittel-, Nord- und Westeuropas von der Weichsel bis zum Baltischen Meer und zum Atlantik abgeschlossen oder zumindest sehr weit vorangeschritten. Dieser charakteristische Vorgang – Wanderung, Eroberung neuer Gebiete, Unterwerfung der Bewohner, gefolgt von deren Assimilation – kam erst im 19. Jahrhundert unserer Zeitrechnung zum Stillstand. Diese weitgreifende sprachliche und kulturelle Expansion hat in der Geschichte nicht ihresgleichen.

Seit mehr als einem Jahrhundert bemühen sich die Wissenschaftler, die ursprüngliche Heimat der Indoeuropäer zu bestimmen, ihre Protohistorie herauszufinden und die einzelnen Stationen ihrer Wanderungen zu erhellen. Man hat ihre ursprüngliche Heimat in Nord- und Mitteleuropa, in den Steppen Rußlands, in Zentralasien, in Anatolien usw. gesucht. Heute wird das Stammgebiet der Indoeuropäer einstimmig nördlich des Schwarzen Meeres zwischen den Karpaten und dem Kaukasus lokalisiert[1]. Nördlich des Schwarzen Meeres hat sich zwischen dem 5. und 3. Jahrtausend die sog. Tumuli(*kurgan*)-Kultur ent-

---

[1] Das gemeinsame Vokabular für bestimmte Tiere (Wolf, Bär, Gans, Flußlachs, Wespe, Biene) und Bäume (Birke, Buche, Eiche und Weide) verweist auf eine gemäßigte Zone.

wickelt. Zwischen 4000 und 3500 ist ihre Ausdehnung nach Westen, bis Tisza, festzustellen. Im folgenden Jahrtausend dringen die Kurganleute nach Mitteleuropa, auf die Balkanhalbinsel, nach Transkaukasien und Anatolien sowie in den Nordiran vor (ca. 3500–3000); im 3. Jahrtausend erreichen sie Nordeuropa, das Gebiet der Ägäis (Griechenland und die Küsten Anatoliens) und den östlichen Mittelmeerraum. Nach M. Gimbutas können die Völker, die die Tumulikultur entwickelt und weitergetragen haben, nur die Protoindoeuropäer und in den letzten Phasen ihrer Zersplitterung die Indoeuropäer sein.

Fest steht jedenfalls, daß die Ursprünge der indoeuropäischen Kultur in das Neolithikum, möglicherweise sogar in das Mesolithikum zurückreichen. Ebenso gewiß ist aber auch, daß diese Kultur in der Zeit ihrer Ausbildung von den Hochkulturen des Vorderen Orients beeinflußt wurde. Der Gebrauch von Wagen und Metall [2] wurde durch eine anatolische Kultur (die sog. Kura-Araxas-Kultur) vermittelt. Im 4. Jahrtausend treten als Entlehnung von den Völkern des Balkan-Mittelmeerbereichs Statuen aus Lehm, Marmor oder Alabaster auf, die eine sitzende Göttin darstellen.

Das gemeinsame Vokabular zeigt, daß die Indoeuropäer Ackerbau betrieben, Rinder (aber auch Schweine und wahrscheinlich Schafe) züchteten und das wilde oder gezähmte Pferd kannten. Obschon sie nie auf die Produkte des Ackerbaus verzichten konnten, entwickelten die indoeuropäischen Völker vor allem die Weidewirtschaftsform. Hirtennomadentum, patriarchalische Familienstruktur, Vorliebe für Raubzüge und militärische Organisation im Blick auf Eroberungen sind charakteristische Züge der indoeuropäischen Völker. Eine stark ausgeprägte gesellschaftliche Differenzierung wird ersichtlich aus dem Kontrast zwischen den Tumuli (reich verzierte Grabstätten in Form eines Hauses) und den sehr viel ärmeren Grabsteinen. Sehr wahrscheinlich waren die Tumuli *(kurgan)* den sterblichen Überresten der Anführer vorbehalten.

Für uns ist von Bedeutung, in welchem Maß diese Lebensweise – ein im Blick auf Kriege und Eroberungen stark umorganisiertes Hirtennomadentum – die Entstehung spezifisch religiöser Werte angeregt und begünstigt hat. Es ist evident, daß die Schöpfungen der Agrargesellschaften den religiösen Bedürfnissen eines Hirtenvolkes nicht ganz entsprechen. Andererseits gibt es kein Hirtenvolk, das ganz unabhängig wäre von der Wirtschaft und Religion der Bodenbauer. Außerdem haben die Indoeuropäer bei ihren Wanderungen und Eroberungen immer wieder seßhafte Bodenbauer unterworfen und assimiliert. So erfuhren die Indoeuropäer also wahrscheinlich schon sehr früh in ihrer Geschichte die geistigen Spannungen, die sich aus der Symbiose heterogener, ja sogar antithetischer religiöser Richtungen ergeben.

---

[2] Die Wörter für „Kupfer" und „Beil" sind sumerisch: sie wurden vor der Spaltung der europäischen Sprachgruppen (germanisch, italisch und keltisch, illyrisch und thrakisch, griechisch und slawisch) entlehnt.

62. Das erste Pantheon und das gemeinsame religiöse Vokabular

Einige Strukturen der gemeinindoeuropäischen Religion sind rekonstruierbar. Summarische, aber wertvolle Hinweise liefert das religiöse Vokabular. Schon zu Beginn der Untersuchungen erkannte man die indoeuropäische Wurzel *deiwos*, „Himmel" in Wörtern, die „Gott" bezeichnen (lat. *deus*, skr. *deva*, iran. *div.*, lit. *diewas*, altgerm. *tivar*) sowie in den Namen der wichtigsten Götter: Dyaus, Zeus, Jupiter. Die Gottesvorstellung ist gleichbedeutend mit der Himmelsheiligkeit, d. h., sie fällt zusammen mit Licht und „Transzendenz" (Höhe) und im weiteren Sinne auch mit der Idee von Herrschaft und Schöpfungskraft in deren unmittelbarer Bedeutung: Kosmogonie und Vaterschaft. Der (Gott des) Himmel(s) ist der Vater schlechthin: vgl. den indischen Dyauspitar, den griechischen Zeus-Pater, den illyrischen Daipatures, den lateinischen Jupiter, den skythischen Zeus-Papaios, den thrakisch-phrygischen Zeus-Pappos[3]. Da die Himmels- und Lufthierophanien eine entscheidende Rolle spielen, überrascht es nicht, daß eine Anzahl von Göttern mit dem Namen des Donners belegt wird: germ. Donar, Thor, kelt. Taranis (Tanaros), balt. Perkunas, protoslaw. Perun usw. Wahrscheinlich trat der Himmelsgott – der als Schöpfer und Herr der Welt der höchste Gott war – schon in indoeuropäischer Zeit den Vorrang an die Wettergötter ab: dieses Phänomen ist in der Religionsgeschichte sehr häufig. In gleicher Weise gilt auch das vom Blitz entzündete Feuer als himmlischen Ursprungs. Der Feuerkult ist ein charakteristisches Element der indoeuropäischen Religionen. Der Name des bedeutenden vedischen Gottes Agni findet sich im lat. *ignis*, im lit. *ugnis* und im altslaw. *ogni*[4]. In gleicher Wiese dürfen wir auch annehmen, daß der Sonnengott schon in der Protohistorie einen hervorragenden Platz einnahm (vgl. ved. Surya, griech. Helios, altgerm. *sauil*, altslaw. *solnce*, die alle die Sonne bezeichnen). Doch war die Geschichte der Sonnengötter bei den verschiedenen indoeuropäischen Völkern sehr bewegt, vor allem nach dem Kontakt mit den Religionen des Vorderen Orients[5]. Die Erde (*GH‘EM) galt als eine dem Himmel entgegengesetzte Lebenskraft; doch ist die religiöse Vorstellung von der Erdmutter bei den Indoeuropäern erst jüngeren Datums und tritt nur in einem begrenzten Gebiet auf[6]. Ein weiteres kosmisches Element, der Wind, ist im litauischen Wejopatis, „Herr des Windes",

---

[3] Das griechische Wort *theos* gehört nicht zu dieser Reihe. Es leitet sich von einer Wurzel mit der Bedeutung „Seele", „Totengeist" her; vgl. lit. *dwesiu*, „atmen", altslaw. *duch*, „Atmung", *duša*, „Seele". Wir dürfen also annehmen, daß *theos*, „Gott", sich aus dem Gedanken der vergöttlichten Toten ableitet.

[4] Im Iran heißt die Feuergottheit Atar; es gibt allerdings Hinweise, daß in einer älteren Kultsprache das Feuer **agni* hieß und nicht atar: vgl. S. Wikander, Der arische Männerbund, a.a.O. 77f.

[5] Außerdem ermöglichte die von der Sonne vertretene Sakralität zur Zeit des griechisch-orientalischen Synkretismus eine kühne theologische und philosophische Neubearbeitung, so daß man sagen könnte, der Sonnengott war die letzte kosmische Theophanie vor der Ausbreitung des jüdisch-christlichen Monotheismus.

[6] Im Westen wird der Mensch später in seiner Eigenschaft als irdisches Wesen (GH‘MON) den

im iranischen Vayu und im indischen Vâyu divinisiert. Im Fall der beiden letztgenannten handelt es sich jedoch um mehr als nur um kosmische Epiphanien: sie, und zwar vor allem der iranische Vayu weisen charakteristische Züge von Herrschergöttern auf.

Die Indoeuropäer hatten eine eigene Mythologie und Theologie entwickelt. Sie brachten Opfer dar und kannten den magisch-religiösen Wert von Wort und Lied (*KAN). Sie hatten Vorstellungen und Rituale, durch die sie den Raum weihen und die Gebiete, in denen sie sich niedergelassen hatten, „kosmisieren" (dieses mythisch-rituelle Schauspiel ist in Altindien, in Rom und bei den Kelten bezeugt) und die Welt periodisch erneuern konnten (durch den rituellen Kampf zwischen zwei Darstellergruppen, ein Ritus, dessen Spuren noch heute in Indien und im Iran zu finden sind). Die Götter glaubte man bei den Festen anwesend inmitten der Menschen; die Opfergaben für sie wurden verbrannt. Die Indoeuropäer errichteten keine Heiligtümer: sehr wahrscheinlich wurde der Kultus unter freiem Himmel, in einer heiligen Umfriedung begangen. Ein weiterer charakteristischer Zug war die mündliche Weitergabe der Tradition und schließlich das Verbot, die Schrift jener Völker, auf die sie im Vorderen Orient stießen, zu gebrauchen.

Wie aber angesichts der vielen Jahrhunderte, die die ersten indoeuropäischen Wanderungen (Hethiter, Indoiranier, Griechen, Italiker) von den letzten (Germanen, Balto-Slawen) trennen, nicht anders zu erwarten stand, ist das gemeinsame Erbe nicht immer zu erkennen, weder im Vokabular noch in den Theologien und Mythologien der historischen Zeit. Hier sind zum einen die verschiedenen kulturellen Kontakte zu berücksichtigen, die sich im Verlauf der Wanderungen ergaben; zum anderen dürfen wir nicht vergessen, daß sich keine religiöse Tradition unverändert fortsetzt, denn Änderungen ergeben sich immer, sei es durch neue geistige Schöpfungen, sei es durch Entlehnung, Symbiose oder Elimination.

Dieser Prozeß der Differenzierung und Erneuerung, der wahrscheinlich schon in der Protohistorie eingesetzt hat, spiegelt sich im Vokabular. Das bezeichnendste Beispiel ist das Fehlen eines spezifischen Ausdrucks für „heilig" im gemeinindoeuropäischen Wortschatz. Andererseits kennen das Iranische, das Lateinische und das Griechische dafür jeweils zwei Ausdrücke: aw. *spenta / yaozdata* (vgl. auch got. *hails / weih*); lat. *sacer / sanctus;* gr. *hieros / hagios.* „Die Untersuchung eines jeden dieser bezeugten Paare ... führt uns zur Annahme eines zwiegestaltigen Begriffs in der Vorgeschichte: positiv, ‚göttliche Gegenwart beinhaltend', und negativ, ‚dem Menschen unzugänglich'."[7]

---

himmlischen Wesen gegenübergestellt, während sich im Osten die Vorstellung vom Menschen als eines vernunftbegabten Geschöpfs (M^cNU) in Gegenüberstellung zum Tier findet; vgl. *G. Devoto,* Origini indo-europee, a.a.O. 264ff.

[7] *E. Benveniste,* Le vocabulaire des institutions indo-européennes II, a.a.O. 179. Für eine *Religion,* „die diese omnipräsente Realität nicht als getrennte Institution verstand, hatten die Indoeuropäer keinen Ausdruck", ebd. 265. *G. Dumézil* hat das indoeuropäische Vokabular des Sakralen mehrmals untersucht; siehe insbes. *G. Dumézil,* La religion romaine archaïque (²1974) 131–146.

Ebensowenig gab es, nach E. Benveniste, einen gemeinindoeuropäischen Terminus für das „Opfer". Aber diesem Fehlen „steht in den verschiedenen Sprachen und oft auch innerhalb der einzelnen Sprache eine große Vielfalt von Bezeichnungen entgegen, die den verschiedenen Formen der Opferhandlung entsprechen: Libation (skr. *juhoti*, gr. *spendo*), feierliches mündliches Gelöbnis (lat. *voveo*, gr. *euchomai*), Opfermahl (lat. *daps*), Räucherung (gr. *thyo*), Lichtritus (lat. *lustro*)"[8]. Die Terminologie des „Gebets" leitet sich aus zwei verschiedenen Wurzeln her[9]. Kurz, schon in ihrer gemeinsamen Vorgeschichte zeigen die verschiedenen indoeuropäischen Völker die Tendenz, ihre religiösen Traditionen immer wieder neu zu deuten. Dieser Vorgang hat sich im Verlauf ihrer Wanderungen noch verstärkt.

63. Die dreiteilige Ideologie der Indoeuropäer

Die Fragmente der verschiedenen indoeuropäischen Mythologien sind für uns eine wichtige Quelle. Zwar entstammen sie verschiedenen Zeiten und sind uns in heterogenen Dokumenten ganz unterschiedlichen Werts überliefert: Hymnen, rituelle Texte, epische Dichtung, theologische Kommentare, Volkslegenden, historiographische Werke, späte Traditionen, die von christlichen Autoren erst nach der Bekehrung der Völker Mittel- und Nordeuropas aufgezeichnet wurden. Und doch sind alle diese Dokumente kostbar, denn sie bewahren oder reflektieren (wenn auch entstellt) zahlreiche ursprüngliche religiöse Vorstellungen. Die Übertreibungen und Irrtümer der „vergleichenden Mythologie", wie sie M. Müller und seine Epigonen verstanden, dürfen uns nicht von der Verwendung dieses Materials abhalten, solange wir uns nicht über seinen dokumentarischen Wert täuschen. Ein im Rig Veda belegter Mythos kann nicht später sein als aus dem 2. Jahrtausend v. Chr., während die von Titus Livius, im irischen Epos oder von Snorri Sturluson bewahrten Überlieferungen, chronologisch betrachtet, viel jünger sind. Wenn aber diese Überlieferungen in allen Punkten mit dem vedischen Mythos übereinstimmen, dann kann man schwerlich an ihrem gemeinindoeuropäischen Charakter zweifeln, vor allem dann, wenn eine solche Übernahme nicht vereinzelt auftritt, sondern sich in ein ganzes System fassen läßt.

Genau das hat G. Dumézil in einer Reihe von Arbeiten aufgezeigt, die das vergleichende Studium der indoeuropäischen Mythologien und Religionen radikal erneuert haben. Wir können sie hier natürlich nicht zusammenfassen. Es

---
[8] Ebd. 223. E. *Hamp* hat aber jüngst den gemeinsamen Ausdruck für „Opfer" rekonstruiert; vgl. JIES 1 (1973) 320–322.
[9] Die ursprüngliche hethitische-slawische-baltische-armenische-(germanische) Dialektgruppe weist mit dem hethitischen *maltāi* („beten") verwandte Formen auf, während das Iranische, Keltische und Griechische Termini verwenden, die von der Wurzel **ghwedh*, „beten, wünschen", abgeleitet sind; E. *Benveniste*, ebd. 245.

mag der Hinweis genügen, daß die Forschungen des französischen Gelehrten eine grundlegende Struktur der indoeuropäischen Gesellschaft und Gedankenwelt zutage gefördert haben. Der Einteilung der Gesellschaft in drei Stände – Priester, Krieger und Nährstand – entsprach eine dreifunktionale religiöse Ideologie: die Funktion der magischen und juridischen Herrschaft, die Funktion der Götter der kriegerischen Kraft und schließlich die Funktion der Gottheiten der Fruchtbarkeit und des wirtschaftlichen Gedeihens. Diese Dreiteilung der Götter und der Gesellschaft wird am deutlichsten bei den Indoiraniern greifbar. Indara, die beiden Nāsatya. Auch das Awesta unterscheidet zwischen Priestern Opferer), der *kṣatriya* (Militärs, Beschützer der Gemeinschaft) und *vaiśya* (Nährstand) die Götter Varuṇa und Mitra, Indra, und die Zwillinge Nāsatya (oder die Asvins). Die gleichen Götter finden sich in der gleichen Reihenfolge in dem Vertrag, den ein hethitischer König um 1380 mit einem Anführer der Para-Inder (Mitani) in Kleinasien schloß: Mitra-(V)aruṇa (Variante: Uruvana), Indara, die beiden Nāsatya. Auch der Awesta unterscheidet zwischen Priestern *(āthra-van)*, Kriegern (Streitwagenkämpfer, *rathaē-štar*) und dem Nährstand *(vāstryō, fšuyant);* allerdings mit dem Unterschied, daß diese gesellschaftliche Teilung im Iran nicht in einem Kastenwesen verhärtet ist. Nach Herodot (IV, 5–6) kannten auch die iranischen Skythen die Aufteilung in drei Klassen, und diese Tradition hielt sich bei den unmittelbar von den Skythen abstammenden Osseten des Kaukasus bis in das 19. Jahrhundert.

Die Kelten gliederten die Gesellschaft in Druiden (Priester, Rechtskundige), Militäraristokratie *(flaith,* wörtl.: „Macht", entspricht skr. *kṣatrā*) und *bo airig,* Freie *(airig),* die Kühe *(bō)* besaßen. Nach G. Dumézil ist eine ähnliche gesellschaftliche Aufgliederung, allerdings stark historisiert, in den Mythen von der Gründung Roms zu erkennen: der von Jupiter beschützte König Romulus; der Etrusker Lukomon, ein Kriegssachverständiger; Tatius und die Sabiner, die Frauen und Reichtum herbeibringen. Die Kapitolsdreiheit – Jupiter, Mars, Quirinus – bildet in gewisser Weise das göttliche, himmlische Vorbild der römischen Gesellschaft. Schließlich wird auch die skandinavische Religion und Mythologie von einer analogen Triade beherrscht: der Götterkönig Othin, der Kämpfer Thor und Freyr, der Schutzgott der Fruchtbarkeit.

Die Unterteilung der ersten Funktion in zwei komplementäre Teile oder Tendenzen – magische und richterliche Herrschaft – wird deutlich im Paar Varuṇa und Mitra. Für die alten Inder ist Mitra tatsächlich der Herrschergott „unter seinem vernunftbestimmten, klaren, geregelten, ruhigen, wohlwollenden und priesterlichen Aspekt"[10]. Das gleiche Diptychon findet sich insbesondere in Rom, mit denselben Gegensätzen und den gleichen Wechselbeziehungen: einerseits der Gegensatz zwischen den Luperkalien – Jugendliche, die nackt durch die Stadt laufen und die Vorübergehenden mit einem Riemen aus Ziegenhaut schlagen, um sie dadurch fruchtbar zu machen – und den Priestern

---

[10] *G. Dumézil,* Mitra-Varuṇa (²1948) 85.

schlechthin, den Flaminiern; andererseits die verschiedenen Strukturen und Verhaltensweisen der beiden ersten Könige von Rom: Romulus, der die beiden Kulte des schrecklichen Jupiter begründet, und Numa, der ein Heiligtum der *fides publica* gründet, und dieser Göttin, die den rechten Glauben gewährleistet und die Schwüre aufzeichnet, eine besondere Verehrung entgegenbringt. Der Gegensatz Romulus – Numa greift im Prinzip den Gegensatz Luperkalien – Flaminier wieder auf und entspricht außerdem in allen Punkten der Polarität Varuṇa – Mitra.

In seiner Analyse der beiden Aspekte der göttlichen Herrschaft bei Indern und Römern hat G. Dumézil treffend die bestehenden Unterschiede herausgehoben. Im vedischen Indien wie auch in Rom ist die gleiche indoeuropäische Struktur erkennbar, aber die beiden „ideologischen Felder" sind nicht homogen. „Die Römer denken *historisch*, während die Inder *dichterisch* denken. Die Römer denken *national*, die Inder dagegen *kosmisch*." Dem empirischen, relativistischen, politischen und juridischen Denken der Römer steht das philosophische, absolute, dogmatische, moralische und mystische Denken der Inder gegenüber[11]. Analoge Unterschiede der „ideologischen Felder" sind auch bei anderen indoeuropäischen Völkern festzustellen. Wie bereits erwähnt, sind die uns verfügbaren Dokumente die je spezifische Ausdrucksweise der verschiedenen arischsprechenden Völker im Lauf der Geschichte. Im ganzen gesehen, können wir nur die *Allgemeinstruktur* der indoeuropäischen Ideologie erfassen und nicht das Denken und die religiösen Praktiken der Urgesellschaft. Aber diese Struktur belehrt uns über den spezifisch indoeuropäischen Typus religiöser Erfahrung und Spekulation. Sie ermöglicht uns überdies eine Würdigung der je spezifischen Kreativität der einzelnen arischsprechenden Völker.

Wie vorauszusehen, ist die größte morphologische Diversifikation auf der Ebene der dritten Funktion belegt, denn die religiösen Ausdrucksformen, die mit Reichtum, Frieden und Fruchtbarkeit zusammenhängen, sind zwangsläufig von der Geographie, der Wirtschaft und der historischen Lage jeder einzelnen Gruppe abhängig. Für die zweite Funktion, die physische Kraft, und vor allem den Einsatz dieser Kraft im Kampf, hat G. Dumézil eine Anzahl von Entsprechungen zwischen Indien (schon bei den Indoeuropäern), Rom und der germanischen Welt aufgezeigt. So bestand die wichtigste Initiationsprüfung sehr wahrscheinlich in einem Kampf des jungen Kriegers gegen drei Gegner oder gegen ein dreiköpfiges Ungeheuer (dargestellt von einer Gliederpuppe?). Tatsächlich läßt sich ein ähnliches Schauspiel aus der Geschichte vom siegreichen Kampf des irischen Helden Cuchulainn gegen drei Brüder und dem Kampf der Horatier gegen die drei Curatier herauslesen, ebenso auch aus den Mythen von Indra und dem iranischen Helden Thraetoana, die jeweils ein dreiköpfiges Ungeheuer töten. Der Sieg erweckt bei Cuchulainn und dem Horatier eine für

---

[11] G. *Dumézil*, Servius et la Fortune, a. a. O. 190–192.

die Gesellschaft gefährliche „Raserei" (*furor*, kelt. *ferg*), die rituell ausgetrieben werden muß. Entsprechungen für das mythische Thema der „drei Sünden" Indras finden sich in Skandinavien in der Tat des Helden Starkadr und in Griechenland in der Heraklesmythologie[12]. Sehr wahrscheinlich umfaßten diese mythisch-rituellen Themen nicht die gesamte Mythologie und nicht alle Techniken des Kriegers in gemeinindoeuropäischer Zeit. Aber wir müssen doch festhalten, daß sie an den beiden äußersten Polen ihrer Verbreitung bewahrt wurden, nämlich in Indien und Irland.

Soweit sich dies beurteilen läßt, bildete die dreifunktionale Ideologie ein kohärentes, aber bewegliches System, das durch eine Vielzahl göttlicher Gestalten sowie religiöser Vorstellungen und Praktiken in verschiedenster Weise ergänzt werden konnte. Ihre Zahl und Bedeutung läßt sich ermessen, wenn man die jeweiligen indoeuropäischen Religionen einzeln untersucht. Es gibt Gründe zur Annahme, daß die dreifunktionale Ideologie, obgleich in gemeinindoeuropäischer Zeit entwickelt, bereits altehrwürdige Begriffe abgewandelt oder radikal neu gedeutet hat, so z. B. die des Himmelsgottes, Schöpfers, Herrschers und Vaters. Die Verdrängung Dyauspitars zugunsten Varunas, deren Spuren sich im Rig Veda finden, scheint einen sehr viel älteren Prozeß widerzuspiegeln und fortzusetzen.

64. Die Arier in Indien

In ihrer gemeinsamen Zeit nannten sich die indoiranischen Stämme mit einem bezeichnenden Wort „Edler", *awairya*, sanskr. *ārya*. Die Arier drangen seit dem beginnenden 2. Jahrtausend in Nordwestindien ein. Vier oder fünf Jahrhunderte nach dem Beginn ihrer Invasion besetzten sie die Gegend der „Sieben Flüsse", *sapta sindhavah*[13], d. h. das obere Indusbecken, den Pandshab. Wie wir bereits feststellten (§ 39), haben die Eindringlinge möglicherweise einige harappische Städte angegriffen und zerstört. Die vedischen Texte erwähnen die Kämpfe gegen die *dāsa* oder *dasya*, in denen man die späteren Träger oder Überlebenden der Induskultur erkennen kann. Sie werden beschrieben als schwarzhäutig und „nasenlos", ihre Sprache ist barbarisch, und sie bekennen sich zum Phalluskult (*śiśna deva*). Sie besitzen viele Herden und wohnen in befestigten Siedlungen (*pur*). Diese „Forts" sind es, die Indra – der den Übernahmen *purandara*, „Zerstörer der Festungen", trägt – angriff und zu Hunderten zerstörte. Die Kämpfe fanden schon vor der Abfassung der Hymnen statt, denn die Erinnerung an

---

[12] Diese drei Sünden werden im Zusammenhang mit den drei Funktionen begangen und gehören den Bereichen der Religion, des kriegerischen Ideals und der Fruchtbarkeit an – was die dreifunktionale Hypothese bestätigt. Außerdem ist die Identifikation eines gemeinindoeuropäischen Motivs in der Heraklesmythologie bezeichnend, denn in Griechenland wurde die dreiteilige Ideologie infolge der Symbiose mit der ägäischen Kultur schon bald aufgelöst.
[13] Der Name ist auch im Awesta bekannt: *Haptahindu*.

sie ist stark mythologisiert. Der Rig Veda erwähnt eine weitere feindliche Bevölkerung: die *Pani*, die Kühe stehlen und den vedischen Kult ablehnen. Wahrscheinlich ist Hariyûpîyâ am Ufer des Ravi mit Harappa identisch. Außerdem spielen die vedischen Texte auf Ruinen an *(arma, armaka)*, die von „Hexen" bewohnt seien, woraus hervorgeht, daß die Arier die zerstörten Städte mit den alten Bewohnern der Region in Verbindung brachten[14].

Doch setzt die Verschmelzung mit den Einheimischen schon sehr früh ein. Wenn auch in den späteren Büchern des Rig Veda das Wort *dâsa* „Sklave" bedeutet, und somit auf das Schicksal der besiegten Dâsa verweist, so scheinen andere Mitglieder der unterworfenen Bevölkerung doch angemessen in die arische Gesellschaft aufgenommen worden zu sein; so etwa der Anführer der Dâsa, der lobend erwähnt wird, weil er die Brahmanen schützt (RV VIII, 46, 32). Die eheliche Verbindung mit den Eingeborenen hinterläßt ihre Spuren in der Sprache. Das vedische Sanskrit weist eine Reihe von Phonemen, und zwar vor allem Zerebralkonsonanten auf, die in keinem anderen indoeuropäischen Idiom, nicht einmal im iranischen, vorkommen. Sehr wahrscheinlich spiegelt sich in diesen Konsonanten die Aussprache der Einheimischen wider, wie sie bei deren Bemühen, die Sprache ihrer Herren zu erlernen, zustande kam. Außerdem hat das vedische Vokabular eine große Zahl nichtarischer Worte bewahrt. Sogar einige Mythen sind autochthonen Ursprungs[15]. Dieser schon in frühester Zeit bezeugte Prozeß einer radikalen kultischen und religiösen Symbiose griff immer stärker um sich, je weiter die Arier in die Gangesebene vordrangen.

Die vedischen Inder betrieben Ackerbau, doch war ihre Wirtschaft in erster Linie vom Hirtentum bestimmt. Das Rind galt als Zahlungsmittel. Man genoß Milch- und Milchprodukte, aber auch das Fleisch des Rindes. Das Pferd war sehr geschätzt, aber ausschließlich für Krieg, Raubzüge und das Königsritual bestimmt (vgl. § 73). Die Arier hatten keine Städte und keine Schrift. Trotz der Einfachheit ihrer materiellen Kultur erfreuten sich Tischler und Bronzeschmiede eines hohen Ansehens[16]. Eisen wurde erst ab ca. 1050 verwendet.

Die Stämme standen unter der Leitung militärischer Anführer, der *râjâs*. Ein Gegengewicht zur Macht dieser Kleinkönige bildeten die Volksräte *(sabhâ* und *samiti)*. Gegen Ende der vedischen Zeit ist die Einteilung der Gesellschaft in vier Klassen abgeschlossen. Der Terminus *varna*, mit dem die sozialen Klassen bezeichnet werden, bedeutet „Farbe": er verweist uns auf die ethnische Vielfalt, die der indischen Gesellschaft zugrunde liegt.

Bestimmte Aspekte des Lebens in vedischer Zeit enthüllen die Hymnen. Ihre Darstellung ist jedoch eher summarisch: die Arier lieben Musik und Tanz, sie

---

[14] B. und R. *Alchin*, The Birth of Indian Civilization, a. a. O. 155. Die Umwandlung irdischer Feinde in „Dämonen", „Fantome" oder „Zauberer" ist ein sehr häufiges Phänomen; siehe *M. Eliade*, Kosmos und Geschichte, a. a. O. 39 ff.
[15] Siehe *M. Eliade*, Yoga, a. a. O. 360f, 447f.
[16] Diese Beschreibung der materiellen Kultur ist natürlich zu ergänzen durch die „parallele Welt" der magisch-religiösen Bedeutungen der Werkzeuge und ihre entsprechenden Mythologien (§ 9).

spielen Flöte, Laute und Harfe. Sie lieben die berauschenden Getränke *soma* und *surâ*, wobei letzterem keine religiöse Bedeutung zukommt. Das Würfelspiel ist weit verbreitet; ihm ist ein ganzer Hymnus des Rig Veda (X, 34) gewidmet. Zahlreiche Hymnen spielen auf Streitigkeiten zwischen verschiedenen arischen Stämmen an. Der berühmteste, der Stamm der Bharata, hatte unter seinem König Sudas zehn verbündete Könige besiegt. Historische Daten indes bringt der Rig Veda nur sehr wenige. Bestimmte vedische Stammesnamen - wie etwa der der Bharata - tauchen in der späteren Literatur wieder auf. Der *Mahâbhârata*, der mindestens fünf oder sechs Jahrhunderte nach der vedischen Zeit verfaßt wurde, berichtet vom großen Krieg zwischen den Kuru und ihren Verwandten, den Pândava. Nach der von den Puranas überlieferten Tradition hat dieser Krieg um 1400 im Madhyadeśa, in Zentralindien, stattgefunden, woraus wir auf das Vordringen der Arier über den Ganges hinweg schließen können. Als der große theologische Traktat *Śatapatha Brâhmana* redigiert wurde (1000–800), waren die Provinzen Kośala und Videha schon arisiert. Der *Râmayâna* wiederum zeigt, daß sich der arische Einfluß bis in den Süden erstreckte.

Wie die Arier ihre Gegner mythologisierten und in „Dämonen" und „Zauberer" umwandelten, so gestalteten oder, genauer, assimilierten sie auch die Schlachten der Landnahme in Kämpfe Indras gegen Vṛtra und andere „dämonische" Gestalten. Auf die kosmologischen Implikationen solcher exemplarischer Kämpfe werden wir später eingehen (§ 68). Hier sei nur erwähnt, daß die Besetzung eines neuen Gebietes durch die Errichtung eines Altars (*gârhapatya*) für Agni legitimiert wurde [17]. „Man sagt, daß man sich niedergelassen hat *(avasyati)*, sobald man einen *gârhapatya* erbaut hat, und alle, die den Feueraltar errichten, haben sich rechtskräftig niedergelassen" (Śatapatha Br. VII, 1, 1, 1–4). Die Errichtung eines Altars für Agni aber ist nichts anderes als die rituelle Wiederholung der Schöpfung. Mit anderen Worten, das besetzte Gebiet wird zuerst einmal von einem „Chaos" in einen „Kosmos" umgewandelt; durch die Wirkung des Ritus erhält es eine „Gestalt" und wird „wirklich".

Wie wir sogleich sehen werden, ist das vedische Pantheon von männlichen Gottheiten beherrscht. Die wenigen Göttinnen, deren Namen wir kennen, spielen eine eher bescheidene Rolle: die rätselhafte Göttermutter Aditi; die Göttin der Morgenröte, Usas; die Nacht, Râtri, der ein schöner Hymnus (RV X, 127) gewidmet ist. Um so bezeichnender ist daher die beherrschende Stellung der Großen Göttin im Hinduismus: sie veranschaulicht zweifellos den Sieg der außerbrahmanischen Religiosität, zeigt aber auch die schöpferische Kraft des indischen Geistes. Natürlich gilt es zu bedenken, daß die vedischen Texte das religiöse System einer Priesterelite darstellten, die einer Militäraristokratie diente. Die übrige Gesellschaft – also die Mehrheit, die *vaiśya* und die *sudra* –

---

[17] Vgl. *A. K. Coomaraswamy*, The Rigveda as Land-nâma-Book, a.a.O. 16; *M. Eliade*, Kosmos und Geschichte, a.a.O. 15.

hatte wahrscheinlich Ideen und Glaubensvorstellungen, ähnlich jenen, die sich zweitausend Jahre später im Hinduismus finden[18]. Die Hymnen spiegeln nicht die gesamte vedische Religion; sie wurden für eine Zuhörerschaft gedichtet, die sich in erster Linie um irdische Güter sorgte: Gesundheit, langes Leben, zahlreiche Söhne, viele Rinder und großen Reichtum[19]. Die Annahme, daß bestimmte religiöse Vorstellungen, die später populär wurden, schon in vedischer Zeit artikuliert waren, entbehrt also nicht der Plausibilität.

Die oben erwähnte schöpferische Kraft des indischen Geistes tritt vor allem in der Verschmelzung, der Übernahme und Umwertung fremden Gedankengutes zutage, die zur Arisierung Indiens und schließlich zu seiner Hinduisierung führte. Denn dieser jahrtausendelange Prozeß vollzieht sich im Dialog mit dem religiösen System, das von den Brahmanen auf der Basis der vedischen „Offenbarung" erarbeitet wurde. Letztlich war die religiöse und kulturelle Einheit Indiens das Ergebnis einer langen Reihe von Synthesen, die unter dem Zeichen der Dichter-Philosophen und Ritualisten der vedischen Zeit herbeigeführt wurden.

65. Varuṇa, die Urgottheit: Devas und Asuras

Die Hymnen enthalten nicht die älteste Form der vedischen Religion. Der indoeuropäische Himmelsgott Dyaus ist bereits aus dem Kultus verschwunden. Sein Name bezeichnet nunmehr den „Himmel" oder den „Tag". Das Wort, das einst die Personifikation der Himmels*heiligkeit* bezeichnete, steht schließlich nur noch für eine Natur*erscheinung*. Ein solcher Vorgang ist in der Geschichte der Himmelsgottheiten sehr häufig: sie verblassen vor anderen Gottheiten und werden zu *dii otiosi*. Nur wenn er auch als Herrschergott verehrt wird, vermag ein Himmelsgott sein ursprüngliches Ansehen zu bewahren[20]. Aber die vedischen Dichter entsinnen sich noch des „Allwissenden Himmels" (Atharva Veda I, 32, 4), und sie rufen den „Vater Himmel" Dyauspitar an (ebd., VI, 4,3). Vor allem aber ist Dyaus im Urpaar Dyavaprithivi, „Himmel und Erde", (RV I, 160) vertreten.

Schon bald nahm Varuṇa, der Herrschergott schlechthin, Dyaus' Platz ein. Die Etappen, die seiner Erhebung in den Rang eines Weltenkönigs, *samraj* (RV VII, 82,2) vorausgingen, sind uns nur unzureichend bekannt. Varuṇa wird vor allem mit dem Titel *asura* belegt, einem Titel, den auch andere Götter, wie etwa

---

[18] Vgl. *L. Renou*, Religions of Ancient India, a.a.O. 6.
[19] Dies erinnert an die Situation der griechischen Religion zur Zeit Homers: die Epen wandten sich an eine militärische Elite, die wenig oder gar nichts mit den Geheimnissen der kosmischen Fruchtbarkeit und des Fortlebens der Seele nach dem Tode zu tun hatte, Geheimnisse, die dagegen die religiöse Aktivität ihrer Gattinnen und ihrer Untertanen bestimmten.
[20] Vgl. *M. Eliade*, Die Religionen, a.a.O. 95f.

Agni (AV I, 10, 1 usw.), tragen. Die Asuras aber waren die älteste Götterfamilie (AV VI, 100, 3). Die vedischen Texte spielen auf den Konflikt an, der die Götter *(devas)* den Asuras gegenüberstellte. Dieser Konflikt wird in nachvedischer Zeit in den *Brâhmanas,* Abhandlungen über das Geheimnis des Opfers, ausführlich berichtet und kommentiert. Der Sieg der Götter stand fest, als Agni auf Indras Aufforderung hin die Asuras verließ, die damit das Opfer nicht mehr besaßen (RV X, 124; V, 5). Kurze Zeit später raubten die Devas den Asuras das Opferwort (Vâc). Dies führte dazu, daß Indra Varuṇa einlud, in sein Königreich zu kommen (RV V, 5). Der Sieg der Devas über die Asuras wurde in den Sieg Indras über die Dasyus, die ebenfalls in die tiefste Finsternis gestoßen wurden, assimiliert (AV IX, 2, 17; vgl. RV VII, 99, 4 usw.).

Dieser mythische Zwist spiegelt den Kampf der von Indra angeführten „jungen Götter" gegen eine Gruppe von Urgottheiten. Die Tatsache, daß die Asuras als die „Zauberer" schlechthin (AV III, 9, 4; VI, 72, 1) galten und mit den *sudras* gleichgesetzt wurden, bedeutet nicht zwangsläufig, daß sie die Götter der vorarischen Ureinwohner des Landes waren. In den Veden wird der Titel *asura* als Epitheton für jeden beliebigen Gott verwendet, sogar für Dyaus und Indra (letzterer wird „Herr der Asuras" genannt, AV VI, 83, 3). Der Terminus *asura* bezieht sich also auf heilige Mächte, die einer Ursituation, insbesondere aber dem Zustand vor der jetzigen Weltordnung zugehören. Die „jungen Götter", die Devas, haben sich diese heiligen Mächte alsbald angeeignet, und das ist der Grund, warum sie das Epitheton *asura* tragen.

Es gilt also festzuhalten, daß die „Zeit der Asuras" vor der Gegenwart liegt, die von den Devas beherrscht wird. Wie in zahlreichen archaischen und traditionellen Religionen wird auch in Indien der Übergang von einer Urzeit zur Gegenwart in kosmogonischen Begriffen erklärt: Übergang von einem chaotischen „Zustand" in eine geordnete Welt, einen „Kosmos". Dieser kosmogonische Hintergrund begegnet uns wieder im mythischen Kampf Indras gegen den Urdrachen Vṛtra (§ 68). Varuṇa aber wurde, als Urgottheit, als der *asura* schlechthin, mit Vṛtra gleichgesetzt. Diese Gleichsetzung hat eine ganze Reihe esoterischer Spekulationen über das Geheimnis der göttlichen Zwei-Einheit ermöglicht.

66. *Varuṇa: Weltenkönig und „Magier"; „ṛta" und „mâyâ"*

Die vedischen Texte stellen Varuṇa als Herrschergott dar: er herrscht über die Welt, die Götter *(devas)* und die Menschen. Er „hat die Erde auseinandergeschlagen, wie ein Fleischer die Haut, damit sie für die Sonne ein Teppich sei…" Er hat „in die Kühe die Milch gelegt, den Verstand in die Herzen, das Feuer in die Wasser, in den Himmel die Sonne, den *soma* auf das Gebirge" (RV VIII, 41, 3). Als Weltherrscher besitzt er auch bestimmte Attribute der Himmelsgötter: er ist viśva-darśata, „überall sichtbar (RV VIII, 41, 3), allwissend

(AV IV, 14,2-7) und unfehlbar (RV IV, 16, 2-7). Er ist „tausendäugig" (RV VII, 34, 10) – das ist eine mythische Formel für die Sterne. Da er alles „sieht" und ihm keine, auch nicht die verborgenste Sünde entgeht, fühlen sich die Menschen in seiner Gegenwart „wie Sklaven" (RV I, 25,1). Als „schrecklicher Gebieter" und wahrer „Meister der Bande" besitzt er die magische Kraft, seine Opfer aus der Ferne zu binden, aber auch, sie zu entbinden. Zahlreiche Hymnen und Rituale sollen den Menschen vor den „Netzen Varuṇas" beschützen oder aus ihnen befreien[21]. Er wird dargestellt mit einer Schnur in der Hand, und im Rahmen der kultischen Feiern erhält alles, was er bindet, von den Knoten angefangen – die Bezeichnung des Varuṇa-Zugehörigen.

Trotz dieses außergewöhnlichen Ansehens ist Varuṇas Bedeutung in vedischer Zeit bereits im Sinken begriffen. So etwa ist er weit weniger populär als Indra. Allerdings sind mit seinem Namen zwei religiöse Begriffe verbunden, die eine außerordentliche Zukunft haben sollten: ṛta und mâyâ. Das Wort ṛta, Partizip Perfekt des Verbums „sich anpassen", bezeichnet die Weltordnung, eine Ordnung, die zugleich kosmischer, liturgischer und moralischer Natur ist[22]. Dem ṛta ist keine Hymne gewidmet, wohl aber tritt der Terminus sehr häufig auf (mehr als 300 Mal im Rig Veda). Die Schöpfung geschah in Übereinstimmung mit dem ṛta, die Götter handeln nach dem ṛta, das ṛta bestimmt sowohl die kosmischen Rhythmen als auch das ethische Verhalten. Das gleiche Prinzip regelt auch den Kultus. „Der Sitz des ṛta" ist im höchsten Himmel oder im Feueraltar.

Varuṇa nun wurde im „Hause" des ṛta erzogen, und von ihm heißt es, daß er das ṛta liebe und Zeugnis für es ablege. Er wird „König des ṛta" genannt, und diese mit der Wahrheit gleichgesetzte allgemeine Norm ist in ihm „begründet". Wer das Gesetz übertritt, hat sich vor Varuṇa zu verantworten, und Varuṇa – und nur er – stellt die durch Sünde, Irrtum oder Unwissenheit zerstörte Ordnung wieder her. Der Schuldige hofft, durch (von Varuṇa selbst vorgeschriebene) Opfer die Vergebung seiner Sünden zu erlangen. In all diesen Zügen wird Varuṇas Struktur eines Herrschergottes deutlich. Doch wird Varuṇa im Laufe der Zeit zu einem *deus otiosus*, der vor allem in der Gelehrsamkeit der Ritualisten und in der religiösen Folklore weiterlebt. Aber seine Verbindungen mit dem Gedanken der Weltordnung haben genügt, ihm einen bedeutenden Platz in der Geschichte der indischen Spiritualität zu sichern[23].

---

[21] M. Eliade, Bilder und Sinnbilder, a.a.O. 125 ff. H. Petersson leitet seinen Namen aus der indoeuropäischen Wurzel uer, „binden", her.

[22] „Der bedeutende Platz, den dieser gleiche Begriff mit fast derselben Vokabel sowohl bei den Para-Indern Mesopotamiens als auch bei den Iraniern jeder Richtung einnimmt, bedeutet mit Sicherheit, daß er bereits den Reflexionen und Erklärungen der indischen Indo-Iranier zugrundelag" (G. Dumézil, Ordre, Fantaisie, Changement, a.a.O. 140.)

[23] In der klassischen Sprache wird der Terminus ṛta durch das Wort *dharma* ersetzt, dessen umfassende Bestimmung wir später sehen werden. Im Rig Veda werden *dhāman* und *dhārman* jeweils 96 bzw. 54 Mal zitiert.

Es mag auf den ersten Blick paradox erscheinen, daß der Hüter des ṛta auch eng mit dem *mâyâ* verbunden ist. Doch wird diese Assoziation verständlich, wenn man bedenkt, daß die kosmische Kreativität Varuṇas auch einen „magischen" Aspekt hat. Der Terminus *mâyâ* wird einstimmig von der Wurzel *mây*, „wechseln", abgeleitet. Im Rig Veda bezeichnet *mâyâ* die „zerstörerische oder verneinende Veränderung der guten Mechanismen, die dämonische und trügerische Veränderung sowie die Verschlechterung der Verschlechterung"[24]. Mit anderen Worten, es gibt gute und schlechte *mâyâs*. Bei letzteren handelt es sich um „Listen" und „Zauberkünste", und zwar vor allem um Verwandlungszauberkünste dämonischer Art, wie jene der Schlange Vṛtra, die der *mâyin*, d. h. der Zauberer, der Schwindler schlechthin ist. Eine solche *mâyâ* verändert die kosmische Ordnung, sie behindert z. B. den Lauf der Sonne oder hält die Wasser zurück usw. Die guten *mâyâs* treten in zwei Formen auf: 1. die *mâyâs* des Kampfes, die „Gegenmâyâs", derer sich Indra in seinem Kampf gegen die Dämonen bedient[25]; 2. die *mâyâ* als Schöpferin von Formen und Wesen, die den Herrschergöttern, und hier wiederum in erster Linie Varuṇa, vorbehalten ist. Diese kosmologische *mâyâ* kann als Entsprechung des ṛta gelten. Tatsächlich sprechen viele Abschnitte vom Wechsel zwischen Tag und Nacht, vom Lauf der Sonne, vom Fallen des Regens und von anderen Phänomenen, die den ṛta in sich tragen, als einem Ergebnis der schöpferischen *mâyâ*.

Im Rig Veda, also bereits 1500 Jahre vor dem klassischen Vedânta, stoßen wir auf die erste Bedeutung der *mâyâ:* „Gewollter Wechsel", d. h. Änderung – Schöpfung oder Zerstörung – und „Veränderung der Veränderung". Beachten wir schon hier, daß der Ursprung des philosophischen Begriffs *mâyâ* – kosmische Illusion, Irrealität, Nicht-Sein – sich sowohl in der Idee des „Wechsels", der Veränderung der kosmischen Norm und also der *magischen oder dämonischen Umwandlung* findet als auch in der Idee der *schöpferischen Kraft* Varuṇas, der mit Hilfe seiner *mâyâ* die Ordnung des Universums wiederherstellt. Nun wird auch verständlich, warum die *mâyâ* schließlich auch die Bedeutung der *kosmischen Illusion* übernimmt; deshalb nämlich, weil es sich hier von Anfang an um einen mehrdeutigen, ja ambivalenten Begriff handelt: er besagt nicht nur dämonische Veränderung der kosmischen Ordnung, sondern auch göttliche Schöpferkraft. Später wird der Kosmos selbst – für die Vedânta – eine illusorische „Umwandlung", also ein wirklichkeitsfremdes System von Veränderungen.

Aber zurück zu Varuṇa. Seine Seinsweise – Schrecklicher Gebieter, Zauberer und Herr der Netze – ermöglicht eine überraschende Annäherung an den Drachen Vṛtra. Wie immer man zur etymologischen Verwandtschaft ihrer Namen[26]

---

[24] Vgl. *G. Dumézil*, a.a.O. 142ff mit Bibliographie.
[25] „Durch *mâyâ* hat er über die *mâyin* gesiegt"; das ist das Leitmotiv zahlreicher Texte (Bergaigne III, 82). Die größte von Indras „Zauberkünsten" ist seine Verwandlungsfähigkeit; vgl. *M. Eliade*, Bilder und Sinnbilder, a.a.O. 132ff; *G. Dumézil*, a.a.O. 143f.
[26] Vgl. *M. Eliade*, Bilder und Sinnbilder, a.a.O. 129.

stehen mag, wir müssen betonen, daß beide in Beziehung zu Gewässern stehen, und zwar vor allem zu „zurückgehaltenen Gewässern" („Der große Varuṇa hat das Meer versteckt...", RV IX, 73, 3). Die Nacht (das Nichtgeoffenbarte) [27], die Gewässer (das Virtuelle, das Keimende), die „Transzendenz" und das „Nichthandeln" (die Charaktermerkmale der Herrschergottheiten) besitzen eine zugleich mythische und metaphysische Gemeinsamkeit mit allen wie immer beschaffenen „Banden" und mit dem Drachen Vṛtra, der, wie wir noch sehen werden, die Gewässer „zurückgehalten", „angehalten" oder „angekettet" hat.

Varuṇa wird aber mit der Schlange Ahi und Vṛtra geradezu gleichgesetzt [28]. Im Atharva Veda (XII, 3, 57) wird er als „Schlange" beschrieben. Vor allem aber der Mahâbhârata setzt Varuṇa mit Schlangen gleich. Er wird „Herr des Meeres" und „König der *nâgas*" genannt; das Meer aber ist die „Wohnung der nâgas" [29].

67. Schlangen und Götter
Mitra, Aryaman, Aditi

Diese Ambiguität und Doppeldeutigkeit Varuṇas ist in mehrfacher Hinsicht wichtig. Vor allem muß unsere Aufmerksamkeit dem exemplarischen Charakter der *Vereinigung von Gegensätzen* gelten. Denn sie ist eines der Wesensmerkmale des indischen religiösen Denkens, lange bevor sie zum Gegenstand der systematischen Philosophie wurde. Ambivalenz und Vereinigung von Gegensätzen sind allerdings nicht nur Varuṇa zu eigen. Der Rig Veda (I, 79, 1) bezeichnete schon Agni als „wütende Schlange". Im *Aitareya Brâhmana* (III, 36) wird die Schlange Ahi Budhnya als unsichtbare Entsprechung *(parokṣena)* dessen bezeichnet, was Agni in sichtbarer Weise ist *(pratyakṣa)*. Anders ausgedrückt: die Schlange ist eine Möglichkeit des Feuers, während die Finsternis das nicht manifestierte Licht ist. Im *Vâjasaneyi* Samhitâ (V, 33) werden Ahi Budhnya und die Sonne (Aja Ekapad) identifiziert. Wenn sich die Sonne am Morgen erhebt, „befreit sie sich von der Nacht..., wie Ahi sich von seiner Haut befreit" (Śat. Br. II, 3; I, 3 und 6). So „kriecht auch der Gott Soma gleich Ahi aus seiner alten Haut" (RV IX, 86, 44). Das *Śatapatha Brâhmana* identifiziert ihn mit Vṛtra (III, 4, 3, 13; usw.). Von den Adityas heißt es, sie seien ursprünglich Schlangen gewesen. Nachdem sie ihre alte Haut abgestreift haben – d. h. die Unsterblichkeit erlangt haben („sie haben den Tod besiegt") –, sind sie zu Göttern, Devas, geworden (*Pancaviṃśa Br.* XXV, 15, 4). Und schließlich erklärt das Śat. Br.

---

[27] Einige Abschnitte des Rig Veda (z. B. I, 164, 38) sahen in Varuṇa das Nichtgeoffenbarte, das Virtuelle, das Ewige.
[28] Siehe die von *A. K. Coomaraswamy*, Angel and Titan, a. a. O. 391, Anm. zusammengestellten Verweise.
[29] Mahâbhârata I, 21, 6 und 25, 4. In anderen Abschnitten des Mhb. zählt der König Varuṇa zu den wichtigsten *nâgas* und wird zusammen mit den schon in vedischen Quellen belegten mythischen Schlangen aufgeführt; vgl. *G. Johnsen*, Varuṇa and Dhrtarāṣṭra, a. a. O. 260ff.

(XIII, 4,3,9) „die Wissenschaft der Schlangen *(sarpa-vidyâ)* sei der Veda"[30]. Anders ausgedrückt, die Götterlehre wird in paradoxer Weise mit einer „Wissenschaft" verglichen, die, zumindest anfänglich, „dämonischen" Charakter hatte.

Die Gleichsetzung der Götter mit Schlangen ist gewissermaßen nur eine Weiterführung der schon in der *Bṛhadâranyaka Upanishad* (I,3,1) belegten Vorstellung, daß die Devas und Asuras Kinder Prajâpatis und die Asuras seine Erstgeborenen seien. Die gemeinsame Abstammung widersprüchlicher Gestalten ist eines der bevorzugten Themen, um die ursprüngliche Einheit-Ganzheit zu veranschaulichen. Ein großartiges Beispiel dafür findet sich in den theologischen Deutungen des berühmten mythischen Kampfes zwischen Indra und Vṛtra.

Mitra dagegen spielt für sich allein und von Varuṇa separiert nur eine nebensächliche Rolle. Im Veda ist ihm nur ein einziger Hymnus gewidmet (RV III,59). Doch teilt er mit Varuṇa die Herrschaftsattribute, da er die Aspekte des Friedvollen, des Wohlwollenden, des Rechtskundigen und des Priesters verkörpert. Wie schon sein Name sagt, ist er, genau wie der awestische Mithra, der personifizierte „Vertrag". Er erleichtert die zwischenmenschlichen Verträge und bewegt die jeweiligen Partner, ihre Verpflichtungen einzuhalten. Die Sonne ist sein Auge *(Taitt. Brâh.* III,1,5,1); da er alles sieht, entgeht ihm nichts. Seine Bedeutung im religiösen Denken und Handeln zeigt sich vor allem dann, wenn er gemeinsam mit Varuṇa angerufen wird, dessen Antithese und zugleich Ergänzung er ist. Das Binom Mitra-Varuṇa, das schon in ältester Zeit als Ausdruck der göttlichen Herrschaft schlechthin eine bedeutende Rolle spielte, wurde später als exemplarische Formel für alle Gegensatzpaare und komplementären Gegensätze verwendet.

Mit Mitra verbunden sind Aryaman und Bhaga. Ersterer beschützt die Gesellschaft der Arier; er überwacht vor allem die Gastfreundschaft und tritt bei Eheschließungen auf. Bhaga, dessen Name „Teil" bedeutet, sichert die Verteilung des Reichtums. Zusammen mit Mitra und Varuṇa (und gelegentlich auch mit anderen Göttern) bilden Aryaman und Bhaga die Gruppe der Adityas oder Söhne der Göttin Aditi, der „Nicht-Gebundenen", d.h. der Freien. Seit M. Müller wurde über die Struktur dieser Götter viel diskutiert. Die Texte identifizieren sie mit der Erde oder sogar mit dem Universum; sie vertritt die Vorstellung der Breite, Weite und der Freiheit[31]. Sehr wahrscheinlich war Aditi eine große Muttergöttin, die, ohne selbst ganz in Vergessenheit zu geraten, ihre Fähigkeiten und Funktionen ihren Söhnen, den Adityas, übertragen hatte.

---

[30] Vgl. zu diesem Thema *M. Eliade,* Méphistophélès et l'androgyne, a.a.O. 108ff.
[31] *J. Gonda,* „Gods" and „Powers", a.a.O. 75ff.

68. Indra, Held und Demiurg

Im Rig Veda ist Indra der populärste Gott. Etwa 250 Hymnen sind an ihn gerichtet, im Vergleich dazu: 10 an Varuṇa und 35 an Mitra, Varuṇa und die Adityas zusammen. Indra ist der Held schlechthin, das beispielgebende Vorbild der Krieger, ein fürchterlicher Gegner der Dasyus oder Dasas. Seine Helfer, die Maruts, spiegeln auf mythologischer Ebene die indoiranischen jugendlichen Kriegervölker *(marya)* wider. Indra aber ist zugleich auch Demiurg und Befruchter, ist Personifikation des überquellenden Lebens, der kosmischen und biologischen Energie. Als unermüdlicher Trinker von *soma*, dem Urbild der Zeugungskraft, entfesselt er Orkane, läßt den Regen strömen und gebietet aller Feuchtigkeit[32]. Das zentrale Thema der Indra-Mythologie, das auch der bedeutendste Mythos des Rig Veda ist, berichtet von seinem siegreichen Kampf gegen Vṛtra, den riesigen Drachen, der die Gewässer in den „Schluchten der Berge" zurückhielt. Indra, vom Soma gestärkt, zerschmettert den Drachen mit seinem *vajra* („Blitz"), der Waffe, die Tvaṣṭṛ ihm geschmiedet hatte; er spaltet ihm den Kopf und befreit die Gewässer, die sich „wie brüllende Kühe" ins Meer ergießen (RV I, 32).

Der Kampf eines Gottes gegen ein Schlangen- oder Meeresungeheuer ist bekanntlich ein weit verbreitetes mythisches Thema. Man denke nur an den Kampf zwischen Rê und Apophis, dem sumerischen Gott Ninurta und Asag, Marduk und Tiamat, dem hethitischen Wettergott und der Schlange Illujanka, Zeus und Typhon, dem iranischen Helden Thraêtaona und dem dreiköpfigen Drachen Azhi-dahâka. In einigen Fällen (z. B. Marduk-Tiamat) ist der Sieg des Gottes die Vorbedingung für die Entstehung der Welt. In anderen wiederum geht es um die Eröffnung einer neuen Ära oder die Errichtung einer neuen Herrschaft (vgl. Zeus-Typhon, Baal-Jam). Kurz, durch die Tötung eines Schlangenungeheuers – dem Symbol des Virtuellen, des „Chaos" oder der Ureinwohner – entsteht eine neue kosmische oder institutionelle „Situation". Ein charakteristischer und allen diesen Mythen gemeinsamer Zug ist die Angst oder eine erste Niederlage des Helden. Marduk und Rê zögern vor dem Kampf; anfangs gelingt es der Schlange Illujanka, den Gott zu verstümmeln; Typhon kann Zeus die Sehnen abschneiden und rauben. Nach dem *Śatapatha Brâhmana* (I, 6, 3–17) flieht Indra beim Anblick Vṛtras, soweit er kann, und das *Mârkandeya Puraṇa* beschreibt ihn als „krank vor Angst" und den Frieden ersehnend[33].

---

[32] Er wird *sahasramuṣka*, „mit tausend Hoden" (RV VI, 46,3) genannt; er ist „der Herr der Felder" (RV VIII, 21,3) und „Herr der Erde" (Atharva Veda XII, 1,6), der Befruchter der Felder, Tiere und Frauen; vgl. *M. Eliade*, Die Religionen, a.a.O. 116.

[33] Tatsächlich sandte er Boten zu ihm, die „Freundschaft" und „Übereinstimmung" zwischen ihnen bewirkten. Aber Indra brach den Vertrag und tötete Vṛtra durch List, und dies war seine große „Sünde"; vgl. *G. Dumézil*, Heur et malheur du guerrier, a.a.O. 71 ff. Ein weiterer, für den indischen Mythos spezifischer Zug: nach dem Mord wird Indra von Angst gepackt und flieht an die Grenzen der Erde, wo er sich in einer Lotosblume versteckt, „in ganz kleiner Gestalt" (Mahâbhârata V, 9, 2ff; auch schon RV I, 32, 14).

Eine eingehende Betrachtung der naturalistischen Deutung dieses Mythos würde uns hier nicht weiterführen: man hat im Sieg über Vṛtra den vom Sturm entfesselten Regen gesehen oder die Befreiung der Wasser aus den Bergen (H. Oldenberg) oder auch den Sieg der Sonne über die Kälte, die die Wasser gefrieren ließ und sie dadurch „gefangenhielt" (Hillebrandt). Naturalistische Elemente sind natürlich vorhanden, denn der Mythos ist mehrschichtig. Indras Sieg entspricht unter anderem dem Sieg des Lebens über Unfruchtbarkeit und Tod, die der „Erstarrung" der Wasser durch Vṛtra gefolgt waren. Die Struktur des Mythos indes ist kosmogonisch. In Rig Veda I, 33,4 heißt es, der Gott habe durch seinen Sieg Sonne, Himmel und Morgenröte erschaffen. Nach einem anderen Hymnus (RV X, 113, 4–6) trennte Indra schon bei seiner Geburt Himmel und Erde voneinander, steckte das Himmelsgewölbe auf und zerschmetterte durch das Schleudern seines *vajra* Vṛtra, der die Wasser in der Finsternis zurückhielt. Himmel und Erde aber sind die Eltern der Götter (I, 185,6): Indra ist der jüngste (III, 38,1), der letztgeborene Gott; er beendet die Hierogamie zwischen Himmel und Erde. „Durch seine Kraft errichtete er diese beiden Welten, den Himmel und die Erde, und er machte, daß die Sonne leuchtet" (VIII, 3,6). Nach dieser demiurgischen Großtat bezeichnet Indra Varuṇa Weltenherrscher und Wächter der ṛta (die in der Unterwelt verborgen geblieben war) (RV, I, 62,1).

Wie wir noch sehen werden (§ 75), gibt es auch andere Typen indischer Kosmogonien, welche die Erschaffung der Welt von einer *materia prima* aus erklären. Dies trifft nicht für den soeben dargelegten Mythos zu, denn hier existierte bereits ein bestimmter Typ von „Welt". Himmel und Erde waren schon gebildet und hatten die Götter gezeugt. Indra hat die kosmischen Eltern nur getrennt und durch die Vernichtung Vṛtras die Unbeweglichkeit, ja die „Virtualität" beendet, die durch die Seinsweise des Drachens symbolisiert war[34]. Nach bestimmten Traditionen hatte Tvaṣṭṛ, der „Bildner" der Götter, dessen Rolle im Rig Veda nicht ganz klar ist, sich ein Haus gebaut und Vṛtra als eine Art Dach und Ummauerung für diese Wohnstatt erschaffen. Im Inneren dieser von Vṛtra umschlossenen Wohnstätte lebten der Himmel, die Erde und die Gewässer[35]. Indra sprengt diese Urmonade, indem er den „Widerstand" und die Trägheit Vṛtras durchbricht. Mit anderen Worten, Welt und Leben konnten nur durch die Tötung eines amorphen Urwesens entstehen. Dieser Mythos ist in zahllosen Spielarten weit verbreitet; in Indien selbst finden wir ihn wieder in der Verstümmelung Puruṣas durch die Götter und in der Selbsthingabe Prajâpatis. Indra dagegen vollzieht kein Opfer, sondern er tötet in seiner Eigenschaft als Krieger den exemplarischen Feind, den Urdrachen, die Inkarnation des „Widerstands" und der Trägheit.

---

[34] Indra begegnet Vṛtra, als dieser „ungeteilt, ungeweckt, schlafend, in tiefsten Schlaf gesunken, hingestreckt" liegt (RV IV 19,3).
[35] Vor allem *N. W. Brown* war um die Rekonstruktion dieser kosmogonischen Auffassung bemüht.

Der Mythos ist vielschichtig; neben seiner kosmogonischen Bedeutung besitzt er auch „naturalistische" und „historische" Wertigkeiten. Indras Kampf war Vorbild für die Schlachten, die die Arier gegen die (übrigens *vṛtāṇi* genannten) Dasyus zu bestehen hatten. „Wer in einer Schlacht siegt, der tötet wahrhaft Vṛtra" *(Maitrâyani-Samhitâ,* II, 1,3). Wahrscheinlich bildete in alter Zeit der Kampf zwischen Indra und Vṛtra das mythisch-rituelle Schauspiel der Neujahrsfeste, das die Regeneration der Welt gewährleistete[36]. Wenn dieser Gott zugleich unverdrossener Held, Demiurg, und Epiphanie orgiastischer Kräfte und der allgemeinen Fruchtbarkeit ist, so deshalb, weil die Gewalt das Leben aufkeimen läßt, es vermehrt und erneuert. Schon bald aber verwendet die indische Spekulation diesen Mythos als Illustration der göttlichen Zwei-Einheit und in der Folge als Beispiel einer Hermeneutik, die auf die Enthüllung der letzten Wirklichkeit zielt.

69. Agni, der Vorsteher der Götter: Opferfeuer, Licht, Intelligenz

Die kultische Rolle des Hausfeuers war schon in indoeuropäischer Zeit bedeutend. Hier handelt es sich zweifellos um einen vorgeschichtlichen Brauch, der auch in zahlreichen Naturgesellschaften belegt ist. Im Veda repräsentiert der Gott Agni die Sakralität des Feuers schlechthin. Seine Wesenheit aber läßt sich nicht allein durch diese kosmischen und rituellen Hierophanien abgrenzen. Er ist ein Sohn des Dyaus (RV I, 26,10), genau wie seine iranische Entsprechung Atar ein Sohn Ahura Mazdas ist (Yasna, 2,12 usw.). Er wird im Himmel „geboren", von wo er in Gestalt eines Blitzes herniederfährt; aber er ist auch im Wasser, im Holz und in den Pflanzen gegenwärtig. Daneben wird er auch mit der Sonne gleichgesetzt.

Agni wird sowohl durch seine Erscheinungen in Gestalt des Feuers als auch durch die ihm spezifischen göttlichen Attribute beschrieben. Man evoziert seine „Flammenhaare", seinen „goldenen Kiefer", den Lärm und Schrecken, den er verbreitet. „Wenn du gleich dem begierigen Stier auf die Bäume anstürmst, ist schwarz deine Spur..." (RV I, 58,4). Er ist der „Bote" zwischen Himmel und Erde, und durch ihn gelangen die Opfergaben vor die Götter. Vor allem aber ist Agni das Urbild des Priesters; er wird Opferer oder „Vorsteher" (purohita) genannt. Daher stehen die ihm gewidmeten Hymnen auch am Anfang des Rig Veda. Die erste Hymne beginnt folgendermaßen: „Ich besinge Agni, den Vor-

---

[36] *F. B. J. Kuiper,* The Ancient Aryan Verbal Contest, a.a.O. 269. Auch die Rededuelle des vedischen Indien waren nichts anderes als ein Nachvollzug des Urkampfes gegen die Kräfte des Widerstands *vṛtaṇi).* Der Dichter vergleicht sich selbst mit Indra: „Ich bin der Mörder meiner Gegner, ohne Verwundung, gesund und munter gleich Indra" (RV X,166,2; vgl. *F. B. J. Kuiper,* a.a.O. 251f).

steher, den Gott des Opfers, den Priester, den Opferer, der uns mit Gaben überhäuft" (Übers. n. J. Varenne). Er ist ewig jung („der Gott, der nicht altert", RV I, 52, 3), denn er wird in jedem Feuer wiedergeboren. Als „Herr des Hauses" *(grihaspati)* vertreibt Agni die Finsternis, hält die Dämonen fern und schützt vor Krankheit und Zauberei. Daher sind die Beziehungen der Menschen zu Agni enger als zu den übrigen Göttern. Er ist es, der „in gerechter Zuweisung die erwünschten Güter verteilt" (I, 58, 3). So wird er vertrauensvoll angerufen: „Führe uns, Agni, auf dem guten Weg zu Reichtum ... halte fern von uns die Verfehlung, die uns irreleitet ... verschone uns vor Krankheiten. Beschütze uns immer, Agni, mit deinen unermüdlichen Wächtern ... Überlasse uns nicht dem Bösen, dem Zerstörer, dem Lügner oder dem Unglück" (I, 187, 1–5; übers. n. J. Varenne)[37].

Obschon im religiösen Leben allgegenwärtig – das heilige Feuer spielt eine große Rolle –, verfügt Agni doch über keine nennenswerte Mythologie. Unter den wenigen Mythen, die ihn unmittelbar betreffen, ist der bekannteste der Mythos von Mâtariśvan, der das Feuer vom Himmel geholt hat[38]. Auf kosmologischer Ebene ist seine Rolle zwar nicht ganz eindeutig, aber doch wichtig. Einerseits wird er als „Keim der Gewässer" *(âpam garbhah;* III, 1, 12–13) bezeichnet und als derjenige angerufen, der sich aus dem Schoß der Gewässer, der Mütter, erhebt (X 91, 6). Andererseits heißt es von ihm, er habe die Urgewässer durchdrungen und sie befruchtet. Hier handelt es sich zweifelsohne um eine archaische kosmologische Vorstellung: Schöpfung durch Vereinigung eines feuerartigen Elements (Feuer, Hitze, Licht, *semen virile*) mit dem Prinzip des Wassers (Gewässer, Virtualitäten, *soma*). Einige der Attribute Agnis (Hitze, Goldfarbe – es wird ihm ein Leib aus Gold zugeschrieben, RV IV, 3, 1; X, 20, 9 – samenspendende und schöpferische Kräfte) finden sich in den um Hiranyagarbha (Goldkeim) und Prajâpati erarbeiteten kosmogonischen Spekulationen wieder (§ 75).

Die Hymnen betonen vor allem die geistigen Fähigkeiten Agnis: er ist ein mit hoher Intelligenz und Klarsicht begabter *rṣi*. Um solche Spekulationen richtig beurteilen zu können, müssen wir die zahllosen Bilder und Symbole, die durch „schöpferische Vorstellungskraft" und Meditation zum Thema Feuer, Flammen und Hitze geoffenbart wurden, berücksichtigen. All dies war übrigens ein Erbe aus der Vorgeschichte. Der indische Geist erarbeitete, artikulierte und systematisierte diese vor undenkbaren Zeiten gemachten Entdeckungen. In späteren philosophischen Spekulationen werden wir wieder auf einige dieser urgeschichtlichen Bilder im Zusammenhang mit dem Feuer stoßen; so etwa die Auffassung vom göttlichen Schöpfungsspiel *(lîlâ)*, das vom „Spiel" der Flammen

---

[37] Aufgrund seiner Rolle bei der Leichenverbrennung wird er „Fleischverschlinger" genannt und gelegentlich mit dem Hund oder dem Schakal verglichen. Das ist sein einziger düsterer Aspekt.
[38] In anderen Texten dagegen ist Agni selbst der Bote Mâtariśvans; vgl. *J. Gonda*, Religionen Indiens, a. a. O. 94.

her erklärt wird. Die Assimilation Feuer (Licht) – Intelligenz ist allgemein verbreitet[39].

In diesem Zusammenhang wird Agnis Bedeutung in der indischen Religion und Spiritualität am klarsten ersichtlich: er hat zahllose kosmisch-biologische Meditationen und Spekulationen ausgelöst und Synthesen erleichtert, die auf die Reduktion der zahlreichen und vielfachen Ebenen auf ein einziges grundlegendes Prinzip zielen. Gewiß war Agni nicht der einzige indische Gott, der solche Träumereien und Überlegungen anregte, aber er steht doch an erster Stelle. Schon in vedischer Zeit wurde er mit *tejas*, „feuergleicher Energie, Herrlichkeit, Wirksamkeit, Majestät, übernatürliche Kraft" usw., identifiziert. In den Hymnen fleht man um die Gewährung dieser Kraft zu ihm (AV VII, 89, 4)[40]. Aber die Reihe der Identifikationen, Assimilationen und Solidarisierungen – ein dem indischen Denken spezifischer Vorgang – ist noch viel umgreifender. Agni oder eine seiner Entsprechungen, die Sonne, ist in den *Philosophumena* impliziert, die darauf zielen, das Licht dem *âtman* und dem *semen virile* gleichzusetzen. Durch die Riten und Askesen zur Vermehrung der „inneren Hitze" ist Agni auch, wenngleich bisweilen nur indirekt, mit den religiösen Werten der „asketischen Hitze" *(tapas)* und den Yogapraktiken verbunden.

70. Der Gott Soma und das Getränk des „Nicht-Todes"

Mit 120 ihm gewidmeten Hymnen erscheint Soma als dritter Gott im vedischen Pantheon. Ein ganzes Buch des Rig Veda, nämlich das neunte, ist dem Soma *pavamâna*, dem „sich läuternden" *soma*, gewidmet. Hier ist es noch schwieriger als bei Agni, die rituelle Wirklichkeit – Pflanze und Getränk – von dem Gotte zu scheiden, der denselben Namen trägt. Den Mythen kommt keine große Bedeutung zu. Der wichtigste erzählt vom himmlischen Ursprung des *soma*: ein Adler, „der bis zum Himmel flog", eilte „mit der Geschwindigkeit eines Gedankens und bezwang die erzene Festung" (RV VIII, 100,8). Der Vogel ergriff die Pflanze und brachte sie auf die Erde. Doch soll der *soma* im Gebirge wachsen[41]. Der Widerspruch ist aber nur scheinbar, denn die Gipfel der Berge gehören schon zur jenseitigen Welt, werden also bereits dem Himmel zugerechnet. Andere Texte sprechen davon, daß der *soma* am „Nabel der Welt, auf den Bergen", wachse (RV X, 82,3), also im Mittelpunkt der Welt, wo der Übergang von der Erde zum Himmel möglich ist[42].

---

[39] Die religiöse Meditation über das heilige Feuer spielt im Zoroastrismus eine bedeutende Rolle (vgl. § 104).
[40] Vgl. *J. Gonda*, Gods and Powers, a.a.O. 58ff.
[41] Sein Epitheton, Maujavata, gibt den Berg Mujavat als Bereich des *soma* an (RV X, 34, 1). Auch die iranische Tradition lokalisiert die Pflanze *haoma* in den Bergen (*Yasna* 10,4; Yasht 9, 17 usw.)
[42] In den Texten des Yajurveda finden sich immer wieder Anspielungen auf die Opferung Somas durch die Götter; nur Mitra weigert sich zunächst, daran teilzunehmen, läßt sich aber schließlich

Soma eignen nur die gewöhnlichen Attribute, die den Göttern ganz allgemein beigelegt werden: er ist ein Seher, ist weise und einsichtsvoll, siegreich und großmütig usw. Er ist der Freund und Beschützer der anderen Götter, vor allem aber ist er der Freund Indras. Er wird auch König Soma genannt, zweifellos aufgrund seiner rituellen Bedeutung. Die im Awesta noch unbekannte Identifikation Somas mit dem Mond ist nur in nachvedischer Zeit eindeutig belegt.

Zahlreiche Einzelheiten im Zusammenhang mit der Pressung der Pflanze werden in kosmischen und biologischen Ausdrücken beschrieben: der dumpfe Lärm, den die beim Pressen verwendete Unterlage macht, bedeutet den Donner, das Wolltuch des Seihers stellt die Wolken dar, der Saft ist der Regen, der das Wachstum der Pflanzen fördert, usw. Auch mit der geschlechtlichen Vereinigung wird der Preßvorgang identifiziert. Aber alle diese Symbole der bio-kosmischen Fruchtbarkeit hängen letztlich von der „mystischen" Bedeutung des Soma ab.

Die Texte beschreiben insbesondere die dem Kauf der Pflanze vorangehenden und diesen begleitenden Zeremonien und vor allem die Zubereitung des Trankes. Schon im Rig Veda ist das Somaopfer der beliebteste Opferritus, ist „Seele und Mittelpunkt des Opfers" (Gonda). Welche Pflanze die Indoarier in den ersten Jahrhunderten auch immer verwendet haben mögen, fest steht, daß sie später durch andere botanische Arten ersetzt wurde. Der *soma/haoma* ist die indoiranische Formel des Tranks des „Nicht-Todes" *(amṛta);* wahrscheinlich ist er an die Stelle des indoeuropäischen *madhu-*Trankes, des Met, getreten.

Alle guten Eigenschaften des *soma* entsprechen der durch seinen Genuß hervorgerufenen ekstatischen Erfahrung. „Wir haben den *soma* getrunken", so lesen wir in einer berühmten Hymne (VIII, 48), „Wir sind unsterblich geworden; zum Lichte gelangt, haben wir die Götter gefunden. Was kann uns nun die Gottlosigkeit oder die Bosheit des Sterblichen anhaben, o Unsterblicher?" (3. Strophe.) Man fleht zu *soma*, daß er „unsere Lebensdauer verlängere", denn er ist „der Hüter unseres Leibes", und „Schwächen und Krankheiten haben die Flucht ergriffen" (übers. n. L. Renou). Der *soma* regt das Denken an, gibt dem Krieger neuen Mut, erhöht die Zeugungskraft und heilt Krankheiten. Da Priester und Götter ihn gemeinsam trinken, bringt er Erde und Himmel einander näher, stärkt und verlängert das Leben und gewährt Fruchtbarkeit. Tatsächlich vermittelt die ekstatische Erfahrung zugleich die Fülle der Lebenskraft, das Empfinden einer grenzenlosen Freiheit, den Besitz ungeahnter physischer und psychischer Kräfte. Dies ist der Grund für das Empfinden der Gemeinschaft mit den Göttern, ja sogar der Zugehörigkeit zur Welt der Götter und die Gewißheit des „Nicht-Todes", d. h. eines Lebens in Fülle auf unbestimmte Dauer.

---

doch dazu überreden. Aus dieser Episode könnte man Spuren eines Ursprungsmythos herauslesen: die Erschaffung des „Unsterblichkeit verleihenden" Getränks durch die Opferung eines Urwesens. Dieser erste, von den Göttern begangene Mord wird im rituellen Pressen der Pflanze *soma* wiederholt.

Wer ist in der berühmten Hymne X, 119 der Sprecher? Ein Gott oder der Ekstatiker, der das heilige Getränk genossen hat? „Die fünf (menschlichen) Stämme schienen mir nicht einmal eines Blickes würdig – habe ich also *soma* getrunken oder nicht?" Sodann zählt der Sprecher seine Großtaten auf: „Ich habe den Himmel mit meiner Größe bedeckt, die weite Erde beherrscht... Ich werde diese Erde mit kräftigen Schlägen stoßen... Mit einem meiner Flügel habe ich den Himmel berührt, der andere zieht hier auf Erden seine Spur... Ich bin groß, groß, bis zu den Wolken habe ich mich aufgeschwungen – habe ich also *soma* getrunken oder nicht?" (übers. n. L. Renou)[43].

Wir wollen hier nicht näher auf die Surrogate und Ersatzpflanzen der Ursprungspflanze im Kultus eingehen. Wichtig ist nur die Rolle, die diese Somaerfahrung im indischen Denken gespielt hat. Sehr wahrscheinlich waren solche Erfahrungen nur auf die Priester und eine bestimmte Zahl von Opfernden beschränkt. Durch die Hymnen jedoch, in denen sie gepriesen wurden, und vor allem dank der durch sie angeregten Deutungen erlangten sie eine bemerkenswerte Resonanz. Die Offenbarung eines erfüllten und seligmachenden Lebens in Gemeinschaft mit den Göttern hat die indische Spiritualität noch lange nach dem Verschwinden des ursprünglichen Trankes beschäftigt. Man versuchte also, durch andere Mittel zu einem solchen Leben zu gelangen: Askese oder orgiastische Exzesse, Meditation, Yogatechniken, mystische Versenkung. Wie wir noch sehen werden (§ 79), kannte das archaische Indien mehrere Arten von Ekstatikern. Außerdem schuf die Suche nach der absoluten Freiheit eine ganze Reihe von Methoden und *Philosophumena*, die schließlich zu neuen, in vedischer Zeit noch ungeahnten Perspektiven führten. In all diesen späteren Entwicklungen spielt der *Gott* Soma eine nebensächliche Rolle. Es war das in ihm verkörperte kosmologische und opfertechnische *Prinzip*, das die Aufmerksamkeit der Theologen und Metaphysiker auf sich zog.

71. Zwei Große Götter in vedischer Zeit: Rudra-Śiva und Viṣṇu

Die vedischen Texte wenden sich noch an eine Reihe anderer Gottheiten. Die meisten von ihnen verlieren jedoch nach und nach ihre Bedeutung, um schließlich ganz in Vergessenheit zu geraten; andere dagegen gelangen später zu einer einmaligen Stellung. Unter den ersteren seien genannt: Uṣas, die Göttin der Morgenröte und eine Tochter des Himmels (Dyaus); Vâyu, der Gott des Windes und dessen Entsprechungen „Atem" und „kosmische Seele"; Parjanya, der Gott des Sturmes und der Regenzeit; Sûrya und Savitṛ, als Sonnengottheiten; der ein-

---

[43] „Die Hymne scheint dem Gott Agni in den Mund gelegt zu sein, der bei einem Opfer vom Dichter aufgefordert wurde, die Wirkungen zu schildern, die der heilige Trank auf ihn hat" *(L. Renou,* Hymnes spéculatifs du véda, a.a.O. 252).

stige, aber schon fast nicht mehr präsente Hirtengott Pûṣan (er hat fast keinen Kult), der Bewacher der Straßen und Führer der Toten, den man mit Hermes verglichen hat; die Zwillinge Aśvins (oder Nâsatya), Söhne des Dyaus, und Helden zahlreicher Mythen und Legenden, die ihnen in der späteren Literatur einen entscheidenden Platz sicherten; die Maruts, die Söhne Rudras, eine Schar von „Jünglingen" *(marya),* die S. Wikander als das mythische Modell eines „Männerbundes" indoeuropäischen Typs gedeutet hat.

Die zweite Kategorie wird durch Rudra-Śiva und Viṣṇu repräsentiert. Sie nehmen in den vedischen Texten nur einen geringen Platz ein, werden dagegen in klassischer Zeit zu Hochgöttern. Im Rig Veda erscheint Viṣṇu als eine dem Menschen wohlwollende Gottheit (I, 186,10), als Freund und Verbündeter Indras, dem er in seinem Kampfe gegen Vṛtra beisteht, indem er den Raum zwischen Himmel und Erde auseinanderfaltet (VI, 69,5). Er hat den Weltenraum mit drei Schritten durchmessen und hat mit dem dritten die Götterwohnung erreicht (I, 155,6). Dieser Mythos inspiriert und rechtfertigt einen Ritus in den *Brâhmanas:* Viṣṇu wird mit dem Opfer identifiziert *(Śatapatha Br.* XIV, I, 1,6), und der Opfernde wird durch den rituellen Nachvollzug dieser drei Schritte dem Gotte gleichgesetzt und gelangt in den Himmel (I, 9,3,9 ff). Viṣṇu scheint sowohl die unbegrenzte räumliche Ausdehnung (durch die die Organisation des Kosmos möglich wird) als auch die wohltuende und allmächtige Energie, die das Leben fördert, wie auch die welttragende kosmische Achse zu versinnbildlichen. Im Rig Veda (VII, 99,2) heißt es weiter, daß er das Firmament des Weltalls trage[44]. Die *Brâhmanas* betonen vor allem seine Beziehungen zu Prajâpati, die schon in vedischer Zeit bezeugt sind. Aber erst in den Upanishaden der zweiten Abteilung (zeitgenössisch mit dem *Bhagavad Gîtâ,* also etwa um 4. Jahrhundert v. Chr.) wird Viṣṇu als höchster Gott monotheistischer Struktur gepriesen. Diesen für die indische religiöse Kreativität spezifischen Vorgang werden wir später genauer beleuchten.

Morphologisch ist Rudra eine Gottheit entgegengesetzten Typs. Er hat keine Freunde unter den Göttern, und er liebt die Menschen nicht, die er durch seine dämonische Gewalt terrorisiert und durch Krankheiten und Unglück dezimiert. Rudras Haar ist zu Zöpfen geflochten (RV I, 114,1,5); seine Farbe ist dunkelbraun (II, 33,5): sein Bauch ist schwarz, der Rücken rot. Seine Waffe sind Pfeil und Bogen, bekleidet ist er mit Tierfellen, und er hält sich vor allem in den Bergen auf. Mit ihm verbunden sind zahlreiche dämonische Gestalten.

Die nachvedische Literatur betont außerdem die Boshaftigkeit des Gottes. Rudra wohnt in Wäldern und im Dschungel; er wird „Herr der wilden Tiere" genannt *(Śat. Br.* XII, 7,3,20) und beschützt jene, die außerhalb der arischen Gesellschaft leben. Während die Götter im Osten wohnen, haust Rudra im Norden (d. h. im Himalaya). Er ist vom Somaopfer ausgeschlossen und erhält

---

[44] Siehe *J. Gonda,* Viṣṇuism and Śivaism, a. a. O. 10 ff. Der Opferpfahl *yūpa* gehört ihm; *yūpa* aber ist ein Abbild der *axis mundi.* Vgl. auch *J. Gonda,* Aspects of early Viṣṇuism, a. a. O. 81 ff.

nur Lebensmittelopfer, die man auf den Boden wirft *(bali)*, oder Opferreste und beschädigte Opfergaben *(Śat. Br.* I, 7, 4,9). Seine Epitheta sind zahlreich: man nennt ihn Śiva, „den Freundlichen", Hara, „den Zerstörer", Saṃkara, „den Wohltätigen", Mahâdeva, „den großen Gott".

Nach den vedischen Texten und den *Brâhmanas* scheint Rudra-Śiva eine Epiphanie dämonischer (oder zumindest ambivalenter) Mächte zu sein, die an wilden und unbewohnten Stätten hausen. Er symbolisiert alles Chaotische, Gefährliche, Unvorhersehbare. Er erweckt Furcht, aber seine geheimnisvolle Magie kann auch guten Zwecken dienlich gemacht werden (er ist der „Arzt der Ärzte"). Über die Herkunft und erste Struktur Rudra-Śivas, der verschiedentlich als Gott des Todes, aber auch der Fruchtbarkeit (Arbmann), als Träger nichtarischer Elemente (H. Lommel) sowie als Gottheit der geheimnisvollen Klasse der *vratya*-Asketen (J. W. Hauer) betrachtet wird, wurde viel diskutiert. Die Entwicklungsstufen der Umwandlung des vedischen Rudra-Śiva in den Höchsten Gott der *Śvetâśvatara-Upanishad* entziehen sich unserer Kenntnis. Festzustehen scheint, daß Rudra-Śiva – wie auch die meisten anderen Götter – im Laufe der Zeit eine Anzahl von Elementen der arischen oder nichtarischen „Volks"-Religion in sich aufgenommen hat. Andererseits wäre es falsch, zu glauben, die vedischen Texte übermittelten uns die „erste Struktur" Rudra-Śivas. Wir dürfen nicht vergessen, daß die vedischen Hymnen und die brâhmanischen Traktate für eine Elite, nämlich den Adel und die Priester, verfaßt wurden und daß ein Großteil des religiösen Lebens der arischen Gesellschaft rundweg ignoriert wurde. Die Erhebung Sivas in den Rang eines Höchsten Gottes des Hinduismus kann nicht durch seine „Herkunft" erklärt werden, mag diese nun nichtarisch oder volkstümlich sein. Es handelt sich hier um eine Schöpfung, deren Originalität wir im Zusammenhang mit der Analyse der indischen religiösen Dialektik beurteilen werden, so wie sie sich in den fortwährenden Neudeutungen und Neuwertungen der Mythen, Riten und göttlichen Erscheinungsformen artikuliert.

NEUNTES KAPITEL

Indien vor Gautama Buddha
Vom kosmischen Opfer zur letzten Identität
Atman-Brahman

72. Morphologie der vedischen Rituale

Heiligtümer waren dem vedischen Kult unbekannt. Die Riten vollzog man entweder im Haus des Opferherrn oder auf einem angrenzenden mit Gras bewachsenen Grundstück, auf dem drei Feuerstellen errichtet wurden. Die pflanzlichen Opfergaben bestanden aus Milch, Butter, Korn und Kuchen. Daneben wurden auch Ziegen, Kühe, Stiere, Widder und Pferde geopfert. Aber schon in rigvedischer Zeit galt der Somatrank als wichtigstes Opfer.

Die Riten lassen sich in zwei Gruppen unterteilen: Hausriten *(gṛhya)* und feierliche Riten *(śrauta)*. Erstere, die vom Hausherrn gṛhyapati) vollzogen wurden, rechtfertigen sich aus der Überlieferung *(smṛti,* das „Gedächtnis"). Die feierlichen Riten dagegen oblagen im allgemeinen den Priestern [1]. Ihre Autorität gründet auf unmittelbarer Offenbarung („auditiv" *śruti)* der ewigen Wahrheit. Die wichtigsten Hausrituale sind neben der Erhaltung des Hausfeuers und den Festen des Bauernjahres die „Sakramente" oder „Weihen" *(saṃskāra)* anläßlich von Empfängnis und Geburt, Einführung des Jünglings bei seinem brâhmanischen Lehrer *(upanayama),* Hochzeit oder Bestattung. Diese Zeremonien sind sehr schlicht: sie bestehen aus Trank- und Pflanzenopfern[2] und bei den „Sakramenten" aus rituellen Handlungen, die der Hausherr durch das Murmeln von Gebetsformeln unterstützt.

Das wichtigste aller „Sakramente" ist zweifellos das *upanayama.* Dieser Ritus entspricht der Jünglingsweihe der archaischen Gesellschaften. Im Atharva Veda XI,5,3, in dem das *upanayama* zum ersten Mal belegt ist, heißt es, der Lehrer

---

[1] Ihre Zahl variiert. Am wichtigsten ist der *hotṛ* oder „Vergießer des Opfertranks" (vgl. awestisch zaôtar, „Priester"); er wird später zum Rezitierenden schlechthin. Der *adhvaryu* ist für das Opfer verantwortlich: er geht umher, erhält das Feuer, bedient die Geräte usw. Der *Brahman,* wie schon sein Name besagt, der Vertreter der heiligen Macht *(das brahman,* neutrum), ist der schweigende Aufseher des Kultus. Er sitzt als wahrer „Arzt des Opfers" in der Mitte der Opferstätte und greift nur ein, wenn ein Fehler begangen wurde, den er dann durch Wiedergutmachungsriten tilgt. Der Brahman erhält die Hälfte der Gebühren, was die Wichtigkeit seiner Funktion bestätigt.
[2] Ein Teil der Opfergaben wurde in das Feuer geworfen, um so durch Agni den Göttern überbracht zu werden. Den Rest verzehrten die Opferpriester, die auf diese Weise an der göttlichen Speise teilhatten.

mache seinen Schüler zu einem Embryo und trage ihn drei Nächte in seinem Leib. Śatapatha Brâhmana (XI, 5, 4, 12–13) führt näher aus: Der Lehrer empfängt in dem Augenblick, da er seine Hand auf die Schulter des Kindes legt, und am dritten Tage wird dieses als Brahmane wiedergeboren. Wer das *upanayama* durchlaufen hat, ist nach dem Atharva Veda (XIX, 17) ein „zweimal Geborener" *(dvi-ja)*, und hier taucht dieser Ausdruck, der später eine so ungewöhnliche Entwicklung durchläuft, zum ersten Mal auf.

Diese zweite Geburt ist natürlich spiritueller Natur, und die späteren Texte betonen diesen entscheidenden Punkt. Nach den Gesetzen Manus (II, 144) ist derjenige, der dem Novizen das Wort des Veda mitteilt (also der *Brahmane*), als Mutter und Vater zu betrachten: nicht der Erzeuger, sondern der Lehrer des *Brahman* ist der wahre Vater (II, 146). Die *wahre* Geburt[3], d. h. die Geburt zur Unsterblichkeit, wird durch die *sâvitri*-Formel gewährt (II, 148). Solange der Schüler bei seinem Lehrer unterrichtet wird, muß er bestimmte Regeln beachten: für sich und den Meister Nahrung betteln, keusch leben usw.

Die feierlichen Riten sind liturgische Systeme von großer, aber monotoner Komplexität. Allein die genaue Beschreibung eines einzigen Systems würde mehrere hundert Seiten erfordern. Es wäre müßig, hier eine Zusammenfassung aller *śrauta*-Opfer unternehmen zu wollen. Der einfachste dieser Riten, das *agni-hotra* („Trankopfer für das Feuer") findet jeweils zur Morgen- und Abenddämmerung statt und besteht in einer Milchgabe an Agni. Neben Riten im Zusammenhang mit den kosmischen Rhythmen, den sog. Opfern „des Regens und des Neumonds", gibt es jahreszeitlich festgelegte Zeremonien *(cāturmāsya)* und Erstlingsopfer *(āgrayana)*. Die entscheidenden Opfer des vedischen Kults aber sind die *soma*-Opfer. Der *agnistoma* („Lobpreis Agnis") wird einmal jährlich, und zwar im Frühling, begangen und erstreckt sich nach einleitenden Handlungen über drei Tage der „Ehrung" *(upasad)*. Die wichtigste der einleitenden Handlungen ist die *dīkṣā*, die den Opferer heiligt, indem sie ihn neu geboren werden läßt. Auf die Bedeutung dieses Initiationsritus werden wir später genauer eingehen. Der *soma* wird morgens, mittags und abends gepreßt. Bei der Mittagspressung *(dākṣiṇā)* werden die Honorare verteilt: 7, 21, 60 oder 1000 Kühe, mitunter sogar die ganze Habe des Opferherrn. Es sind alle Götter eingeladen, und sie nehmen zunächst einzeln und dann gemeinsam am Fest teil[4].

---

[3] Hier handelt es sich um eine gesamtindische Auffassung, die vom Buddhismus wieder aufgenommen wird. Durch Ablegen seines Familiennamens wird der Novize zum „Sohne Buddhas" *(sakyaputto)*. Vgl. die Beispiele bei *M. Eliade*, Naissances mystiques, a. a. O. 114ff; *J. Gonda*, Change and continuity, a. a. O. 447ff.

[4] Ein anderer Ritus, der *pravargya*, wurde schon sehr früh dem *agnistoma* eingefügt. Er bildete jedoch wahrscheinlich eine selbständige Zeremonie, die die Stärkung der Sonne nach der Regenzeit bewirken sollte. Der *pravargya* ist vor allem aufgrund seines „Mysterien"-Charakters wie auch durch die Tatsache interessant, daß er die älteste Veranschaulichung der *pūjā* ist, d. h. der Anbetung einer in einer Ikone symbolisierten Gottheit. Vgl. *J. A. van Buitenen*, The Pravargya, a. a. O. 25ff, 38 und passim.

Es sind auch andere *soma*-Opfer bekannt: einige dauern nicht länger als einen Tag, andere wiederum mindestens 12 Tage, vielfach auch ein Jahr und theoretisch sogar 12 Jahre. Daneben gibt es rituelle Systeme, die den *soma*-Opfern angefügt wurden; so etwa das *mahāvrata* („große Observanz") mit Musik, Tanz, dramatischen Darstellungen, Dialogen und obszönen Szenen (einer der Priester schwingt auf einer Schaukel, eine geschlechtliche Vereinigung findet statt usw.). Der *vajapeya* („Siegestrunk") dauert zwischen 17 Tagen und einem Jahr und bildet ein komplettes mythisch-rituelles Schauspiel: ein Rennen mit 17 pferdebespannten Wagen, der „Aufstieg in den Himmel" durch den Opfernden und dessen Gattin, die zeremoniell den heiligen Pfahl erklimmen. Die Königsweihe *(rājāsuya)* wurde ebenfalls dem *soma*-Opfersystem inkorporiert. Auch hier treffen wir auf bewegte Episoden (ein simulierter Angriff des Königs auf eine Herde von Kühen; der König spielt mit einem Priester ein Würfelspiel, das er gewinnt, usw.; in seinem Kern aber zielt das Ritual auf die mystische Wiedergeburt des Herrschers [§ 74]). Ein weiteres Zeremonialsystem wurde, obschon nur wahlfrei, dem *soma*-Opfer assoziiert: das *agnicayana*, die „Schichtung (der Steine für den Altar) des Feuers". Die Texte berichten, „einst" seien fünf Opfer, darunter auch ein Mensch, getötet worden. Ihre Köpfe wurden in die erste Lage der Ziegel eingemauert. Die Vorbereitungen dauerten ein Jahr. Der aus 10 800 Ziegelsteinen in fünf Schichten errichtete Altar hatte manchmal die Gestalt eines Vogels, des Symbols der mystischen Himmelfahrt des Opfernden. Das *agnicayana* gab Anlaß zu kosmogonischen Spekulationen, die für das indische Denken entscheidend wurden. Die Tötung eines Menschen war eine Wiederholung der Selbsthingabe Prajâpatis, und die Errichtung des Altars symbolisierte die Erschaffung des Universums (§ 75).

73. Die höchsten Opfer: „aśvamedha" und „puruṣamedha"

Das bedeutendste und berühmteste vedische Ritual ist das „Pferdeopfer", der *aśvamedha*. Es durfte nur von einem siegreichen König vollzogen werden, der damit die Würde eines „Weltenherrschers" erlangte. Die Ergebnisse des Opfers indes strahlten auf das Königreich aus; denn der *aśvamedha* beseitigt alle Unreinheit und sichert Fruchtbarkeit und Wohlstand im ganzen Land. Die einleitenden Feierlichkeiten erstrecken sich über ein ganzes Jahr, während dessen der Hengst zusammen mit hundert anderen Pferden in die Freiheit geschickt wird. Vierhundert Jünglinge wachen darüber, daß er sich keiner Stute nähert. Das eigentliche Ritual dauert drei Tage. Am zweiten Tag werden nach einigen speziellen Zeremonien (dem Pferd werden Stuten vorgeführt, es wird an einen Wagen gespannt, und der Fürst führt es in einen Teich usw.) zahlreiche Haustiere getötet. Schließlich wird das Pferd, das nun den Gott Prajâpati verkörpert, der bereit ist, sich selbst zu opfern, erdrosselt. Die vier Königinnen, jede von 100 Dienerinnen begleitet, umschreiten das tote Tier, und die Hauptgemahlin legt sich neben es; mit einem Mantel bedeckt, simuliert sie die geschlechtliche Vereinigung, während Priester und Frauen obszöne Reden führen. Sobald die Königin sich wieder erhoben hat, werden das Pferd und die anderen Opfer zerlegt. Der dritte Tag bringt weitere Rituale, und schließlich werden die Honorare *(dākṣiṇā)* an die Priester verteilt; diese erhalten außerdem die vier Königinnen oder deren Dienerinnen.

Das Pferdeopfer ist zweifellos indoeuropäischen Ursprungs. Spuren dieses Opfers finden sich bei den Germanen, Iraniern, Griechen, Lateinern, Armeniern, Massageten und Dalmatiern. Aber nur in Indien hat dieses mythisch-rituelle Schauspiel einen so bedeutenden Platz im religiösen Leben und in der theologischen Spekulation erlangt. Wahrscheinlich war der *aśvamedha* ursprünglich ein Frühlingsfest, genauer ein Neujahrsritus. Seine Struktur weist kosmogonische Elemente auf: einerseits wird das Pferd mit dem Kosmos (Prajâpati) gleichgesetzt, und seine Opferung symbolisiert (d. h. *reproduziert*) den Schöpfungsakt. Andererseits betonen die rigvedischen und brâhmanischen Texte die Zusammenhänge zwischen Pferd und Gewässern. In Indien stellen die Gewässer die kosmogonische Substanz schlechthin dar. Aber dieser vielschichtige Ritus bildet auch ein „Mysterium" esoterischen Typs. „Denn der *aśvamedha* ist alles, und wer als Brahmane nichts über den *aśvamedha* weiß, der weiß von nichts etwas, der ist kein Brahmane und verdient, gepfählt zu werden" (Śat. Br. XIII, 4, 2, 17). Das Opfer soll den gesamten Kosmos erneuern und zugleich alle sozialen Klassen und alle Berufe in ihrer exemplarischen Vorzüglichkeit neu einsetzen [5]. Das Pferd als Repräsentant königlicher Kraft *(kṣatra)*, das außerdem mit Yama, Aditya (die Sonne) und Soma (d. h. die Herrschergötter) identifiziert wird, ist in gewisser Weise Substitut des Königs. Diese Assimilations- und Substitutionsvorgänge gilt es bei der Analyse eines parallelen Schauspiels zu berücksichtigen: dem *puruṣamedha*. Denn das „Menschenopfer" verläuft ganz ähnlich wie der *aśvamedha*. Hier wurde zusätzlich zu den Tieren ein Brahmane oder ein *kṣatrya* geopfert, der zu diesem Zweck zum Preis von 1000 Kühen und 100 Pferden gekauft worden war. Auch er wurde ein Jahr lang freigelassen, und nach seiner Tötung legt sich die Königin neben seinen Leichnam. Der *puruṣamedha* sollte all das bewirken, was durch den *aśvamedha* nicht erreicht werden konnte.

Es wurde die Frage gestellt, ob ein solches Opfer jemals stattgefunden habe. Der *puruṣamedha* ist zwar in mehreren *śrauta-sūtras* beschrieben, aber nur der *Sāṅkhāyana* und der *Vaitāna* schreiben die Tötung des Opfers vor. In den anderen liturgischen Abhandlungen wird der Mensch im letzten Augenblick freige-

---

[5] Während des Opfers rezitiert ein Priester: „Möge der Brahmane in Heiligkeit geboren werden!... Möge der Fürst in königlicher Majestät, als Held, Bogenschütze, als Krieger mit starkem Arm und unbesiegbarem Streitwagen geboren werden. Möge die Kuh milchreich, stark der Zugochse, schnell das Pferd, fruchtbar die Frau, siegreich der Soldat, beredt der Jüngling geboren werden! Möge dieser Opferherr einen Helden zum Sohne haben! Parjanya möge uns allezeit Regen geben, wenn wir seiner bedürfen! Möge unser Getreide reichlich reifen! usw." *(Vājasaneyi Samhitā* XXII, 22).

lassen und an seiner Stelle ein Tier getötet. Es ist bezeichnend, daß während des *puruṣamedha* die berühmte kosmogonische Hymne *Puruṣasukta* (RV X, 90) rezitiert wird. Die Identifikation des Opfers mit Puruṣa-Prajâpati führt zur Identifikation des Opferherrn mit Prajâpati. Man konnte zeigen, daß das mythisch-rituelle Schauspiel des *puruṣamedha* eine erstaunliche Parallele in der germanischen Tradition hat[6]: Othin, von einer Lanze verwundet und neun Nächte lang auf dem Weltenbaum hängend, opfert „sich freiwillig", um die Weisheit zu erlangen und die Magie zu beherrschen *(Hávamál* 138). Nach Adam von Bremen, einem Autor des 11. Jahrhunderts, wurde dieses Opfer in Uppsala in neunjährigem Zyklus durch das Erhängen von neun Männern und Tieren reaktualisiert. Diese indoeuropäische Parallele macht die Hypothese von der tatsächlichen Ausführung des *puruṣamedha* plausibel. Doch war die Darbringung von Menschenopfern in Indien, wo Praxis und Theorie des Opfers immer neue Deutungen erfuhren, schließlich nur noch Veranschaulichung einer soteriologischen Metaphysik.

74. Initiatorische Struktur der Rituale: Weihe *(dīkṣā)* und Königskrönung *(rajasūya)*

Zum besseren Verständnis dieses Vorgangs müssen wir die initiatorischen Voraussetzungen der *śrauta*-Rituale beleuchten. Eine Initiation schließt „Tod" und „Wiedergeburt" des Novizen ein, d. h. seine Geburt zu einer höheren Seinsweise. Der rituelle „Tod" wird erreicht durch die symbolische „Opferung" oder durch einen gleichfalls symbolischen *regressus ad uterum*. Die Gleichwertigkeit dieser beiden Methoden bedeutet, daß der „Opfertod" in eine „Zeugung" übergeht. Wie das *Śatapatha Brâhmana* (XI, 2, I, 1) verkündet, „wird der Mensch dreimal geboren: das erste Mal aus seinen Eltern, das zweite Mal, wenn er opfert..., und das dritte Mal, wenn er stirbt und man ihn auf das Feuer legt, wo er zu neuem Leben gelangt". In Wirklichkeit handelt es sich um eine Vielzahl von „Toden", denn jeder „zweimal Geborene" praktiziert im Verlauf seines Lebens eine Anzahl von *śrauta*-Opfern.

Die Weihe, *dīkṣā*, ist die unerläßliche Voraussetzung für jedes Somaopfer, sie wird aber auch bei anderen Anlässen vorgenommen[7]. Wir erinnern daran, daß der Opfernde, wenn er die *dīkṣā* empfängt, schon durch seinen *upanayama* ein „Zweimalgeborener" geworden war, als er nämlich in den initiatorischen

---

[6] Vgl. *J. L. Sauvé*, The Divine Victim, a. a. O. Der Autor führt alle betreffenden Abschnitte der germanischen Quellen und Sanskritquellen an, die sich auf Menschenopfer beziehen.
[7] Vgl. *M. Eliade*, Naissances mystiques, a. a. O. 115ff; *J. Gonda*, Change and continuity, a. a. O. 315ff. Der Rig Veda scheint die *dīkṣā* nicht zu kennen, aber wir dürfen nicht vergessen, daß diese liturgischen Texte nicht die gesamte vedische Religion repräsentieren; vgl. *J. Gonda*, a. a. O. 349. Die Zeremonie ist im Atharva Veda (XI, 5, 6) belegt: der *brahmacārin* wird als *dīkṣita*, als *dīkṣā*-Ausübender, bezeichnet.

regressus ad uterum durchlaufen hat. Die gleiche Rückkehr in den embryonalen Zustand findet auch während der *dīkṣā* statt. Denn die „Priester verwandeln denjenigen in einen Embryo, dem sie die *dīkṣā* erteilen. Sie besprengen ihn mit Wasser; das Wasser ist der männliche Samen... Sie führen ihn in einen besonderen Schuppen: der besondere Schuppen ist der Schoß dessen, der die *dīkṣā* vornimmt. Sie bedecken ihn mit einem Kleid: das Kleid ist das Schafhäutchen... Er hält die Fäuste geballt; denn auch der Embryo hat die Fäuste geballt, solange er sich im Schoß befindet..." usw. *(Aitareya Brâhmana* I, 3). Paralleltexte betonen den Zusammenhang dieses Ritus mit Fötus und Geburt. „Der *dīkṣita* (d. h. der die *dīkṣā* praktiziert) ist Samen" *(Maitrāyani-Saṃhitā* III, 6, 1). „Der *dīkṣita* ist ein Embryo, sein Gewand ist die Eihaut" usw. *(Taittīrya-Sam.* I, 3, 2). Der Grund für diesen *regressus ad uterum* wird immer wieder genannt: „Der Mensch ist in Wahrheit ein Nichtgeborener. Durch das Opfer wird er geboren" *(Mait.-Sam.* III, 6, 7)[8].

Diese bei jedem Opfer neue Wiedergeburt mystischer Art ermöglicht die Vereinigung des Opfernden mit den Göttern. „Der Opfernde ist dazu bestimmt, in der himmlischen Welt tatsächlich geboren zu werden" *(Śat. Br.* VII, 3, 1, 12). „Der Geweihte nähert sich den Göttern und wird einer von ihnen" (ebd. III, 1, 1, 8). Der gleiche Traktat besagt, daß der Opfernde sich bei seiner Wiedergeburt in die vier Himmelsrichtungen erheben, also das Universum beherrschen, muß (VI, 7, 2, 11 ff). Aber auch mit dem Tod wird die *dīkṣā* identifiziert. „Wenn er sich weiht, stirbt er (der Opfernde) zum zweiten Male" *(Jaim. Upanishad Brâh.* III, 11, 3)[9]. Anderen Quellen zufolge ist der „*dīkṣita* die Opfergabe" *(Taitt. Saṃhitā* VI, 1, 45), denn „das Opfer ist wahrlich der Opfernde selbst" *(Ait. Brâh.* II, 11). Kurz, „der Initiierte ist die den Göttern dargebrachte Opfergabe" *(Śat. Br.* III, 6, 3, 19)[10]. Die Götter sind selbst mit ihrem Beispiel vorangegangen: „Agni, opfere deinen eigenen Leib!" (RV VI, 11, 2): „Opfere dich selbst, indem du deinen Leib vermehrst!" (RV X, 81, 5). Denn „durch die Opferung haben die Götter das Opfer dargeboten" (RV X, 90, 16).

Ein ritueller Tod ist also die Vorbedingung, um zu den Göttern zu gelangen und in dieser Welt ein erfülltes Leben führen zu können. In vedischer Zeit implizierte die durch das Opfer erlangte nur vorübergehende „Divinisation" keinerlei Entwertung des Lebens und der menschlichen Existenz. Im Gegenteil, der Opfernde wie auch die ganze Gesellschaft und die Natur wurden durch solche rituelle Himmelfahrten zu den Göttern gesegnet und regeneriert. Wir haben gesehen, welche Ergebnisse ein *aśvamedha*-Opfer zeitigte (vgl. oben Anm. 5).

---

[8] Alle diese Initiationsriten haben natürlich ein mythisches Vorbild: Indra verwandelte sich in einen Keim und drang in Vâcs Schoß ein, um dadurch die Geburt eines schrecklichen Ungeheuers aus der Vereinigung des Wortes *(Vāc)* mit dem Opfer *(Yajña)* zu verhindern *(Śat. Br.* III, 2, 1, 18 ff).
[9] Vgl. auch die von *J. Gonda,* a. a. O. 385 angeführten Texte.
[10] Der Opferer „wirft sich in Gestalt des Samens selbst" in das Hausfeuer (versinnbildlicht durch Sandkörner), um seine Wiedergeburt hier auf Erden zu gewährleisten, er wirft sich auf den Opferaltar, um im Himmel wiedergeboren zu werden; vgl. die von *A. Coomaraswamy,* Atmayajña: Self-Sacrifice, a. a. O. 360 angeführten Texte.

Wahrscheinlich hatten auch die Menschenopfer des heidnischen Uppsala die kosmische Regeneration und die Stärkung der Königsmacht zum Ziel. Alles dies wurde aber auch erlangt durch Riten, die auf eine Wiederholung des Schöpfungsaktes zielten und zugleich „Tod", „embryonales Wachstum" und Wiedergeburt des Opferers umfaßten.

Die Salbung des indischen Königs, der *rajasūya*, umfaßte ein analoges Schauspiel. Die zentralen Feiern fanden um die Zeit des Neujahrsfestes statt. Der Salbung ging ein *dīkṣā*-Jahr voraus, und im allgemeinen folgte ihr ein weiteres Jahr von Klausurzeremonien. Der *rajasūya* ist wahrscheinlich die Verkürzung einer Reihe alljährlicher Zeremonien zur Erneuerung des Universums. Der König hatte eine zentrale Rolle inne, weil er, genau wie der *śrauta*-Opferer, gewissermaßen den Kosmos verkörperte. Die verschiedenen Phasen des Ritus vollzogen nach und nach den Rückschritt des künftigen Herrschers in den Zustand eines Embryo, seine ein Jahr währende Tragzeit und seine mystische Wiedergeburt als Weltenschöpfer, der zugleich mit Prajâpati und mit dem Kosmos identifiziert wird. Die „Embryonalperiode" des künftigen Herrschers entsprach dem Reifungsvorgang des Universums und stand ursprünglich sehr wahrscheinlich in einem Zusammenhang mit dem Reifungsvorgang der Ernte. Die zweite Phase des Rituals bewirkte die Bildung des neuen königlichen Leibes: eines symbolischen Leibes, den der König entweder durch seine mystische Vermählung mit der Kaste der Brahmanen oder mit dem Volk erlangte (durch diese Vermählung konnte er aus ihrem Schoße wiedergeboren werden) oder aber durch die Vereinigung der männlichen Gewässer mit den weiblichen Gewässern oder durch die Vereinigung von Gold – welches das Feuer bedeutete – und Wasser.

Die dritte Phase bestand aus einer Reihe von Riten, durch die der König die Herrschaft über die drei Welten erlangte; anders ausgedrückt, er verkörperte den Kosmos und wurde zugleich zum Weltenschöpfer. Wenn der Herrscher seine Arme erhebt, so hat diese Geste kosmogonische Bedeutung: sie symbolisiert die Errichtung der *axis mundi*. Während der Salbung steht der König mit erhobenen Armen auf seinem Thron und verkörpert so die Weltenachse, die am Nabel der Welt – d. h. dem Thron, dem Mittelpunkt der Welt – befestigt ist und den Himmel berührt. Die Besprengung erinnert an die Wasser, die an der – vom König dargestellten – *axis mundi* vom Himmel herabfließen, um die Erde zu befruchten. Sodann tut der König je einen Schritt in die vier Himmelsrichtungen und steigt symbolisch auf den Zenit. Diese Riten vermitteln die Herrschaft über die vier Himmelsrichtungen und über die Jahreszeiten, anders ausgedrückt, er beherrscht das gesamte raum-zeitliche Universum[11].

Man hat den engen Zusammenhang zwischen rituellem Tod und ritueller Wiedergeburt einerseits sowie Kosmogonie und Regeneration der Welt andererseits festgestellt. Alle diese Vorstellungen stimmen überein mit den kosmogonischen Mythen, die wir im folgenden erörtern werden. Sie werden später

---

[11] Vgl. *J. C. Heesterman*, The Ancient Indian Royal Consecration, a.a.O. 17f, 52f, 101f.

von den Verfassern der *Brâhmanas* in deren besonderer Perspektive, insbesondere jener der übermäßigen Exaltation des Opfers, entwickelt und artikuliert.

75. Kosmogonien und Metaphysik

Die vedischen Hymnen bieten, unmittelbar oder auch nur andeutungsweise, mehrere Kosmogonien. Es handelt sich um sehr verbreitete und auf verschiedenen Kulturstufen belegte Mythen. Nach der „Herkunft" einer jeden dieser Kosmogonien zu forschen würde uns nicht weiterführen. Selbst jene, von denen wir annehmen dürfen, daß sie von den Ariern stammen, haben Parallelen in älteren oder „primitiveren" Kulturen. Die Kosmologien sind, wie so viele andere religiöse Ideen und Glaubensvorstellungen, in der gesamten alten Welt ein aus vorgeschichtlicher Zeit überkommenes Erbe. Für uns sind die indischen Deutungen und Neuwertungen bestimmter kosmogonischer Mythen von Bedeutung. Wir erinnern daran, daß das Alter einer Kosmogonie nicht nach ihren ersten Dokumenten beurteilt werden darf. Einer der ältesten und am weitesten verbreiteten Mythen, der „kosmogonische Pfropfen", wird in Indien erst sehr spät populär, vor allem im Epos und in den Purânas.

Im wesentlichen scheinen vier Typen von Kosmogonien die vedischen Dichter und Theologen bewegt zu haben. Sie lassen sich folgendermaßen bezeichnen: 1. Schöpfung durch Befruchtung der Urgewässer; 2. Schöpfung durch Zerstükkelung eines Urriesen, Puruṣa; 3. Schöpfung aus einer All-Einheit, die zugleich Sein und Nichtsein war; 4. Schöpfung durch Auseinandertrennung von Himmel und Erde.

In dem bekannten Hymnus des Rig Veda I, 121 schwebt der als Hiranyagharbha („Goldkeim") gedachte Gott über den Wassern. Indem er in sie eindringt, befruchtet er die Wasser, die den Feuergott Agni gebären (Strophe 7). Der Atharva Veda (X, 7, 28) setzt den Goldkeim mit der Weltensäule, *skambha*, gleich. Rig Veda X, 82, 5 bringt den ersten Keim, den die Wasser empfingen, in Verbindung mit dem „Allmacher" Viśvakarman, aber das Bild des Keims stimmt nicht mit dieser göttlichen Persönlichkeit, dem Polytechniker schlechthin, zusammen. In diesen Beispielen haben wir es mit Varianten eines Ursprungsmythos zu tun, der den Goldkeim als Samen des über den Urwassern schwebenden Schöpfergottes darstellt [12].

Das zweite kosmogonische Thema findet sich, in ritualistischer Perspektive radikal umgedeutet, in einer ebenfalls sehr bekannten Hymne, dem *Puruṣasûkta* (RV X, 90). Der Urriese Puruṣa (der „Mensch") wird gedacht als kosmische Ganzheit (Strophen 1–4) und zugleich als menschengestaltiges Wesen. Denn (Strophe 5) Puruṣa zeugt die weibliche Schöpfungskraft Virâj, von der er sodann

---

[12] Das Bild des Goldkeims wird im klassischen Indien zum kosmischen Ei, das von den Wassern gezeugt ist (bereits in den Upanishaden: *Katha Up.* IV, 6; *Śvetâśvatara* III, 4, 12).

geboren wird[13]. Die eigentliche Schöpfung ist das Ergebnis eines kosmischen Opfers. Die Götter opfern den „Menschen": aus seinem zerstückelten Leib gehen die Tiere, die liturgischen Elemente, die sozialen Klassen, die Erde, der Himmel und die Götter hervor: „sein Mund wurde zum Brahmanen, der Krieger ging aus seinen Armen hervor, seine Schenkel wurden zum Handwerker, aus seinen Füßen wurde der Diener geboren" (12. Strophe, n. d. Übers. v. L. Renou). Der Himmel ging aus seinem Kopf hervor, aus seinen Füßen die Erde, der Mond aus seinem Bewußtsein, die Sonne aus seinem Blick, Indra und Agni aus seinem Mund, der Wind aus seinem Atem usw. (Strophen 13–14).

Die beispielhafte Funktion dieses Opfers wird in der letzten Strophe hervorgehoben (16): „Die Götter brachten das Opfer durch die Opfergabe selbst dar"; Puruṣa war also zugleich Gegenstand und Gottheit des Opfers. Der Hymnus spricht deutlich aus, daß Puruṣa der Schöpfung vorausgeht und sie überdauert, obgleich Kosmos, Leben und Menschen aus seinem eigenen Leib hervorgehen. Puruṣa ist also zugleich transzendent und immanent, ein paradoxer, aber den indischen Welterschaffungsgöttern eigener Seinsmodus (vgl. Prajâpati). Dieser Mythos, zu dem sich Parallelen in China (P'an-ku), bei den alten Germanen (Ymir) und in Mesopotamien (Tiamat) finden, veranschaulicht eine Kosmogonie archaischen Typs: Schöpfung durch Opferung eines anthropomorphen göttlichen Wesens. Das *Puruṣasûkta* hat Anlaß zu zahlreichen Spekulationen gegeben. Aber wie in archaischen Gesellschaften der Mythos zum exemplarischen Vorbild jeder Art von Schöpfung wird, so wird auch dieser Hymnus in einem der Rituale, die der Geburt eines Sohnes folgen, in den Zeremonien bei der Gründung eines Tempels (der übrigens dem Puruṣa ähnlich erbaut wird) und in den Reinigungsriten der Erneuerung rezitiert[14].

Im berühmtesten Hymnus des Rig Veda (X, 129) ist die Kosmogonie als Metaphysik dargestellt. Der Dichter fragt sich, wie es möglich war, daß Sein aus dem Nichtsein kommen konnte, denn am Anfang „war weder Nichtsein noch Sein" (Strophe 1,1). „In jener Zeit gab es weder Tod noch Nicht-Tod" (d. h. weder Menschen noch Götter). Da existierte nur das undifferenzierte Prinzip, das „Eine" genannt. „Das Eine atmete mit seiner eigenen Lebenskraft, ohne Atem." Außer „diesem gab es nichts anderes" (Str. 2). „Am Anfang war die Finsternis durch die Finsternis verborgen", aber die (durch die Askese, *tapas* hervorgerufene) Hitze gebar das „potentielle" „Eine" *(âbhû)* – d. h. den „Keim" – „das von Leere bedeckt war" (zu verstehen als: von den Urgewässern umgeben). Aus diesem („potentiellen") Keim entwickelt sich Verlangen *(kâma)*, und eben dieses Verlangen „war der erste Same *(retas)* der Bewußtheit *(manas)*". Eine erstaunliche Aussage, die eine der Hauptthesen des indischen philosophischen Denkens vorwegnimmt. Die Dichter vermochten durch ihre Reflexion „den Ort des Seins im Nicht-Sein zu entdecken" (Str. 4). Sodann teilte sich der

---

[13] *Virâj* ist eine Art Śakti. In der *Bṛhadâraṇyaka Up.* IV, 2,3 vermählt sie sich mit Puruṣa.
[14] Siehe die Textverweise in *J. Gonda*, Viṣṇuism und Śivaism, a.a.O. 27.

„erste Same" in „oben" und „unten", in ein männliches und ein weibliches Prinzip (vgl. RV X, 72, 4). Aber das Rätsel der „Sekundärschöpfung", d. h. der dinglichen Schöpfung, bleibt dennoch ungelöst. Die Götter wurden erst *danach* geboren (Str. 6), sie sind also nicht die Urheber der Erschaffung der Welt. Der Dichter schließt mit einem Fragezeichen: „Nur er, der im höchsten Himmel diese (Welt) überwacht, weiß es (d. h., er kennt den Ursprung der „Sekundärschöpfung") – aber vielleicht weiß auch er es nicht?"

In diesem Hymnus ist der Höhepunkt der vedischen Spekulation erreicht. Das Axiom eines unerkennbaren Höchsten Wesens – des „Einen"[15], „Dieses" – das sowohl die Götter als auch die Schöpfung transzendiert, wird in den Upanishaden wie auch in bestimmten philosophischen Systemen entwickelt. Wie der Puruṣa des Rig Veda X, 90 besteht auch das Eine schon vor dem Universum und erschafft die Welt durch Emanation aus seinem eigenen Sein, ohne dabei aber seine Transzendenz zu verlieren. Halten wir diese für die spätere indische Spekulation entscheidende Idee fest: Bewußtheit und Universum sind gleichermaßen ein Produkt des schöpferischen Verlangens *(kâma)*. Hier ist eine der Keimzellen der Sâṃkhya-Yoga-Philosophie und des Buddhismus zu erkennen.

Das vierte kosmogonische Thema – die Trennung von Himmel und Erde bzw. die Zerteilung Vṛtras durch Indra – ist mit dem *Puruṣasûkta* verwandt: es geht um die gewaltsame Trennung einer „Ganzheit" im Blick auf die Erschaffung (oder Erneuerung) der Welt. Das Thema ist archaisch und ermöglicht überraschende Neudeutungen und Anwendungen. Wie wir schon sahen (§ 68), dient die welterschaffende Tat Indras, der den Urdrachen zerschmettert und zerstückelt, als Vorbild für so verschiedene Vorgänge, wie etwa den Bau eines Hauses oder ein Rededuell.

Schließlich sei noch die Schöpfung durch ein göttliches Wesen, den „Allmacher" Viśvakarman (RV X, 81) angeführt, der die Welt wie ein Bildhauer, Schmied oder Tischler formt. Doch wird dieses, in anderen Religionen sehr bekannte mythische Motiv von den vedischen Dichtern mit dem durch das *Puruṣasûkta* bekannt gewordenen Motiv der Schöpfung durch Opferung verkoppelt.

Der Vielzahl der Kosmogonien entspricht die Vielzahl der Traditionen über den Ursprung der Götter und des Menschen. Dem Rig Veda zufolge wurden die Götter durch das Urpaar Himmel und Erde gezeugt, oder aber sie sind aus den Urwassermassen bzw. dem Nichtsein aufgetaucht. Jedenfalls entstanden sie *nach* Erschaffung der Welt. Ein späterer Hymnus (RV X, 63, 2) berichtet, die Götter seien aus der Göttin Aditi, den Gewässern und der Erde hervorgegangen. Aber nicht alle waren unsterblich. Der Rig Veda erzählt, daß sie diese Gabe von Savitri (IV, 54, 2) oder von Agni (VI, 7, 4) oder aber durch das *soma*-Trinken (IX, 106, 8) empfangen haben. Indra erlangte die Unsterblichkeit durch

---

[15] Im Rig Veda ist bereits eine Tendenz zur Reduktion der Göttervielzahl auf ein einziges göttliches Prinzip bemerkbar: „Was nur Eines ist, benennen die inspirierten Dichter vielfach" (I, 164, 46).

Askese, *Tapas* (X, 167,1), und der Atharva Veda erklärt, daß alle anderen Götter sie auf die gleiche Weise erlangten (XI, 5,19; IV, 11,6). Den *Brâhmanas* zufolge wurden die Götter durch die Darbringung bestimmter Opfer unsterblich. Auch die Menschen sind aus dem Urpaar Himmel und Erde hervorgegangen. Ihr mythischer Ahne ist Manu, der Sohn des Gottes Vivasvat, dem ersten Opferer und ersten Menschen (RV X, 63,7). Eine andere Version betrachtet Vivasvats Kinder, Yama und dessen Schwester Yami (X, 10), als die mythischen Eltern der Menschen. Das *Puruṣasûkta* (X, 90,12) schließlich erklärt die Herkunft der Menschen (d. h. der vier sozialen Klassen) aus den Organen des geopferten Urriesen. Am Anfang konnten auch die Menschen durch das Opfer Unsterblichkeit erlangen; aber die Götter beschlossen, daß diese Unsterblichkeit rein geistiger Art, d. h. für die Menschen erst nach dem Tode zugänglich, sein solle *(Śatapatha Br.* X,4,3,9). Es gibt auch andere mythologische Erklärungen für den Ursprung des Todes. Im Mahâbhârata wird der Tod durch Brahmâ eingeführt, um die Erde zu erleichtern, die wegen der übergroßen Belastung durch die Menschen in das Meer zu rollen drohte (VI, 52–54; XII, 256–258).

Einige dieser Mythen über die Geburt der Götter und Menschen und den Verlust bzw. die Gewinnung der Unsterblichkeit finden sich auch bei anderen indoeuropäischen Völkern. Außerdem sind analoge Mythen in zahlreichen alten Kulturen bezeugt. Aber nur in Indien haben diese Mythen zu Opfertechniken, Kontemplationsmethoden und Spekulationen geführt, die so entscheidend für das Erwachen eines neuen religiösen Bewußtseins wurden.

76. Die Opferlehre der Brâhmanas

Das *Puruṣasûkta* ist Ausgangspunkt und doktrinäre Rechtfertigung der in den *Brâhmanas* (um 1000–800 v. Chr.) erarbeiteten Opfertheorie. Wie Puruṣa sich selbst den Göttern hingab und sich töten ließ, um dadurch das Universum zu erschaffen, so fällt auch Prajâpati nach dem Weltschöpfungswerk in tödliche „Erschöpfung". Nach der Darstellung der *Brâhmanas* scheint Prajâpati eine Schöpfung der Gelehrtenspekulation zu sein; seine Struktur dagegen ist archaisch. Dieser „Herr der Schöpfung" ist mit den kosmischen Hochgöttern verwandt. Er ähnelt in gewisser Weise dem „Einen" des Rig Veda X, 129 und Viśvakarman; vor allem aber ist er eine Weiterentwicklung Puruṣas. Die Identität Puruṣa-Prajâpati wird denn auch in den Texten bestätigt: „Puruṣa ist Prajâpati; Puruṣa ist das Jahr" *(Jaim. Br.* II,56; vgl. *Śatapatha Br.* VI, 1,1,5). Am Anfang war Prajâpati die nicht manifeste All-Einheit, die rein geistige Gegenwart. Aber die Begierde *(kâma)* bewog ihn, sich zu vermehren, zur Vielheit zu gelangen *(Śat.Br.* VI,1,1). Durch Askese *(tapas*, wörtl.: „Hitze, Glut") erreichte er die höchste „Erhitzung" und vollbrachte durch Emanation[16] die Schöpfung, d.h.

---

[16] Der verwendete Terminus ist *visṛj*, von der Wurzel *sṛj*, „projizieren"; *vi-* bezeichnet die Zerstreuung in alle Richtungen.

Die Opferlehre der Brāhmaṇas

hier also durch Schwitzen, wie dies auch in einigen primitiven Kosmogonien der Fall ist, bzw. durch Samenausfluß. Zunächst schuf er das *brahman*, d. h. die dreifache Wissenschaft (die drei Veden), sodann schuf er durch das Wort die Gewässer. In dem Verlangen, sich durch die Gewässer zu reproduzieren, drang er in sie ein; es entwickelte sich ein Ei, dessen Schale zur Erde wurde. Sodann wurden die Götter erschaffen, um die Himmel zu bevölkern, und die Asura, um die Erde zu bevölkern usw. (ebd. XI, 1,6,1 ff)[17].

Prajâpati dachte: „Wahrlich ich habe mein Ebenbild geschaffen, nämlich das Jahr." Daher sagt man: „Prajâpati ist das Jahr" (ebd. XI, 1,6,13). Indem er sein eigenes Selbst *(âtman)* den Göttern gab, schuf er eine weitere Entsprechung seiner selbst, nämlich das Opfer, und daher sagen die Menschen: „Das Opfer ist Prajâpati." Außerdem gelten die Gelenke *(parvam)* des kosmischen Leibs Prajâpatis als die fünf Jahreszeiten und die fünf Schichten des Feueraltars *(Śat.Br.* VI, 1,2).

Diese dreifache Identifikation Prajâpatis mit dem *Universum*, der *zyklischen Zeit* (dem Jahr) und dem *Feueraltar* ist die große Neuheit der brâhmanischen Opfertheorie. Sie kennzeichnet den Niedergang der dem vedischen Ritual zugrunde liegenden Auffassung und bereitet die Entdeckungen der Upanishadenautoren vor. Die grundlegende Idee ist die, daß Prajâpati sich durch seine Schöpfungen vermittels „Erhitzung" und immer neuer „Emissionen" verzehrt und schließlich erschöpft. Die beiden Schlüsselbegriffe – *tapas* (asketische Glut) und *visrij* (versprühte Ausstrahlung) – können auch indirekte bzw. andeutungshafte sexuelle Konnotationen haben, denn Askese und Sexualität sind im religiösen Denken Indiens eng miteinander verbunden. Der Mythos und seine Bilder übertragen die Kosmogonie in biologische Begriffe. Aus dem Seinsmodus von Welt und Leben selbst folgt, daß sie sich allein aus ihrer Dauer schon erschöpfen[18]. Prajâpatis Erschöpfung wird in ergreifenden Bildern ausgedrückt: „Nachdem Prajâpati die Lebewesen aus sich entlassen hatte, waren seine Gelenke ausgerenkt. Prajâpati aber ist zweifellos das Jahr, und seine Gelenke sind die beiden Nahtstellen zwischen Tag und Nacht (d.h. Morgenröte und Dämmerung), sind Voll- und Neumond und der Beginn der Jahreszeiten. Er vermochte nicht, sich mit seinen ermatteten Gelenken zu erheben; da die Götter heilten ihn durch (das Ritual des) *agnihotra*, indem sie seine Gelenke wieder kräftigten" *(Śat. Br.* I, 6, 3, 35–36). Anders ausgedrückt, die Wiederherstellung und Einrenkung des kosmischen Leibs Prajâpatis geschieht durch das Opfer, d.h. durch die Errichtung eines Opferaltars zur Feier des *agnicayanas* (§ 72). Im gleichen Werk (X, 4,2,2) lesen wir, daß „dieser Prajâpati, das Jahr, aus 720

---

[17] Andere Texte berichten, der Himmel sei aus seinem Kopf, die Luft aus seiner Brust und die Erde aus seinen Füßen hervorgegangen. (Vgl. *J. Gonda*, Religionen Indiens, a. a. O. 188). Hier spielt zweifellos der Einfluß des Puruṣaopfers eine Rolle – was aber die strukturelle Analogie dieser beiden Götter nur noch einmal bestätigt.

[18] Bekanntlich charakterisieren ähnliche Vorstellungen die archaischen Kulturen, und zwar in erster Linie die Kulturen der altsteinzeitlichen Pflanzer.

Tagen und Nächten besteht; daher enthält der Altar 360 Umfassungssteine und 360 Ziegelsteine". „Dieser Prajâpati, dessen Gelenke ausgerenkt waren, ist (nun) der hier erbaute Feueraltar." Die Priester stellen Prajâpati in seinem „Ebenbild" *(saṃskri)* wieder her, indem sie die Ziegelsteine für den Altar aufschichten. Letztlich *wiederholt also jede Opferung den ursprünglichen Schöpfungsakt und gewährleistet die Kontinuität der Welt für das folgende Jahr.*

Die ursprüngliche Bedeutung des Opfers in den *Brâhmanas* lag in der Wiedererschaffung des „ausgerenkten" und „erschöpften" Kosmos durch die zyklische Zeit (das Jahr). Durch das Opfer – d. h. durch das eifrige Bemühen der Priester – wird die Welt lebendig, vollständig und fruchtbar erhalten. Das ist eine neue Anwendung der archaischen Vorstellung, daß es einer jährlichen (oder periodischen) Wiederholung der Kosmogonie bedürfe. Es ist aber auch die Rechtfertigung für den Hochmut der Brahmanen, die von der entscheidenden Bedeutung der Riten überzeugt waren. Denn „die Sonne würde nicht aufgehen, brächte nicht der Priester beim Anbruch der Morgenröte das Feueropfer dar" *(Sat. Br.* II, 3,1,5). In den *Brâhmanas* werden die vedischen Götter ignoriert bzw. den magischen und schöpferischen Kräften des Opfers untergeordnet. Sie verkünden, die Götter seien zunächst sterblich gewesen (*Taitt. Sam.* VIII, 4,2,1; usw.) und erst durch das Opfer göttlich und unsterblich geworden (ebd. VI,3,4,7; VI,3,10,2; usw.). Fortan hat alles in der geheimnisvollen Kraft des Ritus seinen Mittelpunkt: Ursprung und Wesenheit der Götter, sakrale Macht, Wissenschaft, Wohlergehen in dieser Welt und „Nicht-Tod" im Jenseits. Aber das Opfer muß korrekt und gläubig dargebracht werden: der geringste Zweifel an seiner Wirksamkeit kann zerstörerische Folgen haben. Zur Veranschaulichung dieser rituellen Doktrin, die zugleich Kosmogonie, Theogonie und Soteriologie ist, vervielfachen die Autoren der *Brâhmanas* die Zahl der Mythen oder Mythenfragmente, indem sie diese in neuer Sicht umdeuten oder einfach von einer frei erfundenen Etymologie, einer gelehrten Anspielung oder einem Rätsel her neue Mythen schaffen.

77. *Eschatologie: Identifikation mit Prajâpati durch das Opfer*

Schon sehr bald aber gelangt eine neue Idee zum Durchbruch: das Opfer stellt nicht nur Prajâpati wieder her und gewährleistet den Fortbestand der Welt, sondern es vermag auch ein geistiges und unzerstörbares Wesen zu erschaffen, nämlich die „Person", den *âtman*. Das Opfer hat nicht nur eine kosmogonische Zielsetzung und eine eschatologische Funktion, es ermöglicht auch die Erlangung eines neuen Seinsmodus. Durch die Errichtung des Feueraltars *(agnicayana)* identifiziert sich der Opfernde mit Prajâpati; genauer, Prajâpati und der Opfernde werden *in* der rituellen Handlung identifiziert: der Altar *ist* Prajâpati, und der Opfernde *wird* zu diesem Altar. Durch die magische Kraft des Ritus schafft sich der Opfernde einen neuen Leib, erhebt sich in den Himmel, wo er ein zweites Mal geboren wird (Śat. Br. VII, 3,1,12), und erlangt die „Unsterblichkeit" (ebd. X, 2,6,8). Dies bedeutet, daß er nach dem Tod zum Leben zurückkehrt, zum „Nicht-Tod", zu einer Seinsweise, die die Zeit überdauert. Wichtig ist dabei – und daraufhin zielt der Ritus –, daß der Ergriffene „vollständig" *(sarva)*, „ungeschmälert" ist und diesen Zustand auch nach dem Tode beibehält[19].

Indem er Prajâpati „wieder zusammensetzt" *(samdhâ, saṃskri)*, vollzieht der Opfernde die gleiche Handlung der Integration und Vereinigung auch für seine eigene Person, d. h., er wird „vollständig". Wie der Gott durch das Opfer seine Person *(âtman)* wiedererlangt, so schafft auch der Opfernde sein eigenes Selbst, seinen *âtman (Kauṣitaki Brâhmana* III, 8). Die „Herstellung" des *âtman* gleicht in gewisser Weise der Wiedervereinigung des durch das Schöpfungswerk zerstreuten und erschöpften Prajâpati. Die Gesamtheit der rituellen Handlungen *(karma)* bildet – sofern sie vollendet und vollständig ist – die „Person", den *âtman*. Womit ausgedrückt werden soll, daß durch die rituelle Tätigkeit die psychisch-physiologischen Funktionen des Opfernden gesammelt und geeint werden; ihre Summe ist der *âtman* (*Aitaraya Br*. II, 40,1–7); durch seinen *âtman* wird der Opfernde „unsterblich". Auch die Götter haben durch das Opfer, durch die Erlangung des *brahman* (Śat. Br. XI, 2,3,6) die Unsterblichkeit erhalten. Es werden also schon zur Zeit der *Brâhmanas brahman* und *âtman* identifiziert[20]. Dies wird auch durch eine weitere Reihe von Identifikationen bestätigt: Prajâpati wie auch der Feueraltar werden im Rig Veda miteinander verbunden: die Silben des Rig werden mit den Ziegeln des Altars identifiziert. Da aber auch *brahman* mit den 432000 Silben des Rig in Verbindung gebracht wird, wird auch er mit Prajâpati und letztlich mit dem Opfernden, d. h. mit dessen *âtman*, gleichgesetzt[21].

Wenn Prajâpati *(Brahman)* und *âtman* identisch sind, so deshalb, weil sie das Ergebnis ein und derselben Handlung sind: „Rekonstruktion", Vereinigung; auch wenn sich die Materialien voneinander unterscheiden: Altarziegel für Prajâpati-*Brahman*, die organischen und psychomentalen Funktionen für *âtman*[22]. Doch müssen wir darauf hinweisen, daß *der „Konstruktion" des âtman letztlich ein kosmogonischer Mythos als Vorbild zugrunde liegt*. Die verschiedenen Yogatechniken bringen das gleiche Prinzip zur Anwendung: „Konzentration" und „Gleichschaltung" von Körperposition, Atmung und psychomentaler Aktivität.

---

[19] Vgl. *J. Gonda*, Religionen Indiens I, a. a. O. 206f.
[20] Vgl. *L. Silburn*, Instant et Cause, a. a. O. 74ff.
[21] Ein anderer Text des *Śataphatha Brâhmana* (X, 6,3,2) beschreibt den „Goldpuruṣa" im Herzen des Menschen als Reis- oder Hirsekorn, allerdings unter der Hinzufügung, daß es größer sei als' der Himmel, größer als die Luft, die Erde und alle Dinge: „dieses Selbst des Geistes ist mein Selbst; wenn ich hinscheide, werde ich dieses Selbst erlangen". Dieser Text ist wichtig, weil hier Puruṣa einerseits mit dem *brahman* identifiziert wird und andererseits die Gleichsetzung *âtman-Brahman* bereits feststeht.
[22] Vgl. *L. Silburn*, a. a. O. 104ff.

Die Entdeckung der Identität von Selbst *(âtman)* und *brahman* wird in den Upanishaden (§ 80) immer wieder erforscht und in verschiedener Weise gewertet. Hier nur soviel, daß in den *Brâhmanas brahman* den Vorgang des kosmischen Opfers und in Übertragung dann auch jene geheimnisvolle Kraft bezeichnet, die das Universum aufrecht erhält. Aber schon in den Veden wurde *brahman* als das Unvergängliche, das Unveränderliche, die Grundlage und das Prinzip allen Lebens gedacht und auch ausdrücklich genannt. Es ist bezeichnend, daß in mehreren Hymnen des Atharva Veda (X, 7, 8; usw.) *brahman* mit *skambha* (wörtl.: Stütze, Säule, Pfeiler) gleichgesetzt wird; *brahman* ist also der Grund, der die Welt stützt, ist sowohl kosmische Achse als auch ontologische Grundlage. „Im *skambha* ist alles, was vom Geist beherrscht wird *(atmanvat)*, alles was atmet" (Atharva Veda VII, 8, 2). „Wer das *brahman* im Menschen kennt, kennt auch das höchste Wesen *(paramesthin,* der Herr), und wer das höchste Wesen kennt, kennt den *skambha"* (Atharva Veda X, 8, 43). Hier wird das Bemühen greifbar, die letzte Wirklichkeit zu artikulieren: *brahman* wird als die Säule des Universums, die Stütze, die Basis erkannt, und das Wort *pratisthā,* in dem alle diese Begriffe ausgedrückt sind, findet in den vedischen Texten schon breite Verwendung. Der Brahmane wird mit dem *brahman* identifiziert, weil er Struktur und Ursprung des Universums kennt, weil er das Wort kennt, welches dies alles ausdrückt; denn Vâc, der Logos, vermag jeden beliebigen Menschen in einen Brahmanen zu verwandeln (so schon Rig Veda X, 125, 5). „Die Geburt des Brahmanen ist eine ewige Inkarnation des *dharma"* (Manu I, 98)[23].

In einer besonderen Gruppe von Werken, den *Aranyaka* (wörtl.: „Waldbücher") läßt sich der Übergang vom Opfersystem *(karma-kanda)* der *Brâhmanas* zu der von den Upanishaden vertretenen Vorherrschaft der metaphysischen Erkenntnis *(jñana-kanda)* verfolgen. Die *Aranyaka* wurden im geheimen, fern der Dörfer, im Wald gelehrt. Sie betonen vor allem das Selbst als Gegenstand des Opfers und nicht mehr die konkrete Wirklichkeit der Riten. Den *Aranyakas* zufolge sind die Götter im Menschen verborgen; anders ausgedrückt, die makrokosmisch-mikrokosmische Korrelation, die der vedischen Spekulation zugrunde lag, enthüllt nun die Entsprechung zwischen den kosmischen Gottheiten und jenen, die im menschlichen Körper gegenwärtig sind (vgl. *Aitareya Aranyaka* I, 3, 8; II, 1, 2; III, 1, 1; usw. *Sānkhāyana Aranyaka* VI, 2ff; VII, 2ff; usw.). Folglich ermöglicht die „Verinnerlichung des Opfers" (vgl. § 78) eine Zuwendung der Opfergaben sowohl an die „inneren" als auch die „äußeren" Gottheiten. Das letzte Ziel ist die Einheit *(samhitā)* zwischen den verschiedenen theo-kosmischen Ebenen und den psychisch-physiologischen Organen und Funktionen des Menschen. Nach zahlreichen Gleichsetzungen und Identifikationen gelangt man zum Schluß, daß „das ‚Bewußtsein seiner Selbst'

---

[23] Vgl. *M. Eliade,* Yoga, a. a. O. 125f. Weitere Texte siehe *J. Gonda,* Notes on Brahman, a. a. O. 52.

(prajñātman) ein und dasselbe wie die Sonne ist" *(Ait. Ar.* III, 2, 3; *Śāṇkh. Ar.* VIII, 3–7). Eine kühne Gleichsetzung, die dann von den Autoren der Upanishaden weiter entwickelt und artikuliert wird.

78. „Tapas": Technik und Dialektik der asketischen Übungen

Wir haben schon mehrmals die Askese, *tapas*, erwähnt, denn es ist unmöglich, über die wichtigsten indischen Götter, Mythen oder Riten zu sprechen, ohne dabei diese rituelle „Erhitzung", diese durch asketische Übungen erlangte „Hitze" oder „Glut", zu erwähnen. Der Begriff *tapas* (von der Wurzel *tap*, „erhitzen", „kochen") ist im Rig Veda eindeutig belegt (vgl. z. B. VIII, 59, 6; X, 136, 2; 154, 2, 4; 167, 1; 109, 4; usw.). Es handelt sich um eine indoeuropäische Tradition, denn in einem parallelen Kontext spielt die „äußerste Hitze" oder der „Zorn" *(menos, furor, ferg, wut)* in den Ritualen heroischen Typs eine Rolle[24]. Außerdem ist die „Erhitzung" durch diverse psychisch-physiologische Techniken, wie etwa durch scharf gewürzte Speisen, bei den Medizinmännern und Zauberern primitiver Kulturen bezeugt[25]. Die Erlangung der magisch-religiösen „Kraft" ist gepaart mit großer innerer Hitze; die „Kraft" selbst wird ausgedrückt durch Wörter, die „Hitze", „Brennen", „sehr heiß" usw. bedeuten.

Wir haben an diese Gegebenheiten erinnert, um den Archaismus und die große Verbreitung der asketischen Übungen vom Typ *tapas* zu verdeutlichen. Daraus soll keineswegs ein nichtarischer Ursprung der indischen Askese abgeleitet werden. Die Indoeuropäer und vor allem die vedischen Inder hatten prähistorische Techniken ererbt, die sie in verschiedener Weise mit je neuen Werten belegten. Wir wollen schon hier festhalten, daß die rituelle „Erhitzung" nirgendwo sonst eine solche Tragweite erlangte, wie sie das *tapas* in Indien seit ältester Zeit bis in unsere Tage gewann.

Die asketische „Erhitzung" hat ihr Vorbild bzw. ihre Entsprechung in jenen Bildern, Symbolen und Mythen, die in Zusammenhang stehen mit der Hitze, die die Ernte „kocht" oder die Eier bebrütet und dadurch ihre Reifung sichert, mit der sexuellen Erregung, insbesondere der Glut des Orgasmus, und mit dem Feuer, das durch das Reiben zweier Holzstäbchen erzeugt wird. Das *tapas* ist „schöpferisch" auf der kosmogonischen, der religiösen und der metaphysischen Ebene. Prajâpati erschafft die Welt, wie wir sahen, indem er sich durch *tapas* „erhitzt", und die darauf folgende Erschöpfung ist der sexuellen Ermattung vergleichbar (§ 76). Auf ritueller Ebene ermöglicht das *tapas* die „Wiedergeburt", d. h. den Übergang von dieser Welt in die Welt der Götter, aus dem Bereich des „Profanen" in den Bereich des „Heiligen". Außerdem hilft

---
[24] Vgl. *M. Eliade*, Yoga, a. a. O. 116, Anm. 7.
[25] Siehe dazu einige Beispiele in *M. Eliade*, Schamanismus, a. a. O. 321.

die Askese dem Meditierenden, die Geheimnisse der esoterischen Erkenntnis „auszubrüten", und enthüllt ihm die tiefen Wahrheiten. (Agni verleiht dem *tapasvin* die „Hitze des Kopfes", indem er ihn zum Hellseher macht.)

Die Askese bewirkt eine radikale Änderung der Seinsweise des Ausübenden, sie verleiht ihm eine übermenschliche „Kraft", die gefährlich und in einigen Fällen sogar „dämonisch" werden kann[26]. Die Vorbereitungen zu den wichtigsten Opfern, nämlich der Initiationsfeier und der Lehrzeit des *brahmacarin*, enthielten das *tapas*. Im wesentlichen wird das *tapas* durch Fasten, Wachen am Feuer oder Sitzen in der Sonne, seltener durch den Genuß berauschender Substanzen erreicht. Aber zur „Erhitzung" gelangt man auch durch das Anhalten der Atmung, und hier bietet sich ein Weg zu einer kühnen Gleichsetzung des vedischen Rituals mit den Yogapraktiken. Diese Gleichsetzung wurde vor allem durch die Spekulationen der *Brâhmanas* über das Opfer möglich.

Schon früh wurde das Opfer dem *tapas* gleichgestellt. Die Götter erreichten die Unsterblichkeit nicht allein durch das Opfer (§ 76), sondern auch durch die Askese. Im vedischen Kult werden den Göttern *soma*, geschmolzene Butter und das heilige Feuer geopfert, in der asketischen Praktik dagegen bringt man ihnen ein „inneres Opfer" dar, bei dem die physiologischen Funktionen an die Stelle von Libationen und rituellen Objekten treten. Die Atmung wird oftmals mit einer „ununterbrochenen Libation" gleichgesetzt[27]. *Vaikhānasmārta sūtra* II, 18 spricht vom *prāṇāgnihòtra*, d. h. von dem „durch die Atmung (vollbrachten) Opfer für das Feuer". Der Gedanke dieses „inneren Opfers" ist eine folgenreiche Neuerung; durch sie wurde es auch den exzentrischsten Asketen und Mystikern möglich, sich innerhalb des Brahmanismus und später des Hinduismus zu behaupten. Andererseits wird dieses gleiche „innere Opfer" auch von den „waldbewohnenden" Brahmanen praktiziert, d. h. von jenen, die zwar wie Asketen *(sannyāsi)* leben, aber doch ihre soziale Identität als „Hausherren" nicht aufgegeben haben[28].

Im ganzen gesehen, ist das *tapas* in eine Reihe von Homologisierungen integriert, die auf verschiedenen Ebenen durchgeführt werden. Einerseits – und zwar in Übereinstimmung mit der spezifischen Tendenz des indischen Geistes – werden die kosmischen Strukturen und Phänomene den Organen und Funktio

---

[26] Der Terminus *śānti*, der in Sanskrit Ruhe, Seelenfrieden, Fehlen von Leidenschaft, Erleichterung von Leiden bedeutet, leitet sich von der Wurzel *sam* her, die ursprünglich die Bedeutung hatte: „Feuer, Zorn, Fieber" löschen, also letztlich die von dämonischen *Mächten* bewirkte „Hitze" kühlen: vgl. *D. J. Hoens, Śānti*, a.a.O. bes. 177ff.

[27] Denn, „solange der Mensch spricht, kann er nicht atmen und opfert also sein Atmen dem Wort; solange er atmet, kann er nicht sprechen und opfert also sein Wort dem Atmen. Das sind die beiden kontinuierlichen und unsterblichen Opfer; im Wachen und im Schlaf bringt sie der Mensch ununterbrochen dar. Alle anderen Opfer finden ein Ende und haben teil an der Natur des Akts *(karman)*. Die Alten brachten das *agnihotra* nicht dar, weil sie dieses wahre Opfer kannten" *(Kausiaki-Brāhmana-Upanishad* II, 5). Nach der *Chândogya-Up.* V, 19–24 besteht das wahre Opfer in der Darbringung des Atmens: „der das *agnihotra* darbringt, ohne dies zu wissen, ist wie einer..., der das Opfer in der Asche darbrächte" (V, 24, 1).

[28] Ihre religiöse Stellung wird (allerdings nur sehr dunkel) in den Traktaten *Aranyaka* reflektiert.

nen des menschlichen Körpers und darüber hinaus den Elementen des Opfers (Altar, Feuer, Opfer, rituelle Gegenstände, liturgische Formeln usw.) gleichgestellt. Andererseits wird die Askese – die (schon in prähistorischer Zeit) ein ganzes System von mikro-makrokosmischen Entsprechungen (Atem verglichen mit dem Wind usw.) implizierte – mit dem Opfer gleichgesetzt. Einige Formen der Askese, wie etwa das Anhalten der Atmung, gelten sogar mehr als das Opfer; ihre Ergebnisse werden als kostbarer als die „Früchte" des Opfers bezeichnet. Aber alle diese Homologisierungen und Assimilierungen sind nur dann gültig, d. h. werden nur dann *wirklich* und religiös *wirksam*, wenn man die Dialektik begreift, durch die sie veranschaulicht würden.

Letztlich handelt es sich hier um eine Reihe von Systemen, die einerseits homologisiert und andererseits in eine variable hierarchische Reihe eingeordnet werden. Das *Opfer* wird der *Askese* gleichgesetzt, aber von einem bestimmten Punkt an gilt das *Verstehen* des Prinzips, das solche Assimilationen rechtfertigt, am höchsten. Schon sehr bald wird mit den Upanishaden das Verstehen, die Erkenntnis *(jñāna)* zu einer Vorrangstellung erhoben, und das Opfersystem mit der ihm zugehörigen mythologischen Theologie verliert seinen religiösen Primat. Aber auch dieses auf dem Vorrang des „Verstehens" gegründete System vermag, zumindest in bestimmten Gesellschaftsschichten, seine Vorrangstellung nicht zu behaupten. So etwa messen die Yogins der Askese und Erfahrung „mystischer" Zustände entscheidende Bedeutung bei; bestimmte „Ekstatiker" oder die Anhänger der theistischen Frömmigkeit *(bhakti)* dagegen verwerfen völlig oder teilweise sowohl den brahmanischen Ritualismus und die metaphysische Spekulation der Upanishaden als auch die Askese *(tapas)* und die Yogatechnik.

Diese Dialektik, die auf den verschiedenen Ebenen der menschlichen Erfahrung (Psychologie, Physiologie, rituelle Handlungen, Symbolisierung, „mystische Erfahrung" usw.) zahlreiche Homologien, Assimilationen und Entsprechungen ermöglichte, war schon in vedischer Zeit, wenn nicht sogar schon in der indoeuropäischen Protohistorie wirksam. Ihre entscheidende Rolle kam ihr jedoch erst in späteren Epochen zu. Wie wir sogleich sehen werden, enthüllt die Dialektik der Homologisierung ihre „schöpferischen" Möglichkeiten vor allem in Augenblicken der religiösen und metaphysischen Krise, d. h. immer dann, wenn ein überkommenes System seine Gültigkeit verliert und die Welt seiner Werte zusammenbricht.

79. Asketen und Ekstatiker: „muni" und „vrātya"

Über den asketischen Übungen, die einen integralen Bestandteil des vedischen Kults bilden, dürfen wir nicht das Vorhandensein auch anderer Arten von Asketen und Ekstatikern vergessen, die in den alten Texten kaum erwähnt werden. Einige dieser Asketen und Ekstatiker lebten am Rande der arischen Gesellschaft, ohne jedoch deswegen als „Häretiker" zu gelten. Andere dagegen können als

„Fremdlinge" betrachtet werden, obschon es praktisch unmöglich ist, zu entscheiden, ob sie den Schichten der Ureinwohner zugehörten oder nur die religiösen Vorstellungen bestimmter arischer Stämme widerspiegeln, die sich am Rande der vedischen Tradition entwickelt haben.

So spricht ein Hymnus des Rig Veda (X, 126) von einem Asketen *(muni)* mit langem Haar *(keśin)*, der mit „braunem Schmutz" bekleidet und „mit Wind gegürtet" (d. h. nackt) ist und in den „die Götter eingehen". Er verkündet: „In der Trunkenheit der Ekstase haben wir die Winde bestiegen. Ihr Sterblichen könnt nichts wahrnehmen als unseren Körper" (Strophe 3). Der *muni* fliegt durch die Lüfte, er ist das Pferd des Windes (Vāta), der Freund Vayus (des Windgottes). Er bewohnt die beiden Meere, das des Ostens und das des Westens (Strophe 5; vgl. Ath. Veda XI, 5, 6 usw.). „Er folgt der Spur der Apsaras, der Gandharvas und der wilden Tiere, und er versteht ihre Gedanken" (Strophe 6). Er „trinkt mit Rudra aus dem Giftbecher" (Strophe 7). Dies ist ein typisches Beispiel von Ekstase: der Geist des *muni* verläßt den Körper, er errät die Gedanken der halbgöttlichen Wesen und der wilden Tiere, er bewohnt die „beiden Meere". Die Anspielungen auf das Windpferd und die Götter, die sich in ihm verkörpern, deuten auf eine schamanisierende Technik.

Die Veden zitieren noch weitere außernormale Erlebnisse im Zusammenhang mit mythischen Personen (Ekavrātya, Brahmacārin, Vena usw.), die wahrscheinlich vergöttlichte Archetypen bestimmter Asketen und Zauberer darstellen. Denn der „Gottmensch" bleibt ein Leitmotiv in der indischen Spiritualität. Ekavrātya ist wahrscheinlich der Archetyp der *vrātya*, jener geheimnisvollen Gruppe, in denen man śivaitische Asketen, „Mystiker", Vorläufer der Yogins oder Vertreter einer nichtarischen Bevölkerung zu erkennen vermeinte. Ein ganzes Buch des Atharva Veda (XV) ist ihnen gewidmet, doch der Text ist dunkel. Immerhin geht daraus so viel hervor, daß die *vrātya* Askese üben (sie bleiben ein Jahr lang stehen usw.), eine Disziplin der Atmungen kennen (die den verschiedenen kosmischen Bereichen angeglichen sind: AV XV, 14, 15 ff) und ihren Körper dem Makrokosmos gleichsetzen (18, 1 ff). Diese Bruderschaft war offensichtlich bedeutend, denn man hatte ein eigenes Opfer, das *vrātyasoma*, geschaffen, um ihre Mitglieder der brahmanischen Gesellschaft zu integrieren[29]. Beim *vrātyasoma* waren auch andere Personen zugegen, so vor allem ein *māgadha*, der die Rolle des Sängers innehatte, und eine Prostituierte *(Ath. Veda* XV, 2). Im Zusammenhang mit einem Sonnwendritus *(mahāvrata)* vollzog sie eine rituelle Vereinigung mit dem *māgadha* oder einem Brahmacarin[30].

Auch der Brahmacarin wird als eine Person von kosmischem Maßstab gedacht. Nach seiner Initiation reist der mit einem schwarzen Antilopenfell be-

---

[29] Die Vratya trugen einen Turban, waren in Schwarz gekleidet und hatten über die Schultern zwei Widderfelle geworfen, ein schwarzes und ein weißes; als Abzeichen trugen sie einen Spitzstab, Halschmuck und einen entspannten Bogen. Ein von einem Pferd und einem Maultier gezogener Wagen diente ihnen als Opferstätte.
[30] Siehe Textverweise und Bibliographie bei *M. Eliade,* Yoga, a.a.O. 113 ff.

kleidete, langbärtige Brahmacārin vom Westmeer zum Nordmeer und „erschafft die Welten"; er wird als „Keim im Schoß der Unsterblichkeit" gepriesen; rotgekleidet, übt er das *tapas* (*Ath. V.* XI, 5, 6–7). Aber, wie so oft in Indien, vereinigt sich sein irdischer „Stellvertreter", der Brahmacārin (dessen erstes Gelübde die Keuschheit ist), rituell mit der Prostituierten.

Die geschlechtliche Vereinigung spielte in bestimmten vedischen Ritualen eine Rolle (vgl. den *Aśvamedha*). Hierbei ist zu unterscheiden zwischen der ehelichen Vereinigung, die als Hierogamie galt[31], und der Paarung orgiastischer Art, die auf die allgemeine Fruchtbarkeit bzw. die Schaffung einer „magischen Verteidigung" zielt[32]. In beiden Fällen handelt es sich indes um Riten, man könnte sogar sagen „Sakramente", die im Blick auf die Resakralisierung der menschlichen Person oder des Lebens vollzogen werden. Später erarbeitet der Tantrismus eine ganze Technik zur sakramentalen Umwandlung der Geschlechtlichkeit.

Über die verschiedenen Kategorien der Magier und Ekstatiker, die am Rande der arischen Gesellschaft lebten, die jedoch schließlich größtenteils in den Hinduismus integriert wurden, wissen wir nur wenig. Die reichsten Quellen stammen aus späterer Zeit, was jedoch keineswegs das Interesse schmälert, da sie zweifellos eine ältere Situation widerspiegeln. So bringt das *Vaikhānasasmārtasūtra* eine lange Aufzählung von Asketen und Einsiedlern; einige von ihnen zeichnen sich durch ihre Haartracht oder ihre zerrissenen oder aus Baumrinde gefertigten Gewänder aus; andere wiederum leben nackt, ernähren sich von Jauche und Kuhfladen oder wohnen auf Friedhöfen usw.; wieder andere praktizieren den Yoga oder eine Form des Proto-Tantrismus[33].

Fassen wir zusammen: seit ältester Zeit sind verschiedene Formen der Askese, der ekstatischen Erfahrung und magisch-religiöser Techniken belegt. Es lassen sich Bußübungen „klassischen" Typs und bestimmte schamanisierende Motive neben ekstatischen Erfahrungen, die auch in zahlreichen anderen Kulturen bekannt sind, sowie einige rudimentäre Yogapraktiken feststellen. Die Heterogenität und Vielschichtigkeit der Verhaltensweisen, Techniken und Soteriologien, die von denen verfochten werden, die aus der Welt geflohen sind, werden in späteren Zeiten immer zahlreicher. Summarisch gesagt: die ekstatischen Methoden greifen die begeisternde Erfahrung des Genusses von *soma* und anderen berauschenden Getränken auf und setzen sie fort und nehmen zugleich gewisse Formen der mystischen Frömmigkeit vorweg, während die Bußübungen und asketischen Disziplinen die Entwicklung der Yogatechnik vorbereiten.

---

[31] „Ich bin der Himmel, du bist die Erde!" spricht der Gatte zur Gattin (*Bṛhad. Up.* VI, 4,20). Die Empfängnis geschehe im Namen der Götter: „Möge Viṣṇu die Gebärmutter vorbereiten; möge Tvaṣṭrī die Formen bilden" usw. (ebd. VI 4,21).
[32] Vgl. *M. Eliade*, Yoga, a. a. O. 237 f. Im letzteren Fall handelt es sich um Gebräuche, die in Agrargesellschaften allgemein verbreitet sind.
[33] Vgl. *M. Eliade*, Yoga, a. a. O. 147 f.

Dazu kommt, daß es ab der Upanishadenzeit immer üblicher wird, das gesellschaftliche Leben aufzugeben und in den „Wald" zu ziehen, um sich ungestört der Meditation hingeben zu können. Diese Gewohnheit gilt schon lange als vorbildlich und wird auch noch im modernen Indien geübt. Wahrscheinlich aber war dieses Sichzurückziehen in den „Wald" von Leuten, die weder „Ekstatiker" noch Asketen oder Yogins von Berufung waren, anfänglich eine sehr überraschende Neuheit. Letztlich enthüllte das Verlassen des gesellschaftlichen Lebens eine tiefgreifende Krise in der traditionellen Religion. Diese Krise war sehr wahrscheinlich durch die brahmanischen Spekulationen über das Opfer ausgelöst worden.

80. Die Upanishaden und die Suche der rishis:
Wie kann man sich von den „Früchten" seiner eigenen Taten befreien?

In den *Brâhmanas* wurden die vedischen Götter zugunsten Prajâpatis radikal entwertet. Die Autoren der Upanishaden führen diesen Prozeß fort und beenden ihn. Aber sie gehen noch weiter: sie scheuen nicht davor zurück, das allmächtige Opfer zu entwerten. Einige Upanishadentexte behaupten, ohne die *Meditation* über den *âtman* sei das Opfer nicht vollständig (*Maitri Up.* I,1). Die *Chândogya Up.* (VIII, 1, 6) versichert, daß die durch das Opfer gewonnene Welt genau so vergehen werde, wie „die durch die Werke *(karman)* gewonnene Welt". Nach der *Maitri Up.* (I, 2, 9–10) sind jene, die sich Illusionen über die Bedeutung des Opfers machen, zu beklagen, denn sie werden sich ihres durch gute Taten erworbenen Platzes im Himmel nicht lange erfreuen können, sondern wieder auf die Erde zurückkehren oder in eine mindere Welt hinabsteigen. Weder die Götter noch die Riten zählen noch für einen wahren *rishi*. Sein Ideal ist in einem Gebet der ältesten Upanishad, der *Bṛhadāraṇyaka* (I, 3, 28) sehr schön formuliert: „Aus dem Nicht-Sein *(asat)* führe mich zum Sein *(sat)*, aus der Dunkelheit führe mich zum Licht, aus dem Tod führe mich zur Unsterblichkeit!"

Die spirituelle Krise, die in den Upanishaden zum Durchbruch kommt, wurde wahrscheinlich durch die Meditation über die „Mächte" des Opfers ausgelöst. Wie wir gesehen haben, „vereinigte" der Opfernde vermittels ritueller Handlungen *(karman)* seine psychisch-physiologischen Funktionen und baute sein „Selbst" auf (§ 77), genau wie Prajâpati durch das Opfer wiederhergestellt wurde und seine „Person" *(âtman)* zurückerlangte. In den *Brâhmanas* bezeichnet das Wort *karman* die rituellen Handlungen und deren segensreiche Folgen (denn der Opfernde gelangte nach seinem Tod in die Welt der Götter). Die Reflexion über den *rituellen* Vorgang von „Ursache und Wirkung" mußte jedoch zwangsläufig zu der Erkenntnis führen, daß jede *Handlung* schon allein dadurch, daß sie ein *Ergebnis* zeitigte, sich in eine unbegrenzte Kette von Ursachen und Wirkungen einfügte. Sobald aber das Gesetz der allumfassenden Kausalität im *karman* erst einmal erkannt war, war auch die Gewißheit hinsichtlich der Heilswirkungen des Opfers erschüttert. Denn das Fortleben der „Seele" im Himmel war das Ziel der rituellen Handlung des Opfernden; wo aber „verwirklichten" sich die Ergebnisse *aller seiner anderen Taten*, die er im Verlaufe seines Lebens vollbracht hatte? Das Fortleben in Seligkeit, die Belohnung korrekten rituellen Handelns, mußte also ein Ende haben. Was aber geschieht dann mit der vom Leib gelösten „Seele" *(âtman)*? Auf keinen Fall konnte sie endgültig verschwinden. Es blieb immer eine unbegrenzte Zahl von *Handlungen*, die zu Lebzeiten gesetzt worden waren, und diese stellten ebenso viele „Ursachen" dar, die wiederum „Wirkungen" haben *mußten*, d. h. sich in einem neuen Leben hier auf Erden oder in einer anderen Welt „verwirklichen" mußten. Der Schluß war zwingend: nach einem seligen oder elenden Leben in einer außerirdischen Welt war die Seele gezwungen, sich erneut zu inkarnieren. Dieses Gesetz der Transmigration, *samsâra*, beherrschte, einmal entdeckt, sowohl die „orthodoxe" als auch die heterodoxe (Buddhismus und Jainismus) religiöse Gedankenwelt und Philosophie Indiens.

Der Terminus *samsâra* erscheint nur in den Upanishaden. Die „Herkunft" dieser Seelenwanderungslehre ist uns unbekannt. Man hat vergeblich versucht, den Glauben an die Seelenwanderung durch den Einfluß nichtarischer Elemente zu erklären. Wie es sich damit auch immer verhalten mag, diese Entdeckung hat zu einer pessimistischen Sicht des Lebens geführt. Das Ideal des vedischen Menschen – 100 Jahre zu leben usw. – erwies sich nun als nicht mehr gültig. Das Leben in sich indes ist nicht zwangsläufig eine Verkörperung des „Bösen", vorausgesetzt, man nutzt es als Möglichkeit, um sich aus den Banden des *karman* zu lösen. Das einzige eines Weisen würdige Lebensziel ist die Erlangung der Erlösung *(moksha)* – ein anderer Terminus, der mit seinen Entsprechungen *(mukti* usw.) zu den Schlüsselbegriffen des indischen Denkens gehört.

Da jede religiöse oder profane Tat *(karman)* den Daseinskreislauf festigt und fortsetzt, kann die Erlösung weder durch das Opfer noch durch ein enges Verhältnis zu den Göttern, noch auch durch Askese oder Barmherzigkeit erlangt werden. In ihren Einsiedeleien suchten die *rishis* nach anderen Mitteln zur Erlösung. Eine bedeutende Entdeckung gelang durch die Meditation über den bereits in den Veden und *Brâhmanas* gepriesenen soteriologischen Wert der *Erkenntnis*. Offensichtlich bezogen sich die Autoren der *Brâhmanas* auf die (esoterische) Erkenntnis der in der rituellen Handlung enthaltenen Homologien. Den *Brâhmanas* zufolge war es die *Nichtkenntnis* der Opfergeheimnisse, die den Menschen zu einem „zweiten Tod" verurteilte. Die *rishis* aber gingen noch weiter; sie lösten die „esoterische Erkenntnis" aus ihrem rituellen und theologischen Kontext; die Gnosis galt nun als fähig, die absolute Wahrheit dadurch zu erfassen, daß sie die Tiefenstrukturen des Wirklichen bloßlegt. Eine solche „Wissenschaft" muß schließlich das „Nichtwissen" *(avidya)*, das das Los der Irdischen (der „nicht Eingeweihten" in den *Brâhmanas)* zu sein scheint, im wahrsten Sinne des Wortes vernichten. Es handelt sich zweifellos um ein

„Nichtwissen" metaphysischer Art, da es sich auf die letzte Wirklichkeit bezieht und nicht auf die empirischen Wirklichkeiten der Alltagserfahrung.

In dieser Bedeutung als „Nichtwissen metaphysischer Art" ist der Terminus *avidya* in das philosophische Vokabular Indiens eingegangen. Die *avidya* verbirgt die letzte Wirklichkeit; die „Weisheit" (Gnosis) enthüllt die Wahrheit, also das Wirkliche. Von einem gewissen Gesichtspunkt aus ist dieses „Nichtwissen" „schöpferisch": es erschafft die Strukturen und die Dynamik des menschlichen Lebens. Durch die *avidya* leben die Menschen ein verantwortungsfreies Leben, da sie die Folgen ihrer Taten *(karman)* nicht kennen. Nach faszinierendem Suchen und manchem Zögern, das mitunter von plötzlichen Lichtblicken erhellt wurde, erkannten die *rishis* in der *avidya* die „erste Ursache" des *karman* und folglich auch den Ursprung und die Dynamik der Seelenwanderung. Der Kreis hatte sich also geschlossen: das Nichtwissen *(avidya)* „erschafft" oder verstärkt das Gesetz von „Ursache und Wirkung" *(karman)*, das seinerseits die ununterbrochene Kette von Wiedergeburten *(samsāra)* erzwingt. Doch bestand die Möglichkeit, diesen Teufelskreis zu durchbrechen *(moksha)*, und zwar vor allem dank der Gnosis *(jñāna, vidya)*. Wie wir noch sehen werden, verkündeten andere Gruppen bzw. Schulen außerdem die befreienden Wirkungen der Yogatechniken oder der mystischen Frömmigkeit. Das indische Denken hat sich schon früh um die Homologisierung der verschiedenen Erlösungs„wege" *(marga)* bemüht. Dieses Bemühen führte einige Jahrhunderte später zu der berühmten, in der *Bhagavad-Gītā* (4. Jahrhundert v. Chr.) verkündeten Synthese. Doch müssen wir schon hier darauf hinweisen, daß die Entdeckung der zwangsläufigen Aufeinanderfolge *avidya-karman-samsāra* und deren Aufhebung, die Erlösung *(moksha)* durch „Gnosis" bzw. metaphysische Erkenntnis *jñāna, vidya)* – eine Entdeckung, die zur Zeit der Upanishaden, wenn auch noch nicht vollkommen systematisiert, so doch gemacht wurde –, den Wesenskern der späteren indischen Philosophie bildet. Die wichtigsten Entwicklungen betreffen die Mittel zur Erlösung und, paradoxerweise, die „Person" (oder das „Agens"), von der man annimmt, daß sie sich der Erlösung erfreue.

81. Identität ātman – Brahman und die Erfahrung des „inneren Lichtes"

Wir haben bewußt vereinfacht, um zunächst einmal die Absicht und Ursprünglichkeit der *rishis* zu erfassen. In den ältesten Upanishaden[34] lassen sich mehrere Wege unterscheiden. Doch sind diese Unterschiede nicht überzubewerten, denn auch in den Upanishaden gilt noch das in den *Brâhmanas* vorherrschende System der Assimilierungen und Homologien. Das Kernproblem ist mehr oder

---

[34] D.h. die Prosa-Upanishaden: *Brihadāranyaka, Chāndogya, Aitareya, Kauṣītaki, Taittirīya*. Sie wurden wahrscheinlich zwischen 800 und 500 v. Chr. redigiert.

weniger deutlich in jedem der Texte vorhanden. Es geht darum, das Erste Sein, das All-Eine, zu erfassen und zu begreifen, das allein die Welt, das Leben und das Geschick des Menschen zu erklären vermag. Seit dem Rig Veda hatte man es im *tad ekam* – „dem Einen" – des berühmten Hymnus X, 129 erblickt. Die *Brâhmanas* nennen es Prajâpati oder Brahman. Doch stand das Erste Sein in diesen scholastischen Abhandlungen in Zusammenhang mit dem kosmischen Opfer und der rituellen Sakralität. Die *rishis* nun bemühen sich, es durch eine von der Gnosis geleitete Meditation zu erfassen[35].

Das Erste Sein ist eindeutig unvorstellbar, unbegrenzt, ewig; es ist zugleich das Eine und das Ganze, ist „Schöpfer" und „Herr" der Welt; einige identifizieren es sogar mit dem Universum; andere wiederum suchen es in der „Person" *(puruṣa)*, die in der Sonne, im Mond, im Wort usw. gegenwärtig ist; wieder andere im „Unermeßlichen", das Welt, Leben und Bewußtsein trägt. Von allen Bezeichnungen für das Erste Sein war Brahman die erste. In einem berühmten Abschnitt der *Chândogya Up.* (III, 14, 2–4) wird Brahman beschrieben als das, der „die ganze Welt" und doch spiritueller Natur ist; „das Leben ist sein Leib, seine Gestalt das Licht, seine Seele der Raum"; er vereint in sich alles Handeln, Wünschen, Riechen und Schmecken usw. Zugleich ist er aber auch „mein *âtman* im Herzen, kleiner als ein Gerstenkorn, als ein Senfkorn" und dennoch „größer als die Erde, größer als der Himmelsraum, größer als diese Welten". „Der alle Taten, alle Wünsche umfaßt..., der diese ganze Welt umschließt..., er ist mein *âtman* im Herzen; er ist Brahman. Wenn ich hinscheide, werde ich in ihn eingehen."[36] Auch der weise Yajnavalkya der *Br̥hadāraṇyaka Up.* (III, 7, 3) spricht von „dem, der in der Erde wohnt, den die Erde aber nicht kennt, dessen Leib die Erde ist und diese von innen heraus überwacht", und er setzt ihn gleich mit „dem *âtman*, dem inneren Überwacher, dem Unsterblichen".

Wie der Puruṣa des Rig Veda X, 90, so offenbart sich Brahman zugleich immanent („diese Welt") und transzendent; vom Kosmos unterschieden und doch in den kosmischen Wirklichkeiten allgegenwärtig. Außerdem lebt es als *âtman* im Herzen der Menschen, und dies impliziert die Identität zwischen dem wahren „Selbst" und dem universalen Sein. Denn beim Tode vereinigt sich der *âtman* des „Wissenden" mit dem Brahman; die Seelen der anderen, der Nicht-Erleuchteten, unterliegen dem Gesetz der Seelenwanderung *(samsāra)*.

---

[35] Wir dürfen jedoch nicht vergessen, daß die *rishis* der Upanishaden die Nachfolger der „Seher" und Dichterphilosophen der vedischen Zeit sind. Von einem bestimmten Gesichtspunkt aus kann man sagen, daß die zentralen Intuitionen der Upanishaden sich in nicht-systematischer Gestalt bereits in den Veden finden. So etwa die Gleichsetzung „Geist" = „Gott" = „wirklich" = „Licht". Vgl. *J. Gonda*, The Vision of the Vedic Poets, a.a.O. 40ff, 272ff.
[36] In einem anderen Abschnitt der gleichen Upanishad (VI, 1–15) erklärt ein Meister seinem Sohn Svetaketu die Erschaffung des Universums und des Menschen durch das Ur-Sein: nach der Schöpfung durchdringt das Sein die kosmischen Regionen und den menschlichen Leib; dort existiert es wie ein in Wasser aufgelöstes Salzkorn. Der *âtman* ist der göttliche Wesenskern im Menschen. Die Belehrung endet in der berühmten Formel: „Das bist du selbst (tat tvam asi), Svetaketu!".

Über das Fortleben ohne Rückkehr auf die Erde gibt es verschiedene Theorien. Nach einigen durchqueren jene, die den esoterischen Symbolismus der „fünf Feuer"[37] verstanden haben, die verschiedenen kosmischen Bereiche, bis sie zur „Welt des Blitzes" gelangen. Dort begegnen sie einer „Geistperson" (*puruṣa mānasaḥ*, d.h. „geistgeboren"), die sie zu den Welten des Brahman führt, in denen sie lange und ohne Wiederkehr leben. Modifiziert wird diese Theorie von den verschiedenen Frömmigkeitsschulen wieder aufgenommen. Anderen Deutungen zufolge stellt die Vereinigung des *ātman* mit dem All-Sein (Brahman) nach dem Tode dagegen gewissermaßen eine „unpersönliche Unsterblichkeit" dar: das „Selbst" löst sich im Brahman, seiner ursprünglichen Quelle, auf.

Wir müssen beachten, daß die Meditation über die Identität *ātman-Brahman* eine „geistige Übung" ist und nicht eine Kette von „Überlegungen". Das Erfassen des eigenen Selbst geht mit dem Erlebnis eines „inneren Lichtes" (*antaḥjyotiḥ*) einher; das Licht aber ist das Bild schlechthin sowohl für den *ātman* als auch das Brahman. Es handelt sich zweifelsohne um eine alte Tradition, denn schon in vedischer Zeit gelten Sonne oder Licht als Epiphanien des Seins, des Geistes, der Unsterblichkeit und der Zeugung. Nach Rig Veda I, 115, 1 ist die Sonne das Leben oder der *ātman* – das Selbst – aller Dinge[38]. Wer den *soma* getrunken hat, wird unsterblich, gelangt zum Licht und findet die Götter (RV VIII, 48, 3). Der *Chândogya Up.* (III, 13, 7) zufolge aber ist „das Licht, das jenseits dieses Himmels, jenseits von allem, in den höchsten Welten, über denen es keine höheren mehr gibt, erstrahlt, in Wahrheit dasselbe Licht, das im Inneren des Menschen leuchtet (*antaḥ puruṣa*)"[39]. Auch die *Bṛhadāraṇyaka Up.* (IV, 3, 7) identifiziert den *ātman* mit der Person, die sich im Herzen des Menschen in Gestalt eines „Lichtes im Herzen" befindet. „Dieses heitere Wesen, das sich aus seinem Leib erhebt und sodann das hellste Licht erreicht, erscheint unter seiner eigenen Gestalt. Es ist der *ātman*. Es ist das Unsterbliche, das Furchtlose. Es ist das Brahman" (*Chândogya Up.* VIII, 3, 4)[40].

---

[37] Es handelt sich um die Gleichsetzung der Opferfeuer mit den Strukturen des Jenseits, des Parjanya, des Diesseits, des Mannes und der Frau (vgl. *Bṛih. Up.* VI, 2, 9–15; *Chând. Up.* V, 4, 1–10, 2).
[38] „Das Licht ist Zeugung" *(jyotir prajanaman)* sagt der *Satapatha Br.* (VIII, 7, 2, 16–17). Es „ist die zeugende Kraft" (*Taitt. Sam.* VII, 1, 1, 1). Vgl. *M. Eliade*, Méphistophélès et l'Androgyne, a.a.O. 27; *ders.*, Spirit, Light and Seed, a.a.O. 3ff.
[39] Die *Chândogya Up.* (III, 17, 7) zitiert zwei rigvedische Verse, in denen von der Betrachtung des „Lichtes, das höher erstrahlt als der Himmel", die Rede ist, und sie fügt hinzu: „Durch die Betrachtung (dieses) Höchsten Lichtes jenseits der Finsternis erreichen wir die Sonne, den Gott unter den Göttern". Die Bewußtwerdung der Identität zwischen dem inneren Licht und dem transkosmischen Licht ist von zwei Phänomenen begleitet, die als „subtile Physiologie" wohlbekannt sind: die Erhitzung des Leibes und das mystische Hören von Tönen (ebd. III, 138).
[40] Auch in der *Muṇḍaka Up.* (II, 2, 10) ist das Brahman „rein, Licht des Lichtes". Weitere Beispiele sind zu finden in: *M. Eliade*, Spirit, Light and Seed, a.a.O. 4ff, und *J. Gonda*, The Vision of the Vedic Poets, a.a.O. 270ff.

82. Die zwei Seinsweisen des Brahman und das Geheimnis des in der Materie „gefangenen" ātman

Die erlebnishaft im „inneren Licht" wahrgenommene Identität *ātman-Brahman* hilft dem *rishi*, das Geheimnis der Schöpfung und auch seines eigenen Seinsmodus zu entziffern. Weil er weiß, daß der Mensch im *karman* befangen und dennoch im Besitz eines unsterblichen ‚Selbst' ist, erkennt er auch im Brahman eine vergleichbare Situation. Anders ausgedrückt, er erkennt im Brahman zwei anscheinend unvereinbare Seinsweisen: eine „absolute" und eine „relative", eine „geistige" und eine „materielle", eine „persönliche" und eine „unpersönliche" usw. In der *Bṛhadāraṇyaka Up.* (II, 3, 3) ist das Brahman unter zwei Gestalten erfaßt: leiblich (sterblich) und unsterblich. Die mittleren Upanishaden[41] entwickeln diese – schon im Rig Veda belegte – Tendenz, die kosmische Ganzheit und das Bewußtsein auf ein einziges Prinzip zurückzuführen, systematischer. Die *Katha Up.* (insbes. III, 11 ff) bringt eine recht eigenständige kosmologische Ontologie: der All-Geist *(puruṣa)* steht an der Spitze; nach ihm folgt das „Nicht-Manifeste" *(avyakta)*, das sowohl am „Geistigen" als auch am „Materiellen" teilzuhaben scheint; noch tiefer folgt das Große Selbst *(mahān ātmā)*, der in der Materie manifestierte Geist, dem auf progressiv absteigenden Ebenen andere Formen des Bewußtseins, der Sinnesorgane usw. folgen. Nach der *Śvetāśvātara Up.* (V, 1) sind im unvergänglichen und unendlichen Brahman Erkenntnis (die Unsterblichkeit verleiht) und Nichtwissen, das der Sterblichkeit zugeordnet wird, verborgen.

Dieses neue System von Entsprechungen impliziert eine Neuinterpretation der früheren Analogie von Makrokosmos und Mikrokosmos. Hier geht es für den *rishi* darum, durch Meditation über die paradoxe Struktur des Brahman seine „existentielle Situation" zu verstehen. Diese Reflexion geschieht auf zwei parallelen Ebenen. Einerseits entdeckt man, daß nicht nur die Empfindungen und Wahrnehmungen, sondern auch die psychomentale Tätigkeit der Kategorie der „natürlichen" Phänomene zugehören. (Diese in der *Maitri Up.* angedeutete Entdeckung wird vor allem von den „Philosophien" des Sāṃkhya und Yoga ausgearbeitet.) Andererseits verschärft sich die (schon im Rig Veda X, 90, 3 belegte) Tendenz, in Geist und Natur *(prakṛti)* zwei Seinsweisen des Urwesens, des All-Einen zu sehen[42]. Kosmos und Leben sind also das gemeinsame Wirken dieser beiden Seinsweisen der Ur-Seins.

Die Erlösung besteht wesentlich im Verständnis dieses „Geheimnisses"; sobald es dem Menschen gelungen ist, die paradoxe Manifestation des All-Einen zu durchschauen, vermag er sich auch aus dem Ineinander des kosmischen Vor-

---

[41] Die wichtigsten sind folgende: *Katha, Praśna, Maitri, Māṇḍūkya, Śvetāśvatara* und *Muṇḍaka*. Die Zeit ihrer Redaktion ist schwer festzustellen; wahrscheinlich zwischen 500 und 200 v. Chr.
[42] Dies wurde sehr deutlich aufgezeigt von *H. v. Glasenapp*, Die Philosophie der Inder, a.a.O. 206 ff.

gangs zu lösen. Verschiedenen Perspektiven zufolge kann dieser kosmische Vorgang betrachtet werden als ein göttliches „Spiel" *(līlā)*, als eine durch Nichtwissen herbeigeführte „Illusion" *(māyā)* oder auch als eine „Prüfung", durch die der Mensch dazu gezwungen werden soll, nach der absoluten Freiheit *moksha* zu suchen[43]. Wichtig ist vor allem, daß es durch die paradoxe Koexistenz der beiden widersprüchlichen Seinsweisen im Ur-Sein möglich wird, dem menschlichen Leben (das nicht weniger paradox ist, da es vom Gesetz des *karman* bestimmt wird, obschon es einen *ātman* „in sich trägt") einen Sinn zu geben und außerdem die Erlösung zu ermöglichen. Denn wer die Analogie zwischen Brahman und seiner Manifestation, der materiellen Schöpfung, und dem in den Netzen der Seelenwanderung gefangenen *ātman* versteht, der *erkennt die Zufälligkeit und Veränderlichkeit der schrecklichen Aufeinanderfolge avidya, karman, samsāra*.

Gewiß, die mittleren Upanishaden verwenden diese neuen Entdeckungen in verschiedenem Ausmaß. Die beiden Seinsweisen Brahmans werden bisweilen so dargestellt, als repräsentierten sie einen persönlichen und über der Materie (seiner unpersönlichen Seinsweise) stehenden Gott; in diesem Sinne kann man die *Katha Up.* (I,3,11) verstehen, die das persönliche Prinzip, *puruṣha*, über seine „unpersönlichen" Modalitäten stellt (*avyakta*, wörtl.: „nicht-manifest")[44]. Die *Śvetāśvatara Up.* ist noch bezeichnender, denn sie assoziiert die Spekulationen um das absolute Sein (Brahman) der Verehrung eines persönlichen Gottes, Rudra-Śiva. Das „dreifache Brahman" (I,12), der in der ganzen Natur und in allen Formen des Lebens immanente Gott (II,16–17), wird mit Rudra, dem Schöpfer, aber auch Zerstörer der Welten (III,2) identifiziert. Was die Natur *(prakṛti)* betrifft, so ist sie die *māyā* des Herrn (Rudra-Śiva), eine schöpferische „Magie", die alle individuellen Wesen bindet (IV,9–10). Die kosmische Schöpfung kann daher entweder als göttliche Emanation oder als ein „Spiel" *(līlā)* verstanden werden, in dem sich die Menschen, vom Nichtwissen geblendet, fangen lassen. Erlösung wird möglich durch Sāṃkya und Yoga, d.h. durch das philosophische Verstehen und die psychisch-physiologischen Techniken der Meditation (VI,13)[45].

Wichtig ist vor allem die Erhebung der Yogaübungen in den Rang eines Erlösungsweges, Seite an Seite mit dem Weg der in den alten Upanishaden vorherrschenden Gnosis. Auch die *Katha Up.* stellt die Yogaübung neben die Meditation gnostischer Art (III,3). Bestimmte Yogatechniken werden in der *Śvetāśvātara*, der *Māṇḍūkya* und vor allem der *Maitri Upanishad* noch genauer dargelegt.

---

[43] Alle diese Deutungen werden später populär.
[44] Auch in der *Muṇḍaka* II, 1,2 steht der *puruṣha* über dem *akṣara*, dem „Unbeweglichen", d.h. dem *prakṛti*; vgl. *H. v. Glasenapp*, a.a.O. 177.
[45] Das entscheidende Merkmal der *Śvetāśvātara Up.* ist indes die Verehrung Śivas; vgl. *M. Eliade*, Yoga, a.a.O. 128 ff.

Wir sehen also, wie sich die in den ersten Upanishaden vorgezeichneten Forschungen und Entdeckungen entwickelt haben. Man war einerseits bemüht, das geistige Prinzip *(âtman)* vom organischen und psychomentalen Leben zu lösen, von Dynamismen also, die durch die Zuordnung zu den Naturrhythmen *(prakṛti)* nach und nach „entwertet" wurden. Nur das von psychomentalen Erfahrungen gereinigte Selbst wurde mit Brahman identifiziert und konnte so als unsterblich gelten. Andererseits war man bestrebt, die Zusammenhänge zwischen dem All-Sein (Brahman) und der Natur herauszufinden und zu analysieren. Die Askesetechniken und Meditationsmethoden, die auf eine Lösung des Selbst von der psychomentalen Erfahrung zielten, werden später in den ersten Yogatraktaten ausgearbeitet und artikuliert. Die genaue Analyse des Seinsmodus des Selbst *(âtman, puruṣa)* und der Strukturen und Dynamismen der Natur *(prakṛti)* bilden den Gegenstand der Sāṃkhya-Philosophie.

ZEHNTES KAPITEL

Zeus und die griechische Religion

83. *Theogonie und Kampf der Göttergenerationen*

Schon sein Name verkündet die Natur des Zeus: er ist ein typischer indoeuropäischer Himmelsgott (vgl. §62). Noch Theokrit (IV, 43) konnte schreiben, daß Zeus einmal erstrahle und dann wieder als Regen herniedersteige. Homer zufolge „ist der Anteil, den Zeus erhielt, der weite Himmel mit seiner Klarheit und seinen Wolken (Ilias 15,192). Viele seiner Titel bezeugen ihn als Wettergott: Ombrios und Hyetios (der Regnerische"), Urios („der günstige Winde sendet"), Astrapios („der blitzt"), Bronton („der donnert") usw. Aber Zeus ist sehr viel mehr als nur eine Personifikation des Himmels als kosmischem Phänomen. Sein uranischer Charakter wird noch bestärkt durch sein Herrschertum und seine zahllosen Hierogamien mit verschiedenen chthonischen Göttinnen.

Sieht man einmal von seinem Namen und seiner Herrschaft (die er übrigens erst nach schweren Kämpfen erlangte) ab, so gleicht Zeus den frühen indoeuropäischen Himmelsgöttern, wie etwa dem vedischen Dyaus, keineswegs. Er ist nicht nur kein Schöpfer des Universums, er gehört nicht einmal zur Gruppe der griechischen Urgottheiten.

Denn nach Hesiod war am Anfang nur das Chaos (Abgrund), aus dem „die breitbrüstige" Gaia (Erde) und Eros aufstiegen. Sodann „gebar Gaia ein Wesen, gleich ihr selbst, das sie ganz bedecken konnte, den gestirnten Uranos, den „Himmel" (Th. 118ff). Hesiod beschreibt Uranos als „begierig nach Liebe und mit sich bringend die Nacht, sich nähernd und die Erde umhüllend" (Th. 176ff). Aus dieser kosmischen Hierogamie[1] geht eine zweite Göttergeneration hervor, die Uraniden: dies sind sechs Titanen (der erste Okeanos, der letzte Kronos) und die sechs Titaniden (unter ihnen Rheia, Themis, Mnemosyne), die drei einäugigen Zyklopen und die drei Hundertarmigen.

Diese übermäßige und mitunter monströse Fruchtbarkeit ist spezifisch für Urzeiten. Uranos aber haßte seine Kinder „vom ersten Tage an", und er verbarg sie in Gaias Leib. Dessen überdrüssig, brachte die Göttin eine gewaltige Sichel

---

[1] Vorher jedoch hatte Gaia ganz allein die Gebirge, die Nymphen und das öde Meer (pontos) hervorgebracht; Theogonie 129ff.

hervor und sprach zu ihren Kindern: „Ihr Söhne, die ihr aus mir und einem Zornigen hervorgegangen seid..., wir werden den verbrecherischen Frevel eines Vaters rächen, auch wenn er euer eigener Vater ist, denn als erster hat er schändliche Werke geplant." Sie aber waren erschreckt und „keiner von ihnen sprach ein Wort", mit Ausnahme von Kronos, der dann auch die Aufgabe des Rächers übernahm. Als Uranos nahte, „begierig, in den Leib der Erde einzudringen" (Äschylos, A. Nauck, Fragmente 44), entmannte ihn Kronos mit seiner Sichel. Aus dem Blut, das auf Gaia niederrann, entsprangen die drei Erinnyen (die Rachegöttinnen), die Riesen und die Eschennymphen. Den Geschlechtsteilen des Uranos, die ins Meer geworfen wurden und von weißem Schaum umgeben waren, entsproß Aphrodite (Th. 188 ff).

Diese Episode ist eine besonders blutrünstige Version des archaischen Mythos von der Trennung des Himmels von der Erde. Wie wir bereits feststellten (§ 47), ist dieser Mythos weit verbreitet und auf den verschiedensten Kulturstufen belegt. Die Kastration des Uranos setzt einer ununterbrochenen Zeugung ein Ende[2], die letztlich doch vergeblich war, da der Vater die Neugeborenen in der Erde „verbarg". Die Verstümmelung eines Schöpfergottes durch seinen Sohn, der auf diese Weise den Platz des Vaters einnehmen kann, ist das beherrschende Thema der hurritischen, hethitischen und kanaanäischen Theogonien (§§ 46 ff). Wahrscheinlich kannte Hesiod diese orientalischen Traditionen[3], denn seine *Theogonie* kreist um den Konflikt der Göttergenerationen und den Kampf um die Weltherrschaft. Kronos tritt nach der Entmannung seines Vaters tatsächlich an dessen Stelle. Er vermählt sich mit seiner Schwester Rheia, die ihm fünf Kinder gebiert: Hestia, Demeter, Hera, Hades und Poseidon. Da er aber durch Gaia und Uranos erfahren hat, er werde „eines Tages unter den Schlägen seines eigenen Sohnes fallen" (Th. 463 ff), verschlingt Kronos seine Kinder, sobald sie zur Welt kommen. Die enttäuschte Rheia folgt nun Gaias Rat: am Tage, da sie Zeus gebären soll, begibt sie sich nach Kreta und verbirgt das Kind in einer unzugänglichen Grotte. Sodann hüllt sie einen großen Stein in Windeln und reicht ihn Kronos, der ihn sogleich verschlingt (Th. 478 ff).

Zum Jüngling herangewachsen, zwingt Zeus Kronos, die Geschwister wieder auszuspeien. Sodann befreit er die Brüder seines Vaters, die Uranos angekettet hatte. Zum Zeichen der Dankbarkeit schenken ihm diese Donner und Blitz. So bewaffnet kann Zeus fortan „Sterblichen und Unsterblichen" gebieten (Th. 493–506). Zuerst aber müssen Kronos und die Titanen unterworfen werden. Der Krieg zieht sich zehn Jahre lang unentschieden hin, bis schließlich Zeus und die jungen Götter auf Gaias Rat die drei Hundertarmigen holen, die

---

[2] Die *otiositas* des Uranos nach seiner Kastration veranschaulicht sehr drastisch die Tendenz der Schöpfergottheiten, sich in den Himmel zurückzuziehen und nach der Vollendung ihres kosmogonischen Werkes zu *dii otiosi* zu werden; Siehe *M. Eliade*, Religionen, a.a.O. §§ 14ff.
[3] Siehe vor allem *M. L. West*, Hesiod's Theogony, a.a.O. 18ff; *P. Walcot*, Hesiod and the Near East, a.a.O. 27ff.

von Uranos in die Tiefen der Unterwelt verbannt worden waren. Bald werden die Titanen vernichtend geschlagen und unter der Obhut der Hundertarmigen in den Tartarus eingegraben (Th. 617–720).

Die Beschreibung der Titanomachie (vgl. bes. 700 ff) erweckt den Eindruck einer Rückkehr in den vorkosmischen Zustand. Zeus' Sieg über die Titanen – die Inkarnation der maßlosen Kraft und Gewalttätigkeit – ist daher gleichbedeutend mit einer neuen Organisation des Universums. In gewissem Sinne erschafft Zeus die Welt von neuem (vgl. Indra, § 68). Diese Schöpfung wird jedoch noch zweimal ernsthaft bedroht. In einem Abschnitt, der lange Zeit für eine Interpolation (um 820–880) gehalten wurde, dessen Echtheit aber vom letzten Herausgeber der Theogonie nachgewiesen wurde[4], wendet sich das Ungeheuer Typhon, ein Sohn Gaias und des Tartaros, gegen Zeus. „Aus seinen Schultern kamen hundert Schlangen – und schreckliche Drachenköpfe heraus, die schwärzliche Zungen hervorschnellen ließen; und aus den Augen ... funkelte Feuer" usw. (Th. 824 ff). Zeus jedoch schlägt ihn mit seinen Blitzen und stürzt ihn in den Tartaros[5]. Nach der Gigantomachie schließlich, einer Episode, die Homer und Hesiod unbekannt ist und die erstmalig von Pindar erwähnt wird (Nemeiden I, 67), erheben sich die aus Gaias Befruchtung durch das Blut des Uranos hervorgegangenen Riesen gegen Zeus und dessen Brüder. Apollodorus berichtet, Gaia habe die Riesen geboren, um durch sie die Titanen zu rächen, und nach der Niederlage der Riesen habe sie Typhon hervorgebracht (Bibl. I, 6, 1–3).

Gaias Ränke gegen die Vorherrschaft des Zeus verraten den Widerstand einer Urgottheit gegen das kosmogonische Werk oder die Einsetzung einer neuen Ordnung (vgl. die mesopotamische Theomachie, § 21)[6]. Dennoch gelingt es Zeus gerade durch Gaia und Uranos, seine Herrschaft zu behalten und so die gewalttätige Aufeinanderfolge der Götterdynastien endgültig abzuschließen.

84. Sieg und Herrschaft des Zeus

Nach der Überwindung Typhons wird Zeus durch das Los zum Mitbeherrscher der drei kosmischen Zonen bestimmt. Das Meer fällt dem Poseidon zu, die Unterwelt dem Hades, und Zeus erhält den Himmel; Erde und Olymp gehören ihnen gemeinsam (Ilias 15, 190 ff). Zeus geht nun eine Reihe von Ehen ein. Seine erste Gattin war Metis („Weisheit"). Als sie aber mit Athene schwanger geht, wird sie von Zeus verschlungen, da dieser einem Rat Gaias und Uranos' folgte,

---

[4] *M. L. West*, a.a.O. 379ff.
[5] *Apollodoros*, Bibl. 1, 6, 3, berichtet, daß es Typhon vor seiner Niederlage noch gelang, Zeus' Fußsehnen zu rauben, ein Motiv, das an eine Episode des hethitischen Mythos erinnert, nämlich an den Kampf des Wettergottes mit dem Drachen Illujanka; vgl. § 45. Siehe dagegen *M. L. West*, a.a.O. 392.
[6] Gaias Zorn kann aber auch als Reaktion gegen die Gewalttätigkeit und Grausamkeit des Zeus gedeutet werden.

als diese ihm die künftige Geburt eines „Sohnes mit gewalttätigem Herzen, der König der Menschen und Götter gewesen wäre", prophezeit hatten (Th. 886 ff). Zeus' Herrschaft wurde also durch den Hinweis des Urpaares definitiv gesichert. Außerdem verleibte er sich damit die Weisheit ein, und zwar für immer[7].

Zeus vermählte sich sodann mit der Titanin Themis (Gerechtigkeit), mit Eurynome, mit Mnemosyne (die ihm die neun Musen gebar) und schließlich mit Hera (Th. 901). Doch bevor er sich mit Hera vermählte, liebte er noch Demeter, die Persephone gebar, und Leto, die Mutter der Götterzwillinge Apollo und Artemis (Th. 910 ff). Daneben hatte er zahlreiche Verbindungen mit anderen Göttinnen meist chthonischer Struktur (Dia, Europa, Semele usw.). Diese Vereinigungen spiegeln die Hierogamien des Wettergottes mit den Erdgöttinnen wider. Die Bedeutung dieser zahlreichen Ehen und erotischen Abenteuer ist zugleich religiöser und politischer Art. Indem er sich die seit undenklichen Zeiten verehrten vorhellenischen Lokalgöttinnen zu eigen nimmt, tritt Zeus an ihre Stelle und leitet damit den Vorgang der Symbiose und Vereinigung ein, welcher der griechischen Religion schließlich ihren spezifischen Charakter verlieh.

Der Sieg Zeus' und der Olympier führte aber nicht zum Verschwinden der teilweise vorhellenischen archaischen Gottheiten und Kulte. Im Gegenteil: ein Teil des aus undenklichen Zeiten überkommenen Erbes wurde schließlich in das religiöse System des Olymp integriert. Wir haben die Rolle des Urpaares im Geschick des Zeus gezeigt. Wir werden noch andere Beispiele bringen. Für den Augenblick sei nur an Zeus' Geburt und Kindheit auf Kreta erinnert[8]. Dieser Episode liegt zweifellos eine ägäische mythisch-religiöse Tradition zugrunde, die um das göttliche Kind und den Sohn und Liebhaber einer Großen Göttin kreist. Nach der griechischen Tradition wurden die Schreie des Neugeborenen durch den Lärm übertönt, den die Kureten durch das Rütteln ihrer Schilde verursachten (mythologische Projektion von jugendlichen Initiationsgruppen, die ihren Waffentanz aufführen). Der Hymnus von Palaikastro (4.–3. Jahrhundert v. Chr.) preist die Sprünge des Zeus, „des größten aller Kureten"[9]. (Wahrscheinlich handelt es sich dabei um ein archaisches Fruchtbarkeitsritual.) Mehr noch, der Kult des Zeus Idaios, der in einer Höhle des Berges Ida begangen wurde, hatte die Struktur einer Mysterien-Initiation[10]. Zeus war aber keineswegs ein Mysteriengott. Dennoch zeigte man ebenfalls auf Kreta später das Grab des Zeus; der große olympische Gott war also einer der Mysteriengottheiten assimiliert worden, die sterben und wieder auferstehen.

Die ägäischen Einflüsse sind sogar noch in klassischer Zeit spürbar; so finden

---

[7] Diese Episode erklärt auf mythologischer Ebene die spätere Umwandlung des Zeus zur Quelle der „Weisheit". Was Athene betrifft, so entsprang sie durch einen Beilschlag dem Haupte ihres Vaters (Th. 924).
[8] Über Zeus Kretagenes siehe *Ch. Picard*, Les religions préhelléniques, a.a.O. 117 ff.
[9] Vgl. *H. Jeanmaire*, Couroi et Courètes, a.a.O. 427 ff.
[10] Euripides, Fragment einer verlorenen Tragödie. Die Kreter, in: *A. Nauck*, Fragm. 472.

sie sich beispielsweise in jenen Statuen, die einen jugendlichen und bartlosen Zeus zeigen. Doch handelt es sich dabei um Überreste, die durch den umfassenden und unerschöpflichen Vorgang des Synkretismus geduldet oder sogar ermutigt wurden[11]. Denn schon bei Homer genießt Zeus das Ansehen eines wahren indoeuropäischen Herrschergottes. Er ist mehr als nur der Gott des „unermeßlichen Himmels", er ist „der Vater der Götter und der Menschen" (Ilias 1,544). Äschylos verkündet in einem Fragment seiner Heliostöchter (181): „Zeus ist die Luft, Zeus die Erde, Zeus ist der Himmel. Zeus ist das All und was sich drüber noch erstreckt." Als Herr der atmosphärischen Erscheinungen beherrscht er die Fruchtbarkeit des Bodens, und bei Beginn der Landarbeiten wird er als Zeus Chthonios angerufen (Hesiod, Werke und Tage 465). Unter dem Namen Ktesios ist er Beschützer des Hauses und Symbol des Überflusses. Er wacht auch über die Pflichten und Rechte der Familie, gewährleistet die Beachtung der Gesetze und verteidigt als Polieus die Stadt. In älterer Zeit war er der Gott der Reinigung, Zeus Katharsios, sowie der Gott der Mantik, so vor allem in Dodona in Epirus, denn „aus hochbewipfelter Eiche spricht dort Zeus" (Odyssee 14,327ff; 19,296f).

So erweist sich Zeus, obschon er weder Schöpfer der Welt noch des Lebens, noch auch des Menschen ist, als unbestrittenes Oberhaupt der Götter und absoluter Weltenherrscher. Die Vielzahl der Zeusheiligtümer beweist seinen panhellenischen Charakter[12]. Das Bewußtsein seiner Allmacht ist großartig veranschaulicht in der berühmten Szene der Ilias (8,17ff), in der Zeus den Olympiern folgende Herausforderung entgegenschleudert: „Hängt ein goldenes Seil an den Himmel, hängt euch alle daran, Götter und Göttinnen: nicht könntet ihr vom Himmel auf die Erde Zeus, den Höchsten Herrn, hinabziehen, auch wenn ihr euch viel plagtet; aber wenn ich entschlossen ziehen wollte, würde ich euch samt Erde und Meer emporziehen. Ich wickelte um den Gipfel des hohen Olympos das Seil sodann und sähe schweben das Meer und die Erd' und die Götter. So viel mächtiger bin ich als alle Götter und Menschen."

Das mythische Thema vom „goldenen Seil" gab von Platon über Pseudo-Dionysius Areopagita bis ins 18. Jahrhundert Anlaß zu zahllosen Deutungen[13]. Für uns ist von Belang, daß Zeus in einem orphischen Gedicht, der *rhapsodischen Theogonie*, die Urgöttin Nyx (die Nacht) fragt, wie er seine „stolze Herrschaft über die Unsterblichen" errichten und vor allem wie er den Kosmos organisieren solle, damit „das Ganze eines und die Teile unterschieden seien".

---

[11] Im östlichen Mittelmeerraum ermöglichte dieser Vorgang die Inkorporation des römischen, hellenischen und iranischen Erbes in die Struktur des byzantinischen Reiches und später dann die Bewahrung der byzantinischen Institutionen durch die Ottomanen. Siehe Band III des vorliegenden Werkes.
[12] Er wird in ganz Griechenland verehrt, vor allem auf den höchsten Gipfeln und ganz besonders auf dem Olymp des Peloponnes, in Athen, aber auch auf Kreta, in Kleinasien und im Westen.
[13] Zu diesem Thema siehe unsere Untersuchung „Cordes et marionettes" in: Méphistophélès et l'Androgyne, a.a.O. 200–237, insbes. 225ff.

Die „Nacht" belehrt ihn über die Grundlagen der Kosmologie und spricht auch von dem goldenen Seil, das er in der Luft befestigen solle[14]. Dieser Text entstammt zwar einer späteren Zeit, doch überliefert er eine alte Tradition. In der Ilias (14, 258) erscheint die Nacht als sehr mächtige Göttin: selbst Zeus hütet sich, sie zu reizen. Es ist bezeichnend, daß die berühmteste Verkündigung der Allmacht Zeus' in Zusammenhang mit der Unterredung steht, die der oberste Herr von einer Urgottheit erbittet. Die kosmologischen Anweisungen der Nacht wiederholen gewissermaßen die Offenbarung Gaias und Uranos', durch welche die Kämpfe um die Herrschaft beendet wurden.

Wie wir schon feststellten, hatten einige Urgottheiten den Sieg der Olympier überlebt. Allen voran – wie eben erwähnt – die Nacht, sodann Pontos (das unfruchtbare Meer); Styx, der sich am Kampf gegen die Titanen beteiligte; Hekate, die von Zeus und allen Olympiern geehrt wird; Okeanos, der Erstgeborene der Kinder Gaias und Uranos'. Ein jeder von ihnen spielt auch in der Ökonomie des Universums eine – wenn auch z. T. bescheidene und verborgene – Rolle. Sobald Zeus seine Autorität endgültig gesichert glaubt, befreit er seinen Vater Kronos aus seinem unterirdischen Gefängnis und macht ihn zum König eines Landes aus der Welt der Sagen – der Insel der Seligen im fernen Westen.

85. Der Mythos der ersten Menschengeschlechter
Prometheus. Pandora

Die „Geschichte" des Kronos werden wir nie erfahren. Er ist zweifellos ein archaischer Gott, fast ohne Kult. Sein einziger bedeutender Mythos gehört zu einer der Episoden der Theomachie. Aber Kronos wird im Zusammenhang mit dem ersten Menschengeschlecht, dem „goldenen Geschlecht", erwähnt. Diese Erwähnung ist von Bedeutung: sie enthüllt uns die Anfänge und die erste Phase der Beziehungen zwischen Menschen und Göttern. Nach Hesiod sind „nämlichen Ursprungs die Götter und sterblichen Menschen" (Werke und Tage 108). Denn die Menschen sind aus der Erde *(gegeneis)* geboren, wie auch die ersten Götter aus Gaia hervorgingen. Welt und Götter entstanden letztendlich aus einer Ur-Teilung, der ein Zeugungsprozeß folgte. Wie es mehrere Göttergenerationen gab, so gab es auch fünf Menschengeschlechter: das goldene, silberne und eherne Geschlecht, das Geschlecht der Heroen und das heutige Geschlecht (Werke und Tage 109 ff).

Das erste Geschlecht lebte unter Kronos' Herrschaft (Th. 111), also vor Zeus. Diese rein männliche Menschheit des goldenen Zeitalters lebte Seite an Seite mit den Göttern, „ihren machtvollen Brüdern". Die Menschen „lebten dahin wie Götter ohne Betrübnis, fern von Mühen und Leid (Th. 112 ff., deutsche Übers. nach Th. von Scheffer). Sie arbeiteten nicht, denn die Erde beschertе

---

[14] Siehe Übersetzung und Kommentar in: *P. Lévêque*, Aurea Catena Homeri, a.a.O. 14ff.

ihnen alles, dessen sie bedurften. Ihr Leben bestand aus Tänzen, Festen und Zerstreuungen aller Art. Sie kannten weder Krankheit noch Alter, und wenn sie starben, so war es, als seien sie vom Schlaf übermannt (Werke und Tage 113 ff). Doch diese paradiesische Zeit – zu der sich in zahlreichen Traditionen Parallelen finden – geht mit Kronos' Sturz zu Ende[15].

Die Menschen des goldenen Geschlechts wurden, so Hesiod, „in der Erde geboren", und die Götter schufen ein weniger edles Geschlecht, die Menschen des silbernen Zeitalters. Da sie aber sündigten und den Göttern nicht opfern wollten, beschloß Zeus, sie zu vernichten. So schuf er das dritte, das eherne Geschlecht, wilde und kriegerische Menschen, die sich selbst, bis auf den letzten Mann, töteten. Zeus schuf eine neue Generation, die Heroen. Sie zeichneten sich aus durch die großartigen Kämpfe vor Theben und Troja. Viele von ihnen starben, die anderen aber siedelte Zeus am Rande der Erde an, auf den Inseln der Seligen, und Kronos wurde ihr König (Werke und Tage 140–169). Hesiod berichtet nichts über das fünfte und letzte Geschlecht. Aber er beklagt, in dieser Zeit geboren zu sein (Werke und Tage 176 ff).

Die von Hesiod überlieferten Traditionen werfen zahlreiche Probleme auf, die uns aber nicht alle unmittelbar betreffen. Der Mythos von der „Vollkommenheit der Anfänge" und der ursprünglichen Glückseligkeit, die durch Mißgeschick oder „Sünde" verlorenging, ist weit verbreitet. Die von Hesiod verarbeitete Variante beschreibt den Verfall in vier aufeinanderfolgenden Etappen und erinnert an die indische Lehre der vier *Yugas*. Allerdings werden die Yugas nicht mit den Metallen in Verbindung gebracht, wenngleich von ihren Farben – weiß, rot, gelb und schwarz – die Rede ist. Dagegen finden sich die Metalle als spezifische Zeichen der historischen Epochen beim Propheten Daniel im Traum Nebukadnezars (Dan 2,32 ff) sowie in einigen späten iranischen Texten. Allerdings handelt es sich im ersten Fall um die Abfolge von Dynastien, im zweiten dagegen ist die Aufeinanderfolge der Reiche in die Zukunft projiziert.

Hesiod mußte das Zeitalter der Heroen zwischen das eherne und das jetzige Geschlecht einfügen, denn die mythisierte Erinnerung an die sagenhafte Heroenzeit war zu mächtig; er konnte sie nicht ignorieren. Das Zeitalter der Heroen unterbricht unerklärlicherweise den Prozeß des progressiven Verfalls, der mit dem Erscheinen des silbernen Geschlechts eingesetzt hatte. Doch kaschiert das

---

[15] Es mag paradox erscheinen, daß der gleiche Autor, der in der *Theogonie* berichtet, daß der „wilde" Gott seine Neugeborenen verschlang, in seinem anderen Werk (Werke und Tage 111) berichtet, er habe in der paradiesischen Zeit der Menschen regiert. Aber wir dürfen nicht vergessen, daß der Kronos der „Theogonie" starke östliche Einflüsse widerspiegelt. Gleichfalls überraschend ist, daß die Götter als die „mächtigen Brüder" der Menschen dargestellt werden. Eine solche Aussage widerspricht der allgemeinen Auffassung, die den radikalen ontologischen Unterschied zwischen Göttern und Menschen betont. Wir wollen jedoch festhalten, daß diese grundlegende Unterscheidung auch schon zur Zeit des goldenen Geschlechts bestand: die Menschen genossen die Glückseligkeit und die Freundschaft der Götter, nicht aber deren *Unsterblichkeit*. Außerdem gehörten diese Götter der zweiten Göttergeneration, jener der Titanen an; die Strukturen der Welt und die Seinsweisen waren also noch nicht streng festgelegt.

bevorzugte Schicksal der Heroen nur sehr oberflächlich eine Eschatologie: sie sterben nicht, sondern erfreuen sich eines glückseligen Lebens auf den Inseln der Seligen, im Elysium, in dem nun Kronos König ist. Anders ausgedrückt: die Heroen nehmen gewissermaßen jenes Leben wieder auf, das die Menschen des goldenen Zeitalters unter Kronos' Herrschaft führten. Diese Eschatologie wird später vor allem unter dem Einfluß des Orphismus auf breiter Basis weiterentwickelt. Das Elysium ist dann nicht mehr ausschließliches Vorrecht der Heroen, sondern wird auch den Seelen der Frommen und der „Eingeweihten" zugänglich. Dieser Vorgang ist in der Religionsgeschichte sehr häufig (vgl. Ägypten, § 30, Indien usw.). Wir müssen jedoch anfügen, daß der Mythos von den aufeinanderfolgenden Zeitaltern nicht eine übereinstimmende Auffassung über den Ursprung der Menschen repräsentiert. Im Grunde scheint das Problem der Menschwerdung die Griechen nicht sonderlich beschäftigt zu haben. Sie interessieren sich mehr für die Herkunft einer bestimmten ethnischen Gruppe, einer Stadt oder einer Dynastie. Zahlreiche Familien hielten sich für Abkömmlinge der Heroen, die aus der Vereinigung einer Gottheit mit einem Sterblichen hervorgegangen waren. Das Volk der Myrmidonen stammte von den Ameisen ab, ein anderes wiederum von den Eschen. Nach der Sintflut bevölkerte Deukalion die Erde mit „den Gebeinen seiner Mutter", d. h. mit Steinen. Einer späteren Tradition zufolge (4. Jahrhundert) hat Prometheus den Menschen aus Ton geformt.

Aus uns nicht bekannten Gründen beschlossen die Menschen und Götter zu Mekone, sich friedlich zu trennen (Th. 535). Die Menschen brachten ein erstes Opfer dar, um ihre Beziehungen zu den Göttern endgültig festzulegen. Bei eben dieser Gelegenheit greift Prometheus zum ersten Mal ein[16]. Er opfert einen Stier und zerteilt ihn in zwei Teile. Da er aber die Menschen beschützen und außerdem Zeus betrügen will, umhüllt er die Knochen mit einer Fettschicht und bedeckt das Fleisch und die Eingeweide mit dem Magen. Vom Stierfett angezogen, wählt Zeus für die Götter den geringeren Teil und überläßt damit den Menschen das Fleisch und die Innereien. Deshalb, so Hesiod, verbrennen die Menschen seither die Knochen als Opfergabe für die unsterblichen Götter (Th. 556).

Diese trügerische Teilung hatte für die Menschen beträchtliche Folgen. Einerseits nämlich wurde die Bevorzugung der Fleischnahrung als exemplarische religiöse Handlung zur höchsten Ehrung für die Götter, sie implizierte aber letztlich auch die Aufgabe der vegetarischen Ernährung des goldenen Zeitalters. Andererseits brachte die Täuschung des Prometheus Zeus gegen die Menschen auf, und er entzog ihnen den Gebrauch des Feuers[17]. Der hinterlistige Prometheus aber verbarg das Feuer in einem hohlen Rohr und brachte es so vom Him-

---

[16] Sein Name erscheint bei Homer nicht.
[17] Wodurch die Wohltaten der Teilung wieder aufgehoben wurden; denn da die Menschen das Fleisch nun roh essen mußten und den Göttern keine Opfer mehr darbringen konnten, fielen sie in den Zustand wilder Tiere zurück.

mel zurück (Th. 567; Werke und Tage 52). Zornentbrannt beschloß Zeus, sowohl die Menschen als auch ihren Beschützer zu bestrafen. Prometheus wurde angekettet und ein Adler fraß täglich seine „unsterbliche Leber", die des Nachts wieder nachwuchs (Th. 521ff; Werke und Tage 56). Eines Tages aber wird er von Zeus' Sohn, Herakles, zu dessen größeren Ehre befreit.

Den Menschen sandte Zeus die Frau, jenes „glänzende Übel" (Th. 585) in Gestalt der Pandora (das „Geschenk aller Götter", Werke und Tage 81ff). Als „tiefe und ausweglose Falle den Menschen bestimmt", so beschreibt sie Hesiod; „denn ihr entstammte das schlimme Geschlecht und die Stämme der Frauen. Unheilbringend wohnen sie unter den sterblichen Männern (Th. 529ff)."[18]

86. Die Folgen des ersten Opfers

Prometheus ist letztlich keineswegs ein Wohltäter der Menschheit, sondern vielmehr der Verantwortliche für ihren gegenwärtigen Niedergang. Zu Mekone provozierte er die endgültige Trennung zwischen Göttern und Menschen. Als er dann das Feuer raubte, erzürnte er Zeus und bewirkte damit das Eingreifen Pandoras, d. h. das Auftauchen der Frau und folglich die Verbreitung jeder Art von Sorge, Drangsal und Unglück. Für Hesiod erklärt der Prometheusmythos den Einbruch des „Bösen" in die Welt; letztlich vergegenwärtigt das „Böse" den Zorn des Zeus[19].

Aber diese pessimistische Sicht der Menschheitsgeschichte, in der die Menschen wegen der „List" eines Titanen verurteilt werden, blieb nicht allein gültig. Für Äschylos, der das Thema des Fortschritts an die Stelle des Mythos vom ursprünglich goldenen Zeitalter setzt, ist Prometheus der größte Kulturheroe. Von den ersten Menschen sagt Prometheus: „erdeingegraben wohnten sie ... in Höhlenwinkeln sonnenlos". Sie kannten nicht einmal die Aufeinanderfolge der Jahreszeiten, wußten nichts von Domestizierung noch von Ackerbau. Erst Prometheus lehrte sie alle Handwerke und alle Wissenschaften (Der gefesselte Prometheus 442ff). Er war es, der ihnen das Feuer gab[20] und sie von der Todes-

---

[18] Vergeblich hatte Prometheus seinen Bruder gewarnt, von Zeus nichts anzunehmen. Der einfältige Epimetheus nimmt Pandora auf und vermählt sich mit ihr. Kurze Zeit später öffnet sie den geheimnisvollen Krug, aus dem nun alle Übel entweichen und sich über die Erde verbreiten. Als Pandora den Deckel wieder aufsetzt, befindet sich nur noch die Hoffnung am Boden des Kruges. Wie Séchan und Lévêque feststellten, „ist es gerade das, was der erzürnte Zeus wollte, nämlich den Menschen auf ewig zu „beschwerlicher Mühsal" (Werke und Tage 91) zu zwingen, und darum ließ er die Hoffnung in den Krug gelangen, die ,die vergeblichen Bemühungen der Sterblichen nährt' (Simonide 1,6)": L. Séchan - P. Lévêque, Les grandes divinités de la Grèce (Paris 1966) 54.
[19] Hesiod sagt kategorisch: „Weil ihn einst getäuscht der hinterlist'ge Prometheus, deshalb bestimmte sein Sinn den Menschen Trübsal und Elend" (Werke und Tage 47ff).
[20] Er gibt es ihnen nicht, wie bei Hesiod, indem er es vom Himmel herabbringt. „Äschylos ließ die Episode von Mekone weg, denn sie entsprach nicht dem Duktus der Tragödie und hätte das Ansehen seines Helden schmälern können"; L. Séchan, Le mythe de Prométhée, a.a.O. 102, Anm. 62.

furcht befreite (ebd. 248). Eifersüchtig, weil nicht er selbst Urheber dieser Menschheit war, wollte Zeus sie vernichten, um selbst eine andere zu erschaffen (ebd. 233). Nur Prometheus wagte es, sich dem Plan des Weltenherrschers zu widersetzen. Um Zeus' Zorn und die Unbeugsamkeit des Prometheus zu erklären, entlehnte Äschylos von Pindar (oder dessen Quelle) eine dramatische Einzelheit: Prometheus besitzt eine schreckliche Waffe, nämlich das Geheimnis, das ihm seine Mutter Themis anvertraut hatte. Dieses Geheimnis betraf den unausweichlichen Sturz des Zeus[21] in mehr oder weniger ferner Zukunft (522, 764ff). Der Titan erklärt mit Nachdruck, Zeus habe nur eine Möglichkeit, diese Katastrophe zu vermeiden, nämlich, ihn von seinen Ketten zu lösen (769f). Da die beiden anderen Teile der Prometheiden-Trilogie nicht mehr vorliegen, wissen wir nicht, wie es zwischen den beiden Göttergestalten zu einem Ende ihrer Feindschaft und zur Versöhnung kam. Im Athen des 5. Jahrhunderts jedenfalls besaß Prometheus bereits sein jährliches Fest; er wurde überdies mit Hephaistos und Athene in Verbindung gesehen. Außerdem betonte man, möglicherweise unter dem Einfluß gewisser spiritueller Bewegungen, die sowohl die intellektuelle Elite als auch die Massen begeisterten (vgl. Band II), schon über längere Zeit hinweg die Weisheit und Wohltätigkeit des Zeus. Der höchste Herr hatte nicht nur Reue gezeigt und Kronos zum König des Elysiums erhoben, er hatte darüber hinaus auch den Titanen vergeben. Pindar verkündet, daß „Zeus, der Unsterbliche, die Titanen befreit hatte" (4. Pythische Ode 291), und im „*Befreiten Prometheus*" wird der Chor aus den von ihren Ketten gelösten Titanen gebildet[22].

Die Teilung der ersten Opfergabe zu Mekone führte einerseits zum Bruch zwischen Göttern und Menschen und andererseits zur Verurteilung des Prometheus. Doch erscheint Zeus' Empörung übermäßig; denn diese rituelle Teilung entspricht, wie K. Meuli gezeigt hat[23], den Opfern, die von den primitiven Jägern Sibiriens und den Hirtenvölkern Zentralasiens den Himmelsgöttern dargebracht werden. Denn diese Völker bringen den höchsten Himmelswesen Knochen und Kopf des Tieres dar. Was also in einem archaischen Stadium der Kultur als höchste Ehrung für einen Himmelsgott galt, war in der Handlung des Prometheus zu einem Verbrechen der Majestätsbeleidigung gegenüber Zeus, dem höchsten Gott, geworden. Wann sich diese Wandlung der ursprünglichen rituellen Bedeutung vollzog, entzieht sich unserer Kenntnis. Doch wurde Zeus' Zorn wahrscheinlich weniger durch die Teilung an sich hervorgerufen als vielmehr durch die Tatsache, daß Prometheus es war, der sie vornahm, also ein Titan, ein Mitglied der „alten Göttergeneration", der überdies wider die Olympier der Menschen Partei ergriffen hatte. Prometheus' Beispiel konnte unange-

---

[21] Über Ursprung und Entwicklung dieses Motivs siehe *L. Séchan*, a.a.O. 23ff, 42ff, sowie *J. P. Vernant*, Métis et les mythes de souveraineté.
[22] Vgl. *L. Séchan*, a.a.O. 44.
[23] *K. Meuli*, Griechische Opferbräuche (1946). Siehe auch *W. Burkert*, Homo necans, a.a.O. 20ff.

nehme Folgen zeitigen; denn durch diesen ersten Erfolg ermutigt, könnten die Menschen noch weiter gehen als der Titan. Zeus aber duldet keine mächtige und hochmütige Menschheit. Die Menschen sollten nie aus dem Auge verlieren, daß ihr Leben gefährdet und vergänglich ist. Sie mußten den Abstand wahren.

Später bringt Deukalion, der Sohn des Prometheus und einige Überlebende der von Zeus hervorgerufenen Sintflut, ihm ein ähnliches Opfer dar wie jenes von Mekone, und es wird angenommen. „Zeus nimmt Deukalions Bitte wohlwollend an, aber der Mythos zeigt, daß er sie genau in dem Maße annimmt, als die Distanz gewahrt bleibt."[24] Von dieser Zeit an wiederholt das gebräuchlichste Opfer, die *thysia*, dieses mythische Vorbild: ein Teil des Opfers, zu dem auch das Fett gehört, wird auf dem Altar verbrannt, den anderen Teil verzehren jene, die das Opfer gemeinsam mit ihren Gefährten darbringen[25]. Aber auch die Götter sind anwesend: sie nähren sich von den Opfern (Ilias 1,423f; 8,548–552 usw.) oder von dem durch das Fett verursachten Rauch (Ilias 1,66f usw.).

Der Bruch von Mekone wird durch Deukalion gewissermaßen wiedergutgemacht. Prometheus' Sohn versetzt die Götter wieder in jenen Zustand, der dem Zeus entsprach. (Die Menschheit, die zur Zeit jener verhängnisvollen Teilung gelebt hatte, war außerdem in der Sintflut umgekommen.) Es ist bezeichnend, daß Prometheus nach Äschylos eine eher bescheidene, wenn nicht gar untergeordnete Rolle spielt. Möglicherweise hat gerade der Erfolg der Prometheustrilogie zu dieser Situation beigetragen. Denn wenn Äschylos die einzigartige Größe dieses Kulturheroen und Beschützers der Menschen gepriesen hatte, so hatte er doch auch die Großmut des Zeus gezeigt und den geistigen Wert der schließlichen Versöhnung, die als exemplarisches Beispiel menschlicher Weisheit dargestellt wurde. Erst in der europäischen Romantik gewinnt Prometheus – als ewiges Opfer der Tyrannei – noch einmal seine volle Größe.

In Indien artikulieren die Spekulationen um das Opfer eine spezifische Kosmogonie und öffnen den Weg für Metaphysik und Yogatechniken (§ 76). Bei den Hebräern erfahren die Blutopfer ungeachtet der Kritik der Propheten an ihnen immer neue Deutungen und Wertungen. Das Christentum nahm seinen Ausgang von der Selbsthingabe Christi. Der Orphismus und Pythagoräismus rühmen die Vorteile des vegetarischen Lebens und anerkennen damit implizit die „Sünde", die von den Menschen begangen wurde, als sie der Teilung von Mekone zustimmten (vgl. Bd. II). Die Bestrafung des Prometheus aber spielte in den Reflexionen über die „Gerechtigkeit" des Zeus nur eine untergeordnete Rolle. Aber gerade das Problem der göttlichen „Gerechtigkeit" mit seinen Folgen für das „Geschick" der Menschen beschäftigte das griechische Denken seit Homer.

---

[24] J. *Rudhardt*, Les Mythes grecs relatifs à l'instauration du sacrifice, a. a. O. 14. Zeus antwortet dem Deukalion nicht unmittelbar; er schickt Hermes, um seinen Wunsch zu erfahren; *Apollodoros*, Bibl. 1,7,2.
[25] Die nächstliegende Entsprechung ist der *zēbah* der Hebräer (vgl. § 57).

87. Mensch und Schicksal
Bedeutung der „Lebensfreude"

Aus jüdisch-christlicher Sicht scheint sich die griechische Religion unter dem Zeichen des Pessimismus herauszubilden: das menschliche Leben ist *per definitionem* vergänglich und sorgenschwer. Homer vergleicht den Menschen mit den „Blättern, die der Wind herunterschüttelt" (Ilias 6,144ff). Der Vergleich wird aufgegriffen von dem Dichter Mimnermos von Kolophon (7. Jhd.) in einer langen Aufzählung der Übel: Armut, Krankheiten, Trauer, Alter usw. „Nicht einen Menschen gibt es, dem Zeus nicht tausend Übel gesendet." Für seinen Zeitgenossen Semonides sind die Menschen „Eintagsgeschöpfe", die leben wie das Vieh „und nicht wissen, auf welchem Weg Gott einen jeden von uns zu seinem Schicksal führt"[26]. Eine Mutter fleht zu Apollo, ihre Frömmigkeit dadurch zu belohnen, daß er ihren beiden Kindern die größte in seiner Macht stehende Gabe gewähre. Der Gott willigt ein, und die Kinder verlöschen im selben Augenblick, ohne zu leiden (Herodot I, 31, 1 ff). Theognis, Pindar und Sophokles verkünden, das beste Geschick des Menschen sei, nicht geboren zu werden oder aber nach der Geburt so schnell wie möglich wieder zu sterben[27].

Der Tod aber ist keine Lösung, da er nicht zum völligen und endgültigen Erlöschen führt. Für die Zeitgenossen Homers war der Tod ein reduziertes und demütigendes Weiterleben in der unterirdischen Finsternis des Hades, der bewohnt ist von bleichen Schatten ohne Kraft und Gedächtnis. (Achilles, dessen Geist Odysseus herbeirufen kann, erklärt, er wäre lieber auf Erden Sklave eines armen Mannes; „lieber tät' ich's, als Herr sein bei allen verstorbenen Toten."[28]) Außerdem wurde das Gute, das der Mensch auf Erden getan hatte, nicht belohnt und das Böse nicht bestraft. Lediglich Ixion, Tantalus und Sysiphus wurden zu ewigen Qualen verurteilt, weil sie Zeus persönlich beleidigt hatten. Und wenn Menelaos nicht in den Hades hinabstieg, sondern in das Elysium gebracht wurde, so deshalb, weil er durch seine Ehe mit Helena zum Schwiegersohn des Zeus geworden war. Nach der von Hesiod übermittelten Tradition (vgl. § 85) wurde anderen Heroen dieselbe Bevorzugung zuteil. Doch handelt es sich immer nur um einzelne Privilegierte.

Diese pessimistische Haltung wurde in dem Augenblick unausweichlich, als der Grieche sich der Gefährdetheit der menschlichen Seinsweise bewußt wurde. Einerseits ist der Mensch nicht im strengen Sinn das „Geschöpf" einer Gottheit (eine Vorstellung, die vielen archaischen Religionen und auch den drei monotheistischen Religionen eigen ist). Er wagt daher nicht zu hoffen, daß seine Ge-

---

[26] Die ionischen Dichter scheinen von Elend, Krankheit und Alter verfolgt zu sein. Tröstungen sind einzig Krieg und Ehre oder die Freuden, die der Reichtum schenkt.
[27] *Theognis* 425–428; *Pindar*, Fragm. 157; *Sophokles*, Ödipus auf Kolonos 1219ff.
[28] Odyssee 11, 489–491. Diese Worte wurden berühmt, unterlagen jedoch später der unerbittlichen Kritik des Sokrates; vgl. *Platon*, Staat III, 386a–387b; 387d–388b.

bete eine gewisse „Vertrautheit" mit den Göttern bewirken könnten. Andererseits weiß er aber, daß sein Leben durch das Schicksal, die *moira* oder *aisa*, das „Geschick" oder den „Anteil", der ihm zugewiesen wurde, schon vorherbestimmt, daß also die Zeit bis zu seinem Tod ihm bestimmt ist [29]. Folglich war der Tod also bereits im Augenblick der Geburt vorherbestimmt; die Lebensdauer wurde symbolisiert durch den Faden, den die Gottheit spann [30]. Einigen Ausdrücken, wie etwa „*Moira* der Götter" (Od. 3,261) oder „*Aisa* des Zeus" (Ilias 17,322; Od. 9,52), läßt sich allerdings entnehmen, daß Zeus selbst es ist, der die Schicksale bestimmt. Er kann im Prinzip das Schicksal ändern, wie er es im Falle seines Sohnes Sarpedon (Ilias 16,433ff) vorhatte, als dessen Leben sich dem Ende zuneigte. Aber Hera gibt ihm zu bedenken, daß eine solche Tat die Aufhebung der Gesetze des Universums – d.h. der Gerechtigkeit *(dike)* – nach sich ziehen würde, und Zeus gibt ihr recht.

Hier wird deutlich, daß Zeus selbst den Vorrang der Gerechtigkeit anerkannte; *Dike* ist übrigens nichts anderes als die konkrete Manifestation der Weltordnung, d.h. des göttlichen Gesetzes *(themis)* in der menschlichen Gesellschaft. Hesiod zufolge hat Zeus den Menschen die „Gerechtigkeit" gegeben, damit sie sich nicht wie wilde Tiere verhalten. Die erste Pflicht des Menschen ist es, gerecht zu sein und den Göttern „Ehre" *(time)* zu erweisen, und zwar vor allem durch die Darbringung von Opfern. Die Bedeutung des Wortes *dike* hat sich zwar im Laufe der Jahrhunderte, die Homer von Euripides trennen, gewandelt. Letzterer zögert nicht zu schreiben: „Wenn Götter etwas Häßliches tun, sind sie keine Götter!" (Fr. 292 aus Bellerophon). Vor Euripides erklärte schon Äschylos, Zeus bestrafe keinen Unschuldigen (Agamemnon 750ff). Aber bereits in der Ilias wird in Zeus der Beschützer der *dike* erkennbar, denn er ist es, der für die Schwüre einsteht, er ist es, der Fremde, Gäste und Hilfesuchende schützt [31].

Kurz, die Götter schlagen die Menschen nicht ohne Grund, solange die Sterblichen die durch ihre eigene Seinsweise gesetzten Grenzen nicht überschreiten. Aber es ist schwierig, die auferlegten Grenzen nicht zu durchbrechen, denn das

---

[29] Die Bedeutung der Termini moira und aisa veränderte sich seit Homer mehrmals. Diese fast dämonischen Mächte, die den Menschen beinahe in den Wahnsinn trieben, wurden später personifiziert zu drei Göttinnen. Die drei Moiren treten erstmalig bei Hesiod auf (Theog. 900ff); sie sind Töchter von Zeus und Themis.

[30] Anfänglich geschah das „Spinnen" entweder durch die „Götter" (Od. 20,196, usw.) bzw. „den Daimon" (Od. 16,64) oder durch die Moira (Ilias 24,209) bzw. Aisa (Ilias 20,128). Schließlich jedoch wurde das „Spinnen" der Geschicke genau wie in anderen indoeuropäischen (aber auch orientalischen) Traditionen zum Attribut der Spinnerinnen (Klothes) oder der Moirai. Vgl. Volospa, Str. 20; *M. Eliade*, Religionen, a.a.O. § 58. Jemandes Geschick „spinnen" heißt ihn „binden", ihn also in einer nicht veränderbaren „Situation" festhalten.

[31] *H. Lloyd-Jones*, The Justice of Zeus, a.a.O. 6 (gegen die Deutung von *E. R. Dodds*, The Greeks and the Irrational, a.a.O. 52, Anm. 18). Zeus ist darüber hinaus das Vorbild des Königs: als Verantwortlicher für das Wohl seiner Untertanen ist der Basileus zwangsläufig Beschützer der Rechte und der traditionellen Bräuche, der *Themistes*; d.h., auch er muß eine gewisse *dike* respektieren.

Ideal des Menschen ist die „Vorzüglichkeit" *(arete).* Eine übermäßige Vorzüglichkeit aber kann sehr leicht zu maßlosem Hochmut und zur Insolenz *(hybris)* führen. So war es bei Ajax, der sich rühmte, den Göttern zum Trotz dem Tode entronnen zu sein, und daraufhin von Poseidon erschlagen wurde (Od. 4,499–511). Die *hybris* erweckt eine momentane Torheit *(ate),* die ihr Opfer „verblendet" und ins Verderben führt[32]. Die *hybris* und ihre Folge, die *ate,* sind also die Mittel, durch die sich in bestimmten Fällen (bei Helden, Königen, Abenteurern usw.) die *moira* verwirklicht, jener Lebensanteil, der diesen allzu ehrgeizigen oder auch nur vom Ideal der „Vorzüglichkeit" verblendeten Sterblichen schon bei der Geburt zugeteilt wurde.

Frei bewegen kann sich der Mensch letztlich nur innerhalb seiner eigenen Grenzen; diese sind ihm durch seine menschliche Bedingtheit und, jedem einzelnen, durch seine *moira* vorgegeben. Weisheit beginnt mit dem Bewußtsein der Endlichkeit und Unsicherheit allen menschlichen Lebens. Es gilt also, alles zu nützen, was die *Gegenwart* bieten kann: Jugend, Gesundheit, physische Freuden oder Gelegenheiten, um seine Tugenden zu zeigen. Das ist es, was Homer uns sagen will: in Fülle, aber edel *in der Gegenwart* leben. Gewiß erfuhr dieses der Verzweiflung entsprungene „Ideal" Veränderungen, deren wichtigste wir später untersuchen werden (vgl. Bd. II). Aber das Bewußtsein der vorherbestimmten Grenzen und der Gefährdetheit des Lebens wurde nie verdrängt. Doch hat diese tragische Sicht keineswegs die schöpferischen Kräfte des religiösen Geistes in Griechenland gehemmt, sondern vielmehr zu einer paradoxen Neubewertung der menschlichen Situation geführt. Da die Götter den Menschen zwangen, seine Grenzen nicht zu überschreiten, hat er schließlich die *Vollkommenheit* und dann die *Sakralität der menschlichen Befindlichkeit* verwirklicht. Anders ausgedrückt, er hat den religiösen Sinn der „Lebensfreude", den sakramentalen Wert der erotischen Erfahrung und der Schönheit des menschlichen Leibes, die religiöse Funktion aller organisierten Kollektivvergnügen – Prozessionen, Spiele, Tänze, Gesänge, sportliche Wettkämpfe, Schauspiele, Bankette, usw. – wiederentdeckt und zur Vollendung geführt. Die religiöse Bedeutung der *Vollkommenheit des menschlichen Körpers* – physische Schönheit, Harmonie der Bewegungen, Ruhe, Heiterkeit – inspirierte den künstlerischen Kanon. Der anthropomorphe Charakter der griechischen Götter, wie er in den Mythen greifbar und später von den Philosophen heftig kritisiert wird, findet den Ausdruck seiner religiösen Bedeutung in der Götterstatue. Paradoxerweise macht gerade eine Religion, die den unüberbrückbaren Abstand zwischen der Welt der Götter und jener der Sterblichen verkündet, die Vollkommenheit des menschlichen Körpers zur adäquatesten Darstellung der Götter.

Vor allem aber müssen wir die religiöse Wertung der *Gegenwart* hervorheben.

---

[32] Wenn Herodot (1,32) Solon die Worte in den Mund legt: „Ich weiß, daß die Gottheit dem Neid und dem Wankelmut unterliegt", so kritisiert er vor allem die Unklugheit jener, die ihre menschliche Bedingtheit vergessen und sich von der *hybris* hinreißen lassen.

Allein die Tatsache, zu *existieren, in der Zeit* zu leben, kann eine religiöse Dimension enthalten. Sie ist nicht immer offenkundig, denn die Sakralität ist im Unmittelbaren, im „Natürlichen" und Alltäglichen gewissermaßen „verhüllt". Die von den Griechen entdeckte „Lebensfreude" ist keine Freude profaner Art: sie enthüllt die *Glückseligkeit,* die darin liegt, zu leben, an der Spontaneität des Lebens und der Großartigkeit der Welt – wenn auch nur vorübergehend – teilzuhaben. Wie so viele andere vor und nach ihnen haben auch die Griechen gelernt, daß das sicherste Mittel, der Zeit zu entrinnen, darin besteht, die auf den ersten Blick nicht erahnbaren Reichtümer des gelebten Augenblick zu schöpfen.

Die Sakralisierung der menschlichen Endlichkeit und der „Banalität" eines „gewöhnlichen" Lebens ist ein relativ häufiges Phänomen in der Religionsgeschichte. Vor allem aber in China und im Japan des ersten Jahrtausends n. Chr. hat die Sakralisierung der „Grenzen" und der „Umstände" – welcher Art diese auch immer sein mögen – Vollkommenheit erlangt und die jeweiligen Kulturen tief beeinflußt. Genau wie im alten Griechenland fand diese Umwandlung der „natürlichen Gegebenheit" in dem Auftauchen einer besonderen Ästhetik ihren Ausdruck [33].

---

[33] Siehe Band III dieses Werkes.

ELFTES KAPITEL

Olympier und Heroen

88. Der gefallene Große Gott und der Magierschmied:
Poseidon und Hephaistos

Poseidon ist ein ehemaliger Großer Gott, der aus mannigfachen Gründen seine ursprüngliche Weltherrschaft eingebüßt hat[1]. Allenthalben finden sich Spuren seiner früheren Majestät; schon sein Name, den U. von Wilamowitz ganz richtig mit „Gatte der Erde" (Posis Das) deutete, weist darauf hin. In der Ilias (15,204) ist Zeus sein älterer Bruder, doch gibt Hesiod zweifellos eine ältere Tradition wieder, wenn er Zeus als den Jüngeren darstellt (Theogonie 456). Jedenfalls wagt allein Poseidon, sich Zeus' Mißbrauch der Macht zu widersetzen, indem er ihn daran erinnert, daß sein Wirkungsbereich auf den Himmel beschränkt sei[2]. In diesem Detail läßt sich die Erinnerung an den Widerstand eines früheren Herrschergottes gegen den Aufstieg eines jüngeren und glücklicheren Gottes erkennen. Da ihm bei der Aufteilung des Universums die Herrschaft über die Meere zufiel, wurde Poseidon zu einem wahren homerischen Gott; angesichts der Bedeutung, die das Meer für die Hellenen besaß, konnte er seine religiöse Aktualität niemals verlieren. Seine ursprüngliche Struktur indes erfuhr eine radikale Veränderung, und das mythisch-religiöse Erbe aus dem Norden, das er nach Griechenland gebracht hatte, wurde nahezu völlig aufgelöst oder umgedeutet.

Denn das indoeuropäische Volk, das Poseidon verehrte, kannte vor seiner Ankunft im meridionalen Griechenland das Meer nicht. Zahlreiche spezifische Züge Poseidons haben nichts mit dem Meer zu tun. Er ist der Gott der Pferde, Hippios, und an mehreren Orten, insbesondere in Arkadien, wurde er in Pferdegestalt verehrt. In Arkadien begegnete Poseidon der auf der Suche nach Persephone herumirrenden Demeter. Um ihm zu entkommen, verwandelte sich die Göttin in eine Stute, doch in Gestalt eines Hengstes gelang es Poseidon, sie zu besitzen. Aus dieser Verbindung gingen eine Tochter und das Roß Arion

---

[1] In Pylos hatte Poseidon in achäischer Zeit eine dem Zeus eindeutig überlegene Position inne.
[2] Ilias 15,195. Im ersten Gesang (5,400ff) wird erwähnt, Poseidon habe einst mit anderen Göttern geplant, seinen Bruder anzuketten.

(Antimachus, in Pausanias 8,25,9) hervor. Die große Zahl seiner Liebesabenteuer situiert Poseidon in die Nähe des Zeus, denn hier tritt seine ursprüngliche Struktur als „Gatte der Erde" und „Sonnenerschütterer" zutage. Nach Hesiod vermählte er sich mit Medusa, die ebenfalls eine ehemalige Erdgöttin ist. Einer anderen Tradition zufolge ging Antaios aus seiner Verbindung mit Ge hervor.

Poseidons Beziehungen zum Pferd verweisen auf die Bedeutung, die dieses Tier für die indoeuropäischen Eindringlinge hatte. Poseidon wird als Schöpfer, Vater oder Spender der Pferde dargestellt. Nun steht aber das Pferd in Zusammenhang mit der Unterwelt, und so wird auch hier der Charakter des Gottes als „Herr der Erde" spürbar. Seine ursprüngliche Macht zeigt sich außerdem in den gigantischen oder monströsen Gestalten seiner Kinder: Orion, Polyphem, Triton, Antaios, die Harpyien usw. Als Posis Das, als erdbewohnender männlicher Geist der Fruchtbarkeit, wie U. von Wilamowitz ihn verstand, konnte der von den Indoeuropäern eingebrachte Gott mit den Herrscher- und Fruchtbarkeitsgöttern, den „Meistern der Erde", der mediterranen oder östlichen Religionen verglichen werden[3]. Als er dann ausschließlich zu einem Meeresgott wurde, vermochte Poseidon von seinen ursprünglichen Attributen nur noch jene beizubehalten, die vom Meer abhingen: die launenhafte Macht und die Herrschaft über das Schicksal der Seefahrer.

Hephaistos nahm in der griechischen Religion und Mythologie eine Sonderstellung ein. Schon seine Geburt war außergewöhnlich: Hesiod zufolge gebar ihn Hera „ohne Liebesgemeinschaft, weil sie in Eifersucht glühte und zürnte ihrem Gemahle"[4]. Außerdem unterscheidet sich Hephaistos von allen anderen Olympiern durch seine Häßlichkeit und Gebrechlichkeit. Er hinkt mit beiden Beinen, ist bucklig oder säbelbeinig und kann sich nur mit fremder Hilfe fortbewegen. Diese Gebrechlichkeit ist die Folge seines Sturzes auf die Insel Lemnos: Zeus hatte ihn vom Olymp herabgeschleudert, weil er Partei für seine Mutter Hera ergriffen hatte (Ilias 1,590 ff). Nach einer anderen Version warf Hera aus Scham über seine Verunstaltung ihn gleich bei seiner Geburt in das Meer (Ilias 18,394 ff). Zwei Nereiden, Thetis und Eurynome bargen ihn in einer tiefen Höhle inmitten des Ozeans. Hier erwarb sich Hephaistos während 9 Jahren seine Kenntnisse als Schmied und Handwerker.

Man hat Analogien zu den Themen des „verfolgten Kindes" und des „unheilbringenden Neugeborenen" festgestellt: in beiden Fällen geht das Kind siegreich aus der Prüfung hervor. Es handelt sich zweifellos um eine Initiationsprüfung[5], vergleichbar etwa mit dem Sturz des Dionysos oder des Theseus in die Fluten[6].

---

[3] Vgl. *L. Palmer*, Mycenaean and Minoans 127 ff.
[4] Theogonie 927 ff; vgl. Apollodor, Bibl. 1,3,5 f. In der Ilias dagegen (1,578) bestätigt Hephaistos Zeus als seinen Vater.
[5] Siehe *M. Delcourt*, Héphaistos ou la légende du magicien 42 ff.
[6] Denn Theseus erlangt durch sein Hinabtauchen ins Meer den Ring und die Zauberkrone – ein Werk des Hephaistos –, durch die er in das Labyrinth eindringen und es auch wieder verlassen kann. Vgl. *M. Delcourt*, a.a.O. 119.

Die Verstümmelung des Hephaistos aber erklärt sich aus einer Initiation magischen und schamanischen Typs. M. Delcourt (a.a.O. 110ff) vergleicht die durchschnittenen Sehnen oder die verdrehten Füße des Hephaistos mit den Initiationsqualen des künftigen Schamanen [7]. Wie andere Zauberer-Götter hat auch Hephaistos sein Wissen als Schmied und Künstler mit seiner leiblichen Verstümmelung bezahlt.

Seine Werke sind zugleich Meisterwerke der Kunst und magische Wunder. Neben Spangen, Armreifen und Rosetten (Ilias 18,400–401) fertigt er den berühmten Schild des Achilles (ebd. 369ff), die goldenen und silbernen Hunde, die zu beiden Seiten der Palasttüren des Alkinoos standen (Odys. 7,92), die strahlenden Wohnstätten der Götter, die Automaten, deren berühmteste die goldenen Dreifüße, die sich selbst bewegen, und die beiden „goldenen Dienerinnen" (Il. 18,417ff) sind, die jungen Mädchen gleichen und ihn beim Gehen stützen. Auf Zeus' Bitten formt er Pandora aus Lehm und gibt ihr Leben. Vor allem aber ist Hephaistos ein Meister des Bindens. Durch seine Werke – Throne, Ketten, Netze – fesselt er Götter und Göttinnen, wie auch den Titan Prometheus. Er schenkte Hera einen goldenen Thron, dessen unsichtbare Bande die Göttin als Gefangene festhielten, sobald sie sich gesetzt hatte. Da keiner der Götter sie befreien konnte, sandte man Dionysos aus; ihm gelang es, Hephaistos zu berauschen und zum Olymp zu bringen, wo er seine Mutter schließlich wieder befreite (Pausanias I 20,2). Seine berühmteste Tat ist zugleich auch die am meisten burleske: Hephaistos fängt Ares und seine eigene Gattin Aphrodite in einem unsichtbaren Netz und fordert die Olympier auf, sich die schuldhafte Verbindung der beiden anzusehen (Odys. 8,266ff). Die Götter brechen in Lachen aus, sind zugleich aber auch eingeschüchtert angesichts dieses Werkes, dessen Urheber sich damit nicht nur als großer und geschickter Handwerker, sondern auch als gefährlicher Zauberer erweist.

Als Zauberergottheit ist Hephaistos zugleich Binder und Löser und daher auch der Gott der Geburtshilfe (er ist es, der Zeus von Athene entbindet). Nirgends sonst wird die Entsprechung von Magie und technologischer Perfektion so deutlich wie in der Mythologie des Hephaistos. Gewisse Herrschergötter (Varuṇa, Zeus) sind Meister der Bande. Die Macht, zu binden und entbinden, besitzen aber auch andere göttliche oder dämonische Gestalten (z.B. in Indien Vṛtra, Yama, Nirṛti). Knoten, Netze, Schnüre, Seile und Fäden gehören zu den bildlichen Ausdrucksmitteln der magisch-religiösen Kraft, die unerläßlich ist, um befehlen, regieren, bestrafen, lähmen und tödlich treffen zu können; sie sind letztlich subtile und paradox-fragile Ausdrucksformen einer schrecklichen, übermäßigen und übernatürlichen Macht[8]. Die Hephaistosmythologie sieht die

---

[7] Ein weiteres Element der schamanischen Tradition und jener der Magier-Schmiede: Hephaistos erlernt seine Kunst in der Höhle der Eurynome (des Todes) oder in der unterirdischen Schmiede des Kedalion.
[8] Siehe unsere Untersuchung: Der Gott, der „mit Banden bindet", und die Symbolik der Knoten, in: *M. Eliade*, Bilder und Gleichnisse 121–160.

Quelle einer magischen Kraft, die den „Berufsgeheimnissen" der Metallurgisten, der Schmiede und Handwerker gleicht, in der technologischen und handwerklichen Vollkommenheit. Aber alle Techniken haben ihren Ursprung und ihre Stütze in der „Beherrschung des Feuers", ein Ansehen, das auch die Schamanen und Zauberer genossen, ehe es zum „Geheimnis" der Töpfer, der Metallurgisten und der Schmiede wurde.

Über die „Herkunft" des Hephaistos wissen wir nichts. Man konnte ihn weder aus dem vorhellenischen Erbe noch aus den indoeuropäischen Traditionen erklären. Seine archaische Struktur ist evident. Mehr noch als ein Gott des Feuers muß er wohl ein Schutzgott jener Arbeit gewesen sein, die die „Herrschaft über das Feuer", also eine spezifische und eher seltene Form der Magie, einschließt.

89. Apollon: aufgehobene Widersprüche

Es mag paradox erscheinen, daß der Gott, der als die vollkommenste Inkarnation des hellenischen Genius gilt, keine griechische Etymologie besitzt. Paradox auch die Tatsache, daß seine berühmtesten mythischen Großtaten gerade nicht von jenen Tugenden zeugen, die schließlich die Bezeichnung „apollinisch" erhielten: Heiterkeit, Achtung von Gesetz und Ordnung, göttliche Harmonie. Sehr häufig läßt sich der Gott von Rachegefühlen, Eifersucht und sogar Hinterlist hinreißen. Aber diese Schwächen verlieren schon bald ihren anthropomorphen Charakter und enthüllen schließlich eine der zahlreichen Dimensionen der Göttlichkeit, wie sie von den Griechen verstanden wurde.

Dieser Gott, der nach Zeus am radikalsten den unendlichen Abstand veranschaulicht, der den Menschen von den Göttern trennt, hat das Schicksal des geringsten unter den Sterblichen erfahren: man verweigerte ihm sogar das Recht, geboren zu werden. Von Zeus geschwängert, sucht die Titanin Leto vergeblich nach einem Ort, um niederzukommen. Keines der Länder wagt, sie aufzunehmen aus Angst vor Hera, die überdies den delphischen Drachen Python aufgestachelt hatte, Leto zu verfolgen. Schließlich nahm die Insel Delos sie auf, und die Titanin gebar die Zwillinge Artemis und Apollon. Eine der ersten Taten des Kindes ist die Bestrafung Pythons. Nach einer älteren Version wandte sich Apollon nach Delphi, seiner künftigen Wohnstätte. Da der Weg von dem Drachen Python, versperrt war, tötete ihn der Gott mit seinen Pfeilen[9]. Diese Großtat ist gerechtfertigt wie auch die Tötung des Riesen Tityas, der versuchte, seine Mutter zu vergewaltigen. Aber Apollon tötete mit seinen Pfeilen auch die sieben Söhne der Niobe (während Artemis die sieben Töchter erschlug), weil die hochmütige Mutter Leto gedemütigt hatte, indem sie sich ihrer zahlreichen Nachkommenschaft rühmte. Er tötete seine Geliebte Koronis, die ihn mit einem

---

[9] Vgl. die homerische Hymne an Apollon 300ff; Apollodor, Bibl. 1,4,1f.

Sterblichen betrogen hatte[10]. Außerdem tötete er, allerdings unbeabsichtigt, seinen besten Freund, Hyakinthos.

Diese aggressive Mythologie, die jahrhundertelang Literatur und bildende Künste inspirierte, hat ihre Parallele in der Geschichte des Eindringens Apollons in Griechenland. Kurz, es ist die Geschichte seiner mehr oder weniger gewalttätigen Substitution an Stelle der vorhellenischen Lokalgottheiten, ein Vorgang, der übrigens die gesamte griechische Religion charakterisiert. In Böotien wurde der Gott zunächst dem Ptoos als Apollon Ptoos assoziiert; aber um das 6. Jhd. wurde Ptoos zu seinem Sohn oder Enkel. In Theben nahm er den Platz des Ismenios ein. Das berühmteste Beispiel jedoch ist seine Niederlassung in Delphi, nachdem er den früheren Ortsherrn Python niedergemacht hat. Diese mythische Großtat war von beträchtlicher Bedeutung, und zwar nicht nur für Apollon. Der Sieg eines Götter-Helden gegen den Drachen, das Symbol sowohl der „Autochthonie" als auch der Urherrschaft der tellurischen Mächte, ist einer der meistverbreiteten Mythen (§ 45). Spezifisch für Apollon ist einerseits die Tatsache, daß er diesen Mord büßen mußte und so zum Gott der Reinigung schlechthin wurde und andererseits seine Niederlassung in Delphi. Denn gerade als pythischer Apollon erlangte er sein pan-hellenisches Ansehen. Dieser Vorgang war bereits im 8. Jahrhundert abgeschlossen[11].

Was seinen „Ursprung" betrifft, so hat man ihn im Norden Eurasiens oder in Kleinasien gesucht. Die erste Hypothese stützt sich vor allem auf die Verbindungen des Gottes mit den Hyperboreern, die sich die Griechen als Bewohner eines Landes „jenseits des Boreas", d. h. jenseits des Nordwindes, vorstellten. Nach dem delphischen Mythos[12] hatte Zeus beschlossen, Apollon solle in Delphi residieren und den Hellenen die Gesetze bringen. Aber der junge Gott flog auf einem von Schwänen gezogenen Wagen ins Land der Hyperboreer, wo er ein ganzes Jahr blieb. Da die Delphier aber nicht aufhörten, ihn mit Liedern und Tänzen anzurufen, kehrte der Gott zurück. Von dieser Zeit an verbrachte er die drei Wintermonate bei den Hyperboreern und kehrte bei Sommerbeginn zurück. Während seiner Abwesenheit herrschte Dionysos als Herr des Orakels in Delphi.

Nach Pindar könnte „keiner weder über Land noch über das Meer entdecken den wunderbaren Weg, der zu den Spielen der Hyperboreer führt" (Pyth. 10,29 ff). Anders ausgedrückt, das Land und seine Bewohner gehören

---

[10] Das Kind Asklepios, das sie zur Welt bringen sollte, rettete er. Dieser wurde ein berühmter Arzt, der auf Bitten Artemis' Hippolyt vom Tode erweckte. Dieses Wunder widersprach den von Zeus festgelegten Gesetzen, und der Götterkönig erschlug ihn mit seinem Blitz. Apollon rächte sich durch die Niedermetzelung der Kyklopen, die den Blitz geschmiedet hatten. Des Verbrechens gegen seinen eigenen Klan schuldig befunden (die Kyklopen waren wie Leto Titanen), wurde Apollon für die Dauer eines Jahres zu den Sterblichen verbannt; er arbeitete als Sklave für Admetos.
[11] Vgl. *U. von Wilamowitz*, Glaube der Hellenen II,34; *M. Delcourt*, L'oracle de Delphes 215ff.
[12] Der älteste Hinweis findet sich in einem Gedicht von Alkäos (um 600 v.Chr.), das von einem späteren Rhetor zusammengefaßt wurde (Himerios, 4. Jhd. n.Chr.).

der mythischen Geographie an. Sie sind ein heiliges Geschlecht, das weder von Krankheiten noch vom Alter heimgesucht wird. Und wiederum Pindar berichtet (Fr. 272, Edit. Bowra), daß die Hyperboreer tausend Jahre alt werden können; sie kennen weder Arbeit noch Kämpfe und verbringen ihre Zeit mit Tanz und Leier- oder Flötenspiel. Bacchylides (3, S. 58) erzählt, daß Apollon Kressos und dessen Töchter zum Lohn für „ihre Frömmigkeit" zu den Hyperboreern brachte. Es handelt sich also um einen paradiesischen Ort, vergleichbar etwa den Inseln der Seligen, zu denen die Seelen der Heroen gelangen.

Herodot (4, 32–35) berichtet, was die Delier über die Opfergaben der Hyperboreer an Apollon wußten: bestimmte in Weizenhalme gebundene Dinge wurden dem Nachbarvolk übergeben, das sie wiederum an das nächste Nachbarvolk weitergab, bis sie schließlich nach Delos gelangten. Es wäre müßig, in dieser Tradition, die u. a. den Olivenbaum, also den mediterranen Baum schlechthin, in das Land der Hyperboreer verlegte, eine historische Erinnerung suchen zu wollen.

Und doch nahmen die nördlichen Regionen – von Thrakien bis zum Land der Skythen und der Issedonier – einen bedeutenden Platz in den mit Apollon verbundenen Traditionen ein. Einige seiner legendären Jünger (Abaris, Aristeas) waren „Hyperboreer", und Orpheus wurde immer mit Thrakien in Verbindung gebracht. Aber es handelt sich um einen, der aus dem Norden kommt, der, obschon nach und nach entdeckt und erforscht, doch eine mythologische Aura bewahrte. Vor allem diese imaginäre Herkunft aus dem Norden erweckte und nährte die mythologische Kreativität.

Zugunsten des asiatischen Ursprungs Apollons wird die Tatsache angeführt, daß seine größten Kultstätten sich in Asien befinden: Patara in Lykien, Didyma in Karien, Klaros in Ionien, usw. Wie so viele andere olympische Götter scheint auch Apollon in seinen heiligen Stätten in Kontinentalgriechenland ein Neuankömmling zu sein. Überdies konnte man auf einer, in der Nähe eines anatolischen Dorfes gefundenen hethitischen Inschrift den Namen *Apulunas*, „Gott der Tore" lesen. Dieser Titel war, nach M. P. Nilsson, auch dem Apollon des klassischen Griechenlands zueigen[13].

Aber die „Genese" eines Gottes ist nur insofern interessant, als sie uns hilft, den religiösen Geist seiner Anhänger besser zu erfassen. Wie das griechische Volk selbst, so sind auch seine Götter das Ergebnis einer großartigen Synthese. Durch einen langen Prozeß der Konfrontation, der Symbiose und Synthese konnten die griechischen Göttergestalten ihre vielfältigen Möglichkeiten entfalten.

---

[13] Vgl. *M. P. Nilsson*, Greek Folk Religion 79; *ders.*, Geschichte der griechischen Religion (München 1941) 530f; *W. K. C. Guthrie*, The Greeks and their Gods 86, Anm. 1.

90. Orakel und Reinigung

Sogleich nach seiner Geburt ruft Apollon aus: „Man reiche mir meine Leier und meinen Krummbogen; verkünden werde ich den Menschen den unbeugsamen Willen des Zeus" (Homerische Hymne 132). In den *Eumeniden* des Äschylos versichert er den Furien: „Niemals geweissagt hab' ich auf dem Seherthron für Mann und Weib, für Stadt und Volk verheißen nichts, was Zeus der Vater im Olympos nicht befahl" (V, 616–619). Diese Verehrung für den „Vater der Olympier" erklärt die Beziehungen Apollons zu den Ideen der Ordnung und des Gesetzes. In klassischer Zeit repräsentiert er in besonderer Weise den legalen Aspekt der Religion. Platon nennt ihn den „patrios exegetes" (Staat IV, 427 b), also den Ausleger des von den Vätern Ererbten. Er teilt seine Ratschläge in Delphi durch die Orakel, in Athen und Sparta durch seine *exegetai* mit; diese übermitteln und erklären die vom Gott beschlossenen Maßnahmen hinsichtlich der Tempelliturgien, und vor allem der durch Mord notwendig gewordenen Reinigungen. Denn wenn Apollon zum Gott, der das Böse abwendet *(apotropaios)* und zum Reiniger schlechthin *(katharsios)* geworden ist, so deshalb, weil er selbst nach der Tötung Pythons der Reinigung bedurfte. Jedes Verbrechen des Mordes bewirkte eine bedrohliche Befleckung, durch eine fast physische Kraft, das *miasma*, das als gefährliche Geißel ganze Gemeinschaften bedrohte. Apollon hat stark dazu beigetragen, die archaischen Gebräuche gegenüber Mördern zu vermenschlichen [14]. Er war es, dem es gelang, Orest vom Verbrechen des Muttermordes freizusprechen (vgl. Äschylos, Die Eumeniden).

Delphi hatte als Orakelort schon lange vor Apollon eine Geschichte. Was immer auch seine Etymologie sein mag, die Griechen jedenfalls brachten den Namen mit *delphys*, „Gebärmutter" in Verbindung [15]. Die geheimnisvolle Höhle wurde als Mund bezeichnet, als *stomion*, und dies ist auch die Bezeichnung für die Vagina. Der *Omphalos* (Nabel) von Delphi ist ebenfalls schon in vorhellenischer Zeit bezeugt. Auch das Symbol des Nabels besaß sexuelle Bedeutsamkeit [16], vor allem aber galt es als der „Mittelpunkt der Welt". Nach der Legende begegneten sich zwei Adler, die Zeus an den beiden Enden der Welt losgelassen hatte, auf dem Omphalos. Dieser ehrwürdige Orakelort, an dem sich bereits seit alter Zeit die Heiligkeit und Macht der Mutter Erde offenbarten, erhielt unter der Herrschaft Apollons eine neue religiöse Ausrichtung.

Das Orakel wurde durch die Pythia und die Prophetin, die der Beratung bei-

---

[14] Der Brauch verlangte, daß der Mörder, auch wenn er ohne Absicht gehandelt hatte, von der Familie getötet werde; dies war die einzige Möglichkeit, die Seele des Opfers zu beruhigen und die durch das Verbrechen bewirkte Befleckung *(miasma)* zu beseitigen. Das Drakonische Gesetzbuch setzt die Autorität des Staates an Stelle der Blutrache: das Gericht der Stadt urteilt über das Verbrechen und überläßt sodann den Schuldigen der Familie des Opfers.
[15] Die aus der Erde geborene weibliche Schlange Delphyne tritt Python, der männlichen Schlange, ihren Platz ab.
[16] Diskutiert bei *M. Delcourt*, a.a.O. 145ff.

wohnte, ausgeführt. Anfänglich fanden die Beratungen einmal im Jahr (am Geburtstag des Gottes) statt, später dann einmal im Monat und schließlich mehrere Male, mit Ausnahme der Wintermonate, in denen Apollon nicht anwesend war. Der Vorgang wurde durch die Opferung einer Ziege eingeleitet. Im allgemeinen stellten die Ratsuchenden ihre Fragen in alternativer Form: d.h., ob es vorzuziehen sei, dies oder jenes zu tun. Die Pythia antwortete, indem sie aus weißen oder schwarzen Bohnen das Los zog [17].

In schwierigeren Fällen prophezeite die Pythia, von Apollon inspiriert, in der Krypta des Tempels. Man hat vom „pythischen Delirium" gesprochen, aber nichts verweist auf hysterische Trancezustände oder auf dionysische „Besessenheit". Platon verglich das „Delirium" *(mania)* der Pythia mit der poetischen Inspiration, die durch die Musen und die Liebesverzückung der Aphrodite hervorgerufen wird. Plutarch sagt von Apollon: „Er erweckt nur die Vorstellungen in ihr und zündet das Licht in ihrer Seele an, das in die Zukunft leuchtet. Denn etwas von dieser Art ist der Enthusiasmus." [18] Auf bildnerischen Darstellungen ist die Pythia ruhig, heiter, konzentriert, genau wie der Gott, der sie inspiriert.

Durch welche Mittel gelangte sie in diesen Zustand? Das bleibt vorerst ein Geheimnis. Die unter den delphischen Bäuerinnen ausgewählte Pythia prophezeite an einem bestimmten Tag. Die Lorbeerblätter, die sie kaute, die Räucherungen mit Lorbeer und das Wasser der Quelle Kassotis, das sie trank, haben keinerlei berauschende Eigenschaften und erklären nicht die Trance. Nach der Überlieferung stand ihr Orakeldreifuß über einer Spalte *(chasma)*, aus der Dämpfe mit übernatürlichen Eigenschaften aufstiegen. Die Grabungen indes ergaben weder Hinweise auf eine Spalte im Boden noch auf den Schlupfwinkel, in den die Pythia hinabstieg (es ist allerdings möglich, daß diese infolge seismischer Erschütterungen verschwunden sind). Man hat daraus, etwas voreilig, geschlossen, daß das Ganze – dampfendes *chasma*, Abstieg der Pythia in das Innere des Heiligtums *(adyton)* – nichts weiter als eine relativ junge mythische Vorstellung sei [19]. Aber das *adyton* existierte, und wie M. Delcourt zeigt (S. 227ff), implizierten das hohe Alter und die tellurische Struktur von Delphi einen rituellen „Abstieg" in unterirdische Bereiche. Da man keinerlei „natürliche Ursache" gefunden hat, welche die Trance hätte herbeiführen können, nahm man Autosuggestion der Pythia oder Fernsuggestion durch Propheten an. Letztlich jedoch haben wir darüber keine Klarheit.

---

[17] Die antike, so einfach scheinende Handwahrsagekunst hatte ein ehrwürdiges Vorbild: Zeus wählte unter den auf seinen Knien ausgebreiteten Geschicken und verteilte sie nach Belieben.
[18] *Plutarch*, Pythia 6,397a. Vgl. Orakel 41,433b; *M. Delcourt*, a.a.O. 227.
[19] Die ersten Zeugnisse über den Abgrund datieren aus dem 1. Jhd. v. Chr.

91. Von der „Vision" zur Erkenntnis

Die apollinische „Ekstase" wurde zwar gelegentlich durch „Inspiration" (d. h. Besessenheit) durch den Gott hervorgerufen, aber sie beinhaltete doch nicht die Gemeinschaft mit der Gottheit, wie sie im dionysischen *enthousiasmos* zustande kam (vgl. § 124). Die von Apollon inspirierten oder besessenen Ekstatiker waren vor allem wegen ihrer Reinigungs- oder Orakelkräfte bekannt. (Dagegen zeigen die in die Mysterien des Dionysos Eingeweihten, die Bakchen *[bakchoi]*, niemals prophetische Kräfte.) Man hat den „schamanischen" Charakter gewisser halbmythischer Personen festgestellt, die als typische Apollonverehrer bekannt waren. Der Hyperboreer Abaris, ein Priester Apollons, war mit hellseherischen und magischen Kräften (z. B. Bilokation) begabt. Herodot (4,36) schreibt, daß er „seinen berühmten Pfeil um die ganze Erde trug, ohne Nahrung zu sich zu nehmen"; seit Heraklit (Fr. 51 c) allerdings heißt es, Abaris fliege auf einem Pfeil. Der Pfeil, der in der Mythologie und Religion der Skythen eine gewisse Rolle spielt, ist auch in den Zeremonien der sibirischen Schamanen vorhanden [20], und er ist auch Apollons bevorzugte Waffe. Ähnliche Legenden, in denen ekstatische Trancezustände, die mit dem Zustand des Todes verwechselt werden konnten – Heraustreten der Seele aus dem Körper, Bilokation, Metamorphosen, Abstiege in die Unterwelt, usw. –, vorkamen, zirkulierten im Zusammenhang mit anderen Sagengestalten: Aristeas von Prokonnesos, Hermotimos von Klazomenai, Epimenides von Kreta, Pythagoras. Was Orpheus, den berühmten „Propheten" Apollons betrifft, so war seine Mythologie voll von schamanischen Großtaten (vgl. Bd. II).

In der Form, in der die Griechen ihn seit Homer kannten, war Apollon zweifellos weit mehr als nur ein Schutzgott der Ekstatiker. Es läßt sich jedoch eine sehr bezeichnende Kontinuität zwischen den beiden Berufungen, der „schamanischen" und der „apollinischen", erkennen. Die Schamanen gelten als fähig, Verborgenes zu entdecken und die Zukunft zu kennen; die Visionen, die berühmtesten Gaben Apollons, brachten den Gläubigen dieses Gottes den gleichen Ruf ein. Genau wie in bestimmten sibirischen Schamanentraditionen erwecken auch die durch Apollon hervorgerufenen „Visionen" die Einsicht und bewegen die Betroffenen zur Meditation; schließlich führen sie zur „Weisheit". Otto stellt fest, daß die Erlangung des geheimen Wissens „immer verbunden ist mit einer besonderen Erhobenheit des Geistes"[21]. Und dies gilt vor allem auch für die schamanische Ekstase. Dies erklärt auch die wichtige Bedeutung von Musik und Dichtung in den beiden Traditionen. Die Schamanen leiten ihre Trance durch Gesang und Trommelschlagen ein; die älteste zentralasiatische und polynesische epische Dichtung hatte die Abenteuer der Schamanen auf ihren ekstatischen Reisen zum Vorbild. Ähnlich ist das Hauptattribut Apollons die Leier; durch

---

[20] Siehe dazu *M. Eliade*, De Zalmoxis à Gengis-Khan 44, Anm. 42 f.
[21] *W. Otto*, Götter Griechenlands 73.

sein Spiel bezaubert er Götter, wilde Tiere und sogar Steine (Euripides, Alkeste 579ff; Apollonios von Rhodos 1,740).

Auch der Bogen, das zweite Attribut des Apollon, gehört zur schamanischen Ausstattung, doch reicht sein ritueller Gebrauch über die Sphäre des Schamanismus hinaus; die Bogensymbolik ist allgemein verbreitet. Apollon ist „der Ferntreffende": das gleiche Epitheton gilt aber auch für Rama, Buddha und andere legendäre Helden und Gestalten. Doch hat der griechische Geist dieses archaische Thema großartig umgewandelt, so wie er dies auch mit der schamanischen Technik und Symbolik tat. Durch Apollon enthüllt der Symbolismus des Bogens und der Schießkunst andere geistige Situationen: die Beherrschung der Entfernung und damit die Loslösung vom „Unmittelbaren", von der Schwere des Konkreten; die Ruhe und Heiterkeit, die alles Bemühen um geistige Konzentration impliziert. Kurz, Apollon vertritt eine neue Theophanie, den Ausdruck einer religiösen Erkenntnis der Welt und des menschlichen Lebens, die spezifisch griechisch und unwiederholbar ist.

Heraklit sagt: „Harmonie ist das Ergebnis einer Spannung zwischen Gegensätzen, wie bei Bogen und Leier" (Fr. 51). In Apollon sind die Gegensätze in einer neuen, umfassenderen und komplexeren Konfiguration aufgefangen und integriert. Seine Versöhnung mit Dionysos gehört zum gleichen Integrationsvorgang, der ihn nach der Tötung des Python zum Schutzherrn der Reinigungen werden ließ. Apollon offenbart den Sterblichen den Weg, der von der hellseherischen „Vision" zum Denken führt. Das in jeder Kenntnis des Okkulten enthaltene dämonische Element ist ausgelöscht. Die apollinische Lehre schlechthin ist in der berühmten Formel von Delphi ausgedrückt: „Erkenne dich selbst!" Intelligenz, Wissenschaft und Weisheit gelten als Abbilder des Göttlichen, welche von den Göttern, und in erster Linie von Apollon, gewährt werden. Die apollinische Heiterkeit wird für den Griechen zum Emblem der geistigen Vollkommenheit und damit des Geistes. Aber es ist bezeichnend, daß die Entdeckung des Geistes den Abschluß einer langen Reihe von Konflikten und Versöhnungen und der Beherrschung der ekstatischen und hellseherischen Techniken bildet.

92. Hermes, „der Gefährte des Menschen"

Hermes, Sohn des Zeus und der Nymphe Maia, ist der am wenigsten olympische unter den Göttern. Er hat gewisse Attribute der vorhomerischen Gottheiten bewahrt: so wird er noch in ithyphallischer Pose abgebildet; er besitzt einen „Zauberstab", den Kadukeus und eine Tarnkappe; um Odysseus gegen die Zauberkünste der Kirke zu feien, gibt er ihm das Zauberkraut *moly* (Odyssee 10,302–306). Überdies mischt Hermes sich gern unter die Menschen. Zeus sagt zu ihm: „Dir war es immer süßes Geschäft, dich zu gesellen zu Menschen" (Ilias 24,334ff). In seinen Beziehungen zu den Menschen jedoch verhält er sich zugleich wie ein Gott, ein Taschenspieler und ein Handwerksmeister. Er gilt in besonderem Maße als „Geber des Guten" (Odyssee 8,335): Jede Chance, gilt als Geschenk des Hermes. Andererseits aber ist er die Inkarnation aller List und Gaunerei. Kaum geboren, stiehlt er schon die Herden seines Bruders Apollon; daher ist er zum Gefährten und Schutzpatron der Diebe geworden. Euripides nennt ihn den „Herrn der Leute, die im Dunkeln ihr Geschäft treiben" (Rhesos 216f).

Aber auch wenn er Diebstähle und nächtliche Liebesabenteuer beschützt, ist er doch zugleich der Beschützer der Herden und derer, die abends noch auf den Straßen reisen. „Kein Gott sorgt so für die Herden und ihre Vermehrung", schreibt Pausanias (2,3,4). Er ist der Gott der Straßen, und von den Steinhaufen *(hermaion)*, die am Rand der Wege liegen, hat er seinen Namen erhalten: jeder Vorübergehende warf einen Stein auf den Haufen[22]. Wahrscheinlich war Hermes ursprünglich ein Gott der Hirtennomaden, möglicherweise sogar ein Herr der Tiere. Aber die Griechen haben die archaischen Attribute und Eigenschaften des Hermes in einem tieferen Sinn gedeutet. Er herrscht über die Straßen, weil er schnell dahineilt (mit seinen „Goldsandalen"), und er kann sich des Nachts nicht verirren, weil er den Weg kennt. Daher ist er Leiter und Beschützer der Herden und zugleich der Schutzpatron der Diebe. Aus diesem Grunde wurde er auch zum Boten der Götter.

Wahrscheinlich waren es dieselben Attribute, die Hermes zum Seelenführer werden ließen: er geleitet die Toten ins Jenseits, weil er den Weg kennt und sich auch im Dunkeln zurechtfindet. Doch ist er kein Totengott, auch wenn die Sterbenden sagen, Hermes habe sie ergriffen. Er darf ungestraft die drei kosmischen Ebenen durchqueren. Er geleitet die Seelen in die Unterwelt, und immer ist er es, der sie auch wieder auf die Erde zurückführt, wie etwa Persephone, Eurydike oder in den *Persern* (629) des Äschylos, die Seele des Großkönigs. Die Beziehungen des Hermes zu den Seelen der Toten erklären sich auch durch seine „spirituellen" Fähigkeiten. Denn seine List und sein praktischer Verstand, seine Erfindungsgabe (er ist es, der das Feuer entdeckt), seine Fähigkeit sich unsichtbar zu machen und augenblicklich überall hin zu gelangen, verweisen schon auf den Ruf der Weisheit und vor allem der Beherrschung der okkulten Wissenschaften, die später, in hellenistischer Zeit, zu den spezifischen Eigenschaften des Hermes werden. Er, der sich in der Finsternis zurechtfindet, der die Seelen der Toten geleitet und sich mit der Schnelligkeit eines Blitzes fortbewegt, der unsichtbar und sichtbar ist, reflektiert letztlich eine Modalität des Geistes: nicht nur Verstand und List, sondern auch Gnosis und Magie.

Nach einer brillanten Analyse der Eigenschaften des Hermes anerkennt W. Otto, daß „seine Welt durchaus keine heroische Welt ist", und er kommt zu dem Schluß: „Wenn seine Welt auch nicht vornehm ist... so bleibt ihr doch

---

[22] Dieser Brauch ist auch bei vielen anderen Völkern bezeugt und steht fast immer in Zusammenhang mit dem Reisen.

das Gemeine und Abstoßende fern."²³ Das ist richtig, aber unvollständig. Denn schon in klassischer Zeit ist die Gestalt des Hermes vor allem durch ihre Beziehung zur Welt des Menschen charakterisiert, einer Welt, die *per definitionem* „offen" und immer im Werden begriffen ist, die also immer verbessert und überschritten werden kann. Die ersten Attribute des Hermes – List und Erfindungsgabe, Herrschaft über die Finsternis, Interesse am Tun der Menschen, Seelenführer – werden immer wieder neu gedeutet und machen ihn zu einer immer vielschichtigeren Persönlichkeit, in der sich die Charakterzüge eines Kulturheroen, eines Schutzherrn der Wissenschaft und das Vorbild okkulter Gnosis vereinigen.

Hermes ist einer der wenigen olympischen Götter, die nach der Krise der „klassischen" Religion ihren religiösen Wert nicht verlieren und nach dem Sieg des Christentums nicht untergehen. Den Gestalten Thot und Merkur assimiliert, erfährt er in hellenistischer Zeit eine neue Blüte und überlebt als Hermes Trismegistus durch Alchemie und Hermetismus bis in das 17. Jahrhundert. Schon die griechischen Philosophen sehen in Hermes den *logios*, die Personifikation des Denkens. Er gilt als Besitzer aller Erkenntnisse, in erster Linie der geheimen Gnosis. So wird er zum „Herrn aller Zauberer", der die Mächte der Finsternis besiegt, „weil er alles ‚weiß' und darum auch alles ‚kann' "²⁴. Die Wunderkrautepisode *(moly)* aus der Odyssee wird sowohl von den Griechen als auch von christlichen Autoren immer wieder allegorisiert. In dieser Pflanze, die Odysseus vor dem Schicksal seiner Gefährten bewahrt, von Kirke in ein Schwein verwandelt zu werden, erblickte man später den Geist, der sich dem Instinkt entgegensetzt, oder auch die Erziehung, welche die Seele reinigt. Hermes, von den Philosophen mit dem Logos identifiziert, wird von den Vätern mit Christus verglichen, ganz abgesehen von den zahllosen Homologien und Identifikationen durch die Alchemisten der Renaissance.

93. Die Göttinnen I: Hera, Artemis

Die bevorzugte Stellung Heras ist vor allem auf Homer zurückzuführen, der ihre Stellung als Gattin des Zeus hervorgehoben hatte. Ursprünglich war Hera die Göttin von Argos. Von hier aus verbreitete sich ihr Kult über ganz Griechenland. U. von Wilamowitz erklärt ihren Namen als die weibliche Form von *heros*, in der Bedeutung *despoina*, „Herrin" ²⁵. Ob die Achäer schon die Gestalt der Göttin oder nur deren Namen mitgebracht haben, ist nicht leicht zu bestimmen. Sehr wahrscheinlich waren sie beeindruckt von der Macht und Majestät

---

[23] *W. Otto*, Götter Griechenlands 124 ff.
[24] Siehe die bei *H. Rahner*, Griechische Mythen in christlicher Deutung 244 f angegebenen Quellen. Vgl. Bd. II.
[25] *U. von Wilamowitz*, Glaube I, 237.

der Herrin von Argos und haben daher sie zur Gattin ihres Hauptgottes erhoben[26]. Dies ist vielleicht der Grund, warum Hera zum Symbol und zur Schutzherrin der Institution der Ehe wurde. Die zahllosen Treulosigkeiten des Zeus haben ihre Eifersucht geweckt und zu Streitigkeiten geführt, über die Dichter und Mythenerzähler ausführlich berichten. Zeus verhält sich zu Hera, wie es ein achäisches Familienoberhaupt seiner Gemahlin gegenüber nie gewagt hätte: er traktiert sie mit Schlägen; einmal hängt er sie sogar auf, einen großen Stein an jedem Bein – eine Folter, die später bei Sklaven angewandt wurde[27].

Nach Hesiod (Theogonie 923f) gebar Hera dem Zeus drei Kinder: Hebe, Ares und Eileithyia; aus sich selbst gebar sie Hephaistos (ebd. 926). Die Parthenogenese zeigt, daß selbst die olympischste der Göttinnen noch ihre spezifisch mediterrane und asianische Wesensart bewahrt hat. Die ursprüngliche Bedeutung der Tradition, nach der Hera durch ein Bad in der Quelle Kanathos alljährlich ihre Jungfräulichkeit zurückerlangte, ist nur schwer genauer zu bestimmen[28].

Handelt es sich hier um ein Symbol, das mit der patriarchalischen Auffassung der Ehe zu tun hat (denn bekanntlich wurde in vaterrechtlichen Gesellschaften die Jungfräulichkeit sehr hoch geschätzt)? Wie dem auch sei, die Griechen haben jedenfalls die Göttin von Argos radikal umgeformt. Einige ihrer ursprünglichen Eigenschaften lassen sich aber immer noch erkennen. Wie die meisten ägäischen und asianischen Göttinnen war Hera eine Göttin der allgemeinen Fruchtbarkeit und nicht nur der Ehe. Zwar verwarfen einige Wissenschaftler die Hypothese von der „Hera-Erdmutter", doch läßt sich die Tatsache, daß man vielerorts (Plataiai, Euböa, Athen, Samos, usw.) von einem (mythischen oder rituell reaktualisierten) *hieros gamos* mit Zeus sprach, schwerlich anders erklären. Es ist das typische Bild der Vereinigung zwischen einem befruchtenden Wettergott und der Erdmutter. Außerdem wurde Hera in Argos als „Göttin des Jochs" und als die „Rinderreiche" verehrt (in der Ilias beschreibt Homer sie als „kuhäugig"). Und schließlich galt sie als Mutter erschreckender Ungeheuer, wie der Hydra von Lerna. Das Gebären von Ungeheuern aber ist ein Charakteristikum tellurischer Göttinnen. So war, wie wir gesehen haben (§ 83), nach Hesiod Ge (die Erde), die Mutter Typhons. Doch gerieten alle diese chthonischen Attribute und Eigenschaften nach und nach in Vergessenheit, und seit Homer ist Hera das, was sie bis ans Ende geblieben ist: die Göttin der Ehe schlechthin.

Der in einer lydischen Inschrift in der Form Artimis belegte Name der Artemis verweist auf deren orientalische Herkunft. Der archaische Charakter der

---

[26] H. J. Rose, Handbook 52; W. K. C. Guthrie, a.a.O. 72.
[27] Ilias 1,567,587; 15,18ff; vgl. *Plautus*, Asinaria 303f; H. J. Rose, a.a.O. 106 und Anm. 15. Soweit sich aus solchen Szenen die Erinnerung an historische Wirklichkeiten herauslesen läßt, handelt es sich zweifellos um eine sehr frühe Zeit, die der Ankunft der Achäer auf der Halbinsel voraufliegt. Bezeichnend ist, daß Homer und seine Zuhörerschaft sich an solchen Streitereien ergötzen konnten.
[28] Pausanias 2,36,2 erwähnt auch Geheimkulte der Hera in Argos, was H. J. Rose, a.a.O. 128, Anm. 11 außergewöhnlich erscheint. Siehe dagegen H. Jeanmaire, Dionysos 208ff.

Göttin ist offensichtlich: sie ist vor allem die Herrin der wilden Tiere *(potnia theron*, wie sie in der Ilias 21,470ff genannt wird); d. h., sie ist sowohl begeisterte Jägerin als auch Schutzherrin der wilden Tiere. Homer nennt sie auch *Agrotera*, „die der Tiere", und Äschylos bezeichnet sie als „Herrin der rauhen Gebirge" (Fr. 342). Sie liebt vor allem die nächtliche Jagd. Löwe und Bär sind ihre bevorzugten heraldischen Tiere, was an asianische Prototypen erinnert. Homer (Ilias 5,519) berichtet, wie Artemis dem Skamandrios die Kunst lehrt, jede Art von Wild zu jagen. Aber sie ist erzürnt, als zwei Adler eine trächtige Häsin reißen und fressen (Äschylos, Agamemnon 133ff).

Artemis ist die jungfräuliche Göttin schlechthin, was ursprünglich vielleicht als Freiheit vom ehelichen Joch verstanden wurde. Die Griechen jedoch erblickten in ihrer immerwährenden Jungfräulichkeit Gleichgültigkeit gegenüber der Liebe. Die homerische Hymne an Aphrodite (1,17) spricht von der Impotenz der Göttin. In der Tragödie Hippolyt von Euripides (1301) spricht Artemis freimütig von ihrem Haß gegen Aphrodite.

Und doch sind ihr auch viele Elemente einer Muttergöttin eigen. In Arkadien, ihrer ältesten Kultstätte, wurde sie Demeter und Persephone assoziiert. Herodot (2,156) versichert, Äschylos habe Artemis als Demeters Tochter betrachtet, sie also mit Persephone identifiziert. Nach Aussage einiger griechischer Autoren wurde sie auf Kreta *Britomartis* genannt[29], was ihre Beziehungen zur minoischen Göttin andeutet. Unter anderssprachigen Namen finden wir sie wahrscheinlich auch in der phrygischen Kybele und in der Kappadokischen Ma. Wann und in welcher Gegend sie zuerst als Artemis bekannt wurde, entzieht sich unserer Kenntnis. In Ephesus wurde ihre mütterliche Funktion plastisch dargestellt, jedoch in so grotesker Weise, daß man zögert, sie als griechische Gottheit anzuerkennen. Artemis wurde von den Frauen als *Locheia*, als Göttin der Niederkunft, verehrt. Außerdem war sie *kurotrophos*, „Amme" und Lehrerin der jungen Menschenkinder. In einigen ihrer Rituale, die in historischer Zeit bezeugt sind, läßt sich das Erbe aus weiblichen Initiationszeremonien ägäischer Gesellschaften des 2. Jahrtausends entschlüsseln. Der Tanz zu Ehren der Artemis Alphaia hatte, wie übrigens alle Tänze der Göttin auf dem ganzen Peleponnes, orgiastischen Charakter. Ein Sprichwort sagte: „Wo hätte Artemis nicht getanzt", d.h., wo tanzt man nicht für Artemis?[30]

Unter ihren vielfachen und mitunter sogar widersprüchlichen Aspekten läßt sich die Vielzahl der archaischen göttlichen Formen erraten, die durch den religiösen Genius des griechischen Volks umgewertet und in eine umfassende Struktur eingefügt wurden. Die einstige Herrin der Gebirge und der wilden Tiere aus der mediterranen Vorgeschichte nahm schon sehr früh die Attribute und Eigenschaften der Muttergöttin in sich auf, ohne jedoch ihre ältesten und spezifischen Eigenschaften als Schutzherrin der Jäger, der wilden Tiere und der

---

[29] Vgl. die Hinweise bei *H.J.Rose*, Handbook 131, Anm.59.
[30] *H. Jeanmaire*, Dionysos 212ff.

jungen Mädchen zu verlieren. Seit Homer wird ihr Profil deutlicher: Artemis herrscht über die Sakralität des freien Lebens, das wohl Fruchtbarkeit und Mutterschaft, nicht aber Liebe und Ehe kennt. Sie hat stets ein paradoxes Wesen bewahrt, das sich vor allem in der Gleichzeitigkeit widersprüchlicher Themen (z. B. Jungfräulichkeit – Mutterschaft) zeigt. Die schöpferische Phantasie der griechischen Dichter, Mythenerzähler und Theologen hat erkannt, daß ein solches Miteinander von Gegensätzen eines der Geheimnisse der Gottheit andeuten kann.

94. Die Göttinnen II: Athene, Aphrodite

Athene ist, nach Hera, zweifellos die bedeutendste griechische Göttin. Ihr Name läßt sich nicht aus dem Griechischen erklären. Was ihren Ursprung betrifft, so erscheint die von der Mehrheit der Wissenschaftler akzeptierte Hypothese von M. P. Nilsson sehr überzeugend: nach ihm war Athene eine Palastgöttin, die Schutzherrin der befestigten Paläste der mykenischen Könige. Obschon sie als Hausgöttin in Zusammenhang mit den weiblichen und auch männlichen Handwerken steht, erhielt sie durch ihre Gegenwart in der Burg in Zeiten der Kriege und Überfälle die Attribute und Eigenschaften einer Kriegsgöttin. Sie entspringt in voller Rüstung dem Scheitel des Zeus und stößt lanzenschwingend ihren Kampfruf aus. Viele ihrer Titel sprechen von ihrem martialischen Charakter: Promachos (Heldin), Sthenias (die Starke), Areia (die Kriegerische) usw.

Dennoch ist Athene, wie in vielen Episoden der Ilias sichtbar wird, die erbitterte Feindin des Ares, den sie übrigens in der berühmten Götterschlacht des 21. Gesanges (390 ff) besiegt[31]. Dagegen bewundert sie Herakles, das wahre Vorbild eines Helden. Sie steht ihm in seinen übermenschlichen Prüfungen bei und geleitet ihn schließlich in den Himmel (Pausanias 3, 18, 11 usw.). Athene bewunderte auch den Tydeus und wollte ihn sogar unsterblich machen. Als sie jedoch sah, wie der Held schwer verletzt den Schädel seines Feindes spaltete und dessen Gehirn verschlang, da wandte sich die Göttin angewidert ab[32]. Und wiederum ist sie es, die durch ihre Gegenwart Achilleus zurückhält, der mit dem Schwert die Schmähungen des Agamemnon beantworten will (Ilias 1, 194 ff).

Sogar in einem Epos, das für eine Zuhörerschaft verfaßt war, die Waffentaten über alles liebte, zeigt sich Athene nicht als kriegerische Göttin. Weil der Krieg eine männliche Tätigkeit ist, nimmt auch sie daran teil. Denn sie selbst sagt von sich: „Fürs Männliche bin allwärts ich – nur nicht zur Eh'" (Äschylos, Die

---

[31] Ares wird allerdings von allen Göttern verachtet. Sie nennen ihn einen „Narren", weil er nicht weiß, „was recht ist" (Ilias 5, 761). Zeus selbst erkennt, daß keiner der Olympier so verhaßt ist wie er, denn „er denkt nur an Kriege und Schlachten" (5, 890).
[32] Bacchilid. Fr. 41; Apollodor, Bibl. 3, 6, 8, 3.

Eumeniden 736). Die homerische Hymne an Aphrodite (1,9) spricht davon, daß die Göttin der Liebe keine Macht über Athene habe. Homer und Hesiod nennen sie Pallas, „das Mädchen", und in Athen ist sie „die Jungfrau" (Parthenos). Aber sie ist ein anderer Typ jungfräulicher Göttin als Artemis: sie meidet die Männer nicht und hält sie nicht von sich fern. Athene verbindet sich freundschaftlich und schützend mit Odysseus, den sie wegen seiner starken Persönlichkeit und seiner Weisheit bewundert: er ist der „an Listen reiche" *(polymetis)*, der einzige, den man mit Zeus zu vergleichen wagt (Ilias 2,169,407,636). In der Theogonie (896) nennt Hesiod Athene „die an Weisheit und Kraft so stark wie ihr eigener Vater". Sie hat als einzige unter den Olympiern keine Mutter. Die homerische Hymne (1,9ff) erwähnt nur kurz, daß Zeus sie aus seinem eigenen Haupt geboren habe, Hesiod dagegen berichtet den ganzen Mythos: Zeus verschlang die schwangere Metis, die Göttin der Weisheit, und Athena entsprang dem Haupt ihres Vaters (Theogonie 886ff; vgl. § 84). Man hielt diese Episode für einen späteren Zusatz; der ursprüngliche Mythos habe nur vom Erscheinen der Athene auf dem Gipfel des Berges Olymp gesprochen. W. Otto dagegen betont mit Recht den archaischen, „wilden" Charakter des Themas des Verschlingens[33].

Was immer der Ursprung der Athene sein mag, der Mythos von ihrer wunderbaren Geburt veranschaulicht und bestätigt ihren sehr engen Zusammenhang mit Zeus. „Des Vaters bin ich ganz", gesteht sie in den *Eumeniden* (736). In der Odyssee (13,297) vertraut sie Odysseus an: „An mir aber rühmen planendes, Vorteil bringendes Denken *(metis)* sämtliche Götter." Tatsächlich ist die *metis*, das praktische Verstehen, ihr charakteristisches Attribut. Athene ist nicht nur Schutzherrin insbesondere der weiblichen Tätigkeiten, wie Spinnen und Weben, sie ist vor allem die „Handwerkerin", die zu allen möglichen spezialisierten Arbeiten anregt und anleitet. Sie ist es, die den Schmied lehrt, einen Pflug zu fertigen, und die Töpfer rufen zu ihr: „Komm zu uns, Athene, und halte deine Hand über den Ofen!"[34] Sie, die Pferdezähmerin, ist es, die die Kandare erfindet und den Gebrauch des Wagens lehrt. In der Schiffahrt, einem Bereich, der rechtens dem Poseidon untersteht, zeigt Athene die Vielseitigkeit und zugleich Einheit ihrer *metis*. Sie greift in die zahlreichen technischen Vorgänge beim Bau eines Schiffes ein. Aber sie hilft auch dem Kapitän, sein Schiff „richtig zu führen"[35].

Nur selten begegnen wir einem Beispiel für das, was man als Sakralität der technischen Erfindung und Mythologie der Intelligenz bezeichnen könnte. Andere Gottheiten versinnbildlichen zahllose Formen der Sakralität des Lebens,

---

[33] Vgl. Götter Griechenlands 52. Homer erwähnt diesen Mythos nicht (wie er auch die Geschichte des Kronos stillschweigend übergeht), aber er nennt Athene „die Tochter des machtvollen Vaters" *(obrimopatre)*.
[34] Vgl. das von *W. F. Otto*, a.a.O. 57 zitierte homerische Epigramm (14,2).
[35] Vgl. *M. Detienne*, Le navire d'Athena.

der Fruchtbarkeit, des Todes, der gesellschaftlichen Institutionen usw. Athene aber enthüllt den „sakralen" Charakter oder den „göttlichen" Ursprung gewisser Handwerke und Berufe, die Intelligenz, technische Geschicklichkeit, praktische Erfindungsgabe, aber auch Selbstbeherrschung, Gelassenheit in Prüfungen, Vertrauen in die Kohärenz und also in die Intelligibilität der Welt einschließen. Es ist verständlich, daß die Schutzherrin der *metis* zur Zeit der Philosophen zum Symbol der göttlichen Wissenschaft und der Weisheit der Menschen wurde.

Aphrodite ist eine nicht minder bemerkenswerte Schöpfung des griechischen Geistes, obgleich sie einer ganz anderen Ebene zugehört. Die Göttin ist zweifellos orientalischer Herkunft, was auch in der Tradition ganz deutlich wird (Herodot 1,105; Pausanias 1,14,7). In der Ilias beschützt Aphrodite die Trojaner. Außerdem weist sie Analogien zu Gottheiten vom Typ der Ischtar auf. Ihre spezifische Gestalt indes bildet sich zuerst in Zypern, dem jahrtausendealten Mittelpunkt des ägäisch-asianischen Synkretismus, heraus (Odyssee 8,362ff). Der Hellenisierungsprozeß ist in der Ilias (5,365), wo Homer sie als Tochter des Zeus und der Diona und als Gattin des Hephaistos bezeichnet, schon weit fortgeschritten[36]. Hesiod jedoch bewahrt eine ältere Version über ihre Geburt: die Göttin ist aus dem schäumenden Samen *(aphros)* hervorgegangen, der sich von den ins Meer geworfenen Geschlechtsteilen des Uranos absonderte. Das Thema der Kastration eines Großen Gottes ist aber, wie wir sahen (§ 46), orientalischen Ursprungs.

In ihrem Kult finden sich neben mediterranen (die Taube) auch bestimmte asiatische Elemente (z. B. die Hierodulen). Anderseits stellt die *homerische Hymne an Aphrodite* (1,69ff) sie als die wirkliche Herrin der wilden Tiere dar: „Hinter ihr zogen schmeichelnd die grauen Wölfe, die gelbfelligen Löwen, die Bären und die schnellen, nach dem Hirschkalb lechzenden Panther." Aber es tritt ein neuer, der Aphrodite spezifischer Zug hinzu: die Göttin „senkte Liebesverlangen in ihre Brust; und sogleich gingen sie hin, sich im Schatten der Täler zu paaren". Aphrodite „wirft das Liebesverlangen" sowohl unter die Tiere als auch unter Menschen und Götter. Sie „verwirrt sogar die Vernunft des Zeus"; und sie ist es, „die ihn dazu bringt, sich leichten Herzens mit sterblichen Frauen zu verbinden, ohne Wissen der Hera" (ebd. 36,40). So sieht die homerische Hymne im Geschlechtstrieb das verbindende Element der drei Seinsweisen: der tierischen, der menschlichen und der göttlichen. Anderseits rechtfertigt die Hymne durch die Hervorhebung des unveränderlichen und irrationalen Charakters der Konkupiszenz die Liebesabenteuer des Zeus (die übrigens Götter, Heroen und Menschen immer wieder nachvollziehen). Letztlich handelt es sich dabei um eine *religiöse* Rechtfertigung der Sexualität: denn, da sie von Aphrodite angeregt wurden, muß sogar den sexuellen Exzessen und Entgleisungen göttlicher Ursprung zuerkannt werden.

---

[36] Erst später wird der Kriegsgott Ares ihr Gemahl; in der Odyssee (8,266–366) ist er ihr Geliebter.

Da Aphrodite über die drei kosmischen Ebenen herrscht, gehört sie zugleich dem Himmel (Asteria, Urania), dem Meer (Anadyomena, „dem Meer entstiegen"[37]) und der Erde an: unter ihren Schritten bedecken sich die Wege mit Blumen, und sie ist die „erste Ursache" der pflanzlichen Fruchtbarkeit (Äschylos, Danaiden, Fr. 44). Doch wird Aphrodite nie zur Göttin der Fruchtbarkeit schlechthin. Sie inspiriert, preist und verteidigt die leibliche Liebe, die körperliche Vereinigung. In diesem Sinne kann man sagen, daß die Griechen durch Aphrodite zum sakralen Charakter des Geschlechtstriebes zurückfanden. Die reichen geistigen Quellen der Liebe werden von anderen Götterfiguren beherrscht, in erster Linie von Eros. Gerade diese irrationale und unabdingbare Geschlechtlichkeit aber hat die Schriftsteller und Bildhauer zu ihren Werken angeregt, und zwar in solchem Maße, daß in hellenistischer Zeit die „Zauberkünste der Aphrodite" zu literarischen Klischees werden. Man ist fast versucht, in dieser künstlerischen Entfaltung unter dem Zeichen der Aphrodite die radikale Desakralisierung der physischen Liebe zu sehen. Es handelt sich dabei um eine unnachahmliche und bedeutungsreiche Verschleierung, wie sie auch in vielen anderen Schöpfungen des griechischen Geistes zu finden ist. Unter dem Anschein einer frivolen Gottheit verbirgt sich eine der tiefsten Quellen der religiösen Erfahrung: die Offenbarung der Geschlechtlichkeit als Transzendenz und Geheimnis. Wir werden bei der Analyse des Prozesses der Desakralisierung der modernen Welt (siehe Bd. III) noch anderen Formen dieses Typs der Verschleierung begegnen.

95. Die Heroen

Pindar unterschied drei Klassen von Wesen: Götter, Heroen und Menschen *(Olympier* 2,1). Für den Religionshistoriker stellt die Kategorie der Heroen gewisse Folgeprobleme: wie verhält es sich mit dem Ursprung und der ontologischen Struktur der griechischen Heroen, und inwieweit sind sie anderen vermittelnden Figuren vergleichbar, die zwischen Göttern und Menschen stehen? Der Überzeugung der Alten folgend, glaubte E. Rohde, daß die Heroen „einerseits mit chthonischen Göttern und andererseits mit verstorbenen Menschen eng zusammenhängen. Tatsächlich sind sie nichts anderes als die Geister Verstorbener, die im Innern der Erde, den Göttern gleich, ewig leben und diesen in ihrer Macht nahekommen"[38]. Wie die Götter so wurden auch die Heroen durch Opfer geehrt, aber Bezeichnung und Vorgangsweisen dieser beiden Kategorien von Riten unterschieden sich voneinander (siehe S. 265). H. Usener dagegen vertritt in seinem, drei Jahre nach *Psyche* erschienenen Werk *Götternamen* (1896) den göttlichen Ursprung der Heroen: wie die Dämonen, so kom-

---

[37] Die Muschel, ein Wasser- wie auch ein Geschlechts-Symbol, gehört zu ihren *hiera*.
[38] E. Rohde, Psyche 137.

men auch die Heroen von „Momentan"- oder „Sondergöttern" her, d. h. von göttlichen Wesen, die für bestimmte Funktionen zuständig waren.

1921 legte L. R. Farnell eine Kompromißtheorie vor, die auch heute noch ein gewisses Ansehen besitzt. Nach diesem Autor sind nicht alle Heroen gleicher Abkunft; er unterscheidet sieben Kategorien: Heroen göttlichen oder rituellen Ursprungs, Personen, die tatsächlich gelebt haben (Krieger oder Priester), von Dichtern oder Gelehrten erfundene Heroen usw. A. Brelich schließlich beschreibt in seinem reichhaltigen und tiefschürfenden Buch *Gli eroi greci* (1958) die „morphologische Struktur" der Heroen folgendermaßen: sie sind Personen, deren Tod besonders geartet ist und die in engem Zusammenhang stehen mit Kampf, Agonistik, Mantik und Medizin, mit Pubertätsinitiation und Mysterien; sie gründen Städte, und ihr Kult ist städtischen Charakters, sie sind die Ahnen blutsverwandter Gruppen und die „prototypischen Vertreter" bestimmter grundlegender menschlicher Tätigkeiten. Die Heroen sind außerdem gekennzeichnet durch einmalige und sogar monströse Züge, sowie durch ein exzentrisches Verhalten, das ihr übermenschliches Wesen verrät[39].

Summarisch ausgedrückt, könnte man sagen, daß die griechischen Heroen an einer besonderen Seinsweise (übermenschlich, aber keineswegs göttlich) teilhaben und in einer Urzeit, und zwar genau in jenem Zeitabschnitt wirken, der auf die Kosmogonie und den Sieg des Zeus folgt (vgl. §§ 83–84). Die Zeit ihres Wirkens liegt nach dem Erscheinen der Menschen, aber noch in einer Zeit der „Anfänge", als die Strukturen noch nicht unverrückbar festgelegt und die Normen noch nicht letztgültig gesetzt waren. Ihr eigener Seinsmodus verrät die Unvollendetheit und Widersprüchlichkeit der Zeit der „Anfänge".

Geburt und Kindheit der Heroen weichen von der Norm ab. Sie stammen von Göttern ab, haben aber mitunter eine „zweifache Vaterschaft" (so stammt Herakles von Zeus und Amphitryon ab, Theseus von Poseidon und Ägäus), oder aber ihre Geburt ist „irregulär" (Ägisth ist die Frucht des Inzests des Thyestes mit seiner eigenen Tochter). Teils werden sie kurze Zeit nach ihrer Geburt ausgesetzt (Ödipus, Perseus, Rhesus, usw.) und von Tieren gesäugt[40]; in ihrer Jugend bereisen sie ferne Länder, zeichnen sich durch zahllose Abenteuer aus (vor allem sportliche und kriegerische Großtaten) und schließen eine Götterehe (unter den berühmtesten die Ehe von Peleus und Thetis, Niobe und Amphion, Jason und Medea).

Die Heroen zeichnen sich durch eine spezifische Art von schöpferischer Kraft aus, vergleichbar jener der Kulturheroen der archaischen Gesellschaften. Genau wie die mythischen Ahnen in Australien verändern sie die Landschaft, gelten als „Autochthone" (d. h. als die ersten Bewohner bestimmter Gegenden) und als Ahnherrn der Rassen, Völker oder Familien (die Argeier stammen von Argos

---

[39] Gli eroi greci 313. Die folgenden Seiten sind den Analysen *A. Brelichs* stark verpflichtet.
[40] Paris wird von einer Bärin gesäugt, Aigysthos von einer Ziege, Hippothous von einer Stute, usw.; dieses Initiationsmotiv ist sehr weit verbreitet, vgl. § 105.

ab, die Arkadier von Arkos usw.). Sie erfinden – d. h. „begründen", „offenbaren" – zahlreiche irdische Institutionen: die Gesetze der Stadt und die Regeln des Stadtlebens, Monogamie, Metallurgie, Gesang, Schrift, Kriegskunst usw., und sie üben als erste bestimmte Handwerke aus. Sie sind vor allem Städtegründer, und historische Personen, die Kolonien gründen; nach ihrem Tod werden sie zu Heroen[41]. Außerdem führen die Heroen die sportlichen Spiele ein und eine der charakteristischen Formen ihres Kults ist der sportliche Wettkampf. Einer Überlieferung zufolge waren die vier großen panhellenischen Spiele zuerst den Heroen geweiht, ehe sie Zeus gewidmet wurden. (Der kultische Wettkampf Olympias beispielsweise wurde eingeführt zu Ehren des Pelops.) Dies erklärt auch die Heroisierung siegreicher und berühmter Athleten[42].

Bestimmte Heroen (Achilles, Theseus usw.) hängen mit den Initiationsriten der Jünglinge zusammen, und oft wurde der Heroenkult von den Epheben ausgeführt. Zahlreiche Episoden der Theseussage sind im Grunde Initiationsprüfungen: so etwa sein rituelles Eintauchen ins Meer, eine Prüfung, die einer Reise ins Jenseits gleichkam, führte sie ihn doch in den unter dem Meere liegenden Palast der Nereiden, also zu Feen, welche die *courotrophoi* („die Knaben erziehenden") schlechthin waren; so auch sein Eindringen in das Labyrinth und sein Kampf mit dem Ungeheuer (dem Minotaurus), ein exemplarisches Thema heroischer Initiationen. Schließlich auch die Entführung der Ariadne, die eine der zahlreichen Epiphanien der Aphrodite war und bei der Theseus seine Initiation durch eine Hierogamie abschließt. Nach H. Jeanmaire sind die Zeremonien der *Theseia* aus den archaischen Ritualen hervorgegangen, die in früherer Zeit die Rückkehr der Jünglinge in die Stadt nach ihrem Initiationsaufenthalt im Busch begleiteten.[43] Auch einige Einzelheiten der Achilleslegende lassen sich als Initiationsprüfungen deuten: er wurde von den Kentauren erzogen, d. h., er wurde im Busch von Meistern initiiert, die maskiert waren oder sich mit tierischen Attributen zeigten. Er ist durch Feuer und Wasser gegangen, beides klassische Initiationsprüfungen, und er hat sogar einige Zeit in Mädchenkleidern unter Mädchen gelebt und ist so einem spezifischen Brauch einiger archaischer Pubertätsinitiationen gefolgt[44].

Die Heroen werden auch mit den Mysterien in Verbindung gebracht: Triptolemos hat ein Heiligtum, und Eumolpos sein Grabmal in Eleusis (Pausanias 1, 38, 6; 1, 38, 2). Außerdem ist der Heroenkult mit Orakeln und vor allem mit Inkubationsriten zur Heilung (Kalchas, Amphiaraos, Mopsos, usw.) verbunden; einige Heroen haben auch Beziehungen zur Medizin (in erster Linie Asklepios)[45].

---

[41] *A. Brelich,* a. a. O. 129–185.
[42] Wie Kleomedes bei den olympischen Spielen von 497 (Pausanias 6, 9, 6).
[43] *H. Jeanmaire,* Couroï et Courètes 323ff, 338ff und passim; *M. Eliade,* Naissances mystiques 228; vgl. auch *A. Brelich,* a. a. O. 124ff.
[44] Vgl. *M. Eliade,* Naissances mystiques 229.
[45] Siehe die Dokumentation bei *A. Brelich,* a. a. O. 106ff.

Ein Charakteristikum der Heroen ist ihr *Tod*. In Ausnahmefällen werden einzelne Heroen (wie Menelaos) auf die Inseln der Seligen, auf die mythische Insel Leuke (Achilles) oder auf den Olymp (Ganymed) versetzt, oder sie verschwinden unter der Erde (Trophonios, Amphiaraos). Aber die große Mehrheit erleidet einen gewaltsamen Tod, sei es im Krieg (wie die vor Theben und Troia gefallenen Heroen, von denen Hesiod spricht), im Zweikampf oder durch Verrat (Agamemnon von Klytämnestra getötet, Laios von Ödipus, usw.). Sehr oft ist ihr Tod außerordentlich dramatisch: Orpheus und Pentheus werden in Stücke zerrissen, Aktäon von Hunden zerfleischt, Glaukos, Diomedes und Hippolyt von Pferden zerrissen; oder aber sie werden von Zeus verschlungen oder durch Blitz zerschmettert (Asklepios, Salmoneus, Lykaon, usw.) oder von einer Schlange gebissen (Orest, Mopsos usw.)[46].

Und doch ist es gerade ihr Tod, der ihre übermenschliche Eigenart bestätigt und verkündet. Wenn die Heroen auch nicht unsterblich sind wie die Götter, so unterscheiden sie sich doch von den Menschen gerade dadurch, daß sie auch nach ihrem Tode noch weiter wirken. Dem Leichnam der Heroen schreibt man gefährliche magisch-religiöse Kräfte zu. Ihre Gräber, Reliquien und Kenotaphe wirken noch jahrhundertelang auf die Lebenden ein. In gewissem Sinne kommen die Heroen gerade durch ihren Tod der göttlichen Seinsweise näher: sie erfreuen sich einer unbegrenzten Postexistenz, die weder larvenhaft noch rein spirituell ist, sondern in einem ganz spezifischen Fortleben besteht, da es abhängig ist von den Gebeinen, den Spuren oder Symbolen ihrer Leiber.

Tatsächlich werden die Gebeine der Heroen, entgegen dem allgemeinen Brauch, innerhalb der Stadt begraben; sie werden sogar in Heiligtümern zugelassen (Pelops im Zeustempel von Olympia, Neoptolemos im Apollontempel zu Delphi). Die Gräber und Grabmäler stehen im Mittelpunkt des Heroenkults, welcher Opfer mit rituellem Wehklagen, Trauerriten und „tragische Chöre" umfaßt. Opfer für die Heroen waren den Opfern für die chthonischen Gottheiten ähnlich und unterschieden sich von den Opfern für die Olympier. Für die Olympier wurden die Opfertiere mit zum Himmel gerichteter Brust, für die chthonischen Gottheiten und die Heroen dagegen mit zum Boden gewendeter Brust getötet. Für die Olympier mußte das Opfertier weiß sein, schwarz dagegen für die Heroen und die Chthonier. Das Opfertier wurde vollständig verbrannt, kein Lebender durfte davon essen. Der Altartyp für die Olympier war der klassische Tempel, über der Erde und bisweilen auf einer Anhöhe gelegen, für die Heroen und die Chthonier war es ein niedriger Herd, ein unterirdischer Schlupfwinkel oder ein *adyton* („Unzugängliches"), das möglicherweise ein Grab darstellen sollte. Die Opfer für die Olympier wurden an sonnigen Vormittagen dargebracht, für die Heroen und Chthonier dagegen am Abend oder um Mitternacht[47].

---

[46] Die Quellen sind angeführt bei *A. Brelich*, a.a.O. 89.
[47] *E. Rohde*, Psyche 124f; vgl. auch *W. K. C. Guthrie*, the Greeks and their Gods 221f.

All dies zeigt die religiöse Bedeutsamkeit des „Todes" und der Gebeine des Heroen. Durch sein Hinscheiden wird der Heros zu einem Schutzgeist, der die Stadt vor Invasion, Seuchen und aller Arten von Geißeln beschützt. So sah man in Marathon z. B. Theseus an der Spitze der Athener kämpfen (Plutarch, Thes. 35,5; andere Beispiele bei A. Brelich, a. a. O. 91 ff). Aber der Heros besitzt auch eine „Unsterblichkeit" geistiger Art, nämlich den *Ruhm*, die Unvergänglichkeit seines *Namens*. Damit wird er zum beispielgebenden Vorbild für alle, die danach streben, die Vergänglichkeit der Sterblichen zu überwinden, ihren Namen vor dem endgültigen Vergessenwerden zu bewahren und im Gedenken der Menschen weiterzuleben. Die Heroisierung wirklicher Persönlichkeiten – der Könige von Sparta; der bei Marathon oder Plataiai gefallenen Krieger, der Töter von Tyrannen – findet ihre Erklärung in deren außerordentlichen Großtaten, die sie von den übrigen Sterblichen trennen und in die Kategorie der Heroen „projizieren"[48].

Das klassische Griechenland und vor allem die hellenistische Zeit haben uns eine „hehre" Sicht der Heroen übermittelt. In Wirklichkeit aber ist ihr Wesen ungewöhnlich und ambivalent, ja sogar abwegig. Die Heroen sind zugleich „gut" und „schlecht" und voller widersprüchlicher Attribute. Sie sind unverletzbar (z. B. Achilles) und werden dann doch besiegt; sie zeichnen sich durch Kraft und Schönheit aus, aber auch durch monströse Züge; sie sind entweder von riesenhaftem Wuchs – Herakles, Achilles, Orest, Pelops – oder überdurchschnittlich klein[49], sind tiergestaltig (z. B. Lykaon, der „Wolf") oder verwandeln sich in Tiere. Sie sind androgyn (Kekrops), wechseln ihr Geschlecht (Tiresias) oder verwandeln sich in Frauen (Herakles). Daneben sind Heroen durch zahlreiche Anomalien gekennzeichnet (Azephalie oder Polyzephalie; Herakles hat drei Zahnreihen); sie sind häufig hinkend, bucklig oder blind. Sehr oft fallen die Heroen dem Wahnsinn zum Opfer (Orest, Bellerophon, sogar Herakles, als er die Söhne, die Megare ihm geboren hatte, niedermetzelte). Was ihr sexuelles Verhalten betrifft, so ist es exzessiv oder abwegig: Herakles schwängert in einer einzigen Nacht die fünfzig Töchter des Thespios, Theseus ist seiner zahllosen Vergewaltigungen wegen berüchtigt (Helena, Ariadne usw.), Achilles raubt Stratonike. Die Heroen begehen Inzest mit ihren Töchtern oder Müttern und richten aus Neid, Zorn oder auch ohne jeden Grund Blutbäder an: sie töten selbst ihre Väter und Mütter und sonstigen Verwandten.

Alle diese ambivalenten und monströsen Züge, diese abwegigen Verhaltensweisen, erinnern an das Fließende der „Ur"-Zeit, als die „Welt der Menschen" noch nicht erschaffen war. In dieser Urzeit bringen Unregelmäßigkeiten und Mißbräuche aller Art (d.h. alles, was später als Ungeheuerlichkeit, Sünde oder Verbrechen gilt) mittelbar oder unmittelbar das Schöpfungswerk hervor. Aber gerade infolge ihrer Schöpfungen – Institutionen, Gesetze, Techniken, Künste –

---

[48] Siehe auch *M. Eliade*, Kosmos und Geschichte, Kap. I.
[49] Sogar Herakles; siehe die Quellen bei *A. Brelich*, a. a. O. 235 ff.

ersteht die „Welt der Menschen", in der diese Ausschreitungen und Exzesse verboten sind. Nach den Heroen, in der „Welt der Menschen", ist die schöpferische Zeit, das *illud tempus* der Mythen, endgültig abgeschlossen. Die Maßlosigkeit der Heroen kennt keine Grenzen. Sie wagen es sogar, die Göttinnen zu vergewaltigen (Orion und Aktäon belästigen Artemis, Ixion greift Hera an usw.) und schrecken auch nicht vor dem Sakrileg zurück (Ajax überfällt Kassandra beim Altar der Athene, Achilles tötet Troilos im Tempel des Apollon). Diese Angriffe und Sakrilege verraten die maßlose *hybris*, die ein Charakteristikum der heroischen Natur ist (vgl. § 87). Heroen beleidigen die Götter, als wären sie ihresgleichen, doch wird ihre *hybris* von den Olympiern immer, und zwar grausam, bestraft. Nur Herakles darf seine *hybris* ungestraft zeigen (als er die Götter Helios und Okeanos mit seinen Waffen bedroht). Aber Herakles ist der vollkommene Heros, der „Gott-Heros", wie ihn Pindar nennt (*Nemeeniden* 3,22). Er ist der einzige, von dem weder Grab noch Reliquien bekannt sind; er erlangt Unsterblichkeit durch seine Selbstmord-Apotheose auf dem Scheiterhaufen, er wird von Hera an Kindes Statt angenommen und wird zum Gott, der mit den anderen Gottheiten auf dem Olymp thront. Herakles erwarb seine Göttlichkeit gewissermaßen durch eine Reihe von Initiationsprüfungen, aus denen er siegreich hervorgegangen ist – im Gegensatz zu Gilgamesch (vgl. § 23) und zu einigen griechischen Helden, die trotz ihrer grenzenlosen *hybris* die „Immortalisation" nicht erlangten.

Den griechischen Heroen vergleichbare Figuren finden sich auch in anderen Religionen. Aber nur in Griechenland fand die religiöse Struktur des Heroen so vollkommenen Ausdruck. Nur in Griechenland besaßen die Heroen großes religiöses Ansehen, haben Imagination und Reflexion beflügelt und die literarische und künstlerische Kreativität geweckt[50].

---

[50] Die späteren Metamorphosen der „Heroen" vom Mittelalter bis zur Romantik werden im dritten Band dieses Werkes untersucht.

ZWÖLFTES KAPITEL

Die Mysterien von Eleusis

96. Der Mythos: Persephone in der Unterwelt

„Selig die Menschen auf Erden, die diese Mysterien geschaut!" ruft der Verfasser der Hymne an Demeter aus. „Wer aber nicht eingeweiht ist im Heiligen, wer nicht teilhat, der hat niemals gleiches Los im Tode, unter dem modrigen Dunkel" (E. 480–482).

Die homerische Hymne an Demeter berichtet sowohl den zentralen Mythos der beiden Göttinnen als auch die Gründung der eleusinischen Mysterien. Als Demeters Tochter (Persephone) in der Ebene von Nysa Blumen pflückte, wurde sie von Pluton (Hades), dem Gott der Unterwelt, entführt. Neun Tage lang suchte Demeter nach ihr, und sie rührt während dieser Zeit kein Ambrosia an. Schließlich erfährt sie von Helios die Wahrheit: Zeus selbst hatte beschlossen, Kore mit seinem Bruder Pluton zu vermählen. Von Kummer bedrückt und aus Zorn gegen den Götterkönig, kehrt Demeter nicht auf den Olymp zurück. In Gestalt einer alten Frau wendet sie sich nach Eleusis und läßt sich beim Jungfrauenbrunnen nieder. Von den Töchtern des Königs Keleos nach ihrem Namen befragt, erklärt die Göttin, sie heiße Doso und sei soeben Piraten entronnen, die sie gewaltsam aus Kreta entführt hätten. Sie nimmt die Einladung an, den Letztgeborenen der Königin Metaneira zu säugen. Im Palast angekommen, setzt sich die Göttin indes auf einen Stuhl, auf dem sie lange schweigend verweilt, das Gesicht mit einem Schleier verhüllt. Schließlich gelingt es einer Dienerin, Iambe, ihr mit ihren Zoten ein Lächeln zu entlocken. Demeter weist den Rotwein, den Mentaneira ihr anbietet zurück und verlangt Kykeon, ein Gemisch aus Gerstenbrei, Wasser und Polei.

Demeter säugt Demophon jedoch nicht, sondern reibt ihn mit Ambrosia ein und birgt ihn des Nachts „gleich einem glühenden Scheit" im Feuer. Das Kind wird mehr und mehr einem Gotte ähnlich: Demeter wollte es unsterblich und ewig jung machen. Eines Nachts aber entdeckt Metaneira ihren Sohn in der Glut und beginnt zu klagen. Da ruft Demeter: „O Ihr unwissenden und gefühllosen Menschen, die ihr weder euer Schicksal der Stunde noch des Unglücks zu sehen wißt!" (256.) Nun kann Demophon dem Tod nicht mehr entrinnen.

Die Göttin zeigt sich daher in ihrer ganzen Pracht, und von ihrem Körper geht ein strahlendes Licht aus. Sie fordert, daß man ihr „einen großen Tempel und einen Altar darauf" errichte, in dem sie selbst den Menschen ihre Riten lehren werde (271 ff). Sodann verläßt sie den Palast.

Sobald das Heiligtum errichtet ist, zieht sich Demeter darin zurück, von Sehnsucht nach ihrer Tochter verzehrt. Damit bewirkt sie eine entsetzliche Dürre, welche die Erde zerstört (304 ff). Vergeblich sendet Zeus seine Boten, durch die er sie anflehen läßt, zu den Göttern zurückzukehren. Demeter antwortet, sie werde nicht eher ihren Fuß auf den Olymp setzen und die Pflanzen sprießen lassen, als bis sie ihre Tochter wiedergesehen habe. So muß Zeus gezwungenermaßen Pluton bitten, Persephone zurückzubringen, und der Herr der Unterwelt beugt sich. Aber es gelingt ihm, Persephone ein Stück Granatapfel in den Mund zu stecken und sie zu zwingen, es hinunterzuschlucken; daraufhin mußte Persephone jedes Jahr für vier Monate zu ihrem Gatten zurückkehren[1]. Nachdem Demeter ihre Tochter also wiedergefunden hat, ist sie auch bereit, zu den Göttern zurückzukehren, und die Erde bedeckt sich auf wunderbare Weise mit Grün. Ehe sie jedoch auf den Olymp zurückkehrt, offenbart die Göttin ihre Riten und lehrt Triptolemos, Diokles, Eumolpos und Keleos alle ihre Mysterien, „die hehren Riten, die weder übertreten noch durchdrungen, noch verlautbart werden können: die Achtung vor den Göttinnen ist so groß, daß sie die Stimme zum Schweigen bringt" (418).

Der homerische Hymnus berichtet von zwei Arten von Initiationen; genauer, der Text erklärt die Gründung der eleusinischen Mysterien sowohl durch die Vereinigung der beiden Göttinnen als auch als Folge des Scheiterns der Immortalisation Demophons. Die Geschichte Demophons ist vergleichbar mit jenen alten Mythen, die von dem tragischen Irrtum berichten, durch den zu einem bestimmten Zeitpunkt der Urgeschichte die Möglichkeit der Immortalisation des Menschen zunichte wurde: In diesem Fall aber handelt es sich nicht um Irrtum oder „Sünde" eines mythischen Ahnen, der für sich und seine Nachkommen seine ursprüngliche Unsterblichkeit verloren hätte. Demophon war kein Urwesen. Er war der Letztgeborene eines Königs. Demeters Entschluß, ihn unsterblich zu machen, kann verstanden werden als der Wunsch, ein Kind zu „adoptieren" (das sie über den Verlust der Persephone hinwegtrösten sollte), oder auch als Racheakt gegen Zeus und die Olympier. Demeter stand im Begriff, einen Menschen in einen Gott umzuwandeln. Die Göttinnen besaßen die Macht, menschlichen Wesen die Unsterblichkeit zu verleihen, und das Feuer oder das Brennen des Neophyten zählte dabei zu den angesehensten Mitteln. Von Metaneira überrascht, verbarg Demeter ihre Enttäuschung über die Dummheit der Menschen nicht. Aber der Hymnus macht keinerlei Anspielung auf die eventuelle Verallgemeinerung dieser Immortalisationstechnik, d. h. auf die Gründung

---

[1] Es handelt sich um ein weitverbreitetes mythisches Thema: Wer von den Speisen des Jenseits ißt, der kann nicht mehr unter die Lebenden zurückkehren.

einer Initiation, die möglicherweise durch das Feuer die Menschen in Götter verwandeln könnte.

Nach dem Scheitern der Immortalisation Demophons offenbarte sich Demeter und verlangte, daß man ihr ein Heiligtum errichte. Und nachdem sie ihre Tochter wiedergefunden hatte, lehrte sie die Menschen ihre Geheimriten. Die durch Mysterien vermittelte Initiation unterscheidet sich eindeutig von jener, die Metaneira unterbrochen hatte. Der in die eleusinischen Mysterien Initiierte erlangte keine Unsterblichkeit. Zu bestimmten Zeiten erhellte ein großes Feuer das Heiligtum von Eleusis. Zwar sind einige Beispiele von Totenverbrennung bekannt, aber es ist doch wenig wahrscheinlich, daß das Feuer bei den Initiationen eine unmittelbare Rolle spielte.

Das wenige, was wir über die geheimen Zeremonien wissen, weist darauf hin, daß das zentrale Mysterium die Gegenwart der beiden Göttinnen implizierte. Durch die Initiation wurde die Bedingtheit des Menschen modifiziert, allerdings in einem anderen Sinne als in der mißglückten Transmutation des Demophon. Die wenigen alten Texte, die sich unmittelbar auf die Mysterien beziehen, betonen die Seligkeit der Initiierten nach dem Tode. Der Ausdruck: „Selig ist der Mensch..." aus der Hymne an Demeter kehrt leitmotivisch immer wieder. „Selig, wer jenes geschaut hat und so unter die Erde geht!" rief Pindar aus. „Er kennt das Ende des Lebens! Er kennt auch den Anfang!..." (Threnoi, Fr. 10). „Dreimal selig die Sterblichen, die diese Weihen geschaut haben und so in den Hades kommen; für sie allein gibt es dort Leben; für die anderen hat er alles Unheil" (Sophokles Fr. 719, Dindorf 348, Didot). Mit anderen Worten, durch die in Eleusis *geschauten* Dinge gelangt die Seele des Initiierten nach dem Tode zu einem glückseligen Leben. Sie wird nicht zum traurigen und matten Schatten ohne Erinnerung und ohne Kraft, den die homerischen Helden so sehr gefürchtet hatten.

Die *Hymne an Demeter* bringt nur eine einzige Anspielung auf den Ackerbau, nämlich in der Aussage, daß Triptolemos als erster in die Mysterien eingeweiht wurde. Die Überlieferung aber berichtet, Demeter habe Triptolemos gesandt, damit er die Griechen den Ackerbau lehre. Einige Autoren haben die verheerende Dürre als Folge des Abstiegs der Vegetationsgöttin Persephone in die Unterwelt gedeutet. In der Hymne indes heißt es, die Trockenheit sei von Demeter erst sehr viel später, als sie sich in ihr zu Eleusis errichtetes Heiligtum zurückzog, hervorgerufen worden. Wir können mit W. Otto annehmen, daß der ursprüngliche Mythos vom Verschwinden der Vegetation, nicht aber des Getreides sprach, denn vor der Entführung Persephones war das Getreide noch unbekannt. Zahlreiche Texte und figurative Darstellungen bestätigen, daß Demeter das Getreide erst *nach* dem Persephonedrama gestiftet hat. Hier läßt sich der archaische Mythos erkennen, der die Erschaffung der Samenkörner durch den „Tod" einer Gottheit erklärt (§ 11). Da Persephone aber die Seinsweise der olympischen Unsterblichen teilte, konnte sie nicht mehr wie die Gottheiten vom Typ *dema* oder die Vegetationsgottheiten „sterben". Das in den eleusinischen Mysterien weitergeführte und entwickelte mythisch-rituelle Szenarium verkündete den mythischen Zusammenhang zwischen Götterhochzeit, gewaltsamem Tod, Ackerbau und der Hoffnung auf ein seliges Leben im Jenseits[2].

Letztlich hatte der Raub – d. h. der symbolische „Tod" – der Persephone für die Menschen weittragende Folgen. Denn nun weilte eine olympische und wohlwollende Göttin von Zeit zu Zeit im Reich der Toten. Sie hatte den unüberschreitbaren Abstand zwischen Hades und Olymp aufgehoben. Als Mittlerin zwischen den beiden göttlichen Welten konnte sie fortan in das Geschick der Sterblichen eingreifen. Mit einem gängigen Ausdruck der christlichen Theologie könnte man sagen: felix culpa! Wie ja auch die verfehlte Immortalisation Demophons zur strahlenden Erscheinung Demeters und zur Gründung der Mysterien führte.

97. Die Initiationen: öffentliche Zeremonien und geheime Rituale

Nach der Überlieferung waren die ersten Bewohner von Eleusis Thraker. Die neuesten archäologischen Grabungen ermöglichten die Rekonstruktion eines Großteils der Geschichte des Heiligtums. Eleusis scheint um 1580–1500 besiedelt worden zu sein, das erste Heiligtum (ein Raum mit zwei inneren Säulenreihen, die das Dach trugen) wurde aber im 15. Jahrhundert errichtet, und auch die Mysterien wurden im 15. Jahrhundert begründet (G. E. Mylonas, Eleusis 41).

Die Mysterien wurden in Eleusis fast zweitausend Jahre lang gefeiert, und es ist sehr wahrscheinlich, daß im Laufe der Zeit einige Zeremonien Veränderungen erfuhren. Die Bauten und Rekonstruktionen seit der Zeit des Pisistratos zeigen den Aufschwung und das wachsende Ansehen des Kultes. Zweifellos haben die Nachbarschaft und der Schutz Athens dazu beigetragen, die zentrale Stellung der eleusinischen Mysterien im panhellenischen religiösen Leben zu festigen. Die literarischen und bildnerischen Zeugnisse beziehen sich vor allem auf die ersten Abschnitte der Initiation, die nicht der Geheimhaltung unterlagen. So konnten die Künstler eleusinische Szenen auf Vasen und Reliefs darstellen, und Aristophanes (Die Frösche 324ff)[3] nahm sich die Freiheit, auf bestimmte Aspekte der Initiation anzuspielen. Diese bestand aus mehreren Graden. Man unterschied die Kleinen Mysterien, die Riten der Großen Mysterien

---

[2] Als Isokrates im 4. Jahrhundert v. Chr. die Verdienste der Athener hervorheben wollte, erinnerte er daran, daß ihr Land es war, dem Demeter ihre wichtigsten Gaben gewährt hatte: den Ackerbau, durch den „der Mensch sich über das Tier erhebt" und die Initiation, die Hoffnung für „das Lebensende und die ganze Ewigkeit" spendet (Panegyrikus 28).

[3] Aristoteles dagegen berichtet (Nik. 3,1,17), Äschylos habe sein Leben aufs Spiel gesetzt, da die Athener glaubten, er habe in seinen Tragödien bestimmte Geheimnisse verraten (man führte die Bogenschützen, die Priesterinnen, Iphigenie und Sisyphus als Beispiel an).

(die *telete*) und die Schlußerfahrung, die *epopteia*. Die wahren Geheimnisse der Telete und der Epopteia wurden nie bekannt.

Die Kleinen Mysterien wurden gewöhnlich einmal im Jahr, und zwar im Frühling, im Monat Anthesterion begangen. Die Zeremonien fanden in Agra, einem Vorort Athens, statt und umfaßten eine Reihe von Riten (Fasten, Reinigungen, Opfer), die unter der Leitung eines Mystagogen vollzogen wurden. Wahrscheinlich wurden bestimmte Episoden aus dem Mythos der beiden Göttinnen von Initiationsaspiranten aufgeführt. Gleichfalls einmal im Jahr, und zwar im Monat Boedromion (September–Oktober), wurden die Großen Mysterien gefeiert. Die Zeremonien dauerten acht Tage, und „alle, die rein an Händen waren" und Griechisch sprachen, auch Frauen und Sklaven, hatten das Recht, an ihnen teilzunehmen, natürlich unter der Voraussetzung, daß sie im Frühjahr die vorbereitenden Riten in Agra vollzogen hatten.

Am ersten Tag fand das Fest im Eleusinion von Athen statt. Dorthin waren am Vorabend die geheiligten Gegenstände *(hiera)* in feierlichem Zug aus Eleusis überführt worden. Am zweiten Tag zog die Prozession ans Meer. Jeder Aspirant wurde von seinem Lehrmeister begleitet und trug ein Ferkel mit sich, das er in den Wellen wusch und nach der Rückkehr in Athen opferte. Am folgenden Tag vollzogen der Archon Basileus und seine Gemahlin im Beisein der Vertreter des Volkes von Athen und anderer Städte das große Opfer. Der fünfte Tag war der Höhepunkt der öffentlichen Zeremonien. Eine gewaltige Prozession brach im Morgengrauen von Athen auf. Die Neophyten, ihre Lehrer und zahlreiche Athener begleiteten die Priesterinnen, die die *hiera* zurückführten. Gegen Abend überschritt die Prozession eine Brücke über den Kephisos, auf der maskierte Männer Schmähungen gegen die wichtigsten Bürger ausstießen[4]. Bei Einbruch der Nacht, nachdem die Fackeln entzündet waren, drangen die Pilger in den äußeren Hof des Heiligtums ein. Ein Teil der Nacht war Tänzen und Liedern zu Ehren der Göttinnen gewidmet. Am darauffolgenden Tag fasteten die Aspiranten und brachten Opfer dar; was aber die geheimen Riten (die *teletai*) betrifft, so sind wir auf Hypothesen angewiesen. Die Zeremonien, die vor und innerhalb des Telesterions vollzogen wurden, standen wahrscheinlich im Zusammenhang mit dem Mythos der beiden Göttinnen (G. E. Mylonas, a. a. O. 262 ff). Bekannt ist, daß die fackeltragenden Mysten das Herumirren Demeters nachahmten, als diese mit brennenden Lichtern nach Kore suchte[5].

Wir werden auf die verschiedenen Bemühungen, in das Geheimnis der *teletes* einzudringen, zurückkommen. Hierzu nur noch soviel, daß bestimmte Zeremonien *legomena*, d. h. kurze liturgische Formeln und Anrufungen, enthielten, über die uns nichts bekannt ist, deren Bedeutung jedoch groß war. Dies ist auch der Grund, warum die Initiation für nicht Griechisch Sprechende verboten war.

---

[4] Die Bedeutung dieser *gephyrismoi* ist umstritten. Die Wissenschaftler betonten insbesondere die apotropäische Funktion der obszönen Ausdrücke.
[5] *Seneca*, Herc. fur. 364–366; Hippol. 105–107; vgl. auch *Minucius Felix*, Octavius 22,2 usw.

Über die am zweiten Tag in Eleusis vollzogenen Riten wissen wir fast nichts. Möglicherweise fand in der Nacht die kulminierende Handlung der Initiation statt, nämlich die höchste Schau, die *epopteia*, die nur jenen zugänglich war, die schon ein Jahr initiiert waren. Der folgende Tag war vor allem Riten und Libationen für die Toten gewidmet, und am darauffolgenden – dem neunten und letzten – Tag der Zeremonie kehrten die Mysten nach Athen zurück.

98. Ist eine Kenntnis der Mysterien möglich?

In ihrem Bemühen, das Geheimnis der *teletai* und der *epopteia* zu durchdringen, haben die Wissenschaftler nicht nur die Anspielungen der antiken Autoren, sondern auch die wenigen Informationen der christlichen Apologeten herangezogen. Die Berichte dieser letzteren sind mit Vorsicht zu verwerten, dürfen aber doch nicht unbeachtet bleiben. Seit P. Foucart bezog man sich häufig auf einen von Plutarch zitierten und von Stobäus bewahrten Abschnitt bei Themistios, in dem die Erfahrungen der Seele unmittelbar nach dem Tode mit den Prüfungen des Initiierten in den Großen Mysterien verglichen werden: zunächst irrt dieser in der Finsternis und erleidet alle Arten von Schrecken, bis er plötzlich, von einem wunderbaren Licht getroffen, reine Orte und Wiesen entdeckt sowie Stimmen vernimmt und Tänzer erblickt. Der Myste, der auf dem Haupt eine Krone trägt, gesellt sich zu den „reinen und heiligen Menschen"; er betrachtet die in Schmutz und Nebel steckenden Nicht-Initiierten, die durch Todesfurcht und Mißtrauen gegenüber dem Glück des Jenseits noch im Elend sind (Stobäus 4, 107, Meineke). P. Foucart vermutete, daß die Rituale *(dromena)* gleichfalls einen Marsch in die Finsternis, verschiedene erschreckende Erscheinungen und das plötzliche Hinaustreten des Mysten auf eine erleuchtete Wiese enthielten. Aber das Zeugnis des Themistios ist spät und spiegelt eher orphische Konzeptionen wider[6]. Die Ausgrabungen des Demeterheiligtums und des *telesterion* haben gezeigt, daß es keine unterirdischen Räume gab, in denen die Mysten rituell in die Unterwelt hinabsteigen konnten[7].

Es wurde auch der Versuch unternommen, das Initiationsritual, ausgehend von der von Clemens von Alexandrien (Protreptikos 2,21,2) überlieferten Geheimformel, dem *synthema* oder Losungswort der Mysten, zu rekonstruieren: „Ich habe gefastet; ich habe den Kykeon getrunken; ich nahm aus der *Kiste*... legte zurück in den Korb und aus dem Korb in die *Kiste*." Einige Auto-

---

[6] *P. Foucart*, Mystères 392ff. Im Phaidon (69 C) sagt Platon, die Bestrafung der Sünder im Hades und das Bild der Wiese der Gerechten seien von Orpheus eingeführt worden, der sich an ägyptischen Bestattungsbräuchen inspiriert habe.
[7] Was das Vorhandensein eines Unterweltsymbolismus jedoch nicht ausschließt, denn es gab eine Grotte – Plutonion – die den Eintritt ins Jenseits versinnbildlichte, und wahrscheinlich befand sich hier ein Omphalos; vgl. *K. Kerényi*, a.a.O. 80.

ren vermuten, daß nur die beiden ersten Aussagen zur eleusinischen Formel gehören. Sie beziehen sich nämlich auf wohlbekannte Episoden: das Fasten der Demeter und den Genuß des Kykeon. Der Rest des *synthema* ist änigmatisch. Mehrere Wissenschaftler glaubten, den Inhalt der Körbe identifizieren zu können: nach ihnen handelte es sich um eine Nachbildung der Gebärmutter, einen Phallus, eine Schlange oder auch einen Kuchen in Gestalt von Geschlechtsorganen. Keine dieser Hypothesen ist überzeugend. Es ist möglich, daß die Gefäße Reliquien aus archaischer Zeit enthielten, die einem Geschlechtssymbolismus zugehörten, wie er für Ackerbaukulturen charakteristisch ist. Aber in Eleusis offenbarte Demeter eine andere religiöse Dimension als die in ihrem öffentlichen Kult gezeigten. Andererseits kann man sich kaum vorstellen, daß ein solches Ritual auch von den Kindern, die initiiert wurden, vollzogen wurde. Außerdem müßte, sofern man das im *synthema* angesprochene Ritual durch den Symbolismus einer Geburt oder Wiedergeburt deutet, die Initiation damit auch abgeschlossen sein. In diesem Fall bleiben Sinn und Notwendigkeit der abschließenden Erfahrung, der *epopteia*, unverständlich. Jedenfalls verweisen die Zeugnisse über die in den Gefäßen verborgenen *hiera* auf deren *feierliches* Vorzeigen und nicht auf ihre Handhabung. Es ist also wahrscheinlich, daß das *synthema* sich, wie G. H. Pringsheim, M. P. Nilsson und G. E. Mylonas betonen, auf Zeremonien bezieht, die viel später, in hellenistischer Zeit, zu Ehren Demeters belegt sind (vgl. G. E. Mylonas, a. a. O. 300ff, und Anm. 39).

Es wurde vermutet, daß die Mysten an einem Opfermahl teilnahmen, was auch plausibel ist. In diesem Falle fand das Mahl zu Beginn, nach dem Genuß des Kykeon, d. h. vor der eigentlichen *telete* statt. Ein weiteres Ritual wurde aus einem Hinweis des Proclus (*ad Timaeus* 293 C) abgeleitet: Die Mysten schauten zum Himmel und riefen: „Regne!" Sie schauten zur Erde und riefen: „Empfange!" Hippolyt (*Philosophumena* 5, 7, 34) behauptet, diese beiden Worte seien das große Geheimnis der Mysterien. Es handelt sich zweifellos um eine rituelle Formel, die sich auf den für Vegetationskulte spezifischen *hieros gamos* bezieht; wenn sie aber in Eleusis ausgesprochen wurde, so war sie nicht geheim, denn die gleichen Worte scheinen in der Inschrift eines Brunnens in der Nähe des Dipylon-Tores von Athen auf.

Eine sehr erstaunliche Information vermittelt uns der Bischof Asterios. Er lebte um 440, als das Christentum zur Staatsreligion geworden war. Das bedeutet, daß der Bischof die Dementis der heidnischen Autoren nicht mehr zu fürchten hatte. Asterios berichtet von einem dunklen unterirdischen Gang, in dem die Begegnung zwischen dem Hierophanten und der Priesterin stattfand, er berichtet weiterhin vom Verlöschen der Fackeln und von der „unzähligen Menge, die glaubte, ihr Wohl hinge von dem ab, was die beiden in der Finsternis vornahmen"[8]. Doch wurde im Telesterion keinerlei unterirdischer Raum *(katabasion)* entdeckt, obschon die Grabungen überall bis zum Felsen vorangetrieben wur-

---

[8] Enkomion pour les Saints Martyrs, in: Patrologia graeca 40 Sp. 321–324.

den. Wahrscheinlicher ist, daß Asterios sich auf jene Mysterien bezog, die in hellenistischer Zeit im Eleusion von Alexandrien vollzogen wurden. Wenn der *hieros gamos* tatsächlich vollzogen wurde, dann ist es jedenfalls schwer verständlich, daß Clemens – nachdem er von Eleusis gesprochen hat – Christus als den „wahren Hierophanten" bezeichnen konnte.

Im 3. Jahrhundert fügt Hippolyt zwei weitere Informationen hinzu (*Philosophumena* 5,38–41). Er berichtet, man habe den *epoptai* „in feierlichem Schweigen" eine Ähre gezeigt. Und er fügt hinzu: „Der Hierophant selber feiert nachts in Eleusis bei großem Feuer die heiligen unaussprechlichen Mysterien und ruft mit lauter Stimme: ‚Einen heiligen Knaben hat die Herrin geboren, Brimo den Brimos, d. h. die Starke den Starken.'" Das feierliche Vorzeigen einer Ähre erscheint zweifelhaft, da die Mysten selbst Kornähren mit sich getragen haben sollen. Um so mehr, als die Ähren auf zahlreichen Bauten in Eleusis selbst abgebildet sind. Gewiß, Demeter war die Göttin des Getreides, und Triptolemos war im mythisch-rituellen Szenarium von Eleusis gegenwärtig. Aber es fällt schwer zu glauben, daß die Enthüllung einer frischgeschnittenen Ähre eines der großen Geheimnisse der *epopteia* gewesen sein soll, es sei denn, man übernimmt die Deutung von W. Otto, der von einem „Wunder" spricht, das für die eleusinischen Mysterien spezifisch gewesen sei: „Die mit übernatürlicher Plötzlichkeit wachsende und reifende Kornähre gehört zu den Mysterien der Demeter, wie der in wenigen Stunden wachsende Weinstock zu den Dionysosfesten gehört" (a. a. O. 25). Hippolyt dagegen behauptet, die geschnittene Ähre gelte bei den Phrygiern als ein von den Athenern später entliehenes Mysterium. Es ist also möglich, daß der christliche Autor das auf Eleusis übertrug, was er von den Mysterien des Attis wußte (des Gottes, der nach Hippolyt von den Phrygiern „die frische Kornähre" genannt wurde).

Was die Wörter Brimo und Brimos betrifft, so sind sie wahrscheinlich thrakischen Ursprungs. Brimo bezeichnet vor allem die Herrscherin der Toten; folglich kann ihr Name sowohl auf Kore und Hekate als auch auf Demeter angewandt werden. Nach K. Kerényi verkündete der Hierophant, die Todesgöttin habe im Feuer einen Sohn geboren [9]. Sicher weiß man jedenfalls, daß die abschließende Vision, die *epopteia*, in strahlendem Licht erfolgte. Mehrere antike Autoren sprechen von einem Feuer, das in dem kleinen Gebäude Anaktoron brannte und dessen Flammen und Rauch durch die Dachöffnung aufstiegen und von weitem sichtbar waren. Auf einem Papyrus aus der Zeit Hadrians wendet sich Herakles an den Hierophanten: „Ich wurde vor langer Zeit (oder andernorts) eingeweiht ... [Ich habe] das Feuer [gesehen] ... und ich habe Kore gesehen" (vgl. Kerényi 83,f). Nach Apollodoros von Athen schlug der Hierophant

---

[9] Es sind auch andere analoge Fälle bekannt; so etwa von Dionysos, oder Asklepios, der im Grabfeuer von Koronis gezeugt und von Apollon aus dem Leichnam seiner Mutter herausgeholt wurde; vgl. *K. Kerényi*, a. a. O. 92ff.

bei der Anrufung Kores auf einen Bronzegong, und aus dem Kontext geht hervor, daß das Reich der Toten sich auftat (W. Otto 29).

99. „Geheimnisse" und „Mysterien"

Man kann annehmen, daß die Epiphanie der Persephone und die Wiedervereinigung mit ihrer Mutter die zentrale Episode der *epopteia* war und die entscheidende religiöse Erfahrung eben durch die *Gegenwart der Göttinnen* hervorgerufen wurde. Wir wissen nicht, wie diese Vereinigung stattfand, noch, was sich danach ereignete. Ebensowenig wissen wir, warum eine solche Vision die Situation der Initiierten nach dem Tode radikal verändern sollte. Aber es steht außer Zweifel, daß der Zuschauer ein „göttliches Geheimnis" wahrnahm, das ihn mit den Göttinnen „vertraut" machte; er war gewissermaßen von den eleusinischen Gottheiten „adoptiert"[10]. Die Initiation offenbarte zugleich die Nähe zur göttlichen Welt und die Kontinuität zwischen Leben und Tod, Ideen, die zwar alle archaischen Religionen ackerbaulichen Typs teilten, die jedoch von der olympischen Religion verdrängt wurden. Die „Offenbarung" der geheimnisvollen Kontinuität zwischen Leben und Tod versöhnte den Eingeweihten mit der Unentrinnbarkeit des eigenen Todes.

Die in die eleusinischen Mysterien Initiierten bildeten weder eine „Kirche" noch einen Geheimbund, wie etwa die Mysterien der hellenistischen Zeit. Nach Hause zurückgekehrt, nahmen die Mysten und die Epopten auch weiterhin an den öffentlichen Kulten teil. Denn erst nach dem Tod fanden sich die Initiierten getrennt von der Masse der Nicht-Initiierten wieder. So gesehen kann man die eleusinischen Mysterien nach Pisistratos als religiöses System betrachten, das die olympische Religion und die öffentlichen Kulte ergänzte, ohne sich gegen die traditionellen religiösen Institutionen der Stadt zu stellen. Der Hauptbeitrag von Eleusis war soteriologischer Art, und deshalb hat Athen die Mysterien gebilligt und schon sehr bald auch unter seinen Schutz genommen.

Demeter war in allen Regionen und Kolonien Griechenlands die populärste Göttin. Sie war auch die älteste; morphologisch ist sie ein Nachkomme der Großen Göttinnen des Neolithikums. Die Antike kannte auch andere Demetermysterien, deren berühmteste die von Andania und Lykosura waren. Erwähnt sei noch, daß Samothrake, Initiationsmittelpunkt für die nördlichen Länder – Thrakien, Makedonien, Epirus –, wegen der Mysterien der Kabiren bekannt

---

[10] *W. K. C. Guthrie*, The Greeks and their Gods 292f., erinnert an eine Episode von Axiochos, einen Dialog, der fälschlicherweise Platon zugeschrieben wurde: Sokrates versichert Axiochos, er brauche den Tod nicht zu fürchten; ganz im Gegenteil sei er durch seine Initiation in die eleusinischen Mysterien zum Verwandten *(gennetes)* der Götter geworden. W. K. C. Guthrie sieht in diesem Text einen Beweis für die göttliche Adoption. Aber der Begriff *(gennetes)* verweist eher auf die Treue: „du, der du einer der Getreuen der Göttinnen bist". Doch schließt dies nicht die Vorstellung der geistigen Verwandtschaft aus.

war und daß seit dem 5. Jahrhundert in Athen die Mysterien des thrako-phrygischen Gottes Sabazios, der erste der orientalischen Kulte, die in den Westen vordrangen, gefeiert wurde. Mit anderen Worten, die Mysterien von Eleusis stellten ungeachtet ihres einmaligen Ansehens keine einzigartige Schöpfung des griechischen religiösen Geistes dar: sie fügten sich in ein umfassenderes System ein, über das wir aber nur sehr mangelhaft unterrichtet sind. Denn diese Mysterien setzten, wie übrigens auch jene der hellenistischen Zeit, Initiationen voraus, die geheimgehalten werden mußten.

Der religiöse und, allgemein, der kulturelle Wert des „Geheimnisses" sind noch unzureichend erforscht. Alle großen Entdeckungen und Erfindungen – Ackerbau, Metallurgie, verschiedene Techniken, Künste usw. – implizierten in ihren Anfängen das Geheimnis: nur die in die Geheimnisse des Metiers „Initiierten" konnten den Erfolg des Unternehmens garantieren. Im Laufe der Zeit wurde die Einweihung in die Geheimnisse bestimmter archaischer Techniken der ganzen Gemeinschaft zugänglich. Doch verloren die entsprechenden Techniken ihren sakralen Charakter nicht ganz. Das Beispiel des Ackerbaus ist besonders instruktiv: Noch Jahrtausende nach seiner Verbreitung in Europa blieb der Ackerbau rituell strukturiert, die „Berufsgeheimnisse" jedoch, d. h. die Zeremonien, die eine reiche Ernte gewähren sollten, waren nun durch eine elementare „Initiation" allgemein zugänglich geworden.

Man kann annehmen, daß die eleusinischen Mysterien zu einer Ackerbau-Mystik gehörten, und es ist wahrscheinlich, daß die *Sakralität* des Geschlechtsakts, der vegetativen Fruchtbarkeit und der Ernährung zumindest einen Teil des Initiationsszenariums prägt. In diesem Fall müssen wir annehmen, daß es sich um halb vergessene *Sakramente* handelte, die ihre ursprüngliche Bedeutung verloren hatten. Wenn die eleusinische Initiation solche „Ur-Erfahrungen" ermöglichte, die das Geheimnis und die Sakralität der Nahrung, des Geschlechtsakts, der Zeugung, des rituellen Todes offenbarten, so verdiente Eleusis mit Recht seinen Ruf als „heiliger Ort" und als Quelle der „Wunder". Es fällt uns jedoch schwer zu glauben, daß sich die höchste Stufe der Initiation auf eine Anamnese archaischer Sakramente beschränkte. Eleusis hatte zweifelsohne eine neue religiöse Dimension entdeckt. Die Mysterien waren vor allem wegen bestimmter „Offenbarungen" über die beiden Göttinnen berühmt.

Solche „Offenbarungen" nun erforderten das Geheimnis" als *conditio sine qua non*. Nicht anders war es bei verschiedenen Initiationen, die in archaischen Gesellschaften bezeugt sind. Was das eleusinische „Geheimnis" einmalig macht, ist die Tatsache, daß es zum Musterbeispiel für den Mysterienkult wurde. Der religiöse Wert des „Geheimnisses" wird in hellenistischer Zeit hoch gepriesen. Die Mythologisierung der Initiationsgeheimnisse und ihre Hermeneutik haben in der Folge zu zahllosen Spekulationen geführt, die schließlich den Stil einer ganzen Epoche prägten. „Gerade das Geheimnis erhöht den Wert dessen, was man erfährt", schreibt Plutarch (*Über Leben und Dichtung Homers* 92). Medizin wie auch Philosophie sind für ihre „Initiationsgeheimnisse" bekannt, die verschiedene Autoren mit den Aspekten von Eleusis vergleichen[11]. Zur Zeit des Neupythagoräismus und Neuplatonismus war eines der meist verwendeten Klischees gerade die änigmatische Schreibweise der großen Philosophen, also die Idee, daß die Meister ihre wahre Lehre nur den Eingeweihten offenbarten.

Diese Gedankenströmung fand ihre beste Unterstützung im „Geheimnis" von Eleusis. Die Mehrzahl der modernen Kritiker mißt den allegorischen oder hermetischen Deutungen, die zahlreiche Autoren der Spätantike vorschlagen, keine allzugroße Bedeutung bei. Aber solche Deutungen entbehren trotz ihres Anachronismus doch nicht eines gewissen philosophischen und religiösen Interesses, denn sie setzen das Bemühen älterer Autoren um eine Deutung der eleusinischen Mysterien unter gleichzeitiger Wahrung ihres „Geheimnisses" fort.

Letztlich haben die eleusinischen Mysterien neben der zentralen Rolle, die sie in der Geschichte der griechischen Religiosität spielten, indirekt einen bezeichnenden Beitrag zur europäischen Kulturgeschichte und vor allem zur Deutung des Initiationsgeheimnisses geliefert. Durch sein einzigartiges Ansehen ist Eleusis schließlich zu einem Symbol der heidnischen Religiosität geworden. Der Brand des Heiligtums und die Unterdrückung der Mysterien sind Marksteine des „offiziellen" Endes des Heidentums[12], was indes keineswegs das Verschwinden des Heidentums, sondern nur seinen Gang in den Untergrund bedeutet. Das „Geheimnis" von Eleusis aber beschäftigt nach wie vor die Phantasie der Forscher.

---

[11] Vgl. beispielsweise *Gallienus*, De usu partium VII, 14; *Plotin*, Enneaden 6,9,11 usw.
[12] Siehe Band II.

DREIZEHNTES KAPITEL

Zarathustra und die iranische Religion

100. Die Rätsel

Das Studium der iranischen Religion ist reich an Überraschungen, aber auch Enttäuschungen. Die Materie erweckt lebhaftes Interesse, ist doch der iranische Beitrag zur religiösen Gestaltung des Westens bekannt. Der Begriff der linearen Zeit, die an die Stelle des zyklischen Zeitbegriffs trat, war bereits den Hebräern bekannt, zahlreiche andere religiöse Vorstellungen dagegen wurden im Iran entdeckt, umgewertet oder systematisiert. Es seien nur die wichtigsten genannt: die Ausformulierung mehrerer dualistischer Systeme (kosmologischer, ethischer, religiöser Dualismus); der Erlösermythos; die Erarbeitung einer „optimistischen" Eschatologie, die den endgültigen Sieg des Guten und das allgemeine Heil verkündet; die Lehre von der Auferstehung des Leibes; sehr wahrscheinlich gewisse gnostische Mythen; und schließlich die Mythologie des *Magus*, die in der Renaissance sowohl von den italienischen Neuplatonikern als auch von Paracelsus und John Dee neu erarbeitet wurde.

Sobald aber der nicht spezialisierte Leser sich näher mit den Quellen befaßt, wird er Enttäuschung und Unmut empfinden. Drei Viertel des alten Awesta sind verloren. Von den erhaltenen Texten vermögen nur die wahrscheinlich von Zarathustra selbst verfaßten *Gāthās* den Laien zu faszinieren. Doch ist damit noch nicht gewährleistet, daß er diese änigmatischen Gedichte auch versteht. Der Rest des heutigen Awesta und vor allem die zwischen dem 3. und 9. Jahrhundert unserer Zeitrechnung verfaßte Pahlavi-Literatur sind durch Trockenheit, eintönige Monotonie und Nüchternheit charakterisiert. Wer die Vedas und die Upanishaden, ja auch die Brâhmanas, kennt, wird zweifellos enttäuscht sein.

Dennoch sind die *Ideen*, die sich in den *Gāthās* bisweilen entschlüsseln lassen und die ausgearbeitet und systematisiert, in den späteren Schriften wiedererscheinen, fesselnd. Allerdings liegen sie unter einem Berg von Texten und rituellen Kommentaren vergraben. Mit Ausnahme der *Gāthās* – deren Lektüre trotz aller Unklarheiten bereichernd ist – kommt es nur selten vor, daß man von der Macht des Wortes, der Ursprünglichkeit der Bilder, der Offenbarung einer tiefen und unerwarteten Bedeutung geblendet würde. Über den persönlichen

Beitrag Zarathustras zur Erfindung oder Neubewertung dieser religiösen Konzeptionen sind die Irankenner geteilter, ja sogar konträrer Meinung. Im Grunde handelt es sich um zwei verschiedene historiographische Perspektiven: in der ersteren gilt Zarathustra als historische Persönlichkeit, als Reformator der traditionellen Religion der Ureinwohner, d. h. jener Religion, der auch die Indo-Iranier des zweiten Jahrtausends vor Christus anhingen. In der zweiten Perspektive dagegen ist Zarathustras Religion lediglich ein Aspekt der iranischen Religion, d. h. der Mazdā-Religion, in dem es vor allem um die Verehrung Ahura Mazdās geht; den Vertretern dieser methodologischen Position zufolge gab es nicht nur keine „Reform" durch den „Propheten" Zarathustra, sondern sie bestreiten sogar dessen Historizität.

Wie wir gleich sehen werden, sollte das Problem der Historizität Zarathustras keine Schwierigkeiten bereiten. Es war normal, daß die historische Person Zarathustras zu einem exemplarischen Vorbild für die Gläubigen der „Mazdā-Religion" umgestaltet wurde. Nach einigen Generationen kann das Kollektivgedächtnis die authentische Biographie einer hervorragenden Persönlichkeit nicht mehr behalten. Sie wird zu einem Archetypus, d. h., sie drückt nur noch die Vorzüge ihrer Berufung aus, die durch paradigmatische Ereignisse veranschaulicht werden, welche für das in ihr inkarnierte Modell spezifisch sind. Dies gilt nicht nur für Gautama Buddha oder Jesus Christus, sondern auch für Personen geringerer Bedeutung, wie etwa Marko Kraljevic oder Dieudonné de Gozon. Nun ist es aber so, daß die, von der Mehrheit der Wissenschaftler als Zarathustras Werk betrachteten *Gāthās* einige autobiographische Einzelheiten enthalten, die die Historizität ihres Verfassers bestätigen. Das sind allerdings die einzigen Hinweise. Sie haben den Mythisierungsprozeß, der die gesamte Mazdā-Überlieferung erfaßte, nur deshalb überlebt, weil sie in Zarathustras eigene Hymnen eingefügt sind.

Es liegt nahe, zunächst diese wenigen biographischen Einzelheiten zu einer ersten Skizze des Lebens und religiösen Wirkens Zarathustras heranzuziehen. Erst in einem zweiten Schritt werden wir die Korrekturen und Ergänzungen beifügen, die sich aus neueren Forschungen ergeben haben.

Es wurde vorgeschlagen, Zarathustras Wirken zwischen 1000 und 600 v. Chr. anzusetzen. Übernimmt man die mazdäische Tradition, die von „258 Jahren vor Alexander" spricht, so läßt sich Zarathustras Leben zwischen 628 und 551 v. Chr. festlegen[1].

Die ältesten Daten wurden unter Berücksichtigung des archaischen Charak-

---

[1] Sehr wahrscheinlich bezieht sich die Formel „258 Jahre vor Alexander" auf die Eroberung von Persepolis (330 v.Chr.), die dem Reich der Achämeniden ein Ende setzte. Den ersten Erfolg, die Bekehrung des Königs Vishtaspa, errang der Prophet im Alter von 40 Jahren. Die traditionelle Chronologie („258 Jahre vor Alexander"), die von der Mehrheit der Forscher akzeptiert wird (vgl. *W. B. Henning*, Zoroaster, Politician or Witch-Doctor 38 ff) wurde von *M. Molé*, Culte, mythe et cosmologie dans l'Iran ancien 531, und *G. Gnoli*, Politica Religiosa e concezione della regalità 9 ff verworfen.

ters der Sprache der Gāthās und vor allem ihrer Analogien zu den Vedas angenommen. Die sprachliche Analyse erlaubt den Schluß, daß der Prophet im Ostiran, wahrscheinlich in Xvārizm oder Baktrien gelebt hat[2].

Der Überlieferung zufolge war er *Zaotar* (Yasht 33:16), d. h. Opferpriester und Sänger (vgl. Sanskrit *hótar)*, und seine Gāthās stehen im Rahmen einer alten indoeuropäischen Tradition sakraler Dichtung. Er gehört dem Clan der Spitama („zum brillanten Angriff") an, die Pferdezüchter waren. Sein Vater nannte sich Pourušaspa („der mit dem Apfelschimmel"). Zarathustra war verheiratet, und wir kennen die Namen zweier seiner Kinder; seine Tochter Pouručista war das jüngste seiner Kinder (Yasna 53: 3). Er war nicht sehr vermögend. Als er in einem berühmten Gāthā die Hilfe und den Schutz Ahura Mazdās erfleht, ruft er aus: „Ich weiß, o Weiser, warum ich ohnmächtig bin: Mein ist nur wenig Vieh, und weil ich wenige Leute habe" (Yasna 46:2).

Die Gemeinde, an die er seine Botschaft richtete, bestand aus seßhaften Hirten, mit ihren *Kavi* („Anführern"), Priestern, *Karapan* („Murmlern") und *Usig* („Opferern"). Diese Priester, die Hüter der traditionellen arischen Religion, griff Zarathustra schon bald im Namen Ahura Mazdās an. Die Reaktion blieb nicht aus, und der Prophet mußte fliehen. „Nach welchem Lande soll ich mich wenden, wohin soll ich meine Zuflucht nehmen? Der Familie und meinem Stamm entfremden sie mich; weder das Dorf noch die falschgläubigen Landesfürsten sind mir gewogen..." (Y. 46:1). Er flieht zu Vishtaspa, dem Fürsten des Fryānastammes. Diesen kann er bekehren und als Freund und Beschützer gewinnen (Y. 46:14; 15:16). Doch der Widerstand läßt nicht nach, und Zarathustra klagt in den Gāthās öffentlich einige seiner persönlichen Feinde an: Bandva, der „stets das Haupthindernis ist" (Y. 49:1-2), und „der Kleinfürst Vaēpya", der „an der Brücke des Winters Zarathustras Spitama gekränkt hat, da er ihm die Rast verweigerte, ihm und seinen Zugtieren, die vor Kälte zitterten, als sie bei ihm ankamen" (Y. 51:12).

Aus den Gāthās lassen sich einige Hinweise auf die missionarische Tätigkeit Zarathustras entschlüsseln. Der Prophet umgab sich mit einer Gruppe von Freunden und Jüngern, die die Bezeichnungen „Arme" *(drigu)*, „Freunde" *(frya)*, „Wissende" *(vīdva)* und „Eidgenossen" *(urvatha)* trugen[3]. Er fordert seine Gefährten auf, die Feinde, „den Bösen", „mit Waffengewalt abzuhalten" (Y. 31:18). Gegen diese Truppe Zarathustras stellen sich die „Männerbünde", deren Devise *aesma*, „Raserei", lautet. Man konnte die Entsprechung dieser iranischen Geheimbünde zu den Gruppen der jungen indischen Krieger, den Maruts aufzeigen, deren Anführer Indra als *adhrigu*, d. h. nicht-*dhrigu*

---

[2] Vgl. *J. Duchesne-Guillemin*, a. a. O. 138–140; *G. Widengren*, Die Religionen Irans 60. Wir zitieren die Gāthās nach der Übersetzung von *J. Duchesne-Guillemin*, Zoroastre (1948).

[3] Nach einer Aufzählung der indischen Entsprechungen dieser Begriffe zeigt G. Widengren, daß es sich um eine Institution handelt, die wahrscheinlich genauso alt ist wie die indoiranische Gemeinschaft selbst (a. a. O. 64 ff).

(„der nicht arm ist") charakterisiert ist[4]. Zarathustra wendet sich mit Nachdruck gegen jene, die Rinder opfern (Y. 32:12, 14; 44:20; 48:10). Gerade diese blutigen Rituale charakterisierten aber die Männerbünde.

101. Zarathustras Leben: Geschichte und Mythos

Diese wenigen und nur andeutungsweisen Angaben können noch lange nicht als Elemente einer Biographie gelten. M. Molé hat versucht, zu zeigen, daß selbst die wenigen Verweise auf anscheinend wirkliche Personen und Ereignisse nicht zwangsläufig auch historische Wirklichkeiten reflektieren: Vishtaspa beispielsweise repräsentiert das Modell des Initiierten. Doch die Historizität Zarathustras folgt nicht nur aus den Anspielungen auf konkrete Personen und Ereignisse (den Kleinfürst Vaēpya, der ihm „an der Winterbrücke" die Rast verweigerte usw.), sondern auch aus dem authentischen und engagierten Charakter der Gāthās. Außerdem berührt uns die Dringlichkeit und existentielle Spannung, mit der Zarathustra seinen Herrn befragt: er bittet, ihn über die kosmogonischen Geheimnisse zu belehren, ihm seine Zukunft, aber auch das Schicksal bestimmter Verfolger sowie aller Übeltäter zu enthüllen. Jede Strophe des berühmten Yasna 44 wird von der gleichen Formel eingeleitet: „Das frage ich dich, sage mir der Wahrheit gemäß, o Herr!" Zarathustra will wissen, „wer der Sonne und den Sternen ihren Weg gewiesen hat" (3), „wer die Erde unten und den Wolkenhimmel so befestigt hat, daß er nicht fällt?" (4), und seine Fragen über die Schöpfung folgen in immer drängenderem Rhythmus aufeinander. Aber er will auch wissen, in welcher Weise seine Seele, „wenn sie zum Guten gelangt ist, verzückt sein wird?" (8) und „wie wir uns vom Bösen befreien?" (13), „wie werde ich das Böse der Gerechtigkeit überantworten?" (14). Er verlangt „sichtbare Zeichen" (16) und vor allem, daß er sich mit Ahura Mazdā vereinige und sein „Wort wirksam sei" (17). Aber er fügt hinzu: „Ob ich wohl, durch Gerechtigkeit *(arta)*, als Lohn erhalten werde zehn Stuten mit einem Hengst, und ein Kamel, den Lohn, der mir, o Weiser, versprochen wurde?" (18). Er vergißt auch nicht, den Herrn über die unmittelbare Bestrafung dessen zu befragen, „der demjenigen seinen Lohn vorenthält, der ihn verdient hat", denn über die Bestrafung, die ihn „am Ende erwartet" (19) ist er bereits unterrichtet. Zarathustra ist besessen vom Gedanken der Bestrafung der Bösen und der Belohnung der Tugendhaften. In einem anderen Hymnus fragt er, „welche Strafe für den vorgesehen sei, der dem übeltuenden Bösen zum Reich *(kshathra,* „Macht, Kraft") verhelfe" (Y. 31:15). An anderer Stelle wiederum ruft er aus: „Wann, o Weiser (Mazdā) mit der Gerechtigkeit (arta) werde ich erfahren, ob du Macht hast über einen jeden von diesen, die mir Zerstörung drohen?" (Y. 48:9.) Ungeduldig stellt er fest, daß die Mitglieder der „Männerbünde", die

---

[4] S. *Wikander,* Der arische Männerbund 50ff.

nach wie vor Stiere opfern und Haoma trinken, unbestraft bleiben: „Wann wirst du diese schmutzige Flüssigkeit vernichten?" (48:10.) Er hofft, „*dieses Leben*" erneuern zu können (Y. 30:9), und fragt Ahura Mazdā, ob der Gerechte *schon jetzt* über den Bösen siegen werde (Y. 48:2 siehe unten). Mitunter erscheint er unentschlossen, betrübt, demütig, voller Verlangen, den Willen des Herrn genauer zu kennen: „Was befiehlst du? Welchen Lobpreis, welchen Kult willst du?" (Y. 34:12.)

So viele konkrete Einzelheiten konnten in den ehrwürdigsten Teil des Awesta nur Eingang finden, weil sie Erinnerungen an eine historische Persönlichkeit sind. Es ist richtig, daß in den späteren legendären Biographien des Propheten die mythologischen Elemente überhandnehmen, aber es handelt sich dabei, wie gesagt, um einen durchaus bekannten Prozeß: nämlich die Umwandlung einer bedeutenden historischen Persönlichkeit in ein exemplarisches Modell. Ein Hymnus (Yasht 13) preist die Geburt des Propheten in messianischen Ausdrükken: „Bei seiner Geburt und seinem Heranwachsen wurden Wasser und Kräuter froh, bei seiner Geburt und seinem Heranwachsen wuchsen Wasser und Kräuter" (13:93 ff), und es wird verkündet, daß „sich von jetzt ab die gute mazdäische Religion über alle sieben Weltteile ausbreiten wird" (13:95)[5].

Die späteren Texte verweilen ausführlich bei der himmlischen Präexistenz Zarathustras. Er wird „inmitten der Geschichte" und im „Mittelpunkt der Welt" geboren. Als seine Mutter den *xvarenah* Zarathustras empfing, war sie von starkem Licht umgeben. „Drei Nächte hindurch erscheinen die Wände des Hauses wie in Feuerflammen."[6] Die im Himmel erschaffene Substanz seines Leibes fiel mit dem Regen auf die Erde herab und ließ die Pflanzen wachsen, die dann von den beiden Kühen der Eltern des Propheten gefressen wurden: die Substanz ging in die Milch ein, die Zarathustras Eltern mit Haoma vermischt trinken: diese vereinigen sich sodann zum ersten Mal, und Zarathustra wird gezeugt[7]. Vor seiner Geburt versuchen Ahraman und die Dēv vergeblich, ihn zu vernichten. Drei Tage vor der Niederkunft erstrahlt das Dorf in solchem Licht, daß die Spitamiden an eine Feuersbrunst glauben und es verlassen. Als sie zurückkehren, finden sie ein Kind vor, das von strahlendem Licht umgeben ist. Nach der Tradition kam Zarathustra lachend zur Welt. Kaum geboren, wird er von den Dēv (= *daēva*) angegriffen, aber er schlägt sie in die Flucht, indem er die heilige Formel des Mazdäismus ausspricht. Siegreich geht er auch aus weiteren vier Prüfungen hervor, deren initiatorischer Charakter evident ist (er wird auf einen Scheiterhaufen, in eine Wolfsgrube usw. geworfen)[8]. Wir brauchen dies hier nicht weiter auszuführen. Die Prüfungen, Siege und Wunder Zara-

---

[5] Vgl. *G. Widengren*, a.a.O. 100ff; *J. Duchesne-Guillemin*, a.a.O. 338ff.
[6] Zātspram 5, nach der Übers. von *M. Molé*, Culte, mythe et cosmogonie 284. Über den *xvarenah* siehe Anm. 23.
[7] Dēnkart 7,2,48ff, nach der Übers. v. *M. Molé*, a.a.O. 285f.
[8] Texte zitiert von *M. Molé*, a.a.O. 298ff, 301ff. Siehe auch *G. Widengren*, a.a.O. 102ff.

thustras folgen dem exemplarischen Szenarium des Erlösers, der im Begriff steht, vergöttlicht zu werden. Halten wir die betonte Wiederholung der beiden für den Mazdäismus charakteristischen Motive fest: das übernatürliche Licht und der Kampf gegen die Dämonen. Die Erfahrung des mystischen Lichtes und der ekstatischen „Vision" sind auch im alten Indien bezeugt, wo ihnen eine große Zukunft beschieden war. Was aber den Kampf gegen die Dämonen, d. h. gegen die Kräfte des Bösen betrifft, so ist er, wie wir noch sehen werden, die wesentliche Pflicht eines jeden Mazdā-Verehrers.

102. Schamanische Ekstase?

Kehren wir zur ursprünglichen Botschaft Zarathustras zurück, so stellt sich uns zunächst die Frage: Ist sie ausschließlich in den Gāthās zu suchen, oder dürfen wir auch die späteren awestischen Schriften heranziehen? Es gibt keine Möglichkeit, nachzuweisen, daß die Gāthās uns die gesamte Lehre Zarathustras überliefern. Außerdem beziehen sich zahlreiche spätere, ja sogar sehr späte Texte direkt auf gāthische Auffassungen und entwickeln diese weiter. Und bekanntlich schließt die Ausarbeitung einer religiösen Idee, die erstmalig in späten Texten aufscheint, nicht zwangsläufig ein, daß es sich dabei um eine neue Auffassung handelt.

Wichtig ist vor allem, den für Zarathustra spezifischen Typus religiöser Erfahrung zu erhellen. H. S. Nyberg glaubte, ihn mit der Ekstase der Schamanen Zentralasiens in Verbindung bringen zu können. Diese Hypothese wurde von der Mehrheit der Wissenschaftler zurückgewiesen, wurde jedoch in jüngerer Zeit von G. Widengren gemäßigter und überzeugender wieder vorgebracht[9]. Er erinnert an die Traditionen, nach denen Vishtaspa durch Hanf *(bhang)* zur Ekstase gelangte: während sein Leib im Schlafe liegt, reist die Seele ins Paradies. Außerdem heißt es in der awestischen Tradition, daß Zarathustra selbst „sich der Ekstase hingab". Er soll im Trancezustand seine Visionen gehabt und das Wort Ahura Mazdās vernommen haben[10]. Andererseits ist es wahrscheinlich, daß der Gesang im Kult eine bedeutende Rolle spielte, sofern man die Bezeichnung für das Paradies, *garo demânâ*, als „Haus des Sanges" versteht. Bekanntlich gelangen gewisse Schamanen durch langes Singen zur Ekstase; allerdings wäre es verkehrt, jedes Kultsystem, das sich des Gesanges bedient, schon gleich für „schamanisch" zu halten. Außerdem konnten die paraschamanischen Elemente des Szenariums aufgezeigt werden, das sich um die Cinvat-Brücke rankt (siehe weiter unten, § 111), sowie die schamanische Struktur der Reise des Ardā

---

[9] *G. Widengren*, a. a. O. 69 ff.
[10] Siehe die von *G. Widengren*, a. a. O. 72 angeführten Quellen. Die durch Narkotika herbeigeführte Trance war auch im alten Indien bekannt. Vgl. Rig Veda X, 136, 7 und den Kommentar bei *M. Eliade*, Schamanismus 319 f.

Virâf in den Himmel und in die Hölle[11]. Doch finden sich die wenigen Anspielungen auf eine spezifisch schamanische Initiation – Zerstückelung des Leibes und Erneuerung der Eingeweide – ausschließlich in späteren Texten und können fremde Einflüsse widerspiegeln (zentralasiatische oder vom hellenistischen Synkretismus, insbesondere den Mysterienreligionen herrührende Einflüsse)[12].

Man kann durchaus annehmen, daß Zarathustra die indoiranischen Schamanentechniken kannte (die übrigens auch den Skythen und den Indern der vedischen Zeit bekannt waren), und es ist nicht einzusehen, warum man der Tradition mißtrauen sollte, die Vishtaspas Ekstase durch den Hanf erklärt. Aber die in den Gāthās und auch im Awesta bezeugten Ekstasen und Visionen weisen keine schamanische Struktur auf. Das seherische Pathos Zarathustras stellt ihn in die Nähe anderer religiöser Typen. Überdies sind die Beziehungen des Propheten mit seinem Herrn und die Botschaft, die er immer wieder verkündet, nicht „schamanischer" Natur. Was immer das religiöse Milieu, in dem Zarathustra aufwuchs, und die Rolle der Ekstase in seiner und seiner ersten Jünger Bekehrung gewesen sein mag, die schamanische Ekstase spielt im Mazdäismus keine zentrale Rolle. Wie wir bald sehen werden, ist die mazdäische „mystische Erfahrung" das Ergebnis einer rituellen Praxis, die von eschatologischer Hoffnung getragen ist.

103. Die Offenbarung Ahura Mazdās:
Der Mensch kann frei zwischen Gut und Böse wählen

Zarathustra empfängt die Offenbarung der neuen Religion unmittelbar von Ahura Mazdā. Durch ihre Annahme imitiert er die Urtat des Herrn – die Wahl des Guten (vgl. Yasna 32:2) – und genau dasselbe verlangt er auch von seinen Gläubigen. Das Wesentliche der zoroastrischen Reform besteht in einer *imitatio dei*. Der Mensch ist aufgerufen, dem Beispiel Ahura Mazdās zu folgen, aber er ist in seiner Entscheidung frei. Er fühlt sich nicht als Sklave oder Diener Gottes (wie z. B. die Anhänger Varuṇas, Jahwes oder Allahs).

In den Gāthās nimmt Ahura Mazdā den ersten Platz ein. Er ist gut und heilig *(spenta)*. Er hat die Welt durch das Denken erschaffen (Yasna 31:7,11), was einer *creatio ex nihilo* entspricht. Zarathustra erklärt, Ahura Mazdā „durch das Denken als den Ersten und den Letzten erkannt" zu haben (Y. 31:8), d. h. als Anfang und Ende. Der Herr ist von einer Gruppe göttlicher Wesen (die

---

[11] Vgl. die Hinweise auf die Arbeiten *H. S. Nybergs* und *G. Widengrens* in: *M. Eliade*, Schamanismus 312f.
[12] So ist beispielsweise im Zātspram von der Initiation Zarathustras durch die Amahrspand (awestisch Amesha Spenta) die Rede: neben anderen Prüfungen „wurde geschmolzenes Metall auf seine Brust gegossen, wo es erkaltete", und „man schnitt seinen Leib mit Messern auf, das Innere seines Leibes erschien, und das Blut floß; dann aber legte er seine Hand darauf und war geheilt" (Zātspram 22,12f; nach d. Übers. v. *M. Molé*, a.a.O. 334). Dies sind spezifisch schamanische Heldentaten.

Amesha Spenta) begleitet: Asha (Recht), Vohu Manah (Guter Sinn), Ārmaiti (Frömmigkeit, Gemäße Gesinnung), Xshathra (Herrschaft, Macht), Hauratāt und Ameretāt (Integrität [Gesundheit] und Unsterblichkeit)[13]. Zarathustra ruft diese Wesen gemeinsam mit Ahura Mazdā an und preist sie mit ihm, wie in folgender Gāthā: „Weiser Herr, Mächtigster, Frömmigkeit, Gerechtigkeit, durch die die Lebenden gedeihen, Guter Sinn, Herrschaft, höret mich: Erbarmt Euch meiner bei der Belohnung eines jeden" (Y. 33:11, vgl. auch die folgenden Strophen).

Ahura Mazdā ist Vater mehrerer Wesen (Asha, Vohu Manah, Ārmaiti), und eines der beiden Zwillingsgeister, Spenta Mainyu (der Gute Geist). Dies impliziert jedoch, daß er auch den anderen Zwilling, Angra Mainyu (den Zerstörerischen Geist) gezeugt hat. Am Anfang haben, so heißt es in einer berühmten Gāthā (Yasna 30) diese beiden Geister sich entschieden: der eine für das Gute und das Leben, der andere für das Böse und den Tod. Spenta Mainyu erklärt dem zerstörerischen Geist zu „Beginn des Lebens": „Weder unsere Gedanken noch unsere Lehren, noch unsere geistigen Kräfte; weder unsere Entscheidungen noch unsere Worte, noch unsere Taten; weder unser Bewußtsein noch unsere Seelen stimmen überein" (Y. 45:2). Daraus geht hervor, daß die beiden Geister durch *Entscheidung* verschieden – der eine heilig, der andere böse – sind, und nicht durch ihre *Natur*.

Zarathustras Theologie ist nicht „dualistisch" im strengen Sinn des Wortes, denn Ahura Mazdā wird nicht mit einem „Gegen-Gott" konfrontiert; die Gegnerschaft bricht ursprünglich zwischen den beiden Geistern aus. Andererseits wird die Einheit zwischen Ahura Mazdā und dem Heiligen Geist mehrmals vorausgesetzt (vgl. Y. 43:3 usw.). Letztlich gehen das Gute und das Böse, das Heilige und der zerstörerische Dämon aus Ahura Mazdā hervor. Da aber Angra Mainyu seinen Seinsmodus und seine verderbliche Berufung frei gewählt hat, kann der Weise Herr nicht als verantwortlich gelten für das Erscheinen des Bösen. Andererseits wußte Ahura Mazdā in seiner Allwissenheit von Anfang an, wie sich der zerstörerische Geist entscheiden werde, aber er hat diese Entscheidung nicht verhindert. Dies kann entweder bedeuten, daß Gott alle Arten von Widersprüchen transzendiert, oder aber, daß die Existenz des Bösen die Voraussetzung für die Freiheit des Menschen darstellt.

Wir wissen, wo die Vorgeschichte einer solchen Theologie zu suchen ist: in den verschiedenen mythisch-rituellen Systemen von Zweiteilungen und Polaritäten, Wechselfolgen und Dualismen, antithetischen Dyaden und der *coincidentia oppositorum*, in Systemen also, die sowohl die kosmischen Rhythmen als auch die negativen Aspekte der Wirklichkeit und vor allem die Existenz des Bösen berücksichtigten. Zarathustra indes gibt diesem uralten Problem eine neue religiöse und ethische Bedeutung. In den wenigen Versen der Gāthās

---

[13] Diese Wesen – oder, wie sie auch genannt wurden: „Erzengel" – sind mit bestimmten kosmischen Elementen (Feuer, Metall, Erde, usw.) verknüpft.

liegen die Keime zu zahllosen späteren Entwicklungen, die der iranischen Spiritualität ihre spezifischen Züge verliehen.

Die in der Urzeit vollzogene Trennung zwischen Gut und Böse ist die Folge einer Entscheidung, die von Ahura Mazdā eingeleitet und von den beiden Zwillingsgeistern, die Asha (Recht) bzw. Drug (Trug) wählten, wiederholt wurde. Da sich die *daēvas*, die Götter der traditionellen iranischen Religion, für den Trug entschieden haben, verlangt Zarathustra von seinen Anhängern, ihnen keinen Kult mehr darzubringen, und vor allem, ihnen keine Rinder mehr zu opfern. Die Achtung des Rindes spielt in der Mazdā-Religion eine beachtliche Rolle. Man hat darin den Reflex des Konflikts zwischen den seßhaften Ackerbauern und den Nomaden gesehen. Die von Zarathustra verkündete Antinomie indes reicht über die soziale Ebene hinaus. Was verworfen wird, ist ein Teil der nationalen religiösen und arischen Tradition. Zarathustra reiht Yima, Vivahvants Sohn, „der, um unserem Volke zu schmeicheln, es dazu bewog, Stücke des Rinds zu essen" (Y. 32:8), unter die Sünder ein. Außerdem fragt der Prophet, wie wir sahen, Ahura Mazdā, wann er denn jene vernichten werde, die das Haomaopfer darbringen (Y. 48:10).

Neuere Forschungen indes haben gezeigt, daß der Mazdäismus, und nicht einmal die Gāthās, das Haomaritual noch auch den Mithrakult im Ganzen verurteilen[14]. Übrigens wurden, zumindest zum Heil der Laien, zu allen Zeiten Tieropfer dargebracht[15]. Zarathustra scheint sich also vor allem gegen die Exzesse orgiastischer Riten gewandt zu haben, die zahllose Schlachtopfer und den unmäßigen Haomagenuß umfaßten. Was die auf Zarathustra angewandte Bezeichnung „Viehtreiber" betrifft, so bezieht sie sich nicht, wie behauptet wurde, auf die Pflicht eines jeden Mazdāanhängers, das Vieh zu schützen und für es gut zu sorgen. Die vor allem im antiken Vorderen Orient und im alten Indien belegten metaphorischen Ausdrücke, wie „Hirt" und „Herde" bezeichnen Führergestalten und deren Untertanen. Das „Vieh", dessen „Treiber" Zarathustra ist, bezeichnet den Menschen, der der Guten Religion angehört[16].

Diese Korrekturen und neuen Einsichten ermöglichen ein besseres Verständnis des Beitrags der Mazdāreligion zur Religionsgeschichte des Iran. Tatsächlich war durchaus bekannt, daß Zarathustra trotz seiner „Reform" zahlreiche traditionelle Glaubensüberzeugungen und religiöse Vorstellungen übernommen und mit neuen Werten gefüllt hatte. So übernimmt er beispielsweise die indoiranische Tradition der Reise der Toten, betont aber die Bedeutung des Gerichts. Ein jeder wird gerichtet werden nach der Entscheidung, die er auf Erden getrof-

---

[14] Vgl. die Arbeiten von *M. Molé, R. C. Zaehner, M. Boyce* (Haoma, Priest of the Sacrifice, usw.) und *G. Gnoli* (u. a.: „Licht-Symbolik in Alt-Iran").
[15] Vgl. *M. Boyce*, Atās-zōhr und Ab-zōhr; *G. Gnoli*, Questioni sull'interpretazione della dottrina gathica 350.
[16] Siehe *G. G. Cameron*, Zoroaster, The Herdsman, passim; *G. Gnoli*, Questioni 351 ff.

fen hat. Die Gerechten werden in das Paradies, das „Haus des Sanges" zugelassen werden, während die Sünder „auf immer Bewohner des Hauses des Bösen" bleiben (Yasna 46:11). Der Weg ins Jenseits führt über die Cinvat-Brücke, und dort findet die Scheidung zwischen Gerechten und Bösen statt. Zarathustra selbst verkündet den Schicksalsweg, wenn er jene führt, die Ahura Mazdā verehrt haben: „Mit ihnen allen werde ich die Brücke der Entscheidung überschreiten!" (Y. 46:10.)

104. Die „Umgestaltung" der Welt

Der Prophet zweifelt nicht, daß die *daēva* vernichtet und die Gerechten über die Bösen siegen werden. Wann aber wird dieser Sieg des Guten stattfinden, durch den die Welt radikal erneuert werden soll? Er fleht zu Ahura Mazdā: „Lehre mich, was du weißt, Herr: wird noch vor der Ankunft der Strafen, die du erdacht hast, o Weiser, der Gerechte den Bösen überwinden? Denn darin bestand ja die Reform des Lebens" (Y. 48:2). Dies ist die Umgestaltung des Lebens, die Zarathustra erwartet: „Gib mir dieses Zeichen: die völlige Umgestaltung dieses Lebens. Damit ich, dich anbetend und dich lobpreisend, zu größerer Freude gelange" (Y. 34:6). „Laß uns den Beschützer erkennen, der das Leben heilen wird!" so ruft er aus (Y. 44:16). Und beharrlich fragt er weiter: „Welchen Lohn bestimmst du, o Weiser, den beiden Parteien, durch dein brennendes Feuer und durch das geschmolzene Metall gib den Seelen ein Zeichen, um dem Bösen Schaden und Vorteil dem Guten zu bewirken" (Y. 51:9).

Wahrscheinlich hatte Zarathustra das unmittelbare Bevorstehen der „Umgestaltung" *frašo-kereti* der Welt erhofft. „Daß wir doch jene wären, die dieses Leben erneuern!" (Y. 30:9)[17]. Mehrere Male bezeichnet er sich selbst als *saošyant*, „Erlöser" (Y. 48:8; 46:3; 53:2 usw.), ein Begriff, der später zur Herausbildung einer legendären Mythologie führte. Das von ihm verkündete eschatologische Ordal durch Feuer und geschmolzenes Metall (siehe auch Y. 30:7; 32:7) hatte sowohl die Bestrafung der Bösen als auch die Regeneration des Lebens zum Ziel. Wie so oft in der Geschichte wird auch hier die Erwartung des Gerichts und der Erneuerung der Welt immer weiter in eine eschatologische Zukunft projiziert, die jeweils verschieden berechnet werden kann. Wichtig ist aber vor allem die neue Deutung, die Zarathustra dem Gedanken der Erneuerung gegeben hat. Wie wir bereits sahen (§ 21) und noch sehen werden (§ 106), waren im Vorderen Orient, bei den Indo-Iraniern und bei anderen Völkern verschiedene mythisch-rituelle Schauspiele zur Erneuerung der Welt bekannt. Das Ritual, in dem die Kosmogonie neu durchlaufen wurde, fand am Neujahrstag statt. Zarathustra aber verwirft dieses archaische Schauspiel, das auf eine jähr-

---

[17] *M. Molé* und *G. Gnoli* haben die unmittelbare Erneuerung der Welt nach den von Priestern vollzogenen Opfern (Yasna) richtig dargestellt.

liche Regeneration der Welt abzielte und verkündet dagegen eine radikale und endgültige „Umgestaltung", die ein für allemal vollzogen werde. Außerdem werde diese Erneuerung nun nicht mehr durch ein kosmogonisches Ritual erlangt, sondern durch den Willen Ahura Mazdās. Diese Erneuerung enthält das Gericht über jedes Wesen und impliziert die Bestrafung der Bösen und die Belohnung der Gerechten (112). Wenn die Gāthās, und das ist die einstimmige Ansicht der Gelehrten, von Zarathustra selbst stammen, dann ist der Schluß erlaubt, daß der Prophet die archaische Ideologie des periodisch regenerierten kosmischen Zyklus aufheben wollte und statt dessen das unmittelbar bevorstehende und unwiderrufliche, von Ahura Mazdā beschlossene und bewirkte *Eschaton* verkündete.

Kurz, Ausgangspunkt der Verkündigung Zarathustras ist die Offenbarung der Allmacht, der Heiligkeit und Güte Ahura Mazdās. Der Prophet empfängt sie unmittelbar vom Herrn; aber diese Offenbarung begründet keinen Monotheismus. Was Zarathustra verkündet und zugleich seinen Anhängern als Vorbild weitergibt, ist die Entscheidung Gottes und der anderen göttlichen Wesen. Durch die Option für Ahura Mazdā entscheidet sich der Mazdäer für das Gute gegen das Böse, für die *wahre* Religion gegen jene der *Daēvas*. Folglich muß jeder Mazdäer gegen das Böse kämpfen. Toleranz gegenüber den in den Daēvas inkarnierten dämonischen Kräften ist nicht angebracht. Diese Spannung verhärtete sich schon bald in einen Dualismus. Die Welt wird aufgeteilt in Gute und Böse und gleicht schließlich einer auf allen kosmischen und anthropologischen Ebenen vollzogenen Projektion der Gegnerschaft zwischen den Tugenden und ihren Gegensätzen. Ein weiteres Gegensatzpaar ist zunächst kaum angedeutet, erlangt aber in der iranischen Spekulation später große Bedeutung: der Gegensatz zwischen dem Geistigen und dem Materiellen, zwischen dem Denken und der „Knochenwelt" (vgl. Y. 28:2).

Auffallend ist der spirituelle, gewissermaßen „philosophische" Charakter der Religion Zarathustras[18]. Die Umwandlung der bedeutendsten arischen Gottheiten in Amesha Spentas (die heiligen Unsterblichen), die Ahura Mazdās Begleitung bilden, sowie die Tatsache, daß eine jede dieser Wesenheiten einen abstrakten Wert beinhaltet (Ordnung, Macht, Frömmigkeit usw.) und zugleich ein kosmisches Element beherrscht (Feuer, Metall, Erde usw.) – zeugen sowohl von schöpferischer Imaginationskraft als auch von der Fähigkeit zu intensiver Reflexion. Indem er Ahura Mazdā die Amesha Spentas zuordnet, gelingt es Zarathustra, zu präzisieren, in welcher Weise dieser in die Welt eingreift, und er macht zugleich deutlich, wie der Herr durch seine „Erzengel" den Gläubigen beistehen und sie unterstützen kann. Die Tatsache, daß der Prophet seinen Gott den „Weisen" nennt, daß er die Bedeutung der „Wahrheit" preist, daß er immer

---

[18] Dies entspricht übrigens dem Bild des antiken Griechenland von Zarathustra: Philosoph (nach Aristoxenos war Pythagoras sein Schüler), Magier, Meister der Initiation, Verfasser hermetistischer und alchemistischer Traktate.

wieder vom „guten Denken" spricht, zeigt die Neuheit seiner Botschaft: er betont Funktion und religiöse Bedeutung der „Weisheit", d. h. der „Wissenschaft", der rigorosen und brauchbaren Erkenntnis. Es handelt sich natürlich nicht um eine abstrakte Wissenschaft im modernen Sinn des Wortes, sondern um das „schöpferische" Denken, das die Strukturen der Welt und das ihnen entsprechende Wertgefüge sowohl entdeckt als auch zugleich konstruiert. So gesehen, kann man das spekulative Bemühen Zarathustras vergleichen mit den aus den Upanishaden bekannten Meditationen und Entdeckungen der Weisen, die die vedischen Auffassungen von der Welt und dem menschlichen Leben radikal verändert haben (§ 80).

Der Vergleich mit den *Rishis* der Upanishaden wird aber noch überzeugender, sobald man den initiatorischen und eschatologischen Charakter der mazdäischen „Weisheit" erkannt hat. Gewiß, als Privatreligion (wie auch der Vedismus und der Brahmanismus) ermöglichte der Mazdäismus auch die Entwicklung einer esoterischen Dimension, die aber, wenn auch nicht verboten, doch nicht allen Gläubigen zugänglich war. Yasna 48:3 erwähnt „Geheimlehren". Der initiatorische und eschatologische Charakter des Kults, den Zarathustra anstelle der traditionellen blutigen und frenetischen Riten vorschlägt, ist offenkundig. Der Kult ist in solchem Maße spirituell, daß der Terminus „Opfer" *(Yasna)* in den Gāthās sogar dem Terminus „Gedanke" entspricht[19]. Als Ahura Mazdā sich ihm „als guter Gedanke" nähert und ihn fragt: „An wen willst du deinen Kult richten?", da antwortet Zarathustra: „An dein Feuer!", und er fügt hinzu: „Indem ich ihm das Anbetungsopfer bringe, will ich nach bester Möglichkeit an die Gerechtigkeit denken!" (Y. 43:9.) Das Opfer ist der Anlaß, genauer, die „Unterstützung" einer theologischen Meditation. Und welche Deutungen die Priester ihm auch immer später gegeben haben mögen, es ist doch bezeichnend, daß der Feueraltar religiöser Mittelpunkt des Mazdäismus wurde und blieb. Das eschatologische Feuer, wie Zarathustra es verstand, bewirkt ungeachtet seiner richterlichen Funktion eine Reinigung und „Vergeistigung" der Welt.

Aber die Aufgabe des Kults greift noch weiter aus. Nach einer neueren Deutung[20] erlangt der Offiziant vermittels des Ritus (Yasna) den Rang des *maga*, d. h., er macht eine ekstatische Erfahrung, die zur „Erleuchtung" *(čisti)* führt. Während dieser Erleuchtung gelingt es dem Opferpriester, seinen geistigen Kern *(mēnōk)* von seiner leiblichen Natur *(gētik)* zu trennen, er gewinnt also den Zustand der Reinheit und Unschuld zurück, wie er vor der „Mischung" der beiden Wesenheiten bestand. Diese „Mischung" aber erfolgte nach dem Angriff des Ahriman. Folglich trägt der Opferer zur Wiederherstellung der Ursituation bei, zur „Umgestaltung" *(frašō-kereti)* der Welt, zu dem durch den exemplarischen Priester Zarathustra eingeleiteten Erlösungswerk. Man könnte

---

[19] A. Meillet, Trois conférences sur les Gātā 56; J. Duchesne-Guillemin, Zoroastre 151.
[20] Siehe die Arbeiten von G. Gnoli, insbes. Lo stato di ‚magia' und La gnosi iranica 287 ff.

sogar sagen, daß der Opferer schon an der umgewandelten Welt partizipiert[21].

Der Zustand des *maga* wird vor allem durch die Opferung von *haoma*, „dem Unsterblichkeitstrank", erlangt, den der Priester im Verlauf der Zeremonie zu sich nimmt[22]. Der *haoma* aber ist reich an *xvarenah*, einer heiligen Flüssigkeit, die zugleich feurig, leuchtend, belebend und samentragend ist. Ahura Mazdā ist der eigentliche Besitzer von *xvarenah*; aber diese göttliche „Flamme" entspringt auch der Stirn Mithras (Yasht X, 127) und entströmt als Sonnenlicht dem Haupt der Könige[23]. Doch besitzt jeder Mensch sein *xvarenah*, und am Tage der Umgestaltung, d. h. der letzten Erneuerung, wird „das große Licht, das aus dem Leib auszutreten scheint, ohne Unterlaß auf dieser Erde erstrahlen"[24]. Durch den rituellen *haoma*-Genuß überschreitet der Opferer seine menschliche Verfaßtheit; er nähert sich Ahura Mazdā an und antizipiert *in concreto* die allgemeine Erneuerung.

Es ist nicht leicht festzustellen, ob diese eschatologische Konzeption des Kults schon zur Zeit Zarathustras ganz ausformuliert war. In der Funktion des Opfers war sie bei den Indo-Iraniern jedenfalls schon enthalten. In der ihnen eigenen Perspektive hatten die Verfasser der Brâhmanas eine ähnliche Auffassung: die Welt wurde durch die unbegrenzte Macht des Opfers periodisch erneuert, das heißt „neu geschaffen". Die eschatologische Funktion des Kults im Mazdäismus indes vereinigt gewissermaßen die in den Brâhmanas verwirklichte höchste Erhebung des Opfers mit der initiatorischen Gnosis und der visionären „Erleuchtung" der Upanishaden. Im Iran wurden wie im brahmanischen Indien die Opfertechnik und die eschatologische Gnosis von einer religiösen Elite gefördert und bildeten so eine esoterische Tradition. Soweit die wenigen Episoden, in denen von der Verwendung des Hanfs durch die Anhänger Zarathustras die Rede ist, tatsächlichen Situationen entsprechen[25], kann man sie mit der Situation im alten Indien vergleichen: auch dort begegnen wir neben Asketen, Sehern, Yogis und Kontemplativen einer Anzahl von Ekstatikern, die sich gewisser Rauschgifte bedienen (vgl. §§ 78 ff). Doch haben die durch Rauschgifte herbeigeführte Trance- und Ekstasezustände in den indischen Religionen nur eine geringe Rolle gespielt. Ähnlich scheint auch der älteste Zoroastrismus, der durch die Gāthās nur sehr unvollkommen wiedergegeben wird, der „Weisheit" und der inneren „Erleuchtung" beim Opferfeuer den Vorrang einzuräumen.

---

[21] Vgl. G. *Gnoli*, Questioni sull'interpretazione 349f. Die Bedeutung von *mēnōk* und *gētik* werden wir später (vgl. Bd. II) untersuchen.
[22] Vgl. M. *Boyce*, Haoma, Priest of the Sacrifice; G. *Gnoli*, Lo stato di magia 114f; *ders.*, Questioni 366.
[23] Siehe J. *Duchesne-Guillemin*, Le xvarenah, a.a.O. sowie die in unserer Untersuchung: Spirit, Light and Seed 13 ff angeführten bibliographischen Hinweise. Es sei erinnert an die mesopotamische Vorstellung des „flammenden Lichtes", *melammu*; vgl. § 20 (Forschungsstand).
[24] Zātspram, nach der Übers. v. M. *Molé*, a.a.O. 98; siehe auch 475. Vgl. weitere Beispiele bei G. *Gnoli*, Questioni 167f.   [25] Vgl. G. *Widengren*, a.a.O. 70f.

Nach der Überlieferung wurde Zarathustra im Alter von 77 Jahren in einem Feuertempel von dem Turanier Brātvarxsh getötet. Eine spätere Quelle berichtet, daß die Mörder als Wölfe verkleidet gewesen seien[26]. Die Legende bringt die Bedeutung von Zarathustras Schicksal sehr schön zum Ausdruck; denn als „Wölfe" bezeichneten sich die Mitglieder der arischen „Männerbünde", die vom Propheten so mutig angeprangert worden waren.

Der Mythisierungsprozeß zog sich jedoch über mindestens fünfzehn Jahrhunderte hin. Wir haben bereits weiter oben einige Beispiele für die Apotheose Zarathustras in der mazdäischen Tradition angeführt (§ 101). In der hellenistischen Welt wird Zarathustra als der Große Magier gepriesen, und die Philosophen der italienischen Renaissance titulieren ihn stets als *Magus*. Nicht zuletzt finden sich auch Gedanken seines schönsten Mythos in Goethes Faust.

105. Die Religion der Achämeniden

Der Gegensatz zwischen Ahura Mazdā und den *daēvas* konkretisierte sich schon in indo-iranischer Zeit, denn das vedische Indien stellte die *devas* den *asuras* gegenüber. Allerdings mit dem einen Unterschied, daß sich in Indien die religiösen Werte dieser beiden Gruppen in entgegengesetzter Richtung als im Iran entwickelten: die *devas* wurden zu den „Wahren Göttern" und siegten über die Klasse der archaischeren Gottheiten, die *asuras*, die in den vedischen Texten als „dämonische" Gestalten gelten (§ 65). Ein ähnlicher Prozeß fand, allerdings in umgekehrter Richtung, im Iran statt: die alten Götter, die *daēvas*, wurden dämonisiert. Wir wissen genau, in welchem Sinne diese Transmutation stattfand: vor allem die kriegerischen Götter – Indra, Saurva, Vayu – wurden zu *daēvas*. Keiner der *asura*-Götter wurde „dämonisiert". Varuṇa, dem im Iran der große proto-indische *asura* entsprach, wurde zu Ahura Mazdā.

Zarathustra spielte in diesem Prozeß wahrscheinlich eine Rolle, doch ist die Erhebung Ahura Mazdās zu höchstem Rang nicht sein Werk. Als Höchster Gott oder auch nur als Großer Gott unter anderen Großen Göttern wurde Ahura Mazdā in den iranischen Ländern schon vor Zarathustra verehrt. Wir begegnen ihm unter diesem Namen in den Inschriften der achämenidischen Könige.

Schon seit Jahren spaltet eine leidenschaftliche Kontroverse die Gelehrten in der Frage um den Zoroastrismus des Darios und seiner Nachfolger. Gegen den Zoroastrismus der Großkönige werden u. a. folgende Argumente vorgebracht: Zarathustra wird in keiner einzigen Inschrift genannt; so wichtige Termini und Namen wie *spenta*, Angra Mainyu und die Ameśa-Spenta (mit Ausnahme Artas) fehlen; außerdem habe die Religion der Perser zur Zeit der Achämeniden, wie sie uns Herodot beschreibt, nichts Zoroastrisches an sich. Zugunsten des Zoro-

---

[26] Die Pahlavi Rivāyat 47:23; zitiert von Menasce in: Anthropos 35–36, 452 (vgl. *J. Duchesne-Guillemin*, La religion de l'Iran ancien 341, Anm. 3.

Die Religion der Achämeniden

astrismus bei den Achämeniden führt man den Namen des Hochgottes Ahura Mazdā an, der in den Inschriften verherrlicht wird, sowie die Tatsache, daß die Einführung eines neuen Kalenders mit den zoroastrischen Konzeptionen unter Artaxerxes I. (465–425) ohne Aufsehen vor sich ging[27]. Wie dem auch sei, auch wenn die Achämeniden keine Zoroastrier waren, so stand ihre Theologie doch auf der gleichen Ebene wie jene der Gāthās: sie ist überreich an abstrakten Ausdrücken, vergleichbar jenen der Gāthās, und sie ist „überladen mit moralischen Problemen"[28]. Außerdem kann man, wie M. Molé einwirft, von einem König nicht die Handlungen und Formeln eines Priesters verlangen; er vollzieht keine Liturgie, sondern setzt konkrete Handlungen. Dies nun aber ist *fraša*, ein Terminus, der all das ausdrückt, „was gut ist, was das Glück des Menschen ausmacht, wodurch der König seine Fähigkeiten verwirklichen kann"[29]. In der ersten Inschrift, die Darios in Naksh i Rustam bei Persepolis anbringen ließ, wird Ahura Mazdā gepriesen als „ein großer Gott, der diese Erde hier schuf, der diesen Himmel dort schuf, der den Menschen schuf, der die Glückseligkeit des Menschen schuf, der den Darios zum König machte, den Einen zum Könige über viele, den Einen zum Befehlshaber über viele"[30]. Die Inschrift betont die schöpferische Kraft Ahura Mazdās und, man könnte fast sagen als deren Folge, die religiöse Verantwortung des Herrschers. Um die Schöpfung Ahura Mazdās zu erhalten und „die Glückseligkeit der Menschen" zu sichern, wurde Darios König.

Diese bevorzugte religiöse Stellung ist gerechtfertigt durch den Mythos von der Gründung der Achämenidendynastie. Nach Herodot (I, 107–117) verheiratete der Mederkönig Astyages nach zwei Träumen, die von den Magiern als schlechte Vorzeichen für seinen Thron gedeutet wurden, seine Tochter mit einem Perser (also einem Manne niederen Ranges) namens Kambyses; als sie sodann einem Knaben, Kyros, das Leben schenkte, befahl Astyages, ihn zu töten. Aber das Kind wurde gerettet und von der Frau des Viehtreibers Mithradates aufgezogen[31]. Kyros lebte bis ins Jünglingsalter bei den Hirten, aber sein

---

[27] Vgl. *J. Duchesne-Guillemin*, a. a. O. 167; neuerdings räumt der Autor (in: Historia Religionum I, 326) allerdings ein, daß das Argument des „zoroastrischen Kalenders" unter Berücksichtigung des Artikels von *E. Bickerman* nicht mehr zu halten ist.
[28] *G. Dumézil*, Naissances d'archanges 62 ff. Siehe auch *R. C. Zaehner*, Dawn and Twilight 157 ff.
[29] *M. Molé*, Culte, mythe et cosmologie 35. *G. Gnoli*, Considerazioni sulla religione degli Achemenidi 246 ff, bemerkt, daß auf den Inschriften *fraša* „vorzüglich" bedeutet und keinen religiösen Stellenwert besitzt; der religiöse Wert ist dagegen in der „Vorzüglichkeit" allen königlichen Tuns enthalten.
[30] *R. G. Kent*, Old Persian 138 (Übers.); vgl. *G. Widengren*, Die Religionen Irans 117, Anm. 1. Die Formel kann medischen Ursprungs sein (*H. S. Nyberg*, Die Religionen des alten Iran 349); *G. Widengren* glaubt sie durch semitische Konzeptionen über den Schöpfergott beeinflußt (a. a. O. 118).
[31] Nach Justin (I, 4) fand der Hirt das ausgesetzte Kind, wie es von einer Hündin gesäugt wurde (Dies ist ein charakteristischer Zug der Mythen von Herrscherheroen). Herodot berichtet, die Frau des Mithradates habe Spako geheißen, was auf medisch „Hündin" bedeutet; vgl. *G. Widengren*, La légende royale 226.

königliches Verhalten verriet ihn, und er wurde als Königssohn erkannt. Nach zahlreichen Abenteuern siegte er schließlich über die Meder, entthronte seinen Großvater und begründete das Reich der Achämeniden.

Das mythische Thema des ausgesetzten und verfolgten Helden ist bei zahlreichen Völkern bekannt. Für uns sind folgende Motive wichtig: a) die von Kyros bestandenen Prüfungen, insbesondere seine Aussetzung, entsprechen einer Initiation kriegerischen Typs; b) der künftige König ist – oder wird – symbolisch Sohn des Gottes Mithra (sein Adoptivvater nennt sich „Geschenk Mithras"); c) nach seinem Sieg über den Mederkönig begründet Kyros ein Reich und eine neue Dynastie; d) was letztlich bedeutet, daß er eine neue Welt schuf und eine neue Zeit einleitete, also einen neuen Mikrokosmos verwirklichte, e) da die Kosmogonie am Neujahrstags rituell wiederholt wurde, dürfen wir annehmen, daß die mythisch-rituelle Darstellung der Dynastiegründung in die Feiern des Nawrōz integriert war.

106. Der iranische König und das Neujahrsfest

Darios hat Persepolis als heilige Hauptstadt, die der Feier des Neujahrsfestes, des *Nawrōz*, vorbehalten war, geplant und erbaut [32]. Persepolis war tatsächlich keine politische Hauptstadt, besaß keinerlei strategische Bedeutung und wird, im Gegensatz zu Pasargadä, Ekbatana, Susa und Babylon in keiner westlichen oder östlichen Quelle genannt [33]. Wie jedes rituelle Neujahrsspiel erneuerte auch der Nawrōz die Welt durch die symbolische Wiederholung der Kosmogonie. Diese Konzeption war den Indo-Iraniern vertraut; jedoch ist es wahrscheinlich, daß das Schauspiel unter den Achämeniden auch mesopotamische Einflüsse aufnahm [34]. Jedenfalls fand das Neujahrsfest unter der Schirmherrschaft Ahura Mazdās statt, der auf mehreren Toren von Persepolis hieratisch dargestellt war.

Über weite Räume hinweg und ab einem bestimmten historischen Zeitpunkt enthielt die Kosmogonie (wie übrigens auch alle anderen Formen der „Schöpfung" und der „Gründung") den siegreichen Kampf eines Gottes oder eines mythischen Heroen gegen ein Seeungeheuer oder einen Drachen (vgl. z.B. Indra-Vṛtra, Baal-Jam, Zeus-Typhon usw.). Man konnte nachweisen, daß ein analoges Szenarium auch bei den vedischen Indern sowie im alten Iran bestand [35], obgleich in letzterem Fall die Quellen erst aus späterer Zeit stammen

---

[32] *R. Girshman*, A propos de Persépolis 265, 277; siehe auch *A. U. Pope*, Persepolis, a Ritual City.
[33] Nicht einmal Ktesias, der 24 Jahre am Hofe des Großkönigs lebte, erwähnt Persepolis, was auf den esoterischen Stellenwert dieser heiligen Stadt schließen läßt; vgl. *K. Erdmann*, Persepolis 46 f. Die westliche Welt erfuhr von der Existenz Persepolis' erst, als es von Alexander dem Großen zerstört wurde.
[34] Vgl. *G. Gnoli*, Politica religiosa e concezione della regalità sotto i Sassanidi 23 ff.
[35] Siehe *S. Wikander*, Vayu 128 ff; *G. Widengren*, Stand und Aufgabe 51 ff; ders., Die Religionen Irans 41 ff.

und den Mythos in stark historisierter Form bringen. Denn Firdousi berichtet den Kampf des Helden Thraētona gegen den Drachen Aži Dahaka, auf den das Avesta Yashts 9:145; 5:34; 19:92ff) anspielt, als Kampf des Königs Farîdûn (<Frêtôn <Traētona) gegen einen fremden Usurpator, den Drachen Azdâhâk, der die beiden Schwestern des legitimen Herrschers Jamšed (<Yima Xšaêta) gefangengenommen und geheiratet hatte. Farîdûn geht – wie Thraētaona – als Sieger aus dem Kampf hervor; er tötet den Drachen und befreit (und heiratet nun seinerseits) die beiden gefangenen Prinzessinnen. Spätere Überlieferungen verlegen diesen Sieg des Königs über Azdâhâk auf den Neujahrstag[36]. Die iranischen Helden und Könige werden als Drachentöter gerühmt (vgl. beispielsweise die Legende von Ardashir), ein übrigens sehr verbreitetes Motiv, auf das wir noch zurückkommen werden. Hierzu sei bemerkt, daß im Iran, wie auch andernorts, dem Historisierungsprozeß mythischer Themen und Personen ein entgegengesetzter Vorgang korrespondiert: die tatsächlichen Gegner der Nation oder des Reiches werden als Ungeheuer und insbesondere als Drachen gedacht[37].

Für uns ist hier von Bedeutung, daß der iranische König für die Erhaltung und Regeneration der Welt verantwortlich war, daß er also auf seiner Ebene die Kräfte des Bösen und des Todes bekämpfte und zum Sieg des Lebens, der Fruchtbarkeit und des Guten beitrug. Zarathustra erwartete von der Guten Religion die allgemeine Erneuerung. Letztlich war jeder zoroastrische Priester davon überzeugt, durch seine Opfer die eschatologische Umwandlung vorwegzunehmen. Was die Könige *zu Beginn* und jährlich vollbrachten, was die Priester jährlich zu verwirklichen hofften – der Saoshyant wird es bei der endgültigen Erneuerung für immer herbeiführen. Wir wissen nicht, ob zur Zeit der Achämeniden zwischen den beiden religiösen Ideologien, der königlichen und der priesterlichen, ein Konflikt oder eine geheime Spannung herrschte. Die Freundschaft des Königs Vishtaspa mit dem Propheten konnte einen Idealfall darstellen. Später indes, unter den Sassaniden wurde die Konfrontation eindeutig. Das Phänomen ist auch andernorts bekannt: der Prinz Siddharta wurde zum Buddha, und seine Soteriologie trat an die Stelle jener der Brahmanen.

107. Das Problem der Magier
Die Skythen

Mit seiner Ausbreitung in den Westen stieß der Zoroastrismus auf andere Religionstypen und unterlag deren Einflüssen. In gleicher Weise blieb auch der Mazdäismus der Achämeniden nicht unverändert. Xerxes, der Sohn des Darius, untersagte in seinem ganzen Reich den Daēvas-Kult, was ihn der Religion Zara-

---

[36] Vgl. *G. Widengren*, Die Religionen Irans 48.
[37] Vgl. *M. Eliade*, Kosmos und Geschichte 36f.

thustras noch näher bringt. Später indes, und zwar genau seit den Inschriften Artaxerxes' II. (405–359), treten Mithra und Anāhitā neben Ahura Mazdā. Wie wir noch sehen werden, zeigt sich ein analoger Synkretismus auch im jüngeren Awesta, der die gleichen Götternamen neben Ahura Mazdā und den Amesha Spenta nennt[38].

Umstritten ist nach wie vor das Problem der Magier und ihrer Beziehungen zum Zoroastrismus. So hielt man sie beispielsweise für einen einheimischen Stamm von Zauberern und Geisterbeschwörern, der für den Verfall des Zoroastrismus verantwortlich sei, oder aber, ganz im Gegenteil, für die wahren Jünger Zarathustras und seine Missionare im Westiran. Sie scheinen zur Zeit des medischen Reichs (7. Jhd.) eine Erbkaste medischer Priester gewesen zu sein, vergleichbar etwa den Leviten und Brahmanen[39]. Unter den Achämeniden waren sie die Priesterklasse schlechthin. Wie Herodot berichtet, deuteten sie Träume (I, 107ff), prophezeiten durch die Opferung weißer Pferde (VII, 113) und psalmodierten während der Opfer eine „Göttergenealogie" (I, 132), was darauf hinweist, daß sie die Hüter einer Tradition religiöser Dichtung waren[40]. Jedenfalls hatten die Magier zahlreiche zoroastrische Riten und Gebräuche übernommen und galten deshalb schließlich als Jünger Zarathustras. Tatsächlich hielten einige griechische Autoren Zarathustra selbst für einen Magier.

Herodot hat uns die wertvollsten Informationen über die Nordiranier, und zwar in erster Linie die Skythen, überliefert. Wir finden bei ihnen den Himmelsgott (Papaios), Mithra (Helios-Apollon), „Ares", den Kriegsgott, die Göttin der Erde und Aphrodite Urania (IV, 59). Herodot berichtet eine Nationallegende über den Ursprung der skythischen Stämme und der königlichen Macht (IV, 5ff). Der Mythos erklärt sich aus der dreiteiligen Ideologie der Indoeuropäer und hat im Volksepos der kaukasischen Osseten, Abkommen der Skythen und der Alanen, überlebt.

Der griechische Historiker behauptet (IV, 59), die Skythen hätten weder Tempel noch Altäre, noch Statuen gekannt. Dennoch opferten sie jährlich dem „Ares" Pferde und Schafe und ein Prozent der Kriegsgefangenen; der Gott wurde dargestellt durch ein Eisenschwert, das in einer künstlichen Anhöhe stak. Menschen- (eine ihrer Konkubinen, zahlreiche Diener) und Pferdeopfer gehörten zur Bestattung der Könige (IV, 71ff). Und schließlich müssen wir den „schamanischen" Charakter eines bestimmten Ritus besonders hervorheben: die Skythen warfen Hanfkörner auf erhitzte Steine und, so berichtet Herodot, der nicht begriffen hatte, daß es sich dabei um einen religiösen Akt handelte, der Rauch machte sie „so glücklich, daß sie vor Vergnügen aufheulten" (IV, 73). Es handelte sich sehr wahrscheinlich um eine ekstatische Erfahrung, zu der sich Parallelen in der zoroastrischen Tradition finden (§ 102).

---

[38] G. Widengren indes glaubt, daß sich Mithra in Persien bereits unter Darios I. eines beachtlichen Kults erfreute (Religionen 146).
[39] Vgl. R. C. Zaehner, Dawn 164.
[40] G. Widengren, a.a.O. 128, vgl. auch 126.

108. Neue Aspekte des Mazdäismus: der Haomakult

Der in Prosa verfaßte und aus den Gāthās 35–42 bestehende, *Sieben-Kapitel-Yasna*, spiegelt den Beginn eines sehr komplexen Adaptations- und Integrationsprozesses wider. So fallen besonders im Vokabular einige bezeichnende Neuerungen auf: die Amesha Spenta werden zum ersten Mal als Gruppe genannt, und es taucht der Terminus *Yazata* (Götter") auf, der im späteren Mazdäismus Bedeutung erlangen wird. Außerdem ist eine bestimmte Tendenz zur Resakralisierung der kosmischen Wirklichkeiten festzustellen. Das Feuer wird mit dem Heiligen Geist, Spenta Maiyu identifiziert (Yasna 36,3); zusammen mit der Sonne wird das Feuer Ahura Mazdā assoziiert [41]. Die Sonne ist die sichtbare Gestalt des Herrn, „des erhabensten der Erhabenen" (Yasna 36:6). Auch Asha, die Wahrheit, wird dem Lichte assoziiert. Außerdem fällt die hervorstechende Bedeutung Ashas im Sieben-Kapitel-Yasna auf: er wird zusammen mit Ahura Mazdā angerufen, und man verkündet die Einheit des Herrn mit der Wahrheit „auf ewig" (Yasna 40:2; 41:6). Asha bedeutet nun mehr als Wahrheit, Gerechtigkeit, Ordnung; er ist eine Personifizierung der kosmischen wie auch der spirituellen Struktur [42]. Man nennt ihn „sehr gnädig, wohltätig, unsterblich, aus Licht gemacht" (Yasna 37,4). Vohu Manah, der Zarathustra in den Gāthās inspirierte, wird auf einen untergeordneten Platz verwiesen.

Überraschender noch: es ist die Rede von den „guten Gattinnen" Ahurās (den Ahurānîs), nämlich den Wassern: „Wir verehren die Ahurānîs, die Wasser" (Yasna 38:3) [43].

Haoma erhält im Kult einen wichtigen Platz: „Wir beten an den ruhmreichen Goldhaoma, wir beten an den strahlenden Haoma, der das Leben gedeihen läßt, wir verehren den Haoma, vor dem der Tod flieht" (Yasna 42:5). Zahlreiche Autoren haben diese Lobpreisung des Haoma als Beweis für den nachzarathustrischen Synkretismus zwischen der Botschaft des Propheten und der traditionellen Religion bedeutet. Wenn aber zutrifft, daß Zarathustra den Haomakult selbst gebilligt und nur dessen Auswüchse gegeißelt hat, dann handelt es sich nicht um einen Synkretismus, sondern um die feierliche Aufwertung der Inhalte der alten indoiranischen „kosmischen Religion".

Zarathustras Gāthās und der Sieben-Kapitel-Gāthā gehören zur sakramentalen Liturgie, der Yasna, die zu einem großen Teil aus monotonen Anrufungen göttlicher Wesen besteht. Die Yashts sind Hymnen, die sich an jeweils verschie-

---

[41] In den späteren Yasnas – 1,11; 3,13; 7,12 – wird die Sonne als Auge Ahura Mazdās bezeichnet, was auf die Reaktualisierung einer archaischen indoiranischen Vorstellung verweist, denn bereits im Rig Veda (I, 50,6) ist die Sonne das Auge Varuṇas.
[42] R. C. Zaehner, Dawn 64.
[43] Wie R. C. Zaehner (Dawn 65) feststellt, sind die Wasser in den späteren Texten wieder vergessen; Ahura Mazdās Gattin ist dann Armaiti, das Rechte Denken aus den Gāthās, die später mit der Erde identifiziert wird. Es handelt sich zweifelsohne um ein Relikt aus der traditionellen iranischen Religion.

dene Gottheiten wenden. Es handelt sich dabei um bestimmte Götter, die Zarathustra nicht kannte, wie beispielsweise Mithra, aber auch um göttliche Persönlichkeiten oder Personifikationen religiöser Erscheinungen, wie die Haoma. Der Hom-Yasht (Yasht 20) rechtfertigt den Haomakult durch einen kühnen Ursprungsmythos: Als Zarathustra einst dem Feuer opferte und die Gāthās rezitierte, näherte sich ihm Haoma und forderte ihn auf, ihn zu pflücken und auszupressen. Der Prophet richtete Fragen an Haoma und erfuhr, daß Vivahvant als erster den Haoma gepreßt und zur Belohnung einen Sohn, den König Yima, „den Glaubensreichsten unter den Geborenen", erhalten hatte (Yasht 20:45). Auf die Bedeutung und die Vorgeschichte dieses mythisch-rituellen Szenariums werden wir später zurückkommen: es geht um die in der Folge und durch die Kraft eines Opfers erlangte Nachkommenschaft (Bd. II). Hier sei nur bemerkt, daß Yima und der Haomaritus im Mazdäismus im Zusammenhang mit Blutopfern gepriesen werden (Yasht 11:4-7). Eine solche Förderung des indoiranischen Erbes mußte natürlich zu starken Widerständen führen. Tatsächlich wurden später die Blutopfer endgültig unterdrückt, und auch der Haoma als berauschender Trank verschwand; er wurde durch eine Mischung aus Pflanzensaft, Wasser und Milch ersetzt[44].

109. Die Verherrlichung des Gottes Mithra

Überraschender noch und bedeutender für die Geschichte des Mazdäismus ist der Mihr Yasht (Yasht 10), der lange Hymnus zu Ehren Mithras. „Als ich Mithra, den Weidenreichen schuf", so erklärt Ahura Mazdā, „machte ich ihn genauso verehrungs- und anbetungswürdig wie mich selbst" (Yasht 10:1). Die Größe, Macht und Schöpferkraft Mithras sind also das Werk des Weisen Herrn. In diesem Prolog ist das Bemühen der mazdäischen Theologie um eine erneute Bestätigung der Allmacht eines einzigen Höchsten Gottes erkennbar. Tatsächlich berichtet und rechtfertigt der Mihr Yasht die Erhebung Mithras zu jener Bedeutung, der er sich vor Zarathustras Reform erfreute. Wenn am Ende des Hymnus die beiden Götter vereint werden, verwendet der Autor die Formel Mithra-Ahurā (Yt. 10: 145), eine Replik des bekannten vedischen Doppelnamens Mitra-Varuṇa[45].

Aber der im Mihr Yasht gepriesene Gott wurde nicht ohne gewisse Veränderungen in den Mazdäismus integriert. Im selben Hymnus lassen sich die verschiedenen Momente einer verborgenen Theogonie entschlüsseln: eine Reihe von Taten und Handlungen Ahura Mazdās zielen nämlich gerade auf die Verherrlichung und Erhöhung Mithras. Da ist zunächst seine Mehrwertigkeit:

---

[44] G. Widengren, a.a.O. 109; Vgl. J. Duchesne-Guillemin, a.a.O. 96ff.
[45] G. Dumézil hat gezeigt, daß Mithras Platz in den Gāthās von Vohu Manah eingenommen wurde; vgl. auch G. Widengren, a.a.O. 14.

Mithra ist der Gott der Verträge, und der Gläubige verpflichtet sich mit dem Versprechen, ihn anzubeten (Yt. 10: 4–6), auch, keine Verträge zu brechen. Aber er ist auch der Gott des Krieges, und er zeigt sich gewalttätig und grausam (er metzelt die Daēvas und die Gottlosen gnadenlos mit seiner Keule, *vazra*, nieder, ein Zug, der ihn Indra annähert); außerdem ist er der Sonnengott, der dem Licht assoziiert wird (10:142); er hat tausend Ohren und zehntausend Augen (10:141), er ist also allsehend und allwissend wie alle Herrschergötter; aber er ist darüber hinaus auch der universale Versorger, der die Fruchtbarkeit der Felder und der Herden sichert (10:61ff). Dieses Phänomen ist in der Religionsgeschichte häufig anzutreffen: eine Gottheit wird mit zahlreichen und mitunter sogar widersprüchlichen Eigenschaften belegt, um dadurch eine „Totalität" zu erreichen, die für ihre momentane oder ständige Erhebung in den Rang der Hochgötter vonnöten ist.

Ahura Mazdā und die Amesha Spenta errichten ihm über dem Berg Harā ein Haus, d.h. also in der geistigen Welt, die sich über dem Himmelsgewölbe befindet (10:49–52)[46]. Doch Mithra beklagt sich beim Herrn, daß er, obgleich Beschützer aller Geschöpfe, doch nicht wie die anderen Götter, durch Gebete verehrt werde (10:54). Wahrscheinlich erhält er den von ihm geforderten Kult, denn im Weiteren zeigt der Hymnus Mithra auf einem von weißen Pferden gezogenen Wagen (62ff), oder auch, wie er in Begleitung von Sraosha und Rashnu des Nachts die Erde durcheilt und die Daēvas vernichtet (95–101), oder alle jene verfolgt, die die Verträge nicht einhalten (104–111). Noch bezeichnender sind die Etappen der Erhebung Mithras in den Rang des Höchsten Gottes. Zunächst weiht Ahura Mazdā Haoma als Priester Mithras, und Haoma betet ihn an *(88)*, d. h., er bringt ihm Opfer dar. Sodann schreibt Ahura Mazdā den Ritus für den Mithrakult vor (119–122) und vollzieht ihn selbst im Paradies, im Haus des Sanges (124). Nach dieser Apotheose kehrt Mithra auf die Erde zurück, um die Daēvas zu bekämpfen, während Ahura Mazdā im Haus des Sanges bleibt. Die Vereinigung Ahura Mazdās und Mithras besiegelt das Schicksal der Daēvas. Mithra wird als Licht, das die ganze Welt erhellt, angebetet (142–144). Der Hymnus schließt mit folgenden Worten: „durch die Pflanze *barsom* beten wir Mithra und Ahura an, die glorreichen (Herren) der Wahrheit, die für immer frei von Verderbnis sind: (wir beten) die Sterne, den Mond und die Sonne an. Wir beten Mithra, den Herrn aller Länder an" (145).

Mithra wurde im Mazdäismus vor allem in seiner Eigenschaft als göttlicher Held im Kampf gegen die Daēvas und die Gottlosen erhöht. Die Tatsache, daß Ahura Mazdā ihm diese Funktion vollständig überläßt, verweist auf eine gewisse

---

[46] Die Bedeutung dieses mythischen Motivs ist bekannt: die Errichtung eines Tempels im Himmel durch die Mitglieder des Pantheon preist den (häufig kosmogonischen; vgl. Marduk) Sieg eines Gottes und besiegelt seine Erhebung in den höchsten Rang (vgl. Baal). Diese mythologische Episode findet ihren Niederschlag auf Erden natürlich in der Errichtung eines Heiligtums zu Ehren des Gottes (vgl. § 50).

Tendenz zur *otiositas* bei diesem letzteren. Da aber der Kampf gegen die Kräfte des Bösen im Mazdäismus die wichtigste Verpflichtung darstellt, kann der Hymnus als eine „Bekehrung" Mithras, also als ein Sieg des Herrn, gedeutet werden.

110. Ahura Mazdā und das eschatologische Opfer

Der Prozeß der Synkretisierung der alten ethnischen Religion mit der Botschaft Zarathustras wird auch in anderen Hymnen greifbar. So beklagt sich beispielsweise in dem *yazata* Tištrya (Personifikation des Sterns Sirius) gewidmeten Yasht VIII Tištrya darüber, daß es ihm nicht gelungen ist, den Dämon Apaoša – der die Wasser zurückhielt und die gesamte Schöpfung zu vernichten drohte – zu besiegen, weil die Menschen ihn in ihren Riten nicht beachtet haben. Nun verehrt Ahura Mazdā Tištrya, indem er ihm ein Opfer (Yasna) darbringt. Daraufhin geht dieser siegreich aus dem Kampf gegen den Daēva hervor und sichert die Fruchtbarkeit der Erde. Ahura Mazdā opfert auch Anāhitā und bittet sie, „ihm diese Gunst zu erweisen: daß ich den frommen Zarathustra dazu führen möge, nach der Guten Religion zu denken, zu sprechen und zu handeln" (Yt. 5:17-19). Daneben opfert der Weise Herr auch Vayu und bittet diesen, „ihm diese Gunst zu erweisen", daß er nämlich die Geschöpfe des Angra Mainyu besiegen könne (Yt. 15:3). Ebenso unerwartet kommt Ahura Mazdās Erklärung, daß ohne die Hilfe der Fravashis – der präexistenten Seelen der Menschen – Menschen und Tiere untergegangen und die materielle Welt dem Reich der Lüge zum Opfer gefallen wäre (Yt. 13:12). R. C. Zaehner[47] sieht in diesen Texten einen Widerspruch zur Lehre Zarathustras, ja sogar eine Selbsterniedrigung Ahura Mazdās, der hier untergeordnete Wesen nicht nur verehrt, sondern sogar noch Hilfe von ihnen erbittet. Tatsächlich erinnert die entscheidende Bedeutung, welche der Hilfe der Fravashis beigemessen wird, an einen bestimmten Typus des *deus otiosus*, bei dem der Schöpfer an einer „geistigen Ermattung" zu leiden scheint, die ihn zwingt, sich an bestimmte Tiere und sogar an seine Gegner zu wenden[48]. Aber die bloße Tatsache, daß Ahura Mazdā diesen oder jenen Gott verehrt (*yaz-*), indem er ihm Opfer darbringt (*yasna*), schließt nicht zwangsläufig ein, daß er sich selbst in eine untergeordnete Stellung begäbe. Die Yashts betonen die schöpferische Kraft der Riten und der Liturgie, und zeigen Ahura Mazdā in seiner priesterlichen Funktion[49]. Durch die Darbringung eines Opfers verzehnfacht Ahura Mazdā die magisch-religiöse Kraft des Empfängers.

---

[47] R. C. Zaehner, Dawn and Twilight 81.
[48] In diesem Fall handelt es sich um ein „dualistisches" kosmogonisches Motiv, das in der Folklore Osteuropas, Zentralasiens und Sibiriens sehr bekannt, aber auch im Zurvanismus belegt ist; vgl. M. Eliade, Le Diable et le Bon Dieu, in: De Zalmoxis à Gengis Ghan 84ff.
[49] Vgl. G. Gnoli, Note sur Yasht VIII, 95ff.

Was in den Hymnen deutlich wird, ist vor allem die außerordentliche Bedeutung des Opfers, eine Konzeption, die zwar indoiranisch ist, die sich indes vor allem in den Brâhmanas entwickelt und die im Mazdäismus immer stärker in den Mittelpunkt rückt.

Wie bei den anderen Indoeuropäern spielt auch hier das rituelle Feuer die entscheidende Rolle. Yasna „ist vor allem ein Haomaopfer, das vor dem Feuer dargebracht wird" (J. Duchesne-Guillemin 71). Der Ritus der Erhaltung, Reinigung und Entfachung des heiligen Feuers haben im Mazdäismus sonst unbekannte Ausmaße angenommen. Für jeden mazdäischen König bestand der zentrale religiöse Akt in der Stiftung eines Feuers, d. h. der Errichtung eines Tempels, seiner Ausstattung mit Einkünften und der Ernennung von Priestern[50]. Obschon Zarathustra bestimmte Blutopfer verurteilt hatte, ist doch nicht gewiß, ob er sie pauschal verwirft. Im Awesta (Yasna 11:4; Yasht 8:58) jedenfalls sind Tieropfer bekannt. Außerdem sind sie unter den Achämeniden, in parthischer Zeit, und unter den Sassaniden reich belegt[51].

Wir haben gesehen (§ 104), in welchem Sinne Zarathustra – der sich selbst als Saoshyant bezeichnet und ausruft: „mögen wir jene sein, die dieses Leben erneuern" (Yasna 30:9) – das alte mythisch-rituelle Szenarium neu bewertet hat, das durch die rituelle Wiederholung der Kosmogonie die Erneuerung der Welt sichert. Im Zoroastrismus wird die eschatologische Intention des Opfers beständig verstärkt, ohne daß dadurch der kosmische Wert gemindert würde. Ein analoger Vorgang ist in der „Historisierung" der kosmischen Rhythmen und Phänomene im Jahwismus festzustellen (§ 57). Der Kampf mit Ungeheuern und andere traditionelle heroische Themen werden als Einzelmomente des mazdäischen eschatologischen Dramas gedeutet, als Phasen des Kampfes gegen die Daēvas, als Erwartung und Vorbereitung der allgemeinen Erneuerung *(frašō-kereti)*. Da durch den Ritus des Neujahrsfestes die Welt symbolisch neu erschaffen und die Zeit erneuert wurde, situierte man schließlich auch die eschatologische Erneuerung in den Rahmen des gleichen Szenariums. Das vom zoroastrischen Priester vollzogene Opfer antizipiert das Endopfer, durch das Saoshyant die Erneuerung bewirken wird. Folglich identifiziert sich der Offiziant mit Saoshyant und damit auch mit Zarathustra[52].

Später werden die beiden Intentionen des Opfers – die eschatologische und die kosmogonische – erneut miteinander verbunden. Die in den Pahlavitexten bewahrten Traditionen berichten von einer Reihe von Opfern, durch die Ahura Mazdā den Kosmos, den Urmenschen und Zarathustra erschuf[53]. Die endgültige eschatologische Erneuerung wird sich während eines Neujahrsfestes ereig-

---

[50] *J. Duchesne-Guillemin*, La Religion 84 (Bibliographie).
[51] Ebd. 100 ff; siehe oben § 103.
[52] *M. Molé*, Culte, mythe et cosmologie 134. Der Saoshyant ist der endgültige Erlöser, der mit Zarathustra identifiziert wird und der, nach einigen späteren Traditionen, dem Samen des Propheten entspringt, der auf wunderbare Weise im See Kasaoya bewahrt wird.
[53] Die pahlavische Ravayāt 16 B, ein von *M. Molé*, a.a.O. 126ff übersetztes Fragment.

nen, und dann werden die Toten auferstehen, gerichtet und schließlich „unsterblich" werden. Es ist beachtenswert, daß die allgemeine Erneuerung, genau wie die ursprüngliche Schöpfung, das Ergebnis eines Opfers sein wird. Die Pahlavi-Texte beschreiben das Endopfer in allen Einzelheiten. Nach ihnen wird es von Saoshyant und seinen Gehilfen vollzogen; Ohrmazd und die Amesha Spentas werden daran teilhaben; sodann werden die Menschen auferstehen und unsterblich werden, und das gesamte Universum wird radikal neuerschaffen werden[54].

Hier wird ersichtlich, in welchem Sinne der Zoroastrismus die archaischen Werte des Opfers einsetzt: Zarathustra hatte einen „heiligen Krieg" gegen die Kräfte des Bösen verkündet; jeder Gläubige war durch seine Entscheidung aufgerufen, für die Gute Religion gegen die Daēvas zu kämpfen und die Welt der Dämonen zu „läutern". Er trug also bei zum Werk der allgemeinen Reinigung durch Ahura Mazdā und seine Erzengel. Die Erlösungsfunktion der Guten Religion wurde nach und nach durch die Glorifizierung der schöpferischen Kraft des Ritus verstärkt. Da das letzte Ziel die allgemeine Regeneration war, wurde die fundamentale kosmogonische Funktion des Opfers aufgewertet: tatsächlich „rettet" die eschatologische Erneuerung die Menschheit nicht nur, sondern erschafft sie durch die Auferstehung des Leibes neu. Dies impliziert eine neue, unzerstörbare, unverderbbare Schöpfung. So wie der Yasht 19:90 verkündet: „Die materielle Welt wird nicht mehr vergehen... die Lüge wird verschwinden."

111. Die Reise der Seele nach dem Tod

Bestattungsriten, Todesmythologien und die Vorstellungen über das Leben der Seele nach dem Tode wandeln sich, trotz Reformen und Bekehrungen, nur allmählich. Das bedeutet, daß zahlreiche Informationen der Awesta- und Pahlavitexte auch für die vorzarathustrische Epoche gelten. Der im Westiran bezeugte Ritus, insbesondere die Leichenverbrennung und die Bestattung der Asche in einer Urne verbreitete sich mit dem Zoroastrismus auch in andere Gebiete. Noch archaischer war ein in den Steppen Zentralasiens beheimateter Brauch: die Aussetzung der Toten an einem bestimmten Ort, wo sie von Geiern und Hunden gefressen wurden[55]. Die Ostiranier praktizierten die rituelle Totenklage; sie verletzten sich durch Schläge, was sogar bis zum Selbstmord führen konnte. Der Zoroastrismus dagegen untersagt drastisch „Weinen und Wehklagen". Dies hält er für eine Erfindung Angra Mainyus[56].

Was die Erfahrungen der Seele nach dem Tode betrifft, so finden sich einige

---

[54] Siehe die von *M. Molé* übersetzten Texte, a.a.O. 87ff, 90, 126ff, usw.
[55] *H. S. Nyberg*, Die Religionen des alten Irans 310; *G. Widengren*, Die Religionen Irans 35.
[56] *H. S. Nyberg*, a.a.O. 316ff.

vertraute Motive: Überquerung einer Brücke, Aufstieg in den Himmel und Gericht. Sogar das Thema der Begegnung mit dem eigenen Selbst fehlt nicht. Ein Gedicht, das zum Hadoxt Nask (Yasht XXI–XXII) gehörte, berichtet, daß die Seele *(urvan)* des Gerechten drei Tage in der Nähe ihres Leibes verweile. Gegen Ende der dritten Nacht erhebt sich im Süden ein duftender Wind und die *dâenâ* des Toten erscheint „in Gestalt eines schönen Mädchens, eines strahlenden weißarmigen, eines kräftigen von schönem Aussehen, eines gerade aufgerichteten, eines hochgewachsenen, eines hochbusigen... eines fünfzehnjährigen" (Hadoxt Nask 9). Nachdem sie sich zu erkennen gegeben hat, fügt die *dâenâ* hinzu: „Ich war liebenswert, und du hast mich durch deine rechten Gedanken, deine guten Worte, deine guten Taten, deine gute Religion noch liebenswerter gemacht; ich war schön, und du hast mich noch schöner gemacht; begehrenswert, noch begehrenswerter..." (ebd. 14). Sodann durchquert die Seele in vier Schritten die drei himmlischen Bereiche[57], und gelangt zu „den anfangslosen Lichtern" (ebd. 15), d. h. ins Paradies. Hier nun fragt sie einer der Toten, wie sie vom körperlichen Dasein zum geistigen Dasein, vom leidvollen Dasein zum leidlosen Dasein" (ebd. 16) gelangt sei, doch da greift Ahura Mazdā ein: „Frage sie nicht, denn du fragst nach dem grausigen, verderblichen, mit Trennung verbundenen Weg, den sie gegangen ist, der in der Trennung von Leib und Bewußtsein besteht" (ebd. 17) – eine Anspielung auf die dramatischen Prüfungen der Reise[58]. Ahura Mazdā befiehlt, ihr „etwas von der Frühlingsbutter" zu geben[59], die für den Gerechten „die Nahrung nach dem Tode" ist (ebd. 18). Die Seele des Bösen dagegen begegnet im Nordwind einer schrecklichen Megäre und gelangt in die Zone der anfanglosen Finsternis, wo Angra Mainyu gebietet, daß man ihr Gift reiche (ebd. 20–35).

Hier noch einmal die charakteristischen Züge: 1) die Seele begegnet ihrer *dâenâ*, d. h. ihrem eigenen Selbst[60], das im Verhältnis zu ihr präexistent („liebenswert, wie ich war..."), gleichzeitig aber auch das Ergebnis ihres religiösen Handelns auf Erden ist („du hast mich noch liebenswerter gemacht..."); 2) die *dâenâ* tritt in archetypisierter weiblicher Form auf, bewahrt aber doch eine konkrete Erscheinungsform; 3) es handelt sich dabei zweifellos um eine indoiranische Konzeption, denn sie findet sich auch in der Kaushitaki-Upanishad I, 3–6: die Seele dessen, der den „Weg der Götter" einschlägt *(devayāna)*, wird unter anderen Gottheiten von Mānasī (dem „Intelligenten") und Cākshushī („der Hellsehenden") empfangen, durchquert sodann einen See und einen Fluß, dringt

---

[57] Es sind dies die Sphären der Sterne, des Mondes und der Sonne, die im Text durch „Gut Gedacht", „Gut Gesprochen" und „Gut Getan" bezeichnet werden; vgl. *G. Widengren*, a.a.O. 103, der sich auf *W. Bousset*, Die Himmelsreise der Seele 25ff bezieht.
[58] Wir sind durch spätere Texte, wie Mēnōk i Xrat II, 115–117 und 151–153 über diese Prüfungen genauer informiert; vgl. auch *N. Soederblom*, La vie future d'après le mazdéisme 91ff; *J. D. C. Pavry*, Doctrine 25ff.
[59] Über die religiöse Bedeutung der „Frühlingsbutter" vgl. *G. Widengren*, a.a.O. 104.
[60] Über die *dâenâ* siehe *G. Gnoli*, Questioni sull'interpretazione... 361ff.

in eine Stadt ein und gelangt schließlich vor Brahman, der sie fragt: „Wer bist du?"[61] Im Hadoxt Nask findet sich keinerlei Anspielung auf die Cinvat-Brücke. Und doch spricht Zarathustra immer wieder davon (§ 103). Es handelt sich hier um eine indoiranische Vorstellung, die bei anderen indoeuropäischen Völkern ebenso bekannt und religionsgeschichtlich auch in anderen Zusammenhängen belegt ist. Die klassische Beschreibung[62] berichtet, wie die *dâenâ* mit ihren Hunden ankommt und die Seele des Gerechten über die Cinvat-Brücke geleitet, die über den Hara Berezaiti, den kosmischen Berg führt (tatsächlich verbindet die Brücke – die sich im „Mittelpunkt der Welt" befindet – die Erde mit dem Himmel). Von Vohu Manah empfangen, ziehen die Seelen an Ahura Mazdā und den Amesha Spenta vorbei. Die Trennung der Guten von den Bösen findet entweder vor der Brücke oder bei ihrem Betreten statt. Das Gericht über die Seele, von dem die Pahlavitexte sprechen, und bei dem Mithra, assistiert von Sraosha und Rashnu (mit einer Waage) richten, ist in den Gāthās unbekannt. Es ist im Szenarium übrigens auch überflüssig: die einer Initiationsprüfung vergleichbare Überschreitung der Brücke ist in sich selbst Gericht, denn nach ziemlich allgemeiner Auffassung erweitert sich die Brücke unter den Schritten des Gerechten und wird schmal wie eine Rasierklinge, sobald sich ein Gottloser nähert.

112. Die Auferstehung des Leibes

Noch oberflächlicher zoroastrisch beeinflußt sind die Mythen und eschatologischen Vorstellungen, die sich um Yima herausgebildet haben. Während in Indien Yama insbesondere die Mythologie vom Ersten Toten inspirierte, wurde im Iran Yima zum ersten König und zum Modell des vollkommenen Herrschers. Für unseren Zweck genügt der Hinweis, daß die iranische Tradition das ursprüngliche Paradies mit der Herrschaft Yimas in Zusammenhang bringt: Tausend Jahre hindurch gab es weder Tod noch Leid, und die Menschen blieben immer jung[63]. Als aber Yima anfing, zu lügen, verließ ihn sein *xhvarena*, und so verlor er schließlich seine Unsterblichkeit[64].

Ein anderer, ursprünglich selbständiger eschatologischer Mythos wurde von

---

[61] Vgl. *S. Wikander*, Vayu 47ff. G. Widengren verweist darauf, daß der Dātistān i Denik XXIV, 5 das junge Mädchen mit dem Namen „Hüterin der guten Taten" belegt, wie nach dem buddhistischen Text Dhammapada 219ff auch die Tugendhaften „von ihren guten Werken empfangen werden, als wären sie ihre lieben Eltern". Die Himmelsreise des Toten entspricht in allen Punkten dem ekstatischen Aufstieg der Seele durch die Sternen-, Mond- und Sonnensphäre, ehe sie in das Paradies (*garôdmân*) gelangt, ein Aufstieg, der in dem Spätwerk Ardai Virāz Nāmāk berichtet wird.
[62] Vīdēvdāt 19, 28–32; *N. Soederblom*, a.a.O. 89f. Nach dem Vīdēvdāt bewachen Hunde die Brücke; vgl. die Hunde Yamas.
[63] Yasna 9,4ff; weitere Hinweise bei *N. Soderblom*, a.a.O. 175ff und *A. Christensen*, Les Types du premier homme... II, 16ff.
[64] Siehe *A. Christensen*, a.a.O. passim, und *G. Dumézil*, Mythe et Epopée II, 282ff.

der zoroastrischen Theologie in die Yima-Mythologie integriert: Ahura Mazdā warnt Yima, ein drei Jahre währender Winter werde alles Leben auf Erden vernichten, und er fordert ihn auf, einen unterirdischen Raum *(vara)* zu bauen, in dem er die besten Menschen sowie die Keime aller Tierarten retten solle. Man dachte sich den *vara* als eine unterirdische Wohnung, in die weder Sonne noch Mond, noch die Sterne leuchten[65]. Wir haben es hier mit einer archaischen, möglicherweise indoeuropäischen Eschatologie zu tun (vgl. den Winter Fimbul in der germanischen Tradition), die aber in keiner Weise der zarathustrischen Sicht entspricht. Doch ist verständlich, warum Yima in dieses mythologische Szenarium des Weltenendes eingebracht wurde: er war der legendäre König des Goldenen Zeitalters, und im *vara* wurden die Keime einer künftigen Menschheit bewahrt oder besser „gerettet", die bereit ist, nach der eschatologischen Katastrophe die paradiesische Existenz der „Anfänge" zu erkennen.

Eine weitere eschatologische Idee tritt hinzu, nämlich die Vorstellung von der Auferstehung des Leibes. Diese Glaubensvorstellung scheint sehr alt zu sein, ausdrücklich verkündet wird sie aber erst in Yasht 19,11 und 19,89 (vgl. auch Yt. 13,129), der von der „Auferstehung der Toten" im Zusammenhang mit der Ankunft des „Lebendigen", d.h. des von Zarathustra angekündigten Saoshyant spricht. Die Auferstehung geschieht also im Rahmen der abschließenden Erneuerung, die auch das allgemeine Gericht enthält. Nun artikulieren sich mehrere Vorstellungen, deren einige schon sehr alt sind, zu einer großartigen eschatologischen Vision: die radikal und völlig erneuerte Welt ist im Grunde eine neue Schöpfung, die durch den Angriff der Dämonen nicht mehr verderbt werden kann. Die Auferstehung der Toten, d.h. die tatsächliche Neu-Erschaffung des Leibes entspricht kraft der Parallelität von Mikrokosmos-Makrokosmos einer Kosmogonie; dies ist eine archaische Vorstellung, die mehreren indoeuropäischen Völkern gemeinsam ist, die aber in Indien und im Iran eine besonders starke Entwicklung erfuhr.

Wie wir gesehen haben (vgl. § 104), wird die bereits in der von Zarathustra gefeierten Liturgie präfigurierte Enderneuerung in den Ritualen des Neujahrsfestes (Nawroz) antizipiert. Die Tradition siedelt schließlich die drei entscheidenden Ereignisse des kosmischen und menschlichen Dramas im Umkreis des Neuen Jahres an: die Schöpfung, die Offenbarung der „Religion" und die eschatologische Erneuerung[66]. Da aber das Jahr die Gesamtheit der kosmischen Zeit darstellt, nehmen die zehn letzten Tage eines jeden Jahres in gewisser Weise das eschatologische Drama vorweg. Dies ist das legendäre Intervall, in dem die Seelen auf die Erde zurückkehren: ein Yasht (13:49–52) ruft die Fravashis[67] an,

---

[65] Vīdēvdāt II, 20–32; vgl. *N. Soederblom*, a.a.O. 172ff. Siehe auch Bundahišn 34, 14: Mēnōk i Xrat 62,15; *G. Dumézil*, a.a.O. II,247ff.

[66] Vgl. *M. Molé*, Culte, mythe et cosmologie 120.

[67] Die *fravashis* sind die Seelen der Gerechten und zugleich auch deren himmlische Archetypen.

die in den letzten zehn Tagen des Jahres frei umherschweben. Diese Glaubensvorstellung ist allgemein verbreitet, aber die Zoroastrier fügen sie, wie dies auch andere Theologen vor und nach ihnen taten, in ein umfassenderes System ein: nach der Pahlavitradition vollendete Ohrmazd die Erschaffung des Menschen während dieser letzten zehn Tage des Jahres. Folglich kommen die Fravashis gerade zum Zeitpunkt der Erschaffung des Menschen auf die Erde und kehren am Ende der Zeiten, bei der Auferstehung der Leiber, wieder dorthin zurück[68].

Die späteren Texte entwickeln die Parallelität zwischen den Neujahrsfesten und der endzeitlichen Erneuerung, in der die Auferstehung stattfinden wird. Bei jedem Neujahrsfest empfängt man neue Kleidung, und am Ende der Zeiten wird Ohrmazd den Auferstandenen glorreiche Kleider geben[69]. Wie wir sahen (§ 104), vollzieht sich die allgemeine Erneuerung und die Auferstehung der Leiber nach dem von Saoshyant allein oder unter Mithilfe Ahura Mazdās vollbrachten Opfer. Dieses endzeitliche Opfer wiederholt gewissermaßen das kosmogonische Opfer. Dies ist der Grund, warum es gleichermaßen auch „schöpferisch" ist. Die Auferstehung und ihre Konsequenz, die Unzerstörbarkeit des Leibes, ist eine kühne Weiterentwicklung des endzeitlichen Denkens Zarathustras; es handelt sich, im Ganzen gesehen, um ein neues Verständnis von Unsterblichkeit[70].

Als „Schutzengel" der Gläubigen kämpfen sie gegen die Inkarnationen des Bösen. Die späteren Quellen beschreiben sie als bewaffnete Reiter, die den Himmel schützen; vgl. *G. Widengren*, Die Religionen Irans 20. Die komplexe Erscheinung der *fravashis* scheint das Resultat eines langen religiösen Synkretisierungsprozesses zu sein.

[68] Siehe die von *M. Molé*, a.a.O. 109 angeführten Texte.

[69] Saddar Bundeheš 32–37, nach d. Übers. v. *M. Molé*, a.a.O. 111.

[70] Die beiden Schöpfungen – die „geistige" *(mēnōk)* und die materielle *(getik)* – wie auch die Mythologie des Urmenschen (Gayōmart) werden im zweiten Band behandelt.

VIERZEHNTES KAPITEL

Die Religion Israels zur Zeit der Könige und Propheten

113. Das Königtum: Höhepunkt des Synkretismus

„Als Samuel alt geworden war, bestellte er seine Söhne zu Richtern über Israel." Aber seine Söhne handelten nicht nach seinem Vorbild, und so kamen die Ältesten zu ihm und sprachen: „So setze denn einen König über uns ein, damit er uns richte, wie es bei allen Völkern Brauch ist" (1 Sam 8, 1–5). Das Königtum war also eine fremde Institution. Daher gab es auch Gegner, die nicht mit Kritik an dieser Einrichtung sparten, denn in ihren Augen war Jahwe allein König von Israel. Doch galt das Königtum von Anfang an als Jahwe wohlgefällig. Nachdem Saul von Samuel gesalbt worden war, empfing er den „Geist Jahwes" (1 Sam 10,6). Denn der König war der „Gesalbte" *(mâśiaḥ)* Gottes (1 Sam 24,7,11; 26,9,11,16,23 usw.); er war von Jahwe angenommen und wurde gewissermaßen sein Sohn: „Ich will ihm ein Vater, und er soll mir ein Sohn sein" (2 Sam 7,14). Doch ist der König nicht von Jahwe gezeugt, er wird lediglich durch eine besondere Erklärung anerkannt, „legitimiert"[1]. Jahwe gewährt ihm die Weltherrschaft (Ps 72,8), und der König sitzt auf seinem Thron an der Seite Gottes (Ps 110,1 und 5; 1 Chr. 28,5; 29,23; usw.). Der Herrscher ist Stellvertreter Jahwes und gehört daher der göttlichen Sphäre an. Doch macht die einzigartige Stellung Jahwes die „Vergöttlichung" des Königs unmöglich[2]: dieser ist der „Diener" Jahwes schlechthin (das Wort wird 60mal auf David angewandt).

Die Krönungszeremonie enthält unter anderen Riten die Salbung, die Proklamation des Königtums und die Inthronisation[3]. Als Stellvertreter Jahwes muß der König von Israel, genau wie die Herrscher des alten Orient, die kosmische Ordnung aufrecht erhalten (Ps 2,10–12), Recht schaffen, die Schwachen verteidigen (Ps 72,1ff) und die Fruchtbarkeit des Landes sichern: „Er kommt her-

---

[1] Vgl. *G. Fohrer*, Geschichte der israelitischen Religion 140. Das Volk Israel war ebenfalls „Sohn" Jahwes *(Fohrer,* a.a.O. 184).
[2] Sogar in Texten, die, wie die Psalmen, aufs engste mit dem Königtum verbunden sind, ist es stets Jahwe und nicht der König, der die zentrale Rolle spielt *(Fohrer,* a.a.O. 150).
[3] Siehe die von *H. Ringgren,* Israelitische Religion 203ff angeführten und diskutierten Texte; *G. Fohrer,* a.a.O. 139f.

nieder wie Regen auf die Gefilde... Fülle an Korn sei im Lande bis auf den Gipfel der Berge!" (Ps 72, 6, 16). Wir erkennen die traditionellen Bilder einer „paradiesischen" Herrschaft, Bilder, die von den messianischen Propheten mit Nachdruck wieder aufgenommen werden. (Die Erwartung des Idealkönigs, des Messias, entspricht übrigens der Königsideologie.) Das Königtum wird als neuer Bund zwischen Jahwe und der Davidsdynastie gedeutet, als Fortführung des Sinaibundes. In dieser *Wertung einer fremden Institution als neuem Akt der Heilsgeschichte* erhält die Ursprünglichkeit der israelitischen Königsideologie ihren eigentlichen Wert[4].

Salomon erbaute den Tempel in Jerusalem nahe beim Königspalast; er verbindet somit den Kult des Heiligtums mit der erblichen Monarchie. Der Tempel wird zur Wohnstatt Jahwes unter den Israeliten. Die Bundeslade, die bislang die Heere begleitet hatte, wird in der Dunkelheit des „Allerheiligsten" *(debir)* aufgestellt. Doch von seinem Heiligtum aus erstrahlt die Heiligkeit Jahwes über die Stadt und die gesamte Erde (Ps 15,1; 24,3; 46,5; Jes 31,4; 48,2, usw.). Der Berg Zion, auf dem der Tempel errichtet wurde, ist ein „Mittelpunkt der Welt"[5]. Der Jerusalemer Tempel wird zum Nationalheiligtum, und der Königskult identifiziert sich mit der Staatsreligion. Der Opferdienst besteht in Versöhnungs- und Sühneritualen für das ganze Volk, aber er enthält auch öffentliche Gebete für den König, für seinen Ruhm und für die Ausübung der Gerechtigkeit, die „den Frieden des Volks" und das allgemeine Wohlergehen sichert (Ps 20 und 72). Letztlich *erneuert das liturgische Tun die Strukturen der Welt.*

Wie der Tempel nach einem fremden Vorbild gebaut wurde, so entlieh auch der Kultus kanaanäische Formen. Der Synkretismus erreichte bislang unbekannte Ausmaße, denn die Monarchie begünstigte die Verschmelzung der religiösen Vorstellungen und Praktiken der beiden Bevölkerungsschichten des Landes, der Israeliten und der Kanaanäer. Außerdem akzeptierte Salomon die Kulte seiner ausländischen Gattinnen und gestattete den Bau von Heiligtümern zu Ehren ihrer Götter (1 Kön 2,6f). Die Könige betrachteten sich als Oberhaupt der Staatsreligion. Über ihre priesterliche Funktion sind wir jedoch nur schlecht unterrichtet. Als die Lade nach Jerusalem überführt wurde, verhielt sich David wie ein Priester: er tanzte vor der Lade, brachte „Brandopfer vor Jahwe dar... und segnete das Volk im Namen Jahwe Sabaoths" (2 Sam 6, 17f). In gleicher Weise segnet Salomon die Versammelten bei der Einweihung des Tempels (1 Kön 8,14). Psalm 110,4 proklamiert den König als „Priester auf ewig nach der Ordnung des Melchisedech". Bei anderen Gelegenheiten indes wurden die Könige kritisiert, weil sie Riten vollzogen hatten, die den Priestern vorbehalten waren. Sehr wahrscheinlich spielte der König bei den Sühnezeremonien des Neujahrsfestes eine Rolle. Andererseits scheinen sich bestimmte Psalmen auf ein

---

[4] *G. von Rad*, Theologie des Alten Testaments I, 309, *H. Ringgren*, a.a.O. 218.
[5] Über die Bedeutung dieser Symbolik für die spätere Spekulation siehe *M. Eliade*, Kosmos und Geschichte, Kap. I.

Ritual zu beziehen, das symbolisch Tod und Auferstehung des Königs beging. Man darf also einen Zusammenhang zwischen dem Neujahrsfest – das eine symbolische Reaktualisierung der Schöpfung enthielt – und dem Ritual von „Tod und Auferstehung" des Königs sehen [6].

Bei Salomons Tod spaltete sich das Königreich in zwei Teile: in das Nordreich oder Israel und das südliche Königreich oder Juda. Da die Lade in Jerusalem verblieben war und die Nordstämme nun keinen Zugang mehr zum gemeinsamen Heiligtum hatten, errichtete Jeroboam, der erste König Israels, je ein Heiligtum in Bethel und in Dan, in denen Jahwe in Gestalt goldener Stiere verehrt wurde (1 Kön 12,28f). Möglicherweise dienten die stiergestaltigen Statuen als Sitz für den unsichtbaren Gott. Es handelt sich indes um einen kanaanäischen Einfluß, der das Bilderverbot schändete, und diese an Apostasie grenzende Neuerung vertiefte das Zerwürfnis zwischen den beiden Königreichen [7].

114. Jahwe und die Schöpfung

Eine ganze Gruppe von Psalmen, die „Thronbesteigungspsalmen", preisen Jahwe als König. Er ist „ein König über alle Götter erhaben" (Ps 95,3); „Jahwe ist König, es zittern die Völker... Der König, der die Gerechtigkeit liebt: der bist du. Du hast begründet was recht, du schaffest... Recht und Gerechtigkeit" (Ps 99, 1.4). Aber die Vorstellung vom Gotteskönigtum hängt nicht von der Institution der Monarchie ab. Diese Vorstellung reicht in die Vorzeit zurück. Gott ist der Herr der Welt, weil er es ist, der sie geschaffen hat. Jahwe hat das Urungeheuer (Rahab, Leviathan, Tannin den Drachen), das Symbol des Chaos besiegt. Als Kosmokrator herrscht Gott im Himmel und manifestiert seine Gegenwart oder seinen Willen in den Himmelserscheinungen, wie Blitz, Donner und Regen. Wir haben bereits seine widersprüchlichen Attribute erwähnt (§ 59), eine bekannte Formel der „Ganzheit". Jahwe verteilt Gut und Böse, er läßt sterben und leben, er erniedrigt und erhöht (1 Sam 2,6ff). Sein „Zorn" ist fürchterlich, aber er ist auch erbarmungsreich. Jahwe ist „heilig" *(qâdoš)* schlechthin, was besagt, daß er zugleich unzugänglich und gefährlich ist, aber auch das Heil bringt [8].

Als Schöpfer und König der Welt ist Jahwe auch der Richter über seine Schöpfung. „Wann die Zeit ich bestimme, ich werde dann richten nach Recht" (Ps 75,3). Er richtet nach gleichem Recht (Ps 96,10). Seine „Gerechtigkeit" ist moralisch, kosmisch und sozial, sie bildet die grundlegende Norm des Univer-

---

[6] Vgl. *G. Allström*, Psalm 89. Eine Liturgie aus dem Ritual des leidenden Königs 143ff; *G. Widengren*, Sakrales Königtum 15ff; *H. Ringgren*, a.a.O. 215ff; *G.Fohrer*, a.a.O. 137.
[7] Wir dürfen nicht vergessen, daß sich im Süden die Erbmonarchie der Davidsdynastie hielt, während im Norden das Königtum mehr oder weniger charismatisch war; vgl. *H. Ringgren*, a.a.O. 57.
[8] *H. Ringgren*, a.a.O. 65f.

sums⁹. Jahwe ist der „lebendige Gott", anders ausgedrückt, er unterscheidet sich sowohl von den Götzen, die „nicht zu reden vermögen" und die „man tragen muß, denn sie selbst können nicht gehen (Jer 10,5), als auch von den Menschen, „die dem Grase gleichen" (Ps 10,5). Auch der Mensch ist ein lebendiges Wesen (nefeš), weil Gott ihm den „Atem" oder „Geist" (rûaḥ) einblies; doch sein Leben ist nur von kurzer Dauer. Gott ist Geist, der Mensch aber ist Fleisch *(basar)*. Dieser Gegensatz besagt keine religiöse Abwertung des Leibs, sondern betont die Gefährdetheit und Vergänglichkeit des menschlichen Lebens im Gegensatz zur Allmacht und Ewigkeit Gottes. Die unaufhebbare Entfernung zwischen diesen beiden Seinsweisen findet ihre Erklärung in der Tatsache, daß der Mensch ein Geschöpf Gottes ist. Doch unterscheidet er sich von den anderen Geschöpfen, da er *nach dem Bild Gottes gebildet wurde* und über die Natur herrscht.

Die Sterblichkeit des Menschen ist die Folge der Ursünde, nämlich des Verlangens Adams, Gott gleich zu werden (§ 59). Die biblischen Texte betonen die Vergänglichkeit der menschlichen Seinsweise. Der Mensch wurde aus dem Staub genommen, und er wird zum Staub zurückkehren (Gen 3,19). Ein langes Leben ist sein höchstes Gut. Wie in so vielen anderen traditionellen Kulturen gilt der Tod als erniedrigend: er beschränkt den Menschen auf eine larvenhafte Postexistenz im Grabe oder in der *sheol*, einem dunklen und schrecklichen Ort in den Tiefen der Erde. Da der Tod die totale Negation seines Werks ist, herrscht Jahwe nicht über die *sheol*. Der Tote ist also jeder Beziehung zu Gott beraubt, und das ist für den Gläubigen die schrecklichste Prüfung. Doch Jahwe ist stärker als der Tod: wenn er wollte, könnte er den Menschen dem Grab entreißen. Einige Psalmen spielen auf dieses Wunder an: „Meine Seele hast du geholt aus der *sheol*, du hast mich bewahrt hinabzusteigen zur Grube" (Ps 30,4). „Ich werde nicht sterben, ich lebe..., geschlagen hat mich Jahwe, ja geschlagen, doch er gab mich dem Tode nicht preis" (Ps 118,17). Dies sind vor der babylonischen Gefangenschaft (587–538), bei der ein Teil der Bevölkerung dem Einfluß der iranischen Eschatologie unterliegt, die einzigen Hinweise auf die Auferstehung der Toten (vgl. Bd. II)[10].

Als „Sklave" oder „Knecht" Jahwes muß der Mensch in der Furcht seines Gottes leben. Gehorsam ist der vollkommene religiöse Akt. Sünde dagegen liegt im Ungehorsam, im Nichtbeachten der Gebote. Doch schließt das Bewußtsein der Gefährdetheit weder das Vertrauen auf Jahwe noch die durch die göttliche Segnung bewirkte Freude aus. Doch über dieses Stadium gehen die Beziehungen Gott – Mensch nicht hinaus; die *unio mystica* der Seele mit ihrem Schöpfer ist

---

⁹ Die „Gerechtigkeit" kommt dem babylonischen *mâsaru* und der ägyptischen *maat* nahe: vgl. *H. Ringgren*, Word and Wisdom 49ff, 58.
[10] Die Idee der Auferstehung war aber schon durch die Theologie (die Allmacht Jahwes) sowie durch bestimmte Glaubensvorstellungen und kanaanäische Riten vorbereitet; vgl. *H. Riesenfeld*, The resurrection in Ez. XXXVII, 5ff; *G. Widengren*, Sakrales Königtum 46; *H. Ringgren*, Israelitische Religion 225.

für die Theologie des Alten Testaments unvorstellbar. Dadurch, daß der Mensch Gott als Schöpfer und absoluten Herrscher anerkennt, lernt er wenigstens einige Prädikate Gottes kennen. Weil das Gesetz *(torah)* den göttlichen Willen ganz genau verkündet, ist es von entscheidender Bedeutung, die Gebote zu befolgen, d.h. sich nach Recht oder Gerechtigkeit *(sedhek)* zu verhalten. Das religiöse Ideal des Menschen ist es, „gerecht" zu sein, das Gesetz, die göttliche Ordnung zu kennen und zu beachten. So sagt der Prophet Micha: „Was gut ist, ward dir gesagt, o Mensch, und was Jahwe von dir fordert: nichts als Recht tun und die Güte lieben und in Demut wandern mit deinem Gott." Durch die Sünde geht der Mensch der Segnungen verlustig *(berâkhâh)*. Da aber die Sünde zur menschlichen Bedingtheit gehört, und da Jahwe trotz seiner Strenge barmherzig ist, ist die Bestrafung nie endgültig.

115. Ijob, der geprüfte Gerechte

Nach Auffassung eines Exegeten liegt „in der Vereinigung der Macht und Gnade das Wesen des alttestamentlichen Gottesglaubens beschlossen"[11]. Es ist zu bezweifeln, daß alle Leser des Buchs Ijob sich diesem Urteil anschließen. Die Geschichte ist von tragischer Schlichtheit[12]: es handelt sich um die Heimsuchung eines Gerechten, auf den Jahwe sehr stolz war. „Hast du auch auf meinen Knecht Ijob achtgehabt? wendet sich Gott an Satan, den himmlischen „Ankläger". „Denn es gibt niemand auf Erden wie ihn. Er ist untadelig und rechtschaffen, fürchtet Gott und meidet das Böse" (1,8). Satan indes erwidert, Ijobs Gottesfürchtigkeit beruhe nur auf seinem Wohlstand, also dem göttlichen Segen. So gestattet Jahwe dem „Ankläger", seinen treuesten Diener auf die Probe zu stellen. Ijob verliert seine Kinder und sein Vermögen und, von einem „bösartigen Geschwür von seiner Fußsohle bis zu seinem Scheitel" heimgesucht, sitzt er in der Asche. Er klagt, er verflucht den Tag seiner Geburt, aber er lehnt sich nicht gegen Gott auf. Da kommen drei Freunde zu ihm und versuchen, ihn in langen Reden davon zu überzeugen, daß schon die Tatsache, daß er *leidet* – er also *bestraft* wird – eine Schuld beweise. Er soll also seine „Sünden" erkennen und bekennen. Ijob aber weist die Erklärung seines Unglücks durch die Vergeltungslehre zurück. Er weiß, daß der Mensch „vor Gott nicht im Recht sein kann" (9,2), daß Gott „Unschuldige und Frevler hinrafft" (9,22); doch wagt er, Gott zu sagen: „Obschon du weißt, daß ich kein Sünder bin und niemand mich aus deiner Hand befreit!" (10,7.) Er begreift nicht, warum Gott gegen sein eigenes Geschöpf wütet (10,8–22), denn Ijob zweifelt keinen Augenblick am geringen Wert allen menschlichen Lebens: „Willst du denn ein verweh-

---

[11] A. Weiser, Die Psalmen (1950), 308, zitiert von H. Ringgren, a.a.O. 113.
[12] Das Redaktionsdatum ist unsicher. Obschon der Text in der uns bekannten Gestalt nachexilisch erscheint, ist der Inhalt doch alt.

tes Blatt aufscheuchen und eine dürre Stoppel noch verfolgen?" (13,25.) Aber es gelingt ihm nicht, die Natur seines Vergehens zu ergründen: „Wie groß sind meine Sünden und Vergehen? Tu meine Schuld und Missetat mir kund!" (13, 23)[13].

Einer der Freunde verurteilt diese Redeweise, denn die Kreatur ist per definitionem schuldig: „Was ist der Mensch, daß rein er sei, der Weibgeborne, daß gerecht er sei? Sieh doch! Selbst seinen Engeln traut er nicht, die Himmel sind nicht rein in seinen Augen" (15,14f). Ijob aber betont wieder, daß es sich in seinem Fall um eine persönliche Entscheidung Jahwes handle, dessen Plan er nicht kenne (19,6f). Als ein anderer Freund von der Bestrafung der Sünder spricht, erinnert ihn Ijob daran, daß die Frevler, die Gott nicht dienen, „am Leben bleiben" und daß es ihnen wohlergeht (21,7–16). Wenn er nur wüßte, wo er ihn erreichen könnte, dann würde er vor Jahwe einen Prozeß eröffnen, würde ihm von den Missetaten berichten, die ungestraft geblieben sind – doch der Herr ist fern, abwesend und unsichtbar (23,24). Gerade weil Ijob seinen Glauben und sein Gottvertrauen nicht aufgibt, erklärt er: „Ich gebe meine Unschuld bis zum Tode nimmer preis. Ich halte fest an meinem Recht und lass' es nicht! Mein Herz schämt sich nicht eines meiner Tage" (27,5f). Und doch antwortet Gott nicht auf das Rufen Ijobs: „Ich stehe da, doch du bleibst unbeteiligt. Zum Wüterich hast du dich mir verwandelt..." (30,20f).

Da mischt sich ein vierter Freund, Elihu, der „noch jung an Jahren" ist, erregt in das Gespräch: er ist erzürnt, daß Ijob sagen konnte: „Rein bin ich ohne Sünde und lauter, ohne Schuld" (33,9). Denn, so verkündet Elihu: „Gott kann niemals Unrecht tun, der Allerhöchste kann kein Recht verdrehen" (23,12); er verachtet den Menschen nicht ohne Grund (36,5). Nach der langen Rede Elihus[14] wirkt die Antwort Jahwes durch ihre Unpersönlichkeit enttäuschend. Gott spricht „aus dem Gewittersturm" heraus, in einer wahren Theophanie, aber er geht nicht auf Ijobs Fragen ein. Jahwe beschränkt sich darauf, ihn an seine Allmacht, sein kosmisches Werk, die Komplexität des Universums, die unendliche Vielgestalt der Manifestationen des Lebens zu erinnern. Nach dem Hinweis auf die umfassenden kosmischen Strukturen und die Gesetze, die Himmel und Erde regieren, spricht Jahwe von Löwen, Steinböcken und anderen Tieren, deren Leben und Gedeihen er sichert, nachdem er sie geformt hat, einen jeden in seiner besonderen Gestalt und mit seinem ihm eigenen Verhalten. Und er wendet sich abschließend an Ijob: „Wer Gott will tadeln, der muß Antwort stehen" (40,2). Vergeblich versucht Ijob zum Schweigen Zuflucht zu nehmen: „Sieh, zu gering

---

[13] Die Unmöglichkeit, seine Schuld zu verstehen, ist das zentrale Thema der Klagen des Ijob. „Habe ich denn Hand an den Armen gelegt, wenn er in seinem Elend Gerechtigkeit forderte? Habe ich nicht alle beweint, deren Leben hart ist, habe ich nicht Mitleid für den Bedürftigen gehabt?" (30,24–25). „Wenn ich mit Lügen umgegangen wäre und zum Betruge meine Füße eilten" (31,5). „Wenn ich dem Armen einen Wunsch versagte, wenn ich verschmachten ließ der Witwe Augen. Für mich allein nur meinen Bissen nahm, und keine Waise ihren Teil erhielt" (31,16–17); vgl. 31,19–34.

[14] Diese Rede scheint eine Interpolation zu sein.

bin ich. Was soll ich dir erwidern? Ich lege meine Hand auf meinen Mund" (40,4).

In einer zweiten Rede beschreibt Jahwe ihm ausführlich das wilde Tier Behemoth und das Ungeheuer Leviathan. In seiner Antwort zeigt Ijob, daß er den verborgenen Sinn der Lektion Jahwes verstanden hat: schon die Existenz des Universums ist ein Wunder, das Sein des Schöpfers übersteigt jedes Verstehen, und das Ziel seiner Taten bleibt undurchdringlich. „Ich weiß nun, daß du alles kannst... Ich war es, der verdunkelt deinen Plan mit Worten, denen die Erkenntnis mangelt. So sprach ich ohne Einsicht, was mir zu wunderbar und ich nicht kannte... Nur durch Gerüchte wußte ich von dir; jetzt aber hat mein Auge dich gesehen. Drum leiste Widerruf ich und bereue auf Staub und Asche!" (42,1–6.) Schließlich erkennt sich Ijob Gott gegenüber als schuldig. Und sogleich wendet Gott sein Schicksal und vermehrt alles, was Ijob besessen hatte, auf das Doppelte, und Ijob lebte hundertvierzig Jahre (42, 7–17).

Auch dreitausend Jahre nach seiner Entstehung vermag uns dieses erregende, änigmatische und beunruhigende Buch noch zu fesseln. Die Tatsache, daß Gott sich von Satan versuchen ließ, beunruhigt noch manche naiv-religiöse Seele. Ijob aber hat verstanden: wenn *alles* von Gott abhängt, und wenn Gott unergründbar ist, dann ist es auch unmöglich, sein Tun zu beurteilen, unmöglich also auch, seine Haltung Satan gegenüber zu beurteilen. Die verborgene Lektion Jahwes geht über den bloßen „Fall Ijob" hinaus. Sie wendet sich an alle, die die Gegenwart – und den Sieg – des Bösen in der Welt nicht begreifen können. Im Ganzen gesehen, *ist* das Buch Ijob für den Gläubigen eine „Erklärung" des Bösen und der Ungerechtigkeit, der Unvollkommenheit und des Schreckens. Da alles von Gott gewollt und geleitet ist, kommt allem, was dem Gläubigen geschieht, religiöse Bedeutung zu. Aber es wäre vergeblich – und zugleich auch gottlos – zu glauben, der Mensch sei ohne die Hilfe Gottes fähig, das „Geheimnis der Ungerechtigkeit" zu erfassen.

116. Die Zeit der Propheten

„Den man heute ,Prophet' *(nabi)* nennt, nannte man früher ,Seher'" (1 Sam 9,9). Tatsächlich wurde die Institution des „Sehers" *(rō'êh)* der Nomadenzeit nach der Landnahme unter dem Einfluß der *nabiim*, die die Israeliten in Palästina vorgefunden hatten, modifiziert. Um 1000 wirkten die jahwistischen „Seher" (so Nathan) und die *nabiim* noch nebeneinander (1 Sam 10,5). Nach und nach verschmolzen diese beiden Institutionen, und aus ihnen erwuchs schließlich das klassische alttestamentliche Prophetentum. Wie die *nabiim,* so waren auch die Propheten den Heiligtümern und dem Kult assoziiert und hatten ekstatische Erfahrungen.

Elija und Elischa veranschaulichen die Übergangszeit, ihre Berufung und religiösen Handlungen weisen aber bereits auf das klassische Prophetentum. Elija wirkt im Nordreich unter den Königen Achab und Achasja (874–850). Er erhebt sich gegen Achabs Politik. Dieser wollte Israeliten und Kanaanäer dadurch verschmelzen, daß er ihnen gleiche Rechte zugestand, und den religiösen Synkretismus mit dem Baals- oder Malkartkult ermutigte, der von der aus Tyrus stammenden Königin Isebel protegiert wurde. Elija verkündet Jahwe als den alleinigen Herrscher in Israel. Jahwe und nicht Baal ist es, der Regen spendet und die Fruchtbarkeit des Landes sichert. In der berühmten Episode vom Berg Karmel, bei der er eine Begegnung mit den Baalpropheten herbeiführt, um eine dreijährige Dürre zu beenden, zeigt Elija die Unfähigkeit des kanaanäischen Gottes, den Opferaltar zu entzünden und Regen zu bringen[15]. Außerdem wettert er gegen König Achab, der einen seiner Untertanen tötete, um sich dessen Weinberg anzueignen, und er sagt ihm einen gewaltsamen Tod voraus (1 Kön 21). Das posthume Ansehen Elijas stellt ihn in die Nähe des Mose. Die Legende läßt ihn von Jahwe in einem Feuerwagen in den Himmel entrückt werden (2 Kön 2,2ff). Die Biographie des Jüngers und Nachfolgers Elijas, Elischa, ist überreich an wunderbaren Episoden (vgl. 2 Kön 2, 19ff; 4,1ff usw.) Im Unterschied zu Elija versammelte Elischa eine Gruppe von Propheten um sich. Aber wie Elija nahm auch er aktiv am politischen Leben teil, teilte dem König Orakel mit und begleitete ihn sogar in den Krieg (2 Kön 3,11).

Neben Wahrsagern und wandernden Sehern lassen sich zwei Kategorien von Propheten unterscheiden. Die erste Gruppe bilden die Kult-Propheten: sie wohnen in der Nähe der Tempel und nehmen mit den Priestern an den Riten teil[16]. Sie sind Hofpropheten, die den königlichen Heiligtümern angeschlossen sind. Oft sagen sie dem König den ersehnten Sieg voraus (vgl. z. B. 1 Kön 22). Diese zahlenmäßig sehr starke Gruppe der Berufs-Propheten umfaßt auch jene, die im Alten Testament als falsche Propheten gelten.

Wichtiger in der Heilsgeschichte Israels ist die zweite Gruppe, jene der großen Schriftpropheten, von Amos bis zum „Deutero-Jesaja". Sie verkünden ihre Botschaft nicht als Mitglieder einer Berufsgruppe, sondern unter Berufung auf eine besondere Erwählung. Sie vertreten nicht bestimmte Stämme oder Heiligtümer noch auch die Könige, sondern bezeichnen sich als Botschafter Gottes[17]. Ihre Berufung wird durch einen unmittelbaren Anruf Jahwes beschlossen. So berichtet Jeremia: „Und das Wort Jahwes erging an mich, wie folgt: Bevor ich dich im Mutterleib bildete, habe ich dich erkannt; bevor du aus dem Mutterschoß hervorgingst, habe ich dich geheiligt. Zum Völkerpropheten habe ich dich gemacht" (Jer 1,4ff). Jesaja wiederum sah eines Tages im Tempel „den Herrn

---

[15] Diese Begegnung ist Teil eines Religionskrieges: Wie Isebel befohlen hatte, die Propheten Jahwes niederzumetzeln, so befiehlt Elija nach seinem Sieg dem Volk, die 450 Baalspropheten zu ergreifen. Er „ließ sie zum Bach Kischon hinabschaffen und dort abschlachten" (1 Kön. 18, 40).
[16] Muster ihrer Reden finden sich in bestimmten Psalmen (Ps 2,21; 81; 110; 132) sowie in den Büchern der Propheten Nahum und Habakuk.
[17] Vgl. G. Fohrer, Geschichte der israelitischen Religion, 238f, sowie die dort auf den Seiten 236 und 239, Anm. 2, verzeichneten Bibliographien.

Jahwe auf einem hohen und erhabenen Throne sitzen". Er war von Seraphinen umgeben, und Jesaja vernahm seine Stimme: „Wen soll ich senden? Wer wird für uns gehen?" Jesaja antwortete: „Hier bin ich, sende mich!" Und Gott diktiert ihm, was er dem Volke verkünden sollte (Jes 6,1–10). Der Prophet befolgt den Anruf – ungeachtet der Ablehnung durch die Zuhörer (vgl. Hos 9,7; Ez 12,21 ff). Es kann aber auch geschehen, daß die Verkündigung gewaltsam unterbrochen (Am 7,10 ff) oder vom Propheten selbst eingestellt wird, wenn dieser zur Auffassung gelangt, daß seine Sendung fehlgeschlagen ist (Jes 8,16–18).

Alle großen Propheten sind von der Echtheit ihrer Berufung und der Dringlichkeit ihrer Botschaft zutiefst und voll überzeugt. Sie zweifeln nicht daran, daß sie das Wort Gottes selbst verkünden, denn sie haben gespürt, wie die Hand Jahwes oder sein Geist *(rûaḥ)* auf ihnen ruhte[18]. Das Besessensein von Gott manifestiert sich mitunter in der Ekstase, obschon die ekstatische Lobpreisung oder Trance nicht unerläßlich zu sein scheint[19]. Einigen Propheten warf man sogar vor, sie seien „verrückt" [wie Hosea (9,7): „Närrisch ist der Prophet und verrückt der Geistesmann"]. Von einem echten psychopathologischen Zustand kann aber nicht die Rede sein. Es handelt sich um gefühlsmäßige Erschütterungen, hervorgerufen durch die furchterregende Gegenwart Gottes oder die Schwierigkeit der Sendung, die der Prophet übernommen hat. Dieses Phänomen ist wohlbekannt, angefangen von den „Initiationskrankheiten" der Schamanen bis hin zu den „Torheiten" der großen Mystiker aller Religionen. Außerdem besitzen die Propheten, genau wie die „Spezialisten des Heiligen" in den archaischen und traditionellen Gesellschaften, seherische Fähigkeiten[20] und verfügen über wunderbare Kräfte magischer Art: sie erwecken Tote, ernähren Menschenmengen mit geringsten Mengen von Nahrungsmitteln, lassen Krankheiten über bestimmte Menschen kommen usw.[21]. Viele Handlungen der Propheten haben symbolischen Wert: Elija wirft seinen Mantel über Elischa (1 Kön 19, 19–21); als Jeremia den Befehl Jahwes vernimmt, zerbricht er einen Tonkrug, um den bevorstehenden Untergang Israels zu versinnbildlichen (Jer 19,10 ff); er trägt ein Joch, um das Volk von der Notwendigkeit zu überzeugen, sich dem König von Babylon zu unterwerfen (27)[22].

Aber was immer auch die Quelle ihrer Inspiration gewesen sein mag (Traum, Vision, Audition, wunderbare Erkenntnis usw.), stets empfingen die Propheten das Wort Gottes. Diese unmittelbaren, persönlichen Offenbarungen wurden

---

[18] Vgl. *S. Mowinckel,* The ‚Spirit' and the ‚Word' in the preexilic reforming prophets; *A. Haldar,* Associations of cult prophets in the ancient Near East 115 ff.
[19] Vgl. die Bibliographie bei *H. Ringgren,* Israelitische Religion 232, Anm. 19, und *G. Fohrer,* a.a.O. 235, Anm. 17. Häufiger war die Ekstase bei den *nabiim* (*G. Fohrer* 235).
[20] Elija sieht den unmittelbar bevorstehenden Tod des Königs Achasja voraus (2 Kön. 1,2ff); Elischa weiß, wo in der Wüste Wasser zu finden ist (2 Kön. 3,16f), und er weiß, daß die Könige Order gegeben haben, ihn zu töten (2 Kön. 6,32); er kennt die Worte, die der König von Damaskus in seinem Schlafgemach gesprochen hat (2 Kön. 6,32).
[21] Siehe die von *G. Fohrer,* a.a.O. 233 f angeführten Beispiele.
[22] Vgl. *G. Fohrer,* Die symbolischen Handlungen der Propheten.

offensichtlich im Lichte ihres tiefen Glaubens gedeutet, und nach bestimmten traditionellen Modellen übermittelt. Die vorexilischen Propheten haben vor allem dies gemein, daß sie insbesondere das Gericht Gottes über Israel verkünden: Jahwe wird gnadenlose Eroberer senden, um es zu vernichten: der Herr wird sich der großen Militär-Reiche als Werkzeug der Bestrafung gegen sein eigenes Volk, das ihn verraten hat, bedienen. Läßt sich in diesem schrecklichen Gericht auch eine Verheißung der Hoffnung erkennen? Man glaubte im alttestamentlichen Prophetentum eine Variante des im Vorderen Orient sehr bekannten Wechsels zwischen „Unheilszeiten" und „Heilszeiten" sehen zu können, doch scheint dieses Schema nicht auf alle angeführten Beispiele zu passen[23]. Wie wir noch sehen werden (§ 118) liegt die einzige Hoffnung im „Rest" des auserwählten Volkes, der die Katastrophe überleben wird. Mit diesem „Rest" wird Jahwe einen neuen Bund schließen.

117. Amos der Hirte; Hosea der Ungeliebte

Amos wirkte unter Jeroboam II. (780/82–753/46). Er war kein professioneller *nabi:* „Ich war ein Hirte und Maulbeerfeigenzüchter. Jahwe nahm mich von der Herde weg und sprach zu mir: ‚Geh, weissage meinem Volke Israel!'" (7, 14f.) Er verkündet, Gott werde die benachbarten Völker – Damaskus, Gaza und das Philisterland, Tyrus und Phönizien – richten, weil sie gegen die Moral gesündigt haben; das heißt also, daß alle Völker unter dem Richterspruch Jahwes stehen. Vor allem aber wettert Amos gegen Israel, das Nordreich, gegen seine sozialen Ungerechtigkeiten und seine religiöse Untreue. Die Reichen „verkaufen den Unschuldigen für Geld... und sie zertreten das Haupt der Geringen" (2, 6f). Aber ihre Reichtümer werden vernichtet werden (4, 7–11). Vergeblich vermehren diese satten Sünder ihre Opfer. Amos hört und wiederholt die Worte Jahwes: „Ich hasse und verwerfe eure Feste... Denn bringt ihr mir Brandopfer dar... an euren Speiseopfern habe ich kein Gefallen, und das Opfer eurer Mastkälber sehe ich nicht an" (5, 21ff). Gott erwartet von seinen Getreuen Recht und Gerechtigkeit (5, 24f).

Außerdem wurde der Kultus durch die Einführung kanaanäischer orgiastischer Elemente verändert (5, 26; 8, 14). Die rein äußerliche Verehrung der heiligen Stätten ist nutzlos: „Geht nach Betel und sündigt, nach Gilgal und sündigt weiter!" (4, 4.) Nur die Rückkehr zum Glauben kann Rettung bringen: „Suchet das Gute und nicht das Böse, auf daß ihr am Leben bleibt, damit Jahwe, der Gott Zebaot, mit euch sei... vielleicht erbarmt sich Jahwe, der Gott Zebaot, über Josephs Rest" (5, 14f)[24].

---

[23] Vgl. *H. Ringgren,* a. a. O. 235.
[24] Die Orakel über die Restauration und paradiesische Fruchtbarkeit, die am Ende des Buches stehen (9, 11–15), bilden einen so radikalen Gegensatz zu der so oft wiederholten Verurteilung, daß

Wie Amos, so predigt auch sein jüngerer Zeitgenosse Hosea im Nordreich. Seine Berufung und der Sinn seiner prophetischen Botschaft scheinen an die Wechselfälle seiner Ehen geknüpft zu sein. Doch ist die Deutung der wenigen Anspielungen, die sich im Text seiner Reden finden, sehr umstritten. Nach seinem ersten Bericht (1,2–9) befahl ihm Jahwe „ein buhlerisches Weib" zu nehmen, das ihm Kinder gebar, denen er symbolische Namen gab – „Unbegnadet" und „Nicht-mein-Volk" –, um damit offen zu verkünden, daß Jahwe Israel nicht mehr liebe und es nicht länger sein Volk sei. Nach dem zweiten Bericht (3, 1–5) heißt Jahwe ihn, eine andere Ehe zu schließen, diesmal mit „einem Weib, das von ihrem Gatten geliebt wird und doch die Ehe bricht, wie Jahwe die Kinder Israels liebt, obwohl sie sich anderen Göttern zuwenden". Wahrscheinlich war die erste Gattin eine Frau, die sich an den kanaanäischen Fruchtbarkeitsriten beteiligt hatte. Was die zweite betrifft, die trotz ihrer verachtenswerten Vergangenheit auserwählt wurde, so sollte sie die wohlwollende Haltung Jahwes anzeigen, der bereit war, Israel zu verzeihen.

Jedenfalls ist Hoseas Verkündigung beherrscht von der Bitterkeit Gottes über den Verrat seines Volkes. Israel war die Gattin Jahwes, aber es wurde ihm untreu, es wurde zur „Buhlerin", mit anderen Worten, es hat sich den kanaanäischen Fruchtbarkeitsgottheiten hingegeben. Israel weiß nicht, daß die Fruchtbarkeit ein Geschenk Jahwes ist. „Sie sprach: ‚Ich will meinen Buhlen nachlaufen, die mir Brot und Wasser gaben, Wolle und Flachs, Öl und Getränke. Sie aber erkennt es nicht, daß ich ihr Getreide, Most und Öl gab, daß Silber ich ihr gab in Fülle und Gold, daraus sie Bilder des Baal gemacht haben!" (2,7–10.) Auch hier wieder in voller Schärfe der unaufhebbare Konflikt zwischen Baal und Jahwe, zwischen einer Religion kosmischer Struktur und der Treue zu einem einzigen Gott, dem Weltenschöpfer und Herrn der Geschichte.

Unermüdlich wendet sich Hosea gegen den Synkretismus Baal-Jahwe. „Buhlend wandten sie sich ab von Gott. Auf den Gipfeln der Berge schlachten sie, und auf den Höhen opfern sie, unter den Eichen und Pappeln und Terebinthen" (4,12f). Israel hat seine Geschichte vergessen: „Als Israel jung war, gewann ich es lieb, und aus Ägypten rief ich meinen Sohn. Aber je mehr ich sie rief, desto mehr wandten sie sich von mir ab" (11,1f). Er bricht in Zorn aus über diese unverbesserliche Undankbarkeit. Die Strafe wird fürchterlich sein: „So werde ich für sie wie eine Löwe sein, wie ein Panther werde ich am Wege lauern. Ich will sie anfallen wie die Bärin, die der Jungen beraubt ist, ich will zerreißen, was ihr Herz verschloß. Dort sollen die Hunde sie fressen, das Wild des Feldes sie zerfleischen" (13,7–9).

Der nur äußerliche Kult ist nutzlos, „denn Liebe will ich, nicht Opfer, Gotteserkenntnis, nicht Brandopfer" (6,6). Die Anhöhen, auf denen man synkretistische Zeremonien begeht, werden zerstört werden (10,8). Die einzige Rettung

---

Zweifel an ihrer Echtheit möglich sind: vgl. *H. Ringgren*, a.a.O. 243. *G. von Rad* dagegen hält sie für authentisch: Theologie des Alten Testaments II, 148 f.

ist eine ernsthafte Umkehr zu Jahwe. „Kehre um, Israel, zu Jahwe, deinem Gott; denn durch deine Schuld bist du gestrauchelt... Saget ihm: ‚Nimm alle Schuld hinweg, auf daß wir Gutes empfangen...'" (14,2f). Hosea weiß, daß die Sünder wegen ihres Falles nicht mehr „zu ihrem Gott zurückkehren" können (5,4). Doch Jahwes Liebe ist stärker als sein Zorn. „Nicht will ich tun, was die Glut meines Zorns mir eingibt. Denn Gott bin ich und nicht ein Mensch: Heilig in deiner Mitte, ich liebe es nicht, zu verderben" (11,9). Er will Israel in die Wüste führen und zu seinem Herzen sprechen. Dort wird es gefügig sein wie in den Tagen seiner Jugend und wie am Tage, da es aus dem Lande Ägypten auszog. An jenem Tag... da wird sie mich nennen: ‚Mein Mann'... Dann wirst du mir angetraut auf immer, angetraut in Gerechtigkeit und Recht, in Liebe und Erbarmen" (2,16–21). Es wird eine Rückkehr zu den Anfängen der mystischen Verbindung zwischen Jahwe und Israel sein. Diese eheliche Liebe verkündet bereits den Erlösungsglauben: die Gnade Gottes wartet nicht auf Bekehrung des Menschen, sondern geht ihr voraus[25]. Es sei noch hinzugefügt, daß das Symbol der Ehe von allen großen Propheten nach Hosea verwendet wird.

118. Jesaja: „ein Rest Israels" wird zurückkehren

Obschon sich ihre Berufungen gleichen, unterscheidet sich doch ein jeder der großen Schriftpropheten durch seinen Lebensstil und die Art und Weise, in der er sein Schicksal annimmt. Jesaja lebt und vernimmt Gott im Tempel von Jerusalem in der Zeit zwischen 746 und 740. Auch seine Frau war Prophetin, und er hatte Jünger wie die professionellen *nabiim*[26]. Seine letzte Rede hielt er 701. Anfänglich kritisiert Jesaja vornehmlich die sozialen und ethischen Verhältnisse der Königreiche von Juda und Israel. Er zögert nicht, sogar den König und hohe Würdenträger anzugreifen (vgl. 3,12–15). Das Gericht Gottes, so verkündet er, wird niemanden verschonen (2,12–17; 3,1–9). Genau wie seine Vorgänger erklärt auch er, daß der Kult allein nicht genügt: „Was soll mir die Menge eurer Schlachtopfer? spricht Jahwe. Brandopfer von Widdern und Fett von Mastkälbern habe ich satt. Das Blut von Stieren und Böcken bin ich leid" (1,11). Das Gebet ist vergeblich, denn „eure Hände sind voll Blut" (1,15). Die einzig

---

[25] Vgl. *G. Fohrer*, a. a. O. 252 und Anm. 17 (Bibliographie). Paradoxerweise gehört das von Hosea verwendete Bild der Ehe den von ihm bekämpften kanaanäischen Fruchtbarkeitskulten an; vgl. auch *H. Ringgren*, a. a. O. 246. Siehe dagegen *A. Neher*, L'Essence du prophétisme 247ff, über die „existentielle" Bedeutung des ehelichen Symbolismus im hebräischen religiösen Denken. Die Übertragung der mystischen Erfahrung in Begriffe der ehelichen Vereinigung wird in den jüdischen und christlichen Interpretationen des Hohenliedes, und vor allem in der mystischen Theologie der Gegenreformation wieder aufgegriffen. Dagegen veranschaulicht die Vaishnava-Mystik die mystische Vereinigung der Seele mit Gott durch die ehebrecherische Liebe zwischen Radha und Krishna.
[26] Wir müssen beachten, daß nur die 39 ersten Kapitel des nach ihm benannten Buches ihm selbst zugehören. Der Rest besteht aus verschiedenen Sprüchen, die nicht vor dem sechsten Jahrhundert liegen; die wichtigsten sind der „Deutero-Jesaja" (Kap. 40–55) und der „Trito-Jesaja" (Kap. 56–66). Eine Anzahl von Fragmenten wurde noch später in das Jesajabuch eingefügt (beispielsweise die Apokalypse der Kapitel 24–27).

wahre Frömmigkeit besteht darin, Gerechtigkeit zu üben und das Gute zu tun: „Lernet Gutes tun und trachtet nach Gerechtigkeit! Helft dem Bedrückten, schafft Recht den Waisen, und seid ein Anwalt der Witwen" (1,17).

Der assyrische Angriff gegen Syrien und Palästina bringt ein neues Element in Jesajas Verkündigung. Der Prophet erblickt in diesen schwerwiegenden militärischen und politischen Ereignissen Jahwes Eingreifen in die Geschichte: Assyrien ist nur sein Werkzeug. Für Jesaja ist dies die göttliche Rache; Jahwe straft die religiöse Untreue, die aus der sozialen Ungerechtigkeit und der Auflösung der ethischen Werte erwuchs. Deshalb widersetzt er sich der Außenpolitik des Königs. Die Bündnisse und politischen Manöver sind Hirngespinste. Es gibt nur eine einzige Hoffnung: den Glauben und das Vertrauen auf Jahwe. „Wenn ihr euch nicht an mir haltet, werdet ihr keinen Halt haben" (7,9b). Der Glaube an Jahwe und nicht Ägypten kann Hilfe bringen (31,1–3). Um den König zu ermutigen, kündigt Jesaja ein „Zeichen des Herrn" an: „Das junge Mädchen wird empfangen und einen Sohn gebären und seinen Namen Immanuel nennen" (7,14). „Noch ehe der Knabe weiß, das Böse zu verwerfen und das Gute zu erwählen", wird Jahwe zahlreiche Wunder wirken (16ff). Dieser Spruch hat Anlaß zu zahllosen Deutungen gegeben[27]. Die christlich-theologische Spekulation hat im Namen des Kindes „Emmanuel" (Gott mit uns) die Ankündigung der Geburt Christi gesehen. Der messianische Sinn jedenfalls ist offensichtlich: Jahwe wird in der davidischen Erbfolge einen gerechten König erwecken, der siegreich sein wird und dessen Nachkommen auf ewig herrschen werden.

Als der König von Assur in Palästina einfällt, erklärt Jesaja, er sei nicht mehr Werkzeug Jahwes, sondern schlicht ein unersättlich machtgieriger Tyrann (10,5–15). Daher wird auch er vernichtet werden (14,24–25). Der Prophet kommt immer wieder auf die Macht und Herrschaft Gottes zurück, und er verkündet den „Tag Jahwes", an dem der Herr die Welt richten wird (2,12–17). Daher verurteilt er nicht nur die Anmaßung des Königs von Assur, sondern auch die sozialen und politischen Sünden Judas – Unterdrückung der Armen (3,12–15), Luxus (3,16–24) und Ausschweifung (5,11–13), Ungerechtigkeit (5,1–7.23), Ackerraub (5, 8–10) –, Sünden, die in seinen Augen zugleich Taten des Widerstands gegen Jahwe sind (1,2–3). In gleicher Weise verurteilt er die schlechten Ratgeber (28,14–22), sowie die Priester und Kultpropheten, die ihn verhöhnen (28,7–13).

Jesaja glaubt an die Unverletzbarkeit Zions: der heilige Berg wurde und wird von Jahwe gegen die Angriffe aller Feinde geschützt (14,24–32; 17,2–14; 29,1–8 usw.). Er bewahrt auch die Hoffnung an einen „Rest Israels", der „zum starken Gott zurückkehren wird" (10,20f)[28]. Aber das Wesentliche seiner Botschaft wurde nicht beachtet, und der Prophet hält mit seiner Enttäuschung nicht hintan.

---

[27] Siehe die wichtige Bibliographie bei *H. Ringgren*, a.a.O. 249, Anm. 71; außerdem *A. Neher*, a.a.O. 228ff.
[28] Jesaja gibt seinem ersten Sohn den Namen Shar-Jashub, „ein Rest wird zurückkommen".

Seine letzte Rede weissagt den Untergang „der herrlichen Fluren, des fruchtbaren Weinstockes"; „ob aller feiernden Häuser und der fröhlichen Stadt" werden Disteln und Dornen wachsen, „denn der Palast ist verlassen, und der lärmende Verkehr in der Stadt verstummt..." (32,9–14).

119. Die Verheißung an Jeremia

Aus einer Priesterfamilie stammend, erfuhr Jeremia 626 seine Berufung und übte sie, mit Unterbrechungen, vier Jahrzehnte lang aus. In einem berühmten Abschnitt berichtet er über die Umstände seiner Erwählung (1,1ff). Da er vor seiner Aufgabe zurückschreckte, berief er sich auf seine Jugendlichkeit: „Ich weiß nicht zu reden, ich bin zu jung" (1,6). Der Herr aber berührte seinen Mund und stärkte ihn (1,9ff). Die ersten Reden Jeremias sind von einem besonders dramatischen Thema beherrscht: die bevorstehende Katastrophe durch „ein Volk aus dem Lande des Nordens". „Bogen und Wurfspieß führt es, hart ist es und ohne Erbarmen..." (6,22–23). Nach dem historischen Vorbild dieser wilden Reiter zu suchen wäre vergeblich. „Das Volk aus dem Norden" gehört zu den mythologischen Bildern der vollkommenen Zerstörung. Denn die Invasion wird das Land endgültig zerstören. „Ich blickte über die Erde hin: ein Chaos; zum Himmel hinauf: sein Licht war erloschen" (4,23). Der Rückfall ins Chaos ist die göttliche Strafe für die religiöse Untreue; aber sie bereitet doch eine neue Schöpfung vor: den Neuen Bund, den Jeremia später verkündet. Denn Jahwe ist barmherzig, und der Prophet übermittelt seinen Anruf: „Kehret zurück, abtrünnige Kinder, ich will euren Aufruhr stillen!" (3,22; vgl. auch 4,1ff.)

Als Josias 609 stirbt, folgt ihm sein Sohn Jojakim auf dem Thron. Er enthüllt sich als schrecklicher Despot, und Jeremia wendet sich alsbald gegen ihn. Im Tempelhof wettert er gegen alle – Priester, Propheten, Volk – die sich von der illusorischen Sicherheit ihres religiösen Handelns täuschen lassen (7,1-15; 26,1ff). „Vertraut aber nicht auf die Lügenworte: ‚Der Tempel Jahwes ist hier'" (7,4). Vergeblich kommen jene zum Tempel, die stehlen, morden, ehebrechen, falsche Eide schwören, dem Baal räuchern und sich dann sagen: „Wir sind in Sicherheit!", und die doch bereit sind, „von neuem alle diese Greueltaten zu verüben". Denn Jahwe ist nicht blind (7,9–11). Der Herr gemahnt sie an das Schicksal des Heiligtums von Silo, das von den Philistern zerstört wurde: „Dort habe ich früher meinen Namen wohnen lassen, und schaut, was ich daraus gemacht habe wegen der Bosheit meines Volkes Israel" (7,12–13). Jeremia wurde gefangen genommen und wäre wahrscheinlich zum Tode verurteilt worden, hätten nicht einige hohe Würdenträger ihre Hand über ihn gehalten (26,10ff). Lange Zeit konnte der Prophet nicht mehr öffentlich auftreten [29].

---

[29] Auf Eingebung Jahwes legte er seine Unheilsprophetien in einem Buch nieder. Eines Tages wollte sein Diener Baruch einige Teile daraus im Tempel vorlesen, aber er wurde unterbrochen und vor den König geführt, der die Rolle verbrannte. Doch Jeremia diktierte ein neues Buch (Kap. 36).

Die Verheißung an Jeremia

Der letzte Abschnitt der Verkündigung Jeremias begann 595, als Nebukadnezar Jerusalem eroberte und einen Teil der judäischen Elite deportierte. Während der neue König Zedekia mit Unterstützung Ägyptens einen Aufstand plante, war Jeremia bemüht, das Volk zu beruhigen. Als Verräter verhaftet und eingekerkert, wurde er später von den Babyloniern wieder befreit. Kurze Zeit darauf ging er mit einer Gruppe landesflüchtiger Volksgenossen nach Ägypten (Kap. 37–39). Seine letzte Rede ist an „alle Juden, die im Lande Ägypten wohnen" (44,1), gerichtet. Durch den Mund seines Propheten erinnert der Herr an alle Katastrophen der jüngsten Zeit: „Ihr habt selbst das Unheil miterlebt, das ich über Jerusalem und alle Städte Judas habe kommen lassen: Sie sind jetzt ein Trümmerhaufen, und kein Mensch wohnt mehr darin" (44,2). Vergeblich sandte Gott seine „Knechte, die Propheten"; das Volk beharrte in seinen Missetaten (44,4ff). Um dem ein Ende zu setzen, verkündet Jahwe eine weitere Zerstörung: der „Rest Judas", der sich in Ägypten niedergelassen hatte, wird ebenfalls vernichtet werden (44,12ff).

Eines der Charakteristika der Botschaft Jeremias ist die große Zahl von Bekenntnissen und Anspielungen auf seine persönlichen Empfindungen[30]. Er wagt es, zu Gott zu sagen: „Ach, solltest du für mich wie ein Trugbach sein, dessen Wasser nicht Wort halten?" (15,18.) Wie Ijob, so fragt auch er: „Warum haben die Gottlosen Glück in ihrem Leben? Warum genießen die treulosen Betrüger sichere Ruhe?" (12,1.) Er will die Wege des Herrn verstehen[31]. Trotz der von ihm vorhergesagten Katastrophen, die alle eintreffen, verliert Jeremia nicht das Vertrauen auf die Erlösung, und sogar auf eine neue Schöpfung. Gleich einem Töpfer kann Jahwe sein eigenes Werk zerstören, aber er kann auch ein anderes, besseres daraus machen (18,6ff). Durch den Mund seines Propheten verkündet Gott in der Tat einen Neuen Bund: „Siehe es kommen Tage, da werde ich mit dem Hause Israel (und dem Hause Juda) einen neuen Bund schließen... Ich werde mein Gesetz in ihr Inneres legen und ihnen ins Herz hinein schreiben, und ich werde ihr Gott sein, und sie werden mein Volk sein" (31,31.33).

Amos erwartete die Erlösung in einer neuen Liebestat Gottes, die eine Rückkehr Israels „in die Tage seiner Kindheit" ermöglichen würde. Jeremia wagt eine radikale Erneuerung des Menschen zu erhoffen. Denn, „Du weißt es, Jahwe, daß des Menschen Weg nicht in seiner Gewalt steht..." (10,23). Daher verheißt der Herr die bevorstehende Erneuerung seines Volkes. „Ich verleihe ihnen einen anderen Sinn und einen anderen Wandel, so daß sie mich jederzeit fürchten zu ihrem eigenen Wohl und dem ihrer Kinder nach ihnen. Ich werde einen ewigen Bund mit ihnen schließen und nicht mehr aufhören, ihnen meine Güte zu erweisen..." (32,30–40). Dies entspricht einer Neuerschaffung des Menschen, und diese Vorstellung sollte beträchtliche Folgen haben (u.a. die

---

[30] Siehe vor allem 11,18–23; 12,1–6; 15,10–12. 15–21; 17,12–18; 18,18–23; 20,7–18. Vgl. *H. Ringgren*, a.a.O. 257 und die Bibliographien in den Anm. 93 und 94.
[31] Vgl. *G. von Rad*, Theologie des Alten Testaments II, 216ff.

christliche Vorstellung eines im Neuen Testament geoffenbarten Neuen Bundes)[32].

120. Der Untergang Jerusalems; die Sendung des Ezechiel

„Es hätten nie geglaubt der Erde Könige und alle Weltbewohner, daß jemals Eingang fände ein Feind und Bedränger in den Toren von Jerusalem" (Klagelieder, 4, 12), so ruft der anonyme Autor der Klagelieder aus, der Zeuge des Untergangs Jerusalems im Jahr 587 wurde. „Jahwe, siehe und blicke her, wem du solches angetan. Mußten Frauen ihre Leibesfrucht verzehren, die Kindlein ihrer eignen Pflege? Mußten Priester und Prophet erschlagen werden im Tempel Jahwes?" (2,20.) Die Katastrophe hatte entscheidende Folgen für die Geschichte Israels und die Entwicklung des Jahwismus. Der Untergang der religiösen und politischen Hauptstadt bedeutete die Auflösung des Staates und das Ende der davidischen Monarchie. Der Tempel wurde niedergebrannt und zerstört, womit auch das Ende der Opfer gekommen war. Ein großer Teil der Bevölkerung wurde deportiert. Babylon aber war ein „unreines Land", in dem die Ausübung des Kults nicht möglich war. Anstelle des Tempels trat die Religionsschule, die im Laufe der Zeit zur Synagoge wurde. Die Gemeinschaft versammelte sich in bestimmten Zeitabständen zu Gebet, Hymnen und Homilien. Aber die Zerstörung des Tempels mahnte zugleich an die Auflösung der Nation. Daher ist das Gebet um die Wiederherstellung der nationalen Unabhängigkeit untrennbar verbunden mit dem Gebet um den Wiederaufbau des Tempels[33].

Zahlreich waren jene, die in Jerusalem oder im Exil an der Macht Jahwes zweifelten und die Götter der Sieger übernahmen. Manche waren sogar versucht, an der Existenz Jahwes zu zweifeln. Für andere indes war die Katastrophe der deutlichste Beweis des göttlichen Zorns, der von den Propheten immer wieder vorausgesagt worden war. Es kam zu einer unwilligen Reaktion gegen die „optimistischen Propheten". Dagegen erlangten nun die großen Schriftpropheten jene Wertschätzung und Bewunderung, die ihnen zu Lebzeiten vorenthalten worden war. Die nach Babylon deportierte Elite aber suchte in einem anderen Zweig der religiösen Tradition jene Hilfe, von der sie die Rettung Israels erwartete (vgl. Bd. II).

In Babylon, wohin er 597 mit einer ersten Gruppe von Deportierten gelangte, übte Ezechiel, der letzte große Prophet, sein Amt bis 571 aus. Er war Priester, was die Bedeutung erklärt, die er der rituellen „Reinheit" beimißt. Für Ezechiel hatten die „Sünden", und zwar in erster Linie der Götzendienst, Israel „unrein" gemacht. Jahwe wird die Erlösung seines Volkes dadurch herbeiführen, daß er

---

[32] Die Erwartung eines idealen Königs ist auch Teil der Hoffnung auf einen Neuen Bund: „Ich gewähre ihm Zutritt zu mir, daß er sich mir nahen darf" (30,21).
[33] Psalm 51 fleht zu Gott, er möge sein Volk reinigen und befreien, und damit verbunden ist die Bitte: „laß neu erstehn Jerusalems Mauern". „Dann werden dir rechte Opfer gefallen" (20–21).

es mit „reinem Wasser" „reinigt" (36,25)[34]. Anfänglich betrachtet Ezechiel seine Aufgabe als undankbares, aber notwendiges Werk der Entmystifizierung: die Hoffnung der ersten judäischen Deportierten auf die Unantastbarkeit Jerusalems mußte zerstört werden, und nach der Zerstörung der Heiligen Stadt galt es, sie zu trösten und stärken[35]. In dieser ersten Zeit seines Auftretens verkündet Ezechiel das nahe Ende Jerusalems als unvermeidliche Folge der Treulosigkeit Israels. Eine allegorische Geschichte (Kap. 23) vergleicht Israel und Samaria (Juda) mit zwei Schwestern, die, obschon von Jahwe geliebt „Unzucht trieben in Äypten in ihrer Jugend" und ihre Treulosigkeit mit den Assyrern und Babyloniern fortsetzten.

Immer wieder kommt Ezechiel auf das Thema der treulosen Frau zurück, die von Jahwe mit Rücksicht auf seinen Namen doch noch nicht verlassen wird (vgl. z. B. Kap. 20). Israels bevorzugte Situation geht nicht auf sein eigenes Verdienst zurück: es wurde durch die Wahl Jahwes aus den anderen Völkern hervorgehoben. Bezeichnender noch als die Deutung der historischen Katastrophe als Krise in der ehelichen Verbindung zwischen Gott und Israel ist aber die Idee der Allgegenwart Jahwes. Die Gegenwart Gottes ist nicht auf einen bestimmten bevorzugten Ort beschränkt. Daher ist es unwichtig, ob der Gläubige Jahwe in seinem Vaterland oder in einem fremden Land verehrt. Wichtig sind nur sein inneres Leben und sein Verhalten gegenüber seinesgleichen. Ezechiel wendet sich mehr als jeder andere Prophet an den Einzelmenschen[36].

Nach dem Fall Jerusalems setzt eine neue Periode in der Verkündigung Ezechiels ein, die von der Hoffnung auf die Erlösung Israels gekennzeichnet ist. Für Gott ist kein Ding unmöglich. Ezechiel sieht in einer Ekstase ein „Tal voll von Totengebeinen". Vom Geiste berührt „wurden sie lebendig und stellten sich auf ihre Füße". So wird der Herr auch am Haus Israel handeln (37,1–14). Anders ausgedrückt, Israel ist zwar tot, aber durch ein göttliches Wunder könnte es wieder zum Leben erweckt werden. In einer anderen Weissagung (Kap. 36) verheißt Jahwe die Rückkehr der Verschleppten, den Wiederaufbau und das Gedeihen des Volkes. Vor allem aber verkündigt er die Erlösung Israels: „Dann werde ich reines Wasser über euch sprengen, daß ihr rein werdet... Und ich werde euch ein neues Herz geben und einen neuen Geist in euer Inneres geben... und bewirken, daß ihr nach meinen Satzungen wandelt und meine Vorschriften beobachtet und danach handelt. Dann sollt ihr im Lande wohnen, das ich euch gegeben habe und ihr sollt mein Volk sein und ich werde euer Gott sein" (36,25–28). Wie für Jeremia handelt es sich um einen Neuen Bund, der in Wirklichkeit eine neue Schöpfung beinhaltet. Da aber die Zerstreuung Israels die Allmacht und Ehre des Herrn in Frage stellte, erklärt Ezechiel diese neue

---

[34] G. von Rad, Theologie des Alten Testaments II, 237ff; H. Ringgren, a.a.O. 261.
[35] Vgl. G. Fohrer, Die Hauptprobleme des Buches Ezechiel, passim; ders., Geschichte der israelitischen Religion 324ff.
[36] Vgl. G. Fohrer, Geschichte 326, und die Bibliographie ebd. Anm. 4.

Schöpfung durch das Verlangen Jahwes, seinen „heiligen Namen, den das Haus Israel unter den Völkern entweiht hatte" (36,21), zu heiligen. David wird als Fürst und Hirte, als exemplarischer „Knecht" Gottes über das neue Israel herrschen (37,25ff; 34,23ff). In den letzten Kapiteln (40–48) schließlich beschreibt Ezechiel in allen Einzelheiten den künftigen Tempel[37] (den er in Ekstase schaut), den Kult, wie er im neuen Israel gefeiert werden wird.

121. Religiöse Wertung des „Schreckens der Geschichte"

Auch in den letzten Jahren des Exils und in der nachexilischen Zeit gibt es noch Propheten (vgl. Bd. II). Doch ist ihre Botschaft gewissermaßen eine Entwicklung der von Jeremia entworfenen „Heilstheologie". Wir können also schon jetzt die Rolle des Prophetentums in der Heilsgeschichte Israels beurteilen.

Was uns bei den Propheten zunächst ins Auge fällt, ist ihre Kritik am Kult und die Schärfe, mit der sie sich gegen den Synkretismus, d. h. die kanaanäischen Einflüsse, die sie als „Buhlerei" bezeichnen, wenden. Diese „Buhlerei" aber, gegen die sie unermüdlich eifern, ist eine der am weitesten verbreiteten Formen der kosmischen Religiosität. Den Ackerbaukulturen zugehörig, ist die kosmische Religiosität die Fortführung der elementarsten Dialektik des Sakralen, insbesondere der Glaubensvorstellung, daß das Göttliche sich in den kosmischen Erscheinungen und Rhythmen inkarniert oder manifestiert. Eine solche Vorstellung aber wurde von den Gläubigen Jahwes als Götzendienst schlechthin abgetan, und dies seit ihrem Eindringen in Palästina. Noch nie wurde die kosmische Religiosität so heftig angegriffen. Den Propheten ist es schließlich auch gelungen, die Natur aller göttlichen Gegenwart zu entleeren. Ganze Bereiche der natürlichen Welt – „Höhen", Steine, Quellen, Bäume, bestimmte Ernten, bestimmte Blumen – werden als „unrein" abgestempelt, weil sie vom Kult der kanaanäischen Fruchtbarkeitsgottheiten befleckt sind[38]. „Rein" und heilig schlechthin ist nur die Wüste, denn dort blieb Israel seinem Gotte treu. Die sakrale Dimension der Vegetation und im Allgemeinen der üppigen Naturerscheinungen wird erst wieder viel später, nämlich im mittelalterlichen Judentum, entdeckt.

Auch der Kult, und hier in erster Linie die Blutopfer, waren Gegenstand der prophetischen Kritik; er war nicht nur durch kanaanäische Elemente geschändet worden, sondern Priester und Volk hielten die rituelle Handlung für die vollkommene Form der Anbetung. Die Propheten aber verkünden, daß man Jahwe vergeblich in den Heiligtümern sucht; Gott verachtet die Opfer, die Feiern und

---

[37] Die ekstatische Vision Ezechiels ist der Ausgangspunkt der „Tempeltheologie", die im Judentum und im Christentum eine einmalige Entwicklung erlebte.

[38] Aus dem gleichen Grund akzeptierten die christlichen Missionare in Indien nur solche Blumen in der Kirche, die nicht bei hinduistischen Zeremonien Verwendung fanden, – also die weniger schönen.

die Zeremonien (vgl. u. a. Am 5,4–6. 14–15. 21–23); er fordert Recht und Gerechtigkeit (5,24). Die vorexilischen Propheten haben nie genaueres darüber gesagt, wie die kultische Tätigkeit des Gläubigen beschaffen sein müsse. Das Problem stellte sich nicht einmal, solange das Volk nicht zu Jahwe zurückkehrte. Die Propheten strebten nicht nach einer Verbesserung des Kults, sondern nach der Umwandlung des Menschen[39]. Erst nach dem Fall Jerusalems schlägt Ezechiel einen erneuerten Gottesdienst vor.

Die Desakralisierung der Natur, die Entwertung der kultischen Handlung, kurz die heftige und totale Zurückweisung der kosmischen Religiosität, und vor allem die entscheidende Bedeutung, die nun der geistigen Neuschaffung des Individuums durch die endgültige Umkehr zu Jahwe beigemessen wurde, war die Antwort der Propheten auf historische Krisen, welche die Existenz der beiden jüdischen Reiche bedrohten. Die Gefahr war groß und bedrängend. Die mit jeder kosmischen Religion verbundene „Lebensfreude" war nicht nur eine Apostasie, sie war illusorisch und dazu verurteilt, in der bevorstehenden nationalen Katastrophe unterzugehen. Die traditionellen Formen der kosmischen Religion, d. h. das Fruchtbarkeitsmysterium, die dialektische Solidarität zwischen Leben und Tod, boten nur eine trügerische Sicherheit. Denn die kosmische Religion ermutigte die Illusion, das Leben höre nie auf fortzubestehen, und also könnten auch Nation und Staat trotz der schweren historischen Krisen überleben. Anders ausgedrückt, das Volk und die hohen Würdenträger, aber auch die Priester und die optimistischen Propheten neigten dazu, die historischen Widrigkeiten in einem Zusammenhang mit Naturkatastrophen (Dürre, Überschwemmung, Seuchen, seismische Bewegungen, usw.) zu sehen. Solche Katastrophen aber sind nie total oder definitiv. Die vorexilischen Propheten dagegen verkündeten nicht nur den Untergang des Landes und das Verschwinden des Staates; sie proklamierten auch die Gefahr der totalen Zerstörung der Nation.

Die Propheten richteten sich gegen den offiziellen politischen Optimismus und griffen die davidische Monarchie an, weil sie den Synkretismus ermutigt hatte, statt den Jahwismus als Staatsreligion einzuführen. Die von ihnen verkündete „Zukunft" stand in der Tat unmittelbar bevor. Immer wieder sagten die Propheten sie voraus, um dadurch die Gegenwart verändern und die Gläubigen innerlich umwandeln zu können. Ihr leidenschaftliches Interesse für die zeitgenössische Politik war religiöser Art. Tatsächlich konnte der Lauf der Ereignisse die ernsthafte Bekehrung der Nation vorantreiben, und damit auch Israels „Heil", die einzige Möglichkeit seines Überlebens in der Geschichte. Das Eintreffen der von den Propheten vorausgesagten Ereignisse bestätigte ihre Botschaft und, genauer, es zeigte, daß die historischen Ereignisse Jahwes Werk waren. Die Ereignisse der Geschichte erlangten also religiöse Bedeutung und wurden zu „negativen Theophanien", zum „Zorn" Jahwes. So enthüllten sie

---

[39] Vgl. *G. Fohrer*, a. a. O. 280 ff.

ihren inneren Zusammenhang, indem sie sich als der konkrete Ausdruck ein und desselben, des *einzigen* göttlichen Willens erwiesen.

Die Propheten sind also die ersten, die die *Geschichte bewerten*. Die historischen Ereignisse haben fortan einen Wert *in sich*, insofern sie vom Willen Gottes bestimmt sind. Die historischen Fakten werden so zu „Situationen" des Menschen vor Gott und erlangen als solche einen religiösen Wert, der ihnen bislang durch nichts zuteil werden konnte. Daher kann man mit Recht sagen, daß die Hebräer als erste die Bedeutung der Geschichte als Epiphanie Gottes entdeckten, und diese Auffassung wurde, wie zu erwarten war, vom Christentum aufgenommen und erweitert[40]. Wir müssen jedoch festhalten, daß die Entdeckung der Geschichte als Theophanie nicht unmittelbar und nicht einheitlich vom jüdischen Volk akzeptiert wurde und daß die alten Vorstellungen noch lange Zeit weiterlebten.

---

[40] Vgl. *M. Eliade*, Kosmos und Geschichte 86 ff. Über das „Heil" der Zeit, ihre „Wertung" im Rahmen der israelitischen Heilsgeschichte, siehe ebd. 89 ff.

FÜNFZEHNTES KAPITEL

Dionysos oder die wiedergefundenen Seligkeiten

122. Enthüllung und Verhüllung eines „zweimal geborenen" Gottes

Nach mehr als einem Jahrhundert der Forschung ist Dionysos noch immer ein Rätsel. Er unterscheidet sich durch seine Herkunft, durch die ihm eigene Seinsweise und durch den von ihm ausgehenden Typus religiöser Erfahrung von den anderen griechischen Hochgöttern. Nach dem Mythos ist er der Sohn des Zeus und einer Prinzessin, nämlich Semeles, der Tochter des thebanischen Königs Kadmos. Die eifersüchtige Hera lockte diese in eine Falle und Semele bittet Zeus, ihn in seiner wahren Gestalt als Himmelsgott schauen zu dürfen. Die Vorwitzige wird vom Blitz getroffen und kommt vor der Zeit nieder. Zeus aber näht das Kind in seinen Schenkel ein, und nach einigen Monaten kommt Dionysos zur Welt. Er ist also „zweimal geboren". Es gibt zahlreiche Ursprungsmythen, in denen die Gründer königlicher Familien aus der Verbindung zwischen Göttern und sterblichen Frauen hervorgehen. Dionysos aber wird von Zeus ein zweites Mal geboren. Daher ist nur er Gott[1].

P. Kretschmer hat versucht, den Namen Semele vom thrakisch-phrygischen Terminus Semelô abzuleiten, der die Erdgöttin bezeichnet, und diese Etymologie wurde von bedeutenden Gelehrten, wie M. P. Nilsson und U. von Wilamowitz akzeptiert. Ob diese Etymologie aber nun zutrifft oder nicht, sie vermag doch in keiner Weise zum Verständnis des Mythos beizutragen. Zum einen kann man sich schwerlich einen *hieros gamos* zwischen dem Himmelsgott und der Erdmutter vorstellen, der in der Verbrennung dieser letzteren endet. Andererseits, und das ist entscheidend, betonen die ältesten mythologischen Traditionen, daß Semele, eine *Sterbliche*[2], einen *Gott* geboren habe. Gerade diese paradoxe Dualität des Dionysos interessierte die Griechen, denn nur sie vermochte das Paradoxon seiner Seinsweise zu erklären.

Aus einer Sterblichen geboren, gehörte Dionysos nicht rechtens dem Pantheon der Olympier an; aber es gelingt ihm, dort seine Anerkennung zu erreichen, und schließlich führt er dort auch seine Mutter Semele ein. Homer kannte

---
[1] *Pindar*, Fr. 85; *Herodot* 2,146; *Euripides*, Die Bacchantinnen 94ff; *Apollodoros*, Bibl. 3,4,3, usw.
[2] Ilias 14,323 nennt sie „eine Thebanerin" und *Hesiod*, Theogonie 940ff „eine Sterbliche".

ihn, was aus mancher Anspielung hervorgeht, aber weder der Sänger noch sein Publikum interessierten sich für diesen „fremden" Gott, der sich so sehr von den Olympiern unterschied. Und doch ist es Homer, der uns das älteste Zeugnis über Dionysos überliefert hat. In der *Ilias* (6, 128-140) wird eine berühmte Episode erwähnt: der thrakische Heroe Lykurgos jagt die Ammen des Dionysos; „sie warfen alle zugleich ihr Opfergerät zu Boden", indes der Gott, „verschreckt tauchte hinab in die Woge des Meeres, Thetis nahm den Zitternden auf in ihrem Schoße, denn ihn hatten des dräuenden Mannes Schrecken ergriffen." „Aber Lykurgos zürnten die Götter des hohen Olympos und mit Blindheit strafte ihn Zeus; auch lebt' er nicht lange, denn er war den unsterblichen Göttern allen verhasset".

Aus dieser Episode, in der von der Verfolgung durch einen „Werwolf" und dem Untertauchen im Meer die Rede ist, läßt sich die Erinnerung an ein altes Initiationsszenarium erkennen[3]. Zur Zeit Homers indes sind Sinn und Zielsetzung des Mythos nicht mehr die gleichen. Er verrät uns einen der spezifischen Züge des Schicksals Dionysos': Seine „Verfolgung" durch feindliche Personen. Daneben beweist der Mythos aber auch, daß Dionysos als Mitglied der Götterfamilie anerkannt ist, denn nicht nur sein Vater Zeus, sondern auch alle anderen Götter fühlten sich durch die Tat des Lykurgos verletzt.

Die „Verfolgung" ist der dramatische Niederschlag des Widerstands gegen die spezielle Seinsweise und die religiöse Botschaft des Gottes. Perseus stellt sich mit seiner Armee dem Dionysos und den ihn begleitenden „Meresfrauen" entgegen; nach einer Überlieferung warf er den Gott auf den Grund des Lerna-Sees (Plutarch, De Iside, 35). Wir werden bei unserer Analyse der *Bacchantinnen* des Eurypides wieder auf das gleiche Thema stoßen. Man hat versucht, solche Episoden als mythisierte Erinnerungen des Widerstands zu deuten, auf den der Dionysoskult stieß. Die dem zugrundeliegende Theorie setzt voraus, daß Dionysos erst spät nach Griechenland kam und eigentlich ein „fremder" Gott ist. Seit E. Rohde hält die Mehrzahl der Wissenschaftler Dionysos für einen thrakischen Gott, der entweder unmittelbar von Thrakien oder über Phrygien nach Griechenland gelangte. W. Otto dagegen betont den archaischen und panhellenischen Charakter des Dionysos, und die Tatsache, daß sein Name - *di-wo-nu-so-jo* - in einer mykenischen Inschrift auftaucht[4], scheint ihm recht zu geben. Andererseits trifft es nicht weniger zu, daß Herodot (2,49) Dionysos als „später eingeführt" betrachtet, und in den *Bacchantinnen* (V. 219) spricht Pentheus von „diesem spät gekommenen Gott, wer immer er auch sei".

Welcher Art die Geschichte des Eindringens des Dionysoskultes in Griechenland auch gewesen sein mag, die Mythen und mythologischen Fragmente, die auf den Widerstand anspielen, auf den er gestoßen sein muß, haben eine tiefere

---

[3] Vgl. *H. Jeanmaire*, Dionysos 76; über Lykurgos und die Pubertätsinitiationen vgl. *ders.*, Couroi et Courètes 463 ff.
[4] Es handelt sich um ein Fragment von Pylos (X a O 6) in der Lineare B.

Bedeutung: sie belehren uns sowohl über die dionysische religiöse Erfahrung als auch über die spezifische Struktur des Gottes. Dionysos mußte Widerstand und Verfolgung auslösen, denn die von ihm erweckte religiöse Erfahrung bedrohte einen ganzen Lebensstil und eine ganze Welt von Werten. Es ging zweifellos um die bedrohte Vorherrschaft der olympischen Religion und ihrer Institutionen. Aber der Widerstand verrät auch ein persönlicheres Drama, das im übrigen in der Religionsgeschichte reichlich belegt ist: der Widerstand gegen jede *absolute* religiöse Erfahrung, die nur durch die Leugnung des *Rests* (welche Bezeichnung man diesem auch immer geben will: Gleichgewicht, Persönlichkeit, Gewissen, Vernunft, usw.) gemacht werden kann.

W. Otto hat den Zusammenhang zwischen dem Thema der „Verfolgung" des Dionysos und der Typologie seiner vielfachen Epiphanien gut erfaßt. Dionysos ist ein Gott, der sich unvermittelt zeigt und sodann auf geheimnisvolle Weise wieder verschwindet. Bei den Agrionia-Festen von Chaeronea suchten die Frauen vergeblich nach ihm und kehrten mit der Nachricht zurück, der Gott sei zu den Musen gegangen, die ihn verborgen hielten (W. Otto, Dionysos 79). Er entschwindet, indem er auf den Grund des Lerna-Sees, oder in das Meer hinab taucht, und erscheint – wie beim Anthesterienfest – in einer Barke auf den Fluten wieder. Die Anspielungen auf sein „Erwachen" in der Wiege (ebd. 82f) verweisen auf das gleiche mythische Thema. Dieses regelmäßige Erscheinen und Entschwinden situierten Dionysos unter die Vegetationsgötter[5]. Er zeigt tatsächlich eine gewisse Übereinstimmung mit dem pflanzlichen Leben; Efeu und Pinie sind zu seinen Attributen geworden und seine populärsten Feste folgen dem landwirtschaftlichen Jahreskreis. Aber Dionysos steht in Zusammenhang mit dem Leben als ganzem, was aus seinen Beziehungen zu Wasser, Keimen, Blut und Sperma sowie aus der überschäumenden Vitalität hervorgeht, die durch seine Tierepiphanien (Stier, Löwe, Steinbock) veranschaulicht wird[6]. Sein unerwartetes Erscheinen und Entschwinden spiegelt gewissermaßen das Keimen und Absterben des Lebens wider, d. h. den Wechsel zwischen Leben und Tod und letztlich ihre Einheit. Doch geht es dabei keineswegs um eine „objektive" Beobachtung dieses kosmischen Phänomens, dessen Banalität keinerlei religiöse Vorstellung oder irgendeinen Mythos hervorrufen könnte. Durch sein Erscheinen und Verschwinden enthüllt Dionysos das Geheimnis und die Sakralität der Verbindung von Leben und Tod. Diese Offenbarung ist religiöser Natur, weil sie durch die Gegenwart des Gottes selbst bewirkt wird. Denn dieses Erscheinen und Verschwinden steht nicht immer in Zusammenhang mit den Jahreszeiten: Dionysos zeigt sich im Winter und er verschwindet gerade bei dem Frühlingsfest, an dem er seine triumphalste Epiphanie entfaltet.

---

[5] Man hat versucht, in Dionysos einen Gott des Baumes, des „Korns" oder des Weinstocks zu sehen, und den Mythos seiner Zerstückelung gedeutet als Veranschaulichung des „Leidens" des Getreides oder der Weinbereitung; so bereits die von Diodoros 2,62 angeführten Mythographen.
[6] Vgl. die von *W. Otto*, a.a.O. 162–164 diskutierten Texte und Hinweise.

"Verschwinden", "Verdunkeln" sind mythologische Ausdrucksformen für den Abstieg in die Unterwelt, also den "Tod". Tatsächlich wurde in Delphi das Grab des Dionysos gezeigt. Auch in Argos war von seinem Tod die Rede. Wenn übrigens im argivischen Ritual Dionysos vom Grund des Meeres heraufgerufen wird (Plutarch, De Iside 35), so steigt er aus dem Reich der Toten empor. Nach einer orphischen Hymne (N. LIII) glaubt man, der abwesende Dionysos weile bei Persephone. Und schließlich berichtet der Mythos des Zagreus-Dionysos – der uns später beschäftigen wird – vom gewaltsamen Tod des Gottes, der von den Titanen getötet, zerstückelt und verschlungen worden sei.

Diese vielfachen, doch komplementären Aspekte des Dionysos sind noch in seinen öffentlichen Ritualen wahrnehmbar, obschon diese natürlich manchen "Reinigungen" und Umdeutungen unterlagen.

123. Der Archaismus einiger öffentlicher Feste

Seit Pisistratos beging man in Athen vier Feste zu Ehren des Dionysos[7]. Die "ländlichen Dionysien", die im Dezember stattfanden, waren Dorffeste. Ein singender Zug trug einen großen Phallos in Prozession einher. Als archaische Zeremonie schlechthin, die weit über die ganze Welt verbreitet ist, bestand die Phallophorie zweifellos schon vor dem Dionysoskult. Andere rituelle Lustbarkeiten umfaßten Wettkämpfe und Streitreden und vor allem Paraden von Masken oder als Tiere verkleideten Personen. Auch hier bestanden die Riten schon vor Dionysos, aber es ist verständlich, wie es dazu kam, daß der Weingott die Führung des Maskenzugs übernommen hat.

Weit spärlicher sind wir unterrichtet über die Lenäen, die mitten im Winter begangen wurden. Aus einem Zitat Heraklits erfahren wir, daß *Lenaia* und "die *Lenaia* begehen" synonym für *Baccheia* und "die *Baccheia* begehen" gebraucht werden. Der Gott wurde im Bunde mit dem *daduchos* angerufen. Nach einer Glosse zu einem Vers des Aristophanes spricht der eleusinische Priester "mit einer Fackel in der Hand: Ruft den Gott! und die Zuhörer rufen: Sohn der Semele, Iacchos[8], Spender des Reichtums!"

Die Anthesterien wurden in den Monaten Februar–März begangen und die jüngeren "Großen Dionysien" im März–April. Thukydides (II, 15, 4) hielt die Anthesterien für das älteste Dionysosfest. Sie waren auch das bedeutendste. Der erste Tag des Festes trug den Namen *Pithoigia*, Öffnung der Erdfässer *(pithoi)*, in denen der Wein der Herbsternte aufbewahrt wurde. Die Fässer wurden zum Heiligtum "Dionysos im Moor" gebracht, um dem Gott Trankopfer darzubringen; sodann verkostete man den neuen Wein. Am zweiten Tag *(Choes,*

---

[7] Die Tatsache, daß zwei dieser Feste die ihnen entsprechenden Monatsnamen – Lenaion und Anthesterion – trugen, beweist ihr hohes Alter und ihren gesamthellenischen Charakter.
[8] Der Genius der Prozessionen der eleusinischen Mysterien wurde Dionysos angeglichen; die Quellen werden diskutiert von W. Otto, a.a.O. 80 und H. Jeanmaire, a.a.O. 47.

die „Kannen") fand ein Wetttrinken statt: die Kandidaten erhielten einen mit Wein gefüllten Krug, den sie auf ein Signal hin so schnell wie möglich leeren mußten. Wie bestimmte Wettbewerbe des „ländlichen Dionysos" (z. B. der *askoliasmos*, bei dem die jungen Leute auf einem geölten Schlauch so lange wie möglich das Gleichgewicht halten mußten), so geschieht auch dieser Wettbewerb im Rahmen des wohlbekannten Szenariums von Wettbewerben und Kämpfen aller Art (sportliche, rednerische usw.), die zur Erneuerung des Lebens abgehalten wurden[9]. Euphorie und Trunkenheit aber antizipieren gewissermaßen das Leben in einem Jenseits, das nichts mehr mit dem traurigen Jenseits Homers zu tun hat.

Am gleichen Tag der *Choes* formierte sich ein Zug, der die Ankunft des Gottes in der Stadt darstellte. Da er als aus dem Meer aufsteigend gedacht wurde, enthielt der Zug ein Schiff, das auf vier Karrenrädern gezogen wurde und in dem Dionysos stand mit einer Weinrebe in der Hand sowie zwei flötenspielende nackte Satyrn. Die Prozession, die aus verschiedenen, wahrscheinlich maskierten Figuren und einem Opferstier bestand, denen ein Flötenspieler und Girlandenträger vorangingen, zog zu dem einzigen, an diesem Tag geöffneten Heiligtum, dem alten *Limnaion*. Hier fanden verschiedene Zeremonien statt, an denen auch die *Basilinna*, „die Königin", d. h. die Frau des *Archonbasileus* und vier Ehrendamen teilnahmen. Von diesem Augenblick an galt die *Basilinna*, die Nachfolgerin der einstigen Königinnen der Stadt, als Gattin des Dionysos. Sie stieg zu ihm in den Wagen und ein neuer Zug, von der Art eines Hochzeitszuges, bewegte sich zum *Bukoleion*, der alten Königsresidenz. Aristoteles berichtet, daß im Bukoleion (wörtl. „Rinderstall") die heilige Hochzeit zwischen dem Gott und der Königin stattfand (Ath. Pol. 3, 5). Die Wahl des *Bukoleion* zeigt, daß die Stierepiphanie des Dionysos noch bekannt war.

Man hat versucht, diese Vereinigung in symbolischem Sinne zu deuten, wobei man annahm, der Gott sei durch den Archonten personifiziert worden. W. Otto indes betont mit Recht die Bedeutung des Zeugnisses des Aristoteles[10]. Die *Basilinna* empfängt den Gott im Hause ihres Gatten, des Erben der Könige – und Dionysos offenbart sich als König. Wahrscheinlich symbolisiert diese Vereinigung die Vermählung des Gottes mit der ganzen Stadt, und zwar mit allen vorstellbaren Konsequenzen. Aber dies ist eine charakteristische Handlung des Dionysos, der eine Gottheit brutaler Epiphanien ist und verlangt, daß man ihm öffentlich die Vorherrschaft zuerkennt. Wir kennen keinen anderen griechischen Kult, in dem ein Gott sich mit der Königin vereint.

---

[9] Es handelt sich hier um ein äußerst archaisches und allgemein verbreitetes Schauspiel, um ein Erbe aus der Vorgeschichte, das zu den wichtigsten zählt und in allen Gesellschaftsformen auch heute noch eine bevorzugte Stellung einnimmt.

[10] Es handelt sich um eine ganz andere Vereinigung wie etwa jene des Bel in Babylon (die Gesellschaft einer Hierodule für den im Tempel weilenden Gott) oder der Priesterin, die im Apollontempel von Patara nächtigen mußte, um den Gott der Weisheit, den sie durch das Orakel zu offenbaren hatte, unmittelbar zu empfangen; vgl. W. Otto, a.a.O. 84.

Aber die drei Tage der Anthesterien, und vor allem der zweite, an dem Dionysos triumphiert, sind verhängnisvolle Tage, denn in dieser Zeit kehren die Seelen der Toten zurück und mit ihnen die *keres*, die Träger unheilbringender Einflüsse der Unterwelt. Ihnen war der letzte Tag der Anthesterien geweiht. Man betete für die Toten und bereitete eine *panspermie* zu, eine Suppe aus verschiedenen Körnern, die vor Einbruch der Nacht verzehrt werden mußte. Sobald die Nacht gekommen war, rief man aus: „Vor die Türe die Keres! Die Anthesterien sind beendet!" Dieses rituelle Szenarium ist sehr verbreitet und in fast allen Ackerbaukulturen belegt. Die Toten und die Mächte des Jenseits beherrschen Fruchtbarkeit und Reichtum und verteilen sie. „Von den Toten", so heißt es in einer hippokratischen Abhandlung, „empfangen wir Nahrung, Wachstum und Keime". In allen ihm geweihten Zeremonien offenbart sich Dionysos zugleich als Gott der Fruchtbarkeit und des Todes. Schon Heraklit (Fr. 15) sagt, daß „Hades und Dionysos... ein und dasselbe sind".

Wir haben bereits oben auf die Zusammenhänge des Dionysos mit Wasser, Feuchtigkeit und dem Pflanzensaft hingewiesen. Es bleiben noch die „Wunder" zu erwähnen, die seine Epiphanien begleiten oder ankündigen: Wasser quillt aus dem Felsen, Flüsse füllen sich mit Milch und Honig. In Teos entspringt am Tag seines Festes eine sprudelnde Weinquelle (Diodoros von Sizilien 66,2). In Elis sind drei leere Kessel, die man über Nacht in einem versiegelten Zimmer ließ, am Morgen mit Wein gefüllt (Pausanias 6,2). Ähnliche „Wunder" sind auch andernorts bezeugt. Das bekannteste waren die „Eintagsweinstöcke", die innerhalb weniger Stunden blühten und Trauben hervorbrachten; das „Wunder" ereignete sich an verschiedenen Orten und viele Autoren berichten davon[11].

124. Euripides und der dionysische Orgiasmus

Solche „Wunder" sind spezifisch für den von Raserei und Ekstase geprägten Dionysoskult, der das ursprünglichste und wahrscheinlich auch das archaischste Element des Gottes widerspiegelt. In den *Bacchantinnen* des Euripides besitzen wir ein unschätzbar wertvolles Zeugnis darüber, was die Begegnung des griechischen Geistes mit dem dionysischen Orgiasmus hervorbringen konnte. Dionysos selbst ist der Protagonist der *Bacchantinnen*, ein absolutes Novum im antiken griechischen Theater. Dionysos, erzürnt darüber, daß sein Kult in Griechenland noch unbekannt ist, kommt mit einer Gruppe von Mänaden aus Asien nach Theben, dem Geburtsort seiner Mutter. Die drei Töchter des Königs Kadmos haben bestritten, daß ihre Schwester Semele von Zeus geliebt wurde und einen Gott geboren hatte. Dionysos schlägt sie mit „Wahnsinn" und seine Tanten stürzen mit den anderen Frauen von Theben in die Berge, wo sie die orgiastischen Riten begehen. Pentheus, der seinem Großvater Kadmos auf den

---

[11] Sophokles, Tyestes (Fr. 234) und die anderen, von *W. Otto*, a.a.O. 98f zitierten Quellen.

Thron gefolgt ist, hatte den Kult verboten und sich ungeachtet der Ratschläge, die man ihm gab, in seiner Unnachgiebigkeit verhärtet. Als Offiziant seines eigenen Kultes verkleidet, wird Dionysos von Pentheus gefangengenommen und eingekerkert. Aber er entkommt auf wunderbare Weise, und es gelingt ihm sogar, Pentheus dazu zu überreden, den Frauen während ihrer orgiastischen Feiern nachzuspionieren. Von den Mänaden entdeckt, wird Pentheus in Stücke zerrissen. Die eigene Mutter Agave trägt, in der Meinung, es sei ein Löwenhaupt, seinen Kopf im Triumphe heim[12].

Was immer auch die Absicht des Euripides gewesen sein mag, als er am Abend seines Lebens die *Bacchantinnen* schrieb – dieses Meisterwerk der griechischen Tragödie ist zugleich auch das bedeutendste Dokument über den Dionysoskult. Das Thema „Widerstand, Verfolgung und Sieg" findet hier seine eklatanteste Veranschaulichung[13]. Pentheus widersetzt sich Dionysos, weil dieser ein „Fremder, ein Prediger, ein Zauberer ist... mit schönen blonden Locken voller Wohlgeruch, mit rosigen Wangen und Aphrodites Glut im Angesicht. Unter dem Vorwand, die süßen und bezaubernden Praktiken der *evoe* zu lehren, verdirbt er die kleinen Mädchen" (233ff). Die Frauen werden verführt, ihre Häuser zu verlassen und des Nachts in die Berge zu laufen, wo sie zum Klang des Tympanons und der Flöten tanzen. Vor allem aber fürchtet Pentheus den Einfluß des Weines, denn „wo beim Opfermahl die Frau mit vollem Zug den Becher leert, ist nichts Gesundes an dem ganzen Fest" (260–262).

Aber nicht der Wein bewirkt die Ekstase der Bacchantinnen. Ein Diener des Pentheus, der sie im Morgengrauen auf dem Kitheron überrascht hatte, beschreibt sie als mit Rehfellen bekleidet, von Efeu bekränzt und mit Schlangen gegürtet; in ihren Armen tragen sie Rehlein oder wilde Wolfsjunge, die sie säugen (696ff). Die spezifisch dionysischen „Wunder" sind reichlich vertreten: mit ihren Thyrsen schlagen die Bacchantinnen an den Fels, und sogleich quillt Wasser oder Wein hervor; sie kratzen in der Erde und erhalten Ströme von Milch; von den mit Efeu umwundenen Thyrsen perlen Honigtropfen (703ff). „Wer solches Wunderland mit Augen sah, der betet zu dem Gott, den du verhöhnst" (712–14).

Von Agave überrascht, wären der Diener und seine Gefährten beinahe zerrissen worden. Dann aber warfen sich die Bacchantinnen auf die Tiere, die auf der Weide ästen, und zerrissen sie „mit eisenloser Hand" in Stücke. „Von tausendfacher Frauenhand" werden drohende Stiere in einem Augenblick zerstük-

---

[12] Wir kennen auch andere Beispiele dafür, daß Dionysos „Wahnsinn" hervorruft, wenn er nicht als Gott anerkannt wird: so etwa bei den Frauen von Argos (Appolodoros 2, 2, 2; 3, 5, 2); den Töchtern des Minyas in Orchomenes, die einen ihrer Söhne zerrissen und verschlangen (Plutarch, Quaest. gr. 38, 299e).

[13] Im 5. Jahrhundert war Theben zum Mittelpunkt des Kults geworden, denn hier war Dionysos gezeugt worden und hier befand sich auch Semeles Grab. Dennoch war der anfängliche Widerstand noch nicht vergessen und eine der Lektionen der *Bacchantinnen* war zweifellos folgende: ein Gott darf nicht zurückgewiesen werden, nur weil er als „neu" gilt.

kelt. Die Mänaden greifen nun die Ebenen an. „Die Kinder schleppten sie den Bauern fort und was die Schultern trugen, hielt von selbst und nichts fiel auf den Boden, war es auch von Erz, von Eisen. Auf den Locken saß ein Feuer, das nicht brannte. Voller Wut zog man mit Waffen gegen sie ins Feld. Da aber tritt das größte Wunder ein: die Lanzen schlagen keine Wunden, um so mehr die Thyrsen... (754–63)".

Es erübrigt sich, auf den Unterschied zwischen diesen nächtlichen rasenden und wilden Riten und den öffentlichen Dionysosfeiern hinzuweisen, von denen oben die Rede war (§ 123). Euripides zeigt uns einen für die Mysterien spezifischen Geheimkult. „Was ist der Orgien geheimer Sinn?" fragt Pentheus. Und Dionysos antwortet: „Nur Eingeweihten wird er mitgeteilt" – „Und welchen Nutzen trägt der Opferdienst?" – „Unsagbar großen – du erfährst ihn nicht" (470–474).

Das Mysterium bestand in der Teilhabe der Bacchantinnen an der totalen Epiphanie des Dionysos. Die Riten werden in der Nacht, fern der Städte, auf Bergen und in Wäldern gefeiert. Durch die Tötung des Opfers vermittels Zerstückelung *(sparagmos)* und den Verzehr des rohen Fleisches *(ōmophagya)* wird die Verbindung mit dem Gott verwirklicht. Denn die Tiere, die zerrissen und verschlungen werden, sind Epiphanien oder Inkarnationen des Dionysos. Alle anderen Erfahrungen – die außerordentliche physische Kraft, die Unverletzbarkeit durch Feuer oder Waffen, die „Wunder" (aus dem Boden quellendes Wasser, Wein und Milch), die „Vertrautheit" mit Schlangen und kleinen wilden Tieren – werden durch den Enthusiasmus, durch die Identifikation mit dem Gott ermöglicht. Die dionysische Ekstase bedeutet vor allem die Überschreitung der menschlichen Bedingtheit, die Entdeckung der totalen Befreiung, das Erlangen einer Freiheit und Spontaneität, die dem Menschen sonst unerreichbar sind. Daß zu diesen Freiheiten auch die Loslösung von Verboten, von ethischen und sozialen Regeln und Konventionen gehörte, scheint sicher. Dies erklärt auch zum Teil die starke Anhängerschaft von Frauen[14]. Doch rührte die dionysische Erfahrung an tiefere Schichten. Die Bacchantinnen, die rohes Fleisch verschlangen, zeigten wieder ein Verhalten, das seit mehr als zehntausend Jahren verdrängt war; eine solche Raserei legte eine Verbindung mit den vitalen und kosmischen Kräften frei, die nur als ein Besessensein von Gott gedeutet werden konnte. Daß dieses Besessensein mit dem „Wahnsinn", der *mania* verschmolz, war zu erwarten. Dionysos selbst kannte den „Wahnsinn" und der Bacchant teilte nur die Prüfungen und die Leiden des Gottes; letztlich war dies eines der sichersten Mittel, eins mit ihm zu werden.

Die Griechen kannten auch andere Fälle der von den Göttern hervorgerufenen *mania*. In der Tragödie *Herakles* von Euripides ist der Wahnsinn des Helden das Werk der Hera. In *Ajax* von Sophokles bewirkt Athene die Verwirrung. Der

---

[14] Teiresias verteidigt aber den Gott: „Der Frauen Keuschheit liegt ja nicht bei ihm, liegt ganz bei ihnen! Wer den Reigentanz des Gottes tanzt, verliert nicht, was er hat." (Bacch. 414ff).

"Korybanthismus", den die Alten übrigens mit dem dionysischen Orgiasmus verbunden haben, war eine *mania*, die durch ein Besessensein der Korybanten hervorgerufen wurde, und die Behandlung endete in einer echten Initiation. Was jedoch Dionysos und seinen Kult unterscheidet, sind nicht die psychopathischen Krisensituationen, *sondern die Tatsache, daß sie als religiöse Erfahrung galten:* sei es als Strafe oder auch als Gunst des Gottes[15].

Vergleiche mit den anscheinend ähnlichen Riten oder kollektiven Bewegungen – wie etwa bestimmte konvulsive Tänze des Mittelalters oder die rituelle Omophagie der Aissâua, einer mystischen Bruderschaft Nordafrikas – sind gerade deshalb interessant, weil sie die Originalität des Dionysismus aufzeigen[16].

Nur selten taucht in historischer Zeit ein Gott auf, der ein so archaisches Erbe mit sich führt, nämlich Riten, die Tiermasken, Phallophorie, *sparagmos*, Omophagie, Anthropophagie, *mania*, *enthousiasmos* enthalten. Am bemerkenswertesten ist die Tatsache, daß der Dionysoskult dieses Erbe aus der Vorgeschichte bewahrt und nach seiner Integration in das geistige Universum der Griechen doch nicht aufgehört hat, immer neue religiöse Werte zu schaffen. Wohl erschien die durch das göttliche Besessensein hervorgerufene Raserei – der „Wahnsinn" – zahlreichen Autoren rätselhaft und erweckte häufig Ironie und Spott. Herodot (4,78–80) berichtet vom Abenteuer des skythischen Königs Skylas, der sich in Olbia am Borysthenes (Dnjepr) „in die Riten des Dionysos Baccheios" einweihen ließ. Während der Feier *(telete)* wurde er vom Gott besessen und benahm sich wie „ein Bacchant und ein Wahnsinniger". Es war dies wahrscheinlich eine Prozession, bei der die Initiierten „unter der Herrschaft des Gottes" sich von einer Raserei mitreißen ließen, die von den Teilnehmern, wie auch von den Besessenen selbst als „Wahnsinn" *(mania)* betrachtet wurde.

Herodot hat nur berichtet, was man ihm in Olbia erzählt hatte. Demosthenes aber enthüllt uns in einem berühmten Abschnitt (*Über die Krone* 259), die seinen Gegner Äschines lächerlich machen soll, ganz bestimmte Riten der kleinen Thiasen *(Bacchein)*, die im Athen des 4. Jahrhunderts von den Anhängern des Sabazios, eines thrakischen Gottes, der dem Dionysos entspricht, begangen wurden. (Die Alten hielten ihn für den thrakischen Dionysos unter seinem ursprünglichen Namen[17].) Demosthenes bezieht sich auf Riten, denen die Lektüre

---

[15] Wir erinnern daran, daß ein Schamane sich gerade dadurch von einem Psychopathen unterscheidet, daß es ihm gelingt, sich selbst zu heilen, und daß er schließlich über eine stärkere und kreativere Persönlichkeit verfügt als die übrige Gemeinschaft.

[16] *E. Rohde* hatte die Verbreitung der ekstatischen Dionysosreligion mit der Seuche der Veitstänze des Mittelalters verglichen. *R. Eisler* verwies auf die Aissâua (Isâwiya), die eine rituelle Omophagie (*frissa*, nach dem Verb *farassa* „zerreißen") praktizierten. Die Adepten sind mystisch mit den Fleischfressern, deren Namen sie tragen (Schakal, Panther, Löwe, Katze, Hund), verbunden und zerreißen Stiere, Wölfe, Hirsche, Schafe und Ziegen, schlitzen ihnen den Leib auf und verschlingen sie. Dem Kauen des rohen Fleisches folgt ein rasender Tanz des Frohlockens, „um in wilde Ekstase zu geraten und mit der Gottheit eins zu werden" (*R. Brunnel*).

[17] Nach alten Glossen war der Terminus *saboi* (oder *sabaioi*) die phrygische Entsprechung des griechischen *bacckhos*; vgl. *H. Jeanmaire*, Dionysos 95–97.

von „Büchern" (wahrscheinlich ein schriftlicher Text, der die *hieroi logoi* enthielt) folgte; er spricht von „*nebrizein*" (*nebris* ist das Hirschkalbsfell; möglicherweise handelte es sich um ein Opfer, das mit dem Verzehr des rohen Fleisches verbunden war), von „*kraterizein*" (*krater* ist das Becken, in dem Wein und Wasser, der „Mystische Trank", vermischt wurden), von „Reinigung" *(katharmos)*, die vor allem darin bestand, den Initiierten mit Lehm und Mehl abzureiben. Schließlich befahl der Akolyt dem Initiierten, der auf dem Boden kniete oder lag, aufzustehen und dieser wiederholte die Formel: „Ich bin dem Bösen entkommen und habe Besseres gefunden". Und die ganze Versammlung brach in *ololyge* aus. Am darauffolgenden Tag fand die Prozession der mit Fenchel und Espenzweigen bekränzten Adepten statt. Äschines ging ihnen voran; er trug Schlangen und rief: „*evoe*, Mysterien des Sabazios!" und er tanzte zu den Rufen *Hyes, Attes, Attes, Hyes*. Demosthenes erwähnte auch einen Korb in Form einer Getreideschwinge, das *liknon*, den „mystischen Korb", die ursprüngliche Wiege des Dionysoskindes.

In der einen oder anderen Form stoßen wir im dionysischen Ritual immer wieder auf die ekstatische Erfahrung einer mehr oder weniger heftigen Raserei: die *mania*. Dieser „Wahnsinn" war gewissermaßen der Beweis für die „Divinisation" *(entheos)* des Adepten. Zweifellos blieb dieses Erlebnis den Betroffenen unvergeßlich, denn sie hatten teil an der schöpferischen Spontaneität und der berauschenden Freiheit, an der übermenschlichen Kraft und der Unverletzbarkeit des Dionysos. Die Verbindung mit dem Gott durchbrach für eine Weile die menschliche Bedingtheit, konnte sie aber nicht verwandeln. Weder in den *Bacchantinnen* noch in einem so späten Werk, wie den *Dionysiaka* des Nonnos findet sich eine Anspielung auf die Unsterblichkeit. Dies ist ausreichend, um Dionysos von Zalmoxis zu unterscheiden, mit dem er seit E. Rohde verglichen und mitunter auch vermengt wird. Denn dieser Gott der Geten „immortalisierte" die in seine Mysterien Initiierten. Die Griechen aber wagten noch nicht, die unendliche Distanz zu überbrücken, die in ihren Augen die Gottheit von der conditio humana trennte.

125. *Als die Griechen die Gegenwart des Gottes wiederentdecken*

Der initiatorische und geheime Charakter der Thyiaden scheint festzustehen (siehe oben, die Bacchantinnen 470-474)[18], obgleich zumindest ein Teil der Feierlichkeiten (wie etwa die Prozessionen) öffentlich war. Es ist schwierig festzulegen, wann und unter welchen Umständen die dionysischen Geheim- und Initiationsriten die den Mysterienreligionen spezifische Funktion übernommen haben. Bedeutende Gelehrte (M. P. Nilsson, A. J. Festugière) bestreiten die Exi-

---

[18] Es sei daran erinnert, daß beim Anthesterienfest bestimmte Riten unter größter Geheimhaltung nur von den Frauen ausgeübt wurden.

stenz eines dionysischen Mysteriums, weil genaue Hinweise auf die eschatologische Hoffnung fehlen. Aber wir kennen vor allem für die alte Zeit die Geheimriten nur sehr schlecht, ganz zu schweigen von deren esoterischer Bedeutung (die bestanden haben muß, da die esoterischen Bedeutungen der Geheim- und Initiationsriten in der ganzen Welt und auf allen Kulturebenen bezeugt sind).

Außerdem darf die Morphologie der eschatologischen Hoffnung nicht auf Ausdrücke beschränkt werden, die durch den Orphismus oder die Mysterien der hellenistischen Zeit bekannt wurden. Das Entschwinden und Wiedererscheinen des Dionysos, seine Abstiege in die Unterwelt (vergleichbar mit Tod und Auferstehung), und vor allem der Kult des Dionysoskindes[19] mit Riten, die sein „Erwachen" begingen – ganz abgesehen von dem mythisch-rituellen Thema des Dionysos-Zagreus, auf den wir gleich zurückkommen werden – zeigen den Willen und die Hoffnung auf eine geistige Erneuerung. Das göttliche Kind ist auf der ganzen Welt Träger einer Initiationssymbolik, die das Geheimnis einer mystischen „Wiedergeburt" offenbart. (Für die religiöse Erfahrung ist es mehr oder weniger belanglos, ob eine solche Symbolik intellektuell „verstanden" wird oder nicht). Wir erinnern daran, daß der Kult des mit Dionysos identifizierten Sabazios bereits die Struktur eines Mysteriums hatte („Ich bin dem Bösen entronnen!"). Gewiß, die *Bacchantinnen* sprechen nicht von der Unsterblichkeit; und doch war selbst die vorübergehende Vereinigung mit dem Gott nicht ohne Folgen für die postmortale Situation des *bacchos*. Die Gegenwart des Dionysos in den Mysterien von Eleusis läßt die eschatologische Bedeutung zumindest einiger orgiastischer Erfahrungen vermuten.

Vor allem aber seit Dionysos-Zagreus tritt der „mysterienhafte" Charakter des Kultes deutlicher hervor. Der Mythos von der Zerstückelung des Dionysos-Zagreus-Kindes ist uns vor allem durch christliche Autoren bekannt.[20] Wie nicht anders zu erwarten, sind ihre Darstellungen euhemeristisch, unvollständig und böswillig. Aber gerade weil sie nicht unter dem Verbot standen, offen von heiligen und geheimen Dingen zu sprechen, haben uns die christlichen Autoren zahlreiche wertvolle Einzelheiten überliefert. Hera entsendet die Titanen, die das Dionysos-Zagreus-Kind mit Spielzeug (Rasseln, *crepundia*, einem Spiegel, einem Knochenspiel, einem Ball, einem Kreisel, einer Raute) locken, es niedermetzeln und in Stücke zerschneiden. Sie kochen die Stücke in einem Kessel und verzehren sie. Eine Göttin – Athene, Rhea oder Demeter – erhält oder rettet das Herz und legt es in einen Schrein. Als Zeus von diesem Verbrechen erfährt, schleudert er seine Blitze gegen die Titanen. Die christlichen Autoren erwähnen die Auferstehung des Dionysos nicht, doch war diese Episode den Alten bekannt. Der Epikuräer Philodem, ein Zeitgenosse Ciceros, spricht

---

[19] Der Kult des Dionysoskindes war in Boötien und Kreta bekannt, verbreitete sich aber schließlich auch in Griechenland.
[20] *Firmicus Maternus*, De errore prof. relig. 6; *Clemens von Alexandrien*, Protrept. 2,17,2; 18,2; *Arnobe*, Adv. Nat., 5,19; die Texte sind zu finden bei O. *Kern*, Orphica fragmenta 110f.

von den drei Geburten des Dionysos, „die erste aus seiner Mutter, die zweite aus dem Schenkel und die dritte, als er nach der Zerstückelung durch die Titanen und nachdem Rheia seine Glieder wieder gesammelt hat, zum Leben erwacht"[21]. Firmicus Maternus schließt mit der Aussage, daß man auf Kreta (wo er seine euhemeristische Geschichte lokalisiert) des Mordes durch jährliche Riten gedachte, die wiederholten, was das „Kind im Augenblick seines Todes getan und erlitten hatte": „im tiefsten Wald täuschen sie durch das Ausstoßen seltsamer Rufe den Wahnsinn einer rasenden Seele vor" und geben damit vor, das Verbrechen sei im Wahnsinn geschehen, und „sie zerreißen mit ihren Zähnen einen lebenden Stier".

Das mythisch-rituelle Thema vom Leiden und der Auferstehung des Dionysos-Zagreus-Kindes war Anlaß zu endlosen Kontroversen, vor allem wegen seiner „orphischen" Interpretationen. Für uns genügt der Hinweis, daß die von den christlichen Autoren übermittelten Informationen durch ältere Dokumente erhärtet werden. Der Name Zagreus wird erstmalig in einem epischen Gedicht des thebanischen Zyklus, *Alkmeonis* (6. Jahrhundert) erwähnt[22]: er bedeutet „großer Jäger", was dem wilden, orgiastischen Charakter des Dionysos entspricht. Über das Verbrechen der Titanen gibt uns Pausanias (8,37,5) eine, trotz der Skepsis von U. von Wilamowitz und anderer Gelehrter, doch wertvolle Information: Onomakritos, der im 6. Jahrhundert, zur Zeit der Pisistratiden in Athen lebte, hatte ein Gedicht über dieses Thema verfaßt: „er entnahm den Namen ‚Titanen' aus Homer, und begründete die *Orgia* des Dionysos, indem er die Titanen zu den Urhebern der Leiden des Gottes machte". Dem Mythos zufolge hatten sich die Titanen, um nicht erkannt zu werden, mit Gips bestäubt, ehe sie sich dem göttlichen Kind näherten. In den Sabaziosmysterien nun, die in Athen begangen wurden, bestand einer der Initiationsriten darin, die Kandidaten mit Puder oder Gips zu bestäuben[23]. Diese beiden Fakten wurden schon in der Antike miteinander in Verbindung gebracht (vgl. Nonnos, *Dionys.* XXVII, 228ff). Es handelt sich um ein archaisches Initiationsritual, das in den „primitiven" Gesellschaften weit verbreitet war: die Novizen reiben sich das Gesicht mit Puder oder Asche ein, um Gespenstern zu gleichen; mit anderen Worten, sie erleiden einen rituellen Tod. Was nun die „mystischen Spielzeuge" betrifft, so waren sie schon lange bekannt; ein in Fayum (Gurub) gefundener, aber leider beschädigter Papyrus des 3. Jahrhunderts v. Chr., führt Kreisel, Rhombe, Knöchelchen und Spiegel auf *(Orph. Fr.* 31.).

Die dramatischste Episode des Mythos – insbesondere die Tatsache, daß die

---

[21] De piet. 44; *H. Jeanmaire*, a. a. O. 382.
[22] Fr. 3, Kinkel I, 77; vgl. auch *Euripides*, Frag. 472; für Kallimachos (Fr. 171) ist Zagreus ein Sondername des Dionysos; siehe andere Beispiele bei *W. Otto*, a. a. O. 191 ff.
[23] Demosthenes, *de cor.* 259. Die Argier bedeckten sich bei ihren Dionysosfesten das Gesicht mit Gips. Man hat die Zusammenhänge zwischen Gips *(titanos)* und den Titanen *(Titanes)* hervorgehoben. Doch dieser mythisch-rituelle Komplex wurde erst durch die Konfusion zwischen den beiden Wörtern hervorgerufen (Vgl. bereits *Farnell*, Cults V, 172).

Titanen die Gliedmaßen des zerstückelten Kindes in einen Kessel warfen, kochten und dann rösteten – war mit allen Einzelheiten schon im 4. Jahrhundert bekannt; mehr noch, diese Einzelheiten wurden im Zusammenhang mit der „Feier der Mysterien" in Erinnerung gebracht [24]. H. Jeanmaire hat zu recht daran erinnert, daß das Kochen in einem Kessel oder der Durchgang durchs Feuer Initiationsriten waren, die Unsterblichkeit (vgl. die Episode Demeter und Demophon) oder Verjüngung (die Töchter des Peleas zerstückeln ihren Vater und kochen ihn in einem Kessel) verleihen [25]. Bleibt noch zu erwähnen, daß diese beiden Riten – Zerstückelung und Kochen oder Durchgang durch das Feuer – Wesensmerkmale schamanischer Initiationen sind.

Im „Verbrechen der Titanen" läßt sich also ein altes Initiationsszenarium erkennen, dessen ursprüngliche Bedeutung vergessen worden war. Denn die Titanen verhalten sich als Initiationsmeister, d. h. sie „töten" den Novizen, damit er zu einer höheren Seinsweise „wiedergeboren" werden kann (in unserem Fall könnte man sagen, daß sie dem Dionysoskind Göttlichkeit und Unsterblichkeit verleihen.) Doch konnten die Titanen in einer Religion, die die absolute Vorrangstellung des Zeus verkündet, nur eine dämonische Rolle spielen, und so wurden sie vom Blitz zerschmettert. Einigen Varianten zufolge wurden die Menschen aus ihrer Asche erschaffen. Dieser Mythos hat dann im Orphismus eine bedeutende Rolle gespielt.

Der Initiationscharakter der dionysischen Riten ist auch in Delphi erkennbar, wenn die Frauen die Wiedergeburt des Gottes begehen. Denn der delphische Korb „enthielt einen zerstückelten und zur Wiedergeburt bereiten Dionysos, einen Zagreus", wie Plutarch ausführt (*De Iside* 35), und dieser Dionysos „der als Zagreus wiedergeboren wurde, war zugleich der thebanische Dionysos, der Sohn des Zeus und der Semele" [26].

Diodoros von Sizilien scheint sich auf die dionysischen Mysterien zu beziehen, wenn er schreibt, daß „Orpheus die Zerreißung des Dionysos in die Mysterienfeiern verlegt hat" (V,75,4). In einem anderen Abschnitt wird Orpheus als Reformator der dionysischen Mysterien dargestellt: „daher werden die Initiationen des Dionysos orphisch genannt" (III,65,6). Die von Diodoros überlieferte Tradition ist insofern wertvoll, als sie die Existenz der dionysischen Mysterien bestätigt. Es ist indes wahrscheinlich, daß diese Mysterien schon im 5. Jahrhundert gewisse „orphische" Elemente entlehnt hatten. Denn Orpheus wurde damals als „Prophet des Dionysos" und „Begründer aller Initiationen" bezeichnet (siehe Kap. 19, Bd. II)

---

[24] Vgl. das dem Aristoteles zugeschriebene „Problem" (Didot, Aristote IV,331,15), das nach S. *Reinach* von *Moulinier*, a.a.O. 51 diskutiert wird. Im 3. Jahrhundert kannte *Euporion* eine analoge Überlieferung, ebd. 53.
[25] H. *Jeanmaire*, Dionysos 387. Weitere Beispiele bei M. *Delcourt*, L'Oracle de Delphes 153 ff.
[26] M. *Delcourt*, a.a.O. 155,200. Nachdem Plutarch von der Zerstückelung des Osiris und seiner Auferstehung gesprochen hat, wendet er sich an seine Freundin Klea, die Herrin der Mänaden von Delphi: „Daß Osiris der gleiche ist wie Dionysos, wer sollte dies besser wissen als Du, die du die Thyaden leitest, die du durch deine Eltern in die Mysterien des Osiris eingeweiht wurdest".

Mehr als die anderen griechischen Götter erstaunt Dionysos durch die Vielzahl und die Neuheit seiner Epiphanien, durch die Vielgestalt seiner Umwandlungen. Er ist immer in Bewegung; überall dringt er ein, in jedes Land, bei allen Völkern, in alle religiösen Schichten, bereit, sich den verschiedensten, ja sogar antagonistischen Gottheiten zu verbinden (z. B. Demeter, Apollon). Er ist zweifellos der einzige griechische Gott, der durch seine Offenbarung unter den verschiedensten Aspekten sowohl Bauern als auch die intellektuelle Elite, Politiker und Kontemplative, Orgiastiker und Asketen anzieht und fasziniert. Trunkenheit, Erotik und universale Fruchtbarkeit, aber auch die unvergeßlichen Erfahrungen der periodischen Wiederkehr der Toten, der *mania* und des Eintauchens in die animalische Unbewußtheit, oder auch der Ekstase des *enthusiasmos* – alle diese Schrecken und Offenbarungen entspringen ein und derselben Quelle: *der Gegenwart des Gottes.*

Seine Seinsweise drückt die paradoxe Einheit von Leben und Tod aus. Daher ist Dionysos ein Göttertypus, der sich radikal von den Olympiern unterscheidet. War er den Menschen *näher* als die anderen Götter? Jedenfalls konnte man sich ihm nähern, man konnte ihn sich einverleiben, und die Ekstase der *mania* bewies, daß die menschliche Grundbefindlichkeit überschritten werden kann.

Diese Rituale mußten zu unerwarteten Entwicklungen führen. Der Dithyrambus, die Tragödie, das satirische Drama sind mehr oder weniger unmittelbar dionysische Schöpfungen. Es ist mitreißend, die Umwandlung eines kollektiven Ritus, des *Dithyrambos*, der die ekstatische Raserei enthielt, zum Theater und schließlich zu einem literarischen Genus zu verfolgen[27]. So wurden einerseits bestimmte öffentliche Liturgien zu Schauspielen und Dionysos zum Gott des Theaters, umgekehrt haben andere geheime und initiatorische Rituale sich zu Mysterien entwickelt. Zumindest indirekt ist der Orphismus dionysischen Traditionen verpflichtet. Mehr als jeder andere Olympier hat dieser *junge Gott* seine Gläubigen immer wieder mit neuen Epiphanien, mit unvorhersehbaren Botschaften und mit eschatologischen Hoffnungen überhäuft.

---

[27] Der Dithyrambus, „ein Rundtanz, der bei der Darbringung eines Opfers vermittels rhythmischer Bewegungen sowie rituellen Rufens und Schreiens die kollektive Ekstase bewirken sollte, konnte sich – genau in der Zeit (7.–6. Jh.), in der sich in der griechischen Welt die große Chorlyrik entwickelt – durch die zunehmende Bedeutung der vom *Exarchon* gesungenen Partien sowie durch die Einfügung lyrischer Stücke über dem Umstand und der Person des Dionysos mehr oder weniger angepaßte Themen zum literarischen Genus entwickeln" *(H. Jeanmaire, a.a.O. 248f).*

Forschungsstand
Kritische Bibliographie

1.

Zur schnellen Orientierung über die allgemeine Vorgeschichte siehe: *G. Clark*, World Prehistory (Cambridge 1962); *G. Clark / S. Piggott*, Prehistoric Societies (London 1965, mit reichhaltiger Bibliographie); *H. Breuil / R. Lantier*, Les hommes de la pierre ancienne: paléolithique et mésolithique (Neuauflage Paris 1959).

Eine umfassendere Dokumentation findet sich in: *H. Müller-Karpe*, Handbuch der Vorgeschichte, I: Altsteinzeit (München 1966), sowie im ersten Band des von *K. J. Narr* herausgegebenen Handbuchs der Urgeschichte (Bern – München 1966). *K. J. Narr* gibt eine ausgezeichnete Zusammenfassung, ergänzt durch eine umfassende Bibliographie, in: *K. J. Narr*, Abriß der Vorgeschichte (München 1957) 8–41. Siehe vom gleichen Autor, Urgeschichte der Kultur (Stuttgart 1961); *F. Bordes*, Old Stone Age (New York 1968); *ders.*, La préhistoire. Problèmes et tendances (Paris 1968).

Eine Analyse neuerer Hypothesen über den Ursprung von Sprache und Gesellschaft bietet *F. B. Livingstone*, Genetics, ecology and the origins of incest and exogamy, in: CA 10 (1969) 45–61 (60f: Bibliographie). Über den Ursprung der Sprache folgen wir *M. Swadesh*, The Origin and diversification of language (Chicago 1971).

In mehreren seiner Untersuchungen hat *K. J. Narr* die Hypothesen zur „Hominisation" der Primaten geprüft und versucht, ein wahrscheinliches Bild des Altsteinzeitmenschen zu zeichnen; vgl. u. a. *K. J. Narr*, Approaches to the Social Life of Earliest Man, in: Anthropos 57 (1962) 604–620; *ders.*, Das Individuum in der Urgeschichte. Möglichkeiten seiner Erfassung, in: Saeculum 23 (1972) 252–265.

Über die Probleme hinsichtlich der Bevölkerung Amerikas siehe *E. F. Greenman*, The Upper Paleolithic and the New World, in: CA 4 (1963) 41–91; *A. Bryan*, Early Man in America and the Late Pleistocene Chronology of Western Canada and Alaska, in: CA 10 (1969) 339–365; *J. D. Jennings / E. Norbeck* (Hrsg.), Prehistoric Man in the New World (Chicago 1964); *G. R. Willey*, An Introduction to American Archeology I (New Jersey 1966) 2–72, passim.

Siehe auch *F. D. McCarthy*, Recent Development and Problems in the Prehistory of Australia, in: Paideuma 14 (1968) 1–17; *P. Bellwood*, The Prehistory of Oceania, in: CA 16 (1975) 9–28.

Jahrzehntausende hindurch bleibt die Aufeinanderfolge der paläolithischen Kulturen in Europa, Afrika und Asien die gleiche. Dieselbe Aufeinanderfolge ist in Australien sowie in Nord- und Südamerika festzustellen, obschon hier der zeitliche Rahmen sehr viel enger ist. Für die Zeit zwischen 20 000 und 10 000 kann keiner einzelnen Region ein entscheidender technologischer Vorsprung vor den anderen bestätigt werden. Zweifellos gibt es Variationen in der Struktur der Werkzeuge, doch sind diese Unterschiede wahrscheinlich Ausdruck lokaler Anpassungen und nicht eines technologischen Fortschrittes; vgl. *M. Harris*, Culture, Man and Nature (New York 1971) 169. Diese *kulturelle Einheit* der Altsteinzeitmenschen bildet die gemeinsame Quelle der von späteren Kulturen übernommenen Traditionen; sie ermöglicht überdies den Vergleich mit den Jägergesellschaften der Gegenwart. Eine bewunderungswürdige Analyse paläolithischer „Überreste" in bestimmten griechischen Riten und Mythen findet sich bei *W. Burkert*, Homo Necans (Berlin 1972). Über die Jägerkulturen siehe das Kolloquium *R. B. Lee / I. Devore* (Hrsg.), Man the Hunter (Chicago 1968).

2.

Um die nur zögernde Anerkennung der Möglichkeit einer kohärenten und komplexen Religiosität beim Altsteinzeitmenschen seitens der Wissenschaftler verstehen zu können, müssen wir berücksichtigen, daß der Begriff „Religion" in der zweiten Hälfte des 19. Jahrhunderts nur auf einen sehr begrenzten Bereich angewendet und alles andere mit verschiedenen pejorativen Vokabeln, wie „Magie", „Aberglauben", „Primitivzustand" usw., bezeichnet wurde. Man hat vom „religionslosen Menschen" gesprochen, da man bei bestimmten Stämmen nichts den bekannten und vertrauten Polytheismen und „fetischistischen Systemen" Vergleichbares fand. Man warf den Verfechtern der Religiosität vor, sie „idealisierten" den Altsteinzeitmenschen, weil man unter „Religion" einen etwa dem Judentum-Christentum, dem Hinduismus oder den Götterhimmeln des Alten Vorderen Orient vergleichbaren Vorstellungskomplex verstand.

Es wäre nicht sinnvoll, hier alle Werke über die vorgeschichtlichen Religionen anzuführen; die Mehrzahl ist nur von bibliographischem Interesse. Aufgrund ihrer Dokumentation oder fortschrittlichen Hypothesen wären zu nennen: *Th. Mainage*, Les religions de la préhistoire (Paris 1921); *G. H. Luquet*, L'art et la religion des hommes fossiles (Paris 1926); *C. Clemen*, Urgeschichtliche Religion, 2 Bde. (Bonn 1932–33); *E. O. James*, Prehistoric Religion (London – New York 1957).

Umfassendere Abhandlungen finden sich in einigen neueren Veröffentlichungen: *J. Maringer*, Vorgeschichtliche Religion (Einsiedeln 1956; erweiterte und durchgesehene Ausgabe der holländischen Erstausgabe: Roermond 1952); *E. Patte*, Les préhistoriques et la religion (Paris 1960); *A. Leroi-Gourhan*, Les religions de la préhistoire: Paléolithique (Paris 1964); *K. J. Narr*, Kultur, Umwelt und Leiblichkeit der Eiszeitmenschen (Stuttgart 1963); *ders.*, Approaches to the Religion of early Paleolithic Man, in: HR 4 (1964) 1–29; *ders.*, Religion und Magie in der jüngeren Altsteinzeit, in: Handbuch der Urgeschichte I (1966) 298–320. Für die kritische Bibliographie jüngerer Werke brauchbar ist der Artikel des gleichen Autors, Wege zum Verständnis prähistorischer Religionsformen, in: Kairos 3 (1963) 179–188.

Die Mythologien, die sich wahrscheinlich aus der Anfertigung von Werkzeugen entwickelt haben, sind noch nicht genügend erforscht. Die Symbolik und einige mythologische Themen des Pfeils sind analysiert in: *M. Eliade*, Notes on the Symbolism of the Arrow, in: Religions in Antiquity. Essays in memory of E. R. Goodenough (Leiden 1968) 463–475.

3.

Das Wesentliche über die Bestattungsbräuche der Steinzeitmenschen wird klar dargelegt von *J. Maringer*, Vorgeschichtliche Religion, a.a.O. 71–78, 118–132. Nach wie vor brauchbar für die vor 1940 zugängliche Dokumentation ist *E. O. James*, Prehistoric Religion. A Study in Prehistoric Archaeology (London 1957) 17–34. Siehe auch *G. Glark*, The Stone Age Hunters (London 1967) 41 ff. Ebenso die kritische Studie bei *A. Leroi-Gourhan*, Les Religions de la Préhistoire, a.a.O. 37–64.

Eingehende Analysen bringen *H. Breuil*, Pratiques religieuses chez les humanités quaternaires, in: Scienza e Civiltà 3 (1951) 45–75; *A. Glory / R. Robert*, Le Culte des crânes humains aux époques préhistoriques, in: Bulletin de la Société d'Anthropologie de Paris 8 (1948) 114–133; *H. L. Movius Jr.*, The Mousterian Cave of Teshik-Tash, Southeastern Uzbekistan, Central Asia, in: American School of Prehistoric Research, Bulletin 17 (1953) 11–71; *P. Wernert*, Cultes des crânes: représentations des esprits des défunts et des ancêtres" in: *M. Gorce / R. Mortier*, L'Histoire générale des Religions I (Paris 1948) 51–102.

Zur Bedeutung des in Circeo ausgegrabenen Schädels siehe *A. C. Blanc*, I Paleantropi di Saccopastore e del Circeo, in: Quartär 4 (1942) 1–37.

R. A. Dart hat das hohe Alter der Ausbeutung von Ockervorkommen in Südafrika und andernorts aufgezeigt. Siehe: *R. A. Dart*, The multimillennial prehistory of Ochre Mining, in: NADA (1967) 7–13; *ders.*, The Birth of Symbology, in: African Studies 27 (1968) 15–27. Diese beiden Artikel enthalten zahlreiche bibliographische Verweise.

Über die Bestattung „in Embryostellung" siehe *G. van der Leeuw*, Das sogenannte Hockerbegräbnis und der ägyptische *Tjknw*, in: SMSR 14 (1938) 150–167.

4.

E. Bächler hat die Ergebnisse der Grabungen dargelegt in: *E. Bächler*, Das alpine Paläolithikum der Schweiz (Basel 1940).

Hinsichtlich der anderen Entdeckungen siehe *K. Hoermann*, Die Petershöhle bei Velden in Mittelfranken. Eine altpaläolithische Station (Nürnberg 1933); *K. Ehrenberg*, Dreißig Jahre paläobiologischer Forschung in österreichischen Höhlen, in: Quartär 5 (1951) 93–108; *ders.*, Die paläontologische, prähistorische und paläoethnologische Bedeutung der Salzofenhöhle im Lichte der letzten Forschungen, in: Quartär 6 (1954) 19–58. Siehe auch *L. Zotz*, Die altsteinzeitliche Besiedlung der Alpen und deren geistige und wirtschaftliche Hintergründe, in: Sitzungsberichte der physikalisch-medizinischen Sozietät zu Erlangen 78 (1955–57) 76–101 und vor allem *H. Müller-Karpe*, Altsteinzeit, a.a.O. 205, 224–226.

Der Vergleich mit den Opfergaben bestimmter arktischer Völker wurde gezogen von *A. Gahs*, Kopf-, Schädel- und Langknochenopfer bei Rentiervölkern, in: Festschrift für W. Schmidt (Wien 1928) 231–268. W. Schmidt kommt seinerseits mehrmals auf dieses Problem zurück; vgl. u. a. *W. Schmidt*, Die älteste Opferstelle des altpaläolithischen Menschen in den Schweizer Alpen, in: Acta Pontificiae Academiae Scientiarum 6 (1942) 269–272; *ders.*, Das Primitialopfer in der Urkultur, in: Corona Amicorum. Festgabe für Emil Bächler (St. Gallen 1948) 81–92.

K. Meuli legt seine Deutung der Knochendepots dar in: *K. Meuli*, Griechische Opferbräuche, in: Phyllobolia für Peter von der Mühll (Basel 1945) 185–288; insbes. 283–287.

Zum Problem der „Opfer" im Paläolithikum siehe: *O. Menghin*, Der Nachweis des Opfers im Altpaläolithikum, in: Wiener prähistorische Zeitschrift 13 (1926) 14–19; *H. C. Bandi*, Zur Frage eines Bären- oder Opferkultes im ausgehenden Altpaläolithikum der alpinen Zone, in: Helvetia Antiqua, Festschrift Emil Vogt (Zürich 1966) 1–8; *S. Bro-*

dar, Zur Frage der Höhlenbärenjagd und des Höhlenbärenkults in den paläolithischen Fundstellen Jugoslawiens, in: Quartär 9 (1957) 147–159; W. *Wüst*, Die paläolithisch-ethnographischen Bärenriten und das Altindogermanische, in: Quartär 7–8 (1956) 154–165; M. *Malez*, Das Paläolithikum der Veternicahöhle und der Bärenkult, in: Quartär 10–11 (1958/59) 171–188. Siehe auch *I. Paulson*, Die rituelle Erhebung des Bärenschädels bei arktischen und subarktischen Völkern, in: Temenos I (1965) 150–173.

F. E. Koby hat die Existenz von Schädeldepots und den Bärenkult angezweifelt. Vgl. *F. E. Koby*, L'ours des cavernes et les Paléolithiques, in: L'Anthropologie 55 (1951) 304–308; *ders.*, Les Paléolithiques ont-ils chassé l'ours des cavernes?, in: Actes de la Société Jurassienne d'émulation 57 (1953) 157–204; *ders.*, Grottes autrichiennes avec culte de l'ours?, in: Bull. de la Société Préhist. française 48 (1951) 8f. *A. Leroi-Gourhan* teilt die gleichen Ansichten in seinem Werk: Les Religions de la préhistoire (Paris 1964) 31 ff.

Eine umfassende kritische Darstellung gibt *J. Maringer*, Die Opfer der paläolithischen Menschen, in: Anthropica (St. Augustin bei Bonn 1968) 249–271.

Einige interessante ethnologische Parallelen bringt *W. Koppers*, Der Bärenkult in ethnologischer und prähistorischer Beleuchtung, in: Paleobiologica 5 (1933) 47–64; *ders.*, Künstlicher Zahnschliff am Bären im Altpaläolithikum und bei den Ainu auf Sachalin, in: Quartär 1 (1938) 97–103. Die Riten analysiert *A. Slawik*, Zum Problem des Bärenfestes der Ainu und Giljaken, in: Kultur und Sprache (Wien 1952) 189–203.

Die Zusammenhänge zwischen dem „Bärenzeremoniell" und dem Schamanismus im europäischen Paläolithikum wurden untersucht von *K. Narr*, Bärenzeremoniell und Schamanismus in der älteren Steinzeit Europas, in: Saeculum 10 (1959) 233–272.

Zu der dem Jäger spezifischen Glaubensvorstellung von der Wiedergeburt des Tieres aus seinen Knochen vgl. *M. Eliade*, Schamanismus und archaische Ekstasetechnik (Zürich 1957, dt. Ausgabe von Le Chamanisme et les techniques archaiques de l'exstase [Paris 1951, ²1968]) 161 ff. Das Verbot, die Knochen des Wildes oder der Haustiere zu zerbrechen, wurde im Lichte jüngerer Forschungen untersucht von *J. Henninger*, Neuere Forschungen zum Verbot des Knochenzerbrechens, in: Studia Ethnographica et Folkloristica in honorem Béla Gunda (Debrecyn 1971) 673–702. Besondere Erwähnung verdient die Untersuchung von *I. Paulson*, Die Tierknochen im Jagdritual der nordeurasiatischen Völker, in: Zs. f. Ethnologie 84 (1959) 270–292.

5.

Über die prähistorischen Höhlen und die Wandkunst gibt es eine umfassende Literatur. Hier seien vor allem genannt: *H. Breuil*, Quatre cents siècles d'art pariétal (Montignac 1952); *J. Mahringer / H. Bandi*, Art in the Ice Age (London 1953); *P. Graziosi*, Palaeolithic Art (engl. Übers. London 1960); *A. Leroi-Gourhan*, Préhistoire de l'art occidental (Paris 1965); *A. Laming*, Lascaux, Paintings and Engravings (Harmondsworth 1959); *ders.*, La signification de l'art rupestre paléolithique (Paris 1962) mit einer umfassenden kritischen Bibliographie; *R. F. Heizer / M. A. Baumhoff*, Prehistoric Rock Art of Nevada and Eastern California (Berkeley – Los Angeles 1962); *P. J. Ucko / A. Rosenfeld*, Palaeolithic Cave Art (New York 1967). Siehe auch: Simposio de arte rupestre, Barcelona 1966 (Barcelona 1968), insbes. die Untersuchungen von *P. Graziosi*, L'art paléo-épipaléolithique de la Province méditerranéenne et ses nouveaux documents d'Afrique du Nord et du Proche-Orient (265 ff). *E. Anati*, El arte rupestre galaico-portugués (195 ff), *H. Lhote*,

Données récentes sur les gravures et les peintures rupestres du Sahara (273 ff). Die Bedingungen für einen gültigen Vergleich zwischen den Kunstschöpfungen der Vorgeschichte und jenen der Völker auf ethnologischem Niveau wurden untersucht von *K. Narr*, Interpretation altsteinzeitlicher Kunstwerke durch völkerkundliche Parallelen, in: Anthropos 50 (1955) 513–545. Eine marxistische Deutung gibt *G. Charrière*, Les significations des représentations érotiques dans les arts sauvages et préhistoriques (Paris 1970).

A. Leroi-Gourhan unterscheidet stilistisch und chronologisch fünf Perioden der Steinzeitkunst: 1. das späte Moustérien (ca. 50000), in dem Knochen und „Steinplaketten mit Ritzungen in regelmäßigen Abständen", aber noch keine figurativen Darstellungen bezeugt sind; 2. die primitive Periode (Aurignacien ca. 30000), mit auf Kalkplatten gravierten oder gemalten Figuren, „sehr abstrakte und unförmige Bilder, die Köpfe oder Voderansichten von zumeist unbestimmbaren Tieren zusammen mit Genitaldarstellungen zeigen", und später (ca. 25000–20000) menschliche Figuren, die einer ganz ähnlichen Stilisierung entsprechen: „der Rumpf ist im Verhältnis zu Kopf und Extremitäten überdimensional groß, was zur Annahme geführt hat, die steinzeitliche Frau sei besonders fettleibig gewesen"; 3. die archaische Periode (jüngeres Solutriéen, ca. 30000–25000), die mehrere erstrangige Schichten einschließt (Lascaux, La Pasiega). „Die technische Meisterschaft ist nun vollkommen, und die Zeichnungen, Skulpturen oder Gravierungen sind in ihrer Ausführung von außerordentlicher Qualität"; 4. die klassische Periode (Magdalénien, ca. 15000–11000). In dieser Zeit erreichen die bemalten Höhlen ihre größte geographische Verbreitung; der Formenrealismus ist sehr stark entwickelt; 5. Die Spätperiode (jüngeres Magdalénien, ca. 10000): die Höhlen sind nun nicht mehr verziert, die Kunst umfaßt hauptsächlich bewegliche Gegenstände. „Die Figuren haben die letzten Spuren der alten Stile verloren, die Tiere sind in einen Realismus von erstaunlicher Exaktheit der Form und der Bewegung integriert. Die Kleinkunst dehnt sich nun bis nach Großbritannien, Belgien und in die Schweiz aus. Um 9000 kennzeichnet ein unvermittelt auftretender Verfall das Ende des Jungpaläolithikums, die spärlichen Zeugnisse aus dem ausgehenden Magdalénien lösen sich in Steifheit und Schematismus auf" (Les religions de la préhistoire, a. a. O. 87f).

Das „Simposio de arte rupestre" enthält zwei Artikel von H. Lhote, der die Methode von A. Leroi-Gourhan und A. Laming kritisiert: *H. Lhote*, La plaquette dite de ‚La Femme au Renne' de Laugerie-Basse, et son interprétation zoologique, in: ebd. 79–97; *ders.*, Le bison gravé de Ségriés, Moustiers-Ste-Marie, in: ebd. 99–108. Eine kritische Diskussion der Deutung A. Leroi-Gourhans bringen *P. J. Ucko / A. Rosenfeld*, Paleolithic Cave Art (New York 1967) 195–221.

Anregende Beobachtungen über die Symbolik der vorgeschichtlichen Kunst und ihrer stilistischen Ausdrucksformen sind zu finden in den Untersuchungen von *H. Kühn*, Das Symbol in der Vorzeit Europas, in: Symbolon 2 (1961) 160–184, sowie bei *W. Matthes*, Die Darstellung von Tier und Mensch in der Plastik des älteren Paläolithikum, in: ebd. 4 (1964) 244–276. Die Veröffentlichungen von *H. Bégouen, N. Casteret* und *J. Charet* über die Höhlen von Montespan und Tuc d'Aubert werden von *P. J. Ucko / A. Rosenfeld*, a. a. O. 188–198 und 177–178 diskutiert.

Die gravierte Schieferplatte von Lourdes ist bei *J. Maringer*, Vorgeschichtliche Religion, a. a. O. Abb. 33 wiedergegeben. Es wurde der Vorschlag gemacht, die in der Grotte de la Vache (Ariège) ausgegrabene auf einen Knochen gravierte Szene als Initiationszeremonie zu deuten: siehe *L.-R. Nougier / R. Robert*, Scène d'initiation de la grotte de la Vache à Alliat (Ariège), in: Bull. de la Soc. de l'Ariège 23 (1968) 13–98. Eine klare Reproduktion der Zeichnung ist zu finden bei *A. Marshak*, The Roots of Civilization (New York 1972) 275, Abb. 154.

H. Kirchner schlägt in seiner Untersuchung: Ein archäologischer Beitrag zur Urgeschichte des Schamanismus, in: Anthropos 47 (1952) 244–286 eine „schamanische" Deutung der berühmten Wandzeichnung von Lascaux vor. Diese Deutung wurde von *K. Narr*, Bärenzeremoniell und Schamanismus in der älteren Steinzeit Europas, in: Saeculum 10 (1959) 233–272, insbes. 271 akzeptiert. Siehe auch *M. Eliade*, Schamanismus, a.a.O. 157ff; *A. Marshak*, The Roots of Civilization, (New York 1972) 277ff.

J. Makkay deutet den „Großen Zauberer" der Höhle Trois Frères im gleichen Sinne; vgl. *J. Makkay*, An Important Proof to the Prehistory of Shamanism, in: Albia Regia 2/3 (Székesfehérvár 1963) 5–10.

Siehe auch *E. Burgstaller*, Schamanistische Motive unter den Felsbildern in den österreichischen Alpenländern, in: Forschungen und Fortschritte 41 (1967) 105–110; 144–158; *H. Miyakawa / A. Kollantz*, Zur Ur- und Vorgeschichte des Schamanismus, in: Zeitschrift für Ethnologie 91 (1960) 161–193 (nützlich für die japanische Dokumentation).

6.

Zu den Frauenstatuetten vgl. die von *E. Saccasyn-Della Santa*, Les figures humaines du paléolithique supérieur eurasiatique (Antwerpen 1947) vorgelegte Dokumentation, die zu ergänzen ist durch die, in der Bibliographie von *K. Narr*, Antaios, Bd. II, Nr. 2 (1960) 155, Anm. 2 verzeichneten späteren Entdeckungen. Zur Deutung vgl. *F. Hančar*, Zum Problem der Venusstatuetten im eurasischen Jungpaläolithikum, in: Prähistorische Zeitschrift 30/31 (1939/40) 85–156; *K. Narr*, Weibliche Symbol-Plastik der älteren Steinzeit, in: Antaios II (1960) 131–157; *K. Jettmar*, in: *I. Paulson, A. Hultkranz, K. Jettmar*, Die Religionen Nordeurasiens und der amerikanischen Arktis (Heidelberg 1962) 309 (faßt die Grabungen von Gerasimov in Mal'ta zusammen). Siehe auch *J. Maringer*, Vorgeschichtliche Religion, a.a.O. 193ff; *A. Leroi-Gourhan*, Les religions de la préhistoire, a.a.O. 87f. Man vermutet, daß diese nach K. Narr als „Kleinplastik" bezeichnete Kunst das Ergebnis von Einflüssen aus den östlichen Mittelmeerländern ist; in der franko-kantabrischen Region dominiert ein mehr naturalistischer Stil, während im Osten und Nordosten der geometrische Schematismus vorherrscht. Es wird allerdings auch eingeräumt, daß das sibirische Jungpaläolithikum möglicherweise von mongolischen und südostasischen Kulturen beeinflußt wurde; vgl. *K. Jettmar* (Hrsg.), Die Religionen, a.a.O. 309.

A. Leroi-Gourhans Deutung wurde von *P. J. Ucko / A. Rosenfeld*, Palaeolithic Cave Art, a.a.O. 195f und *H. Lhote*, La plaquette dite de ‚La Femme au Renne', in: a.a.O. 80–97 (vgl. ebd. 98–108 eine Kritik Manings) kritisiert.

Zum sog. „Röntgenstrahlen"-Stil und seinen Zusammenhängen mit dem Schamanismus siehe *A. Lommel*, Shamanism: The beginnings of Art (New York/Toronto, o. J.) 129ff. Das Buch wurde in Current Anthropology 11 (1970) 39–48 von mehreren Autoren besprochen.

7.

A. Marshak hat seine Entdeckung erstmalig vorgestellt in: A. Marshak, Lunar Notation on Upper Paleolithic Remains, in: Scientia 146 (1964) 743–745. Diesem kleinen Artikel folgte eine Reihe weiterer, ausgearbeiteterer Beiträge: ders., New Techniques in the Analysis and Interpretation of Mesolithic Notations and Symbolic Art, in: *E. Anati* (Hrsg.), Actes du symposium international, Valcamonica (Brescia 1970) 479–494; *ders.*, Notations dans les gravures du paléolithique supérieur: Nouvelles méthodes d'analyse, in: Mémoire de l'institut de préhistoire de l'université de Bordeaux 8 (1970); *ders.*, Le bâton de commandement de Montgandier (Charente). Réexamen au microscope et interpretation nouvelle, in: L'Anthropologie 74 (1970) 321–352; *ders.*, Cognitive Aspects of Upper Paleolithic Engraving, in: CA 13 (1972) 445–477; *ders.*, Upper Paleolithic Notation and Symbol, in: Scientia 178 (1972) 817–828. Die Ergebnisse dieser Forschungen sind in seinem Buch analysiert: *ders.*, The Roots of Civilization. The Cognitive Beginnings of Man's First Art. Symbol and Notation (New York 1972); vgl. unseren Bericht *M. Eliade*, On Prehistoric Religions, in: HR 14 (1974) 140–147, insbes. 140–143.

Die Untersuchung *A. Marshak*, The Meander as a System. The Analysis and Recognition of Iconographic Units in Upper Paleolithic Compositions wurde im Kolloquium des Australian Institute of Aboriginal Studies, Canberra im Mai 1974 vorgelegt. Der Autor hat uns liebenswürdigerweise das Manuskript dieses bedeutenden Beitrags überlassen.

Eine vergleichende Untersuchung der Rundtänze bringt *E. Gasparini*, La danza circolare degli Slavi, in: Ricerche Slavistiche I (1952) 67–92; *ders.*, Il Matriarcato Slavo. Antropologia Culturale dei Protoslav; (Florenz 1973) 665f. Vgl. unseren Bericht in: HR 14 (1974) 74–78.

Der Geheimmythos der Poehl-Hirten wurde von A. Hampaté Bâ (der selbst initiiert wurde) mitgeteilt und veröffentlicht von *G. Dieterlen*, Koumen (Cahiers de l'Homme, Paris 1961); dank dieses Ritus konnte H. Lhote bestimmte Wandmalereien von Hoggar und Tassili deuten; vgl. *H. Lhote*, Donnés récentes sur les gravures et les peintures rupestres du Sahara, in: Simposio de Arte Rupestre, a. a. O. 273–290, 282f.

H. V. Sicard vertritt die Ansicht, der afrikanische „Luwe" spiegele noch den Glauben der euroafrikanischen Jäger vor 8000 an einen Höchsten Gott wider; vgl. *H. v. Sicard*, Luwe und verwandte mythische Gestalten, in: Anthropos 63/64 (1968/69) 665–737, insbes. 720f.

Die Mythen vom „kosmogonischen Taucher" sind in Osteuropa, in Zentral- und Nordasien, im Indien der Ureinwohner (vorarisch) in Indonesien und in Nordamerika belegt; vgl. *M. Eliade*, De Zalmoxis à Gengis-Khan (Paris 1970) Kap. III: „Le Diable et le bon Dieu" (81–130).

Die Untersuchung von *W. Gaerte*, Kosmische Vorstellungen im Bilde prähistorischer Zeit: Erdberg, Himmelsberg, Erdnabel und Weltströme, in: Anthropos 9 (1914) 956–979 ist veraltet, wegen ihrer ikonographischen Dokumentation aber nach wie vor brauchbar.

B. Ray hat eine brillante Analyse der magisch-religiösen Macht des Wortes bei den Dinka und den Dogons gegeben: *B. Ray*, Performative Utterances in African Rituals, in: HR 13 (1973) 16–35. (Der Ausdruck „performative utterances" stammt von dem englischen Philosophen J. L. Austin).

8.

A. Rust hat mehrere Werke über seine 40jährigen Grabungen von Meiendorf, Stellmoor und Ahrensburg-Hopfenbach veröffentlicht; hier die bedeutendsten: Die alt- und mittelsteinzeitlichen Funde von Stellmoor (Neumünster in Holstein 1934); Das altsteinzeitliche Rentierjägerlager Meiendorf (ebd. 1937); Die Jungpaläolithischen Zeltanlagen von Ahrensburg (ebd. 1958); Vor 20000 Jahren (Neumünster 1962).

Zur religiösen Bedeutung dieser Entdeckungen vgl. *A. Rust*, Neue endglaziale Funde von kultisch-religiöser Bedeutung, in: Ur-Schweiz 12 (1948) 68–71; *ders.*, eine endpaläolithische hölzerne Götzenfigur aus Ahrensburg, in: Röm. Germ. Kom. d. dtsch. Arch. Inst. (Berlin 1958) 25f.; *H. Pohlhausen*, Zum Motiv der Rentierversenkung der Hamburger und Ahrensburger Stufe des niederdeutschen Flachlandmagdalenien, in: Anthropos 48 (1953) 987–990; *H. Müller-Karpe*, Handbuch der Vorgeschichte I, a.a.O. 225; II, a.a.O. 496 (Nr. 347); *J. Maringer*, Die Opfer der paläolithischen Menschen, in: Anthropica... (St. Augustin bei Bonn 1968) 249–272, insbes. 266–270.

Über die Versenkopfer siehe *A. Closs*, Das Versenkopfer, in: Wiener Beiträge zur Kulturgeschichte und Linguistik 9 (1952) 66–107.

Zum Problem der religiösen Bedeutungen der Felskunst Ostspaniens siehe *H. Obermaier*, Fossil Man in Spain (New Haven 1924); *J. Maringer*, Vorgeschichtliche Religion, a.a.O. 213–220.

9.

Die beste und vollständigste Untersuchung der Vorgeschichte Palästinas bietet *J. Perrot*, Préhistoire Palestinienne, in: Dict. de la Bible, Ergänzungsband VIII, (1968) Sp. 286–446. Siehe auch *R. de Vaux*, Histoire ancienne d'Israel. Des Origines à l'installation en Canaan I (Paris 1971) 41–59. Über die Natufkultur siehe *D. A. E. Garrod*, The Natufian Culture. The Life and Economy of a Mesolithic People in the Near East, in: Proceedings of the British Academy 43 (1957) 211–227; *E. Anati*, Palestine before the Hebrews (New York 1963) 146–178; *H. Müller-Karpe*, Handbuch der Vorgeschichte II: Jungsteinzeit (München 1968) 73ff. Über die Natuf-Religion siehe insbes. *J. Cauvin*, Religions néolithiques de Syro-Palestine (Paris 1972) 19–31.

Über die religiösen Bedeutungen der Schädel und den rituellen Kannibalismus siehe *H. Müller-Karpe*, a.a.O., Bd. I, 239ff; *W. Dostal*, Ein Beitrag zur Frage des religiösen Weltbildes der frühesten Bodenbauer Vorderasiens, in: Archiv für Völkerkunde 12 (1957) 53–109, insbes. 75f (mit Bibliographie); *R. B. Onian* The Origin of European Thought (Cambridge 1951; ²1954) 107ff, 530ff).

10.

Zur „rituellen Jagd" in Afrika siehe *H. Straube*, Die Tierverkleidungen der afrikanischen Naturvölker (Wiesbaden 1955), 83ff, 198ff und passim. Über die Ähnlichkeiten der Kriegs- und Jagdtechniken bei den Assyrern, Iraniern und Turk-Mongolen siehe *K. Meuli*, Ein altpersischer Kriegsbrauch, in: Westöstliche Abhandlungen, Festschrift für Rudolph Tchudi (Wiesbaden 1954) 63–86.

In diesem Zusammenhang sei bemerkt, daß die Jagd auch andere mythologische und folkloristische Themen hervorgebracht hat. Um nur ein Beispiel zu nennen: die Verfolgung eines Geweihträgers führt den Helden ins Jenseits oder in eine Feen- und Zauberwelt, in der der Jäger schließlich Christus oder dem Boddhisattva usw. begegnet; vgl. *M. Eliade*, De Zalmoxis à Gengis-Khan a.a.O. 131–161. In einer Vielzahl von Mythen und Legenden über die Entdeckung und Eroberung eines Landes, die Gründung einer Stadt, die Überschreitung eines Flusses oder die Überquerung von Sümpfen usw. ist es das Tier, das in einer anscheinend ausweglosen Situation die Lösung findet; vgl. *M. Eliade*, a.a.O. 135ff, 160.

11.

Über die Züchtung von Pflanzen und Tieren siehe *H. Müller-Karpe*, a. a. O. II, 240–256; *J. Ucko* und *G. W. Dimbley* (Hrsg.), The domestication and exploitation of plants and animals (Chicago 1969); *G. A. Wright*, Origins of Food Production in Southwestern Asia. A Survey of Ideas, in: CA 12 (1971) 447–479.

Eine vergleichende Untersuchung bietet *F. Herrmann*, Die Entwicklung des Pflanzenanbaues als ethnologisches Problem, in: Studium Generale 11 (1958) 352–63; *ders.*, Die religiös-geistige Welt des Bauerntums in ethnologischer Sicht, ebd. 434–41.

R. Braidwood unterscheidet vier Phasen des primitiven Ackerbaus: eine in Dörfern wohnende Bevölkerung, die eine elementare Kultur betreibt (primary village farming), den Ackerbau festgefügter Dörfer (settled village farming), die „Anfangskultur" und schließlich den „intensiven Ackerbau innerhalb eines Dorfes" (intensified village farming); vgl. *R. Braidwood* und *L. Braidwood*, Earliest village communities of South West Asia, in: Journal of World History I (1953) 278–310; *R. Braidwood*, Near Eastern prehistory. The swing from food-gathering cultures to village-farming communities is still imperfectly understood, in: Science 127 (1958) 1419–1430; vgl. *R. Braidwood*, Prelude to Civilization, in: *C. H. Kraeling* und *R. M. Adams* (Hrsg.), City Invicible. A Symposium on Urbanization and Cultural Development in the Ancient Near East (Chicago 1960) 297–313; *O. Sauer*, Agricultural Origins and Dispersals (New York 1952); *E. Anderson*, Plants, Man and Life (Boston 1952).

Über die Mythen vom Typ Hainuwele und ihre religiöse und kulturelle Bedeutung siehe *A. E. Jensen*, Das religiöse Weltbild einer frühen Kultur (Stuttgart 1948) 35 ff; *ders.*, Mythos und Kult bei Naturvölkern (Wiesbaden 1951); *C. A. Schmitz*, Die Problematik der Mythologeme ‚Hainuwele' und ‚Prometheus', in: Anthropos 55 (1960) 215–238; *M. Eliade*, Aspects du mythe (Paris 1963) 132 ff; *T. Mabuchi*, Tales concerning the origin of grains in the insular areas of Eastern-Southeastern Asia, in: Asian Folklore Studies 23 (1964) 1–92; *A. Yoshida*, Les excrétions de la Déesse et l'origine de l'agriculture, in: Annales (Juli–August 1966) 717–728.

Ileana Chirasi hat in der griechischen Mythologie gewisse mythisch-rituelle Komplexe vom Typ Hainuwele identifiziert, die mit der „vorzerealen"-Phase zusammenzuhängen scheinen; vgl. Elementi di culture precereali nei miti e riti greci (Rom 1968).

Nach Auffassung des deutschen Ethnologen K. Dittmer hat der Wurzel- und Zwiebelanbau in Südostasien bereits im Paläolithikum begonnen. Die Frauen waren für Pflanzung und Ernte verantwortlich; sie flochten Körbe und fertigten später Töpferware an. Daher wurden die bebauten Felder Eigentum der Frauen. Der Mann lebte im Hause seiner Frau, die Erbfolge war matrilinear. Neben Jagd und Fischerei befaßten sich die Männer mit Kultivierungsarbeiten. Dieser Kulturtypus, den K. Dittmer als Jäger-Pflanzer-Kultur definiert, hat sich im tropischen Afrika, in Melanesien sowie in Nord- und Südamerika verbreitet.

Wiederum in Südostasien entwickeln sich später Knollenanbau und Gartenkultur; in diese Zeit fällt die Zähmung des Schweins und des Geflügels. Diese Kultur ist charakterisiert durch eine matriarchalische Ordnung, durch geheime Männerbünde (um die Frauen zu beherrschen), durch altersmäßig getrennte Klassen, durch die wirtschaftliche und religiöse Vorrangstellung der Frau, durch Mondmythologien, orgiastische Fruchtbarkeitskulte, Kopfjagd und Schädelkult. Die Regeneration des Lebens wurde durch Menschenopfer bewirkt. Der Ahnenkult war durch die Rolle der Ahnen für die Fruchtbarkeit motiviert. Weitere charakteristische Elemente sind: Schamanismus und Entwicklung der Kunst (Musik, Kultdrama, Masken der Geheimbünde, plastische Darstellungen der Ahnen). Dieser Kulturtyp (oder Kulturkreis) hat sich bereits im Mesolithikum in Südostasien (wo er noch heute bei bestimmten Naturvölkern Hinter-Indiens und Indochinas zu finden ist), Äquatorialafrika und den Südseeinseln, mit Ausnahme Polynesiens, verbreitet.

K. Dittmer erklärt den Getreideanbau als Ersatz für die Pflanzkultur, der durch die Ausbreitung in Steppengebiete nötig wurde. Der Übergang von der Pflanzkultur zur Getreidekultur vollzog sich in Indien: hier wurde das älteste Getreide, die Hirse, angebaut. Von Indien aus verbreitete sich diese neue Technik in Ostasien, wo man die Wildarten verschiedener Gräser veredelte. K. Dittmer unterscheidet zwei für den Getreideanbau spezifische Kulturkreise: a) die „extensive" Kultur in Gegenden mit ausreichendem Regen, b) die „intensive" Kultur, mit Terrassen-Bewässerungs- und Gartenanlagen. Jedem dieser Kulturkreise entsprechen spezifische soziologische, ökonomische und religiöse Strukturen (vgl. *K. Dittmer*, Allgemeine Völkerkunde [Braunschweig 1954] 163–190).

H. Baumann dagegen vertritt die Ansicht, daß der Knollenanbau durch die Nachahmung und Neuanpassung der Technik des Getreideanbaus erfunden wurde; vgl. *H. Baumann*, Das doppelte Geschlecht (Berlin 1955) 289 ff.

12.

Über die mystische Solidarität zwischen Frau und bebauter Erde siehe *M. Eliade*, Die Religionen (Salzburg 1954) (dt. Ausg. von Traité d'histoire des Religions [Neuaufl. Paris 1968]), 379; *ders.*, Mythen, Träume und Mysterien (Salzburg 1961) (dt. Ausg. von Mythes, rêves et mystères [Paris 1957]) 231.

Gegen die übereilten Verallgemeinerungen von A. Dieterich (Mutter Erde, Berlin ³1925) siehe *O. Pettersson*, Mother Earth. An Analysis of the Mother Earth Concepts according to Albert Dieterich (Lund 1967). Vgl. auch *P. J. Ucko*, Anthropomorphic Figurines (London 1968) und *A. Fleming*, The Myth of the Mother-Goddess, in: World Archaeology I (1969) 247–61.

Zur Parthenogenese der griechischen und mediterranen Göttinnen siehe *U. Pestalozza*, Religione mediterranea. Vechi e nuovi studi (Mailand 1951) 191 ff.

Über die periodische Erneuerung der Welt vgl. *M. Eliade*, Kosmos und Geschichte. Der Mythos der ewigen Wiederkehr (Reinbek 1966) (dt. Ausg. von Le mythe de l'éternel retour. Archétypes et répétition [Paris 1949, ²1969]), 64 ff; *ders.*, Aspects du mythe a. a. O. 54 ff.

Über die Symbolik des Weltenbaums siehe Dokumente und Bibliographie in *M. Eliade*, Schamanismus a. a. O. 49 ff, 168 ff, 189 ff, 259 ff, 269 ff.

Über die zyklische Zeit und den kosmischen Zirkel vgl. *M. Eliade*, Kosmos und Geschichte, a. a. O. 64 ff.

Zur religiösen Wertung des Raumes siehe *M. Eliade*, Religionen a. a. O. 415 ff.

Über den Symbolismus der Wohnstätten in der neolithischen Kultur von Yang-chao, siehe *R. A. Stein*, Architecture et pensée religieuse en Extrême-Orient, in: Arts Asiatiques 4 (1957) 177 ff; vgl. auch *M. Eliade*, Schamanismus a. a. O. 251 ff.

Über die klassifizierende und rituelle Dichotomie und die verschiedenen Arten von Antagonismen und Polaritäten, siehe *M. Eliade*, Die Sehnsucht nach dem Ursprung. Von den Quellen der Humanität (Wien 1973) 158–211 (dt. Übersetzung von: The Quest. History and Meaning in Religion (Chicago 1969).

13.

Über die archäologischen Dokumente von Jericho und ihre Deutung siehe *K. Kenyon*, Digging up Jericho (London 1957); *dies.*, Archaeology in the Holy Land (London 1960); *J.* und *J. B. E. Garstang*, The story of Jericho (London 1948); *E. Anati*, Palestine before the Hebrews, a.a.O. 273 ff; *R. de Vaux*, Histoire ancienne d'Israel, a.a.O. 41 ff.

Über die neolithischen Religionen Syriens und Palästinas siehe in neuerer Zeit *J. Cauvin*, Religions néolithiques, a. a. O. 43 ff (Ausgrabungen von Jericho, Munhata, Beidha, Tell Ramad); 67 ff (Ras Shamra, Byblos, usw.); *H. Müller-Karpe*, Handbuch II, 334 ff, 349 ff.

J. Mellaart glaubte, die vorkeramische Kultur von Jericho (Phase B, ~6500–5500) sei von der Hačilarkutur abgeleitet (~ 7000–6000); vgl. *J. Mellaart*, Hačilar. A Neolithic Village Site, in: Scientific American 205 (August 1961) 90. In: Earliest Civilization of the Near East (London / New York 1965) zitiert er jedoch auf S. 45 neue Radiokarbondaten von Jericho (Phase B): ~6968 und 6918; mit anderen Worten, die beiden Kulturen scheinen gleichzeitig zu sein.

Çatal Hüyük ist die größte neolithische Stadt des Vorderen Orients. Obschon noch nicht vollständig ausgegraben (1965: $^1/_4$ der Oberfläche), hat Çatal Hüyük einen erstaunlichen Grad an Zivilisation gezeigt: ein sehr entwickelter Ackerbau (mehrere Arten von Körnern und Gemüsen), Zucht, Handel und zahlreiche, reich geschmückte Tempel. Vgl. *J. Mellaart*, Çatal Hüyük. A Neolithic Town of Anatolia (New York 1967). Siehe auch *W. Dostal*, Zum Problem der Stadt- und Hochkultur im Vorderen Orient. Ethnologische Marginalien, in: Anthropos 63 (1968) 227–260.

Über Tell Halaf verzeichnet *H. Müller-Karpe*, Bd. II, 59 ff und 427 f die wesentliche Bibliographie.

Zur Obedkultur siehe *H. Müller-Karpe*, a.a.O. 61 ff, 339, 351, 423 (Bibliographie der Ausgrabungen), 425 ff (Weißer Tempel, *Zikkurat*). Ebenso *M. E. L. Mallowan*, Early Mesopotamia and Iran (London 1965) 36 ff.

Ein weiteres Heiligtum verdient, bereits hier erwähnt zu werden: der, von M. E. L. Mallowan in Brak, im Haburtal (1000 km nördlich von Uruk) ausgegrabene und von ihm auf etwa 3000 datierte „Tempel der Augen". Dort fand man einige tausend „Idole" aus weißem und schwarzem Alabaster, deren Charakteristik ein oder mehrere Augenpaare sind. Nach M. E. L. Mallowan handelt es sich um Votivgaben für eine allsehende Gottheit, die Beschützerin der Stadt. Vgl. *M. E. L. Mallowan*, Early Mesopotamia, a. a. O. 48 ff und Abb. 38–40. Der Tempel war der Göttin Innana geweiht. *O. G. S. Crawford* untersucht in seinem Buch: The Eye Goddess (1957) die Streuung dieses Typs der Ikonographie bis nach England und Irland, doch sind viele der von ihm angeführten Beispiele nicht überzeugend.

Der religiöse Symbolismus der Figurinen und anderer Gegenstände aus der mesopotamischen Vorgeschichte wurde von *B. L. Goff*, Symbols of Prehistoric Mesopotamia (New Haven und London 1963) untersucht; siehe vor allem 10–48 (Tell Halaf und Obed) und Abb. 58–234.

14.

Über die älteste europäische Kultur siehe *M. Gimbutas*, Old Europe c. 7000-3500 B. C. The earliest European Civilization before the Infiltration of the Indo-European Peoples, in: The Journal of Indo-European Studies I (1973) 1-20.

Zum Heiligtum von Cǎscioarele siehe *V. Dumitrescu*, Edifice destiné au culte découvert dans la couche Boian-Spantov de la station – *tell* de Cascioarele, in: Dacia, N. S. 14 (1970) 5-24.

Über das Tempelmodell siehe *H. Dumitrescu*, Un modèle de sanctuaire découvert dans la station énéolithique de Cascioarele, in: Dacia, N. S. 12 (1968) 381-394.

15.

Über die Entdeckung der Metalle und die Entwicklung der metallurgischen Techniken siehe *T. A. Rickard*, Man and Metals. A history of mining in relation to the development of civilization (New York 1932); *R. I. Forbes*, Metallurgy in Antiquity (Leiden 1950); *Ch. Singer, E. Y. Holmyard* und *A. R. Hall*, A History of Technology I (Oxford 1955). Siehe auch die Bibliographien in *M. Eliade*, Schmiede und Alchimisten (1960), 24f (dt. Ausgabe von: Forgerons et alchimistes [Paris 1956]); *ders.*, The Forge and the Crucible. A Postscript, in: HR 8 (1968) 74-88, insb. 77.

Über die Bergarbeiter und Schmiede siehe *M. Eliade*, Schmiede und Alchimisten, a.a.O. S. 50ff; *ders.*, A Postscript 78-80. Über die Götterschmiede und Kulturheroen vgl. Schmiede und Alchimisten, a.a.O. 116ff.

Über die „Ursprünge" der Alchimie siehe *A. M. Leicester*, The Historical Background of Chemistry (New York 1956); *I. R. Partington*, History of Chemistry, Bd. I (London 1961); *A. G. Debus*, The Significance of the History of Early Chemistry, in: Cahiers d'histoire mondiale 9 (1965) 39-58; *P. Multhauf*, The Origin of Chemistry (London 1966).

16.

Eine allgemeine Einführung in Geschichte, Kultur und Religion Sumers gibt *A. Parrot*, Sumer (Paris 1952); siehe insbesondere die Schriften von *S. N. Kramer*, The Sumerians. Their History, Culture and Character (Chicago 1963); *ders.*, From the Tablets of Sumer (Indian Hills 1956; Neuauflage unter dem Titel History Begins at Sumer, New York 1959); *ders.*, Mythology of Sumer and Akkad, in: S. N. Kramer (Hrsg.), Mythologies of the Ancient World (New York 1961) 93-137; *ders.*, Sumerian Mythology (Philadelphia 1944; verbesserte und erweiterte Neuauflage 1961). Alle diese Werke enthalten zahlreiche und fast vollständige Übersetzungen der sumerischen Texte. Vgl. auch *A. Falkenstein* und *W. von Soden*, Sumerische und Akkadische Hymnen und Gebete (Zürich 1953); *G. R. Castellino*, Mitologia sumero-accadica (Turin 1967). Nützlich ist nach wie vor die Monographie von *Ch. F. Jean*, La Religion sumérienne (Paris 1931). Eine bemerkenswerte Zusammenschau gibt *R. Jestin*, La religion sumérienne, in: *H. Ch. Puech* (Hrsg.) Histoire des Religions I (Paris 1970) 154-202. Siehe auch *Th. Jacobsen*, Formative Tendencies in Sumerian Religion, in: *E. Wright* (Hrsg.), The Bible and the Ancient Near East (New York 1961), 267-278; *ders.*, Early Mesopotamian Religion. The Central Concerns, in: Proc. Am. Philos. Soc. 107 (1963) 473-484.

Die sumerische Religion wird zusammen mit der akkadischen behandelt bei
E. *Dhorme,* Les Religions de Babylonie et d'Assyrie (Paris 1945) 1–330 (reiche kritische
Bibliographie). Siehe auch *V. Christian,* Die Herkunft der Sumerer, in: Sitzungsberichte
der Akademie in Wien I 236, (1961); *A. Falkenstein,* La Cité-temple sumérienne, in:
Cahiers d'histoire mondiale I (1954) 784–814; *F. R. Kraus,* Le rôle des temples depuis
la troisième dynastie d'Ur jusqu'à la première dynastie de Babylone, in: ebd. 518–545;
A. Sjöberg und *E. Bergmann,* Sumerian Temple Hymns (1969).

1944 hatte *B. Landsberger* gezeigt, daß die sumerische Kulturterminologie (d. h. die
Wörter, die sich auf Ackerbau, Metallurgie, Berufe bezogen), wie auch die Flüsse- und
Städtenamen vorsumerischen Ursprungs sind. Vgl. *Kramer,* The Sumerians, a. a. O. 41 ff.

Vor ihrer Seßhaftwerdung in Untermesopotamien verehrten alle Sumerer die gleichen
Gottheiten; die bedeutendsten sind An, En-lil, Enki, Inanna. Später dagegen hatte jede
Stadt ihren eigenen Schutzgott: En-lil war z. B. der Gott von Nippur, Enki herrschte
in Eridu, Nanna in Ur usw.

Der Dilmun-Mythos wurde übersetzt von *N. S. Kramer* in: ANET, 34–41 und in:
From the Tablets of Sumer, a. a. O. 169–75; von *M. Lambert,* Sumerische Schöpfungsmythen, in: Die Schöpfungsmythen, mit einem Vorwort von M. Eliade (Einsiedeln 1964),
111 ff. (dt. Übers. von: „La naissance du monde à Sumer" in: Naissance du Monde,
Sources Orientales I [Paris 1959] 103 ff) und in jüngerer Zeit von *G. R. Castellino,* Mitologia, a. a. O. 50 ff.

Über An vgl. *Dhorme,* Religions, a. a. O. 22–26, 45–48, sowie W. d. M., I
(*D. O. Edzard,* „Die Mythologie der Sumerer und Akkader" S. 19–139) 40 f.

Über En-ki vgl. *Dhorme,* a. a. O. 31–38, 50 f; *J. Botéro,* Les divinités sémitiques en
Mésopotamie ancienne, in: Studi Semitici I (Rom 1958) 17–63, 36–38.

17.

Eine vergleichende Darstellung der Mythen über die Erschaffung des Menschen gibt
Th. Gaster, Myth, Legend and Customs in the Old Testament (New York 1969) 8 ff.
Die mesopotamischen Texte sind übersetzt bei *A. Heidel,* The Babylonian Genesis (Chicago 1942) 62–79.

Nach einer von Berossos (3. Jhd. v. Chr.) überlieferten Tradition war es Bel (= Marduk), der den Göttern befahl, ihm den Kopf abzuschneiden und den Menschen aus seinem mit Erde vermischten Blut zu formen (*A. Heidel,* a. a. O. 77 f). Wenn diese Tradition
authentisch ist, dann wäre der Leib des Menschen aus einer göttlichen und einer „dämonischen" Substanz gebildet (denn die Erde kommt von Tiamat).

Im Mythos von der „Erschaffung des Spatens" trennt Enlil Himmel und Erde, damit
die Menschen „aus dem Boden aufsteigen können"; Übers. *G. R. Castellino,* Mitologia
a. a. O. 55 ff.

Über die Bedeutungen des Wortes „me" siehe *B. Landsberger,* Islamica 2 (1926) 369;
Th. Jacobsen, JNES 5 (1946) 139, Anm. 20; *J. van Dijk,* La sagesse suméro-akkadienne
(Leiden 1953) 19; *K. Oberhuber,* Der numinose Begriff ME im Sumerischen (Innsbruck
1963).

Über den Ritus der heiligen Hochzeit zwischen dem Herrscher und Inanna siehe
S. N. Kramer, The Sacred Marriage Rite. Aspects of Faith, Myth and Ritual in Ancient
Sumer (Indiana Univ. Press 1969); *ders.,* Le Rite du Mariage sacré Dumuzi-Inanna, in:
RHR 181 (1972) 121–146.

Über die Vorstellung himmlischer Modelle von Städten und Tempeln vgl. *M. Eliade*, Kosmos und Geschichte, a.a.O. 11ff.

Die Bedeutung der „Königsliste" wurde von The Jacobsen, The Sumerian King List (Chicago 1939) gezeigt. Eine neue Übersetzung bringt *N. S. Kramer*, The Sumerians, a.a.O. 328–331. Die Tradition, nach der die ersten Könige vom Himmel herabstiegen – und nach ihrem Tod wieder dorthin zurückkehren – hat sich in Tibet erhalten: die Könige bedienten sich einer wunderbaren Schnur; vgl. einige Beispiele in *M. Eliade*, Méphistophélès et l'Androgyne (Paris 1962) 208f; *E. Haarh*, The Yar-Lum Dynasty (Kopenhagen 1969) 138ff. Der Mythos des vom Himmel herabgestiegenen König-Messias ist in hellenistischer Zeit stark verbreitet.

18.

Die wesentliche Literatur über die Sintflutmythen findet sich bei *Th. Gaster*, Myth, Legend and Customs, a.a.O. 353, zu ergänzen durch *M. Eliade*, Kosmos und Geschichte, a.a.O. 137.

Die sumerischen Fragmente wurden übersetzt von *N. S. Kramer* in: ANET 42f.

Zum Überschwemmungsmythos im *Gilgameschepos* vgl. *A. Heidel*, The Gilgamesch Epic and the Old Testament Parallels (Chicago 1946) 224ff; *A. Schott, W. von Soden*, Das Gilgamesch-Epos (Stuttgart 1958) 86–99; *W. G. Lambert* in: JSS 5 (1960) 113–123; *E. Sollberger*, The Babylonian Legend of the Flood (London 1962); *Ruth E. Simoons-Vermeer*, The Mesopotamian flood-stories: a comparison and interpretation, in: Numen 21 (1974) 17–34. Zu der von Berossos überlieferten Version vgl. *P. Schnabel*, Berossus und die hellenistische Literatur (1923) 164ff; *A. Heidel*, a.a.O. 116ff.

Nach einem Passus im *Gilgameschepos* (Taf. XI, 14) „bewog der großen Götter Herz sie, eine Sintflut herbeizuführen". Aus Eas Worten an Enlil (XI, 179ff) läßt sich schließen, daß es „Sünder" gab, Näheres geht daraus jedoch nicht hervor. Ein unter der Bezeichnung *Atrahasis-Epos* bekanntes Fragment erklärt Enlils Zorn durch den Lärm der „glücklich gewordenen" Menschen; vgl. *A. Heidel*, a.a.O. 107 und 225ff. Den neu herausgegebenen Texten zufolge wurde die Sintflut als göttliche Strafe verstanden: die Menschen hatten sich gegen ihr „Schicksal" aufgelehnt, das darin bestand, den Göttern durch Arbeit und Kult zu dienen; vgl. *G. Pettinato*, Die Bestrafung des Menschengeschlechts durch die Sintflut, in: Orientalia, N. S. 32 (1968) 156–200; *W. G. Lambert*, Atrahasis. The Story of the Flood (Oxford 1969).

19.

Über Inanna liegt eine umfangreiche Literatur vor; das Wesentliche bringen *E. O. Edzard* in W.d.M. 1, a.a.O. 81–89; weiters *W. W. Hallo – J. van Dijk*, The Exaltation of Inanna (New Haven-London 1968), *W. Helck*, Betrachtungen zur Großen Göttin und den ihr verbundenen Gottheiten (München 1971) 71–89, sowie die jüngeren Arbeiten von *S. N. Kramer*, The Sacred Marriage Rite, a.a.O. und Le Rite du Mariage sacré Dumuzi-Inanna, in: RHR 181 (1972) 121–140.

Über Ischtar als Hermaphrodit vgl. *J. Bottéro*, Les divinités sémitiques, a.a.O. 40ff.
Über Ischtar als Kriegsgöttin vgl. *M.-Th. Barrelet*, Les déesses armées et ailées: Inanna-Ischtar, in: Syria 32 (1955) 222–260.

Über Dumuzi-Tammuz vgl. die Bibliographie in W.d.M., I, a.a.O. 51–53. Die bedeutendsten jüngeren Beiträge sind: *L. van den Berghe*, Réflexions critiques sur la nature de Dumuzi-Tammuz, in: La Nouvelle Clio 6 (1954), 298–321. *T. Jacobsen*, Toward the Image of Tammuz, in: HR 1 (1961) 189–213; *O. R. Gurney*, Tammuz reconsidered. Some Recent Developments, in: JSS 7 (1962) 147–160.

Über die Rolle Geschtinannas bei der „Rückkehr" Dumuzis vgl. *A. Falkenstein*, in: Bibliotheca Orientalis 22 (1965), 281 ff. Die Differenzen zwischen der akkadischen und der sumerischen Version werden analysiert in der Untersuchung von *A. Falkenstein*, Der sumerische und der akkadische Mythos von Innanas Gang zur Unterwelt, in: Festschrift W. Caskel (Leiden 1968) 97–110 und von *J. Bottéro*, in: Annuaire de l'Ecole des Hautes Etudes, IV. Sektion (Paris 1971–72) 81–97. Die bezeichnendsten Unterschiede sind folgende: die sumerische Version kennt nicht die ausführliche Beschreibung der Unterwelt (*J. Bottéro* a.a.O. 86); in der akkadischen Version droht Ischtar, die Pforten der Unterwelt zu zerstören und die Toten zu befreien, die dann „die Lebenden verschlingen werden", wenn man sie nicht unverzüglich einlasse (ebd.); in der akkadischen Version befindet sich das „Lebenswasser" direkt in der Unterwelt (im „Schlauch", der das Getränk der Götter der Unterwelt enthielt; ebd. 89); in der akkadischen Version scheint Ereschkigal seinem Boten aufzutragen, Tammuz zu waschen, ihn mit Salböl einzureiben und ihn in ein „Prunkgewand" zu kleiden; sie ist also verantwortlich für Ischtars Zorn und letztlich auch für Tammuz' Untergang (ebd. 91 ff).

Eine neue Deutung von Dumuzi-Tammuz auf der Grundlage der ikonographischen Dokumentation wird geboten von *A. Moortgat*, Der Unsterblichkeitsglaube der altorientalischen Bildkunst (Berlin 1949). Aber nur wenige Figuren können mit Sicherheit identifiziert werden; vgl. *L. van den Berghe*, Reflexions critiques, a.a.O.

20.

Eine ausgezeichnete Darstellung der babylonischen Religion gibt *J. Nougayrol* in: Histoire des Religions I (Paris 1970) 203–249. Siehe auch *J. Bottéro*, La religion babylonienne (Paris 1952); *ders.*, Les divinités sémitiques, a.a.O. 17–63. *G. Furlani*, der 1928/29 ein zweibändiges Werk veröffentlichte (La religione babilonese e assira) hat seine Forschungen zusammenfaßt in La religione dei Babilonesi e Assiri, in: La civiltà dell'Oriente III (Rom 1958) 73–112. Siehe auch *R. Follet*, Les Aspects du divin et des dieux dans la Mésopotamie antique, in: Recherches des sciences religieuses 38 (1952) 189–209. A. L. Oppenheims Skeptizismus (Why a ‚Mesopotamian Religion' should not be written, in: Ancient Mesopotamia, a.a.O. 172ff) scheint von seinen Kollegen nicht geteilt zu werden. Siehe auch *M. David*, Les dieux et le destin en Babylonie (Paris 1949).

Über Ereschkigal und Nergal vgl. *E. Dhorme*, Religions, a.a.O. 39–43, 51 f.

Über Marduk siehe *E. Dhorme*, a.a.O. 139–150, 168–170; *W. von Soden* in: Zeitschrift für Assyriologie, N.F. 17 (1955) 130–166. Über den Gott Assur vgl. *G. van Driel*, The Cult of Assur (Assen 1969).

Über die Tempel siehe *E. Dhorme*, a.a.O. 174–197; *H. J. Lenzen*, Mesopotamische Tempelanlagen von der Frühzeit bis zum zweiten Jahrtausend, in: Zeitschrift für Assyriologie, N.F. 17 (1955) 1–36; *G. Widengren*, Aspetti simbolici dei templi e luoghi di culto del vicino Oriente antico, in: Numen 7 (1960) 1–25; *A. L. Oppenheim*, Ancient Mesopotamia, a.a.O. 106ff, 129ff.

Zu den Riten siehe *G. Furlani*, Il sacrificio nella religione dei Semiti di Babilonia e Assiria (Memorie della Accademia dei Lincei VI, 3) (1932) 105–370; *ders.*, Riti babilonesi e assiri (Udine 1940); *F. Thureau-Dangin*, Rituels akkadiens (Paris 1921); Gesamtdarstellung mit einer umfassenden Bibliographie bei *E. Dhorme*, a. a. O. 220–257; zu den Fürsprachegöttern, die als Mittler zwischen dem Gläubigen und der von ihm angerufenen Gottheit dienen, vgl. ebd. 249f; zu den Gebeten siehe *A. Falkenstein* und *W. von Soden*, Sumerische und akkadische Hymnen und Gebete (Stuttgart 1953) und *E. Dhorme*, a. a. O. 247 ff.

Über das Sündenbekenntnis siehe *R. Pettazzoni*, La confessione dei peccati, Bd. II (Bologna 1935) 69–139.

Über das Leuchten der Götter siehe *A. L. Oppenheim*, Akkadian *pul-(u)h(t)u* and *melammu*, in: JAOS 63 (1943) 31–34; *ders.*, The Golden Garments of the Gods, in: JNES 8 (1949) 172–193 und vor allem *E. Cassin*, La splendeur divine (Paris-Den Haag 1968), 12 ff (Kritik der Hypothese von Oppenheim), 26 ff (Licht und Chaos: die göttliche Herrschaft), 65 ff (das *melammu* und die königliche Funktion). Vgl. weiter unten (§ 104) über das iranische *xvarenah*.

Über die Magie siehe *B. Meissner*, Babylonien und Assyrien II (Heidelberg 1925) 198 ff; *E. Dhorme*, a. a. O. 259 ff; *G. Contenau*, La Magie chez les Assyriens et les Babyloniens (Paris 1947); *E. Reiner*, La magie babylonienne, in: Le Monde du Sourcier (Sources Orientales VII) (Paris 1966) 67–98; *J. Bottéro*, La religion babylonienne, a. a. O. 231–234. Hieraus einige Zeilen der Schlußfolgerung: „Die babylonische Vorstellungskraft, die sich von den ‚Göttergeschichten' Sumers etwas abgewendet hatte, schien also an ‚Teufelsgeschichten' Gefallen zu finden. In diesen sehr zahlreichen und sehr langen Schriften der Magier kann sehr gut auch ein Teil an Literatur stecken, die dazu bestimmt war, das Profane zu überblenden.... Aber hier findet sich unleugbar auch ein Kern von Angst, von der uns unsere eigene Angst vor einem ‚Atomkrieg' eine Vorstellung geben kann ... Kein Volk hat deutlicher als das Volk Mesopotamiens, das inmitten von ‚Barbaren' lebte, die es umgaben, es ständig bedrohten und immer wieder sein Gebiet überfluteten, gespürt, daß Zivilisation und ‚angenehmes Leben' sehr gefährdet und immer wieder in Frage gestellt sind" (S. 234).

21.

Das *Enuma elisch* liegt in zahlreichen Übersetzungen vor. Hier die Übersetzungen aus jüngerer Zeit: *R. Labat*, Le poème babylonien de la création (Paris 1935); *ders.*, Les religions du Proche-Orient asiatique 36–70; *E. A. Speiser*, The Creation Epic, in: ANET 60–72; *A. Heidel*, The Babylonian Genesis (Chicago 1942; zweite durchgesehene und erweiterte Auflage 1951); *P. Garelli* und *M. Leibovici*, Akkadische Schöpfungsmythen, in: *M. Eliade* (Hrsg.), Die Schöpfungsmythen. Quellen des Alten Orients I (Einsiedeln 1964) 121–151 (dt. Übersetzung von: La Naissance du Monde selon Akkad, in: La Naissance du Monde [Sources Orientales I, Paris 1960]).

Heidels Werk enthält auch die Übersetzung anderer babylonischer kosmogonischer Texte, sowie eine vergleichende Untersuchung mit der Genesis im Alten Testament. Siehe auch *W. von Soden*, in: Zs. f. Assyriologie 47 (1954) 1 ff; *F. M. Th. de Liagre*, Opera minora (Groningen 1953) 282 ff, 504 ff; *W. G. Lambert* und *P. Walcot*, A new Babylonian Theogony and Hesiod, in: Kadmos 4 (1965) 64–72 (siehe unten, Kap. VI. § 47).

Eine Analyse des *Enuma elisch* als Ausdruck des mesopotamischen Denkens ist zu finden in *Th. Jacobsen*, The Cosmos as a State, in: *H. Frankfort u. a.*, Before Philosophv. The Intellectual Adventure of Ancient Man (Chicago 1946, London 1949), 137 ff, insbes.

182–199. In mehreren Untersuchungen hat Jacobsen den „demokratischen" Charakter der sumerischen Regierung und damit auch des babylonischen Pantheons nachgewiesen (in der Tat wird Marduk im *Enuma elisch* durch die Versammlung aller Gottheiten zum obersten Gott ernannt); vgl. *Th. Jacobsen*, Early Political Development in Mesopotamia, in: Zeitschrift f. Assyriologie 52 (1957) 91–140; *ders.*, in: JNES 2 (1943) 159 ff. Siehe auch: The Battle between Marduk and Tiamat, in: JAOS 88 (1969) 104–108.

Der sakrale Charakter des Königtums im antiken Vorderen Orient hat zu einer langen Kontroverse geführt. Einige Wissenschaftler erblickten im König, dem Stellvertreter Gottes, den Mittelpunkt eines mythisch-rituellen Systems aller Religionen des alten Vorderen Orient. Diese methodologische Richtung, die unter dem Namen „Myth and Ritual school" oder „patternism" bekannt wurde, hat eine große Anzahl von Werken inspiriert; es genügt, die beiden von *S. H. Hooke* herausgegebenen Werke Myth and Ritual (1933) und The Labyrinth (1935), sowie die Arbeiten von *I. Engnell* und *G. Widengren* zu nennen. Der „patternism" wurde vor allem von *H. Frankfort*, The Problem of Similarity in Ancient Near Eastern Religions (Frazer Lecture, Oxford 1951) kritisiert. Dieser bedeutende Gelehrte vertritt die Ansicht, daß die Unterschiede zwischen den in Frage stehenden Formen bedeutender sind als die Ähnlichkeiten. So hat er z. B. die Aufmerksamkeit auf die Tatsache gelenkt, daß der Pharao als Gott galt oder zum Gott wurde, während in Mesopotamien der König nur Stellvertreter Gottes war. Dennoch ist es evident, daß jedesmal dann, wenn wir es mit *historisch verwandten Kulturen* zu tun haben, Unterschiede und Ähnlichkeiten gleichermaßen wichtig sind. Siehe auch *S. H. Hooke*, Myth and Ritual. Past and Present, in: *ders.*(Hrsg.), Myth, Ritual and Kingship (Oxford 1958) 1–21; *S. G. F. Brandon*, The Myth and Ritual Position critically considered, in: ebd. 261–291 (diese Untersuchung enthält eine umfassende kritische Bibliographie bis 1955).

22.

Über das *akîtu* siehe *H. Zimmern*, Zum babylonischen Neujahrsfest I–II (Leipzig 1906, 1918); *S. A. Pallis*, The Babylonian *akîtu* festival (Kopenhagen 1926; vgl. die Kritik von *H. S. Nyburg*, in: Le Monde Oriental 23 [1929] 204–211); *R. Labat*, Le Caractère religieux de la royauté assyro-babylonienne (Paris 1939) 95 ff. *H. Frankfort*, Kingship and the Gods (Chicago 1948) 313 ff (= La Royauté et les dieux [Paris 1951] 401 ff); *W. G. Lambert*, in: JSS 13, (1968) 106 ff (Marduks Sieg wurde anläßlich eines jeden Neujahrsfestes reaktualisiert). Über das Neujahrsfest als Wiederholung der Kosmogonie: *A. J. Wensinck*, The Semitic New Year and the Origin of Eschatology, in: Acta Orientalia I (1923) 158–199; *M. Eliade*, Kosmos und Geschichte, a. a. O. 46–79.

Über das Schicksalfest siehe *E. Dhorme*, Religions a. a. O. 244 ff, 255 ff.

Zum sakralen Charakter des mesopotamischen Königtums: *R. Labat*, Le caractère religieux de la royauté assyro-babylonienne, a. a. O.; *E. Dhorme*, Religions a. a. O. 20 (Vergöttlichung der Könige); *H. Frankfort*, Kingship and the Gods, a. a. O. 215 ff (= La Royauté, a. a. O. 289 ff); *I. Engnell*, Studies in Divine Kingship in the Ancient Near East (Uppsala 1943), 18 ff; *G. Widengren*, The King and the Tree of Life in Ancient Near Eastern Religion (Uppsala 1951); *S. Smith*, The Practice of Kingship in early semitic kingdoms, in: *S. H. Hooke* (Hrsg.), Myth, Ritual and Kingship (Oxford 1958) 22–73; *A. L. Oppenheim*, Ancient Mesopotamia, a. a. O. 98 ff; *J. Zandee*, Le Messie. Conceptions de la royauté dans les religions du Proche-Orient ancien, in: RHR 180 (1971) 3–28.

23.

Herangezogen wurden die Übersetzungen von G. *Contenau*, L'Épopée de Gilgamesh (Paris 1939); A. *Heidel*, The Gilgamesh Epic and Old Testament Parallels (Chicago 1946); E. A. *Speiser*, ANET, 72–99; A *Schott* und W. v. *Soden*, Das Gilgamesch Epos (Stuttgart 1958). Siehe insbes. R. *Labat*, Religions du Proche-Orient, a. a. O. 149–226.

Bis jetzt sind in sumerischer Version sechs Episoden der Gilgameschlegende bekannt: 1) Zug zum Zedernwald und Sieg über Huwawa (Übers. N. S. *Kramer*, From the Tablets, a. a. O. 204–207; *ders.*, The Sumerians, a. a. O. 192–197); 2) Gilgamesch und der Himmelsstier; 3) Sintflut und Immortalisation Zisudras; 4) Gilgameschs Tod (ANET 50–52), diese Episode fehlt in der babylonischen Version; 5) Gilgamesch und Agga (Übers. in N. S. *Kramer*, Tablets, a. a. O. 29f; *ders.*, The Sumerians, a. a. O. 197–200), der zu den kürzesten sumerischen epischen Texten (115 Zeilen) zählt und dessen Spur man im babylonischen Epos nicht gefunden hat (einige Autoren sind jedoch der Meinung, daß diese Episode eine historische Grundlage hat und daher nicht zu den mythologischen Texten gezählt werden darf); 6) Gilgamesch, Enkidu und das Jenseits (übers. in: N. S. *Kramer*, Tablets, a. a. O. 224f; *ders.*, The Sumerians, a. a. O. 197–205).

Diese letzte Episode steht auf der zwölften Tafel des *Gilgameschepos* (siehe oben, Kap III, Anm. 50). Gilgamesch fällt einen riesigen Baum und gibt das Holz Inanna-Ischtar, damit sie sich daraus einen Thron und ein Bett mache. Aus den Wurzeln und dem Wipfel fertigt er sich zwei magische Gegenstände, *pukku* und *mekku*, deren Deutung noch umstritten ist; wahrscheinlich handelt es sich um Musikinstrumente (Trommel und Schlägel?). Durch einen rituellen Irrtum fallen diese Gegenstände in die Unterwelt. Von der Verzweiflung seines Herrn bewegt, bietet sich Enkidu an, sie zurückzuholen. Da er aber Gilgameschs Anweisungen, wie er sich zu verhalten habe, um die Geister nicht gegen sich aufzubringen, mißachtet hat, kann Enkidu nicht mehr heraufsteigen. Betrübt fleht Gilgamesch zu den Göttern, und Nergal, der Herr der Unterwelt, gestattet dem Geist Enkidus, für einige Augenblicke auf die Erde zurückzukehren. Gilgamesch befragt ihn über das Schicksal der Toten. Sein Gefährte zögert: „Wenn ich dir die Gesetze der Unterwelt, die ich kenne, sagen würde, so würdest du dich hinsetzen und weinen!" (Sp. IV, 1–5.) Aber Gilgamesch dringt in ihn, und so gibt Enkidu ihm eine kurze und deprimierende Beschreibung: „In Staub ist alles versunken..."

Siehe S. N. *Kramer*, Gilgamesh and the Huluppu-Tree (Assyriological Study 8) (Oriental Institute of Chicago); *ders.*, Gilgamesh. Some new Sumerian data, in: P. *Garelli* (Hrsg.), Gilgamesh et sa légende (Paris 1960) 59–68; *ders.*, The Epic of Gilgamesh and its Sumerian Sources, in: JAOS 64 (1944) 7–22; *ders.*, Sumerian Epic Literature, in: La Poesia Epica e la sua formazione (Accad. Naz. dei Lincei, 1970) 825–837; A. *Schaffer*, Sumerian Sources of Tablet XII of the Epic of Gilgamesh (Dissertation, Dept. of Oriental Studies, Univ. of Pennsylvania, Philadelphia 1962). Nach A. *Falkenstein* lautete der Name des Helden auf sumerisch Bilgamesch; vgl. Reallexikon der Assyriologie (Berlin-Leipzig 1932ff) III (1968) 357ff.

Zum Gilgameschepos (in dem P. Jensen die Hauptquelle der Weltliteratur erblickte, vgl. P. *Jensen*, Das Gilgamesh-Epos in der Weltliteratur I, Straßburg 1906) existiert eine sehr umfangreiche Bibliographie. Die wichtigsten Beiträge sind in den Übersetzungen von G. *Contenau*, A. *Heidel*, N. S. *Kramer* und A. *Schott* – W. v. *Soden* verzeichnet. Siehe auch die gesammelten Untersuchungen von P. *Garelli*, Gilgamesh et sa légende, a. a. O. (7–30, Bibliographie) und die Artikel von A. *Falkenstein* u. a., in: Reallexikon der Assyriologie III (1968) 357–375, *W. von Soden* in: Zs. f. Assyriologie 53 (1954) 209 ff und *J. Nougayrol,* L'Épopée Babylonienne, in: La poesia epica e la sua formazione, a. a. O. 839–858. In jüngerer Zeit hat *Kurt Jaritz* einige Episoden (Trommel, Träume, Zedernwald usw.) als Illustration schamanischer Ideen und Praktiken gedeutet; vgl. „Schamanistisches im Gilgameš-Epos", in: Beiträge zu Geschichte, Kultur und Religion des alten Orients (Baden-Baden 1971) 75–87. Eine ähnliche Deutung wurde vorgeschlagen von *E. A. S. Butterworth,* The Tree at the Navel of the Earth (Berlin 1970) 138 ff.

Der Adapa-Mythos ist gleichfalls ein Beispiel für eine nicht gelungene Erlangung der Unsterblichkeit; in diesem Fall allerdings liegt die Schuld nicht beim Helden. Adapa wurde von Ea erschaffen, intelligent, aber sterblich. Als der Südwind einst seine Barke umstieß, brach er ihm die Flügel. Das war eine Vergewaltigung der kosmischen Ordnung, und Anu rief ihn vor Gericht. Vorher gibt ihm Ea genaue Anweisungen, wie er sich im Himmel zu verhalten habe, und ermahnt ihn vor allem, das „Brot des Todes" und die „Wasser des Todes", die man ihm anbieten wird, zurückzuweisen. Adapa leugnet nicht, daß er die Flügel des Windes aus Rache zerbrochen hat. Beeindruckt von seiner Aufrichtigkeit, bietet Anu ihm „das Brot des Lebens" und die „Wasser des Lebens" an. Adapa aber weist sie zurück und verpaßt damit die Gelegenheit, unsterblich zu werden. Indirekt scheint diese mythische Episode eine Spannung zwischen Anu und Ea widerzuspiegeln, über deren Ursache wir nichts wissen. Siehe die neue kommentierte Übersetzung von *R. Labat,* Les religions du Proche-Orient asiatique, a. a. O. 290–94.

Zu den Vorstellungen über Tod und Jenseits vgl. *B. Meissner,* Babylonien und Assyrien II, a. a. O. 143 ff; *A. Heidel,* The Gilgamesh Epic, a. a. O. 137 ff; *J. M. Aynard,* Le Jugement des morts chez les Assyro-babyloniens, in: Le Jugement des Morts (Sources Orientales 4) (Paris 1961) 81–102.

24.

Bei der Weisheitsliteratur folgen wir den Übersetzungen von *R. H. Pfeiffer,* in: ANET 343–440. Weitere Übersetzungen: *W. G. Lambert,* Babylonian Wisdom Literature (Oxford 1960) 21–62 ff, *G. R. Castellino,* Sapienza babilonese (Turin 1962) und *R. Labat,* Les religions du Proche-Orient, a. a. O. 320 ff. Vgl. auch *J. J. A. van Dijk,* La sagesse suméro-akkadienne (Leiden 1953); *J. Nougayrol,* Une version ancienne du ‚Juste Souffrant', in: RB 59 (1952) 239–250; sowie die jüngst zusammengestellte Bibliographie bei *O. Eißfeldt,* Einleitung in das Alte Testament (Tübingen ³1964) 93 f.

Zur babylonischen Wahrsagung siehe *A. L. Oppenheim,* Ancient Mesopotamia, a. a. O. 206–227; *ders.* (Hrsg.), La divination en Mésopotamie et dans les régions voisines (Travaux du Centre d'Études supérieures spécialisé d'Histoire des Religions de Strasbourg, 1966), insbes. die Beiträge von *A. Falkenstein* (‚Wahrsagung' in der Sumerischen Überlieferung), *A. Finet* (La place du devin dans la société de Mari), *J. Nougayrol* (Trente ans de recherches sur la divination babylonienne, 1935–1963), *A. L. Oppenheim* (Perspectives on Mesopotamian Divination); *Jean Nougayrol,* La divination Babylonienne, in: *A. Caquot/ M. Leibovici* (Hrsg.), La Divination I (Paris 1968) 25–81. Diese Arbeiten sind mit umfassenden Bibliographien ausgestattet.

Zur babylonischen Traumdeutung siehe *A. L. Oppenheim,* The Interpretation of Dreams in the Ancient Near East with a translation of an Assyrian Dreams book (Philadelphia 1956); *M. Leibovici,* Les songes et leur interprétation à la Babylone, in: Les songes et leur interprétation (Sources Orientales 2) (Paris 1959) 65–85.

Über die Horoskope vgl. *A. Sachs*, Babylonian Horoscopes, in: Journal of Cuneiform Studies 6 (1952) 49–75; über die Astrologie, vgl. *J. Nougayrol*, La divination babylonienne, a. a. O. 45–51 (und die Bibliographie, ebd. 78); *A. L. Oppenheim*, Ancient Mesopotamia, a. a. O. 308 ff.

Über die wissenschaftlichen Entdeckungen vgl. *O. Neugebauer*, The Exact Sciences in Antiquity (Providence ²1957); *ders.*, The Survival of Babylonian Methods in the Exact Science of Antiquity and the Middle Ages, in: Proceedings of American Philosophical Society 107 (1963) 528–535; *A. L. Oppenheim*, Ancient Mesopotamia, a. a. O. 288–310.

Über den Einfluß mesopotamischen Denkens vgl. *A. L. Oppenheim*, a. a. O. 67 ff (356, Anm. 26, Bibliographie); über den im Alten Testament belegten Einfluß vgl. die Bibliographie in *W. H. Ph. Römer*, Historia Religionum I (Leiden 1969) 181 f.

25.

Zur allgemeinen Geschichte Ägyptens siehe: *E. Drioton / J. Vandier*, L'Égypte (Paris ²1946); *J. A. Wilson*, The Culture of Ancient Egypt (= The Burden of Egypt, Chicago 1951, ⁵1958); *W. C. Hayes*, The Sceptre of Egypt. I. From the Earliest Times to the End of the Middle Kingdom (New York 1953); *J. Spiegel*, Das Werden der altägyptischen Hochkultur (Heidelberg 1953); *F. Daumas*, La civilisation de l'Égypte pharaonique (Paris 1965). Ausgezeichnete Darlegungen finden sich bei *J. R. Harris* (Hrsg.), The Legacy of Egypt (Oxford 1971).

Über die prähistorischen Kulturen Ägyptens siehe: *E. J. Baumgartel*, The Culture of Prehistoric Egypt (London 1955); *H. Frankfort*, The Birth of Civilization in the Near East (London 1951) 41 ff, 100 ff; *J. Wilson*, The Culture ..., a. a. O. 18 ff; *W. B. Emery*, Archaic Egypt (Harmondsworth 1963).

Wir wissen noch nicht, wie der Ackerbau nach Ägypten kam. Möglicherweise hat er sich von Palästina aus verbreitet, denn in Merimde im Deltagebiet wurden Spuren einer neolithischen Kultur (um 4500) ausgegraben. Die Toten wurden in den Häusern bestattet, allerdings ohne Grabbeigaben. Die sog. Badari-Kultur (nach dem Fundort Badari) Oberägyptens kennt neben Ackerbau und Viehzucht auch eine Schwarz-Rot-Keramik. Die Toten wurden in Hockerstellung bestattet; auch Haustiere wurden, in Tücher eingewickelt, begraben. Im Vergleich zu Tell Halaf und Warka erscheinen diese ägyptischen Jungsteinzeitkulturen arm und unbedeutend.

Mit dem Erscheinen der Amrati-Kultur (frühe vordynastische Zeit) kommt es zu ersten Versuchen, sich die natürliche Bewässerung des Niltals nutzbar zu machen. Es werden Stein und Kupfer bearbeitet, die Töpferei ist aber gröber als in der Badari-Zeit. (Wahrscheinlich, weil man begann, Steingefäße zu meißeln; vgl. *G. Clark*, World Prehistory, a. a. O. 104). In den Gräbern fand man Nahrungsbeigaben und Tonfigurinen. Erst in der späten vordynastischen Zeit (Nakada II) wurde die Metallverarbeitung eingeführt, also 1000 Jahre nach ihrer Blütezeit im Mittleren Orient. Zahlreiche andere kulturelle Elemente wurden aus Asien entlehnt, allerdings mit beträchtlicher Phasenverschiebung. Radfahrzeuge, in Mesopotamien schon längst bekannt, wurden in Ägypten erst im Neuen Reich (ca. 1570) eingeführt. Der Aufschwung der ägyptischen Kultur beginnt mit der Vereinigung der beiden Länder Ober- und Unterägypten. Die für jede vergleichende Untersuchung so wichtigen archäologischen Spuren der Anfänge der Stadtkultur, liegen unter dem Nilschlamm begraben. Über die Badari- und Amratikultur siehe *H. Müller-Karpe*, a. a. O. II, 28–55, 339–345, 353–361.

Die Bibliographie bis 1948 ist verzeichnet bei *J. Vandier*, La religion égyptienne (Paris ²1949) 3–10; siehe ebd. 24–29, die kritische Darlegung der Meinungen von *K. Sethe* (Urgeschichte und älteste Religion der Ägypter, Leipzig 1930) und *H. Kees* (Der Götterglaube im alten Ägypten, Leipzig 1941, Berlin 3. unveränd. Aufl. 1977) über die Urreligionen Ägyptens. Vgl. *R. Weill*, Notes sur l'histoire primitive des grandes religions égyptiennes, in: Bulletin de l'Institut Français d'Archéologie Orientale 47 (1948) 59–150.

Von den allgemeinen Untersuchungen über die Religionen Ägyptens verweisen wir auf: *A. Erman*, Die Religion der Ägypter (Berlin und Leipzig 1934); *H. Junker*, Pyramidenzeit. Das Werden der altägyptischen Religion (Einsiedeln 1949); *J. G. Sainte-Fare*, Religions de l'Égypte (Paris 1951); *S. Donadoni*, La religione dell' Egitto antico (Mailand 1955); *H. Frankfort*, Ancient Egyptian Religion (New York 1948); *ders.*, Kingship and the Gods (Chicago 1948) (= La Royauté et les Dieux [Paris 1951]). *R. T. R. Clark*, Myth and Symbol in Ancient Egypt (London 1959). Das Buch von *S. Morenz*, Ägyptische Religion (Stuttgart 1960) ist gleichermaßen eine exakte Darstellung wie auch eine großartige Synthese in der Perspektive der allgemeinen Religionsgeschichte. Siehe auch *C. J. Bleeker*, The Religion of Ancient Egypt, in: Historia Religionum I (Leiden 1969) 40–114; *ders.*, Hathor and Thoth. Two Key Figures of the Ancient Egyptian Religion (Leiden 1973) 10ff, 158ff; *P. Derchain*, La religion égyptienne, in: *H. Ch. Puech* (Hrsg.), Histoire des Religions I (1970) 63–140.

Wegen seiner reichen Dokumentation und der bibliographischen Hinweise unerläßlich ist *H. Bonnet*, Reallexikon der ägyptischen Religionsgeschichte (Berlin 1952). G. Roeder hat eine umfassende und sehr gut illustrierte Textsammlung veröffentlicht: *G. Roeder*, Die ägyptische Religion in Text und Bild; I. Die ägyptische Götterwelt; II. Mythen und Legenden um ägyptische Gottheiten und Pharaonen; III. Kulte, Orakel und Naturverehrung im alten Ägypten; IV. Der Ausklang der ägyptischen Religion, mit Reformation, Zauberei und Jenseitsglaube (Zürich 1959–61).

Die Geschichts-Dokumente sind zugänglich in der Übersetzung von *J. H. Breasted*, Ancient Records of Egypt I–V (Chicago 1906–07). Die *Pyramidentexte* wurden mehrmals übersetzt (dt. von K. Sethe, franz. von Speleers, engl. von Mercer); wir folgen der Übersetzung von *R. O. Faulkner*, The Ancient Egyptian Pyramid Texts (Oxford 1969), haben aber auch die von *J. H. Breasted, R. Weill, G. Clark* und *S. Sauneron / J. Yoyote* übersetzten Fragmente verwendet.

Zum religiösen Vokabular siehe *C. J. Bleeker*, „Einige Bemerkungen zur religiösen Terminologie der alten Ägypter", in: Travels in the World of the Old Testament. Studies presented to Professor M. A. Beek (Assen 1974) 12–26.

26.

Eine systematische Darlegung der ägyptischen Kosmogonien, ergänzt durch eine kommentierte Übersetzung der Texte gibt *S. Sauneron/J. Yoyote*, Ägyptische Schöpfungsmythen, in: Schöpfungsmythen (Einsiedeln 1964) 37–102. Siehe auch die Übersetzungen von *J. A. Wilson*, ANET 3–10.

Die verschiedenen kosmogonischen Lehren werden diskutiert von *J. Vandier*, La religion égyptienne, a. a. O. 57ff. Vgl. die Analyse von *R. T. R. Clark*, a. a. O. 35ff und vor allem *S. Morenz*, Ägyptische Religion, a. a. O. Zur Kosmogonie von Hermopolis vgl. *S. Morenz/J. Schubert*, Der Gott auf der Blume, eine ägyptische Kosmogonie und ihre weltweite Bildwirkung (Ascona 1954). Über den schöpferischen Wert des Wortes siehe *J. Zandee*, Das Schöpferwort im alten Ägypten, in: Verbum, Studia Theologica Rheno-Traiectina VI (1964) 33 ff.

Durch die Vorrangstellung Thebens seit dem Ende des 3. Jahrtausends gelangte dessen Gott Amon (der gelegentlich mit Re assoziiert wurde) in den Vordergrund, doch ist die von Amon bewirkte Kosmogonie den Systemen von Heliopolis, Hermopolis und Memphis entlehnt; siehe die von *J. A. Wilson*, ANET 8–10, *S. Sauneron/J. Yoyote*, a. a. O. 67 ff übersetzten und kommentierten Texte.

Zum Symbolismus des Urhügels und über den geheiligten Raum siehe *H. Brunner*, Zum Raumbegriff der Ägypter, in: Studium Generale 10 (1957) 610ff; *A. Saleh*, The So-called ‚Primeval Hill' and other related Elevations in Ancient Egyptian Mythology, in: Mitteilungen d. Dt. Archäol. Inst. (Abt. Kairo) 25 (1969) 110–120; *I. E. S. Edwards*, The Pyramids of Egypt (Harmondsworth 1961); *J. Leclant*, Espace et temps, ordre et chaos dans l'Égypte pharaonique, in: Revue de Synthèse 90 (1969); *O. Keel*, Die Welt der altorientalischen Bildsymbolik und das Alte Testament (Zürich-Neukirchen 1972) 100ff (sehr gut illustrierte vergleichende Untersuchung).

Über den Ursprung des Menschen gab es mehrere Mythen. Nach einer Version modellierte Ptah den menschlichen Leib aus Ton auf der Töpferscheibe, vgl. *H. Bonnet*, Reallexikon, a. a. O. 617; in Oberägypten war Chnum der Demiurg (*H. Bonnet*, ebd. 137). Über den Ursprung des Todes ist uns kein Mythos bekannt; eine flüchtige Anspielung (Pyr. § 1466) evoziert die mythische Zeit, „ehe es den Tod gab".

Der Mythos über die Vernichtung der Menschen ist sehr alt; vgl. die Bibliographie bei *J. Vandier*, Rel. égypt. a. a. O. 53. Siehe *Das Buch der Himmelskuh*, übersetzt in: *A. Piankoff*, The Shrines of Tut-Ankh-Amon (New York 1955) 27. Als Re erkannte, daß Hathor willens war, das Menschengeschlecht zu vernichten, ließ er des Nachts blutfarbenes Bier ausgießen; als Hathor sich am Morgen anschickte, das Gemetzel fortzusetzen, trank sie soviel davon, daß sie berauscht wurde.

Die Menschen hatten sich zur Revolte entschlossen, weil Re zu alt geworden war. Tatsächlich beschloß Re im Anschluß an die von uns berichtete Episode, die Herrschaft über die Welt aufzugeben. Er bekannte vor den Göttern, sein Leib sei so schwach wie in der Urzeit, und er bat seine Tochter Nut, ihn bis zum Himmel emporzuheben (Buch der Himmelskuh, übers. v. *A. Piankoff*, Shrines, a. a. O. 29). Sein Nachfolger wurde Schu oder Geb. Das „Alter" und die Impotenz Res und vor allem seine Entfernung in den Himmel sind Elemente eines reich bezeugten mythischen Themas: die Wandlung eines himmlischen Schöpfergottes und Kosmokraten in einen *deus otiosus*. Die Tatsache, daß in der ägyptischen Version ein Sonnengott zu einem *Deus otiosus* wird, verrät eine Umdeutung durch die Theologen.

27.

Zur Göttlichkeit der Könige siehe *A. Moret*, Du caractère religieux de la royauté pharaonique (Paris 1902, großenteils überholt); *H. Jacobsohn*, Die dogmatische Stellung des Königs in der Theologie der alten Ägypter (Glückstadt 1939); *H. Frankfort*, La Royauté et les Dieux a. a. O. 37–288; *G. Posener*, De la divinité du pharaon (Paris 1960); *H. Goedicke*, Die Stellung des Königs im alten Reich (Wiesbaden 1960); *H. Brunner*, Die Geburt des Gottkönigs (Wiesbaden 1964).

Zu Menes als Schöpfer des Vereinigten Ägypten siehe *H. Frankfort*, a. a. O. 42ff. Das

Königtum tritt bereits gegen Ende der vordynastischen Zeit auf. H. Frankfort betont den ideologischen Ursprung des „zweifachen Königtums" (d. i. die Herrschaft über Ober- und Unterägypten). Diese politische Formel drückt die Tendenz des ägyptischen Denkens aus, „die Welt in dualistischen Begriffen als eine Reihe von in festem Gleichgewicht befindlichen Gegensätzen zu verstehen" (La Royauté, a. a. O. 44). „Die dualistischen Formen des ägyptischen Königtums ergaben sich nicht aus bestimmten historischen Vorfällen. Sie inkarnierten jenes spezifisch ägyptische Denken, nach dem ein Ganzes aus Gegensätzen besteht" (ebd. 45).

H. Frankfort verweist auf einige afrikanische Parallelen, die den Ursprung dieser ägyptischen „dualistischen" Ideologie erklären könnten (a. a. O. 38 ff). Wir werden noch auf andere Beispiele von Dyaden und Polaritäten stoßen; vgl. dazu *M. Eliade*, Die Sehnsucht nach dem Ursprung. Von den Quellen der Humanität (Wien 1973, dt. Übersetz. von: The Quest. History and Meaning in Religion [Chicago 1969]) 158 ff (Prolegomenon zu einem religiösen Dualismus).

Über die Bedeutungen der *ma'at* siehe *H. Bonnet*, Reallexikon, a. a. O. 430–34; *H. Frankfort*, Ancient Egypt. Rel., a. a. O. 53 ff, 62 ff; *G. Posener*, Littérature et politique dans l'Égypte de la XIIe Dynastie (Paris 1956); *S. Morenz*, Ägyptische Religion, a. a. O. 120–143 (mit Bibliographie).

Über die Tendenz zum Unpersönlichen siehe *A. de Buck*, Het Typische en het Individueele by de Egyptenaren (Leiden 1929); *L. Bull*, „Ancient Egypt", in: The Idea of History in the Ancient Near East, Ed. Robert C. Dentan (Yale University Press 1955) 1–34.

Über Kulte und Feste siehe *J. Vandier*, La rel. égypt., a. a. O. 165–203; *S. Morenz*, Ägyptische Religion, a. a. O. 85–116 (ausgezeichnete vergleichende Diskussion mit neuerer Bibliographie). *A. Moret*, Le rituel du culte divin journalier en Égypte (Paris 1902) ist nach wie vor brauchbar. Siehe auch *H. Kees*, Das Priestertum im ägyptischen Staat vom Neuen Reich bis zur Spätzeit (Leiden 1953); *J. G. Sainte-Fare*, L'hommage aux dieux dans l'ancien Empire égyptien d'après les textes des Pyramides (Paris 1954); *S. Sauneron*, Les prêtres de l'ancienne Égypte (Paris 1967).

Zum Sed-Fest findet sich das Wesentliche bei *J. Vandier*, a. a. O. 200–202; eine ausgezeichnete Analyse mit Verweisen auf literarische und ikonographische Quellen bei *H. Frankfort*, Royauté, a. a. O. 122–136.

Über das Min-Fest vgl. *H. Gauthier*, Les fêtes du dieu Min (Kairo 1931); *J. Vandier*, a. a. O. 202 f; *H. Frankfort*, Royauté, a. a. O. 259–262.

28.

Die Himmelfahrt des Pharao nach den Pyramidentexten wurde beschrieben von *J. H. Breasted*, Development of Religion and Thought in Ancient Egypt (New York 1912) 70–141 und von *R. Weill*, Le champ des roseaux et le champ des offrandes dans la religion funéraire et la religion générale (Paris 1936).

Es ist nicht sicher, ob das Epitheton Maâ-kherou („gerecht durch das Wort"), „das seit dem Mittleren Reich hinter dem Namen eines jeden Verstorbenen steht", mit „selig, selig gepriesen" wiederzugeben ist. Es drückt vielmehr „die Idee aus, daß dem Verstorbenen die osirischen Riten zuteil geworden sind"; *J. Yoyote*, Le jugement des morts dans l'Égypte ancienne, in: Le jugement des morts (Paris 1961) (siehe die bibliographischen Angaben § 33).

29.

Über Osiris gibt es eine umfangreiche Literatur. Hier seien nur die wesentlichen Werke angeführt. *H. Bonnet*, Reallexikon, a. a. O. 568–576; *J. Vandier*, La Religion égypt. a. a. O. 58 ff, 81 ff, 134 ff, usw.; *H. Frankfort*, Royauté, a. a. O. 251 ff; *R. T. R. Clark*, Myth and Symbol, a. a. O. 97 ff; *E. Otto / M. Hirner*, Osiris und Amun (München 1960). Das Buch von *E. A. Wallis Budge*, Osiris. The Egyptian Religion of Ressurection, 2 Bde (London 1911; Neuauflage New York 1961) ist wegen seiner Dokumentation, der Ikonographie und der afrikanischen Parallelen noch nützlich. Die von J. G. Frazer ausgelöste Strömung sah in Osiris nur einen Agrargott; diese in Frankreich von A. Moret verfochtene Deutung wurde u. a. von *E. Chassinat* in seinem posthumen Werk, Le Mystère d'Osiris au mois de Khoiac I (Kairo 1966) 30 ff kritisiert und verworfen. Gesichert scheint nur der komplexe Charakter des Osiris zu sein, eines kosmischen und zugleich eines Totengottes, der sowohl die allgemeine Fruchtbarkeit als auch das Königtum repräsentiert, der Herr des Totengerichts und später Gottheit der „Mysterien" ist.

Die Osirismythen des Mittleren und Neuen Reichs sind zusammengefaßt bei *J. Vandier*, a. a. O. 48–51.

Die Sargtexte wurden herausgegeben von *A. de Buck*, The Egyptian Coffin Texts I–VI (Chicago 1935–1950). Sie werden derzeit übersetzt von *R. O. Faulkner*, The Ancient Egyptian Coffin Texts I (Warminster 1974).

Zum Osiriskult siehe die beiden Bände von *E. Chassinat*, Le Mystère d'Osiris au mois de Khoiac a. a. O.; *R. T. R. Clark*, a. a. O. 132 ff (die Errichtung der Säule *djed*, als Symbol der Wirbelsäule des Gottes) 157 ff; *H. Frankfort*, Royauté, a. a. O. 251 ff.

Über Horus und Seth siehe *H. Bonnet*, a. a. O. 307–318, 702–715, mit wichtiger Bibliographie. Außerdem *H. De Velde*, Seth, god of confusion (Leiden 1967).

30.

Zur ersten Zwischenzeit siehe *H. Stock*, Die erste Zwischenzeit Ägyptens (Rom 1949); *J. A. Wilson*, The Culture of Ancient Egypt, a. a. O. 104–124; *E. Drioton / J. Vandier*, L'Égypte, a. a. O. 213 ff.

Die im Text besprochenen literarischen Werke wurden übersetzt von *A. Erman*, Die Literatur der Ägypter (Leipzig 1923, Neudruck Hildesheim 1971) (engl. Übersetzung: *A. M. Blackman*, The Ancient Egyptians [New York 1966], mit einer wichtigen Einleitung von *W. K. Simpson)* Lehre für König Merikare 109 ff; (Ipu-wer) 131 ff. (Harfnerlied) 177 f (Gespräch eines Lebensmüden) 122 ff. Wir haben uns vor allem an die Übersetzungen von *J. A. Wilson*, ANET 405 ff, 441 ff, 467 gehalten. *R. O. Faulkner* legt im Journal of Egyptian Archaeology 42 (1956) 21–40 („The man who was tired of life") eine neue Übersetzung des *Gesprächs eines Lebensmüden* vor. *R. J. Williams* hat die jüngere Literatur zum gleichen Text untersucht, ebd. 48 (1962) 49–56. Über die Warnungen des Propheten Ipu-wer wurden mehrere Arbeiten veröffentlicht; siehe die Bibliographie bei *W. K. Simpson* in der Einführung zur englischen Neuauflage von A. Ermans Buch in der Reihe Harper Torchbooks, a. a. O. xxix–xxx. Siehe ebd. xxviii die Analyse der neueren Arbeiten über die Lehre für Merikare. Dieser letztgenannte Text ist sehr lang und nicht immer verständlich.

Zur Literatur der Zwischenzeit der 12. Dynastie siehe G. *Posener*, Littérature et politique dans l'Égypte de la XIIe dynastie (Paris 1956).

31.

Zum Mittleren Reich siehe *H. E. Winlock*, The Rise and Fall of the Middle Kingdom in Thebes (New York 1947); *J. Wilson*, The Culture of Ancient Egypt, a.a.O. 124–153; *E. Drioton/J. Vandier*, a.a.O. 234ff. Die Pharaonen haben beachtliche Arbeiten unternommen (Gewinnung von 27000 Morgen Ackerland bei Fayoum usw.). Auch wenn es keine Eroberungspolitik betrieb, wurde Ägypten im Mittelmeergebiet, in der Ägäis und im vorderen Orient respektiert und gefürchtet.

Über die Hyksos siehe *R. M. Engberg*, The Hyksos Reconsidered (Chicago 1939); *H. E. Winlock*, a.a.O. die beiden letzten Kap.; *J. Wilson*, a.a.O. 154–165; *T. Säve-Söderbergh*, The Hyksos Rule in Egypt, in: Journal of Egyptian Archaeology 37 (1951) 53–72; *Th. Burton-Brown*, Early Mediterranean Migrations (Manchester 1959) 63ff. Hinsichtlich der Xenophobie der Ägypter müssen wir berücksichtigen, daß sie lange Zeit hindurch die Fremden nicht als „Menschen" anerkannten; daher wurden sie auch geopfert; vgl. *J. A. Wilson*, a.a.O. 139ff. Zu diesem Problem siehe *F. Jesi*, Rapport sur les recherches relatives à quelques figurations du sacrifice humain dans l'Égypte pharaonique, in: JNES 17 (1958) 194–203. Schon in der ersten Zwischenzeit beschuldigte man die „Asiaten", die Anarchie geschürt zu haben, obgleich ihre Zahl zu dieser Zeit ganz unbedeutend war (vgl. *J. Wilson*, a.a.O. 110ff). Erst nach dem Eroberung durch die Hyksos siedelten die „Asiaten" in großer Zahl im Deltagebiet.

Über die Rolle des Hohen Priesters Amons siehe *G. Lefebvre*, Histoire des Grands Prêtres d'Amon de Karnak jusqu'à la XXIe Dynastie (Paris 1929); *J. Vandier*, a.a.O. 170ff; *J. A. Wilson*, Culture, a.a.O. 169ff.

Die große Hymne an Amon-Re wurde mehrmals übersetzt: vgl. *J. A. Wilson*, ANET 365–67; *A. Erman*, a.a.O. 351–358. Der Hymnus ist inspiriert von der memphitischen Theologie *(A. Erman*, Religion a.a.O. 119), woraus die Tendenz der ägyptischen Religiosität sichtbar wird, die überkommenen Lehren wiederaufzugreifen und neu zu interpretieren. Gleichermaßen bedeutend ist der Sonnenhymnus, der die ganze Schöpfung einbezieht, veröffentlicht und übersetzt von *A. Varille* in: Bulletin de l'Institut français d'archéologie orientale (Kairo) 41 (1942) 25–30; siehe auch die Übersetzung von *J. A. Wilson*, in: ANET 367–369.

32.

Über die „Revolution von Amarna" siehe *J. D. S. Pendlebury*, Tell-et-Amarna (London 1935); *E. Drioton/J. Vandier*, L'Égypte, a.a.O. 86ff, 334ff; *J. A. Wilson*, a.a.O. 212ff; *R. Anthes*, Die Maat des Echnaton von Amarna, in: Suppl JAOS 14 (1952); *C. Aldred*, New Kingdom Art in Ancient Egypt during the Eighteenth Dynasty (London 1951), insbes. 22ff.

Die große Hymne an Aton wurde übersetzt von *A. Erman*, a.a.O. 358–363; *J. H. Breasted*, The Dawn of Conscience (New York 1953) 281–285, *J. A. Wilson*, ANET 369–371.

Über die Kontinuität Amon(-Re)-Aton siehe *A. Piankoff*, The Shrines of Tut-Ankh-Amon (New York 1955) 4ff.

33.

Was E. Naville als „Sonnenlitanei" bezeichnet hat, ist einer der bedeutendsten Texte des Neuen Reiches. Wir folgen der Übersetzung von *A. Piankoff*, The Litany of Re (New York 1964) 22–43. Siehe auch die vom gleichen Autor übersetzten Texte: *A. Piankoff*, The Tomb of Ramesses VI (New York 1954).

Das *Totenbuch* liegt in mehreren Übersetzungen vor; wir folgen der neuesten; *T. C. Allen*, The Book of the Dead or Going forth by Day (Chicago 1974). Über die anderen Totenbücher (Das Buch von dem, was in der Unterwelt ist; Das Pfortenbuch; Das Nachtbuch) siehe *J. Vandier*, a.a.O. 106ff, 128f. Zum Zweiwegebuch haben wir die Übersetzung von *A. Piankoff*, The Wandering of the Soul (Princeton 1974) 12–37 verwendet. Siehe auch *S. Morenz*, Altägyptischer Jenseitsführer. Papyrus Berlin 3127 (Frankfurt a. Main 1966).

Die Unterwelt der Toten, *Duat*, ist schon in den *Pyramidentexten* belegt; siehe die von *J. H. Breasted*, Development, a.a.O. 144, Anm. 2 angeführten Beispiele. Über die Darstellungen der Unterwelt siehe *E. Hornung*, Altägyptische Höllenvorstellungen (Berlin 1968). Beschreibung und Übersetzung der Texte bei *E. A. Wallis Budge*, The Egyptian Heaven and Hell I–III (Neuauflage in einem Band, London 1925). Die „negativen" Elemente des Todes, der als Feind des Menschen schlechtin verstanden wird, wurden eingehend untersucht von *J. Zandee*, Death as an Enemy according to Ancient Egyptian Conceptions (Leiden 1960), 5–31 (allgemeine Darstellung), 45–111 (Ausdruck der verschiedenen Aspekte des Todes im Vokabular: völlige Vernichtung, Auflösung, Gefängnis, usw.) Das Buch von *H. Kees*, Totenglauben und Jenseitsvorstellungen der alten Ägypter (1926; 3. unveränd. Aufl. Berlin 1977) ist ungeachtet einiger subjektiver Deutungen nach wie vor die beste Gesamtuntersuchung. Das Wesentliche über den Totenkult (Mumifizierung, Bestattungsfeierlichkeiten, Gräber, *Mastaba*, Pyramide, Gruft) ist zu finden bei *J. Vandier*, a.a.O. 111–130 (mit umfassender Bibliographie).

Für die Ägypter, wie auch für andere Völker der Antike (Indien, China, Griechenland, usw.) bewirkte der Tod nicht nur die Trennung von Leib und Seele; er enthüllte auch die Unterscheidung der drei geistigen Prinzipien: *Akh, Ba* und *Ka*. Ersteres „bezeichnet insbesondere die göttliche Kraft, die übernatürliche Kraft" (*J. Vandier*, a.a.O. 131). Die Wortbedeutung, „glänzend, strahlend" verweist auf die himmlische Natur der Toten. (Tatsächlich gelten die Toten, wenn sie *Akhu* genannt werden, als übernatürliche Wesen, die im Himmel wohnen, vgl. *H. Frankfort*, Royauté, a.a.O. 104.) Der, wie auch die *Akh*, in Gestalt eines Vogels dargestellte *Ba* ist die Seele schlechthin. „Der *Ba* bedurfte zur Wahrung seiner Identität des Leibes oder zumindest einer Statue des Verstorbenen. Man stellte sich vor, er kehre nach einer Zeit des Herumschweifens über Felder und Gebüsch in den im Grabe ruhenden Leib zurück…" (*H. Frankfort*, Royauté, a.a.O. 103; vgl. ders., Ancient Egyptian Religion, a.a.O. 96ff). Der *Ba* ist der Verstorbene selbst unter einem bestimmten Aspekt. Der *Ka* dagegen, der nie eine Gestalt annimmt, ist nicht individualisiert; der Begriff kann mit „Lebenskraft" wiedergegeben werden. Der *Ka* gehört zum Individuum solange es lebt, aber er folgt ihm auch ins Jenseits *(H. Frankfort,* Royauté, a.a.O. 104). Nur der Ka des Königs wird auf den Denkmälern dargestellt. „Zusammen mit dem Könige als sein Zwillingsgeschöpf geboren, begleitet er ihn wie ein Schutzgeist durch das ganze Leben; er handelt im Tode wie ein Double oder Beschützer des Königs" (ebd. 110).

Wir dürfen nicht vergessen, daß die Texte des Alten Reichs nur vom *Ba* des Pharao sprechen. „Anders gesagt: Die Ägypter der älteren Zeit hatten offenbar keinen Ba" (S. Morenz, Ägyptische Religion, a. a. O. 216). Erst ab der ersten Zwischenzeit wird der Ba Allgemeingut. Natürlich handelt es sich hier um eine *literarische Situation;* die historische Wirklichkeit kennen wir nicht. Aber es ist bezeichnend, daß auch in diesem Fall das „Beispiel" des Pharao zum Modell wird, das nach und nach auch die weniger Privilegierten nachahmen. Siehe auch *L. Greven,* Der Ka in Theologie und Königskult der Ägypter des Alten Reiches (Glückstadt 1952) und *L. Zabkar,* A Study of the Ba Concept in Ancient Egyptian Textes (Chicago 1968).

Über das Gericht siehe *E. Drioton,* Le jugement des âmes dans l'ancienne Égypte (Kairo 1949); *J. Vandier,* a. a. O. 134 ff; *J. Spiegel,* Die Idee vom Totengericht in der ägyptischen Religion (Glückstadt 1935); *J. Yoyote,* Le jugement des morts dans l'Égypte ancienne, in: Le jugement des morts, a. a. O. 16–80 (Übersetzung von Texten, Kommentare und Bibliographie). Siehe auch *M. Guilmot,* L'espoir en l'immortalité dans l'Égypte ancienne du Moyen Empire à la basse époque, in: RHR 166 (1964) 1–20.

Zur Unschuldserklärung siehe *E. Drioton,* Contribution à l'étude du chapitre CXXV du Livre des Morts. Les confessions négatives, in: Recueil d'Études égyptiennes dédiées à la mémoire de J. F. Champolion (Paris 1922) 545–564. Einige Ideen und Glaubensvorstellungen aus Kapitel 125 sind sehr alt: sie „reichen mindestens bis in die Pyramidenzeit zurück. Vom negativen wie auch positiven ‚Moralkodex' in Kapitel 125, finden sich Spuren seit der V. und VI. Dynastie" *(J. Yoyote,* a. a. O. 63). R. Pettazzoni verweist auf einige ethnographische Parallelen zum negativen Sündenbekenntnis; vgl. *R. Pettazzoni,* La confessione dei peccati II (Bologna 1935) 21, 56 f.

Das Totenbuch: *Buch von der Himmelskuh* betont den magischen Wert seines Inhalts. Wer diesen Text kennt, so heißt es dort, „muß sich dem Gericht nicht beugen... und alle Gaunereien, die er nur immer auf Erden vollbringen konnte, werden nicht gezählt" (Übers. *J. Yoyote,* a. a. O. 66; siehe die Gesamtübersetzung des Buchs von der Himmelskuh bei *A. Piankoff,* Shrines of Tut-Ankh-Amon, a. a. O. 27–34). Die Verherrlichung der „Wissenschaft" vor der Moral ist ein Leitmotiv des indischen Denkens seit den *Brâhmanas* und den Upanischaden bis zum Tantrismus.

34.

Zu den Megalithkulturen gibt es eine umfangreiche Literatur. Wir haben die wichtigsten Beiträge in einer Untersuchung analysiert, die demnächst erscheinen wird: *M. Eliade,* Megaliths and History of Religions.

Eine ausgezeichnete Einführung gibt *G. Daniel,* The Megalith Builders of Western Europe (London 1958; Harmondsworth ²1962 enthält einen Anhang [143–146], der die neue, aufgrund der Radiokarbonmethode erstellte Chronologie bringt. Die neue Chronologie entkräftet tatsächlich einen großen Teil der vom Autor vertretenen Thesen; siehe weiter unten § 36). Siehe auch *F. Niel,* La civilisation des mégalithes (Paris 1970) und die Bibliographie in: *G. Daniel/J. D. Evans,* The Western Mediterranean (Cambridge Ancient History II, Kap. XXXVII, 1967) 63–72.

Die Megalithe Spaniens und Portugals wurden eingehend untersucht von *G.* und *V. Leisner,* Die Megalithgräber der Iberischen Halbinsel. Der Süden (Berlin 1943); Der Westen I–III (Berlin 1956, 1959, 1960). Siehe auch *L. Pericot* (Hrsg.), Corpus de sepulcros megaliticos, Fasz. 1 und 2 (Barcelona 1961); Fasz. 3 (Gerona 1964); *L. Pericot,* Los sepulcros megaliticos Catalanes y la cultura pirinaica (Barcelona ²1951).

Über die Megalithe Frankreichs siehe Z. *Le Rouzic*, Carnac (Rennes 1909); *ders.*, Les monuments mégalithiques de Carnac et de Locmariaquer (Carnac 1907-1953); *G. Daniel*, The prehistoric Chamber Tombs of France (London 1960); *ders.*, The Megalith Builders, a.a.O. 95-111; *E. Octobon*, Statues-menhirs, Stèles gravées, dalles sculptées, in: Revue Anthropologique 41 (1931) 291-579; *M.* und *J. Péquart/Z. Le Rouzic*, Corpus des signes gravés des monuments mégalithiques du Morbihan (Paris 1927). Über die Megalithkulturen der Britischen Inseln siehe *G. Daniel*, The prehistoric Chamber Tombs of England and Wales (London 1950); *ders.*, The Megalith Builders, a.a.O. 112-127 und die § 35 verzeichnete Bibliographie.

Sibylle von Cles-Reden gibt eine allgemeinverständliche Darstellung, mit zahlreichen sehr guten Illustrationen: *S. v. Cles-Reden*, Die Spur der Zyklopen (1960).

D. Wölfel widmet einen Großteil seiner Untersuchung, Die Religionen des vorindogermanischen Europa, in: *F. König*, Christus und die Religionen der Erde I, (Wien 1952) 161-537, der Religion der Megalithiker (163-253, usw.). Mit Vorbehalt zu lesen. Eine kurze, allerdings vor der Radiokarbonanalyse verfaßte Darlegung bei *J. Maringer*, Vorgeschichtliche Religion, a.a.O. 259-297.

Über die Menhire hat H. Kirchner eine sehr gescheite Abhandlung veröffentlicht: *H. Kirchner*, Die Menhire in Mitteleuropa und der Menhirgedanke, in: Abh. d. Akademie in Mainz, Geistes- und Sozialwissenschaftliche Klasse (1955) 609-816.

35.

Aus der reichen Literatur zu Stonehenge halten wir einige neuere Arbeiten fest: *R. J. C. Atkinson*, Stonehenge (Harmondsworth 1960); *A. Thom*, Megalithic Sites in Britain (Oxford 1967); *G. S. Hawkins*, Stonehenge Decoded (London 1966; siehe dazu aber die Kritik von *R. I. C. Atkinson*, in: Nature 210 [1966] 1320ff.); *C. Renfrew*, Before Civilization (London/New York 1973) 120ff. 214ff.

Wir erinnern daran, daß in Südfrankreich eine große Zahl (3000!) von Megalithgräbern identifiziert wurde; allein im Departement Aveyron sind es 600, also doppelt so viele wie in England und in Wales; vgl. *G. Daniel/J. D. Evans*, The Western Mediterranean a.a.O. 38. Die Dolmen des Departements Hérault wurden erschöpfend untersucht von *J. Arnal* (Préhistoire, Bd. XV, 1963). In Südfrankreich befinden sich auch die einzigen bis jetzt bekannten Menhirstatuen.

Über die Vorgeschichte Maltas siehe *J. D. Evans*, Malta (London 1959); *ders.*, Prehistoric Antiquities of the Maltese Islands (London 1971); *G. Zuntz*, Persephone. Three Essays on Religion and Thought in Magna Graecia (Oxford 1961) 3-58; *C. Renfrew*, Before Civilization a.a.O. 147ff.

G. Zuntz hat die Bedeutung der Spiralsymbolik in der Ornamentik der Tempel von Malta aufgezeigt und Einflüsse aus dem Donaukreis nachgewiesen (die Figurinen von Cirna); vgl. a.a.O. 25ff.

36.

G. Childe gibt eine Zusammenfassung seiner Ansichten über die Verbreitung der „Megalithreligion" in seinem letzten Buch, The Prehistory of European Society (Harmondworth 1958) 124-134: „Missionaries of the Megalithic Religion".

Nach *G. Daniel* stehen die Anfänge der Megalithbauweise in unmittelbarem Zusammenhang mit der Ankunft der Minoer oder Ägäer im mittleren und westlichen Mittelmeerraum (The Megalith builders of Western Europe, a. a. O. 135). Es handelt sich um einen kolonialen und kommerzialen Vorstoß, aber die Kolonisation wurde von einem Volk vollzogen, das mit einer machtvollen religiösen Glaubensvorstellung begabt war und sehr komplizierte Bestattungsbräuche hatte. G. Daniel fragt sich, warum die Megalithbauten so wenige Metallgegenstände enthalten, obwohl ihre Erbauer Minen abbauten und in erster Linie mit dem Metallhandel befaßt waren. Er vermutet, daß die Einwanderer bewußt davon absahen, Metallwerkzeuge zu vergraben und statt dessen Repliken aus Stein begruben (137).

Der Untertitel von *C. Renfrews* Buch, Before Civilization ist bezeichnend: The Radiocarbon Revolution and Prehistoric Europe. Siehe auch vom gleichen Autor, Wessex without Mycenae, in: Annual of the British School of Archaeology at Athens 63 (1968) 277–285; *ders.*, Malta and the calibrated radiocarbon chronology, in: Antiquity 46 (1972) 141–145; *ders.*, New Configurations in Old World Chronology, in: World Archaeology 2 (1970) 199–211.

37.

Mehrere Autoren haben in Reaktion gegen die durch die Übertreibungen von G. E. Smith und W. J. Perry provozierten Einschränkungen die Gesamtheit der Megalithkulturen der Protogeschichte untersucht. Siehe z. B. *A. Serner*, On „Dyss" burial and beliefs about the dead during the Stone Age with special regard to South Scandinavia (Lund 1938); *H. G. Bandi*, La répartition des tombes mégalithiques, in: Archives Suisses d'Anthropologie Générale 12 (1946) 39–51; *G. Childe*, Megaliths, in: Ancient India 4 (1947/48) 4–13. Neben R. Heine-Geldern hat nur noch ein Forscher die beiden Gruppen der Megalithkulturen, d. h. jene der Vorgeschichte und die Kulturen im ethnographischen Stadium, gemeinsam untersucht, allerdings mit Beschränkung auf die Menhire; wir sprechen von *J. Röder*, Pfahl und Menhir. Eine vergleichend vorgeschichtliche, volks- und völkerkundliche Studie (= Studien zur westeuropäischen Altertumskunde I) (Neuwied am Rhein 1949).

Die bedeutendsten Beiträge von *R. Heine-Geldern* sind folgende: Die Megalithen Südostasiens und ihre Bedeutung für die Klärung der Megalithenfrage in Europa und Polynesien, in: Anthropos 13 (1928) 276–315; *ders.*, Prehistoric Research in the Netherlands Indies, in: *P. Honig / F. Verdoorn* (Hrsg.), Science and Scientists in the Netherlands Indies, (Cambridge, Mass. 1945) 129–167; *ders.*, Zwei alte Weltanschauungen und ihre kulturgeschichtliche Bedeutung, in: Anzeiger der phil.-hist. Klasse der Österreichischen Akademie der Wissenschaften 94 (1957) 251–262; *ders.*, Das Megalithproblem, in: Beiträge Österreichs zur Erforschung der Vergangenheit und Kulturgeschichte der Menschheit – Symposion 1958 (Wien 1959) 162–182. Die Arbeiten von R. Heine-Geldern hat *H. H. E. Loofs*, Elements of the Megalithic Complex in Southeast Asia, An annotated bibliography (Canberra 1967) 3f, 14f, 41f, 48, 94, registriert und analysiert.

Die Hypothese von R. Heine-Geldern und die Einwände seiner Kritiker werden diskutiert in unserer Untersuchung: *M. Eliade*, Megaliths and History of Religions, die demnächst erscheint.

38.

Eine Kurzbibliographie über Harappâ und Mohenjo-daro bietet: *M. Eliade*, Yoga, Unsterblichkeit und Freiheit (Zürich 1960, Frankfurt a. M. 1977, dt. Übers. von: Le Yoga [letzte Ausgabe 1975]) 431. Das wichtigste Werk ist nach wie vor: *J. Marshall*, Mohenjo-daro and the Indus Culture I–III (London 1931); es bedarf allerdings der Ergänzung durch einige neuere Werke, in denen die Ergebnisse der Grabungen nach 1930 verarbeitet sind; *E. J. Mackay*, The Indus Civilization (London 1935); *ders.*, Further Excavations at Mohenjo-daro (Delhi 1938); *ders.*, Chanhudaro Excavations 1935–36 (New Haven 1943); *M. S. Vats*, Excavations at Harappa (Delhi 1940); *S. Piggott*, Prehistoric India (Harmondsworth 1950); *J. M. Casal*, La civilisation de l'Indus et ses énigmes (Paris 1969; vgl. auch die Untersuchungen von *M. Tosi*, in: East and West 21 [1971] 407 ff); *B.* u. *R. Allchin*, The Birth of Indian Civilization (Harmondsworth 1968) mit einer reichen kritischen Bibliographie; *M. Wheeler*, The Indus Civilization (Cambridge ³1968); es handelt sich um eine völlig neu bearbeitete Ausgabe des 1953 veröffentlichten Werkes; *W. A. Fairservis*, The Roots of Ancient India. The Archaeology of Early Indian Civilization (New York 1971), in dieser zusammenfassenden Arbeit gibt der Autor auch einen Überblick über die Ergebnisse seiner Grabungen in Westpakistan und vor allem im Quettatal, in der Gegend von Zhob und Loralai und in der Seistansenke.

In dem bedeutenden Werk: *P. Wheatley*, The Pivot of the Four Quarters. A Preliminary Enquiry into the Origins and Character of the Ancient Chinese City (Chicago 1971) untersucht der Autor auch die harappischen Kultzentren (230ff).

Über die Symbolik des „Weltmittelpunktes" vgl. *M. Eliade*, Kosmos und Geschichte, a. a. O. 16ff; *ders.*, Centre du Monde, Temple, Maison, in: Le Symbolisme cosmique des Monuments religieux (Rom 1957) 57–82.

Über die kosmologische Symbolik der frühzeitlichen Städte vgl. *W. Müller*, Die heilige Stadt. Roma quadrata, himmlisches Jerusalem und der Mythos vom Weltnabel (Stuttgart 1961).

39.

Zur Indusreligion siehe *M. Eliade*, Yoga, a. a. O. 361 ff; *J. Marshall*, a. a. O. Bd. I, 50 ff; *S. Piggot*, Prehistoric India, a. a. O. 200 ff; *M. Wheeler*, The Indus Civilization, a. a. O. 108 ff; *B.* u. *R. Allchin*, The Birth of Indian Civilization, a. a. O. 311 ff; *W. A. Fairservis*, a. a. O. 292 ff. Alle diese Autoren anerkennen den „hinduistischen" Charakter der harappischen Religion und betonen die Kontinuität bestimmter Kultobjekte, Symbole und Götterfiguren von der Protogeschichte bis zur Moderne. Die Einstimmigkeit ist bezeichnend, denn diese Archäologen haben Ausgrabungen in Indien geleitet; anders ausgedrückt, ihre wissenschaftliche Kompetenz wird aufs glücklichste ergänzt durch eine unmittelbare Kenntnis des Landes.

Gleichermaßen bestätigt wurde die „Kontinuität" durch die Forschungen von *M. Cappieri*, Ist die Induskultur und ihre Bevölkerung wirklich verschwunden?, in: Anthropos 60 (1965) 719–762. W. Koppers hat genaue Entsprechungen zwischen bestimmten Fruchtbarkeitsriten in Zentralindien und der harappischen Ikonographie festgestellt; vgl. *W. Koppers*, Zentralindische Fruchtbarkeitsriten und ihre Beziehungen zur Induskultur, in: Geographica Helvetica I (1946) 165–177. J. Häkel hat seinerseits in einigen Dörfern von Gujerat die Feiern im Zusammenhang mit den „Adonisgärtchen" untersucht. Der österreichische Gelehrte erklärt das Vorhandensein dieses spezifisch mediterranen Rituals damit, daß die Urheber der Induskultur aus dem Iran zugewanderte vorarische Pflanzer waren; daher hatten auch sie teil an der protohistorischen Kultur des Mittleren Orients und des Mittelmeerraumes; vgl. *J. Häkel,* Adonisgärtchen im Zeremonialwesen der Rathwa in Gujarat (Zentralindien). Vergleich und Problematik, in: Ethnologische Zeitschrift Zürich I (1972) 167–175.

Die Kontinuität wird u. a. bestritten von *H. P. Sullivan,* A reexamination of the religion of the Indus civilization, in: HR 4 (1964) 115–125 und *J. Gonda,* Change and Continuity in Indian Religion (Den Haag 1965) 19–37.

R. L. Raikes betont die entscheidende Rolle der seismischen Bewegungen und der Überschwemmungen beim Niedergang von Mohenjo-daro: vgl. *R. L. Raikes,* The Mohenjo-daro Floods, in: Antiquity 39 (1965) 196–203; *ders.,* The End of the Ancient Cities of the Indus Civilization, in: American Anthropologist 65 (1963) 655–659; ebd. 66 (1964) 284–299, und vor allem *ders.,* Water, Weather and Archaeology (London 1967). Der unbestreitbare Niedergang des wirtschaftlichen und kulturellen Niveaus in den Endphasen von Mohenjo-daro wurde zweifellos noch beschleunigt durch die Demoralisierung nach den wiederholten Überschwemmungen. Aber den Gnadenstoß scheinen die Eindringlinge aus dem Osten gegeben zu haben, die wahrscheinlich arischsprechende Einwanderer waren. Die Ausgrabungen haben Spuren eines Endmassakers erbracht, mit dem Mohenjodaro endgültig ausgelöscht wurde; vgl. *M. Wheeler,* a. a. O. 129 ff und die weiter unten § 64 angeführte Bibliographie.

40.

Das grundlegende Werk über die Vorgeschichte und Protogeschichte Kretas ist nach wie vor: *A. Evans,* The Palace of Minos I–V (London 1921–1950); siehe auch *A. Evans / J. L. Myres,* Scripta Minoa II (1952); *P. Demargne,* La Crète dédalique (Paris 1947); *L. Cottrell,* The Bull of Minos (London 1956); *L. R. Palmer,* Mycenians and Minoans (London 1961); *R. W. Hutchinson,* Prehistoric Crete (Baltimore-Maryland 1962) mit einer reichen Bibliographie 355–368; *J. W. Graham,* The Palaces of Crete (Princeton 1962).

Über die kretischen Religionen siehe vor allem *Ch. Picard,* Les Religons préhelléniques: Crète et Mycènes (Paris 1948, ausgezeichnete Bibliographien) und *M. P. Nilsson,* The Minoan-Mycenian Religion and its survival in Greek Religion (Lund ²1950). Vgl. auch *A. W. Persson,* Religion of Greece in Prehistoric times (Berkeley 1950); *M. Ventris / J. Chadwick,* Documents in Mycenian Greek (Cambridge 1956); *L. A. Stella,* La religione greca nei testi micenei, in: Numen 5 (1958) 18–57; *S. Luria,* Vorgriechische Kulte, in: Minos 5 (1957) 41–52; *M. Lejeune,* Prêtres et prêtresses dans les documents mycéniens, in: Hommages à Georges Dumézil (Brüssel 1960) 129–139; *R. F. Willetts,* Cretan Cults and Festivals (New York 1962); *H. van Effenterre,* Politique et Religion dans la Crète minoenne, in: Revue historique 229 (1963) 1–18.

Über die heiligen Grotten siehe Anm. 42 und *P. Faure,* Spélélogie crétoise et humanisme, in: Bulletin de l'Association Guillaume Budé 3 (1958) 427–50; *ders.,* Fonction des cavernes crétoises (Paris 1964) 162 ff über die Grotte von Skoteino als Initiationsort.

Über das Labyrinth und seine initiatorische Bedeutung siehe *W. A. Matthews,* Mazes and Labyrinths. A General Account of their History and Development (London 1922); *W. F. Jackson Knight,* Cumaean Gates. A Reference of the Sixth Aeneid to the Initiation Pattern (Oxford 1936); *K. Kerényi,* Labyrinth-Studien (Zürich 1950); *O. F. A. Menghin,*

Labyrinthe, Vulvenbilder und Figurenrapporte in der Alten und Neuen Welt. Beiträge zur Interpretation prähistorischer Felsgraphik, in: Beiträge zur Alten Geschichte und deren Nachleben: Festschrift Franz Altheim (Berlin 1969) I, 1–13; *Ph. Borgeaud*, The Open Entrance to the Closed Palace of the King. The Greek Labyrinth in Context, in: HR 14 (1974) 1–27.

Wir müssen auf das völlige Fehlen von Bauten hinweisen, die dem späteren klassischen Tempel ähnlich wären. Das einzige Beispiel eines öffentlichen Heiligtums ist das von Gournia; aber auch dieses stammt nach M. P. Nilsson vom Hauskult ab. Sogar die Agrarrituale wurden in den Höfen der Paläste begangen.

41.

Über die nackten Göttinnen siehe *Ch. Picard*, Rel. Préhell., a. a. O. 48 ff, 111 ff; *M. P. Nilsson*, a. a. O. 397 ff.

Zu den Vegetationskulten vgl. *A. W. Persson*, a. a. O. 25 ff; *Ch. Picard*, a. a. O. 191 ff.

Über die religiöse Rolle des Stieres und der heiligen Stierkämpfe vgl. *A. W. Persson*, a. a. O. 93 ff und die kritische Bibliographie bei *Ch. Picard*, a. a. O. 199, außerdem *J. W. Graham*, The Palaces of Crete, a. a. O. 73 ff.

Über die Doppelaxt vgl. *Ch. Picard*, a. a. O. 200 f; *R. W. Hutchinson*, Prehistoric Crete, a. a. O. 225 ff.

Zum Grab des Priesterkönigs von Knossos vgl. *C. F. Lehman-Haupt*, Das Tempel-Grab des Priesterkönigs zu Knossos, in: Klio 25 (1932) 175 f; *Ch. Picard*, a. a. O. 173.

Über den Sarkophag von Haghia Triada siehe *R. Paribeni*, Il sarcofago dipinto di Haghia Triada, in: Monumenti Antichi pubblicati per cura della Reale Accademia dei Lincei 19, 5–86, Taf. I–III, sowie die Reproduktionen in *J. Harrisson*, Themis (Cambridge 1912, ²1927) Abb. 31–38, S. 159, 161–177; *F. von Duhn*, Der Sarkophag aus H. Triada, in: ARW 12 (1909) 161–185; *M. P. Nilsson*, Minoan-Mycenian religion, a. a. O. 426–443; *Ch. Picard*, a. a. O. 107 ff, 168 ff.

42.

Über die Kontinuität der vorhellenischen Strukturen siehe *Ch. Picard*, a. a. O. 201 ff, 221 ff; *M. P. Nilsson*, a. a. O. *R. W. Hutchinson*, a. a. O. 199 ff.

„Im allgemeinen ist eine mehr oder weniger bewahrende Weiterführung… des minoischen Pantheon und der Welt der übernatürlichen Wesen aus vormykenischer Zeit festzustellen" (*Ch. Picard*, a. a. O. 252). Der bedeutende Archäologe hat die Herkunft der Ausstattung der „Mysterien"-Tempel von den im vorhellenischen Kreta festgestellten Einrichtungen aufgezeigt: „dort gibt es Schranken, nur begrenzt zugängliche Teile, *abata, adyta;* die noch im Boden eingegrabenen Zisten der ‚*temples repositories'* von Knossos sind Vorläufer der eleusinischen Zisten: heilige Schreine, die tragbar geworden sind, auf denen sich aber die beiden Göttinnen gelegentlich niederlassen. In Malia ist ein großer kreisförmiger *Kernos* mit Opfernäpfchen schon im Bodenbelag einer Palasthalle, in direktem Kontakt mit der Erde, eingelassen: man hat ganz richtig die Analogie solcher Vorrichtungen mit jenen der Fürstennekropole von Malia selbst festgestellt; wir haben es hier mit den wesentlichen Gegenständen eines Ackerbau- und zugleich Bestattungskultes zu tun, sowie mit dem sakralen Mobiliar von wahrscheinlich mythischen Zeremonien zu Ehren einer Erdmutter, die zugleich die Lebenden und die Toten beschützt" (a. a. O. 142) Vgl. § 97–99.

P. Faure betrachtet Britomartis als Schutzgöttin von Skoteino; so „wird den Fakten des hier festgestellten Kults, einschließlich der modernen Fakten, wie etwa der Feier des Paracevefests, Rechnung getragen" (Spéléologie crétoise et humanisme 40). Über Britomartis siehe auch *R. F. Willetts*, Cretan Cults and Festivals, a. a. O. 179 ff.

Über die ägyptischen Einflüsse (Psychistasie, teilweise Mumifizierung der Leichen, Übernahme von Goldmasken usw.) siehe *Ch. Picard*, a. a. O. 228 ff, 279 ff. Die Goldmasken bezweckten die Umwandlung des Verstorbenen in ein übernatürliches Wesen mit unzerstörbaren Zügen, ähnlich den Statuen der Unsterblichen; ebd. 262.

43.

Zur Geschichte und Kultur der Hethiter vgl. *A. Goetze*, Kleinasien (²1957); *O. R. Gurney*, The Hittites (London 1952, ²1954; zuletzt 1972).

Über die Hurriter vgl. *E. A. Speiser*, The Hurrian participation in the civilisation of Mesopotamia, Syria and Palestine, in: Cahiers d'Histoire Mondiale I (1953) 311–327; *Fl. Imparati*, I Hurriti (Florenz 1964); *R. de Vaux*, Les Hurrites de l'histoire et les Horites de la Bible, in: Revue Biblique 74 (1967) 481–503.

Zu den hethitischen Keilschrifttexten und ihren bis 1958 veröffentlichten Übersetzungen siehe *E. Laroche*, Catalogue des textes hittites, in: Revue Hittite et Asianique 14 (1956) 33–38, 69–116; 15 (1957) 30–89; 16 (1958) 18–64.

Die wichtigsten Texte wurden übersetzt von *A. Goetze*, in: ANET 120–128, 201–211, 346–364, 393–404, und von *H. Güterbock, E. Laroche, H. Otten, M. Vieyra* und anderen Autoren, deren Bibliographie zu finden ist bei: *O. R. Gurney*, a. a. O. 224. (Die neueste französische Übersetzung ist jene von *M. Vieyra*, in: Les Religions du Proche-Orient [1970] 525–566.)

Von den Allgemeindarstellungen der hethitischen Religion verweisen wir auf *R. Dussaud*, La religion des Hittites et des Hourites, in: *E. Dhorme / R. Dussaud*, La religion de Babylonie, a. a. O. 333–353; *H. Güterbock*, Hittite Religion, in: *V. Ferm* (Hrsg.), Forgotten Religions (New York 1950) 81–109; *ders.*, Hittite Mythology, in: *S. N. Kramer* (Hrsg.), Mythologies of the Ancient World (New York 1961) 141–179; *H. Otten*, Die Religionen des Alten Kleinasien, in: Handbuch der Orientalistik VIII (1964) 92–116; *M. Vieyra*, La religion de l'Anatolie antique, in: *H. Ch. Puech* (Hrsg.), Histoire des Religions I (Paris 1970) 258–306. Das Werk von *G. Furlani*, La Religione degli Hittiti (Bologna 1936), ist noch brauchbar, wenn auch der Autor – nach Güterbocks Verdikt (Hitt. Rel. 109) – nur Zugang zu den zu seiner Zeit sehr wenigen Übersetzungen der hethitischen Texte hatte.

Siehe auch *E. Laroche*, Recherches sur les noms des dieux hittites (Paris 1947); *ders.*, Teššub, Hebat et leur cour, in: Journal of Cuneiform Studies 2 (1948) 113–136; *ders.*, Le panthéon de Yazilikaya, ebd. 6 (1952) 115–123.

Eine zusammenfassende Darstellung der hethitischen Götter und Mythen gibt *E. v. Schuler*, in: W.d.M. I, a. a. O. 172–176 (Götter und Göttinnen), 196–201 (Sonnengottheiten), 208–213 (Wettergötter).

Zur religiösen Rolle des Königs siehe *O. R. Gurney*, Hittite Kingship, in: *S. H. Hooke* (Hrsg.), Myth, Ritual and Kingship (Oxford 1958) 105–121.

Über die Rituale siehe *B. Schwartz*, The Hittite and Luwian ritual of Zarpiya of Kizzuwatna, in: JAOS 58 (1938) 334–353; *M. Vieyra*, Rites de purification hittites, in: RHR 119 (1939) 121–153; *H. Otten*, Hethitische Totenrituale (Berlin 1958). Zum Neujahrsfest (*purulli*) siehe *V. Haas*, Der Kult von Nerik: Ein Beitrag zur hethitischen Religionsgeschichte (Rom 1970) 43 ff.

Ein Reinigungsritual für eine vom Feinde geschlagene Truppe fällt durch seinen Archaismus auf: es besteht aus der Opferung eines Menschen, eines Bocks, eines Hündchens und eines Ferkels. Diese Opfer werden zweigeteilt und die Armee geht zwischen den solcherart auseinander getrennten Hälften hindurch. Vgl. *O. Masson*, A propos d'un rituel hittite pour la lustration d'une armée, in: RHR 137 (1950) 5–25; *O. R. Gurney*, The Hittites, a.a.O. 151. Es wurde die Parallelität mit dem von Jahweh befohlenen Opfer festgestellt, als dieser den Bund mit Abraham schließt (Gen 15,9–18). Der rituelle Durchzug durch die beiden Hälften der Opfer ist bei zahlreichen Völkern bekannt; siehe *J. G. Frazer*, Folk-lore in the Old Testament (London 1919) I, 393–425. Für bibliographische Ergänzungen vgl. auch *Th. Gaster*, Myth, Legend and Custom in the Old Testament (New York 1969) 363 ff. Weiteres: *J. Henninger*, Was bedeutet die rituelle Teilung eines Tieres in zwei Hälften?, in: Biblica 34 (1953) 344–353; *A. E. Jensen*, Beziehungen zwischen dem Alten Testament und der nilotischen Kultur in Afrika, in: *S. Diamond* (Hrsg.), Culture in History (New York 1960) 449–466. Über das Gebet siehe *O. R. Gurney*, Hittite Prayers (1940), sowie die näheren Ausführungen von *E. Laroche*, La prière hittite. Vocabulaire et typologie, in: Annuaire Ecole Pratique des Hautes Etudes, Ve Section, Bd. LXXII (1964–65) 3–29.

44.

Die verschiedenen Versionen des Mythos wurden analysiert von *H. Otten*, Die Überlieferungen des Telepinu-Mythus, in: Mitt. d. Vorderasiatisch-ägyptischen Gesellschaft 46, I (Leipzig 1943). Vergleichender Kommentar in: *Th. Gaster*, Thespis (Zweite, durchgesehene Auflage New York 1961) 295 ff. Siehe auch die Analyse von *H. G. Güterbock*, Gedanken über das Werden des Gottes Telipinu, in: Festschrift Johannes Friedrich (Heidelberg 1959) 207–211; *ders.*, Hittite Mythology, a.a.O. 144–148.

Nach der Version, deren Hauptfigur der Wettergott ist, lädt der große Sonnengott zum Mahl der „tausend Götter" ein. Doch obwohl sie essen und trinken, wird weder ihr Hunger noch ihr Durst gestillt. Nach dem Mißerfolg der ersten Boten, macht sich der Vater des Wettergottes selbst auf die Suche nach seinem Vater und fragt ihn, wer denn gesündigt habe, daß „der Samen vergehe und alles ausdörre?" Der Großvater antwortet ihm: „Keiner hat gesündigt, es sei denn du!" (*H. G. Güterbock*, Hittite Mythology 145 f.)

Th. Gaster hat mehrere gemeinsame Elemente in den mythisch-rituellen Szenen von Telipinu und den Fruchtbarkeitsgöttern aufgezeigt; vgl. Thespis 304 ff.

45.

Über Illuyanka siehe insbes. *A. Goetze*, Kleinasien, a.a.O. 139 ff und *E. v. Schuler*, in: W.d.M. I, 177 f.

Dem eigentlichen Mythos geht folgende Einweisung voraus: „Dies sind die Worte Kellas, des Gesalbten (= Priester) des Wettergottes von (der Stadt) Nerik: das Folgende ist der Vortrag des *Purulli*-Festes des himmlischen Wettergotts: Wenn der Augenblick gekommen ist, die Worte auszusprechen (d.h., wenn das Fest gefeiert werden muß): ‚Möge das Land sich entwickeln und gedeihen, möge das Land geschützt sein, und wenn es sich dann entwickelt und gedeiht, dann feiert man das *purulli*-Fest'" (Übers. *M. Vieyra*, Les religions de l'Anatolie, a.a.O. 288; vgl. *A. Goetze*, ANET 125). Vergleichender Kommentar bei *Th. Gaster*, Thespis 156ff.

46.

Über Kumarbi siehe *H. G. Güterbock*, The Hittite version of the Hurrian Kumarbi Myths: Oriental Forerunners of Hesiod, in: American Journal of Archaeology 52 (1948) 123f; *ders.*, Hittite Mythology, a.a.O. 155–172; *H. Otten*, Mythen vom Gotte Kumarbi (Berlin 1950); *P. Meriggi*, I miti di Kumarbi, il Kronos Hurrico, in: Athenaeum, N.S. 31 (Pavia 1953) 101–115; *C. S. Littleton*, The ‚Kingship in Heaven' Theme, in: *J. Puhvel* (Hrsg.) Myth and law among the Indo-Europeans (Univ. of California Press 1970) 83–121, insbes. 93–100.

Zu Ullikummi siehe *H. G. Güterbock*, The Song of Ullikummi (New Haven 1952).

In seinem umfassenden, aber wirren Buch, Das doppelte Geschlecht (Berlin 1955), hat H. Baumann die Zusammenhänge zwischen den Megalithtraditionen, dem Androgynismus und dem kosmogonischen Thema der Trennung von Himmel und Erde richtig gesehen.

Über den Mythos des aus der Erde geborenen Menschen vgl. die Bibliographie in: *M. Eliade*, Die Religionen, a.a.O. 282. Dieses Thema ist vor allem im Kaukasus reich belegt; vgl. *A. von Löwis of Menar*, Nordkaukasische Steingeburtsagen, in: ARW 13 (1901) 509–524. Über die Mythen, die von der Geburt eines göttlichen Wesens aus einer *petra genetrix* (= Große Göttin = *matrix mundi*) berichten, vgl. *R. Eisler*, Weltmantel und Himmelszelt (München 1910) II, 411, 727ff; *M. Eliade*, Schmiede und Alchimisten a.a.O. 44f.

47.

Die Fragmente der *Phönikischen Geschichte* des Philo von Byblos, die sich auf die Religion beziehen, wurden übersetzt und kommentiert von *C. Clemen*, Die phönikische Religion nach Philo von Byblos (Leipzig 1939). Ein von W. G. Lambert veröffentlichter und übersetzter Keilschrifttext beschreibt die blutige Aufeinanderfolge der fünf Göttergenerationen; die Söhne töten ihre Väter, heiraten ihre Mütter und Schwestern und usurpieren einer nach dem anderen die Herrschaft. Man hat gewisse Analogien mit Hesiods Theogonie festgestellt; vgl. *W. G. Lambert / P. Walcot*, A new Babylonian Theogony and Hesiod, in: Kadmos 4 (1965) 64–72; siehe auch *C. S. Littleton*, a.a.O. 112–114.

S. Wikander hat eine iranische Parallele zu den hethitischen und griechischen Mythen von den Göttergenerationen aufgezeigt. Die Quelle ist jüngeren Datums (*Schahnameh*, ein um 976 n. Chr. von Rirdausi verfaßtes Epos), aber die Helden – Jamschid, Zohak und Feridun – sind in gewisser Weise die „historisierten" Versionen der mythologischen Personen Yima, Azi, Dahāka und Thraētaona. So kann also der Mythos von der „göttlichen Herrschaft" als integraler Bestandteil der indoeuropäischen Tradition betrachtet werden (vgl. *S. Wikander*, Histoire des Ouranides, in: Cahiers du Sud 36 [1952] 8–17). Dieser Mythos ist allerdings bei anderen indoeuropäischen Völkern nicht bezeugt. S. Littleton neigt dazu, in den babylonischen Quellen (Enuma elisch und das von Lambert übersetzte Fragment) die letzte Quelle aller Göttergenerationenmythen zu sehen; vgl. *S. Littleton*, The ‚Kingship in Heaven' Theme, a.a.O. 109ff.

48.

Zur Geschichte Palästinas nach der Altbronzezeit siehe *P. Garelli*, Le Proche-Orient Asiatique des origines aux invasions des Peuples de la Mer (Paris 1969) 45 ff; *B. Mazar*, The Middle Bronze Age in Palestine, in: Israel Exploration Journal 18 (Jerusalem 1969) 65–97; *R. de Vaux*, Histoire ancienne d'Israel, des origines à l'installation en Canaan (Paris 1971) 61–121 (ausgezeichnete Bibliographie).

Über die Amoriter siehe *S. Moscati*, I predecessori d'Israele. Studi sulle più antiche genti semitiche in Siria e Palestina (Rom 1956); *I. J. Gelb*, The Early History of the West Semitic Peoples, in: Journal of Cuneiform Studies 15 (1961) 27–47; *K. M. Kenyon*, Amorites and Canaanites (London 1966); *R. de Vaux*, a. a. O. 64 ff.

Die Grabungen von Tel Hariri, dem einstigen Mari, haben Tausende von Tafeln erbracht, die im „altbabylonischen" Dialekt des Akkadischen verfaßt sind. Sie führen die Namen einer Reihe von Göttern auf, vor allem Anat, Dagan, Addu. Aber da wir nicht über mythologische Texte verfügen, wissen wir nichts über die grundlegenden Glaubensvorstellungen und religiösen Auffassungen.

Amurru, der namengebende Gott der Amoriter, „ist ein Mann, der das Knie nicht beugen kann (um die Erde zu bearbeiten), der das Fleisch roh ißt, der in seinem ganzen Leben kein Haus besitzt und der nach seinem Tode nicht begraben wird"; Text zitiert von *R. de Vaux*, a. a. O. 64. Ähnliche Klischees werden in den darauffolgenden drei Jahrtausenden für die „Barbaren" (Germanen, Awaren, Hunnen, Mongolen, Tataren) verwendet, die die großen Stadtkulturen vom Römischen Reich bis nach China gefährden.

Diese Amoriter haben jedoch nichts zu tun mit den in der Bibel erwähnten Amoritern. „Die Bibel hat auf einen Teil der Bewohner des vorisraelitischen Palästina den Namen Amurrus übertragen" (*R. de Vaux*, a. a. O. 68).

Über die kanaanäische Kultur und Religion siehe *J. Gray*, The Canaanites (London 1964); *ders.*, The Legacy of Canaan (Leiden ²1965); *M. S. Drower*, Ugarit (= Cambridge Ancient History II, Kap. XXI, b [1968]; ausgezeichnete Bibliographien); *R. de Vaux*, a. a. O. 123 ff; *M. H. Pope / W. Röllig*, Die Mythologie der Ugariter und Phönizier, in: W.d.M., I, a. a. O. 219–312; *O. Eißfeldt*, Kanaanäisch-ugaritische Religion, in: Handbuch der Orientalistik, 1. Abt., VIII, I (Leiden 1964) 76–91; *A. Jirku*, Der Mythus der Kanaanäer (Bonn 1966); *J. C. De Moor*, The Semitic Pantheon of Ugarit, in: Ugarit-Forschungen II (1970) 187–228; H. Gese, in: *H. Gese, / M. Höfner, K. Rudolph*, Die Religion Altsyriens, Altarabiens und der Mandäer (Stuttgart 1970) 1–232; *F. M. Cross*, Canaanite Myth and Hebrew Epic (Cambridge, Mass. 1973).

Die bis 1965 veröffentlichten ugaritischen Texte wurden von *C. H. Gordon*, Ugaritic Text-book (Rom 1965) herausgebracht; vgl. *ders.*, Ugaritic Literature. A Comprehensive Translation of the Poems and Prose Texts (Rom 1949); *ders.*, Canaanite Mythology, in: *N. S. Kramer* (Hrsg.), Mythologies of the Ancient World, a. a. O. 183–215. Weitere benützte Übersetzungen: *H. L. Ginsberg*, Ugaritic Myths, Epics and Legends, in: ANET 129–155; *G. R. Driver*, Canaanite Myths and Legends (Edinburgh 1956); *A. Jirku*, Kanaanäische Mythen und Epen aus Ras Schamra-Ugarit (Gütersloh 1962); *A. Caquot / M. Sznycer*, Textes Ougaritiques, in: *R. Labat* (Hrsg.), Les Religions du Proche-Orient. Textes et traditions sacrés babyloniens, ougaritiques, hittites (Paris 1970) 350–458.

Über die ugaritische Religion und Mythologie gibt es bereits eine umfassende Literatur. Die wichtigste Literatur wurde aufgezeichnet von *M. H. Pope / W. Röllig*, a. a. O.;

H. H. Rowley, Worship in Ancient Israel. Its Forms and Meaning (London 1967) 11 ff; *G. Fohrer*, Geschichte der israelitischen Religion (Berlin 1969) 27 f; *R. de Vaux*, a. a. O. 136 f.

Über El und seine Rolle im Pantheon siehe: *O. Eißfeldt*, El im ugaritischen Pantheon (Leipzig 1951); *M. Pope*, El in the Ugaritic texts (Leiden 1955); *U. Oldenburg*, The Conflict between El and Ba'al in Canaanite Religion (Leiden 1969) insbes. 15–45, 101–120, 164–170. Siehe auch *F. M. Cross*, Canaanite Myth and Hebrew Epic, a. a. O. 20 ff (Kritik der These Oldenburgs, Anm. 51).

Vgl. auch *Cl. F. A. Schaeffer*, The Cuneiform Texts of Ras-Shamra-Ugarit (London 1939) 60 ff; *ders.*, Nouveaux témoignages du culte de El et de Baal à Ras Shamra-Ugarit et ailleurs en Syrie-Palestine, in: Syria 43 (1966) 1–19 (bei den Ausgrabungen entdeckte Stierfigurinen als Attribut Els). Über *Il (el)* als göttlicher Name siehe *J. J. M. Roberts*, The Earliest Semitic Pantheon (Baltimore und London 1972) 31 ff. „Das Bild, das der altakkadische Name von Il gibt, ist das Portrait eines zwar hohen, aber huldvollen Gottes, der sich um das Wohlergehen der Menschen sorgt und der besonders aktiv ist in der Zeugung von Kindern. Diese Charakterisierung entspricht zu einem großen Teil dem, was wir von El aus der übrigen semitischen Welt wissen" (a. a. O. 34).

Über Dagan siehe *E. Dhorme*, Les avatars du dieu Dagon, in: RHR 138 (1950) 129–144; *U. Oldenburg*, The Conflict, a. a. O. 47–57.

49.

Über Baal siehe *A. S. Kapelrud*, Baal in the Ras Shamra Texts (Kopenhagen 1952); *H. S. Haddad*. Baal-Hadad: A Study of the Syrian Storm-God (nichtveröffentlichte Dissertation Univ. von Chicago 1960); *U. Cassuto*, Baal and Môt in the Ugaritic Texts, in: Israel Exploration Journal 12 (1962) 77–86; *W. Schmidt*, Baals Tod und Auferstehung, in: ZRGG 15 (1963) 1–13; *U. Oldenburg*, The Conflict, a. a. O. 57–100, 122–142, 176 f; *M. Pope / W. Rölling*, in W. d. M. I, a. a. O. 253–269 (mit der Bibliographie der wichtigsten übersetzten Texte und ihrer Interpretation 268 f); *J. C. de Moor*, The Seasonal Pattern in the Ugaritic Myth of Ba'lu (= Alter Orient und Altes Testament 16) (Neukirchen-Vluyn 1971); und vor allem *F. M. Cross*, Canaanite Myth and Hebrew Epic, a. a. O. 112 ff (Baal und Anat), 147 ff (Theophanien Baals und Jahwehs).

Die Trennung des ersten Götterpaares als Folge der Entführung Ascherats durch Baal scheint aus der folgenden Szene hervorzugehen: Als Baal Ascherat zu El sendet, damit sie von ihm einen Palast erbitte, „hüpft El vor Freude" und fragt: „Warum ist die Urmutter der Götter gekommen?... Beunruhigt Euch die Liebe zu El?" Ascherat aber antwortet mißtrauisch: „Unser König ist 'Al'yan Ba'al, unser Richter, und keiner steht über ihm" (Ugaritic Manual #51; Übers. Oldenburg, 118). Erst später, als Baal die 77 Söhne Ascherats vernichtet (Ug. Man. #75: Oldenburg, 119) nähert sich die Göttin El und stachelt ihn zur Rache auf.

Yam ist mit dem schlangengestaltigen Drachen *(tannîn)* Lôtan, dem Leviathan des Alten Testaments, identisch. Vgl. Ps 74,14: „Du hast dem Leviathan zerschmettert das Haupt." Die Apokalypse (12,3 ff) spricht von einem „großen, feuerroten Drachen mit sieben Köpfen..." Über Yam siehe u. a. *J. Gray*, a. a. O. 26 ff, 86 ff; *U. Oldenburg*, a. a. O. 32–34, 134–137 sowie die vergleichende Untersuchung von *Th. Gaster*, Thespis, a. a. O. 114 ff.

Über Koschar-wa-Hasis siehe die Kommentare von *Th. Gaster*, a. a. O. 161 ff.

50.

Über die Göttin Anat siehe neben den Werken über Baal: *A. S. Kapelrud*, The Violent Goddess Anat in the Ras Shamra Texts (Oslo 1969); *M. Pope*, in: W.d.M. I, a.a.O. 235–241; *W. Helck*, Betrachtungen zur großen Göttin und den ihr verbundenen Gottheiten (München und Wien 1971) 151 ff, 200 ff.

Über die Analogien zwischen Anat und Durga vgl. *W. Dostal*, Ein Beitrag zur Frage des religiösen Weltbildes der frühesten Bodenbauer Vorderasiens, in: Archiv für Völkerkunde XII (1957) 74 ff.

Über den „Kannibalismus" Anats (sie verschlingt Baals Leichnam) siehe *Ch. Virolleaud*, Un nouvel épisode du mythe ugaritique de Baal, in: Comptes-rendus de l'Académie des Inscriptions et Belles-Lettres (1960) 180–186 sowie die Beobachtungen von *M. C. Astour*, Un texte d'Ugarit récemment découvert et ses rapports avec l'origine des cultes bacchiques grecs, in: RHR 154 (1963) 1–15; *ders.*, Hellenosemitica (Leiden 1964; verbesserte und mit ergänzenden Anmerkungen versehene Neuauflage 1967) 170 ff; *W. F. Albright*, Yahveh and the Gods of Canaan (New York 1968) 131 ff.

Über die Zusammenhänge 'Anat-Aschtarte vgl. *J. J. M. Roberts*, The Earliest Semitic Pantheon, a.a.O. 37 ff; *W. Helck*, Betrachtungen, a.a.O. 155 ff. Die Göttin Aschtarte scheint eine Doppelgängerin Anats zu sein und spielt fast keine Rolle. „Ein neuer mythologischer Text hat ihr ihre Bedeutung wieder zurückgegeben und unterstreicht ihren kriegerischen Charakter und ihre Rolle als Beschützerin von Recht und Gerechtigkeit" (*R. de Vaux*, a.a.O. 145, bezugnehmend auf einen von *Ch. Virolleaud*, Le Palais Royal d'Ugarit, veröffentlichten Text und auf einen Kommentar von *W. Herrmann*, Astart, in: Mitt. für Orientforschung 15 [1969] 6–55.)

Über die kosmologische Symbolik des Residenztempels siehe *M. Eliade*, Kosmos und Geschichte, a.a.O. 12 ff; *ders.*, Centre du Monde, Temple, Maison, in: Le symbolisme cosmique des monuments religieux, Reihe Orientale Roma XIV (Rom 1957) 57–82; *A. Coomaraswamy*, The symbolism of the Dome, in: Indian Historical Quarterly 14 (1938) 1–56; *L. R. Fisher*, Creation at Ugarit and in the Old Testament, in: Vetus Testamentum 15 (1965) 313–324; vgl. auch *U. Cassuto*, Il palazzo di Baal nella tavola II AB di Ras Shamra, in: Orientalia N.S. 7 (1938) 265–290; *A. S. Kapelrud*, Temple Building a Task for Gods and Kings, in: Orientalia 32 (1963) 56–62.

51.

Über Mot siehe insbes. *U. Oldenburg*, a.a.O. 35–39; *M. Pope*, in: W. d. M., a.a.O. I, 300–302; *F. M. Cross*, a.a.O. 116 ff. Vgl. auch *U. Cassuto*, Baal and Mot in the Ugaritic Texts, in: Israel Exploration Journal 12 (1962) 77–86.

Über Athtar vgl. *J. Gray*, The Desert God 'Attr in the Literature and Religion of Canaan, in: JNES 8 (1949) 72–83; *A. Caquot*, Le dieu 'Athtar et les textes de Ras Shamra, in: Syria 35 (1958) 45–60; *U. Oldenburg*, a.a.O. 39–45.

52.

Zum Baalskult in Ugarit siehe *A. S. Kapelrud*, Baal in the Ras Shamra Texts, a.a.O. 18 ff; *ders.*, The Ras Shamra Discoveries and the Old Testament (Norman 1963); vgl. auch *J. Gray*, Sacral Kingship in Ugarit, in: Ugaritica 6 (Paris 1969) 289–302. Die für Fruchtbarkeitskulte spezifischen archaischen Elemente sind reichlich vertreten: Steinphalli, Bilder der nackten Göttin, Baal in Stiergestalt; einige Priester tragen Tiermasken mit Hörnern (vgl. *Ch. F. A. Schaeffer*, a.a.O. 64, Taf. X, Abb. 2).

Über das von Männern und Frauen (sowie von König und Königin) dargebrachte öffentliche Opfer zur Buße für die bei diesem Anlaß bekannten Sünden siehe *A. Caquot*, Un sacrifice expiatoire à Ras Shamra, in: RHPR 42 (1962) 201–211.

Wie *R. de Vaux*, a.a.O. 146 feststellt, „hatten die kanaanäischen und die israelitischen Opfer ‚ein gemeinsames Ritual'; so werden beispielsweise die Brandopfer der Baalspropheten und jenes, das Elias auf dem Karmel darbringt, in gleicher Weise vorbereitet, I. Könige, XVIII".

Über den kanaanäischen Kult siehe insbes. *G. Fohrer*, Geschichte der israelitischen Religion, a.a.O. 44ff, mit neueren bibliographischen Angaben.

Zum Streit zwischen Jahwe und Baal siehe die weiter unten § 60 aufgeführte Bibliographie.

Über die Keret- und Aqhat-Danel-Epen und ihre griechischen Parallelen vgl. *C. A. Gordon*, The common background of Greek and Hebrew Civilizations (New York 1965) 128ff (Der Autor sieht im Keret-Epos „das älteste bekannte Beispiel des Motivs der Helena von Troja", ein Motiv indoeuropäischen Ursprungs, das in Indien und Griechenland bezeugt, in Mesopotamien und Ägypten dagegen unbekannt ist, S. 132ff). Zu diesem Problem siehe auch *M. C. Astour*, Hellenosemitica (^{2}1967), der die gegenseitigen Anleihen und die Analogien zwischen der syrisch-palästinensischen und der griechischen Welt durch deren geographische Bedingungen und politische Eigenarten erklärt: „Beides waren kleine, geographisch zerstückelte Territorien ohne eine zentrale Achse. Dies führte zu ähnlichen Staatsbildungen und inneren Ordnungen (...) Griechen und westsemitische Welten bildeten einen gemeinsamen Kreis von Kleinstaaten, die nur dann zu Vereinigung und Zentralisierung fähig waren, wenn sie von einem fremden Reich erobert wurden" (358–359).

53.

Zur Frühgeschichte Israels haben wir vor allem *M. Noth*, Geschichte Israels (Göttingen 1950, 2. durchgesehene Auflage 1954), *J. Bright*, A History of Israel (Philadelphia 1959) und *R. de Vaux*, Histoire ancienne d'Israel. Des Origines à l'installation en Canaan (Paris 1971) herangezogen; das letztgenannte Werk enthält ausgezeichnete kritische Bibliographien. Siehe auch: *W. F. Albright*, Archaeology and the Religion of Israel (Baltimore ^{2}1946); *ders.*, The Biblical Period from Abraham to Ezra (New York 1963); *R. de Vaux*, Das Alte Testament und seine Lebensordnungen (Freiburg 1961–1962; dt. Übersetzung von: Les institutions de l'Ancien Testament I–II [Paris ^{2}1961]); *O. Eißfeldt*, Einleitung in das Alte Testament (Tübingen ^{3}1964); *J. Pederson*, Israel. Its Life and Culture I–IV (Kopenhagen 1926, 1940); *G. von Rad*, Theologie des Alten Testaments I (München 1967); *M. Noth*, Die Ursprünge des alten Israel im Lichte neuer Quellen (Köln – Opladen 1961); *C. E. Wright* (Hrsg.), The Bible and the Ancient Near East. Essays in Honor of W. F. Albright (New York 1968) 85–139 (über die Archäologie Palästinas, von E. Wright) 265–299 (Chronologieprobleme).

Eine große Zahl von Werken befaßt sich mit der Religionsgeschichte Israels. Von den in den letzten 10–12 Jahren veröffentlichten Arbeiten sind die brauchbarsten: *Y. Kaufmann*, The Religion of Israel (aus dem Hebräischen übersetzt und gekürzt von

M. Greenberg, Chicago 1960); *H. Ringgren*, Israelitische Religion (Stuttgart 1963); *W. Eichrodt*, Religionsgeschichte Israels (1969); *G. Fohrer*, Geschichte der israelitischen Religion (Berlin 1969).

Die kosmogonischen Texte wurden übersetzt und kommentiert von *J. Bottéro*, Jüdische Schöpfungsmythen, in: Die Schöpfungsmythen (Einsiedeln 1964) 185–228; (dt. Übers. von: La naissance du monde [Paris 1959] 187–234). Über die biblische Kosmologie siehe *H. Gunkel*, Schöpfung und Chaos in Urzeit und Endzeit (Göttingen ²1921) insbes. 29 ff; *V. Maag*, Iahwes Begegnung mit der kanaanäischen Kosmologie, in: Asiatische Studien / Etudes Asiatiques 18–19 (1965) 252–269.

Zu den Mythen von der Erschaffung des Menschen vgl. die weiter oben § 17 angeführte Bibliographie.

54.

Über Eden und die Paradiesmythen vgl. *P. Humbert*, Etudes sur le récit du Paradis et de la chute dans la Genèse (1940); *W. Andrae*, Der kultische Garten, in: Die Welt des Orients 6 (1952) 485–494; *G. Widengren*, The King and the Tree of Life in Ancient Near Eastern Religion (1951); *A. Dammron*, La mythologie sumérienne et les premiers chapitres de la Genèse (1959); *Th. H. Gaster*, Myth, Legend and Customs in the Old Testament (1969) 24–37, 224–332 (Bibliographie); *F. F. Hvidberg*, The Canaanite Background of Genesis I–III, in: Vetus Testamentum 10 (1960) 285 ff; *J. Coppens*, La connaissance du bien et du mal et le péché du Paradis, in: Analecta Lovaniensia Biblica et Orientalia 12 (1958).

Über den Baum des Lebens und den Baum der Erkenntnis siehe *M. Eliade*, Religionen, a.a.O. 327 ff; *Th. Gaster*, a.a.O. 337 f.

Über Kain und Abel siehe *Th. Gaster*, a.a.O. 51–55, 341 f (Bibliographie). Über die Riten und die Symbolik der Metallurgie siehe *M. Eliade*, Schmiede und Alchimisten a.a.O. 57 f; zur Sozialordnung und den magischen Nimbus der Schmiede vgl. ebd.

Über das „Kainsmal" (Gen 4, 15) vgl. das von J. Frazer und Th. Gaster in *Th. Gaster*, a.a.O. 55–65, 344 f (Bibliographie) angeführte vergleichende Material.

55.

Über die Vereinigung der „Göttersöhne" mit den „Töchtern der Menschen" vgl. *C. E. Closen*, Die Sünde der ‚Söhne Gottes' (Gen VI, 1–4) (Rom 1939); *Th. Gaster*, a.a.O. 351 f (Bibliographie); *B. S. Childs*, Myth and Reality in the Old Testament (Naperville (1960) 49 ff; *G. A. Cooke*, The Sons of (the) God(s), in: Zeitschrift für die Alttestamentliche Wissenschaft 76 (1964) 22–47.

Über die Sintflut vgl. die Anmerkungen zu § 18; *Th. Gaster*, a.a.O. 352 (Bibliographie); *A. Parrot*, Déluge et Arche de Noé (1952); *G. Lambert*, Il n'y aura jamais de déluge (Genèse IX:11), in: Nouvelle Revue Théologique 77 (1955) 581–601, 693–724.

Über den Turm von Babel siehe *Th. Gaster*, a.a.O. 360 f (Bibliographie); *A. Parrot*, La Tour de Babel (1953). Über die Symbolik der Zikurrats vgl. *M. Eliade*, Kosmos und Geschichte, a.a.O. 17 ff. *G. Widengren*, Aspetti simbolici dei templi e luoghi di culto del vicino Oriente antico, in: Numen 7 (1960) 1–25. Über die Himmelfahrtsmythen vgl. *M. Eliade*, Religions Australiennes (Paris 1972) 40 ff; *ders.*, Notes on the Symbolism of the Arrow, a.a.O. 468 ff.

Das Werk von *A. Borst,* Der Turmbau von Babel. Geschichte der Meinungen über Ursprung und Vielfalt der Sprache und Völker I–VI (Stuttgart 1957–1963) ist eine sehr gelehrte Enzyklopädie der genealogischen Legenden der orientalischen Geschichte.

56.

Über die nomadisierenden Semiten des 2. Jahrtausends siehe *J. Henninger,* Zum Frühsemitischen Nomadentum, in: Viehwirtschaft und Hirtenkultur. Ethnographische Studien (Budapest 1969) 33–68, insbes. 44–50 (die Patriarchen), 50–53 (die Nomaden in den Texten von Mari).

Über die Habiru und ihre Beziehungen zu den Hebräern siehe den Stand der Fragen und die neuere Bibliographie bei *R. de Vaux,* Histoire ancienne d'Israel, a. a. O. 202–208 („Habiru-Apiru war ein ethnischer Terminus, der eine der Semitengruppen des Westens, die Amoriter oder ‚Proto-Aramäer', bezeichnete, mit denen wir die Patriarchen in Verbindung gebracht haben"; ebd. 208). Siehe auch *W. F. Albright,* From the Stone Age, a. a. O. 238 ff; *ders.,* Yahweh and the gods of Canaan, a. a. O. 75 ff; *G. Fohrer,* Geschichte der Israelitischen Religion, a. a. O. 14 f (Anm. 8–10, Bibliographien).

Über die zeitliche Einordnung der Patriarchen siehe *R. de Vaux,* a. a. O. 245–253. Über den „Gott der Väter" siehe *A. Alt,* Der Gott der Väter (1929) (= Kleine Schriften zur Geschichte des Volkes Israel I [1953] 1–78); Die Diskussion dieser Thesen bei *G. Fohrer,* a. a. O. 20 ff; *R. de Vaux,* a. a. O. 256 ff; *H. Ringgren,* Israelitische Religion, a. a. O. 17 ff. Die Zusammenhänge zwischen dem „Gott der Väter" und El sowie zwischen El und Jahwe wurden jüngst in einer neuen Perspektive analysiert von *F. M. Cross,* Canaanite Myth and Hebrew Epic (Cambridge, Mass. 1973) 1–76.

Die Deutung des Namens El Schaddai ist noch umstritten. Man hat eine Ableitung von einem mit dem akkadisch *šadū* „Berg" verwandten Wort vorgeschlagen: dann hieße es „(El) der Bergbewohner"; vgl. auch *H. Ringgren,* a. a. O. 19 f. Da aber eine nordwestsemitische Etymologie vorzuziehen wäre, hat man jüngst das hebräische *šaday / šadèh* vorgeschlagen: dann würde es heißen: „El der Ebene oder der Felder oder der Steppe" (*R. de Vaux,* a. a. O. 264, mit Bibliographie).

Es ist bemerkenswert, daß die Väterberichte, die El kennen, Baal nicht erwähnen. Das bedeutet, daß die Väter Israels, die vor der Hyksoszeit nach Kanaan eingedrungen sind, den Baalskult nicht vorfanden; dieser erlangte um die Mitte des 2. Jahrtausends, in Ugarit möglicherweise auch etwas früher, seine große Bedeutung: vgl. *R. de Vaux,* a. a. O. 266. Wie wir jedoch bereits feststellten (Kap. 6, Anm. 26), existierte wahrscheinlich ein lokaler ländlicher Wetter- und Fruchtbarkeitsgott, dessen Name nach der Einführung Baals in Vergessenheit geriet.

Es findet sich keinerlei Hinweis auf einen „Idol"-Kult bei den Patriarchen. Aber als Rachel das Haus ihres Vaters Laban verlassen will, stiehlt sie ihm die *teraphim,* die Hausidole (Gen 31, 19), die Laban als „meine Götter" (Gen 31, 30) bezeichnet. Über die Bedeutung der *teraphim* siehe *A. R. Johnson,* The Cultic Prophet in Ancient Israel (²1962) 32 ff; *H. H. Rowley,* Worship in Ancient Israel, a. a. O. 19 ff. Jedenfalls kann Rachels Tat keinen Hinweis auf die Religion Jakobs darstellen. Siehe auch *H. Ringgren,* a. a. O. 23 f.

Die Beschneidung war wahrscheinlich zur Zeit der Patriarchen üblich. Ihr Ursprung ist unbekannt. Vgl. *R. de Vaux,* Les Institutions de l'Ancien Testament (Paris ²1961) 78–82; dt. Übers.: Das Alte Testament und seine Lebensordnungen (Freiburg 1961 f); *E. Isaac,* Circumcision as a Covenant Rite, in: Anthropos 59 (1964) 444–456. Es wurde behauptet, die Beschneidung sei von den Ägyptern übernommen worden, aber sie wurde in Ägypten nicht allgemein praktiziert. Andererseits ist dieser Brauch in Nordsyrien schon zu Beginn des 3. Jahrtausends bezeugt. Folglich konnten ihn die Väter der Israeliten schon vor ihrer Ankunft in Kanaan gekannt haben. „Damals hatte sie noch die ursprüngliche Bedeutung einer Initiation für die Ehe und das Gemeinschaftsleben des Clans, die auch noch in Gen 34,14–16 vorliegt; erst später wurde sie zum Zeichen des Bundes zwischen Gott und seinem Volk, den der Autor von Gen 17 in die Zeit Abrahams verlegt" (*R. de Vaux*, Histoire ancienne d'Israel I, 273; die neuere Literatur ist in den Anmerkungen 94 und 96 verzeichnet); zur Beschneidung als Initiationsritus in archaischen Gesellschaften vgl. *M. Eliade*, Naissances mystiques (Paris 1959) 54 ff.

57.

Über Blutopfer siehe *R. de Vaux*, Les sacrifices de l'Ancien Testament (Paris 1964) 7–27; *ders.*, Histoire ancienne d'Israel, a.a.O. 270 ff. Über die Bräuche Mittelarabiens siehe *J. Henninger*, La religion bédouine préislamique, in: *F. Gabrieli* (Hrsg.), L'Antica società beduina (Rom 1959) 135 f; *ders.*, Les Fêtes de printemps chez les Arabes et leurs implications historiques, in: Revista do Museu Paulista, Saò Paolo, N.S. 4 (1950) 389–432.

58.

Die Gestalt Moses war in neuerer Zeit Anlaß zu einigen originellen Deutungen; siehe *E. Auerbach*, Moses (Amsterdam 1953); *H. Cazelles*, Moise, l'Homme de l'Alliance (1955)); *H. H. Rowley*, From Joseph to Joshua (Oxford 1950); *ders.*, Moses and the Decalogue, in: BJRL 34 (1951) 81–118. Vgl. auch *R. Smend*, Das Mosebild von Heinrich Ewald bis Martin Noth (1959). Zu Moses Sendung siehe *R. de Vaux*, Histoire ancienne, a.a.O. 305 ff. Zu den verschiedenen Traditionen über den Auszug aus Ägypten und das Passahfest siehe *G. Fohrer*, Geschichte, a.a.O. 55 ff; *R. de Vaux*, Institutions II, 383–394 (und Bibl. 467 f); *ders.*, Les sacrifices de l'Ancien Testament, a.a.O. 7 ff.

Der Einfluß des Passahfestes auf die durch Exodus 1–15 dargestellte Tradition wurde vor allem hervorgehoben von *J. Pedersen*, Israel. Its Life and Culture III–IV (1940) 384–415, 728–737; diese Theorie wurde kritisiert und modifiziert von G. von Rad und S. Mowinckel; vgl. *G. Fohrer*, a.a.O. 55 ff.

Wie wir bereits oben feststellten, wurde die Feier des ursprünglich als Frühlingsfest der Hirten begangenen Passahfestes als rituelles Gedächtnis des Auszugs aus Ägypten erklärt; anders ausgedrückt, eine periodisch wiederkehrende Feier, die Ausdruck der kosmischen Religiosität war, wurde schließlich „historisiert". Andererseits haben die legendären Ereignisse des Exodus, wie etwa der Durchzug durch das Schilfmeer und die Vernichtung des ägyptischen Heeres, im Laufe der Zeit zwei verschiedene Deutungen erfahren. Im älteren Zeugnis (Ex 15,1–10) werden die Truppen des Pharao unter den durch Jahwes Atem aufgewühlten Wellen begraben. Erst später, in den Psalmen, ist vom Auseinandertreten des Meeres die Rede: „Er teilte das Meer und ließ sie hindurchziehen und staute die Wasser gleich einer Mauer" (Ps 78,13; vgl. Ps 77, 17–20).

In diesem Fall wird das Schilfmeer-„Wunder" in Zusammenhang mit der Schöpfung gebracht, d.h. mit dem Sieg Jahwes über das Meeresungeheuer Rahab und den Leviathan: „Warst du es nicht, der Rahab zerhieb, den Drachen durchbohrte? Warst du es nicht, der das Meer vertrocknen ließ, das Wasser der gewaltigen Flut, der die Tiefe des Meeres zum Wege schuf, daß die Erlösten durch sie hindurchziehen konnten?" (Is 51,9–10.) Der Auszug und die Eroberung Kanaans (und später die in dem soeben zitierten Text des Deutero-Jesaia angekündigte Heimkehr der Verschleppten) sind in gewisser Weise eine Wiederholung der Schöpfung (vgl. *F. M. Cross*, Canaanite Myth and Hebrew Epic, a.a.O. 100ff). Letztlich aber ergänzen sich die beiden Perspektiven, die „historische" und die „kosmologische". Auch die Eroberung Kanaans, ein „historisches" Ereignis schlechthin, ist Gottes Werk, denn Jahwe ist es, der den Israeliten den Sieg gewährt.

59.

In dem Buch *G. E. Mendenhall*, Law and Covenant in Israel and the Ancient Near East (Pittsburgh 1955) hat der Autor einen Zusammenhang hergestellt zwischen dem Gesetz des Bundes und den Verträgen der Hethiterkönige mit ihren kleinasiatischen Vasallen. Ein solcher Vertrag enthält nach einer Präambel (in der Name und Titel des Königs genannt und die bislang bestehenden Beziehungen zwischen den beiden Parteien in Erinnerung gerufen werden) dem Vasallen vorgeschriebene Bedingungen, Vorschriften über die Aufbewahrung des Dokuments in einem Tempel und dessen feierlicher Verlesung in periodischen Abständen, die Liste göttlicher Zeugen und schließlich Verwünschungs- und Segensformeln. W. F. Albright, der die These akzeptiert, betont die Notwendigkeit von Verträgen und Kontrakten für die Urhebräer, die größtenteils Karawanenführer waren: vgl. *W. F. Albright*, Yahweh and the Gods of Israel, a.a.O. 107 ff, mit Bibliographie. Kritiken zu G. E. Mendenhall, sind verzeichnet bei *R. de Vaux*, Histoire, a.a.O. 410, Anm. 141. R. de Vaux fragt sich, wie die halbnomadisierende Mosesschar die Verträge der Hethiterkönige kennen konnte. Andererseits bestehen durchaus Differenzen in der Struktur der beiden Texte. So fehlen z. B. im Bundesgesetz die abschließenden Verwünschungen und Segnungen. Außerdem sind die Bedingungen im allgemeinen im Konditional – „sofern..." – ausgedrückt, während der Bund apodiktische Formeln verwendet. R. de Vaux bemerkt, daß die Verträge der Hethiterkönige mit den halbbarbarischen Völkern nicht der klassischen Formulierung folgen. Es gibt also mehrere Typen von „Bundesformularen" (ebd. 413).

Über die Rolle der Oase von Kades Barnea bei der Herausbildung jahwistischer Traditionen siehe *T. J. Meek*, Hebrew Origins (New York 1936; Neudruck 1960) 119 ff; *R. de Vaux*, Les Institutions de l'Ancien Testament II, a.a.O. 228 ff; *H. Ringgren*, a.a.O. 32 f. Die den Manifestationen Jahwes auf dem Sinai zugrunde liegenden vulkanischen Elemente wurden analysiert von *J. Koenig*, Le Sinai, montagne de feu, in: RHR 167, 129–155; ders., Aux origines des théophanies jahvistes, ebd. 169 (1966) 1–36. F. M. Cross dagegen hat gezeigt, daß die „Offenbarung von Sinai" eine „Theophanie durch den Sturm" ist, die jener Baals vergleichbar wäre; vgl. *F. M. Cross*, Canaanite Myth and Hebrew Epic, a.a.O. 147 ff. Siehe auch *G. E. Mendenhall*, The Tenth Generation. The origins of the Biblical Traditions (Baltimore 1973) 56 ff. Siehe ebd. 105 über den Vorfall Baal Peor.

60.

Einige jüngere Theorien über die Niederlassung der Israeliten in Kanaan (und vor allem jene von Y. Kaufmann, A. Alt, M. Noth, W. F. Albright und G. E. Mendenhall) wurden analysiert von *R. de Vaux*, Histoire ancienne, a.a.O. 444–454. Siehe auch *R. Smend*, Jahwekrieg und Stämmebund (Göttingen 1963).

Über den Konflikt zwischen dem Jahwismus und der kanaanäischen Religion siehe *R. Hillmann*, Wasser und Berg. Kosmische Verbindungslinien zwischen dem Kanaanäischen Wettergott und Jahve (Dissertation Halle 1965); *J. Maier*, Die Gottesvorstellung Altisraels und die Kanaanäische Religion, in: Bibel und zeitgemäßer Glaube I (1965) 135–158; *T. Worden*, The Literary Influence of the Ugaritic Fertility Myth on the Old Testament, in: VT 3 (1953) 273–297; *G. Fohrer*, a.a.O. 91 ff; *R. de Vaux*, Histoire, a.a.O. 147 (Anm. 99 Bibliographie); über den Synkretismus siehe *G. W. Ahlström*, Aspects of Syncretism in Israelite Religion (Lund 1963).

Das Werk *R. Dussauds*, Les Origines canaanéennes du sacrifice israélite (1921, ²1941) ist noch sehr brauchbar. Siehe auch *H. H. Rowley*, Worship in ancient Israel, a.a.O. 61 ff und die Bibliographie 65, Anm. 1. Das Menschenopfer wurde von den Israeliten nie angenommen; die im 7. Jahrhundert bezeugten Kinderopfer gehen auf einen äußeren Einfluß zurück; vgl. de Vaux und Eißfeldt, zusammengefaßt bei *H. H. Rowley*, a.a.O. 65, Anm. 1.

Über den Prophetismus im alten Vorderen Orient und bei den Israeliten siehe *A. Haldar*, Association of Cult Prophets among the Ancient Semites (Uppsala 1945); *J. Lindblom*, Prophecy in Ancient Israel (Oxford 1962); diese beiden Werke enthalten umfassende Bibliographien. Siehe auch *J. Pederson*, The Role played by Inspired Persons among the Israelites and the Arabs, in: Studies in Old Testament Prophecy = Robinson Festschrift (1950) 127–142; *A. Lods*, Une tablette inédite de Mari, intéressante pour l'histoire ancienne du prophétisme sémitique, in: ebd. 103–110; *A. Malamat*, Prophetic Revelation in New Documents from Mari and the Bible, in: Vetus Testamentum, Suppl. XV (1966) 207–227; *G. Fohrer*, Studien zur alttestamentlichen Prophetie, 1949–1965 (1967).

61.

Die Geschichte der Erforschung und vor allem der Hypothesen über das Ursprungsland der Indoeuropäer und ihre Wanderungen ist zusammengefaßt bei *P. Bosch – M. Gimpera*, Les Indo-Européens (frz. Übers. *R. Lantier*, Paris 1961) 21–96 und *G. Devoto*, Origini indeuropee (Florenz 1962) 8–194. Diese beiden Werke enthalten wichtige Bibliographien. *O. Schrader*, Reallexikon der indogermanischen Altertumskunde (2. Aufl. hrsgg. v. *A. Nehring*, Berlin – Leipzig 1917–1932) ist noch immer unerreicht. Siehe auch *A. Nehring*, Studien zur indogermanischen Kultur und Urheimat, in: *W. Koppers u.a.*, Die Indogermanen- und Germanenfrage (Salzburg – Leipzig 1936) 7–229.

Darlegungen der jüngsten archäologischen Grabungen finden sich in den Arbeiten von *M. Gimbutas*, The prehistory of Eastern Europe (1956); *dies.*, Bronze Age Cultures in Central and Eastern Europe (Den Haag 1965); *dies.*, Proto-Indo-European Culture. The Kurgan Culture during the Fifth, Fourth and Third Millenia B.C., in: *G. Cordona* (Hrsg.), Indo-European and Indo-Europeans (Philadelphia 1970) 155–197; *dies.*, The Beginning of the Bronze Age in Europe and the Indo-Europeans: 3500–2500 B.C., in: JIES 1 (1973) 163–214; *dies.*, The destruction of Aegean and East Mediterranean urban civilization around 2500 B.C., in: *R. Crossland – A. Birchall* (Hrsg.), Bronze Age Migrations in the Aegean (1973) 129–139. *H. L. Thomas*, New Evidence for dating the Indo-European dispersal in Europe, in: Indo-European and Indo-Europeans, a.a.O. 199–251, schlägt eine Zurückdatierung der indoeuropäischen Expansion vor (durch Radiokarbonanalyse wurde ihr Vorhandensein in Holland um 2470 oder 2600 festgestellt).

W. H. Goodenough, The Evolution of Pastoralism and Indo European Origins, in: ebd. 253–265, lokalisiert das Kernland der Indoeuropäer in Ostpolen und in der westlichen Ukraine. Siehe auch P. Friedrich, Proto-Indo-European Trees, in: ebd. 11–34; T. Burrow, The Proto-Indoaryans, in: JRAS 83 (1973) 123–140; M. M. Winn, Thoughts on the question of Indo-European Movements into Anatolia and Iran, in: JIES 2 (1974) 117–142 (über die um 3000 in Anatolien und im Iran lebenden indoeuropäischen Gruppen). Eine kritische Bibliographie über die Indoeuropäer im alten Asien bringt M. Mayrhofer, Die Indo-Arier im Alten Vorderasien (Wiesbaden 1966); vgl. M. Mayrhofer in: IIJ, 7 (1964) 208 ff; ders., Die Arier im Vorderen Orient – ein Mythos? (Wien 1974). Die religiöse Funktion der Tumuli *(Kurgan)* verweist auf einen machtvollen Ahnenkult, vergleichbar jenem der Megalithkulturen (vgl. § 35).

62.

Über M. Müllers Theorien siehe R. M. Dorson, The Eclipse of Solar Mythology, in: Th. A. Sebeok (Hrsg.), Myth. A Symposion (Philadelphia 1955) 15–38. Immer noch brauchbar ist L. v. Schröder, Arische Religion I–II (Leipzig 1914, 1916). Im ersten Band stellt der Autor die Höchsten Wesen der Indoeuropäer dar, im zweiten die kosmischen Gottheiten (Erde, Sonne, Feuer usw.). In einem dritten Band sollten der Begriff der Seele und der Ahnenkult untersucht werden. Aus der sehr umfangreichen mehr oder minder nationalsozialistisch inspirierten Literatur sei als Beispiel angeführt: F. Cornelius, Indogermanische Religionsgeschichte (München 1942); J. W. Hauer, Glaubensgeschichte der Indogermanen I (Stuttgart 1937) (es blieb bei diesem einen Band) besteht aus einer Reihe von Einzeluntersuchungen. Eine Kritik der rassistischen Interpretation des indoeuropäischen Denkens findet sich in den verschiedenen Beiträgen bei W. Koppers (Hrsg.), Die Indogermanen- und Germanenfrage (= Wiener Beiträge zur Kulturgeschichte und Linguistik 4 [Salzburg – Leipzig 1936]), sowie bei W. Schmidt, Rassen und Völker in Vorgeschichte und Geschichte des Abendlandes, Bd. 3 (Luzern 1946), insbes. 275–318.

Zum religiösen indoeuropäischen Vokabular siehe G. Devoto, Origini indeuropee, a. a. O. 295 ff sowie E. Benveniste, Le vocabulaire des institutions indo-européennes, Bd. 2 (Paris 1969). Eine eingehende Analyse des Terminus *theos* bringt C. Gallavotti, Morfologia di theos, in: SMSR 33 (1962) 25–43. Über die iranische Gottheit des Feuers vgl. S. Wikander, Der arische Männerbund (Lund 1938) 76 ff und weiter unten § 104.

E. Hamp hat neuerdings (gegen Benveniste, a. a. O. II, 223 ff) gezeigt, daß es ein gemeinindoeuropäisches Wort für „Opfer" gibt; vgl. E. Hamp, Religion and Law from Iguvium, in: JIES 1 (1973) 318–323, insbes. 322.

Eine spätere Entwicklung verbindet die göttliche Kraft mit den Seelen der Toten; vgl. insbesondere den Sachverhalt bei den Germanen, wo die ursprüngliche Wurzel GHAV, GHUTO, „der Angerufene, Beschworene", schließlich die Idee Gottes ausdrückte. Gleichermaßen spät scheint der Terminus WELO, „Seele", aufzutreten, mit der Bedeutung „der sich in Luft befreit", d. h., der durch Verbrennung befreit wird; vgl. G. Devoto, Origini, a. a. O. 295–316.

Ein charakteristischer Unterschied zwischen den Indoeuropäern und den Semiten bedarf einer besonderen Betonung, nämlich die jeweilige Wertschätzung der Schrift. Herodot (I, 136) berichtet, die Perser lehrten ihren Söhnen nur drei Dinge: zu reiten, mit dem Bogen zu schießen und die Wahrheit zu sprechen. Einem Abschnitt der Annalen des assyrischen Königs Assurbanipal V. zufolge lernt der semitische Herrscher Reiten (und Wagenlenken), Bogenschießen und „die Weisheit Nabus sowie die Kunst des Schreibens entsprechend der Tradition der Meister"; vgl. G. *Widengren*, Iranische Religionsgeschichte in: Numen I (1954) 16–83, insbes. 77, Anm. 311; *ders.*, Religionsphänomenologie (Berlin 1969) 570ff. Siehe auch G. *Dumézil*, La tradition druidique et l'écriture. Le Vivant et le Mort, in: RHR 122 (1940) 125–133. Dieser radikale Unterschied zwischen den auf mündlicher Überlieferung basierenden indoeuropäischen Religionen und den „Buchreligionen", in denen die Schreiber höchstes Ansehen genossen, führte zu Schwierigkeiten, als die zoroastrische Priesterschaft ihr Heiliges Buch, den Awesta, zu veröffentlichen gedachte. Denn selbst in sassanidischer Zeit (3.–7. Jh.) galt die Schrift als dämonisches Werk; vgl. A. *Bausani*, Persia religiosa (Mailand 1959) 20ff. Siehe auch G. *Widengren*, Holy Book and Holy Tradition in Iran. The Problem of the Sassanid Avesta, in: F. F. *Bruce* – E. G. *Rupp* (Hrsg.), Holy Book and Holy Tradition (Manchester 1968) 36–53.

63.

Die einfachste Einführung in G. Dumézils Werk ist: G. *Dumézil*, L'Idéologie tripartie des Indo-Européens (Brüssel 1958). Die Bibliographie bis 1960 ist verzeichnet in: Hommages à Georges Dumézil (Brüssel 1960), XI–XXIII. Eine chronologische Darlegung der Schriften Dumézils sowie eine Analyse ihrer Kritiken findet sich bei C. *Scott-Littleton*, The New Comparative Mythology. An Anthropological Assessment of the Theories of Georges Dumézil (Berkeley – Los Angeles 1966). Mehrere Untersuchungen über Theorien G. Dumézils sind erschienen in: *J. Puhvel* (Hrsg.), Myth and Law among the Indo-Europeans (California 1970) und G. I. *Larson* (Hrsg.), Myth in Indo-European Antiquity (California 1974). Siehe auch die Artikel von J. F. *Richards*, A. *Hiltebeitel*, J. *Gonda*, C. *Scott-Littleton* und D. M. *Knipe* in: The Journal of Asian Studies 34 (1974) 127–168. Eine brillante Untersuchung der Dumézilschen Konzeption der Dreiteilung im Lichte der griechischen Fakten bringt R. *Bodéüs*, Société athénienne, sagesse grecque et idéal indo-européen, in: L'Antiquité Classique 41 (1972) 453–486.

Bis zum Erscheinen der Neuauflage der drei Bände: Jupiter, Mars, Quirinus (Paris 1941–45) sowie: Mitra-Varuna. Essai sur deux représentations indo-européennes de la souveraineté (1940, ²1948) empfehlen wir: G. *Dumézil*, Heur et malheur du guerrier (Paris 1969), eine Bearbeitung von: Aspects de la fonction guerrière chez les Indo-Européens (1956); *ders.*, L'héritage indo-européen à Rome (Paris 1949); *ders.*, Servius et la Fortune (Paris 1943); *ders.*, Mythe et Épopée, I–III (Paris 1968, 1973). Im ersten Band von Mythe et Épopée legt G. Dumézil die Beweisführung S. Wikanders über die Existenz des dreifunktionalen Schemas im *Mahābhārata* dar. S. Wikanders Artikel, La légende des Pandava et le fond mythique du Mahābhārata (schwedisch in: Religion och Bibel VI, 27–39) wurde von G. Dumézil übersetzt in: Jupiter, Mars, Quirinus IV (1948) 37–53. Über die Götter von Mitani siehe G. *Dumézil*, Les „trois fonctions" dans les Rig Veda et les dieux indiens de Mitani, in: Académie royale de Belgique, Bulletin de la Classe des Lettres, 5. Serie, XLVII (1961) 265–298.

Nach V. M. Apte wurde schon zur Zeit der Redaktion der ersten neun Bücher des Rig Veda die Gesellschaft „als aus Priestern, Kriegern und Bauern bestehend gedacht, und wenn diese Gruppen auch noch nicht unter ihren Namen Brahmana, Ksatriya und Vaisya aufscheinen, so waren die abstrakten Substantiva, als die Bezeichnungen von Begriffen, von denen die Namen der Menschen ja nur abgeleitet sind, doch schon eingebunden in ein hierarchisches System, das die Prinzipien der drei Tätigkeiten distributiv definiert: Brahman (Neutrum) ‚Wissen und Anwendung mystischer Zusammenhänge zwischen den Bereichen des Wirklichen, Sichtbaren oder Unsichtbaren', Ksatrya, ‚Macht', Vis sowohl ‚Bauernstand', ‚feste Heimat', als auch, im Plural, Visah, ‚Gesamtheit des Volkes in seinen gesellschaftlichen und örtlichen Gruppierungen'" (G. Dumézil, L'idéologie tripartie, a.a.O. 8). G. Dumézil bietet hier eine Zusammenfassung von *V. M. Apte*, Were castes formulated in the age of the Rig Veda?, in: Bull. of the Deccan College, Research Institute II, 34–46. G. Dumézil findet das dreifunktionale Schema auch in der Aufeinanderfolge der ersten römischen Könige: 1) Romulus, der schreckliche Herrscher (Typ Varuna), 2) Numa, der Weise, Urheber von Kult und Gesetzen (Typ Mitra); 3) Tullus Hostilius, ein Krieger, ohne weitere Funktion (Indra, Mars); 4). Ancus Marcius, ein friedfertiger König, unter dem sich die Fülle und der Reichtum Roms entfalten (Quirinus); vgl. *G. Dumézil*, Heur et Malheur du guerrier, a.a.O. 15ff.

64.

Über das Eindringen der Arier in Indien siehe *K. Jettmar*, Zur Wanderungsgeschichte der Iranier, in: Die Wiener Schule der Völkerkunde, Festschrift zum 25jährigen Bestand (Wien 1956) 327–349; *P. Bosch – M. Gimpera*, The Migration Route of the Indo-Aryans, in: JIES I (1973) 513–517. Siehe auch East and West 21, Nr. 1–2 (1971) 14ff.

Die älteste arische Kultur in Indien wird untersucht in: *R. C. Majumdar* (Hrsg.), History and Culture of the Indian people I: The vedic Age (London 1951) (ausgezeichnete Bibliographien).

Die Rolle der Arier bei der endgültigen Zerstörung der Induskultur wird diskutiert von *Sir M. Wheeler*, The Indus Civilisation (Cambridge ³1968) 132ff; *R. Heine – Geldern*. The Coming of the Aryans and the end of the Harappa culture, in: Man 56 (1956) 136–140; *B. und R. Allchin*, The Birth of Indian Civilization (Baltimore – Maryland 1968) 154ff; *W. A. Fairservis Jr.*, The Roots of Ancient India (New York 1971) 345ff. Vgl. auch *G. D. Kumar*, The Ethnic Components of the Builders of the Indus Valley Civilization and the Advent of the Aryans, in: JIES I (1973) 66–80.

Über die Riten im Zusammenhang mit der Landnahme vgl. *A. K. Coomaraswamy*, The Rig Veda as Land-náma-Bók (London 1935). Eine zusammenfassende Darstellung der relativen Chronologie der Hymnen, der Schulen und der Rezensionen der vier Sammlungen – Rig Veda, Yajur-Veda, Sāmaveda, Atharvaveda – bringt *L. Renou*, L'Inde classique I (Paris 1947) 270ff. Die Übersetzungen der verschiedenen vedischen Texte sind verzeichnet bei *N. J. Hein* in: *Ch. J. Adams* (Hrsg.), A Reader's Guide to the Great Religions (New York – London 1965) 49f. Die französischen Übersetzungen sind erwähnt bei *J. Varenne*, Le Veda, premier livre sacré de l'Inde (Paris 1967) I, 36–38. Die wichtigsten Übersetzungen ins Französische sind folgende: *L. Renou*, Hymnes et prières du Veda (1938); *ders.*, La poésie religieuse de l'Inde antique (1942); *ders.*, Hymnes spéculatifs du Veda (1956) – sowie die Übersetzungen von *J. Varenne*, veröffentlicht in: Le Veda I–II. Siehe auch *V. Henry*, Les livres VII à XII de L'Atharva Veda (Paris 1892–1896); *P. E. Dumont*, L'agnibotra (Baltimore 1939).

Unerläßlich ist die Übersetzung von *K. F. Geldner*, Rig-Veda, 3 Bde. (Cambridge, Mass. 1951).

Zur Deutungsgeschichte der vedischen Religion siehe *L. Renou*, Religions of Ancient India (London 1953) 7ff. Unerreicht ist nach wie vor *A. Bergaigne*, La religion védique d'après les hymnes du Rigveda I–III (Paris 1878–1897). Lehrreich sind auch *M. Bloomfield*, The Religion of the Veda (New York 1908); *A. A. Macdonell*, Vedic Mythology (Straßburg 1897); *H. Oldenberg*, Die Religion des Veda (Berlin ³1923); *A. Hillebrandt*, Vedische Mythologie (Breslau ²1929); *A. B. Keith*, The Religion and Philosophy of the Veda and Upanishads, 2 Bde. (Cambridge, Mass. 1925).

L. Renou gibt eine zusammenfassende Geschichte des Vedismus in: Religions of Ancient India, a. a. O. 1–45. Siehe auch, *ders.*, L'Inde classique, a. a. O. 314–372; *ders.*, Le destin du Veda dans l'Inde (= Études védiques VI, 1960).

Das neuste und mit einer sehr reichhaltigen Bibliographie ausgestattete Werk ist: *J. Gonda*, Religionen Indiens. I. Veda und älterer Hinduismus (Stuttgart 1960). Siehe auch: *J. Gonda*, The vision of the Vedic poets (Den Haag 1965); *ders.*, Loka. World and heaven in the Veda (Amsterdam 1966); *P. Horsch*, Die vedische Gatha- und Sloka-Literatur (Bern 1966).

65.

Zu den *Devas* und *Asuras* der vedischen Zeit siehe auch die Untersuchung von *T. Segerstedt*, Les Asuras dans la religion védique, in: RHR 55 (1908) 157–203, 293–316; doch ist die allgemeine These – Identifikation der Asuras mit den Ureinwohnern Indiens – anfechtbar. Siehe auch *P. v. Bradke*, Dyaus Asura, Ahura Mazdā und die Asuras (Halle 1885). Nach v. Bradke erscheint das Wort *Asura* 71mal im Rig Veda (57mal im Singular, 4mal im Dual und 10mal im Plural); von den 10 pluralischen Verwendungen des Wortes hat es 8mal eine den Devas feindliche Bedeutung; im Singular dagegen tritt diese feindliche Bedeutung nur 4mal auf (a. a. O. 22). Siehe auch *H. Güntert*, Der arische Weltkönig und Heiland (Halle 1923) 101ff.

Der Streit der Devas und Asuras um die Weltherrschaft wird erstmalig ausführlich dargelegt in den *Brâhmanas;* vgl. *S. Levi*, La doctrine du sacrifice dans les Brâhmanas (Paris 1898) 27–61.

Zur kosmogonischen Bedeutung des Konflikts Devas – Asuras vgl. *F. B. J. Kuiper*, Basic Concept of Vedic Religion, in: HR 15 (1975) 107–120. Über die Identifikation Varuṇa – Vṛtra vgl. *A. Bergaigne*, Rel. Védique, a. a. O. III, 113, 128, 147. Eine metaphysische Deutung des Paares Devas – Asuras bringt *A. K. Coomaraswamy*, Angel and Titan. An essay in: Vedic Ontology, in JAOS 55 (1935) 373–419.

66.

Über Varuṇa siehe die Bibliographien in *M. Eliade*, Religionen, a. a. O. 98 ff, 541 f, sowie *ders.*, Ewige Bilder und Sinnbilder, a. a. O. 239f.; außerdem *G. Dumézil*, Mitra-Varuṇa (²1948) insbes. 83ff, 116ff; *J. Gonda*, Religionen Indiens I, a. a. O. 73–84; *H. Lüders*, Varuṇa (Göttingen 1951–1959), insbes. II: Varuṇa und das Ṛta. Über Ṛta vgl. die neuere Bibliographie in: *J. Gonda*, a. a. O. 77, Anm. 27. Dem Ṛta entgegengesetzt ist auf ethischer Ebene Anṛta, „Unordnung", „Lüge" und auf kosmischer Ebene Nirṛti, „Auflösung". Siehe auch *H. v. Glasenapp*, Die Philosophie der Inder (Stuttgart ²1958) 28f.

Über den „Rückzug" Varuṇas angesichts der Popularität Indras siehe *L. Renou*, Religions of Ancient India, a. a. O. 20ff.

Über Mâyâ in vedischer Zeit vgl. *G. Dumézil*, Ordre, fantaisie, changement dans les pensées archäiques de l'Inde et de Rome, in: Rev. Et. Latines 32 (1954) 139–162, insbes.

142–150, mit einer reichhaltigen Dokumentation. Außerdem: *J. Gonda*, Four Studies in the Language of the Veda (Den Haag 1959) 119–194; *ders.*, Change and Continuity in Indian Religion (1965) 164–197. *A. Bergaigne*, La religion védique III, a. a. O. 80 ff untersucht die anderen göttlichen Wesen, die ihr Mâyâ besitzen: Agni, Soma, Tvaṣṭri usw.; vgl. auch *M. Eliade*, Bilder und Sinnbilder, a. a. O. 88–91.

Über den mythischen Ursprung des Dharma vgl. *P. Horsh*, Vom Schöpfungsmythos zum Weltgesetz, in: Asiatische Studien 21 (1967) 31–61.

Über die strukturelle Übereinstimmung Varuṇa – Vṛtra und allgemein die Konsubstantialität Götter – Schlangen vgl. *M. Eliade*, Bilder und Sinnbilder, a. a. O. 129 f; *ders.*, Méphistophélès et l'Androgyne, a. a. O. 111 ff; *A. Coomaraswamy*, Angel and Titan. An Essay on Vedic Ontology, in: JAOS 55 (1935) 373–419. *F. B. J. Kuiper* hat gezeigt, daß Varuṇa im Rig Veda, wo er als Himmel und Erde tragende kosmische Achse gedacht wird, jene Funktion erfüllt, die später der Schlange Seṣa übertragen wird; vgl. IIJ 8 (1964) 108,116,118.

Über die Zuordnung Varuṇas zu den Schlangen im Mahābhārata vgl. *G. Johnsen*, Varuṇa and Dhrtarāstra, in: IIJ 9 (1966) 245–265, insbes. 260 f.

67.

Varuṇas Ambivalenz ist keine Ausnahme; vgl. *L. Renou*, L'ambiguité du vocabulaire du Rigveda, in: JA 231 (1939) 161–235; *ders.*, Religions of ancient India, a. a. O. 20 ff. Über die Ambivalenz von Soma vgl. *M. Eliade*, Méphistophélès et l'Androgyne, a. a. O. 110. Vgl. auch § 68 über die „Brüderlichkeit" Indra–Vṛtra.

Über Mitra vgl. *H. Güntert*, Der arische Weltkönig und Heiland (Halle 1923) 49 ff, 120 ff; *G. Dumézil*, Mitra–Varuṇa, a. a. O. 79 ff, mit Bibliographie; *J. Gonda*, Religionen Indiens, a. a. O. I, 73 ff, mit Bibliographie; *ders.*, The Vedic God Mitra (Leiden 1972).

Über Aryaman vgl. *P. Thieme*, Der Fremdling im Rig Veda (1938); *ders.*, Mitra and Aryaman, in: Transactions of the Connecticut Academy of Arts and Sciences 41 (1957) 1–96. *G. Dumézil*, Le troisième souverain, essai sur le dieu indo-iranien Aryaman (Paris 1949); *ders.*, Les dieux des Indo-Européens (1952) 40–59; *ders.*, L'idéologie tripartie des Indo-Européens (Brüssel 1958) 68, 108–118.

Über Aditi und die Adityas vgl. *G. Dumézil*, Déesses latines et mythes védiques (1956) 90 ff; *J. Gonda*, Some Observations in the relations between „Gods" and „Powers" in the Veda (Den Haag 1957) 76 ff; *ders.*, Religionen Indiens I, a. a. O. 83 f, mit Bibliographie.

68.

Eine zusammenfassende Darstellung über Indra geben *J. Gonda*, Religionen Indiens I, a. a. O. 53–62 (mit Bibliographie); *H. Lommel*, Der arische Kriegsgott (Frankfurt a. M. 1939); *G. Dumézil*, Heur et Malheur du Guerrier (1969) insbes. 63 ff, 112 ff; *E. Benveniste* – *L. Renou*, Vṛtra et Vṛthragna, étude de mythologie indo-iranienne (1934).

Über die kosmogonische Rolle Indras siehe *N. W. Brown*, The Creation Myth of the Rig Veda, in: JAOS 62 (1942) 85–98; *M. Eliade*, Kosmos und Geschichte, a. a. O. 22 f; *S. Kramrisch*, The Triple Structure of Creation in the Ṛg Veda, in: HR 2 (1960) 140–175, 256–285, insbes. 140–148; *F. B. J. Kuiper*, Cosmogony and Conception. A Query, in: HR 10 (1970) 91–138, insbes. 98–110.

Über den Kampf zwischen einem göttlichen Helden und dem Drachen siehe *M. Eliade*, Kosmos und Geschichte, a. a. O. 36 ff; *Th. H. Gaster*, Thespis (New York 1950) 141 ff; *J. Fontenrose*, Python (Berkeley, Los Angeles 1959); *F. R. Schröder*, Indra, Thor und Herakles, in: Zeitschr. f. deutsche Philologie 76 (1957) 1–41; *V. Ivanov / V. Toporov*, Le mythe indo-européen du dieu de l'orage poursuivant le serpent. Réconstruction du schéma, in: Échange et communication. Mélanges C. Lévi-Strauss (Paris 1969). Über die exemplarische Funktion des Kampfes Indra–Vṛtra vgl. *F. B. J. Kuiper*, The ancient aryan verbal contest, in: IIJ 4 (1960) 217–281. Über die Maruts siehe *S. Wikander*, Der arische Männerbund (Lund 1938) 75 ff. Über den „Befruchter-Aspekt Indras vgl. *J. J. Meyer*, Trilogie altindischer Mächte und Feste der Vegetation (Zürich 1937), insbes. III, 154 ff (es handelt sich in erster Linie um späte Entwicklungen); *J. Gonda*, The Indra Festival according to the Atharvavedins, in: JAOS 87 (1967) 413–429.

Bestimmte Parallelmythen, in denen Indra dem Dreiköpfigen (Sohn des Tvaṣṭṛ) oder Namuci gegenübersteht, wurden hier nicht besprochen. G. Dumézil findet das gleiche Szenarium bei den Römern, in Griechenland und in Skandinavien; vgl. *G. Dumézil*, Heur et malheur du guerrier, a. a. O. 33 ff, 63 ff. Der exemplarische Kampf zwischen Indra und Vṛtra führte später zu einer kühnen Deutung, die allerdings von der vedischen Konzeption der Ambivalenz und göttlichen Bipolarität vorbereitet wurde. Der göttliche Held wird zum „Bruder" des Drachen, da dieser letztere von Indras Vater Tvaṣṭṛ erschaffen wurde. Tatsächlich hatte Tvaṣṭṛ – dem Mythos zufolge – es unterlassen, seinen Sohn zu einem Somaopfer einzuladen. Indra aber gelang es, sich dem Opfer zu nähern, und er eignete sich das Soma mit Gewalt an. Darob erzürnt schüttete sein Vater den Rest des göttlichen Getränkes in das Feuer mit den Worten: „Wachse und werde zu Indras Gegner!" Aus diesem in das Feuer geschütteten Somarest wurde Vṛtra geboren (Taitt. Sam. II, 4, 12 und 5, 1 ff; Kausitaki Br. XV, 2–3). Dieser verschlang jedoch sogleich die Götter Agni und Soma, so daß die anderen Gottheiten Angst bekamen. Der beunruhigte Tvaṣṭṛ gab Indra den Blitz und sicherte so dessen endgültigen Sieg. Satapatha Brâhmana (I, 6, 3) berichtet eine höchst bezeichnende Einzelheit: der besiegte Vṛtra wendet sich mit folgenden Worten an Indra: „Schlage mich nicht, denn du bist nun, was ich war."

Solche Mythen und ihre theologische Exegese „enthüllen einen Aspekt der Gottheits-Geschichte, der – weil weniger offenkundig – weniger bekannt ist. Man könnte fast sagen, daß es sich um eine „Geheimgeschichte" der Gottheit handelt, die nur Eingeweihten, d. h. jenen, die die Traditionen kennen und die Lehre verstehen, verständlich wird. Die vedische „Geheimgeschichte" enthüllt einerseits die Blutsverwandtschaft der Devas und Asuras, also die Tatsache, daß diese beiden Klassen übermenschlicher Wesen aus ein und demselben Prinzip hervorgegangen sind; andererseits enthüllt sie die *coincidentia oppositorum* in der tieferen Struktur der Gottheiten, die sich einzeln oder gemeinsam, wohlwollend und schrecklich, schöpferisch und zerstörerisch, sonnenhaft und dunkel (d. h. manifest und virtuell) usw. zeigen. Hier ist das Bemühen des indischen Geistes zu erkennen, ein einziges Prinzip der Welterklärung zu finden, zu einer Perspektive zu gelangen, in der sich die Widersprüche lösen und die Gegensätze aufheben" *(M. Eliade*, Méphistophélès et l'Androgyne, a. a. O. 115). Zu diesem Problem siehe auch *C. Pensa*, Considerazioni sul tema della bipolarità nelle religioni indiane, in: Gururājamanjarikā. Studi in Onore di Giuseppe Tucci (Neapel 1974) 379–409.

69.

Die Hymnen an Agni wurden übersetzt und kommentiert von *L. Renou*, Études védiques et panindiennes, Bd. 12–14 (Paris 1964–1965). Über Agni siehe die entsprechenden Kapitel bei *A. Bergaigne, H. Oldenberg, A. Hillebrandt, A. B. Keith, A. A. Macdonell* (Vedic Mythology) und *J. Gonda*.

Zur Sakralität des Hausfeuers in indoeuropäischer Auffassung vgl. *Schrader – Nehring*, Reallexikon I, a.a.O. 495 ff; II, 239 ff, 475 ff.

Über den Kult des heiligen Feuers bei den Indo-Iraniern siehe *S. Wikander*, Feuerpriester in Kleinasien und Iran (Lund 1946).

Über Agni als „erotisches Feuer" insbesondere in nachvedischer Zeit siehe *W. D. O'Flaherty*, Asceticism and Eroticism in the Mythology of Siva (Oxford 1973) 90–110.

70.

Die Hymnen an Soma wurden übersetzt und kommentiert von *L. Renou*, Études védiques et panindiennes, Bd. 8 und 9 (Paris 1961). Siehe auch *S. S. Bhawe*, The Soma hymns of the Ṛgveda I–II (Baroda 1957–1960). Alles über die Pflanze Soma vom Rig Veda bis zu den jüngsten Schriften bei *A. Hillebrandt*, Vedische Mythologie I (2. Aufl., a.a.O.) 193–498; vgl. auch *W. D. O'Flaherty*, The post-Vedic History of the Soma Plant, in: *R. G. Wasson*, Soma, Divine Mushroom of Immortality (New York 1968) 95–147. R. G. Wasson versucht hier zu beweisen, daß die ursprüngliche Somapflanze der Pilz *Amanita muscaria* war; vgl. die Zusammenfassung von *F. B. J. Kuiper* in: IIJ 12 (1970) 279–285, sowie die Antwort R. G. Wassons, ebd. 286–298. Siehe auch die Kritik von *J. Brough*, Soma and Amanita muscaria, in: BSOAS 34 (1971) 331–362, sowie *P. Demiéville*, T'oung-Pao 56 (1970) 298–302 (über die Fakten der Verbreitung des Soma im vorbuddhistischen China).

Über den Gott Soma vgl. die entsprechenden Kapitel bei *A. Bergaigne, H. Oldenberg, A. B. Keith* und *J. Gonda*. Vgl. auch *N. J. Shende*, Soma in the Brāhmaṇas of the Rgveda, in: JAS Bombay 38 (1963) 122 ff; *J. Gonda*, Soma, amṛta and the moon, in: *ders.*, Change and Continuity in Indian Religion (Den Haag 1965) 38–70.

Über den Raub des Soma vgl. *D. M. Knipe*, The Heroic Theft. Myths from Ṛg Veda IV and the Ancient Near East, in: HR 6 (1967) 328–360; mit reichhaltiger Bibliographie.

Zur Gemeinsamkeit der indo-iranischen Liturgie des Soma / Haoma vgl. die Untersuchung von *V. Henri*, Esquisse d'une liturgie indo-iranienne, in: Caland, Angiṣṭoma (1907) 469 ff; *J. Duchesne-Guillemin*, La religion de l'Iran ancien (1962) 95 ff; *ders.*, Symbols and Values in Zoroastrianism (New York 1966) 84 ff.

A. E. Jensen bringt den Opfermord des Soma durch die anderen Götter in einen Zusammenhang mit der Opferung einer Gottheit vom Typ *Dema* durch seine Gefährten, ein schöpferisches Opfer schlechthin; vgl. *A. E. Jensen*, Mythus und Kult bei Naturvölkern (Wiesbaden 1951).

71.

Über Uṣas siehe *L. Renou*, Études védiques et panindiennes, III: Les Hymnes à l'Aurore du Rgveda (Paris 1957); *A. K. Coomaraswamy*, The Darker Side of Dawn, Smithsonian Miscellaneous Collections, Bd 54, Nr. I (Washington 1935) 4 ff; *G. Montesi*, Il valore cosmico dell' Aurora nel pensiero mitologico del Rig-Veda, in: SMSR 24–25 (1955) 111–132. Über Vayu siehe S. *Wikander*, Vayu (Uppsala – Leipzig 1941). Über Sūrya und die Aśvins vgl. *D. P. Pandey*, Sūrya (Diss. Leiden 1939); *J. Gonda*, Religionen Indiens, a.a.O. I. 92f.

Über Rudra vgl. *E. Arbman*, Rudra (Uppsala 1922); *J. W. Hauer*, Glaubensgeschichte der Indo-Germanen I, a.a.O. 174–298; *W. Wüst*, Rudra (München 1955); *J. Gonda*, Religionen Indiens I, a.a.O. 85–89; *ders.*, Viṣṇuism and Sivaism. A Comparison (London 1920) 1–17.

Über Visnu in vedischer Zeit siehe *J. Gonda*, Aspects of early Viṣṇuism (Utrecht 1954); *ders.*, Religionen Indiens I, a.a.O. 89ff; *F. B. J. Kuiper*, The Three Strides of Viṣṇu, in: Indological Studies in Honor of W. Norman Brown (New Haven 1962) 137–151. In dem Artikel: *G. Dumézil*, Viṣṇu et les Maruts à travers la réforme zoroastrienne, in: JA 241 (1953) 1–25 hebt der Autor die Entsprechungen zwischen Visnu und der iranischen Gottheit Rašnu einerseits und den Maruts und Fravašis andererseits hervor. Über Aryaman siehe *G. Dumézil*, Le Troisième Souverain (Paris 1949).

72.

Eine klare und knappe Beschreibung der vedischen Rituale bringen *L. Renou* und *J. Filliozat*, L'Inde Classique I (1949) 345–372. Ausführlichere Darlegungen bei *A. Bergaigne*, La Religion I, a.a.O. 121ff; *A. B. Keith*, Religion and Philosophy of the Veda I (1925) 252–379; *J. Gonda*, Indische Religionen I, a.a.O. 104–173. Nach wie vor unentbehrlich: *A. Hillebrandt*, Ritualliteratur (Straßburg 1897). Siehe auch *K. R. Potdar*, Sacrifice in the Rig-Veda (Bombay 1953) und vor allem *R. N. Dandekar* (Hrsg.), Śrautakoṣa: Encyclopedia of Vedic Sacrificial Ritual (Poona 1962). Zum Somaopfer siehe *W. Caland* und *V. Henry*, L'Angistoma, 2 Bde. (Paris 1906–1907). Über das Tieropfer siehe *E. Mayrhofer-Passler*, Haustieropfer bei den Indo-Iraniern und den anderen indogermanischen Völkern, in: Ar. Or. 21 (1953) 182–205.

Über den Pravargya siehe *J. A. B. van Buitenen*, Pravargya, an ancient Indian iconic ritual (Poona 1968).

Zur Upanayana-Zeremonie vgl. *J. Gonda*, Change and continuity, a.a.O. 264ff, 459ff (im modernen Hinduismus).

H. S. Converse hat eine Anzahl von Analogien zwischen dem Agnicayana-Ritual und der von Schwarz-Rot-Keramik charakterisierten Einheimischenkultur untersucht (Errichtung eines Altares mit 10 800 Ziegeln, während die Arier der vedischen Zeit keine Ziegel verwendeten; Kochtechnik; Verweise auf „Orientalen", unter denen die Asuras verstanden werden usw.), und vertritt einen nichtarischen Ursprung dieser Art von Opfer; vgl. *H. S. Converse*, The agnicayana rite. Indigenous origin?, in: HR 14 (1974) 81–95.

Die Hausriten (Gṛhya) weisen bereits die Struktur des hinduistischen Kultus auf; ihr „vedischer" Charakter ist nur sehr oberflächlicher Art (L. Renou, Religions of Ancient India, a.a.O. 39).

Über die Dakṣiṇā, die Opfergaben an die Priester, siehe *J. C. Heesterman*, Reflections on the significance of the *dakṣiṇā*, in: IIJ 3 (1959) 241–258. Vgl. 257: „die Dakṣiṇā ist die materielle Manifestation des zyklischen Laufs des Universums wie er im Ritual dargestellt ist". Siehe auch *J. Gonda*, Gifts and Giving in the Rgveda, in: Vishvesh Varanand

Indological Journal 2 (1964) 21–30, und für die iranische Entsprechung *A. Lommel*, Zarathustra's Priesterlohn, in: Festschrift für W. Kirfel (Bonn 1955) 187–196.

73.

Über den Aśvamedha siehe *P. E. Dumont*, L'Aśvamedha. Description du sacrifice solennel du cheval dans le culte védique (Paris 1927); *J. Gonda*, Religionen Indiens I, a. a. O. 168ff; *ders.*, Ancient Indian Kingship from the religious point of view (Leiden 1966; Erstveröffentlichung in: Numen 3–4 [1956–1957], 110ff); *C. D. d'Onofrio*, Le „Nozze sacre" della regina col cavallo, in: SMSR 24f (1953) 133–162, insbes. 153ff.

Über das Pferdeopfer bei den Indoeuropäern siehe *W. Koppers*, Pferdeopfer und Pferdekult der Indogermanen, in: Wiener Beiträge zur Kulturgeschichte und Linguistik 4 (1936) 279–409; *J. Puhvel*, Aspects of Equine Functionality, in: Myth and Law among the Indo-Europeans (Berkeley 1970) 159–172.

Über Puruṣamedha siehe *W. Kirfel*, Der Aśvamedha und der Puruṣamedha, in: Festschrift W. Schumbring (Hamburg 1951) 39–50; *J. L. Sauvé*, The Divine Victim. Aspects of Human Sacrifice in Viking Scandinavia and Vedic India, in: Myth and Law among the Indo-Europeans, a. a. O. 173–191.

74.

Über die Initiationssymbolik der Dīkṣā siehe *M. Eliade*, Naissances mystiques (1959) 113ff.

Beschreibung der Zeremonie: *A. Hillebrandt*, Ritualliteratur, a. a. O. 157ff; *A. B. Keith*, The Religion and the Philosophy of the Veda and Upanishads I, a. a. O. 300ff. *J. Gonda*, Change and continuity in Indian Religion (Den Haag 1965) 315-462 gibt eine treffende Analyse der Dīkṣā von der vedischen Zeit bis zum modernen Hinduismus.

Über den Rajasuya siehe *A. Hillebrandt*, a. a. O. 143ff; *A. B. Keith*, Rel. and Phil. I, a. a. O. 340ff; *P. V. Kane*, History of Dharmaśāstra II (Poona 1941) 1214ff; *J. Gonda*, Ancient Indian Kingship from the religious point of view, a. a. O. 79ff und vor allem J. C. Heesterman, The Ancient Indian Royal Consecration (Den Haag 1957). In protohistorischer Zeit fand der Rakasuya als Regeneration des Kosmos wahrscheinlich jährlich statt. Seine Struktur bringt ihn mit den Utsava, den indischen Jahreszeitfesten, in Zusammenhang. Möglicherweise hatte das Volk in alter Zeit stärkeren Anteil daran.

Eine mutige und tiefschürfende Exegese zeichnet die Untersuchung von *A. Coomaraswamy*, Atmayajña. Self-Sacrifice, in: HJAS 6 (1942) 358–398, aus.

75.

In Indien hat sich der Mythos vom kosmogonischen Taucher in sehr archaischer Form erhalten, denn hier ist es ein Großer Gott, der auf den Grund der Gewässer hinabsteigt und die Erde hebt. In den Brâhmanas taucht der in ein Wildschwein verwandelte Prajāpati hinab. Im Rāmayana ist diese Rolle Brahma übertragen; im Viṣṇu-Purāna ist das Wildschwein Brahmā-Viṣṇu und im Bhāgavata Purāṇa ist es ein Avatāra Viṣṇus (siehe die Hinweise bei M. Eliade, De Zalmoxis à Gengis-Khan (Paris 1970) 117f. Popularität erlangt dieser Weltschöpfungsmythos allerdings erst seit dem Epos und den Purānas. Er enthält übrigens wahrscheinlich vorarische Elemente, muṇḍa oder proto-muṇḍa; vgl. ebd. 119ff.

Aus der reichhaltigen Literatur über die indischen Kosmogonien führen wir einige jüngere Veröffentlichungen an: *N. W. Brown*, The Creation Myth of the Rig Veda, in: JAOS 62 (1942) 85–98; *S. Kramrish*, The Triple Structure of Creation in the Rig Veda, in: HR 2 (1962–63) 140–175, 256–291; *F. B. J. Kuiper*, Cosmogony and Conception. A Querry, in: HR 10 (1970) 91–138; *H. Penner*, Cosmogony as Myth in the Vishnu Purāna, in: HR 5 (1966) 283–299. Siehe auch die von A.-M. Esnoul übersetzte und kommentierte Auswahl von Sanskrittexten in: La Naissance du monde (Paris 1959) 331–365.

Über den Terminus takṣ-, „Schreiner" im Bereich des kosmogonischen Denkens siehe *L. Renou*, Études sur le vocabulaire du Rgveda. Première série (Pondichéry 1958) 23ff.

Zum Puruṣasūkta vgl. *W. N. Brown*, The Sources and Nature of puruṣa in the Puruṣasūkta, in: JAOS 51 (1931) 108–118; *A. K. Coomaraswamy*, Rgveda 10, 90, I: aty atiṣṭhad daśāngulam, in: JAOS 66 (1946) 145–161; *A. W. Macdonald*, A propos de Prajāpati, in: JA 240 (1953) 323–338; *P. Mus*, Où finit Purusa?, in: Mélanges d'Indianisme à la mémoire de Louis Renou (Paris 1968) 539–563.

Über Puruṣasūkta als exemplarisches Vorbild siehe *J. Gonda*, Viṣṇuism and Sivaism (London 1970) 27.

Über die indoeuropäischen Parallelen siehe *H. Güntert*, Der arische Weltkönig und Heiland (Halle 1923) 315–343; *F. R. Schröder*, Germanische Schöpfungsmythen, in: Germanisch-romanische Monatsschrift 19 (1931) 1–26, 82–99; *B. Lincoln*, The Indo-European Myth of Creation, in: HR 15 (1975) 121–145.

Über die Geburt der vedischen Götter und die Erlangung der Unsterblichkeit siehe *A. B. Keith*, Religion and Philosophy, a. a. O. 82ff. Eine vergleichende Untersuchung findet sich bei *G. Dumézil*, Le Festin d'immortalité (Paris 1924).

Über den Ursprung des Menschen und über die mythischen Ahnen siehe *A. Christensen*, Les Types du premier homme et du premier roi dans l'histoire légendaire des Iraniens I–II (1917, 1934); *G. Dumézil*, Mythe et Épopée II (1971) 234ff; *O. Höfler*, Abstammungstraditionen, in: Reallexikon der germanischen Altertumskunde I, a. a. O. 18–29.

In Indien hatte der Verlust der Unsterblichkeit *in corpore* zugunsten eines geistigen „Nicht-Todes" auch Folgen für die Beziehungen zwischen Göttern und Menschen: bestimmten Traditionen zufolge stiegen die Götter anfänglich herab und begegneten den Menschen in ihren leiblichen Gestalten (vgl. Taittiriya Samhitā III, 5,2; Kāthaka Sam. XXXVII, 17; Pañcavinça Br. XV, 5, 24). Es handelt sich um eine sehr verbreitete archaische Konzeption.

76.

Einer anderen Tradition zufolge war Prajāpati selbst ein Produkt des Tapas: am Beginn wurde das Nicht-Sein (Asat) zum „Gedanken" (Manas); durch Erhitzung (Atāpyata) erzeugte das Denken Rauch, Licht, Feuer und schließlich Prajāpati (Taitt. Br. II, 2, 9, 1–10). Im Satapatha Br. (XI, 1, 6, 1) wird das Nicht-Sein durch die Urwasser dargestellt.

Im Rig Veda X, 61, 7 ist die Rede vom Inzest des Himmelsvaters mit seiner Tochter, der Morgenröte. In den Brâhmanas ist es Prajāpati, der seine Tochter begehrt (Sat. Br. I, 7, 4). Er nähert sich ihr in Gestalt eines Hirsches (Aitt. Br. III, 33, 34); Er versucht sogar, sie zu besitzen, doch die Götter hindern ihn daran; Prajāpatis Samen, der auf die Erde fiel, schuf einen See (Ait. Br. XIII, 1–10). Über die große Bedeutung dieses mythischen

Themas siehe *W. D. O'Flaherty*, Asceticism and Sexuality in the mythology of Siva, 2. Teil, in: HR 9 (1969) 9 ff.

Das Thema der „Erschöpfung" und „Verrenkung" Prajāpatis nach dem Schöpfungsakt kann in Zusammenhang gebracht werden mit folkloristischen Legenden Süd-Ost-Europas, in denen die „Ermattung" des Gottes nach seinem Schöpfungswerk hervorgehoben wird; vgl. *M. Eliade*, De Zalmoxis à Gengis-Khan, a. a. O. 92 ff.

Über Prajāpati siehe die von *S. Bhatracharji*, The Indian Theogony (Cambridge 1970) 322 ff zitierten und kommentierten Texte, sowie die Beobachtungen *J. Gondas*, Religionen Indiens, a. a. O. 187 ff. Eine vergleichende Analyse des Mythos bietet *A. W. Macdonald*, A propos de Prajāpati, in: JA 240 (1952) 323–338.

Zum Opfer in der Zeit der Brâhmanas ist *S. Levi*, La doctrine du sacrifice dans les Brâhmanas (1898) nach wie vor unerläßlich. Siehe auch *A. K. Coomaraswamy*, Hinduism and Buddhism (New York 1943) 19 ff.

77.

Über Brahman siehe *L. Renou / L. Silburn*, Sur la notion du bráhman, in: JA 237 (1949) 7–46, sowie die bei *M. Eliade*, Yoga, a. a. O. 374 angeführte Bibliographie. Siehe daneben auch *L. Renou*, Le Passage des Brāhmana aux Upanisad, in: JAOS 73 (1953) 138–144; *L. Silburn*, Instant and Cause (Paris 1955) 50 ff; *J. Gonda*, Notes on Brahman (Utrecht 1950); *ders.*, Religionen Indiens I, a. a. O. 197 ff; *G. Tucci*, Storia della filosofia indiana (Bari 1957) 279 ff.

Über den Begriff des Brahman in der Geschichte des indischen Denkens informiere man sich in den Geschichtswerken von *S. Dasgupta, S. Radhakrishnan, E. Frauenwalder* usw. sowie bei *K. H. Potter*, Biography of Indian Philosophies (Delhi – Patna – Varanasi 1970).

Zu den Aranyaka vgl. *A. B. Keith*, Religion and Philosophy, a. a. O. 490 ff; *J. N. Farquahar*, An Outline of the Religious Literature of India (Oxford 1920) 30 ff; *J. v. Buitenen*, Vedic and Upanishadic bases of Indian Civilization, in: *J. W. Elder* (Hrsg.), Chapters in Indian Civilization (Dubuque, Iowa 1970) I, 6 ff.

78.

Über die Tapas siehe *M. Eliade*, Yoga, a. a. O. Außerdem *Ch. Y. Blair*, Heat in the Rig Veda and Atharva Veda (New Haven 1961); *D. J. Hoens*, Sānti. A Contribution to ancient Indian religious terminology ('s-Gravenhage 1951); *M. Eliade*, Schamanismus, a. a. O. 392 ff; *J. Gonda*, Religionen Indiens I, a. a. O. 184 f., 228 f. (mit Bibliographie); *W. D. O'Flaherty*, Asceticism and Eroticism in the Mythology of Śiva (London 1973) 40 ff.

79.

Über den Asketen (Muni) mit langem Haar (keśin) siehe *M. Eliade*, Yoga, a. a. O; *J. Gonda*, Religionen I, a. a. O. 184; *W. Wust*, múni, in: PHMA, Mitteilungen zur indogermanischen, vornehmlich indo-iranischen Wortkunde 7 (München 1961) 24–65.

Über die Vrātya siehe *J. W. Hauer*, Der Vrātya. Untersuchungen über die nichtbrahmanische Religion Altindiens (Stuttgart 1927); *M. Eliade*, Yoga, a. a. O.; *W. Wust*, vratá-, a. a. O. 66–75.

J. W. Hauer hielt die Vrātya für eine Bruderschaft mit geheimen Initiationsriten, die der Vorhut der Arier zugehörte. Nach J. C. Heesterman praktizierten die Vrātya einen Opfertypus, der die Śrauta-Rituale vorwegnahm; vgl. *J. C. Heesterman*, Vrātya and Sacrifice, in: IIJ 6 (1962–1963) 1–37.

Über die Asketen im alten und mittelalterlichen Indien vgl. *D. N. Lorenzen*, The Kāpālikas and Kālāmukhas (Univ. of California Press 1972) 187 ff.

80.

Eine Anzahl von Upanishaden wurde ins Französische übersetzt; siehe die Liste bei *J. Varenne*, Le Véda I, a.a.O. 37 f. Wir verweisen auf die Übersetzungen von *E. Senart* (Bṛhadāraṇyaka 1930; Chāndogya 1934), von *L. Renou* (Katha, Kena, Isā, Kauṣītaki), von *J. Maury* (Muṇḍaka), *E. Lesimple* (Māṇḍukya, Taittirīya), *L. Silburn* (Aitareya, Śvetāśvatara), *J. Bousquet* (Prasna), *Anne-Marie Esnoul* (Maitri), *B. Tubini* (Brahmabindu, Kaivalya usw.), *J. Varenne* (Ganapati, Mahānārāyana, Prānagnihotra). Eine gute Auswahl bringt *J. Varenne*, Le Véda II, a.a.O. 614–704. *Ders.*, Les Upanishads du Yoga (aus dem Sanskrit übersetzt und mit Anmerkungen versehen, Paris 1971). S. Radhakrishnan hat dreizehn Upanishaden übersetzt und kommentiert, versehen mit einer 145seitigen Einleitung: *S. Radhakrishnan*, The Principal Upanishads (London 1953).

Die kritische Bibliographie ist verzeichnet bei *M. Eliade*, Yoga a.a.O. 379 ff, und *J. Gonda*, Indische Religionen I, a.a.O. 198, 203. Siehe daneben auch: *R. D. Ranade*, A Constructive Survey of Upanishadic Philosophy (Poona 1926); *H. Oldenberg*, Die Lehre der Upanishaden und die Anfänge des Buddhismus (Göttingen 1915); *S. N. Dasgupta*, Indian Idealism (Cambridge 1933), 20 ff; *W. Ruben*, Die Philosophen der Upanishaden (Bern 1947); *J. Gonda*, Religionen Indiens I, a.a.O. 204 ff.

Die Upanishaden gelten als Zusätze zu den vier Veden; folglich gehören sie der „Offenbarung" (Śruti) an. Gewiß besaß bereits im Rig Veda das „Wissen" magisch-religiösen Wert. In den Brâhmanas gewährleistete die „Wissenschaft" des Opfers die Unsterblichkeit: die Welt der Götter „gehört nur den Wissenden" (Sat. Br. X, 5, 4, 16). In den Upanishaden dagegen ist die „Wissenschaft" des Opfers durch die *Kenntnis des Brahman* ersetzt. Denn „die Opfer gleichen dem Einbaum auf hoher See, der jeden Augenblick untergehen kann" (Muṇḍaka Up. I, 2, 7).

81.

Die vedischen und brahmanischen Vorstellungen über das Weiterleben im Jenseits sind komplex und verworren. Eine bekannte Hymne an Soma (RV, IX, 113) enthüllt uns das Verlangen der Seele, dort zu weilen, „wo das ewige Licht leuchtet, in jener Welt, in der die Sonne ihren Ort hatte... Dort, wo Yama ist..., wo sich die Himmelswiese befindet..., wo die ewig jungen Wasser sind, mache mich an diesem Ort zu einem Unsterblichen, o Soma!" (Übers. von J. Varenne.) Die Himmelsreise, die Brücke zwischen Erde und Himmel, die beiden Hunde, die die Brücke bewachen, die Befragung der Seele – dies alles sind Motive, die sowohl im alten Indien als auch im Iran aufscheinen: sie gehen wahrscheinlich auf die gemeinsame Zeit der Indo-Iranier zurück (vgl. § 111). Die Unterwelt, in der – nach einer anderen Version, die sich schließlich durchsetzte – Yama herrscht, ist den Sündern aller Art vorbehalten. „Diese Welten tragen den Namen ‚Sonnenlos', da sie von blinder Finsternis bedeckt sind; dorthin begeben sich nach dem Tode jene, die ihre Seele getötet haben" (Isā Up. I, 3). Seit dem Satapath Brâhmana beschreiben die Texte eine Anzahl von Folterqualen. Im Laufe der Zeit werden die Beschreibungen der 21 Höllen immer drastischer. Die Sünder werden von wilden Tieren und Schlangen verschlungen, sie werden sorgfältig gebraten, mit Sägen zerstückelt, von Hunger und Durst gequält, in Öl gekocht oder mit einem Stampfer zerstoßen, in Eisen oder Steingefäßen gemahlen usw. Doch nach all diesen Leiden sind die Gequälten noch immer nicht am Ende ihrer Pein angelangt: es harren ihrer noch die Ängste, die mit ihrer Wanderung durch Tierleiber einhergehen.

Die Höllen haben ihre Entsprechungen in den himmlischen Paradiesen. Die Epen – Mahābhārata und Rāmayana – wie auch die Purānas schildern vor allem die fünf Himmel der fünf Großen Götter. In aufsteigender Ordnung gibt es den Himmel Indras, der von Tänzerinnen und Musikanten bevölkert ist, den Himmel Śivas, in dem der Gott mit seiner Familie herrscht, den Himmel Visnus, der ganz aus Gold erbaut und von mit Lotusblumen bedeckten Teichen übersät ist, den Himmel Krishnas mit seinen Tänzerinnen und seinen Freunden und schließlich den Himmel Brahmas, in dem sich die Seelen himmlischer Nymphen erfreuen. Die aus Gold und kostbaren Steinen errichteten Paläste, die paradiesischen Gärten, die Musik der Instrumente, die die Gesänge und Tänze wunderschöner Mädchen begleitet, werden unermüdlich beschrieben. Einige dieser hinduistischen Paradiesthemen übernahmen später die buddhistischen Autoren.

In den Brāhmanas präzisiert sich die Vorstellung eines „erneuten Todes" (Punarmṛtyu), d.h. des definitiven „zweiten Todes", der die Seelen jener erwartet, die bestimmte Opfer nicht dargebracht haben. Die Vorstellung des Karman indes versteht diesen „zweiten Tod" schließlich als Wiederkehr auf die Erde in Gestalt einer neuen Inkarnation. Den Upanishaden zufolge entschwinden die Seelen der Hingeschiedenen auf dem „Weg der Manen" (Pitryāna) oder des Mondes. Nach ihrer Ankunft auf dem Mond werden die Seelen einer initiatorischen Befragung unterzogen; wer nicht antworten kann, fällt auf die Erde zurück, um dort wiedergeboren zu werden. „Die Wissenden" gelangen über den „Weg der Götter" (Devayāna), der auch Sonnenweg genannt wird, zu den Göttern. Die Kausitaki Up. (I, 2-7) macht folgende Angaben: aus der Welt der Götter gelangen die Seelen in die Welt des Brahman, wo sie verschiedene initiatorische Prüfungen abzulegen haben. Brahman befragt den Neuankömmling: „Wer bist du?", und dieser muß antworten: „Was du bist, das bin auch ich." Sodann spricht Brahman: „Wer aber bin ich?" – „Die Wahrheit", muß er antworten (I, 6). Schließlich wendet sich Brahman an ihn: „Was mein Bereich war, ist fortan der deine" (I, 7). Kurz, der erste Weg führt zu einer neuen Reinkarnation, während der zweite den Zugang zur Welt der Götter eröffnet. Um aber in die transzendentale Welt des Brahman zu gelangen, muß die Seele weitere initiatorische Prüfungen bestehen. Anders ausgedrückt, nach dem Tode gibt es drei Möglichkeiten: 1) die Rückkehr der Seele auf die Erde in einer neuen Inkarnation; 2) der Aufenthalt im Paradies bei den Göttern; 3) die Identifikation der Seele mit Brahman. Den Autoren der Upanishaden zufolge ist das himmlische Paradies nur vorläufig, und die Seelen werden nach einer bestimmten Zeit gezwungen, auf die Erde zurückzukehren, um wieder Gestalt anzunehmen. Folglich ist die einzig wirkliche Erlösungsmöglichkeit die Identifikation *post-mortem* mit Brahman, die durch Gnosis und Kontemplation möglich wird.

Über das „innere Licht" siehe *M. Eliade*, Mephistophélès et l'Androgyne, a.a.O. 27ff; *ders.*, Spirit, Light and Seed, in: HR 11 (1971) 1-30, insbes. 3-16; *J. Gonda*, The Vision of the Vedic Poets (1963) 268ff.

82.

Über die beiden Modalitäten Brahmans vgl. *H. v. Glasenapp*, Die Philosophie der Inder (Stuttgart ²1958) 136 ff. Das Paradoxon des „leiblichen" („sterblichen") und „nicht-leiblichen" („unsterblichen") Brahman ist eine Weiterführung der Spekulationen über die Ambivalenz gewisser vedischer Götter und der Koinzidenz der Gegensätze, die für das indische Denken die Gottheit definiert; vgl. die ergänzenden Anmerkungen § 68.

Über das kosmische „Spiel" siehe *A. K. Coomaraswamy*, Lila, in: JAOS (1941) 98–101.

83.

Die historische Untersuchung und hermeneutische Analyse der griechischen Religion ist ein begeisterndes Kapitel der europäischen Kulturgeschichte. Da es uns nicht möglich ist, die verschiedenen Deutungen von K. O. Müller oder F. G. Welcker aus der Mitte des 19. Jhds. bis zu den jüngsten Beiträgen von A. Brelich, W. Burkert oder J. P. Vernant und M. Detienne in einigen Zeilen zusammenzufassen, beschränken wir uns auf eine Anführung der wichtigsten Literatur. Wir verweisen zunächst auf einige zusammenfassende Werke: *G. Murray*, Five stages of Greek religion (1925); *M. P. Nilsson*, Geschichte der griechischen Religion I–II (München 1941, ³1967); *L. Gernet / A. Boulanger*, Le génie grec dans la religion (1932); *O. Kern*, Die Religion der Griechen I–III (1926–1938); *W. G. C. Guthrie*, The Greeks and their Gods (1950) (frz. Übers. Les Grecs et leurs dieux [Paris 1956]); *R. Pettazzoni*, La religion dans la Grèce antique (frz. Übers. 1953). Nach wie vor lehrreich sind: *J. E. Harrison*, Prolegomena to the study of Greek religion (Cambridge 1903, ²1922); *H. J. Rose*, A handbook of Greek mythology (London 1928, ⁴1950). W. Otto hat eine bewundernswürdige und sehr persönliche Interpretation der griechischen Religion und Mythologie veröffentlicht: *W. Otto*, Die Götter Griechenlands (Frankfurt 1928). Das Buch von *U. v. Wilamowitz-Moellendorf*, Der Glaube der Hellenen I–II (Berlin 1931 / 32) ist das Vermächtnis des großen deutschen Philologen und Historikers. Das umfangreiche Werk *M. P. Nilsson*, Geschichte der griechischen Religion I–II (München 1940, ³1967; 1950) schließlich ist eine wahre Summa, die durch den Reichtum ihrer Dokumentation unerläßlich ist. Die fünf Bände von *L. R. Farnell*, The Cults of the Greek states I–V (Oxford 1896–1909) sind wegen der dargebotenen und analysierten Materialien nach wie vor lehrreich. *E. R. Dodds*, The Greeks and the Irrational (Berkeley 1951); dt. Übers.: Die Griechen und das Irrationale (Darmstadt 1970) erlangte eine erstaunliche Popularität; sein Erfolg spiegelt gewisse Tendenzen des gegenwärtigen Zeitgeistes wider.

Über Zeus hat *A. B. Cook*, ein beachtenswertes Werk veröffentlicht: Zeus I–III (Cambridge 1914–1940); dieses Werk besteht aus einer Reihe von Monographien über die verschiedenen Aspekte des Gottes und, ganz allgemein, die griechische Religion. Wir brauchen hier nicht eigens auf die Kapitel über Zeus in den verschiedenen allgemeinen Darstellungen hinzuweisen. Das Wesentliche ist dargelegt bei *W. K. C. Guthrie*, a. a. O. 49–81. Siehe auch *M. P. Nilsson*, Vater Zeus, in: ARW 35 (1938) 156–171 (wiederabgedruckt in: Opuscula Selecta II [Lund 1952] 710–731) und vor allem *H. Lloyd-Jones*, The Justice of Zeus (Berkeley 1971).

Für die Theogonie verwenden wir die Ausgabe von *M. L. West*, Hesiods Theogonie, edited with Prolegomena and Commentary (Oxford 1966); für die dt. Wiedergabe wurde die Ausgabe von *Th. v. Scheffer*, Hesiod, Sämtliche Werke (Leipzig 1938) herangezogen.

Die Parallelen des antiken Vorderen Orients wurden seit 1940 häufig diskutiert; siehe P. *Walcot*, Hesiod and the Near East (Cardiff 1966).

Es war Gaia, die Rheia riet, in Kreta zu gebären. Die beiden Göttinnen sind die Hypostasen der Erd-Mutter; tatsächlich ist die etymologische Bedeutung des Wortes Rheia: die Erde.

Als Kronos von Zeus gezwungen wurde, seine Geschwister auszuspeien, spie er zunächst den Stein aus; dieser wurde von Zeus in Delphi zu Füßen des Parnaß befestigt (Pausanias 10,24,6); vgl. *West*, a.a.O. 303, Kommentar zu den Versen 498–500.

84.

Über Metis, die erste Gattin, und die Folgen, die sich daraus ergaben, weil Zeus sie verschlang, siehe *J. P. Vernant*, Metis et les mythes de souveraineté, in: RHR 180 (1971) 29–76.

Über den Zeus Kretagenes, seine Kindheit auf Kreta und die Beziehungen zum männlichen kretischen Gott, siehe *Ch. Picard*, Les Religions préhelléniques (Paris 1948) 115ff; *H. Jeanmaire*, Couroi et Courètes (Lille 1939) 427ff; *M. P. Nilsson*, The Mynoan-Mycenaean Religion and its Survival in Greek Religion (Lund ²1950) 55ff; *M. L. West*, Hesiods Theogony, a.a.O. 297ff hat das hohe Alter der Tradition der Kindheit auf Kreta gezeigt (Theog. 477).

Über die „goldene Schnur", mit der Zeus alles an sich zu ziehen vermochte, siehe *P. Lévêque*, Aurea Catena Homeri (Paris 1959). *M. Eliade*, Méphistophélès et l'Androgyne (Paris 1962) 225ff.

Angefügt seien einige Anmerkungen über die Urgottheiten, die den Sieg der Olympier überlebt haben. Die Nacht gebar aus sich eine Anzahl halbgöttlicher, sehr wenig differenzierter Wesen, die eher personifizierten Abstraktionen gleichen: Tod, Schlaf, Bitterkeit, Drangsal, Alter usw. *(Hesiod,* Theogonie, 211ff). Die orphischen Texte dagegen schildern sie als Weltenmutter und -herrscherin (vgl. *O. Kern,* Orph. fragm., Anm. 24, 28, 28a, 65 usw.).

Über die mythisch-religiöse Struktur der Nyx und die Bedeutung ihrer Nachkommenschaft siehe *D. Sabbatucci*, Saggio sul misticismo greco (Rom 1965) 95ff.

Pontos (das unfruchtbare Meer) hatte aus der Vereinigung mit seiner Mutter Gaia eine reiche Nachkommenschaft; vgl. *L. Séchan / P. Lévêque*, Les grandes divinités de la Grèce (Paris 1966) 49 (sowie die bibliographischen Anmerkungen 64).

Weil die Styx am Krieg gegen die Titanen teilnahm, machte Zeus sie „zum mächtigsten Eide der Götter" (Theog. 399ff). Siehe auch *L. Séchan / P. Lévêque*, Les grandes divinités de la Grèce, a.a.O. 64, Anm. 68.

Hekate ist eine Urgöttin schlechthin. Zeus rührte nicht an ihre Rechte und Privilegien, die sie als Titanin besaß (Theog. 423ff). Hekate wird später zu einer auf Zauberei spezialisierten Göttin; vgl. *Diodorus*, Bibliothek 4,45.

Okeanos, der erste Titan, „der rings um die Welt sein Meer schlaflos hinströmende" *(Äschylos,* Der gefesselte Prometheus 138f), vermählte sich mit seiner Schwester Tethys. Doch gibt es – Hesiod und Homer nicht bekannte – Spuren einer archaischen Kosmogonie, derzufolge Okeanos und Tethys das männliche und weibliche Prinzip der Urgewässer verkörperten; kurz, sie sind das Urpaar, aus dem die Götter und die ganze Wirklichkeit hervorgehen; siehe *L. Séchan / P. Lévêque*, a.a.O. 50, 51, 65; *D. Sabbatucci*, a.a.O. 110–116; und vor allem die bedeutende Darstellung von *J. P. Vernant*, Thétis et le poème cosmogonique d'Alcman, in: Hommage à Marie Delcourt, Latomus 114 (1970) 38–69, mit einer umfassenden Bibliographie (vgl. 38, Anm. 2; 39, Anm. 8, usw.).

85.

Die literarischen Quellen über Kronos sind zusammengetragen bei *L. R. Farnell*, Cults V, a.a.O., Kap. 3. Einige Wissenschaftler (Kern, Pohlenz) sahen in Kronos und den Titanen die Gottheiten der von den arischsprachigen Eindringlingen besiegten Urbevölkerung. Der Konflikt zwischen den Olympiern und den Titanen würde also bestimmte historische Ereignisse reflektieren. Doch scheinen die östlichen Parallelen diese Hypothese nicht zu unterstützen.

Über den hesiodischen Mythos der fünf Zeitalter siehe die von *A. O. Lovejoy / G. Boas*, Primitivism and related Ideas in Antiquity (Baltimore 1935) 25ff veröffentlichten und kommentierten Quellen. Die iranischen Parallelversionen (insbes. der *Bundahishn*) wurden übersetzt und diskutiert von *N. Söderblom*, ERE I, a.a.O. 205–219. U. Bianchi bringt das goldene Geschlecht im Elysium in Zusammenhang mit der iranischen Tradition über den ersten König Yima, der zum Herrscher des Vara, eines unterirdischen, aber wunderbar erleuchteten Landes wird; vgl. *U. Bianchi*, Razza aurea, mito delle cinque razze ed Elisio, in: SMSR 34 (1963) 143–210, insbes. 187–189. Unter Zurückweisung der allgemeinen Auffassung der Gelehrten (so etwa jener von *H. C. Baldry*, Who invented the Golden Age?, in: Classical Quarterly, N.S. 2 [1952] 83–92) vertritt *J. G. Griffiths*, Archeology and Hesiod's five Ages, in: Journal of the History of Ideas 17 (1956) 109–119 die Auffassung, daß der Mythos sich auf die Entdeckung und progressive Nutzung der Metalle bezieht; vgl. die Antwort Baldrys in: Journal of the History of Ideas 17 (1956) 553f. Von den besten Darlegungen dieses Problems seien genannt: *J. Kerschensteiner*, Platon und der Orient (Stuttgart 1945) 161ff („Der Metallmythos"); *J. P. Vernant*, Le mythe hésiodique des races. Essai d'analyse structurale, in: RHR 158 (1960) 21–54 (Abdruck im Band Mythe et pensée chez les Grecs [Paris 1965] 13–41); *ders.*, Le mythe hésiodique des races. Sur un essai de mise au point, in: Revue de philologie 90 (1966) 247–276 (Abdruck in: Mythe et pensée, a.a.O. 42–79).

Über Prometheus siehe *E. Vandvick*, The Prometheus of Hesiod and Aeschylus (Oslo 1943); *L. Séchan*, Le mythe de Prométhée (Paris 1951); *K. Kerényi*, Prometheus. Die menschliche Existenz in griechischer Deutung (1946, Hamburg 1959).

86.

Zu den griechischen Opfern siehe: *R. K. Yerkes*, Sacrifice in Greek and Roman Religions and early Judaism (New York 1952), insbes. 88ff; und vor allem *K. Meuli*, Griechische Opferbräuche, in: Phyllobolia, Festschrift Peter von der Mühll (Basel 1946) 185–288, und *W. Burkert*, Homo Necans (Berlin 1972) 8–97 und passim (9, Anm. 2, Bibliographie).

Wie K. Meuli schreibt, ist „das olympische Opfer nichts weiter als eine rituelle Schlachtung" (a.a.O. 223). Es wird ein mit Wasser gefülltes Gefäß und ein Korb voll Hafer herbeigebracht. Die Teilnehmer waschen sich die Hände und besprengen auch das Opfer. Sodann brechen sie den Hafer, als wollten sie ein vegetarisches Mahl bereiten – am Boden des Korbes jedoch kommt das Messer zum Vorschein. Hierauf folgen rituelle Handlungen: ein Augenblick des Schweigens, ein Gebet; sodann schneidet der Opferpriester einige Haare von der Stirn des Opfers und wirft sie in das Feuer – wenn er dann zustößt, schreien alle Frauen auf. Das Blut wird in einem Gefäß aufgefangen und auf den Altar gegossen. Nun werden die Schenkel zusammen mit Fett und kleinen Fleischstücken verbrannt. Die Eingeweide werden auf dem Altar gebraten und sofort verzehrt (vgl. *K. Meuli*, a. a. O. 265 ff; *W. Burkert*, a. a. O. 10 ff).

Das Buphonienfest (wörtl. der „Mord des Ochsen") von Athen ermöglicht uns die Rekonstruktion einer archaischen Deutung des Blutopfers. „Die Unachtsamkeit seines Herrn nutzend, nähert sich ein Arbeitsochse dem Altar des Zeus Polieus und frißt die auf dem Altar aufgeschichteten Opfergaben, das Getreide und die Kuchen, die dem Stadtgott vorbehalten waren. Angesichts dieses Sakrilegs wird der Priester des Zeus von Zorn gepackt, ergreift die Axt und tötet das Tier. Doch der ‚Mörder des Ochsen' entflieht voller Entsetzen über seine im Zorn begangene Tat in aller Eile und läßt die Tatwaffe am Ort des Geschehens zurück. Der zweite Teil des Rituals spielt sich in zwei Abschnitten ab. Im ersten wird die Angelegenheit im Prytanäum vor dem für Blutvergehen zuständigen Gericht abgeurteilt: die Schuld der Axt wird festgestellt, man verbannt sie aus dem attischen Gebiet. Im zweiten verzehrt die ganze Stadt rituell das Fleisch des Opfers, während die mit Stroh ausgestopfte Ochsenhaut wieder auf die Beine gestellt und zu einem Scheinpflügen vor einen Karren gespannt wird" (*M. Detienne*, Les Jardins d'Adonis [Paris 1972] 106; vgl. die Bibliographie 105 Anm. 2; außerdem *W. Burkert*, Homo Necans, a. a. O. 154–161). Der Artikel von *U. Pestalozza*, Le origini delle Buphonia ateniensi (1956) wurde abgedruckt in: Nuovi saggi di religione mediterranea (Florenz 1964) 203–223.

Die „Unschuldskomödie" (*K. Meuli*, a. a. O. 224 ff) findet sich auch in den Jagdriten der sibirischen Völker (vgl. *E. Lot-Falck*, Les rites de chasse [Paris 1953] 170 ff). *M. Detienne* gibt eine treffende Deutung des sakrilegischen Charakters des Blutopfers, wie er von den Griechen verstanden wurde: „Den Göttern ein Tieropfer darzubringen bedeutet Blutvergießen, bedeutet einen tatsächlichen Mord begehen. Das Tieropfer erscheint der Stadt wie eine Befleckung, aber eine unvermeidbare und notwendige Befleckung, denn das Töten des Ochsen ist ein wesentlicher Akt, durch den die Beziehungen der Stadt zu den göttlichen Mächten begründet werden" (a. a. O. 106 f).

Wie so viele andere Völker der Protogeschichte praktizierten auch die Griechen das Menschenopfer, allerdings aus anderen Gründen. Die Substitution eines Tieres für den Menschen (z. B. Iphigenie; Isaak) findet ihre Entsprechung in der Opferung von Menschen, die rituell mit den Opfertieren identifiziert werden. Athamas tötet seinen Sohn Learchos „wie einen Hirsch" (*Apollodoros*, Bibl. 3, 4, 3); nach *Lukian* (De dea Syr. 58) wurden in Bambyke Kinder mit dem Ruf: „sie sind Kälber" geopfert.

Die eventuellen Zusammenhänge zwischen dem Bocksopfer und dem Ursprung der Tragödie wurden neu untersucht von *W. Burkert*, Greek Tragedy and Sacrificial Ritual, in: Greek, Roman and Byzantine Studies 7 (1966) 87–121.

Zwischen den Opfern für die Olympier und jenen für die chthonischen Gottheiten und die Heroen bestehen zahlreiche Unterschiede, vgl. § 95.

Über Prometheus und Deukalion siehe *J. Rudhardt*, Les mythes grecs relatifs à l'instauration du sacrifice. Les rôles corrélatifs de Prométhée et de son fils Deucalion, in: Museum Helveticum 27 (1970) 1–15.

Über die Prometheustrilogie des Aischylos siehe *L. Séchant*, Le mythe de Prométhée, a. a. O. 4 ff; *H. Lloyd-Jones*, The Justice of Zeus, a. a. O. 95 ff.

Zum griechischen Mythos über den Ursprung des Menschen aus einer Esche vgl. *G.*

Bonfante, Microcosmo e macrocosmo nel mito indoeuropeo, in: Die Sprache 5 (1959) 1–9.

87.

Über *moira* und *aisa* siehe W. C. *Greene*, Moira. Fate, Good and Evil in Greek thought (Cambridge, Mass. 1944); *U. Bianchi*, Dios Aisa. Destino, uomini e divinità nell' epos, nelle teogonie e nel culto dei Greci (Rom 1953); *B. C. Dietrich*, Death, Fate and the Gods (London 1967).

Über die Symbolik des Webens vgl. *M. Eliade*, Die Religionen, a.a.O. § 58; über die Entsprechung zwischen dem „Weben" eines Menschenschicksals und dem „Binden" vgl. *M. Eliade*, Bilder und Sinnbilder, a.a.O. Kap. IV (Der Gott, der ‚mit Banden bindet' und die Symbolik der Knoten).

Die Geschichte des Gerechtigkeitsgedankens, *dike*, wurde großartig dargestellt von *H. Lloyd-Jones*, The Justice of Zeus (Berkeley 1971). Seit M. P. Nilsson wurden die Strukturen des homerischen Pantheons häufig mit jenen des mykenäischen Feudalkönigtums in Verbindung gebracht. Die „Gerechtigkeit" *(dike)* kann verglichen werden mit dem Willen der Götter. Wie die mykenäischen Könige, so können auch die Götter launisch und grausam sein, ohne allerdings dabei niederträchtig zu werden. Das einzige unverzeihliche Verbrechen ist Untreue gegenüber dem König oder Verrat. Bei Homer scheint *dike* sowohl das für eine gesellschaftliche Klasse „spezifische Verhalten" als auch das „Recht" zu bedeuten, das den dieser Klasse zugehörigen Individuen zugehört. Struktur, Geschichte und Krise der mykenäischen Herrschaft werden angemessen diskutiert von *J. P. Vernant*, Les origines de la pensée grecque (Paris 1962) 13–39.

Über *themis* und *themistes* siehe *H. Lloyd-Jones*, a.a.O. 6ff, 167f (Bibliographie).

Zur Geschichte des *hybris*-Gedankens von der Antike bis in unsere Zeit siehe das sehr persönlich gehaltene Werk von *R. Payne*, Hubris. A study of Pride (London 1951; neue durchgesehene Auflage New York 1960).

88.

Zur Etymologie Poseidons *(Posis Das)* siehe *U. v. Wilamowitz*, Glaube, a.a.O. I, 212ff (so auch schon *P. Kretschmer*, in: Glotta I, a.a.O. [1909] 27ff; vgl. auch *A. B. Cook*, Zeus II, a.a.O. 583ff).

Siehe daneben auch *W. K. C. Guthrie*, The Greeks and their Gods, a.a.O. 94–99; *L. Séchan/P. Lévêque*, a.a.O. 99–116. F. Schachermeyr bemüht sich um eine Rekonstruktion der Geschichte Poseidons: als um 1900 die Indoeuropäer nach Griechenland kamen, brachten sie das Pferd mit; im Gastland fanden sie eine Erdmutter vor, eine Herrschergöttin, die von einem männlichen Paredros begleitet ist; die Eroberer identifizierten ihren Pferdegott, der ein Herr der Gewässer, der Fruchtbarkeit und der Unterwelt war, mit diesem Paredros. Poseidon – der „Gatte der Da", der Erdmutter – wäre dann das Ergebnis dieser Verschmelzung; vgl. *F. Schachermeyr*, Poseidon und die Entstehung des griechischen Götterglaubens (Bern 1950). Vgl. auch *L. Palmer*, Mycenaeans and Minoans (London 1961) 127ff; *C. Scott-Littleton*, Poseidon as a reflex of the Indo-European ‚Source and Waters' God, in: JIES 1 (1973) 423–440.

I. Chirassi hat die Unterschiede zwischen dem mykenischen Poseidon und dem olympischen Gott aufgezeigt (so etwa das Vorhandensein einer Göttin Posideia auf Pylos, die wahrscheinlich die archaische Vorstellung von zweigeschlechtlichen Urgottheiten vom Typ Enki und Ninki, El und Elat usw. spiegelt; 956 ff); vgl. *I. Chirassi*, Poseidaon-Enesidaon nel pantheon miceneo, in: Atti e Memorie del I Congresso Internazionale di Micenologia (Rom 1968) 945–991.

Über die chthonischen Bedeutungen des Pferdes siehe *J. M. Blasquez*, El caballo en las creencias griegas y en las de otros pueblos circummediterraneos, in: Revue Belge de philologie et d'histoire 45 (1967) 48–80.

Über Hephaistos siehe: *L. R. Farnell*, Cults V, a.a.O. 374 ff; *M. P. Nilsson*, Geschichte I, a.a.O. 526 ff; *L. Malten*, Hephaistos, in: Jahrbücher des deutschen archäologischen Instituts 27 (1912) 232 ff; *F. Brommer*, Die Rückführung des Hephaistos, ebd. 52 (1937) 198 ff; *M. Delcourt*, Héphaistos ou la légende du magicien (Paris 1957). Eine spätere Tradition ist um eine Verbindung der beiden Mythen über die Geburt des Hepaistos bemüht: „Hera empfängt von Zeus, allerdings bereits vor ihrer Hochzeit. Als Hephaistos geboren wird, erklärt sie zur Wahrung des Scheins, sie habe ihn ohne Vater empfangen" (*M. Delcourt*, a.a.O. 33). Die Episode des von Hephaistos an Hera gesandten goldenen Throns findet sich bei Homer nicht, doch wurde sie schnell populär. Platon erwähnt sie mißbilligend unter den unverantwortbaren Legenden, die über die Götter zirkulieren (Staat II, 378). Siehe *M. Delcourt*, a.a.O. 78 f, 86–96; dort werden die von Libanios und Hyginos überlieferten Fassungen wiedergegeben und analysiert.

Über die rituellen Verstümmelungen der Magier siehe *M. Delcourt*, a.a.O. 110 ff.

Über die „Meister des Feuers" und die göttlichen Schmiede siehe *M. Eliade*, Schmiede und Alchimisten, a.a.O.

Über die Zusammenhänge des Hephaistos mit anderen verwandten Göttergestalten siehe *M. Delcourt*, a.a.O. 154 ff.

89.

Zu Apollon siehe insbesondere *L. R. Farnell*, Cults of the Greek States IV, a.a.O. 98 ff; *H. J. Rose*, A. Handbook of Greek Mythology, a.a.O. 135 ff; *A. B. Cook*, Zeus II, a.a.O. 453–459 (Kritik der Theorien und Kontroversen); *M. P. Nilsson*, Geschichte I, a.a.O. 529; *W. K. C. Guthrie*, The Greeks and their Gods, a.a.O. 73 ff, 183 ff. Vgl. auch *K. Kerényi*, Apollon (Wien 1937, ²1953).

Über die Ersetzung vorhellenischer Gottheiten durch Apollon, vgl. *L. R. Farnell*, a.a.O. IV, 125 ff, 263 ff. Die Legende von Hyakinthos – dessen Etymologie schon beweist, daß er ein alter Mittelmeergott war – wird zum ersten Mal von *Euripides*, Helena 1470 ff erwähnt (vgl. *Apollodoros*, Bibl. III, 10,3; *H. J. Rose*, a.a.O. 142, 160 f). Die mythisch-religiösen Bedeutungen der Verwandlung des Hyakinthos in eine Blume wurden analysiert von *I. Chirassi*, Elementi di culture precereali nei miti e riti greci (Rom 1968) 159 ff. Das Hyakintienfest in Lakonien war Apollon und seinem unfreiwilligen Opfe. geweiht. In Ptoïon, Ismenion, wie auch in Delphi wird Apollon mit Athene in Verbindung gebracht; auf Delos, in Tegyra in Nordböotien erscheint er zusammen mit Leto und Artemis; vgl. *M. Delcourt*, L'Oracle de Delphes (1955) 216 ff. Als Gott von Delphi ist Apollon also eine Schöpfung der griechischen Religiosität.

Die beiden Hypothesen über die – nördliche oder anatolische – Herkunft Apollons werden erörtert bei *W. K. C. Guthrie*, a.a.O. 75 ff.

Über die Legende der Hyperboreer vgl. *A. B. Cook*, Zeus II, a.a.O. 459–501 (er identifiziert den Weg mit der Milchstraße). Herodot spricht ebenfalls von den beiden „hyperboreischen Jungfrauen", die einst persönlich die Opfergaben nach Delos brachten und nicht mehr heimkehrten. Der Historiker hatte ihre Gräber so genau beschrieben, daß sie durch die französischen Ausgrabungen am angegebenen Ort gefunden wurden. Aber sie haben nichts „Hyperboreisches" an sich; es sind kykladische Grabmäler aus der Bronzezeit. Es handelt sich also um einen archaischen Kult, dessen Bedeutung man vergessen hatte, und der sakrale Charakter der Gräber wurde imaginären Helden assoziiert. Vgl. *C. T. Seltman*, zitiert bei *W. K. C. Guthrie*, a.a.O. 77. Siehe auch *Ch. Picard*, Les religions préhelléniques, a.a.O. 271, der weitere Beispiele für Heroenkulte bringt, die mit den mykenischen Gräbern des historischen Griechenlands in Verbindung gebracht werden.

M. Delcourt, a.a.O. 163 vermutet, daß die von den Jungfrauen in einer Korngarbe verborgen nach Delphi gebrachten Hiera Bilder des als Stichwaffe dargestellten Phallus waren.

90.

In den Eumeniden erklärt *Äschylos* die religiöse Bedeutung, die im Freispruch Orests vom Verbrechen des Muttermords liegt. Orest erkennt sein Verbrechen und begibt sich auf den Areopag, um dort gerichtet zu werden. Er wird von Apollon verteidigt und von Athene freigesprochen; mehr noch, die Erynnien (die als Symbole tellurischer und mütterlicher Kräfte das schrecklichste aller möglichen Verbrechen, den Muttermord, nicht ungerächt lassen können) werden von Athene „bekehrt": sie werden zu Wohltäterinnen und erhalten die Aufgabe, das Leben zu nähren und zu unterstützen. Was die Befleckung durch das Verbrechen betrifft, so wird diese durch die Opferung eines Schweines reingewaschen *(Die Eumeniden* 281 ff). Dieses Opfer ist zwar von Apollon vorgeschrieben, doch handelt es sich dabei um ein für chthonische und höllische Mächte spezifisches Opfer. Dies beweist, daß der delphische Gott trotz seiner olympischen Struktur komplementäre und sogar widersprüchliche Wirklichkeiten in sich einschloß. Über Delphi und die delphischen Orakeltraditionen siehe *P. Amandry*, La mantique apollonienne à Delphes (Paris 1950); *J. Defradas*, Les thèmes de la propagande delphique (1954); *M. Delcourt*, L'oracle de Delphes (1955). Die Orakeltexte wurden herausgegeben von *H. Parke/D. Wormell*, The Delphic Oracle, 2 Bde. (Oxford 1956). Siehe auch *K. Latte*, The Coming of the Pythia, in: Harvard Theol. Review 33 (1940) 9 ff.

Über Dionysos in Delphi siehe *H. Jeanmaire*, Dionysos (Paris 1951) 187–198, 492 f (kritische Bibliographie).

91.

Über den griechischen „Schamanismus" siehe *M. Eliade*, Schamanismus und archaische Ekstasetechnik, a.a.O. 369 ff; *ders.*, De Zalmoxis à Gengis-Khan (Paris 1970) 42 ff (mit Bibliographie). *E. R. Dodds*, The Greeks and the Irrational (Berkeley 1951) 141 ff erklärt die Verbreitung der schamanischen Techniken und Mythologien durch den Kontakt der griechischen Kolonien am Hellespont und Schwarzen Meer mit den iranischen Völkern (d.h. den Skythen). *K. Meuli* dagegen, der als erster die schamanische Struktur bestimmter skythischer Bräuche erkannt und ihre Spiegelungen in den griechischen Traditionen aufgezeigt hat, stellte darüber hinaus auch in der epischen Dichtung Griechenlands schamanische Elemente fest; vgl. Scythica, in: Hermes 70 (1935) 121–176, insbes. 164 ff. *W.*

Burkert hält den *goës* für den authentischen griechischen Schamanen, da er mit dem Totenkult in Zusammenhang steht (vgl. Goës. Zum griechischen ‚Schamanismus', in: Rhein. Museum f. Phil., N. S. 105 [1962] 35–55).

Über gewisse schamanische Züge im Orpheusmythos und den Legenden von Aristeas und anderen Sagengestalten siehe Band 2 dieses Werkes.

92.

Über Hermes siehe: *L. R. Farnell*, Cults V, a. a. O. 1 ff; *M. P. Nilsson*, Geschichte I, a. a. O. 501 ff; *S. Eitrem*, Hermes und die Toten (Christiana 1909); *P. Raingeard*, Hermès psychagogue (Paris 1935); *K. Kerényi*, Hermes der Seelenführer (Zürich 1944); *N. O. Brown*, Hermes the Thief (Madison 1947); *W. Otto*, Die Götter Griechenlands, a. a. O. 105–126; *J. J. Orgogozo*, L'Hermès des Achéens, in: RHR 136 (1949) 10–30, 139–179.

Über *moly*, das Kraut des Hermes, siehe *H. Rahner*, Griechische Mythen in christlicher Deutung (Zürich 1945) 232 ff. Siehe auch die Bibliographien über den Hermetismus in Band 2.

Von einem bestimmten Gesichtspunkt aus betrachtet, ist der Kriegsgott Ares ein Rätsel. Homer verbirgt nicht, daß er von den Göttern verachtet wurde: „Unter allen Göttern, des hohen Olympos Bewohnern hass' ich dich! Stammtest du Verderber von einem der übrigen Götter, lange lägest du unter den Uranionen begraben!", so ruft sein Vater Zeus (Ilias 5, 872 ff). Die Griechen ehrten ihn weder im Kult noch in der bildenden Kunst, noch auch in der Literatur, und dies, obwohl sie „so viele, ja möglicherweise sogar mehr Kriege führten als jedes andere Volk der Antike" *(L. Séchan / P. Lévêque*, Les Grandes divinités de la Grèce, a. a. O. 248). Im Vergleich zu Mars, seinem italischen Pendant, oder zu anderen indoeuropäischen Kriegsgöttern erscheint Ares als unbedeutende Gottheit.

Homer zufolge kam Ares aus Thrakien (Il. 13, 301). Und als er aus den Netzen befreit ist, in denen ihn Hephaistos mit Aphrodite gefangenhielt, wendet sich Ares wieder nach Thrakien (Odys. 8, 361). Andererseits behauptet *Herodot* (5, 7), die Thraker verehrten nur drei Götter: Ares, Dionysos und Artemis. Möglicherweise ist seine thrakische Herkunft der Grund, warum es diesem wilden Gott – „er kennet keine Gesetze" (Ilias 5, 747) – nie gelungen ist, sich in die griechische Religiosität zu integrieren.

93.

Nach *W. H. Roscher* muß Hera ursprünglich eine Mondgöttin gewesen sein (Lexikon I, II [1886–1890] 2087 ff; vgl. die Kritik dieser Hypothese bei *L. R. Farnell*, Cults I, a. a. O. 180 ff). Für *H. J. Rose* war Hera vor allem die Göttin der Frauen und ihrer Fruchtbarkeit (nicht aber der pflanzlichen Fruchtbarkeit); vgl. Handbook, a. a. O. 103. Die von *F. G. Welcker* (Die griechische Götterlehre I–III, 1857–1863) vertretene und von *L. R. Farnell* und *H. J. Rose* verworfene Idee, daß sie eine Terra Mater war, wurde überzeugender von *W. K. C. Guthrie*, a. a. O. 68 ff wieder aufgenommen.

Über die Beziehungen Heras zur Kuh vgl. *L. R. Farnell*, Cults I, a. a. O. 181 ff; *A. B. Cook*, Zeus I, a. a. O. 444 ff.

Über die ägäische Hera vgl. *Ch. Picard*, Les religions préhelléniques, a. a. O. 243; *U. Pestallozza*, Hera Pelasga, in: Studi Etruschi 25, ser. II (1957) 115–182, Abdruck in Nuovi saggi di religione mediterranea (225–256); *L. Séchan / P. Lévêque*, Les Grandes divinités de la Grèce, a.a.O. 184f. *I. Chirassi* hat die Kontinuität zwischen der mittelmeerländischen „Liliengöttin" und Hera gut dargelegt; vgl. *I. Chirassi*, Riflesi di una primitiva cultura precerealicola nel mondo miceneo, in: Annali della Facoltà di Lettere e Filosofia dell' Università di Trieste III (1966-1967) 15-26.

Kurz zur Göttin Hestia: Sie ist fast ganz ohne Mythen, besitzt aber eine gewisse rituelle Bedeutung, da sie das heimische und öffentliche Feuer schützt. Homer nennt ihren Namen nicht, aber Hesiod bezeichnet sie als die älteste Tochter von Kronos und Rhea (Theog. 454). Hestia ist die jungfräuliche und „seßhafte" Göttin schlechthin: sie verläßt nie die „hohen Wohnstätten der unsterblichen Götter". Etymologisch entspricht sie der lateinischen Gottheit Vesta und inkarniert die Sakralität des Feuers; dies erklärt wahrscheinlich auch ihren abstrakten Charakter (vgl. § 104).

Man hat ihren Namen aus einer indoeuropäischen Wurzel mit der Bedeutung „brennen" abgeleitet. Es ist jedoch ebenso möglich, daß der Hestiakult einen vorhellenischen Herdkult weiterführt: vgl. *Ch. Picard*, Les religions préhelléniques, a.a.O. 242ff.

Über Artemis siehe *L. R. Farnell*, Cults II, a.a.O. 425ff; *M. P. Nilsson*, Geschichte I, a.a.O. 481-500; *K. Hoenn*, Artemis, Gestaltwandel einer Göttin (Zürich 1946); sowie die klare Darlegung von *W. K. C. Guthrie*, The Greeks and their Gods, a.a.O. 99-106. Siehe daneben auch *I. Chirassi*, Miti e culti arcaici di Artemis nel Peloponese e Grecia centrale (Triest 1964).

Für den illyrischen Ursprung des Namens stimmt *M. S. Ruiperez*, Emerita XV (1947) 1-60.

Über den Typ der ephesinischen Artemis siehe *Ch. Picard*, Ephèse et Claros (Paris 1922) 474ff.

Zum Brauronia-Fest, das eine rituelle Verwandlung der Mädchen, die Artemis folgten, in Bären enthielt (wahrscheinlich handelte es sich um einen Bärentanz), siehe *H. Jeanmaire*, Couroï et Couretes (Lille 1939) 237ff.

Seit dem 7. Jahrhundert wurde Artemis mit der Mondgöttin Hekate, mit der thrakischen Göttin Bendis und mit Kybele gleichgesetzt.

94.

Die von M. P. Nilsson vorgeschlagene Deutung der Athene als vorhellenische Göttin und Beschützerin der minoischen oder mykenäischen Könige wurde allgemein akzeptiert *(M. P. Nilsson*, Minoan-Mycenaean Religion, a.a.O. 487ff). Für *A. B. Cook* war Athene eine vorgriechische Göttin, und zwar vor allem die im Felsen der Akropolis lokalisierte Bergmutter (Zeus III, a.a.O. 749; vgl. auch ebd. 224ff).

Detaillierte Abhandlungen über Athene und ihre Kulte bringen *L. R. Farnell*, Cults I, a.a.O. 184ff; *M. P. Nilsson*, Geschichte der griech. Rel. I, a.a.O. 433ff. Das Kapitel über Athene bei *W. F. Otto*, Die Götter Griechenlands (44-61) gehört zu den besten dieses Buches. Siehe auch *M. Guarducci*, Atena oraculare, in: Parola di Passato 6 (1951) 338-355; *C. J. Herrington*, Athena Parthenos and Athena Polias. A Study in the Religion of Periclean Athens (Manchester 1955).

Über die Episode der von Zeus verschlungenen Metis (Theogonie 886ff) siehe den Kommentar bei *M. L. West*, Hesiod: Theogony. Edited with Prolegomena and Commentary (Oxford 1966) 401ff. In zwei neueren Artikeln hat M. Detienne die Deutung Athenes großartig bereichert: *M. Detienne*, Le navire d'Athéna, in: RHR 178 (1970) 133-177; *ders.*, Athena and the Mastery of the Horse, in: HR 11 (1971) 161-184. Siehe auch *H. Jeanmaire*, La naissance d'Athena et la royauté magique de Zeus, in: Rev. arch. 48 (1956) 12–39.

Über Aphrodite siehe *E. Simon*, Die Geburt der Aphrodite (Berlin 1959); *M. P. Nilsson*, Griechische Feste (1906) 362–387; *ders.*, Geschichte I, a. a. O. 519ff; *L. R. Farnell*, Cults II, a. a. O. 618ff; *R. Flacelière*, L'amour en Grèce (Paris 1960).

Über den östlichen Ursprung des Aphroditekultes siehe *H. Herter*, in: Elements orientaux dans la religion grecque ancienne (Paris 1960) 61ff. Die indoeuropäischen Elemente der Aphrodite wurden, allerdings zu pointiert, aufgezeigt von *K. Tümpel*, in: *Pauly-Wissowa*, Realenzyklopädie, s. v.; siehe auch *M. Stubbs*, Who was Aphrodite?, in: *ders.*, Orpheus (1954) 170ff.

95.

E. Rohde widmete den Heroen das vierte Kapitel seines Buches Psyche (Tübingen – Leipzig 1893, ²1897). Drei Jahre später entwickelte *H. Usener*, Götternamen. Versuch einer Theorie der religiösen Begriffsbildung (Bonn 1896) den Begriff der Sondergötter, wobei er vor allem die Theorie H. Spencers von der Priorität des Ahnenkults kritisierte (253ff); auf E. Rohde findet sich nur eine einzige polemische Bezugnahme (248). P. Foucart folgte im allgemeinen der Deutung E. Rohdes; vgl. *P. Foucart*, Le culte des héros chez les Grecs (1918) (Mémoires d l'Instiut Français 1921); ebenso auch *S. Eitrem*, in: *Pauly – Wissowa*, Realenzyklopädie VIII, 1 (1912) s. v. „Heros", und *F. Pfister*, Der Reliquienkult im Altertum (Gießen 1910–1912).

Die von *L. R. Farnell*, Greek Hero Cults and Ideas of Immortality (Oxford 1921) vorgelegte „Kompromißtheorie" wurde weithin akzeptiert; vgl. u. a. *M. P. Nilsson*, The Minoan-Mycenaean Religion (Lund ²1950) 585; *ders.*, Geschichte der griechischen Religion I (München ²1955) 188.

Klare Darlegungen und brauchbare Analysen finden sich in den Werken von *C. Robert*, Die griechische Heldensage I–II (Berlin 1921–1926); *L. Rademacher*, Mythos und Sage bei den Griechen (München 1938); *M. Delcourt*, Légendes et cultes des héros en Grèce (Paris 1942); *H. J. Rose*, Gods and Heroes of the Greeks (London 1957); *K. Kerényi*, Greek Heroes (London 1959).

Einen bedeutenden Beitrag aus der Sicht der allgemeinen Religionsgeschichte erbrachte *A. Brelich*, Gli eroi greci: Un problema storico-religioso (Rom 1958). Der Autor erwähnt zunächst die früheren Interpretationen von E. Rohde bis M. P. Nilsson, schildert dann die Rolle der Heroen in Mythos und Kult (Heros und Tod, Heros und Kampfkunst, Mantik, Initiationen usw.), untersucht die Beziehungen zu anderen mythischen Wesen, um schließlich die spezifische Struktur des griechischen Heroen aufzuzeigen.

Zu den von *Pindar* unterschiedenen drei Kategorien der Wesen (Götter, Heroen, Menschen) fügte *Platon* eine vierte, jene der Dämonen, hinzu; vgl. Kratylos 397ff.

Über die Pubertätsinitiationen im archaischen Griechenland siehe *H. Jeanmaire*, Couroï et Courètes (Lille 1939); *M. Eliade*, Naissances mystiques. Essai sur quelques types d'Initiation (Paris 1959; Neuausg. 1975) 227ff; dt. Übers.: Das Mysterium der Wiedergeburt (Zürich–Stuttgart 1961); *A. Brelich*, a. a. O. 124ff; *ders.*, Paides e Parthenoi I (Rom 1969).

Der vor allem von E. Rohde (Psyche) hervorgehobene Unterschied zwischen den Opfern für die Olympier einerseits und die chthonischen Wesen und Heroen andererseits wurde auch von J. Harrison, K. Meuli, Ch. Picard und W. K. C. Guthrie erkannt. Picard erwähnt darüber hinaus auch die Unterschiede der rituellen Gesten: für die Olympier wird die Hand mit dem Himmel zugewandter Handfläche erhoben, für die Mächte der Erde wird sie mit der Erde zugewandter Handfläche gesenkt (vgl. Ch. Picard, Le geste de la prière funéraire en Grèce et en Etrurie, in: RHR [1936] 137ff). A. D. Nock (Harvard Theological Review 37 [1944] 141ff) und W. Burkert (Homo necans [Berlin 1972] 16ff und Anm. 41) stellten jedoch fest, daß dieser Unterschied nicht immer belegt ist; vgl. auch A. Brelich, Gli eroi greci, a.a.O. 16–18.

96.

Der vor allem im Plural verwendete griechische Terminus *ta mysteria* leitet sich wahrscheinlich von der indoeuropäischen Wurzel MU her, deren ursprüngliche Bedeutung „den Mund schließen" sich auf das „rituelle Schweigen" bezieht. Vgl. *myo* und *myeo*, „in das Mysterium einführen", *myesis*, „Einführung" (dieser Terminus fand ausschließlich für die Initiationen in die Mysterien Verwendung).

Die literarischen Quellen sind zu finden bei L. R. *Farnell*, Cults of the Greek States III (Oxford 1907) 307–367. Zur archäologischen Erforschung siehe F. *Noack*, Eleusis. Die baugeschichtliche Entwicklung des Heiligtums (Berlin – Leipzig 1927); K. *Kuruniotis*, Das eleusinische Heiligtum von den Anfängen bis zur vorperikleischen Zeit, in: ARW 33 (1935) 52–78; G. E. *Mylonas*, The Hymn to Demeter and her Sanctuary at Eleusis (Washington Studies in Language and Literature XIII, St.-Louis 1942); *ders.*, Eleusis and the Eleusinian Mysteries (Princeton 1961) 23–186; E. *Simon*, Neue Deutung zweier Eleusinischer Denkmäler des 4. Jh. v. Chr., in: Antike Kunst 9 (1966) 72–92; H. *Metzger*, Les représentations dans la céramique attique du IVe siècle (Paris 1951) 231–265; *ders.*, Recherches sur l'imagerie athénienne (Paris 1965) 1–53.

Zur homerischen Hymne siehe die Ausgabe von N. J. *Richardson*, The Homeric Hymn to Demeter (Oxford 1973); vgl. auch K. *Deichgräber*, Eleusinische Frömmigkeit und homerische Vorstellungswelt im Homerischen Demeterhymnus (Mainz 1950); F. R. *Walton*, Athens, Eleusis, and the Homeric Hymn to Demeter, in: Harvard Theological Review 45 (1952) 105–114; U. *Bianchi*, Saggezza olimpica e mistica eleusina nell'inno omerico a Demeter, in: SMSR 35 (1964) 161–193; M. L. *Lord*, Withdrawal and Return in the Homeric Hymn to Demeter and the Homeric Poems, in: Classical Journal 62 (1967) 214–248.

Aus der umfangreichen Literatur über die eleusinischen Mysterien sei genannt: L. R. *Farnell*, Cults III, a.a.O. 126–198; P. *Foucart*, Recherches sur l'origine et la nature des Mystères d'Eleusis (Paris 1895); *ders.*, Les Mystères d'Eleusis (Paris 1914); M. P. *Nilsson*, Minoan-Mycenaean Religion and its Survival in Greek Religion (Lund 1927, 2., durchgesehene und erweiterte Aufl. 1950) 468ff; 558ff; *ders.*, Die eleusinischen Gottheiten, in: ARW 32 (1935) 79–141, neuherausgegeben in: Opuscula Selecta II (Lund 1952) 542–623; *ders.*, Greek Folk Religion (New York 1940, Neuausgabe 1961) 42–64; S. *Eitrem*, Eleusis. Les mystères et l'agriculture, in: Simbolae Osloenses 20 (1940) 133–151; V. *Magnien*, Les Mystères d'Eleusis. Leurs origines. Le rituel de leurs initiations (Paris 1938; nützlich wegen der zitierten und übersetzten Texte); W. F. *Otto*, Der Sinn der eleusinischen Mysterien, in: Eranos-Jahrbuch 9 (1939) 83–112; M. *Marconi*, Sul mistero dei Misteri Eleusini, in: SMSR 22 (1949–50) 151–154; K. *Kerényi*, Eleusis. Archetypal Image of Mother and Daughter (New York 1967); G. *Méautis*, Les Dieux de la Grèce et les Mystères d'Eleusis (Paris 1959); P. *Boyancé*, Sur les Mystères d'Eleusis, in: REG 75 (1962) 460–482; W. *Burkert*, Homo necans (Berlin 1972) 274–327. Siehe auch die Untersuchungen von A. Körte, O. Kern, A. Dellatte, Ch. Picard usw., die wir weiter unten anführen.

Herodots Auffassung (II, 49 ff, 146) folgend, bestätigt P. Foucart den ägyptischen Ursprung der eleusinischen Mysterien. Ch. Picard dagegen bemerkt, daß „noch nirgends und auch nicht vereinzelt auch nur der geringste ägyptische Gegenstand im Hieron aufgetaucht ist, der in die zweite Hälfte des 2. Jahrtausends zu datieren wäre" (vgl. Ch. Picard, Sur la patrie et les pérégrinations de Déméter, in: REG 40 (1927) 321–330, insbes. 325). A. Persson, Der Ursprung der eleusinischen Mysterien, in: ARW 21 (1922) 287–309, und Ch. Picard, Les religions préhélleniques (Paris 1948) 89, 111, 114 ff, brachten die kretische Herkunft der Mysterien ins Gespräch. Neuere Grabungen aber haben die Hypothese kretischer oder minoischer Einflüsse in den Baulichkeiten von Eleusis entkräftet (siehe G. E. Mylonas, Eleusis, a.a.O. 16 ff; vgl. ebd. 49, 68, usw.). M. P. Nilsson versuchte, die mykenäischen Ursprünge des mythisch-rituellen Komplexes von Eleusis zu beweisen (Vgl. ders., Minoan-mycenaean Religion, a.a.O. 558 ff; siehe auch ders., Opuscula Selecta II, a.a.O. 585 ff). G. E. Mylonas betont, daß die Traditionen eher auf einen nordischen Ursprung des Kults verweisen (a.a.O. 19 ff) – auf Thessalien oder Thrakien. Nach Pausanias (I, 38, 2-3) galt Eumolpus, der erste Hierophant und Begründer der Familie der Eumolpiden als aus Thrakien stammend. Doch ist der Name Eumolpus vorhellenisch (M. P. Nilsson, Minoan-mycenaean Religion 520 ff). Wo auch immer ihr Ursprung sein mag, fest steht jedenfalls, daß die Mysterien prähellenisch sind und einen Kultus archaischer Struktur fortsetzen. Einer zweiten Familie, den Kerykes, entstammen die anderen Offizianten: Daduchos, der „Fackelträger", Hierokeryx, „der Zeremonialherold" und der am Altar dienende Priester. Bis zur Zerstörung Eleusis' durch Alarich im Jahr 396 entstammten die Hierophanten und die übrigen Offizianten ausnahmslos diesen beiden Familien.

Was die „Genese" der Mysterien betrifft, so sucht sie die Mehrzahl der Wissenschaftler in einem dem Ackerbau zugehörigen mythisch-religiösen Schauspiel. Für M. P. Nilsson ist Demeter die Getreidemutter und Kore das Kornmädchen: sie symbolisieren die alte und die neue Ernte. Folglich stellt die Vereinigung der beiden Göttinnen letztlich die Verbindung der beiden Ernten dar (vgl. Greek Folk Religion, a.a.O. 51 ff). M. P. Nilsson zufolge besaß Eleusis „keine Lehre, sondern nur einige einfache grundlegende Vorstellungen über Leben und Tod – die in der neuen Ernte, die aus der alten hervorgeht, ihre Verdeutlichung fanden" (ebd. 63). Eine ähnliche Erklärung hatte bereits F. M. Cornford, The aparchai and the Eleusinian Mysteries, in: Essays and Studies presented to William Ridgeway (Cambridge 1913) 153–166 gegeben. Wir haben andernorts, und zwar gerade bei der Diskussion über Greek Folk Religion, die Mangelhaftigkeit solcher „genetischer" Pseudo-Erklärungen religiöser Erscheinungen kritisiert: vgl. M. Eliade, Mythologie et Histoire des religions, in: Diogène (Januar 1955) 108 ff. Die Zusammenhänge der eleusinischen Mysterien mit dem Ackerbau wurden auch analysiert von R. Pettazzoni, I Misteri (Bologna 1924) 45 ff; ders., La religion dans la Grèce antique (Paris 1953) 73 ff.

Über die Granatapfelmythen und -riten in der Mittelmeerwelt siehe U. Pestalozza, Iside e la Melagrana, in: Religione Mediterranea (Mailand 1951) 1–70; I. Chirassi, Elementi di culture precereali nei miti e riti greci (Rom 1968) 73–90.

Über die Weihe durch das Feuer siehe J. G. Frazer, Apollodorus, The Library II, a.a.O. 311–317 (Appendix I: „Putting children on the fire"), C. M. Edsman, Ignis Divinis (Lund 1949) 224 ff, und vor allem M. Delcourt, Pyrrhos et Pyrrha. Recherches sur les valeurs du feu dans les légendes helléniques (Paris 1965) 66 ff. Was Demeter für Demophon tun wollte, versuchten Isis für Arsinoes Kind und Thetis und Medea für ihre eigenen Kinder. Wegen der törichten Störungen durch die erschreckten Sterblichen konnte jedoch keiner dieser Versuche gelingen. Über die „Meister des Feuers" vgl. *M. Eliade*, Schamanismus, a.a.O. 247, 409, 428; *ders.*, Schmiede und Alchimisten, a.a.O.

Zur Baubo-Episode siehe *Ch. Picard*, L'épisode de Baubô dans les Mystères d'Eleusis, in: RHR 95 (1927) 1–37; *V. Magnien*, Les Mystères d'Eleusis, a.a.O. 86 ff.

Nach der sogenannten orphischen Version des Demetermythos (vgl. *L. Malten*, Altorphische Demetersagen, in: ARW [1909] 417 ff) lebten in Eleusis der arme Bauer Dysaules und seine Gattin Baubo; sie besaßen nur eine elende Hütte, weil das Korn von Demeter noch nicht geschenkt war. Der attischen Tradition zufolge war Triptolemos der Sohn des Dysaules (Pausanias I 14,3). Ein weiterer Sohn, Euboleus, war Schweinehirt und seine Schweine wurden gleichzeitig mit Persephone verschlungen. Die orphische Hymne (41,6) berichtet, daß Demeter, als sie ihr Fasten in Eleusis unterbrach, in die Unterwelt hinabstieg und den Angaben des Euboleus folgte (vgl. auch *K. Kerényi*, Eleusis, a.a.O. 42,171).

Wir erinnern daran, daß die Alten Eleusis mit Elysium, dem Reich der Seligen, in Zusammenhang gebracht hatten (vgl. *A. B. Cook*, Zeus II, a.a.O. 36 ff).

97.

S. Dow / R. F. Healey, A sacred Calendar of Eleusis (Cambridge 1965), haben den Zeremonienkalender auf der Grundlage einer um 330 v. Chr. datierten Inschrift rekonstruiert.

Über die Kleinen Mysterien siehe *P. Roussel*, L'initiation préalable et le symbole Eleusien, in: Bulletin de correspondance hellénique 54 (1930) 51–74; *G. E. Mylonas*, a.a.O. 239–243. Das Schweineopfer war in ganz Griechenland spezifisch für den Demeterkult; vgl. insbes. *W. Burkert*, Homo necans, a.a.O. 284 ff. Andererseits sind solche Opfer anläßlich von Initiationszeremonien reich bezeugt bei den Bodenbauern der polynesischen Inseln. *W. Burkert* (286) erinnert daran, daß der griechische Ausdruck für „Ferkel" *(choiros)* umgangssprachlich das weibliche Geschlechtsorgan bezeichnete. Das Ferkelopfer stellte symbolisch die Tötung eines jungen Mädchens dar.

Über die *gephyrismoi* vgl. *E. de Martino*, Gephyrismi, in: SMSR 10 (1934) 64–79.

Über den Kykeon siehe *A. Delatte*, Le Cycéon, breuvage rituel des mystères d'Eleusis, in: Bull. Classe des Lettres, Acad. Royale de Belgique 5. ser., 40 (1954) 690–752.

Eine große Zahl von Texten unterschiedlichen Wertes, die sich auf die Initiationen beziehen, wurden übersetzt und zitiert von *V. Magnien*, a.a.O. 198 ff (mit Vorsicht zu benutzen). Über die Rituale siehe *G. E. Mylonas*, a.a.O. 243–285; *D. Sabbatucci*, Saggio sul misticismo greco (Rom 1965) 127 ff. Vgl. auch *Ch. Picard*, Le Prétendu ‚baptême d'initiation' éleusien et le formulaire des mystères des Deux-déesses, in: RHR 154 (1959) 129–145. *U. Bianchi*, OSYMOAS AION, in: Ex Orbe Religionum I (Leiden 1972) 277–286; *H. L. Jansen*, Die Eleusinische Weihe, ebd. 287–298. Die Opfer und Rituale im Zusammenhang mit der Initiation wurden innerhalb des Heiligtums vollzogen; dies galt im griechischen Kultbereich nur für Eleusis. Das olympische Opfer nämlich wurde nicht in den Tempeln dargebracht, sondern auf Altären, die überall errichtet werden konnten, sei es in Häusern, auf der Straße oder auf den Feldern.

Über die kosmische und rituelle Bedeutung der beiden mit Wasser gefüllten Vasen *(plemochoai)*, die vom Initiierten unter Rezitieren einer Formel vergossen wurden (möglicherweise der berühmten Formel, von der Proklos, *Ad Timaeum* 293 C spricht) siehe

E. L. Ochsenschlager, The cosmic significance of the plemochoe, in: HR 9 (1970) 316–337.

Für die Offenbarung von Geheimnissen (vgl. oben, Anm. 3) kennt die Antike noch andere Beispiele. Eine unter dem Namen von Sopatros überlieferte rhetorische Übung bringt den Fall eines Jünglings, der im Traum initiiert wurde: er betrachtete die *dromena*, aber da er die vom Hierophanten gesprochenen Worte nicht vernahm, konnte er nicht als initiiert gelten. Androkides dagegen wurde angeklagt, weil er die *hiera* Nicht-Initiierten gezeigt und die Worte wiederholt hatte, die nicht ausgesprochen werden durften (vgl. die Hinweise bei *G. E. Mylonas*, a.a.O. 272, Anm. 194, 195). Alkibiades parodierte die Geheimzeremonien und mußte ins Exil gehen; einige seiner Gefährten, die gefangen wurden, erlitten die Todesstrafe *(Xenophon*, Hellenika I, 4,14, usw.).

98.

Synesius bewahrte uns ein kurzes Fragment eines Jugendwerks des Aristoteles über die Mysterieninitiation: „Aristoteles ist der Meinung, daß die Initiierten nicht irgend etwas erfahren, sondern Empfindungen erleben und in eine bestimmte Gemütsverfassung versetzt werden müssen, natürlich erst, nachdem sie fähig wurden, diese auch zu empfangen." (Dio, hrsgg. v. *Krabinger*, Bd. I, 271 f = *Aristoteles*, Fr. 15 H. J. Rose; frz. Übers. *J. Croissant*, Aristote et les Mystères [Paris 1932] 137). Ein von *Psellus* überlieferter und von *J. Bidez* veröffentlichter Parallel-Text (Catalogue des manuscrits alchimiques grecs VI [1928] 171) wurde umfassend analysiert von *J. Croissant*, a.a.O. 145ff.

Zur Überfahrt des Themistios siehe insbes. *G. E. Mylonas*, a.a.O. 264ff. Eine ausgezeichnete Analyse der späteren Quellen bringt *L. R. Farnell*, Cults, a.a.O. III, 176ff.

Über das von Clemens von Alexandrien überlieferte *synthema* siehe *U. Pestalozza*, Religione Mediterranea. Vecchi e nuovi studi (Mailand 1951) 216–234 (Ortaggi, frutti e paste nei Misteri Eleusini); *G. E. Mylonas*, a.a.O. 294–303; *W. Burkert*, Homo necans, a.a.O. 298ff.

Die Identifikation der in Korb und Kiste verborgenen Gegenstände führte zu einer langen Kontroverse, die noch immer nicht abgeschlossen ist. *A. Körte* vermutet, daß sich in der Kiste die Abbildung einer Gebärmutter *(kteis)* befand; durch ihre Berührung glaubte der Myste als Kind Demeters wiedergeboren zu werden (ARW [1915] 116ff). *O. Kern* ging noch weiter: der Myste vereinigte sich mit der Göttin, indem er die *Kteis* mit seinem Geschlechtsorgan berührte (Die griechischen Mysterien der classischen Zeit [1927] 10). Für A. Dieterich dagegen war der Gegenstand, den der Myste in der Kiste vorfand, ein Phallus: er legte sich diesen auf seine Brust und wurde damit in Vereinigung mit der Göttin deren Kind *(Eine Mythrasliturgie* [1903] 123; *Mutter Erde* [³1925] 110ff). Nach *Ch. Picard* barg die Kiste einen Phallus und der Korb eine Gebärmutter: durch ihre Berührung vollzog der Myste die Vereinigung mit den Göttinnen (L'épisode de Baubô, in: RHR 95 [1927] 237ff). *S. Eitrem* spricht von einer Schlange, einem Granatapfel und von Kuchen in Phallus- und Gebärmuttergestalt (Eleusinia 140ff). Diese Erklärungen wurden von zahlreichen Wissenschaftlern abgelehnt: *Maas, L. R. Farnell, P. Roussel, L. Deubner, W. Otto, K. Kerényi* usw. (siehe auch *G. E. Mylonas*, a.a.O. 296, Anm. 22). Aber es ist doch sinnvoll, diese Übungen religionsgeschichtlicher Exegese zu erwähnen: sie tragen bei zum Verständnis des westlichen Zeitgeists im ersten Drittel des 20. Jahrhunderts.

Was die Informationen der Kirchenväter über die Initiationen in die Mysterien betrifft, so steht fest, daß sie diese aus einer ganz bestimmten Absicht heraus verschleiern: sie wollen das Heidentum angreifen und diskreditieren. Doch wagten sie nicht, frei zu *erfinden*, da sie gewärtig sein mußten, von den heidnischen Autoren korrigiert zu werden. Aber wir müssen gleichermaßen berücksichtigen, daß sie in einer Atmosphäre eines religiösen Synkretismus schrieben und sich im Wesentlichen auf hellenistische Mysterien bezogen. Da aber zahlreiche neuplatonische und neupythagoräische Autoren die Einheit aller Mysterien verkünden, haben die christlichen Autoren deren Perspektive übernommen und auch die jüngeren Mysterien zugehörigen Rituale für eleusinisch gehalten. Daneben teilten auch die Apologeten die hellenistische Strömung der Erklärung durch Analogie, wodurch ihre Zeugnisse noch unsicherer werden.

Feuer und Leichenverbrennung in Eleusis. Es ist wahrscheinlich, daß einige Mysten zwischen 1110 und 700 v. Chr. auf der Tempelterrasse eingeäschert wurden (vgl. *K. Kerényi*, a. a. O. 93). Andererseits kennen wir die Geschichte eines Brahmanen, Zarmaros oder Zarmanochegos, der 20 v. Chr., als Augustus sich wiederum in Eleusis befand, um die Einweihung bat und nach seiner Teilnahme an der *epopteia* in das Feuer ging und verbrannte (Dio Cassius LIV, 9, 10; Strabo XV, 1, 73; vgl. *K. Kerényi*, a. a. O. 100). Läßt sich aus diesen rituellen Verbrennungen die Erinnerung an die „Divinisation" Demophons durch das Feuer herauslesen? Siehe auch *M. Delcourt*, Pyrrhos et Pyrrha (Paris 1965) 68 ff.

99.

Über den Demeterkult siehe *L. R. Farnell*, Cults III, a. a. O. 38 ff; *M. P. Nilsson*, Geschichte I, a. a. O. 461 ff.

Zu den Demetermysterien im übrigen Griechenland vgl. *M. P. Nilsson*, Geschichte I, a. a. O. 478; *R. Stiglitz*, Die großen Göttinnen Arkadiens (Wien 1967) 30 ff; *G. Zuntz*, Persephone (Cambridge 1971) 75 ff.

Im ersten Jahrhundert v. Chr. berichtet Diodor von Sizilien (V, 73,3) folgende Tradition: die Bewohner Kretas behaupteten, die Mysterien hätten sich ausgehend von ihrer Insel verbreitet und führten als Beweis die Tatsache an, daß die in den Initiationen von Eleusis, in den Mysterien von Samothrake und in dem von Orpheus begründeten Kult mitgeteilten Geheimnisse auf Kreta jedem, der sie erfahren möchte, frei mitgeteilt werden können. Soweit Diodors Information authentisch ist, bezieht sie sich wahrscheinlich auf die Riten und vor allem das Mythologem, in denen die Zusammenhänge zwischen dem Ackerbau (das Verschwinden des Korns unter der Erde, dem das Erscheinen einer neuen Ernte folgte) und dem Raub der Persephone und ihrer Wiedervereinigung mit Demeter veranschaulicht werden.

Dionysos' Rolle in den Mysterien ist umstritten. Im 4. Jahrhundert wurde Dionysos mit Iacchos, der Personifikation des Rufes (Herodot VIII, 65) oder der Hymne (Schol. d. Aristophanes, Frösche 309) bei der Prozession nach Eleusis, identifiziert. Nach *L. R. Farnell* lehrt Sophokles (Antigone 1119–21, 1146–52), Iacchos sei Dionysos in seiner eleusinischen Hypostase (Cults III, a. a. O. 149). Doch scheint Dionysos nicht zu den in den Mysterien verehrten Gottheiten gehört zu haben (*G. E. Mylonas*, a. a. O. 238). Seine Gegenwart in Eleusis ist die Folge eines Synkretismus, einer Bewegung, die sich später in hellenistischer Zeit noch verschärft.

100.

Die Forschungsgeschichte der iranischen Religionen wurde sehr gut dargelegt von *J. Duchesne-Guillemin*, The Western Response to Zoroaster (Oxford 1958). Siehe auch *G. Widengren*, Stand und Aufgaben der iranischen Religionsgeschichte, in: Numen I (1954) 16–83, II (1955) 47–134; sowie *G. Gnoli*, Problems and Prospects of the Studies on Persian Religion, in: Problems and Methods of the History of Religions, hrsgg. v. *U. Bianchi, C. J. Bleeker, A. Bausani* (Leiden 1972) 67–101; (der Autor bezieht sich vor allem auf nach 1940 veröffentlichte Werke). Noch brauchbar wegen ihrer reichen Dokumentation sind *J. H. Mouton*, Early Zoroastrianism (London 1913); *A. V. W. Jackson*, Zoroastrian Studies (New York 1928), insbes. The Iranian Religion (3–215), und vor allem *L. H. Gray*, The Foundations of Iranian Religions (Bombay 1929; Sachregister). Die neuen Richtungen in der Deutung der iranischen Religionen treten zutage in dem Büchlein von *E. Benveniste*, The Persian Religion according to the chief Greek Texts (Paris 1929), bei *H. Lommel*, Die Religion Zarathustra's nach dem Awesta dargestellt (Tübingen 1930), der sehr persönlichen Monographie von *H. S. Nyberg*, Die Religionen des alten Iran (Leipzig 1938), *G. Widengren*, Hochgottglaube im alten Iran (Uppsala 1938), *G. Dumézil*, Naissances d'archanges (Paris 1945; siehe auch Tarpeia [Paris 1947] 33–113); *J. Duchesne-Guillemin*, Zoroastre (Paris 1948); *ders.*, Ormazd et Ahriman. L'aventure dualiste dans l'Antiquité (Paris 1953). Vier zusammenfassende Werke sind jüngeren Datums: *R. C. Zaehner*, The Dawn and Twilight of Zoroastrianism (London 1961; siehe dazu die Kritik von *J. Duchesne-Guillemin*, in: IIJ 7 [1964] 196–207); *J. Duchesne-Guillemin*, La religion de l'Iran ancien (Paris 1962); *M. Molé*, Culte, mythe et cosmologie dans l'Iran ancien (Paris 1963); *G. Widengren*, Die Religionen Irans (Stuttgart 1965). Die Bände von J. Duchesne-Guillemin und G. Widengren enthalten ausgezeichnete Bibliographien. Die kühne Deutung M. Molés ist umstritten, doch ist das Werk wegen seiner zahlreichen Textübertragungen wertvoll. Ergänzende bibliographische Hinweise siehe weiter unten im Zusammenhang mit Spezialfragen.

Drei Viertel der Awestatexte sind wahrscheinlich verloren. Siehe die Zusammenfassung der erhaltenen Stücke bei *J. Duchesne-Guillemin*, La religion de l'Iran ancien, a.a.O. 32–40 (vgl. ebd. 40–50, die sehr sorgfältige Darlegung der Bestimmung des Awesta). Die einzige vollständige Übersetzung des awestischen Textes bringt *J. Darmsteter*, Le Zend-Avesta (Paris, 3 Bde, 1892–1893; Neudruck 1960). Doch sie ist „für die Gāthās unbrauchbar" (J. Duchesne-Guillemin). Von den neueren Gāthā-Übertragungen (nach der nach wie vor unerläßlichen Übersetzung von *Ch. Bartholomae*, Die Gāthā's des Awesta [Straßburg 1905]) führen wir an: *J. Duchesne-Guillemin*, Zoroastre, a.a.O. 166–296 (nach dieser Übersetzung zitieren wir im Text); *H. Humbach*, Die Gāthās des Zarathustra, 2 Bde. (Heidelberg 1959, mit Paraphrase und Anmerkungen); vgl. auch *B. Schlerath*, Die Gāthās des Zarathustra, in: Orientalistische Literatur-Zeitung, 57 (1962) Sp. 565–589: kritische Untersuchung der jüngeren Exegesen, teilweise abgedruckt in: *B. Schlerath* (Hrsg.), Zarathustra (Darmstadt 1970) 336–359); *W. Lentz*, Yasna 28. Kommentierte Übersetzung und Komposition-Analyse (Mainz 1955). Über die Yashts und die Pahlavi-Literatur siehe weiter unten.

W. B. Henning, Zoroaster, Politician or Witch-Doctor? (Oxford 1951) übt heftige Kritik am Werk des Archäologen *E. Herzfeld*, Zoroaster and his World (Princeton 1947) und dem Buch von *H. S. Nyberg*. (Im Vorwort der Neuauflage von Religionen des alten Iran antwortet Nyberg auf die Kritik von W. B. Henning und präzisiert seine Position.)

Die traditionelle Chronologie Zarathustras wurde verworfen von M. Molé (a. a. O, 530ff) und G. Gnoli (siehe insbesondere: G. Gnoli, Politica religiosa e concezione della regalità sotto i Sassanidi, in: La Persia nel Medioevo [Rom, Accademia dei Lincei 1971] 1–27, insbes. 9ff). Eine kritische Bibliographie zu diesem Problem findet sich im Artikel von O. Klima, The Date of Zoroaster, in: Ar. Or. 27 (1959) 556–564.

Über die arischen „Männerbünde" siehe S. Wikander, Der arische Männerbund (Lund 1938) und G. Widengren, Iranische Religion 23ff, 65f (mit neuerer Bibliographie). Widengrens Buch enthält eine Gesamtsicht der vorzoroastrischen Ideen und Glaubensvorstellungen, vgl. 7–59.

101.

Über die Umwandlung einer historischen Persönlichkeit in einen Archetypus siehe die in *M. Eliade*, Kosmos und Geschichte, a. a. O. 36ff angeführten und kommentierten Beispiele. Die Gestaltwerdung der Legende Zarathustras wurde dargestellt von *J. Duchesne-Guillemin*, La religion, a. a. O. 337ff.

M. Molé, Culte, mythe et cosmologie, a. a. O. bemüht sich in seinem Werk, das Bild Zarathustras im nicht-gāthischen Awesta zu rekonstruieren. „Er wird vor allem gepriesen, weil er die Opfer richtig darbrachte, weil er bestimmte wirksame Formeln aussprach, weil er sie den Menschen übermittelte, die fortan wissen, wie sie Vieh, Wasser und Pflanzen schützen können: aber er wird nicht aufgrund einer neuen Lehre gepriesen. Dieses Bild erinnert eher an jenes eines Orpheus oder eines Zalmoxis, denn an das eines semitischen Propheten" (*M. Molé*, Réponse à M. Duchesne-Guillemin, in: Numen 8 [1961] 53). M. Molé gibt zu, daß er nichts über die Geschichtlichkeit Zarathustras sagen kann (ebd. 53ff; vgl. Culte, mythe et cosmologie, a. a. O. 530ff). In der gesamten mazdäischen Tradition ist Zarathustra der Prototyp des Priesters, während Vishtaspa der Prototyp des Initiierten ist. Doch sei hinzugefügt, daß all dies nicht die Geschichtlichkeit einer Person namens Zarathustra ausschließt.

G. Gnoli vertritt eine ähnliche Position: die in den Gāthās unter dem Namen Zarathustra überlieferte Lehre enthält nur einen Aspekt des Mazdäismus, nämlich seinen esoterischen Aspekt, d. h. die den religiösen Eliten vorbehaltene Priester- und Initiationstradition. Der von den Achämeniden praktizierte Mazdäismus dagegen repräsentiert den für Staat und Herrscher gefeierten öffentlichen Kultus. Vgl. *G. Gnoli*, Politica religiosa, a. a. O. 17ff; *ders.*, La Religione persiana, in: Storia della Religioni (Turin ⁶1971) 235–292, bes. 247ff.

Eine suggestive Analyse der religiösen Berufung Zarathustras bietet *K. Rudolph*, Zarathustra – Priester und Prophet, in: Numen 8 (1961) 81–116.

102.

H. S. Nyberg verwies als erster auf die „schamanische" Ekstase Zarathustras; vgl. Die Religionen des alten Irans, a. a. O. 177ff. G. Widengren griff die Analyse der schamanischen Elemente im Zoroastrismus auf; siehe: *G. Widengren*, Stand und Aufgaben, a. a. O. 90ff; *ders.*, Die Religionen des Iran, a. a. O. 72f. Siehe auch *M. Eliade*, Schamanismus, a. a. O. 378ff. Eine ausgezeichnete Analyse und eine ausgewogene Deutung der ekstatischen Elemente bei Zarathustra gibt *A. Bausani*, Persia religiosa (Mailand 1959) 38ff.

103.

G. Dumézil hat in den Amesa Spenta die sublimierten Ersatzfiguren der indoiranischen funktionalen Götter identifiziert; vgl. *G. Dumézil*, Naissances d'Archanges (Paris 1945) Kap. II–V; *ders.*, Tarpeia (1947) 33–113; *ders.*, Idéologie tripartie des Indo-Européens (Brüssel 1958) 40 ff. Siehe auch *J. Duchesne-Guillemin*, La rel. de l'Iran ancien, a. a. O. 171 ff, 193 ff; *G. Widengren*, Religionen Irans, a. a. O. Unter den Iranspezialisten, die G. Dumézils Hypothese verwerfen, seien R. C. Zaehner und G. Gnoli angeführt.

Über Ahura Mazdā siehe die entsprechenden Kapitel in den Werken von *J. Duchesne-Guillemin, G. Widengren, R. C. Zaehner, M. Molé*, usw. *F. B. J. Kuiper*, Avestan Mazdā, in: IIJ 1 (1957) 86–95 hat gezeigt, daß der Name „kluger, wissender Herr" („der weiß") bedeutet. Siehe auch *I. Gershevitch*, Zoroaster's own Contribution, in: JNES 23 (1964) 12–38.

Über die Schöpfung vgl. *G. Gnoli*, Osservazioni sulla dottrina mazdaica della creazione, in: Annali dell'Istituto di Napoli, N. S. 13 (1963) 163–193.

A. Meillet betonte den sozialen Charakter der zoroastrischen Reform (Gegensatz zwischen Ackerbauern und Nomaden, zwischen Kriegern und Bodenständigen); vgl. *A. Meillet*, Trois conférences sur les Gāthās de l'Avesta (Paris 1925).

Zur berühmten „Klage der Seele des Ochsen" (Yasna 29) vgl. den Aufsatz von *G. Dumézil* im Bulletin de l'Académie royale de Belgique (Classe des Lettres) I (1965) 23–51. Der Autor verwirft die von einigen Wissenschaftlern (H. Lommel, M. Molé) vorgeschlagenen Deutungen, nach denen diese „Klage" einem kosmogonischen Mythos zugehöre, der die Tötung eines Ur-Ochsen beinhalte (vgl. 33 ff). In Wirklichkeit handelt es sich „um die Existenzbedingungen, um die ständigen Gefahren der Rinder in noch nicht endgültig seßhaften Gesellschaften, in denen sie zusammen mit ihren Herren, den Hirten und Bodenbauern, den Grausamkeiten anderer Menschengruppen ausgesetzt sind" (36).

Über „Yimas Vergehen" (Fleischkost) siehe *G. Dumézil*, Mythe et Epopée II (1971) 312 ff.

Was den Haomakult betrifft, so zielt der Angriff Zarathustras wahrscheinlich mehr auf die orgiastischen Exzesse als auf das Opfer selbst (Yasna 33:44). Über den Haoma im gāthischen und nachgāthischen Awesta siehe *R. C. Zaehner*, a. a. O. 85 ff; *M. Molé* a. a. O. 229 ff; *G. Gnoli*, Lichtsymbolik in Alt-Iran. Haoma-Ritus und Erlösermythos, in: Antaios 8 (1967) 528–549; *ders.*, Problems and Prospects, a. a. O. 74 ff mit neuerer Bibliographie; *M. Boyce*, Haoma, priest of the sacrifice, in: W. B. Henning Memorial Volume (London 1970) 62–80.

Über die zugunsten von Laien dargebrachten Tieropfer siehe *M. Boyce*, Ātaš-zōhr and Āb-zōhr, in: JRAS (1966) 100–118; *G. Gnoli*, Questioni sull'interpretazione della dottrina gathica, in: Annali dell'Istituto Orientale di Napoli 31 (1971) 341–370, bes. 350 ff.

Über die Bezeichnung als „Ochsentreiber" vgl. *G. C. Cameron*, Zoroaster the Herdsman, in: IIJ 10 (1968) 261–281, und die Überlegungen von *G. Gnoli*, Questioni sull'interpretazione, a. a. O. 351 ff.

Über die „Cinvat-Brücke" vgl. weiter unten § 111.

104.

Zur „Erneuerung" *(frašo-kereti)* der Welt vgl. *M. Molé*, Culte, mythe et cosmogonie, s. v.

Über den „philosophischen" Charakter der Botschaft Zarathustras siehe *A. Pagliaro*, L'idealismo zarathustriano, in: SMSR 33 (1962) 3–23.

Über die Beschreibungen des Feuerrituals siehe *J. Duchesne-Guillemin*, La Religion, a. a. O. 79 ff; vgl. auch *S. Wikander*, Feuerpriester in Kleinasien und Iran (Lund 1967). Wir kennen die Unterteilung in zwei, drei oder fünf heilige Feuer; die letztgenannte unterscheidet das Feuer, das vor dem Herrn brennt, die Feuer im Leib der Menschen und Tiere, in den Pflanzen und in den Wolken und schließlich das zur Arbeit verwendete Feuer. Die Chandogya-Upanischad erwähnt ebenfalls drei Opferfeuer und fünf natürliche Feuer; vgl. *J. Duchesne-Guillemin*, Heraclitus and Iran, in: HR 3 (1963) 34–49; bes. 38f.

G. Gnoli legt seine Deutung des Opfers (Yasna) in mehreren Arbeiten vor: Lo stato di ‚maga', in: Annali del Istituto Orientale di Napoli, N. S. 15 (1965) 105–117; *ders.*, La gnosi iranica. Per una impostazione nuova del problema, in: *U. Bianchi* (Hrsg.), Le Origine dello Gnosticismo (Leiden 1967) 281–290, bes. 287 ff; *ders.*, Questioni sull'interpretazione della dottrina gāthica, a. a. O. 358 ff.

Zum Xvarenah siehe *J. Duchesne-Guillemin*, Le xvarenah, in: Annali del Istituto Orientali di Napoli. Sezione Linguistica 5 (1963) 19–31; *G. Gnoli*, Lichtsymbolik in Alt-Iran, a. a. O. 99 ff; *ders.*, Un particolare aspetto del simbolismo della luce nel Mazdeismo e nel Manicheismo, in: Annali ... di Napoli, N. S. 12 (1962) 95–128; *M. Eliade*, Spirit, Light and Seed, in: HR 11 (1971) 1–30, bes. 13–16.

105.

Zur Dämonisierung der Daēvas siehe *G. Widengren*, a. a. O. 78, 115, 138; *J. Duchesne-Guillemin*, Religion, a. a. O. 189 ff. E. Benveniste hat gezeigt, daß die Dämonisierung der Daēvas nicht typisch zoroastrisch ist; vgl. *E. Benveniste*, The Persian Religion according to the chief greek texts (Paris 1929) 39 ff. Siehe vor allem *G. Gnoli*, Problems and Prospects of the Studies on Persian Religion, a. a. O. 75 ff.

Über den iranischen religiösen Dualismus siehe *U. Bianchi*, Zaman i Ohrmazd (Turin 1958). Diesem Autor zufolge darf der „totale Dualismus" nicht als nach-zarathustrisch betrachtet werden (a. a. O. 25).

Über die Zusammenhänge zwischen der Religion der Achämeniden und dem Zoroastrismus siehe die Geschichte der Kontroverse bei *J. Duchesne-Guillemin*, The Western Response to Zoroaster, a. a. O. 52 ff; *ders.*, La Religion de l'Iran antique, a. a. O. 165 ff. Für den Zoroastrismus der Achämeniden sprechen sich u. a. aus: *K. Barr*, *G. Cameron* und *I. Gerschewitsch*. Siehe die Kritik dieser Position bei *G. Widengren*, Die Religionen Irans 142–149. M. Molé eliminiert das Problem des Zoroastrismus der Achämeniden durch die Annahme der Koexistenz aller Religionsformen; siehe *M. Molé*, Culte, Mythe et Cosmologie, insbes. 26–36. Vgl. *G. Gnoli*, Considerazioni sulla religione degli Achemenidi alla luce di una recente teoria, in: SMSR 35 (1964) 239 ff. Zur Kritik des „zoroastrischen Kalenders" siehe *E. Bickerman*, The ‚zoroastrian' calendar, in: Ar. Or. 35 (1967) 197–207.

Die beste mit einer Übersetzung versehene Ausgabe der achämenidischen Inschriften ist jene von R. G. Kent, Old Persian. Grammar, Texts, Lexicon (Newhaven ²1953).
Eine neue, 1967 bei Persepolis gefundene Inschrift von Xerxes I. wurde übersetzt und kommentiert von M. Mayrhofer, Xerxes, König der Könige, in: Almanach der Österreichischen Akademie der Wissenschaften 119 (1969) 158–170. Siehe ebd. 163, Anm. 14 einen Beitrag zur Bibliographie des Zoroastrismus der Achämeniden. Außerdem: Une statue de Darius découverte à Suse, in: JA (1972) 235–266; diese Untersuchung wurde von mehreren Autoren verfaßt.

Zum Problem des iranischen Königtums siehe G. Widengren, The Sacral Kingship in Iran, in: La regalità sacra (Leiden 1959) 242–257; ders., La légende royale de l'Iran antique, in: Hommage à Georges Dumézil (Brüssel 1960) 225–237; ders., Religionen Irans, a.a.O. 52ff, 151ff, 236ff. Die mesopotamischen Einflüsse auf die iranischen Vorstellungen des Königtums, auf die G. Widengren und andere Gelehrte hinweisen, sind auch bei G. Gnoli erwähnt (Ex Orbi Religionum, Studia Geo Widengren oblata [Leiden 1972] II, 94ff).

Siehe auch J. Wolski, Les Achéménides et les Arsacides. Contributions à la formation des traditions iraniennes, in: Syria 43 (1966) 65–89.

Über das möglicherweise in der Kyrossage enthaltene Initiationszenarium siehe G. Binder, Die Aussetzung des Königskindes. Kyros und Romulus (= Beiträge zur klassischen Philologie 10 [Meisenheim am Glan 1964]) bes. 17–39, 58ff, 116ff.

106.

Zur rituellen Funktion von Persepolis – der von Darius zur Feier des Nawroz errichteten heiligen Stadt – siehe R. Ghirshman, A Propos de Persépolis, in: Artibus Asiae 20 (1957) 265–278; A. U. Pope, Persepolis, a Ritual City, in: Archaeology 10 (1957) 123–130; K. Erdmann, Persepolis. Daten und Deutungen, in: Mitt. d. deutschen Orient-Gesellschaft zu Berlin 92 (1960) 21–47.

Über die Zusammenhänge zwischen den indoeuropäischen Mythen vom „ausgesetzten Kind", dem rituellen Drachenkampf, der Städtegründung und der Kosmogonie siehe G. Binder, Die Aussetzung des Königskindes, a.a.O. 58ff.

Zum Nawroz vgl. M. Eliade, Kosmos und Geschichte, a.a.O. 57f; G. Widengren, Religionen des Iran, a.a.O. 41ff.

107.

Zum Problem der Magier und ihrer Beziehungen zum Zoroastrismus siehe G. Messina, Der Ursprung der Magier und die zarathustrische Religion (Rom 1930); G. Widengren, a.a.O. 133, 141, 175ff, 210ff; R. C. Zaehner, Dawn and Twilight a.a.O. 160ff, 189ff. Nach Auffassung zahlreicher Wissenschaftler waren die Magier ursprünglich eine Priesterkaste der Meder. Nach ihrer „Bekehrung" zum Mazdäismus emigrierten sie in den Westen des Reiches. Nach G. Widengren (a.a.O. 136) spiegelt der Traktat vidēvdāt (= Vendidad) die Ideen, Glaubensvorstellungen und rituellen Perspektiven der Magier. Der gleiche Autor hält Zurvan (vgl. Bd. II) für eine von den Magiern verehrte Gottheit (ebd. 175ff).

Eine neue Darstellung der Protohistorie der Skythen bringt S. P. Tolstov, Les Scythes de l'Aral et le Khorezm, in: Iranica Antiqua 1 (1961) 42–92.

Über die dreifunktionale Ideologie der Skythen siehe G. *Dumézil*, Mythe et Épopée I, a. a. O. 439–575 (Zusammenschau der früheren Arbeiten). Zum Schamanismus der Skythen vgl. K. *Meuli*, Scythica, in: Hermes 70 (1935) 121–179, sowie M. *Eliade*, Schamanismus, a. a. O. 376 ff.

108.

Im Gegensatz zu den Vers-Gāthās Zarathustras ist der Sieben-Kapitel-Yasna in Prosa verfaßt. Über diesen Text siehe O. G. v. *Wesendonk*, Die religionsgeschichtliche Bedeutung des Yasna haptanhaiti (Bonn 1931); H. S. *Nyberg*, Die Religionen des alten Irans, a. a. O. 275 ff; R. C. *Zaehner*, Dawn and Twilight, a. a. O. 62 ff; J. *Duchesne-Guillemin*, a. a. O. 215 ff.

Die Yashts wurden übersetzt von H. *Lommel*, Die Yäšts des Awesta (Göttingen – Leipzig 1927). Der Hōm Yasht wurde übersetzt von J. M. *Unvala*, Neryosangh's sanskrit version of the Hōm Yast (Yasna IX–XI) with the original Avesta and its Pahlavi version (Wien 1924). S. *Wikander*, Vayu I (Uppsala 1941) 1–95 gibt eine deutsche Übersetzung des Yasht XV, mit einem religionsgeschichtlichen Kommentar.

109.

Der Yasht X wurde übersetzt und reich kommentiert von I. *Gershewitsh*, The Avestan Hymn to Mithra (Cambridge 1959). Vgl. F. B. J. *Kuiper*, Remarks on the Avestan Hymn to Mithra, in: IIJ 5 (1961) 36–60; U. *Bianchi*, in: SMSR 34 (1963) 103–119.

Siehe auch G. *Gnoli*, La stella Sirio e l'influenza dell' astrologia caldea nell'Iran antico, in: SMSR 34 (1963) 237 ff.

110.

Über den Yazata Tistrya (Personifikation des Sirius) und das Opfer, das Ahura Mazdā ihm darbringt, vgl. G. *Gnoli*, Note sur Yasht VIII, 23–52, in: SMSR 34 (1963) 91–101.

111.

Die in den §§ 111 und 112 verwendeten Quellen sind großteils in Pahlavi verfaßt. Ein näheres Eingehen auf die noch nicht gelösten Probleme der Chronologie würde uns hier nicht weiterführen. Der Leser findet eine klare Darlegung bei J. *Duchesne-Guillemin*, La Religion de l'Iran ancien, a. a. O. 40 ff. Eine fast vollständige Übersetzung der Pahlavi-Bücher bringt E. W. *West*, Pahlavi Texts (Sacred Books of the East, Bde. 5, 18, 24, 37 und 47, Oxford 1888–1897). Die Übersetzung ist veraltet, doch gibt es jüngere Übersetzungen des Bundahisn, einzelner Teile des *Denkart* und anderer Pahlavi-Bücher; vgl. R. C. *Zaehner*, Dawn and Twilight, a. a. O. 342, und vor allem J. *Duchesne-Guillemin*, La religion, a. a. O. 52–63, mit einer Zusammenfassung jedes einzelnen Werkes sowie Hinweisen auf die vorhandenen Ausgaben und die übersetzten Fragmente. Siehe auch die von C. *Colpe*, Altiranische Einleitung, in: W.d.M. 12. Lieferung (1974) 197 ff aufgestellte Bibliographie.

Die Glaubensvorstellungen über das Leben nach dem Tode wurden analysiert von N. *Söderblom*, La Vie future d'après le mazdéisme (Paris 1901) und J. D. C. *Pavry*, The

Zoroastrian Doctrine of a Future Life (New York 1926); eine jüngere Darlegung findet sich bei *G. Widengren*, Die Religionen Irans, a.a.O. 35ff, 102ff, 165ff. Nach wie vor unerläßlich ist die Untersuchung von *W. Bousset*, Die Himmelsreise der Seele, in: ARW 4 (1910) 136–169, 229–273; (Neudruck 1960).

Der Hatoxt Nask wurde seit N. Söderblom (La Vie future, a.a.O. 82–88) mehrmals übersetzt und kommentiert. Siehe u. a.: *K. F. Geldner*, Die Zoroastrische Religion (= Religionsgeschichtliches Lesebuch I, Tübingen 1926) 42–44; *C. Colpe*, Die religionsgeschichtliche Schule (Göttingen 1961) 126–129; *G. Widengren*, Iranische Geisteswelt (Baden-Baden 1961) 171–177. Gegen die Einwände C. Colpes (Die religionsgeschichtliche Schule 121 ff) zeigte G. Widengren, daß es sich um einen frühen Text handelt, dessen Sprache jener der Gāthās nahesteht; vgl. OLZ, Sp. 533–548; *ders.*, Les origines du gnosticisme et l'histoire des religions, in: *U. Bianchi* (Hrsg.), Le Origini dello gnosticismo, (Leiden 1964) 28–60, bes. 49 ff; *ders.*, Die Religionen des Iran, a.a.O. 102f. Siehe auch *L. H. Gray*, A suggested restoration of the Hadoxt Nask, in: JAOS 67 (1947) 14–23.

Die Deutung der Dāenā ist umstritten; vgl. *G. Gnoli*, Questioni sull'interpretazione..., a.a.O. 361 ff. Der Terminus, der schließlich „Religion" bezeichnet, leitet sich wahrscheinlich von der Wurzel *dāy*- = „sehen" her und muß mit dem vedischen *dhīh,* = „Schau" in Zusammenhang gebracht werden. Vgl. *H. Humbach*, Die Gāthās des Zarathustra I, a.a.O. 56–58; *J. Gonda*, The Vision of the Vedic Poets (Den Haag 1963) 259–265. Die ursprüngliche Bedeutung entspricht den indo-iranischen Vorstellungen von der inneren Schau; vgl. *G. Gnoli*, Questioni, a.a.O. 363. Individuell gilt die Dāenā als eine zugleich menschliche und göttliche Fähigkeit (personifiziert in der Paredra Ahura Mazdās); die kollektive Bedeutung dagegen verweist auf die Summe aller individuellen Dāenā, d. h. jener aller Gläubigen, die den gleichen Lehren anhängen und die gleichen Riten praktizieren, also ein geistiges „Kollektivsein", die „mazdäische Religion oder Kirche" als Gemeinschaft der Gläubigen; vgl. *G. Gnoli*, a.a.O. 365.

Über die Initiationssymbolik der Cinvat-Brücke und die Bedeutung der Dāenā siehe *H. Corbin*, Terre céleste et Corps de Résurrection (Paris 1960) 68ff; *M. Molé*, Dāenā, le pont Cinvat et l'initiation dans le Mazdéisme, in: RHR 158 (1960) 155–185.

Über die Parallelen zu Cinvat siehe *M. Eliade*, Schamanismus a.a.O. 445ff (Brücke und „schwieriger Übergang"); vgl. *J. Duchesne-Guillemin*, Religion, a.a.O. 333 ff. Die Traditionen des westlichen Mittelalters wurden untersucht von *P. Dinzelbacher*, Die Jenseitsbrücke im Mittelalter (Diss. Univ. Wien, Nr. 104, Wien 1973).

112.

Der Mythos vom Vara Yimas und dem Katastrophenwinter wurde untersucht von *N. Söderblom*, La Vie future, a.a.O. 169–182; *A. Christensen*, Les types du premier Homme et du premier Roi dans l'histoire légendaire des Iraniens I–II (Leiden – Uppsala 1917–1934) II, 16 ff und passim. Siehe auch *G. Dumézil*, Mythe et Epopée II, a.a.O. 246 ff, 282 ff.

Eine vergleichende Untersuchung des „Weltenendes" bringt *A. Olrik*, Ragnarök (dt. Übersetzung von W. Ranisch, 1922). Zu den Fravashis siehe *N. Söderblom*, Les Fravashis. Étude sur les traces dans le mazdéisme d'une ancienne conception sur la survivance des morts (Paris 1899, Auszug aus RHR 39). Der Terminus ist in den Gāthās (die dagegen von der Dāenā sprechen) nicht belegt. Die Fravashis kommen in den letzten Tagen des Jahres auf die Erde; vgl. Yasht 13:49; *Al Bîrûnî*, Chronology of Ancient Nations (London 1879, übers. von H. Sachau) 210; *G. Widengren*, Religionen 21 f. Diese Glaubensvorstellung ist archaisch und weltweit verbreitet; vgl. *M. Eliade*, Kosmos und Geschichte, a. a. O. 59 f.

Hinsichtlich des kriegerischen Aspekts der Fravashis hat G. Dumézil gewisse Analogien mit den Maruts aufgezeigt; vgl. *G. Dumézil*, Viṣṇu et les Marut à travers la réforme zoroastrienne, in: JA 242 (1953) 1–25, bes. 21 ff.

Aber die Fravashis sind zugleich auch das himmlische „Double" der früheren, gegenwärtigen und zukünftigen Menschen (Yasna 24:5); bestimmten Quellen (vgl. Yasht 13:82–84) zufolge haben auch die Amesha Spenta ihre Fravashis. In einem Abschnitt des Vidēvdāt (19,46–48) lernt Zarathustra, die Fravashi Ahura Mazdās anzurufen. Es handelt sich um eine kühne und rätselhafte Vorstellung. Doch wurde diese Idee, wie Bausani (La Persia religiosa, a. a. O. 68) feststellt, nicht weiter vertieft.

113.

Über das israelitische Königtum siehe *J. Pederson*, Israel, its Life and Culture I–IV (London – Kopenhagen 1926, 1940), I–II, 41 ff. *G. von Rad*, Theologie des Alten Testaments I (München 1957) 48 ff. *G. Fohrer*, Geschichte der israelitischen Religion (Berlin 1969) 114 ff (mit reichhaltiger Bibliographie 114 f, 131 f); *H. Ringgren*, Israelitische Religion (Stuttgart 1963) 201 ff (kritische Darlegung der „Schule von Uppsala"); *J. de Fraine*, L'aspect religieux de la royauté israélite (Rom 1954); *G. Widengren*, Sakrales Königtum im Alten Testament und im Judentum (Stuttgart 1955); *ders.*, King and Covenant, in: JSS 2 (1957) 1–32; *M. Noth*, Gott, König und Volk im Alten Testament (= Gesammelte Studien [1957] 188–229); *G. v. Rad*, Das judäische Königsritual, in: Gesammelte Schriften (1958) 205–213; *R. de Vaux*, Le roi d'Israel, vassal de Yahve, in: Mélanges E. Tisserant I (1964) 119–133; *A. R. Johnson*, Sacral Kingship in Ancient Israel (^{2}1967). Eine vergleichende Untersuchung bringt *S. Smith* The Practice of Kingship in Early Semitic Kingdoms, in: *S. H. Hooke* (Hrsg.), Myth, Ritual and Kingship (Oxford 1958) 22–73; und vor allem *K.-H. Bernhardt*, Das Problem der altorientalischen Königsideologie im Alten Testament (Leiden 1961) sowie *I. Seibert*, Hirt – Herde – König (Berlin 1969).

Über David und Salomon siehe *G. Fohrer*, a. a. O. 116 ff; *R. A. Carlson*, David the Chosen King (1965); *G. W. Ahlström*, Solomon, the Chosen One, in: HR 8 (1968) 93–110.

Zur Symbolik des Tempels von Jerusalem und der Bedeutung des Königskultes siehe *N. Poulssen*, König und Tempel im Glaubenszeugnis des Alten Testaments (Stuttgart 1967); *G. W. Ahlström*, Psalm 89. Eine Liturgie aus dem Ritual des leidenden Königs (Lund 1959); *Th. A. Busink*, Der Tempel von Jerusalem, I: Der Tempel Salomos (Leiden 1970). Siehe auch *J. Schreiner*, Sion – Jerusalem. Jahwes Königssitz (München 1963); *F. Stolz*, Strukturen und Figuren im Kult von Jerusalem (Berlin 1970); *E. L. Ehrlich*, Die Kultsymbolik im Alten Testament und im nachbiblischen Judentum (Stuttgart 1959); *H. J. Hermisson*, Sprache und Ritus im altisraelitischen Kult (Neukirchen – Vluyn 1965).

114.

Über die „Thronbesteigungspsalmen" *S. Mowinckel*, Psalmenstudien II: Das Thronbesteigungsfest Jahwes und der Ursprung der Eschatologie (Christiania 1922). Zur kultischen Funktion der Psalmen siehe *S. Mowinckel*, The Psalms in Israel's Worship I–II

(New York – Oxford 1962); *H. Ringgren*, Faith of the Psalmist (Philadelphia 1963); *H. Zirker*, Die kultische Vergegenwärtigung der Vergangenheit in den Psalmen (Bonn 1964); *C. Westermann*, Das Loben Gottes in den Psalmen (Göttingen ²1961). Vgl. auch *O. Keel*, Feinde und Gottesleugner. Studien zum Image des Widersachers in den Individualpsalmen (Stuttgart 1969).

Über Jahwe den „lebendigen Gott" siehe *G. v. Rad*, Theologie des Alten Testaments I, a.a.O. 203ff, 352ff; *O. Eißfeldt*, Einleitung in das Alte Testament, a.a.O.; *H. Ringgren*, Israelitische Religion, a.a.O. 92ff; *G. Fohrer*, Geschichte der israelitischen Religion, a.a.O. 166; vgl. auch *H. Ringgren*, Word and Wisdom: Studies in the hypostatization of divine qualities in the ancient Near East (Lund 1947). Über die israelitischen Vorstellungen vom lebendigen Sein und dem „Lebenshauch" siehe *D. Lys*, Rûach (Paris 1962).

Zur Idee der Auferstehung siehe: *H. Riesenfeld*, The resurrection in Ezekiel 37 and in the Dura-Europos Paintings (Uppsala 1948); *G. Widengren*, Sakrales Königtum, a.a.O. 45ff.

115.

Das Buch Ijob besteht aus einem Prolog und einem Epilog in Prosa, zwischen die Ijobs Gespräche mit seinen Freunden – in Versen – eingebettet sind. Zwischen der Länge der Vers- und Prosastücke besteht eine gewisse Divergenz.

Aus der reichhaltigen Literatur über Ijob seien genannt: *O. Eißfeldt*, a.a.O. 558ff, 882 (Bibliographie); *G. Fohrer*, Studien zum Buche Hiob (1963); *S. Terrien*, Job (Neuchâtel 1963); *J. Pedersen*, Scepticisme israélite, in: RH Ph R 10 (1930) 317–370; *P. Humbert*, Le modernisme de Job, in: VT Suppl. 3 (1955) 150–161; *H. H. Rowley*, The Book of Job and its meaning (= From Moses to Qumran [1963] 141–183.)

116.

Über Elia siehe *G. v. Rad*, Theologie des Alten Testaments II, a.a.O. 27–38; *G. Fohrer*, Geschichte der israelitischen Religion, a.a.O. 229ff, Anm. 15 Bibliographie; *L. Bronner*, The stories of Elijah and Elisha as polemics against Baal worship (1968) und die beiden Bände der Études Carmélitaines: Elie le Prophète. I: Selon les Écritures et les traditions chrétiennes; II: Au Carmel, dans le Judaisme et l'Islam (Paris 1956). Vgl. besonders *P. M.-J. Stiassny*, Le Prophète Élie dans le Judaisme II, a.a.O. 199–255.

Zu den Kultpropheten siehe: *A. Haldar*, Associations of Cult Prophets among the Ancient Semites (Uppsala 1945); *H. H. Rowley*, Worship in Ancient Israel, a.a.O. 144–175; *J. Jeremias*, Kultprophetie und Gerichtsverkündigung in der späteren Königszeit Israels (Neukirchen – Vluyn 1970).

Über die Beziehungen zwischen den Königen und den Kultpropheten siehe *J. Pederson*, Israel I–II, a.a.O. 124ff; *F. M. Cross*, Canaanite Myth and Hebrew Epic, a.a.O. 217ff, 237ff.

Die neuere Literatur über das alttestamentliche Prophetentum wird analysiert in den Untersuchungen von *H. H. Rowley*, The Nature of Old Testament Prophecy in the Light of Recent Study, in: Harvard Theological Review 38 (1945) 1–38, und *G. Fohrer*, Neuere Literatur zur Alttestamentlichen Prophetie, in: Theologische Rundschau 17 (1951) 277–346; 18 (1952) 192–197, 295–361; *ders.*, Zehn Jahre Literatur zur alttestamentlichen Prophetie, in: ebd. 28 (1962) 1–75, 235–297, 301–374. Eine kurze Darlegung gibt

G. v. Rad, Theologie II, a.a.O. 19; *G. Fohrer*, Geschichte der israelitischen Religion, a.a.O. 222. Vgl. auch *S. Mowinckel*, The ‚Spirit' and the ‚Word' in the Pre-Exilic Reforming Prophets, in: Journal of Biblical Literature 53 (1934) 199–227; *A. Neher*, L'essence du prophétisme (Paris 1955) 85–178 (der hebräische Rahmen der Prophetie, 179–350 (gelebte Prophetie); *C. Tresmontant*, La doctrine morale des prophètes d'Israel (Paris 1958).

Zur symbolischen Bedeutung der von den Propheten vollzogenen Handlungen siehe *G. Fohrer*, Die symbolischen Handlungen der Propheten (²1968).

117.

Über Amos und Osea siehe *G. v. Rad*, II, a.a.O. 141–157; *H. Ringgren*, Geschichte, a.a.O. 239ff; *G. Fohrer*, Geschichte der israelitischen Religion, a.a.O. 244–253; *H. S. Nyberg*, Studien zum Hoseabuche (Uppsala 1935); *A. Caquot*, Osée et la royauté, in: RH Ph R 41 (1961) 123–146; *E. Jacob*, L'héritage canaanéen dans le livre du prophète Osée, in: RH Ph R 43 (1963) 250–259.

118.

Über Jesaia siehe *O. Eißfeldt*, Einleitung in das Alte Testament 364–418, 364f Bibliographie; *G. v. Rad*, II, a.a.O. 158–166; *G. Fohrer*, Geschichte a.a.O. 253–258. Vgl. auch *S. H. Blank*, Prophetic Faith in Isaiah (1958). Micha von Morehet, ein jüngerer Zeitgenosse Jesaias, hat wahrscheinlich zwischen 725 und 711 gepredigt. Seine acht Reden finden sich in den ersten drei Kapiteln seines Buches. Einzelne Fragmente (1, 16; 2, 4–5; 10, 12–14), wie auch andere Abschnitte, sind nachexilische Hinzufügungen. Micha ist nicht an der internationalen Politik interessiert, sondern wendet sich gegen die sozialen Ungleichheiten und den moralischen Verfall Judas. Die Strafe läßt nicht auf sich warten. Das Land wird ausgerottet werden (5, 10; 6, 16) und „Zion wird zum Acker umgepflügt und Jerusalem zu einem Trümmerhaufen werden und der Tempelberg zu einer Waldhöhe" (3, 12). In den nachexilischen Nachträgen findet sich eine messianische Perikope: aus Bethlehem „wird hervorgehen, der über Israel herrschen soll"; Assur wird besiegt werden und der König wird seine Macht ausdehnen „bis an die Grenzen der Erde. Er selbst wird der Friede sein" (5, 1–5). Siehe *G. Fohrer*, Geschichte, a.a.O. 259, Anm. 20 (Bibliographie über Micha).

Im letzten Drittel des 7. Jahrhunderts übten drei „kleine Propheten" ihr Amt aus: Zaphanja, Habakuk und Nahum. Ersterer verdient Beachtung, weil er mit großem Nachdruck das unmittelbare Bevorstehen des „Tages Jahwes" verkündet: „Nahe ist der Tag Jahwes, der große ... Ein Tag des Zornes ist jener Tag, ein Tag der Bedrängnis und der Not, ein Tag des Verderbens und der Verwüstung" usw. (1, 14ff).

119.

Über Jeremia siehe: *G. v. Rad*, a.a.O. II, 203ff; *O. Eißfeldt*, a.a.O. 419–443, 881 (Bibliographie), *G. Fohrer*, Geschichte, a.a.O. 262–269.

120.

Über Hesekiel siehe G. v. Rad, a. a. O. II, 233–274; O. Eißfeldt, a. a. O. 443–465, 881 (Bibliographie) 443 f; G. Fohrer, Die Hauptprobleme des Buches Ezechiel (1952); ders., Geschichte... a. a. O. 323 ff. Siehe auch J. Steinmann, Le prophète Ezéchiel et les débuts de l'exil (1953); T. Chary, Les prophètes et le culte à partir de l'exil (1955).

121.

Über die Auffassung des „Tages Jahwes" siehe G. v. Rad, The Origin of the concept of the Day of Yahweh, in: JSS 4 (1959) 97–108; ders., Theologie..., a. a. O. II, 133 ff. Über den Messias, den künftigen König, siehe S. Mowinckel, He that cometh (New York 1954) 96 ff, 155 ff.

Zur religiösen Wertung der Geschichte bei den Propheten vgl. M. Eliade, Kosmos und Geschichte, a. a. O. 109 ff.

122.

Die Deutungsgeschichte des Dionysos ist Gegenstand einer noch nicht veröffentlichten Dissertation: M. McGinty, Approaches to Dionysos. A Study of the methodological presuppositions in the various theories of Greek religion as illustrated in the Study of Dionysos (711 Seiten, Universität v. Chicago, Dez. 1972). Der Autor bespricht die Deutungen von Fr. Nietzsche (Die Geburt der Tragödie, 1871), E. Rohde (Psyche, 1894), J. Harrison (Prolegomena, 1901; Themis, 1912), M. P. Nilsson (Insbesondere: Geschichte der griechischen Religion I. a. a. O. 571 ff., ders., The Mynoan-Mycenian Religion, 1927, ²1950); W. Otto (Dionysos, 1933; hier wurde die englische Übersetzung von R. B. Palmer, Bloomington / London 1965 verwendet), E. R. Dodds (The Greeks and the Irrational, 1951) und W. K. C. Guthrie. Für den französischen Sprachraum verweisen wir auf das bewundernswerte Werk von H. Jeanmaire, Dionysos. Histoire du culte de Bacchus (Paris 1951) mit umfassender Bibliographie (483–504).

Zur Etymologie der Semele vgl. P. Kretschmer, Aus der Anomia (1890) 17 ff. Kretschmer brachte das thrakisch-phrygische Wort Semelô, das in phrygischen Grabinschriften aus der Reichszeit belegt ist und die Erdgöttin bezeichnet, in Zusammenhang mit dem slawischen zmlija, „Erde", und Zemyna, dem litauischen Namen der chthonischen Göttin. Diese Etymologie wurde akzeptiert von M. P. Nilsson, Mynoan-Mycenian Rel., a. a. O. 567 und U. v. Wilamowitz, Der Glaube der Hellenen II, a. a. O. 60; sie wurde verworfen u. a. von W. Otto, Dionysos, a. a. O. 69 ff.

Seit einem Jahrhundert bemühen sich die Gelehrten, die „Verfolgung" des Dionysos aus der Geschichte des Eindringens seines Kults in Griechenland zu erklären. Implizit galt der Gott als ein aus Thrakien (so E. Rohde) oder Phrygien (so M. P. Nilsson) eingewanderter „Fremdling". Nachdem man aber seinen Namen in mykenischen Inschriften entdeckt hatte, verfechten zahlreiche Autoren den kretischen Ursprung des Dionysos; siehe K. Kerényi, Die Herkunft der Dionysosreligion nach dem heutigen Stand der Forschung, in: Arbeitsgemeinschaft für Forschung des Landes Nordrhein-Westfalen (Köln 1956) 6 ff; ders., Der frühe Dionysos (1960); vgl. dazu die Bemerkungen U. Pestalozzas, Motivi matriarcali in Etolia ed Epiro, in: Rendiconti Ist. Lomb. di Science e Lettere 87 (Mailand 1957) 583–622, wieder veröffentlicht in: Nuovi saggi di religione mediterranea

(Florenz 1964) 257–295, insbes. 272f, Anm. 3. Siehe auch *T. B. L. Webster*, Some Thoughts on the Prehistory of Greek Drama, in: Bull. of the Inst. of Classical Studies, Univ. of London 5 (1958) 43–48; *G. van Hoorn*, Dionysos et Ariadne, in: Mnemosyne 12 (1959) 193–197, und vor allem *J. Puhvel*, Eleuther and Oinoâtis, in: Mycenian Studies, hrsg. v. *E. L. Bennett*, Jr. (Madison 1964) 161–170.

123.

Die Feste zu Ehren des Dionysos werden analysiert von *H. Jeanmaire*, a.a.O. 25ff, 484ff (Bibliographie). Siehe auch (über die Lenäen) *M. P. Nilsson*, Griechische Feste (Leipzig 1906) 275ff; *L. Deubner*, Attische Feste (Berlin 1932) 125ff. Über die Anthesterien siehe *H. Jeanmaire*, a.a.O. 48–56 und 486 (Bibliographie).

Zur religiösen Funktion der rituellen Wettkämpfe vgl. *M. Eliade*, Die Sehnsucht nach dem Ursprung. Von den Quellen der Humanität (1973) (dt. Übers. von The Quest [Chicago 1969] = La Nostalgie des Origines) 197f.

Über das mythisch-rituelle Thema der periodischen Rückkehr der Toten vgl. *M. Eliade*, Méphistophélès et l'Androgyne, a.a.O. 155ff; *V. Lanternari*, La Grande Festa (Mailand 1959) 411ff.

124.

E. R. Dodds hat aus einer vergleichenden Perspektive bestimmte spezifisch dionysische Züge analysiert, die in den Bacchantinnen beschrieben werden (die Oribasie, d.h. der sog. Auszug „in die Berge", die frenetischen Tänze, das Mänadentum, der Angriff auf die Dörfer), und hat gezeigt, daß es sich hier um Riten und Gebräuche handelt, die sowohl vor als auch nach Euripides in ganz Griechenland belegt sind; vgl. *E. R. Dodds*, Maenadism in the Bacchae, in: Harvard Theological Review 33 (1940) 155–176. *H. Jeanmaire* ging in seiner Untersuchung auch über die Grenzen Griechenlands hinaus: vgl. Dionysos, a.a.O. 119ff (der *zar* und der *buri* in Nordafrika, Arabien und Abessinien). In Griechenland sind Beispiele der von anderen Göttern herbeigeführten *mania* bekannt; vgl. *H. Jeanmaire*, a.a.O. 109ff. L. R. Farnell trug Hinweise auf Menschenopfer und rituellen Kannibalismus zusammen; vgl. *L. R. Farnell*, Cults V, a.a.O. 167–171. Zum Korybantismus siehe *H. Jeanmarie*, a.a.O. 123ff und die vergleichende Untersuchung von *E. de Martino*, La Terra del rimorso (Mailand 1961) 220ff. Eine rituelle Deutung der Pentheusepisode gibt *C. Gallini*, Il travestismo rituale di Penteo, in: SMSR 34 (1967) 211ff.

Die Riten der Zerstückelung *(sparagmos)* und des Verzehrs von rohem Fleisch *(ômophagya)* charakterisierten die muselmanische Sekte der Aissâua (Isâwiya); siehe *R. Eissler*, Nachleben dionysischen Mysterienritus, in: ARW (1928) 172–183, der als erster Gebrauch machte von *R. Brunel*, Essai sur la confrérie religieuse des Aissâoua au Maroc (Paris 1926); vgl. auch *R. Eissler*, Man into Wolf (London 1951) 112ff, *H. Jeanmaire*, a.a.O. 259ff.

Über das Weiterbestehen des Stieropfers in Thrakien siehe *G. A. Romaios*, Cultes populaires de la Thrace (Athen 1949) 50ff.

125.

Auf das Dionysosmysterium werden wir in dem Kapitel über die Religionen in hellenistischer Zeit (Bd. II) zurückkommen. Einige der Bedeutungen des Mythos von der Zerstükkelung des Kindes Dionysos-Zagreus werden im Kapitel über den Orphismus (Bd. II) behandelt.

Über die Spielzeuge, mit denen die Titanen das Kind Dionysos-Zagreus anlockten, siehe *J. Harrison*, Themis, a. a. O. 61 f; *R. Pettazzoni*, I Misteri (Bologna 1924) 19 ff; *H. Jeanmaire*, Dionysos, a. a. O. 383 (zum Papyrus von Fayoub). Von Bedeutung ist, daß gewisse Einzelheiten dieser Episode archaische Ideen und Glaubensvorstellungen reflektieren; eines der Spielzeuge, nämlich der Rhombus, wird in den Pubertätsriten der Primitiven verwendet (vgl. *M. Eliade*, Naissances mystiques, a. a. O. 56 ff; *O. Zerries*, Das Schwirrholz [Stuttgart 1942] 84 ff). Der Brauch, sich das Gesicht mit Gips zu bedecken (*J. Harrison*, Prolegomena, a. a. O. 491 ff; *R. Pettazzoni*, La religion dans la Grèce antique, a. a. O. 120 ff), ist in vielen primitiven Geheimbünden bezeugt.

W. Otto (Dionysos, a. a. O. 191 ff) hat gezeigt, daß zahlreiche, in relativ späten Werken enthaltene Informationen, aus älteren Quellen herrühren.

Über das Aristoteles zugeschriebene „Problem" siehe *L. Moulinier*, Orphée et l'orphisme à l'époque classique (Paris 1955) 51 ff.

Die Dionysosmysterien haben eine lange Kontroverse heraufbeschworen. Wir werden im zweiten Band dieses Werks darauf zurückkommen. Siehe vorläufig: *P. Boyancé*, L'antre dans les mystères de Dionysos, in: Rendiconti della Pontificia Accademia di Archeologia 33 (1962) 107–127; *R. Turcan*, Du nouveau sur l'initiation dionysiaque, in: Latomus 24 (1965) 101–119; *P. Boyancé*, Dionysiaca. A propos d'une étude récente sur l'initiation dionysiaque, in: Revue des Études Anciennes 68 (1966) 33–60.

Abkürzungsverzeichnis

ANET	J. B. Pritchard, Ancient Near Eastern Texts Relating to the Old Testament (Princeton 1950, ² 1955)
Ar Or	Archiv Orientálni (Prag)
ARW	Archiv für Religionswissenschaft (Freiburg – Leipzig)
BJRL	Bulletin of the John Rylands Library (Manchester)
BSOAS	Bulletin of the School of Oriental and African Studies (London)
CA	Current Anthropology (Chicago)
HJAS	Harvard Journal of Asiatic Studies
HR	History of Religions (Chicago)
IIJ	Indo-Iranian Journal (Den Haag)
JA	Journal Asiatique (Paris)
JAOS	Journal of the American Oriental Society (Baltimore)
JAS Bombay	Journal of the Asiatic Society, Bombay Branch
JIES	Journal of Indo-European Studies (Montana)
JNES	Journal of Near Eastern Studies (Chicago)
JRAS	Journal of the Royal Asiatic Society (London)
JSS	Journal of Semitic Studies (Manchester)
OLZ	Orientalistische Literaturzeitung (Berlin – Leipzig)
RB	Revue Biblique (Paris)
REG	Revue des Études Grecques (Paris)
RGG	Die Religion in Geschichte und Gegenwart (Tübingen)
RHPR	Revue d'Histoire et de Philosophie religieuses (Straßburg)
RHR	Revue de l'Histoire des Religions (Paris)
SMSR	Studi e Materiali di Storia delle Religioni (Rom)
VT	Vetus Testamentum (Leiden)
W.d.M.	Wörterbuch der Mythologie (Stuttgart)
ZRGG	Zeitschrift für Religions- und Geistesgeschichte (Marburg)

Register

Abel 158 ff
Abraham, Vater der Glaubenden 165 ff
Achämeniden, Religion der 292 ff 416 f
Acheuléen 33
Ackerbau, Entdeckung des 38 ff 44 f
–, Frau und 47 ff
Adam 157
Aditi 192
Adityas 192
Agni 195 ff 391
Agnicayana 204
Agnihotra 203
Agrar-Rituale, Kontinuität der 57
Ägypten 87–112
–, Jenseitsvorstellungen 95 ff 100 ff
–, Ordnung (Recht, Gerechtigkeit) 92 ff
–, göttliches Paar 90
–, Vorbilder, exemplarische 93
Ahnen, Verwandlung in Stein 116
Ahura Mazdā 285–306
– und das eschatologische Opfer 300 ff
Ahurānîs, Ahurās gute Gattinnen 297
Aisa 247 402
Akhenaton, s. Echnaton
Akitu 65 76–78 357
Akkadische Religion 72 f
Alalu 140
Altsteinzeitbauern 44 ff
Altsteinzeitmenschen, magisch-religiöse Verhaltensweisen der 15 ff
Amarna, Revolution von 106 ff 365
Amesha Spenta 286 289 297 ff 415
Amon, Solarisation des 195 f
Amos 316 ff 422
An(u) 63 67 ff 73 147
Anat 145 ff 378
Anfänge als Zeit der Vollkommenheit in der sumerischen Religion 64 87 ff
– in der ägyptischen Religion 87 ff
Angra Mainyu 286 302 f
Anthesterien, Dionysosfest 330 ff
Anthropomorphismus Jahwes 171 f
Aphrodite 231 261 f 407

Apiru 164
Apollon 248–254 403 f
Apsu 74 ff
Aranyaka 216
Arbeit und Technologie 41 ff; vgl. auch Schmiede
Ares 405
Arier, Eindringen in Indien 184 ff 387
–, Symbiose mit den Ureinwohnern 184 ff
Artemis 257 ff 406
Aryaman 192
Ascherat 145
Ascheren 175
Aschtarte 378
Askese, vedische 219 ff
Asketen im alten Indien 395
Assur 72
Asuras 187 f
Aśvamedha 204 ff 393
Athene 259 ff 406
âtman 225 f
–, die Gesamtheit der rituellen Handlung bildet den 214 f
–, Identität mit Brahman 215 226 227 ff
Aton 106 ff
Atum 90 f 96
Australier, mythische Ahnen der 40
Auszug aus Ägypten 167 ff
Avidya 223 f
Awesta 279 ff
Axis mundi 56 131 208

Baal in der Ugaritmythologie 146–152
– in Verbindung mit Jahwe 174 377
–, Tod und Rückkehr zum Leben 150 ff
Babylon, Verschleppung der Juden nach 322 ff
Bacchantinnen 332 ff 424
Bacchein, kleine dionysische Thyasen 335
Bärenfest bei den Giljaken und Ainu 26
Basar (Fleisch) 310
Bestattung 20
–, religiöse Bedeutungen der 21 f
–, natufische 42

427

Register

Bestattungsbräuche der Altsteinzeitmenschen 342f
Betel 165
Bhaga 192
Brahman 203f 215ff 395
–, Opferlehre 212ff
–, zwei Seinsweisen des 398; vgl. âtman
– identifiziert mit skambha 216
Brücke, Überschreitung nach dem Tode (Iran) 303f
–, Symbolik der 36
Bundeslade 173
Buphonien 401

Cabrerets, Grotte von 27
Cašcioarele der Tempel von 56
Çatal Hüyük 52f
Chaos, Gefahr des 66
Chapelle-aux Saints 21
Choukoutien 16 20 25
Cinvat 288 419

Dâenâ 303 419
Daēvas 287 289 301f
–, Dämonisierung der 292 416
Dakṣiṇa 392
Deiwos, Himmel, Gott 179
Delphi 251ff 404
Demeter und die Mysterien von Eleusis 268ff 465
–, kretische Herkunft der 133
Demophon 268
Depots, Kontroverse um die Knochen-D. 24ff 343
Deukalion 240
Devas 187f
– und Asuras 388
Dike 402
Dikṣā 206ff 393
Dionysien, die ländlichen 330
Dionysos 132f 327–336 423f
–, Mysterien des 425
–, Verschwinden des 328f
– -Zagreus 337
Dolmen 113f
Donnergötter 179
Doppelaxt, Symbolik der 131
Drache, Yam der 146ff
Drachenloch 24f
Dualismus der zoroastrischen Theologie 279 286f
Dumuzi-Tammuz 66 69ff 354f
Dyaus 179 187 230

Ea 73 74ff
Echnaton 106ff
Eden und die Paradiesesmythen 380

Ei, Ur-Ei (Ägypten) 90
Eileithya 127
Eisenzeit, Mythologie der 58ff
Ekstase, apollinische 253
–, schamanische (Zarathustra) 304ff
El, Haupt des ugaritischen Pantheon 145
– in Verbindung mit Jahwe 174
Eleusis, Mysterien von 268–273 408ff
Elija 313f 421
Elischa 313f
Enki 62ff
Enkidu 80ff
Enlil 62 66f 68 72
Enthousiasmos 335 340
Enuma Elisch 65 74ff 143 353f
Ephoden 175
Epopteia 273ff
Ereschkigal 69f 73
Erneuerung, periodische der Welt 49
–, eschatologische (Iran) 289 305f 416
Erschaffung des Menschen (Sumer) 65 76 353; vgl. auch Kosmogonien, Genesis
Euripides, Bacchantinnen 332–336
Eva, Versuchung der 158f
Exodus, Auszug aus Ägypten 167ff
Ezechiel (Hesekiel) 27 70 322ff

Felsen, Befruchtung durch ein übermenschliches Wesen 141
Feuer, Bändigung und Beherrschung des 16
Fleischesser, die Hominiden werden zu 16
Flug, magischer 35f
Frau und Vegetation 47–51
–, Sakralität der 30ff 48
Fravashis 300 305f 419f
Fruchtbarkeit, pflanzliche Entsprechung der weiblichen 48
Furor 183

Gaia 230ff
Gāthās 279ff
Geburt, mystische im alten Indien 206ff
Gefilde der Opfergaben 96
Geheimnis, s. Mysterium
– und Mysterien 276ff
–, Berufs-G. 35
Genesis 155ff
Gericht der Seele (Ägypten) 109ff
Geschichte, Wertung durch die Propheten 326
Geschlechter, erste, Mythos in Griechenland [235ff
Geschtinanna 69
Gesetz des Bundes 383
Gilgamesch, Suche nach der Unsterblichkeit 80ff 358f
– -Epos 68 80ff 161
Götter, griechische auf Kreta 132f
–, olympische 245–267

Göttinnen im prähistorischen Anatolien 53
– im minoischen Kreta 128 f
– und Megalithe 117 f
–, griechische 256–262
Grabstätten, religiöse Bedeutung 20–24
–, natufische 42
Große Göttin in den Religionen des vorarischen Indien 125
Großer Zauberer der Höhle Trois Frères 28 f
Grotten, heilige, auf Kreta 126 ff
Gudea 66

Habiru 381
Hačilar 52 ff
Hadoxt Nask 303 419
Hagia Triade, der Sarkophag von 131 f
Hainuwele, Mythos von 46 f
Hammurabi 72
Haoma 287 415
– ist reich an xvarenah 291
– -Kult 297 f
Harappa, Kultur und Religion von 122–126 370 f
Harfnerlied 101
Hausfeuer im vedischen Indien 195 f
heilig, indoeuropäische Ausdrücke zur Bezeichnung für 180
Hepat 136
Hephaistos 246 ff 403
Hera 233 ff 255 f 405
Hermes 254 ff 405
Heroen, griechische 262–267 407 f
– in Verbindung mit Initiationen und Mysterien 264
–, Bestattung innerhalb der Stadt 265
Herr der Tiere 19 25 36 38 40
Herrin der Tiere (potnia theron) auf Kreta 128 f
Herrschaft, göttliche, bei den Indoeuropäern
Hestia 406   [182 f
Hethiter, Religion der 135–144 373 ff
–, relig. Funktion des Königs 137
Himmel, Sakralität des 36
Hinduismus 124 ff
Hiob, s. Ijob
Hiranyagarbha, der Goldkeim 209
Höchstes Wesen 24 ff
Höhlen, Knochendepots in den 24 ff
– als Heiligtümer 27
Hominisation 15
Homologie: Opfer-Askese-Erkenntnis 218 f
Homologie, Makro-Mikrokosmos (Mesopotamien) 85 f
Horoskope 360
Horus 97 ff
Hosea 316 ff 422
Huwawa 80
Hybris der griechischen Heroen 267

Hyksos 104
Hyperboräer 403 f

Iason 133
Ich bin der ich bin... 170 ff
Identität ātman-Brahman 224 ff
Ideologie der Indoeuropäer 181 ff
Idol, mesolithisches 39
Ijob 311 ff 421
Illuyanka der Drache 139 f 374
Imago mundi 57 65 84
–, Wohnstätte als 50
Inanna 66 69 ff 354
–, Abstieg in die Unterwelt 69 ff
Indara 182
Inder, vedische 185
Indien, Religion des protohistorischen 122–126
Indoeuropäer
–, Forschungsgeschichte 384 f
–, Ideologie der 181 ff 386 f
–, Mythologie der 180 385
–, Protohistorie der 177 ff
–, gemeinindoeuropäisches religiöses Vokabular 173–176
Indra 188 193 ff 389 f
–, zentraler Mythos des 193
Indus, prähistorische Kultur des 122–126 370
Initiation
–, verfehlte des Gilgamesch 80 ff
– in den Mysterien von Eleusis 271 ff
– im vedischen Indien 206
Ipu-wer 101
Isaak, Opfer des 166 f
Ischtar 69 ff 73; s. auch Inanna
Isis 97 ff
Israel 155–176
–, Religion zur Zeit der Könige und Propheten 307–326
–, Hoffnung auf Erlösung 323
–, Frühgeschichte 379 f

Jäger, religiöse Verhaltensweisen 19
–, Steinzeit-J. 43–47
Jahwe 161 f 170 ff
– und Baal 153
–, Eingreifen in die Geschichte 319 f
– als König und Richter 309 ff
Jam 147
Jeremia 320 ff 422
Jericho, Kultur von 51 f 351
Jerusalem, Untergang 322 ff
Jesaja 318 ff 422
Jupiter Dolichenus 135

Kain und Abel 158 ff
Kanaan, Religion der Kanaanäer 144–154
–, Niederlassung der Israeliten in 383 f

429

Karma 215 223
Karmel, Berg 21
Kelten, Gliederung der Gesellschaft 181 ff
Khnm, Priester in Ugarit 153
Kiesel, bemalte 40
Kingu 74 f
Knochen, Wiedergeburt aus den 18 26 f
Knochendepots, steinzeitliche 24 ff
Kogi, religiöse Symbolik der 22 f
Konflikte zwischen Göttergenerationen 142 ff
Königtum
–, hethitisches 137
– in Israel 307 ff 420
–, sumerisches 65 f
–, indische Königssalbung 208
Kopf, Ort der Seele 42
Kosmogonien
–, ägyptische 89 ff 361 f
– in der Genesis 156
–, indische 209 ff 393 f
–, mesopotamische 74 ff 356 f
– im Rig Veda 209 f
–, sumerische 62 f
Kreis, kosmischer, s. Zyklus
Kreta, vorhellenische Religionen 126–134 371 f
Kronos 231 f 235 400
Kultur, europäische Frühkultur 55 f
Kumarbi und die hurritisch-hethitische Theogonie 140 ff 375
Kunst, paläolithische 27–31
–, Felsen-K. Ostspaniens 39 348
Kureten 127 233
Kykeon 268 410
Kyros, Initiation des 293 f

Labyrinth 128
Lamga, die beiden Götter 64
Lascaux, die Fresken von 27 f
Lebensbaum 159
Lenäen, Dionysosfeste 330
Licht, inneres 224 ff 396 f
Lilā, das göttliche Spiel 228

Ma'at 92 f 103 106 110 f 363
Maga, Rang des 290
Magier 296 417
Magisch-religiöse Verhaltensweisen in der Steinzeit 20–37
Mal'ta 30 ff
Malta, prähistorische Religion von 117 f
Mänaden 424
Mania 334 f 340
Männerbünde, prähistorische 34 44
männlich-weibliche Polarität, s. Polarität
Marduk 74–80 84 143
Mas-d'Azil 22
Massebah 165 175

Māyā 189 f 228
Mazdäismus, Haomakult 297 f
–, Auferstehung des Leibes 304 ff
Me, Satzungen zur Gewährleistung der kosmischen Ordnung 64
Megalithe 113–122
– als Kultzentren 116 ff
–, Ursprung der 118 f 368 f
Megalithkulturen 120 ff
Megalithreligionen 113–134
Mekone 238 f
Menes 87 94
Menhire, Stellvertreter des Leibes 115
Mensch, Knecht Jahwes 310
Menschen, Erschaffung der 64 f 76 91
–, Vernichtung der (Altes Indien) 210
– als Vertreter für Tieropfer 17, Anm. 3
Me-ri-ka-re 101
Mesolithikum, religiöse Praktiken des 38 ff
Mesopotamien, Religionen 62–86
–, Sakralität des Herrschers 77 ff
Messias 423
Metalle, Entdeckung der 352
Metallurgie, religiöser Kontext der 58–61
Metis 399
Mittelpunkt der Welt, Symbolik des 36 50 84 90 117 158 197
Mihr-Yasht 298 f
Minfest 94
minoische Religion 129–132
Minos 127
Mithra, Verherrlichung des 298 ff
Mitra 191 f
Mitra-Varuṇa 182
Mohenjo-Daro, Kultur und Religion von 122–126
Moira 402
Moksha 223 f
Monte Circeo 20
Mose 167–173 382
–, Gottesbild des 170 ff
Môt 150 ff 378
Muni 219 f 395 f
Mysterien, griechische 273 ff 411; s. auch Eleusis
Mythen, kosmogonische 36
–, exemplarisches Vorbild der Konstruktion des ātman 215; s. Kosmogonien
–, Ursprungs-M., Ackerbau-M. 45 f

Nabi 175 313
Nahrungspflanzen, Veredelung der 44 ff
Nammu 64
Nam-tar 64
Nāsatya 182
Natuf 41 f
Natur, Desakralisierung durch die Propheten 325

Nawroz 294
Neolithikum, Religionen im Vorderen Orient 51–58
Nergal 72
Neujahr, mythisch-rituelles Schauspiel 49
Neujahrsfest 65 67 77f (Mesopotamien), 94 (Ägypten), 136 (Hethiter), 153 (Ugarit), 294 (Iran)
Nichtwissen in den Upanishaden 223
Nin-gur-sag 63
Noach 161f

Obedkultur 54
Ocker 18 21
Offenbarung im Dekalog 171
Okeanos 399
Olympische Gottheiten 230–267
Omophagie 334f 424
Opfer
– in den Brahmanas 212ff
– mit Bußübungen (Tapas) 217
–, eschatologisches 214ff (im Brahmanismus), 301 (im Mandäismus)
– in Griechenland 238ff 401
– in der Kritik der Propheten 317f 324
– in Ugarit 153
–, vedisches 202ff
Orakel 251ff
Orpheus und die Dionysosmysterien 339
Osiris 97ff
– und Re 108–112 364

Paläolithikum, magisch-religiöses Verhalten der Menschen 15ff
– Bauern im 44
Palast als Kultzentrum (minoisches Kreta) 130f
Palästina, neolithische Religion 51ff
–, Prähistorie 348 376
Pandora 235ff
Pantheon der Indoeuropäer 179ff
–, vedisches 186f
Paradies, iranisches 303
–, verlorenes (Genesis) 158ff
Parallelen, ethnographische 33f
Passah, Feier des 169ff
Patriarchen, Religion der 163ff
Persephone und die Mysterien von Eleusis 268ff
Persepolis 296 417
Petershöhle 24f
Petra genetrix 142
Pfeilkette 18
Pferdeopfer 204f
Pflanzenanbau 44
Pharao, inkarnierter Gott 92–96 362f
Polarität, männlich-weiblich in der paläolithischen Kunst 30f
Poseidon 232 245f 402

Prajāpati 214ff 121 394f
Prakṛti 229
Prometheus 237 400
Propheten 175
– in Israel 313–324 421; Schrift-P. 313
– in Ugarit 153
Prophetismus im antiken Vorderen Orient und bei den Israeliten 384 421
Psalmen, Thronbesteigungs-Ps. 309ff 420f
Ptah und die „Memphitische Theologie" 90 110 112
Purulli, hethitisches Neujahrsfest 136f 139
Puruṣa 209f 212f
– in den Upanishaden 225
Puruṣamedha 204ff
Puruṣasūkta, Kosmogonie im 209
Pyramidentexte 95ff; s. auch Sargtexte
Pythia 252

Rājāsuya 204
Raum, um den menschlichen Leib gegliederter 15
–, religiöse Bewertung des 50
Re 90 97
Re-Osiris 108–112
Reinigung 251ff
Rishis 222ff
Riten, Initiationscharakter der dionysischen 336f
Rituale, vedische 202ff 392
Rō'êh, die Seher 175
Rta 188f
Rûah, Geist 310
Rudra-Śiva in vedischer Zeit 199ff

Sabazios 336f
Salomon 308
Saṃsāra 223
Saoshyant 301 306
Sargtexte 96ff; vgl. Pyramidentexte
Schädel, Aufbewahrung der 20
Schädelkult 52
Schamanismus bei den Altsteinzeitmenschen 20f
–, Aufstieg der Schamanen 36
–, Berufung 253
–, griechischer 404
–, iranischer 284f 415
Schamasch 72
Schicksal, mesopotamische Auffassung 83ff
– im alten Griechenland 241ff
Schilfrohrgefilde 96
Schlangen, Götter als 191ff
–, Urschlange (Gott Atum) 90
Schmiede, göttliche 58ff 147
Schrecken der Geschichte, religiöse Bewertung 324ff

431

Schuldbekenntnis, negatives (Ägypten) 110
Sedfest 94
Seele, Fortleben der 42
– in Kreta 133
Seelenreise in der iranischen Religion 302 ff
Seher (roëh) 175
Seil, Mythos vom Gold-S. 234 399
Selbst (ātman) 215
Semele 327
Seth 97 ff
Siduri 81
Sieben-Kapitel-Yasna 297 f 418
Sîn 72
Sintflut, biblische 160 ff 380
–, mesopotamische Mythen 67 ff 354
–, Symbolik der 209 ff
Skambha, kosmischer Pfeiler 209 216
Skoteino, Grotte von 133
Skythen, Religion der 296 417
Solarisation, Theologie und Politik der 103 ff
Soma 197 ff
Soma-Opfer 204 392
Sparagmos 334 424
Spenta Mainyu 286
Sprache, magisch-religiöse Bewertung 36 f
Städte, babylonische, und ihr himmlisches Vorbild 65 f
Statuetten, Menschen-S. in Mesopotamien 54
–, weibliche 346
Steine, befruchtende 116
Steinzeitjäger 43 f
Stellmoor 38 f
Stonehenge 114 117 120 367
Sumerische Religion 62–72 353–355
Sünde (Israel) 311
Symbolismus der paläolithischen Kunst 31
Synkretismus, religiöser, in Israel 173–176 307 ff
Syrien, neolithische Religion 52

Tammuz, 69 f; s. auch Dumuzi
Tapas 217 ff 395
Tehom 156
Telete 271 ff
Telipinu 137 ff
Tell Halaf, Kultur von 53
Tempel
– auf der Balkanhalbinsel 56
– in Cașcioarele 56
– von Jerusalem 308 420
–, kosmologische Symbolik 378
–, künftiger 324
–, monumentale der Obedzeit 54
Tep zepi, s. Anfänge
Teraphim 175
Teschup 140 ff 136 150
Teshik Tash 21
Themis 402

Theogonie, ägyptische 89 ff
–, griechische 230 ff
–, phönikische 142 f
Thor 27
Tiamat 74 ff
Tilmun 63 66
Tištrya 300 418
Titanomachie 232
Tod, ägyptische Bewertung 99
– der griechischen Heroen 265
–, ritueller, im alten Indien 207
Totenbuch (ägyptisches) 366
Totenkult (Megalithismus) 114 f
Tragödie als dionysische Schöpfung 340
Transfiguration (fraso kereti) der Welt 288
Trennung der Geschlechter 30 34 f
Triptolemos 269
Trois Frères, Grotte der 26 ff
Tschuringas und die bemalten Kiesel von Mas-
Turm von Babel 161 f   [d'Azil 40
Typhon 232

Ugarit 144 ff
Undurchsichtigkeit, semantische, der prähistorischen Dokumente 17 ff
Upanayama 202 f
Upanishaden 222 ff 396
Upelluri, der hurritische Atlas 141
Uranos 230
Urschanabi 82
Utnapischtim 81 f
Uto, der sumerische Sonnengott 66 68

Vajapeya 204
Vara 305 419
Varuṇa 187–193 388 f
–, Ambiguität des 190 f
Vedische Götter 177–201
Vedische Rituale 202 ff; Ekstatiker 219 ff
Vegetation, mystische Einheit zwischen Mensch und 47–51
Venus, prähistorische Statuetten 30
Vereinigung der Gegensätze (Varuṇa) 191 f
Verfolgung des Dionysos 328
Vergeblichkeit des Lebens (Mesopotamien) 83 f
Viṣṇu in vedischer Zeit 199 ff
Viśvakarman 211
Vollkommenheit der Anfänge (Ägypten) 89
Vorgeschichte, Religionen der 342 (Bibliographie)
Vrātya 219 ff
Vṛtra, Kampf mit Indra 193 211
– und Varuṇa 190 f

Waffen, magisch-religiöse Bedeutungen 18
Wahrsagekunst 73
–, babylonische 85 359

Wandmalereien, steinzeitliche 27ff
Weibliche, Gegenwart des 30ff
Weisheitsliteratur 84
–, babylonische 359
Weiterleben, Glaube bei den Altsteinzeitmenschen 21
–, indische Vorstellungen 396
–, iranische Vorstellungen 418
Weltenbaum, Symbol des Universums 49
Weltenkönig Varuṇa 188ff
Welterneuerung, periodische 47–51   [15
Werkzeuge zur Anfertigung von Werkzeugen
Wettergott, hethitischer, Kampf mit dem Drachen 139f
Wild, mystische Solidarität mit dem 16
Wildenmannlisloch 24
Wohnung, religiöse Symbolik der 50

Xvarenah 291 304 416

Yasht 297f
Yima 304 419

Zagreus 337
Zähmung der Tiere 41f

Zalmoxis, verglichen mit Dionysos 336
Zarathustra 279–306 413ff
–, sein Leben 282ff
–, schamanische Ekstase 284f
–, die Offenbarung Ahura Mazdās 285ff
–, Mythologisierung 283
Zauberer Varuṇa 188ff
Zeit, Aufzeichnung bei den Altsteinzeitmenschen 32f
–, Beherrschung der 58–60
–, zirkulare 49
–, zyklische (Indien) 213
Zeitalter, fünf (Hesiod) 235f 400
Zelt der Begegnung 173
Zeus 179 230–244
– Dyktaios 132
–, Geburtsstätte 127
Zikkur(r)at 162
Ziusudra und die sumerische Sintflut 66
Züchtung von Nahrungspflanzen 11 349f
Zweimal Geborene 206f
Zweite Geburt im vedischen Indien 203
Zyklus, kosmischer 49

Mircea Eliade bei Herder/Spektrum

Mircea Eliade
Hochzeit im Himmel
Roman
Band 4056

„Ein hinreißender Roman. Wer einmal eine große Liebe gehabt hat, wird das Buch fast wie eine selbst erlebte Geschichte lesen. Und wer noch nie geliebt hat, wird nach der Lektüre halb sehnsüchtig, halb schaudernd ahnen, was bislang an ihm vorübergegangen ist" (Die Welt).

Mircea Eliade
Schamanen, Götter und Mysterien
Die Welt der alten Griechen
Band 4108

Zeus, Prometheus, Pandora und Poseidon, die Mysterien von Eleusis, öffentliche Zeremonien und geheime Rituale – an der Wiege Europas stehen die religiösen Vorstellungen der Griechen. Mircea Eliade erschließt diese faszinierend fremde Welt auf unvergleichliche Weise. Er macht die religiösen Urbilder und Symbole transparent für die Sehnsüchte und Ängste des Menschen und zeigt, wie die Religionen der Antike das Denken und Fühlen bis in die Gegenwart hinein beeinflussen. Mit zahlreichen Quellentexten.

Mircea Eliade
Schmiede und Alchemisten
Mythos und Magie der Machbarkeit
Band 4175

Etwas von der versunkenen Welt der Alchemisten lebt fort bis in die heutige Zeit: Der Glaube an die Fähigkeit des Menschen, die Natur nach Bedarf umformen zu können. Mircea Eliade offenbart verblüffende Zusammenhänge zwischen der Arbeit der Schmiede, dem Werk der Zauberpriester – und der Krise der modernen Welt. Eine faszinierende Expedition auf mythischen Pfaden.

HERDER / SPEKTRUM